Strafrechtliche Verantwortlichkeit für fremde Texte

Europäische Hochschulschriften

Publications Universitaires Européennes

European University Studies

Reihe II

Rechtswissenschaft

Série II Series II

Droit

Law

Bd./Vol. 3774

PETER LANG

Frankfurt am Main · Berlin · Bern · Bruxelles · New York · Oxford · Wien

Marc Gabriel

Strafrechtliche Verantwortlichkeit für fremde Texte

Eine Untersuchung unter besonderer Berücksichtigung der Sonderhaftung nach den Landespressegesetzen und der Verantwortlichkeit im Recht der neuen Medien wegen der Verwirklichung von Äußerungsdelikten

PETER LANG
Europäischer Verlag der Wissenschaften

Bibliografische Information Der Deutschen Bibliothek
Die Deutsche Bibliothek verzeichnet diese Publikation in der Deutschen Nationalbibliografie; detaillierte bibliografische Daten sind im Internet über <http://dnb.ddb.de> abrufbar.

Zugl.: Berlin, Freie Univ., Diss., 2003

D 188
ISSN 0531-7312
ISBN 3-631-51659-2

www.peterlang.de

Vorwort

Die nachfolgende Arbeit wurde im Sommersemester 2003 vom Fachbereich Rechtswissenschaft der Freien Universität Berlin als Dissertation angenommen. Das Manuskript habe ich im Dezember 2002 abgeschlossen.

Ganz besonders danken möchte ich an dieser Stelle meinem Doktorvater, Herrn Prof. Dr. Klaus Geppert. Ihm habe ich nicht nur den Hinweis auf die in der Literatur bislang kaum beachtete Entscheidung des Bundesgerichtshofs vom 9. April 1997 (BGHSt 43, 41) und damit die Anregung zum Thema dieser Arbeit zu verdanken, sondern ebenfalls eine wissenschaftliche Betreuung, welche in Freundlichkeit und vor allem Geduld die von mir erhoffte Unterstützung beim Entstehen einer Dissertation bei weitem übertroffen hat. Er war es auch, der in seinen Vorlesungen zum Strafrecht nicht zuletzt aufgrund seiner bewundernswerten didaktischen Befähigung mein Interesse an strafrechtlichen Fragestellungen überhaupt erst geweckt hat. Insbesondere für die erfreulich rasche Erstellung seines Erstgutachtens gilt ihm mein herzlicher Dank.

Ebenfalls danke ich Herrn Prof. Dr. Helmut Lecheler für die freundliche Bereitschaft zur Erstellung des Zweitgutachtens sowie dessen zügige Anfertigung.

Widmen möchte ich diese Arbeit meinen Eltern, Bärbel und Christian Gabriel, die meinen beruflichen Werdegang zu jeder Zeit vorbehaltlos unterstützt haben und deren beispiellose Nachsicht ich in den vergangenen Jahren viel zu oft beansprucht habe. Ohne ihr Verständnis und ihre Hilfsbereitschaft wären mir viele Möglichkeiten verschlossen geblieben.

Berlin, im Juli 2003 *Marc Gabriel*

Inhaltsverzeichnis

Abkürzungsverzeichnis

a.a.O.	am angegebenen Ort
ABl. EG	Amtsblatt der Europäischen Gemeinschaften
Abs.	Absatz
a.E.	am Ende
a.F.	alte Fassung
AfP	Archiv für Presserecht (zitiert nach Jahr und Seite)
AG	Amtsgericht
Alt.	Alternative
Anm.	Anmerkung
Art.	Artikel
AT	Allgemeiner Teil
Aufl.	Auflage
Bad.-Württ. LPG	Baden-Württembergisches Gesetz über die Presse v. 14.1.1964, GBl. S. 11
BAnz.	Bundesanzeiger (zitiert nach Nummer, Datum und Seite)
Bay. LPG	Bayerisches Gesetz über die Presse v. 3.10.1949, GVBl. S. 243
BayObLG	Bayerisches Oberstes Landesgericht
BB	Betriebs-Berater (zitiert nach Jahr und Seite)
Bbg. LPG	Brandenburgisches Landespressegesetz v. 13.5.1993, GVBl. I S. 162
Bd.	Band
BDSG	Bundesdatenschutzgesetz v. 20.12.1990, BGBl. I S. 2954
Bek.	Bekanntmachung
Berl.	Berlin, Berliner
Berl. LPG	Berliner Pressegesetz v. 15.6.1965, GVBl. S. 744
Beschl.	Beschluss
BGB	Bürgerliches Gesetzbuch v. 18.8.1896, RGBl. S. 195
BGBl. I, II	Bundesgesetzblatt Teil I (mit I oder ohne Ziffer), Teil II
BGH	Bundesgerichtshof
BGHSt	Entscheidungen des Bundesgerichtshofs in Strafsachen (zitiert nach Band und Seite)
BGHZ	Entscheidungen des Bundesgerichtshofs in Zivilsachen (zitiert nach Band und Seite)
BK	Bonner Kommentar zum Grundgesetz (zitiert: BK^{101}-*Bearbeiter*, die hochgestellte Zahl bezeichnet den Stand der Ergänzungslieferungen)

Brem. LPG	Bremer Gesetz über die Presse v. 16.3.1965, GBl. S. 63
BT	Besonderer Teil
BT-Drs.	Bundestagsdrucksache (zitiert nach Wahlperiode und Nummer)
BVerfG	Bundesverfassungsgericht
BVerfGE	Entscheidungen des Bundesverfassungsgerichts (zitiert nach Band und Seite)
BVerfGG	Bundesverfassungsgerichtsgesetz i.d.F.v. 11.8.1993, BGBl. I S. 1473
bzw.	beziehungsweise
CR	Computer und Recht (zitiert nach Jahr und Seite)
c't	Computer und Technik (zitiert nach Jahr und Seite)
ders.	derselbe
d.h.	das heißt
dies.	dieselbe(n)
Diss.	Dissertation
Drs.	Drucksache
DuR	Demokratie und Recht (zitiert nach Jahr und Seite)
E 1962	Entwurf eines Strafgesetzbuchs mit Begründung, Bonn 1962, BT-Drs. IV/650
ebd.	ebenda
ECRL	Richtlinie 2000/31/EG des Europäischen Parlaments und des Rates v. 8.6.2000 über bestimmte rechtliche Aspekte der Dienste der Informationsgesellschaft, insbesondere des elektronischen Geschäftsverkehrs, im Binnenmarkt (Richtlinie über den elektronischen Geschäftsverkehr), ABl. EG Nr. L 178 v. 17.7.2000, S. 1
EG	Einführungsgesetz
EGG	Gesetz über rechtliche Rahmenbedingungen für den elektronischen Geschäftsverkehr (Elektronischer Geschäftsverkehr-Gesetz) v. 14.12.2001, BGBl. I S. 3721
EGStGB	Einführungsgesetz zum Strafgesetzbuch v. 2.3.1974, BGBl. I S. 469
Einl.	Einleitung
FAZ	Frankfurter Allgemeine Zeitung
FG	Festgabe
Fn.	Fußnote
FS	Festschrift
f. (ff.)	folgende Seite(n)/folgende(r) Paragraph(en)

G	Gesetz
GA	Goltdammer's Archiv für Strafrecht (bis 1952 zitiert nach Band, Jahr und Seite, ab 1953 zitiert nach Jahr und Seite)
GBl.	Gesetzblatt
gem.	gemäß
GG	Grundgesetz für die Bundesrepublik Deutschland v. 23.5.1949, BGBl. S. 1
ggf.	gegebenenfalls
GVBl.	Gesetz- und Verordnungsblatt
Ham. LPG	Hamburgisches Pressegesetz v. 29.1.1965, GVBl. S. 15
Hess. LPG	Hessisches Gesetz über Freiheit und Recht der Presse v. 20.11.1958, GVBl. S. 183
Hrsg., hrsg.	Herausgeber, herausgegeben
Hs.	Halbsatz
i.d.F.	in der Fassung
i.e.S.	im engeren Sinne
i.S.d.	im Sinne des/im Sinne der
i.S.v.	im Sinne von
IuKDG	Gesetz zur Regelung der Rahmenbedingungen für Informations- und Kommunikationsdienste (Informations- und Kommunikationsdienste-Gesetz) v. 22.7.1997, BGBl. I S. 1870
i.V.m.	in Verbindung mit
i.w.S.	im weiteren Sinne
JA	Juristische Arbeitsblätter (zitiert nach Jahr und Seite)
JK	Jura-Rechtsprechungskartei, Beilage der Zeitschrift Juristische Ausbildung – Jura (zitiert nach Jahr und den innerhalb der Paragraphen fortlaufenden Nummern)
JR	Juristische Rundschau (zitiert nach Jahr und Seite)
Jura	Juristische Ausbildung (zitiert nach Jahr und Seite)
Jur-PC	Zeitschrift für Rechtsinformatik (zitiert nach Jahr und Seite)
JuS	Juristische Schulung (zitiert nach Jahr und Seite)
JW	Juristische Wochenschrift (zitiert nach Jahr und Seite)
JZ	Juristenzeitung (zitiert nach Jahr und Seite)
KG	Kammergericht
KJ	Kritische Justiz (zitiert nach Jahr und Seite)
K&R	Kommunikation und Recht (zitiert nach Jahr und Seite)
LG	Landgericht

LK	Leipziger Kommentar zum Strafgesetzbuch (zitiert: LK^{11}-*Bearbeiter*, die hochgestellte Zahl bezeichnet die Auflage)
LPG	Landespressegesetz
MDR	Monatsschrift für Deutsches Recht (zitiert nach Jahr und Seite)
MDStV	Mediendienste-Staatsvertrag
MMR	MultiMedia und Recht, Zeitschrift für Information, Telekommunikation und Medienrecht (zitiert nach Jahr und Seite)
MünchKomm	Münchener Kommentar zum Bürgerlichen Gesetzbuch (zitiert: MünchKomm^{4}-*Bearbeiter*, die hochgestellte Zahl bezeichnet die Auflage)
m.w.N.	mit weiteren Nachweisen
M.-V. LPG	Landespressegesetz für das Land Mecklenburg-Vorpommern v. 6.6.1993, GVBl. S. 541
Nieders. LPG	Niedersächsisches Pressegesetz v. 22.3.1965, GVBl. S. 9
NJW	Neue Juristische Wochenschrift (zitiert nach Jahr und Seite)
NJW-CoR	Computerreport der Neuen Juristischen Wochenschrift (zitiert nach Jahr und Seite)
Nordrh.-West. LPG	Pressegesetz für das Land Nordrhein-Westfalen v. 24.5.1966, GVBl. S. 340
Nr.	Nummer
NStZ	Neue Zeitschrift für Strafrecht (zitiert nach Jahr und Seite)
NStZ-RR	Rechtsprechungsreport der Neuen Zeitschrift für Strafrecht (zitiert nach Jahr und Seite)
OLG	Oberlandesgericht
OWiG	Gesetz über Ordnungswidrigkeiten i.d.F.d. Bek. v. 19.2.1987, BGBl. I S. 602
Rdn.	Randnummer(n)
RG	Reichsgericht
RGBl.	Reichsgesetzblatt Teil I
RGSt	Entscheidungen des Reichsgerichts in Strafsachen (zitiert nach Band und Seite)
Rhld.-Pf. LPG	Rheinland-Pfälzisches Landesgesetz über die Presse v. 14.6.1965, GVBl. S. 107
RPG	Reichsgesetz über die Presse v. 7.5.1874, RGBl. S. 65
S.	Seite/Satz
Saarl. LPG	Saarländisches Pressegesetz v. 12.5.1965, ABl. S. 409

Sächs. LPG	Sächsisches Gesetz über die Presse v. 3.4.1992, GVBl. S. 125
Sachs.-Anh. LPG	Pressegesetz für das Land Sachsen-Anhalt v. 14.8.1991, GVBl. S. 261
Sch/Sch	*Schönke/Schröder*, Strafgesetzbuch (zitiert: *Sch/Sch*^{26}-*Bearbeiter*, die hochgestellte Zahl bezeichnet die Auflage)
Schl.-Holst. LPG	Schleswig-Holsteinisches Gesetz über die Presse v. 19.6.1964, GVBl. S. 71
scil.	scilicet
SK	Systematischer Kommentar zum Strafgesetzbuch (zitiert: SK-AT^{36}/ BT^{54}-*Bearbeiter*, die hochgestellte Zahl bezeichnet die Auflage)
sog.	sogenannte(r)/(n)
StGB	Strafgesetzbuch i.d.F.v. 13.11.1998, BGBl. I S. 3322
StPO	Strafprozessordnung i.d.F.v. 7.4.1987, BGBl. I S. 1075
StÄndG	Strafrechtsänderungsgesetz
StV	Strafverteidiger (zitiert nach Jahr und Seite)
TDG	Teledienstegesetz, erlassen als Art. 1 des Informations- und Kommunikationsdienste-Gesetzes (IuKDG) v. 22.7.1997, BGBl. I S. 1870
Teilbd.	Teilband
Thür. LPG	Thüringer Pressegesetz v. 31.7.1991, GVBl. S. 271
u.a.	und andere/unter anderem
Univ.	Universität
Urt.	Urteil
v.	von/vom
vgl.	vergleiche
Vorbem.	Vorbemerkung(en)
wistra	Zeitschrift für Wirtschaft, Steuer und Strafrecht (zitiert nach Jahr und Seite)
z.B.	zum Beispiel
ZPO	Zivilprozessordnung i.d.F.v. 12.9.1950, BGBl. S. 533
ZRP	Zeitschrift für Rechtspolitik (zitiert nach Jahr und Seite)
ZStW	Zeitschrift für die gesamte Strafrechtswissenschaft (zitiert nach Band, Jahr und Seite)
zugl.	zugleich
ZUM	Zeitschrift für Urheber- und Medienrecht (zitiert nach Jahr und Seite)

Einleitung

> Mit anderen Worten, solange nicht das sowohl die Regel als auch die Ausnahme erklärende System genannt ist, besteht nur ein Sammelsurium, aber keine Ordnung.
>
> *Günther Jakobs*

Meinungsbildender Kommunikation kommt in einem demokratischen Gemeinwesen eine konstituierende Rolle zu[1]. Denn ein freier und offener Prozess der ständigen geistigen Auseinandersetzung ist nicht nur wesentliche Basis einer pluralistischen Demokratie, sondern zugleich ihr Lebenselement[2]. Ohne die Gewährleistung der Freiheit der Meinungsäußerung und damit zugleich der geistigen Einflussnahme auf andere Personen gäbe es keine öffentliche Meinung und letztlich keine Demokratie[3]. Mit Blick auf das Grundgesetz ist es vornehmlich Art. 5 Abs. 1 GG, der diese demokratieorientierten Funktionen einer Meinungs- und Medienfreiheit zu verwirklichen hilft, indem er eine Reihe von Kommunikationsrechten garantiert[4].

Allerdings können selbst diese bedeutenden Rechte nicht unbegrenzt Geltung beanspruchen. Im speziellen Fall der durch das Medium der Presse ermöglichten Massenkommunikation bilden beispielsweise die Pressegesetze mit dem in ihnen enthaltenen pressespezifischen Straf- und Ordnungswidrigkeitenrecht die Grenze zulässiger kommunikativer Betätigung. Eine weitere Schranke der Kommunikationsgrundrechte im Bereich des allgemeinen Strafrechts stellen daneben vor allem die sog. Kommunikationsdelikte dar. Alle diese Regelungen zeichnen sich gerade dadurch aus, dass sie bestimmte Erscheinungsformen von

---

1 BVerfG, Beschl. v. 14.7.1987 – 1 BvR 362/79 = BVerfGE 76, 196 (208 f.); BVerfG, Beschl. v. 15.11.1982 – 1 BvR 108, 438, 437/80 = BVerfGE 62, 230 (247); BVerfG, Beschl. v. 6.2.1979 – 2 BvR 154/78 = BVerfGE 50, 234 (239); BVerfG, Urt. v. 15.1.1958 – 1 BvR 400/51 = BVerfGE 7, 198 (208). Hier und im Folgenden werden Gerichtsentscheidungen grundsätzlich mit Datum, Aktenzeichen und einer Hauptfundstelle – vorzugsweise in der jeweiligen amtlichen Sammlung oder der NJW bzw. NStZ – zitiert. Auf die Angabe weiterer Ersatzfundstellen wird verzichtet, da diese mittels des Datums und Aktenzeichens über die einschlägigen und heutzutage gängigen juristischen Datenbanken recherchiert werden können. Lediglich zu Entscheidungen, die Fragen des Rechts der sog. neuen Medien – also des Internet-, Online- bzw. Medienrechts – zum Gegenstand haben, werden ggf. mehrere Fundstellen angegeben, um den Zugriff auf die teilweise noch nicht sehr verbreiteten einschlägigen Zeitschriften zu erleichtern.

2 So z.B. BVerfG, Urt. v. 15.1.1958 – 1 BvR 400/51 = BVerfGE 7, 198 (208); BVerfG, Urt. v. 17.8.1956 – 1 BvB 2/51 = BVerfGE 5, 85 (205).

3 *Maunz/Dürig*[40]*-Herzog* Art. 5 Abs. I, II Rdn. 5.

4 So BVerfG, Beschl. v. 3.10.1969 – 1 BvR 46/65 = BVerfGE 27, 71 (79 f.); *Maunz/Dürig*[40]*-Herzog* Art. 5 Abs. I, II Rdn. 1; *Katz*, Staatsrecht (2002), S. 351 Rdn. 726.

durch Mitteilungen getragenen zwischenmenschlichen Kontakten unter Strafdrohung stellen. Während dabei die – auch strafrechtliche – umfassende Verantwortlichkeit für eigene Äußerungen ohne Weiteres (selbst-)verständlich ist, so gilt dies nicht in gleichem Maße hinsichtlich der Haftung für fremde Äußerungen. Hier stellt sich die Frage, unter welchen Voraussetzungen für die Veröffentlichung und Verbreitung fremder Äußerungen „wie für Eigene" gehaftet wird. Wie schwierig dies zu beantworten ist bzw. wie wenig selbstverständlich die Grenzen der strafrechtlichen Verantwortlichkeit hier sind, lässt sich prägnant anhand eines Beispiels verdeutlichen, das Anfang 2001 für Schlagzeilen gesorgt hat. Bundesumweltminister Jürgen *Trittin* musste sich im Januar 2001 vehementer öffentlicher Kritik erwehren, nachdem er die Frage, ob er sich zwischenzeitlich vom sog. „*Buback*-Nachruf" distanziert habe, mit der Gegenfrage „Warum sollte ich?" beantwortet hat[5]. Diesem Vorfall voraus ging ein Interview, dass *Trittin* 1994 dem Norddeutschen Rundfunk gegeben hat. Dort hat er den „*Buback*-Nachruf" als „radikal-pazifistischen Aufsatz" bezeichnet und sich selbst ausdrücklich nicht den Personen zugerechnet, die sich davon distanziert hätten. Die anschließende Diskussion drehte sich vor allem um folgende Fragen: Hat sich der Minister den inkriminierten Text zu irgendeinem Zeitpunkt zu eigen gemacht? Kann allein schon aufgrund der abgelehnten Distanzierung vom Inhalt des Textes ein Zu-Eigen-Machen angenommen werden? Und welche Anforderungen sind überhaupt an den Nachweis eines solchen Zu-Eigen-Machens zu stellen? Die vorliegende Arbeit hat sich insbesondere die Beantwortung dieser Fragen zur Aufgabe gemacht. Der Blick auf die Judikatur sowie in das einschlägige Schrifttum wird im Verlauf der Untersuchung zeigen, dass in der Tat ein „Sammelsurium" an Auffassungen existiert, die sich ebenfalls um eine Antwort bemühen. Diese Ansichten, die zum Teil unterschiedlicher nicht sein können, wurden scheinbar beziehungslos nebeneinander jeweils nur im Hinblick auf einzelne Deliktstatbestände entwickelt und lassen sich miteinander kaum vereinbaren. Aufgrund eingehender methodischer wie strafrechtsdogmatischer Überlegungen wird sich erweisen, dass diese kasuistische Zustandsbeschreibung ganz im Sinne der diese Arbeit einleitenden Worte[6] sehr wohl auf ein System der strafrechtlichen Verantwortlichkeit für fremde Texte zurückgeführt werden kann, in dem die Annahme eines Zu-Eigen-Machens fremder Äußerungen in bestimmten Konstellationen die Regel, in anderen Fallgestaltungen dagegen die Ausnahme darstellt.

---

5 Vgl. dazu die ausführliche Berichterstattung allein in der FAZ, Ausgaben vom 23., 24. und 25.1.2001. Der Inhalt des sog. „*Buback*-Nachrufs" wird im 1. Kapitel unter I. 3. (S. 23) beschrieben, dort wird auch auf die Umstände der erstmaligen Veröffentlichung im Jahr 1977 eingegangen.

6 Das Zitat stammt von *Jakobs*, Die strafrechtliche Zurechnung von Tun und Unterlassen (1996), S. 14.

Da sich eine Untersuchung der „strafrechtlichen Verantwortlichkeit für fremde Texte“ von vornherein nur auf einen Ausschnitt des danach strafbaren Verhaltens erstrecken kann, ist eine exakte Positionierung dieser Themenstellung sowie eine Abgrenzung zu benachbarten Fragestellungen unentbehrlich. Aus diesem Grund wird sogleich im ersten Teil dieser Arbeit der Untersuchungsgegenstand in den umfassenderen Problemkreis inkriminierter Kommunikation eingeordnet sowie in diesem Rahmen als eigenständige Fallgruppe qualifiziert werden, die spezifische und bisher nicht hinreichend geklärte Fragestellungen mit sich bringt. Zu diesem Zweck bietet es sich im 1. Kapitel an, einen exemplarischen Überblick über die wichtigsten und zum Teil auch populären strafgerichtlichen Entscheidungen zu geben, die vom Gegenstand der Untersuchung erfasst werden bzw. die ihren Gegenstand bilden, um auf diese Weise deutlich zu machen, worin die praktische Relevanz dieser Fallgruppe besteht. Bei einer auf keinen bestimmten Lebensbereich bezogenen Betrachtung der „strafrechtlichen Verantwortlichkeit für fremde Texte“ scheint dies sinnvoll zu sein, um die Thematik inhaltlich greifbarer zu machen. Dadurch soll gleichzeitig der Blick auf die bedeutendsten Delikte gelenkt werden sowie die Umstände, unter denen sie begangen werden. Auf der Basis dieser Vorarbeit wird es im sich anschließenden 2. Kapitel möglich sein, näher auf die in den dargestellten Entscheidungen am häufigsten verwirklichten Straftatbestände einzugehen. Dafür werden Inhalt und Struktur der erwähnten Presse- und Kommunikationsdelikte ausführlicher darzustellen sein. Ferner wird das Recht der sog. neuen Medien vorzustellen sein, da sich Fallgestaltungen im Zusammenhang mit der Verwendung fremder strafbarer Texte, die bislang typischerweise in enger Verbindung mit der Verbreitung von Presseerzeugnissen standen, mittlerweile immer öfter infolge der durch das Internet eröffneten Kommunikationsmöglichkeiten ergeben.

Teil 1

Thematische Einordnung des Untersuchungsgegenstandes in den weitergehenden Problemkreis der strafrechtlichen Verantwortlichkeit für Kommunikationsinhalte

1. Kapitel

Veranschaulichung der phänomenologischen Reichweite des Untersuchungsgegenstandes anhand von Beispielsfällen

Im sog. zweiten Weltbühnenprozess wird gegen den Publizisten und späteren Friedensnobelpreisträger Carl *v. Ossietzky* als dem verantwortlichen Redakteur der Wochenschrift „Weltbühne" Anklage erhoben wegen eines von ihm am 1. August 1931 anlässlich des Tages des Kriegsausbruchs veröffentlichten Artikels Kurt *Tucholskys*, in welchem der Ausspruch „Soldaten sind Mörder" enthalten ist[1]. In einer Druckerei wird eine Druckschrift hergestellt, welche von den Auftraggebern als Informationsblatt für die linksextremistische Szene gedacht ist und regelmäßig Aufrufe terroristischer Vereinigungen enthält. Anklage wegen an diesen Inhalt anknüpfenden Straftaten wird gegen die mit der bloßen Herstellung betrauten Drucker erhoben[2]. Ein ausländischer Staatsangehöriger bewahrt von Dritten gestaltete und an ihn übergebene Plakate und Aufkleber in seiner Wohnung auf, die für Organisationen werben, welche in der Bundesrepublik Deutschland mit einem vereinsrechtlichen Betätigungsverbot belegt sind. Aufgrund der auf diesen Schriftstücken abgedruckten Texte wird er wegen Zuwiderhandlung gegen dieses Betätigungsverbot angeklagt[3]. Die Inhaberin einer Homepage im Internet versieht ihre eigenen strafrechtlich nicht zu beanstandenden Ausführungen mit einem sog. Hyperlink, der die Nutzer dieser Homepage durch Aufrufen weiterer Seiten im Internet zu von Dritten verfassten Artikeln gelangen lässt, die strafbare Texte aufweisen. Aufgrund dieser rechtswidrigen Inhalte wird sie angeklagt[4].

Bereits diese wenigen Beispiele machen deutlich, dass es sich bei den Lebenssachverhalten, die sich unter der Themenstellung der „strafrechtlichen Verant-

---

1 RG, Urt. v. 17.11.1932 – 2 S 686/32 = JW 1933, S. 972. Zum sog. ersten Weltbühnenprozess gegen *v. Ossietzky*, der nach einem politischen und die Rechtsanschauungen des Nationalsozialismus antizipierenden Verfahren wegen Verrats militärischer Geheimnisse verurteilt wurde, vgl. aus neuerer Zeit instruktiv *I. Müller/Jungfer*, NJW 2001, S. 3461 ff.

2 In Anlehnung an BGH, Urt. v. 23.4.1980 – 3 StR 434/79 (S) = BGHSt 29, 258.

3 In Anlehnung an BGH, Urt. v. 12.3.1997 – 3 StR 607/96 = NJW 1997, S. 2251.

4 In Anlehnung an AG Tiergarten, Urt. v. 30.6.1997 – 260 DS 857/96 = CR 1998, S. 111 = MMR 1998, S. 49.

wortlichkeit für fremde Texte“ zusammenfassen lassen, keineswegs um eine homogene Fallgruppe mit auf den ersten Blick gemeinsamen Zügen handelt. Diese Unterschiedlichkeit resultiert zum einen aus der Formulierung des Themas unter Verwendung des Begriffs des „Textes“, bei welchem es sich nicht um einen in Strafgesetzen gebrauchten Rechtsbegriff handelt. Dadurch lassen sich – zumindest bei unbefangener Subsumtion – die vielfältigsten Erscheinungsformen optisch wahrnehmbarer Schriftzeichen diesem Untersuchungsgegenstand zuordnen, vom klassischen Buch also bis hin zu auf Computermonitoren erkennbaren Darstellungen. Darüber hinaus ließe sich sogar das schlichte Vorlesen eines von einem anderen herrührenden Textes darunter fassen. Zum anderen deutet das Adjektiv „fremd“ lediglich auf die Urheberschaft einer anderen Person hin. Hinsichtlich der Beziehung, in welcher der ggf. als Täter zu betrachtende Verwender mit diesem Urheber steht sowie der Art und Weise, auf die er den inkriminierten Text erlangt hat, werden damit keinerlei Vorgaben gemacht.

Wenn nun die praktisch denkbaren Fälle, in denen es zu einer Strafbarkeit aufgrund der Verwendung fremder Texte kommen kann, tatsächlich in ihrer Erscheinung derart vielgestaltig sind, kann eine Aussage über die Bedeutung dieser Untersuchung nur getroffen werden, wenn man den Blick auf eben diese Praxis richtet und sich zunächst vergewissert, in welchen Konstellationen und unter Anwendung welcher Tatbestände die Strafgerichte besonders häufig derartige Sachverhalte zu beurteilen haben. Dies scheint vor allem deshalb die gebotene Vorgehensweise zu sein, da in der Strafrechtswissenschaft bislang die „Verantwortlichkeit für fremde Texte“ nicht als deliktsübergreifende Erscheinung pönalisierten Verhaltens erkannt und behandelt worden ist. Demgemäß muss neben die eine eigenständige dogmatische Untersuchung rechtfertigende Klärungsbedürftigkeit der Rechtslage überhaupt noch der Nachweis der Existenz eines entsprechenden strafrechtlichen Phänomens treten, welcher am einfachsten unter Hinweis auf die in der Strafrechtspraxis wiederkehrend auftretenden Fragen und Schwierigkeiten zu führen ist.

Die demzufolge nun zu entwerfende Übersicht über einschlägige Gerichtsentscheidungen muss zwar zwangsläufig exemplarisch bleiben, jedoch kann eine Hervorhebung insbesondere solcher Entscheidungen angestrebt werden, in denen bestimmte Argumentationsmuster begründet und damit spezifische Probleme des Untersuchungsgegenstandes dieser Arbeit ebenso wie richterliche Ansätze zu ihrer Bewältigung erstmalig aufgezeigt wurden. Dabei muss die Darstellung dieser Gerichtsentscheidungen in jedem Fall einen aufzählend-wiedergebenden Charakter besitzen, der sich vorerst jeglicher Bewertung enthält. Bei der formalen Vorgehensweise indes eröffnen sich gewisse Spielräume, kann doch eine streng chronologische Beschreibung ebenso in Betracht kommen, wie eine die Entscheidungen nach Übereinstimmungen in ihren Sachverhalten ordnende Darstellung. Auch wenn Letzteres aufgrund der sich anbietenden Möglichkeit, politische Hintergründe zu beleuchten, in deren Licht die

Entwicklung bestimmter theoretischer Grundhaltungen verständlicher wird, reizvoll erscheint, soll hier von der ideologischen Indolenz der Gerichte ausgegangen und die Entwicklung des juristischen Instrumentariums zur Lösung solcher Fälle in ihrer zeitlichen Abfolge vorgestellt werden.

I. Beispielsfälle aus der strafrechtlichen Judikatur

1. Kommunistisches Parteiprogramm, BGH v. 28.2.1964[5]

In seinem Urteil vom 28.2.1964 hatte der 3. Strafsenat des BGH das Verhalten des Geschäftsführers eines Verlages zu beurteilen, welcher von einem Moskauer Verlag Druckschriften bezogen und in der Bundesrepublik verkauft hat, die vorwiegend Erklärungen und Programmsätze der Kommunistischen Partei der Sowjetunion (KPdSU) zum Inhalt hatten. Nachdem das Verfahren gegen den Geschäftsführer wegen Verbreitung staatsgefährdender Schriften mangels Nachweises des subjektiven Tatbestandes eingestellt worden war, ging es lediglich noch um die Einziehung der Gesamtauflage und die Frage des strafbaren Inhalts der Druckschriften. Bei der Prüfung von § 93 StGB (a.F.) knüpfte der BGH an seine zum damaligen Zeitpunkt ständige Rechtsprechung an, wonach die Schrift, durch deren Inhalt verfassungsfeindliche Bestrebungen gefördert werden sollen, zu diesem Zweck nicht nur geeignet zu sein hat, sondern vielmehr selbst eine gerade darauf gerichtete Zielrichtung aufweisen muss, welche für einen durchschnittlichen Leser bei Lektüre des Textes erkennbar ist. Dabei stieß er jedoch auf das Problem, dass der auf solch eine Zielrichtung zu untersuchende Inhalt der Schriften nicht aus einem eigenen Text des Verlegers bestand, sondern aus Äußerungen von Gremien der KPdSU. So kam der 3. Senat zu der Feststellung, es

> „kann dieser ‚fremde' Text nicht ohne weiteres als ‚Inhalt' der Schrift gewertet werden. Dies ist nur dann gerechtfertigt, wenn der einsichtige Leser aus allen für die Wirkung der Schrift bedeutsamen Umständen erkennen kann, dass mit der Wiedergabe des fremden Textes eine Übernahme seiner verfassungsfeindlichen Zielrichtung verbunden ist“[6].

Konsequent folgerte der BGH, es müsse

> „bei einer fremdes Gedankengut wiedergebenden Schrift neben dem Text auf die äußere Aufmachung, auf Hervorhebungen im Druck, auf Überschriften, Hinweise, Anmerkungen und Erläuterungen ankommen“[7].

§ 93 StGB (a.F.) setzte in diesem Zusammenhang tatbestandlich voraus, dass die Schrift eine verfassungsfeindliche Zielsetzung aufweist. Eine etwaige verfassungsfeindliche Absicht des Täters spielte demgegenüber keine Rolle. Diese

---

5 BGH, Urt. v. 28.2.1964 – 3 StR 40/63 = BGHSt 19, 245.

6 BGH, Urt. v. 28.2.1964 – 3 StR 40/63 = BGHSt 19, 245 (250).

7 BGH, Urt. v. 28.2.1964 – 3 StR 40/63 = BGHSt 19, 245 (250).

maßgebliche Zielsetzung der Schrift musste für einen „einsichtigen Durchschnittsleser" aus ihrem Inhalt selbst hervorgehen, wofür es der BGH jedoch genügen ließ, wenn die Schrift zumindest derartige Anhaltspunkte enthält, die sodann durch allgemeinkundige Tatsachen ergänzt werden können. Dabei berücksichtigte der BGH auch Gedanken, die für einen verständigen Leser erkennbar „zwischen den Zeilen" stehen. Allerdings war sich der 3. Senat auch der Bedeutung von Art. 5 GG in diesem Zusammenhang bewusst und betonte daher, dass die Herausgabe von Texten, die verfassungsfeindliche Passagen beinhalten, durchaus legitime und billigenswerte informatorische oder dokumentatorische Zwecke verfolgen kann[8]. In solchen Fällen sei der wiedergegebene Text zwar strafrechtlich zu missbilligen, aber der Inhalt der zu beurteilenden Schrift, welcher im Wesentlichen aus diesem Text besteht, erhalte dadurch nicht zwangsläufig ebenfalls eine inkriminierte Zielrichtung.

2. *Volksverhetzender Leserbrief, OLG Schleswig v. 14.12.1977*[9]

In dem Fall, welcher dem OLG zur Entscheidung vorlag, ging es um die Veröffentlichung eines Leserbriefs mit antisemitischem Inhalt innerhalb einer periodischen Druckschrift, für die der Angeklagte die Funktion eines verantwortlichen Redakteurs ausübte. Unter dahingestellt sein lassen,

> „ob es sich bei § 130 StGB um ein persönliches Äußerungsdelikt handelt, d.h. ob zu seiner Verwirklichung eine Identifikation mit dem Inhalt der Äußerung erforderlich ist",

hat das Gericht aufgrund einer dem abgedruckten Leserbrief angefügten unterstützenden Bemerkung angenommen, der Angeklagte, der als Redakteur für den Inhalt der von ihm redigierten Zeitschrift verantwortlich ist, habe sich dessen Inhalt zu eigen gemacht. Ein dem Leserbrief-Teil vorangestellter Hinweis, dass Briefe auch bei Abweichung von der persönlichen Meinung des Redakteurs veröffentlicht werden, führte zu keiner anderen Beurteilung.

3. *„Buback-Nachruf", LG Göttingen v. 5.4.1978*[10] *u.a.*

Im April 1977 erschien in einer Göttinger Studentenzeitung[11] ein als Nachruf auf den kurz zuvor von Terroristen erschossenen Generalbundesanwalt Siegfried *Buback* bezeichneter Artikel. Der unbekannt gebliebene Verfasser, welcher am Ende des Textes mit den auf seine Person bezogenen Worten „Ein Göttinger Mescalero" unterzeichnet, beschäftigt sich in dem Artikel mit über-

---

8 BGH, Urt. v. 28.2.1964 – 3 StR 40/63 = BGHSt 19, 245 (252).

9 OLG Schleswig, Urt. v. 14.12.1977 – 1 Ss 706/77 = MDR 1978, S. 333.

10 LG Göttingen, Urt. v. 5.4.1978 – 3 KLs 17/77 = NJW 1979, S. 1558.

11 In den „göttinger nachrichten", hrsg. vom Allgemeinen Studentenausschuss (AStA) der Universität Göttingen, Ausgabe vom 25.4.1977.

wiegend selbstbezogenen Überlegungen im Hinblick auf seine Reaktion auf die Ermordung *Buback's* und den dadurch in ihm ausgelösten Gefühlen. In einer Art Fazit gipfelt der Bericht zwar in einer Ablehnung des Mordanschlages und einer kritischen Haltung gegenüber terroristischen Gewalttaten insgesamt, dies jedoch erst, nachdem sich der Autor in langen Passagen unter Verwendung einer diffamierenden und entwürdigenden Sprache grob beleidigend über die Person *Buback's* und die verfassungsmäßige Ordnung der Bundesrepublik Deutschland geäußert hat.

In einer Art Protest- und Solidaritätsraktion gegenüber den sehr bald darauf die deutsche Presse überschwemmenden Attacken auf den Göttinger ASta wurde dieser mittlerweile bundesweit bekannte Artikel in der Folgezeit von zahlreichen Studentenvertretungen und spontan gebildeten Gruppen von Studenten anderer Hochschulen, teilweise sogar von Publizisten, nachgedruckt. Damit verlagerte sich die strafrichterliche Aufgabe von der Beurteilung des strafbaren Inhalts des „*Buback*-Nachrufs" hin zu der Strafbarkeit der für die zahllosen Nachdrucke verantwortlichen Personen[12]. Den Höhepunkt dieser Entwicklung dürfte der Prozess gegen 47 Hochschullehrer und Rechtsanwälte dargestellt haben, welche diesen Artikel in Form einer Dokumentation herausgegeben haben, um der Öffentlichkeit den bis dahin weitgehend unbekannten vollen Wortlaut des Textes zugänglich zu machen und auf diese Weise eine objektive Meinungsbildung über den Inhalt dieses oft einseitig kritisierten „Nachrufs" zu ermöglichen. Eben dieser Zweck wurde in der Regel in einer Vorbemerkung oder einer Anmerkung zusammen mit dem nachgedruckten Text des Artikels veröffentlicht.

Die Anklagen gegen die für die Nachdrucke verantwortlichen Redakteure wurden überwiegend auf die §§ 90a, 130, 140, 185, 189 StGB gestützt, zum Teil unter Hinweis auf die Strafbarkeit wegen Presse-Inhaltsdelikten gemäß den jeweiligen Landespressegesetzes[13]. Die Übernahme der im Original-Nachruf enthaltenen Missachtung als eigene Äußerung der die Wiedergabe herausgebenden

---

12 Angesichts der kaum zu überblickenden Anzahl von gerichtlichen Entscheidungen, die den „*Buback*-Nachruf" und seine Wiedergabe zum Gegenstand haben, muss die Auswahl gerade der Entscheidung des LG Göttingen, Urt. v. 5.4.1978 – 3 KLs 17/77 = NJW 1979, S. 1558, willkürlich erscheinen. Allerdings besitzt diese Entscheidung den Vorteil, sehr übersichtlich zwischen der Strafbarkeit des unbekannten Verfassers und derjenigen der für die Veröffentlichung verantwortlichen Personen zu differenzieren. Darüber hinaus ist in ihrem Sachverhalt der inkriminierte Artikel in seinem vollen Wortlaut abgedruckt, der im Übrigen auch im Internet abrufbar ist unter http://www.uni-mainz.de/~franz/vda/proj1968/ueberreg/doku/mescale.htm (zuletzt abgerufen im Dezember 2002). Um einen Eindruck von der Vielzahl an zu diesem „Nachruf" ergangenen Entscheidungen zu bekommen, vgl. die Nachweise bei *Bemmann*, Meinungsfreiheit und Strafrecht (1981), S. 5 ff., in den Fn. 11 bis 27 sowie die Dokumentationen zu einzelnen Prozessen bei *Ahrens/Mückenberger*, KJ 1978, S. 280 ff. und S. 432 ff. sowie *Mückenberger*, KJ 1979, S. 312 ff.

13 So auch in LG Göttingen, Urt. v. 5.4.1978 – 3 KLs 17/77 = NJW 1979, S. 1558 (1561).

Personen wurde von den Strafgerichten mittels der verschiedensten Anknüpfungspunkte zu begründen versucht. Das LG Göttingen stellte beispielsweise auf die bloße Veröffentlichung in Kenntnis des Inhalts ab:

> „Die Angekl. L und K sind Täter der Presse-Inhaltsdelikte, weil sie als verantwortliche Redakteure den Abdruck und die Verbreitung des Artikels aktiv betrieben. [...] Die Haftung für den strafbaren Inhalt des abgedruckten Artikels konnten die Angekl. L und K allein durch die rechtzeitige Amtsniederlegung, nicht aber dadurch abwälzen, dass die Redaktion in der Erklärung ‚in eigener Sache' [...] die Verantwortung ablehnte"[14].

Eben diese Stellung als verantwortlicher Redakteur spielte auch in anderen Entscheidungen im Zusammenhang mit dem „*Buback*-Nachruf" für die erkennenden Gerichte eine Rolle. Dies allerdings mit einer wesentlich unterschiedlicheren Bedeutung, als es die Ausführungen des LG Göttingen vermuten lassen würden. Beispielhaft können dafür einerseits die im Vergleich zum LG Göttingen die Funktion als verantwortlicher Redakteur bzw. Herausgeber einer Druckschrift viel zurückhaltender beurteilenden Entscheidungen des LG Berlin sowie des AG Frankfurt angeführt werden:

> „Die Tatsache, dass die Angeklagten den ‚*Buback*-Nachruf' neu veröffentlicht haben, bedeutet nicht ohne weiteres, dass auch sie den Staat und das Ansehen des verstorbenen Generalbundesanwalts verunglimpft haben. Die Tatbestände dieser persönlichen Äußerungsdelikte [gemeint sind §§ 90a, 185, 189 StGB, M.G.] erfüllt nur, wer seine eigene Mißachtung weitergibt"[15].
>
> „Gleichwohl scheidet eine Verurteilung des Angekl. aus, weil er in diesem Fall als verantwortlicher Redakteur einer Wochenzeitung durch den verfassungsrechtlich geschützten Grundsatz der Pressefreiheit (Artikel 5 GG) gerechtfertigt ist. [...] Von entscheidender Bedeutung indessen ist, dass der Gegenstand des Artikels das Problem der Gewaltanwendung als Mittel gesellschaftlicher Auseinandersetzungen, mithin ein Thema von grundsätzlicher, durch terroristische Gewaltakte in jüngster Zeit aktualisierter Natur ist, das in der politischen Öffentlichkeit seit eh und je diskutiert wurde und diskutiert werden wird. [...] Diesem öffentlichen Interesse durch den Abdruck des ungekürzten Textes gerecht zu werden, lag im Aufgabenbereich des Presse, und es war – wie aus dem redaktionellen Vorspann hervorgeht – auch das Motiv des Informationsdienstes für die Veröffentlichung. [...] Wenn ein Presseorgan sich der Erfüllung ihm in diesem Zusammenhang grundsätzlich zugewiesener Aufgaben widmet, so kann daraus nur gefolgert werden, dass ihm bei der Kollision mit strafrechtlichen Bestimmungen insoweit der Rechtfertigungsgrund des Artikels 5 GG zur Seite steht"[16].

Andererseits hat das OLG Braunschweig – insofern auf einer Linie mit dem LG Göttingen – in einem Fall, in dem die Angeklagte die Herausgeberin und

---

14 LG Göttingen, Urt. v. 5.4.1978 – 3 KLs 17/77 = NJW 1979, S. 1558 (1561).

15 LG Berlin, Urt. v. 7.11.1978 – (512) 1 P KLs 2/78 (57/78) = JR 1981, S. 120 (121).

16 AG Frankfurt, Urt. v. 22.2.1978 – 4 Js 757/77 = zitiert bei *Ahrens/Mückenberger*, KJ 1978, S. 285.

zugleich verantwortliche Redakteurin einer in Form eines Flugblattes erschienenen Ausgabe einer „Kommunistischen Studentenzeitung" war, welche einen von einem Unbekannten verfassten Artikel über die Erschießung des Generalbundesanwalts *Buback* enthielt, zur Strafbarkeit nach § 140 StGB ausgeführt:

> „Die Angekl. hat den Artikel zwar nicht selbst verfaßt, sie hat seinen Inhalt aber gekannt und als Herausgeberin und verantwortliche Redakteurin des Flugblattes den Nachdruck des Artikels mitbestimmt. In der von ihr herausgegebenen Schrift hat sie durch nichts zu erkennen gegeben, dass nicht sie die Verfasserin des Artikels sei. Sie hat sich demnach die dem Artikel zu entnehmenden Erklärungen zu eigen gemacht, so dass die Aussagen des Artikels ihre eigenen Kundgebungen sind. Da sie auch sonst in dem herausgegebenen Flugblatt nicht zum Ausdruck brachte, dass sie sich von der in dem Artikel erwähnten Tat distanziere, ist ihre kundgegebene Billigung der Ermordung *Bubacks* nicht zweifelhaft"[17].

4. „Agit-Druckerei", BGH v. 23.4.1980[18]

Dem Urteil des 3. Strafsenats des BGH vom 23.4.1980 lag ein ebenfalls zu seiner Zeit äußerst kontrovers diskutierter Sachverhalt zugrunde. In einer kleinen Berliner Druckerei, für deren Betrieb das „Agit-Druck-Kollektiv" sorgte, wurde seit 1974 die Zeitschrift „INFO-Berliner Undogmatischer Gruppen (INFO-BUG)" hergestellt. Die Drucker verstanden sich dabei als Teil einer basisorientierten linken Bewegung, welche zur Verbreitung in der Öffentlichkeit unterdrückter Nachrichten beitragen wollte[19]. Dies geschah vor allem durch Förderung gleichgesinnter politischer Gruppierungen, denen die Druckerei als technisches Werkzeug bereitgestellt werden sollte, indem ihnen der Druck ihrer Publikationen zum Materialpreis ermöglicht wurde. Das „INFO-BUG" selbst war eine Leserzeitschrift der linksgerichteten Berliner Szene. Es bestand aus von den Lesern zur Verfügung gestellten Artikeln, welche dann – in Ermangelung einer festen Redaktion – von wechselnden Personen zu einer Ausgabe zusammengeklebt und anschließend zur Agit-Druckerei gebracht wurden. Im Jahr 1977 enthielten zahlreiche Ausgaben des „INFO-BUG" Artikel, die werbend über die „Rote Armee Fraktion (RAF)" berichteten und sich billigend über die von ihr begangenen Straftaten äußerten. Anklage gem. §§ 88a (a.F.), 111, 129a, 140, 27 StGB wurde gegen die Drucker des „Agit-Druck-Kollektivs" erhoben.

Die rechtlichen Schwierigkeiten, über die der BGH in seiner Revisionsentscheidung zu befinden hatte, lagen im Wesentlichen bei der Konstruktion einer Beihilfe zu den genannten Delikten. Aufgrund der durch das KG als Vorinstanz erfolgten Verurteilung wegen Beihilfe ergab sich im Fall der Agit-Drucker die

---

17 OLG Braunschweig, Urt. v. 22.5.1978 – Ss (S) 43/78 = NJW 1978, S. 2044 (2046).

18 BGH, Urt. v. 23.4.1980 – 3 StR 434/79 (S) = BGHSt 29, 258.

19 So die tatrichterlichen Feststellungen in der unveröffentlichten Entscheidung des KG, Urt. v. 12.2.1979 – (4a/4) 2 OJs 14/77 (13/78), S. 7 ff., welche dem Urteil des BGH zugrunde liegt.

Besonderheit, dass sich Feststellungen über ein Zu-Eigen-Machen der in den Artikeln des „INFO-BUG" geäußerten Meinungen erübrigten. Stattdessen stellte sich die Frage, inwiefern die Tätigkeit der Drucker rechtlich als Beihilfe gewertet werden kann. Diesbezüglich führte der 3. Senat mit Blick auf § 129a StGB aus:

> „Die Regeln der Teilnahme, also auch die der Beihilfe (§ 27 StGB), gelten ausdrücklich für jeden Straftatbestand. Das spricht zunächst für die Strafbarkeit der Beihilfe zum Werben [...] In Frage gestellt werden könnte die Strafbarkeit der Beihilfe allenfalls dann, wenn anzunehmen wäre, der Gesetzgeber habe die Strafandrohung ausnahmsweise auf die Fälle der Täterschaft beschränken wollen"[20].

Nachdem der BGH diese Frage verneint und sich für eine Anwendung des § 27 StGB ausgesprochen hat, betonte er indes, dass dieses Resultat

> „namentlich bei Personen, die innerhalb eines Druckereibetriebes lediglich bei der drucktechnischen Herstellung einer Schrift mitwirken, zu Schwierigkeiten bei der Abgrenzung der Strafbarkeit im Einzelfall führen kann"[21].

Allerdings wies er auch sogleich auf eine Lösungsmöglichkeit hin:

> „Hier wird vom Tatrichter bei der Prüfung der subjektiven Voraussetzungen strafbarer Beihilfe zu berücksichtigen sein, dass das Maß der Aufmerksamkeit solcher Personen gegenüber dem Inhalt des Druckwerks im Zweifel ihrer nur begrenzten betriebsinternen Verantwortung entsprechen wird."[22]

5. „Soldaten sind Mörder"-Collage, OLG Koblenz v. 24.5.1984[23]

Das OLG hatte in dieser Entscheidung das Verhalten einer bei einer Kirchengemeinde beschäftigten Religionspädagogin zu beurteilen, die in der von ihr betreuten Jugend-Arbeitsgruppe Collagen zum Thema Frieden anfertigen ließ. Einer der Jugendlichen stellte daraufhin selbstständig eine Collage her, die neben Fotografien von schwarzafrikanischen Soldaten einen von ihm selbst handschriftlich angefertigten Text aufwies, welcher neben anderen Ausführungen die Aussage „Soldaten sind alle bezahlte Mörder" enthielt. Nach den sich an die Fertigstellung anschließenden Diskussionen über die Arbeiten, in welchen der besagten Collage aufgrund ihres eher schwer fassbaren religiösen Gehalts keine besondere Aufmerksamkeit geschenkt wurde, hängte die Betreuerin als Zeichen der Honorierung der Mühe der Jugendlichen sämtliche Bilder im Gruppenraum auf.

Nach der strafrechtlichen Beurteilung des Inhalts der Collage als den objektiven Tatbestand der Volksverhetzung gem. § 130 StGB erfüllend, wandte sich das OLG der Frage zu, ob die inkriminierte Passage der Angeklagten zuzurechnen sei und betonte, dass § 130 StGB in den Alternativen des „Beschimpfens" und „böswilligen Verächtlichmachens" die Äußerung eigener Missachtung verlange:

---

20 BGH, Urt. v. 23.4.1980 – 3 StR 434/79 (S) = BGHSt 29, 258 (263).

21 BGH, Urt. v. 23.4.1980 – 3 StR 434/79 (S) = BGHSt 29, 258 (266).

22 BGH, Urt. v. 23.4.1980 – 3 StR 434/79 (S) = BGHSt 29, 258 (266).

23 OLG Koblenz, Urt. v. 24.5.1984 – 1 Ss 132/84 = StV 1985, S. 15.

„Die bloße Wiedergabe fremder, diese Tatbestandsalternativen erfüllender Äußerungen genügt nur dann, wenn der Täter sich mit ihnen identifiziert. Das ist vorliegend der Fall“[24].

Viel interessanter waren allerdings die Umstände, mit denen das OLG eine solche Identifikation begründet hat:

„Die Angeklagte hat auch die hier maßgebliche Collage in einem, wie ihr bekannt war, [...] frei zugänglichen Raum allein und in eigener Verantwortung aufgehängt. [...] Wer auf diese Weise einen fremden beschimpfenden oder böswillig verächtlich machenden Text einem unbestimmten Personenkreis zugänglich macht, tut dies in aller Regel, weil er die darin enthaltenen Aussagen innerlich bejaht. Er macht sich die [...] Äußerung zu eigen, wenn er sich nicht eindeutig von ihr distanziert.“[25]

6. *Druckschrift „radikal", BGH v. 20.2.1990*[26]

Die beiden Angeklagten in dieser Entscheidung des BGH vom Februar 1990 haben bei der Herstellung und Verbreitung der Berliner Zeitschrift „radikal“ mitgewirkt. Diese seit Juni 1976 in unregelmäßigen Abständen erscheinende Druckschrift soll von ihrer Konzeption her ein Informationsblatt und Diskussionsforum für linksextremistische Gruppen in Berlin darstellen, wobei sie sich jedoch auch als Sprachrohr terroristischer Vereinigungen, schwerpunktmäßig der „Revolutionären Zellen (RZ)“ versteht[27]. Als presserechtlich verantwortliche Redakteure wurden im Impressum wechselnde Einzelpersonen genannt, als Herausgeber wurde ein eingetragener Verein angegeben, welcher dem Redaktionskollektiv schützende Anonymität ermöglichen sollte. Das Verhalten der Angeklagten wurde anhand der §§ 111, 129a, 140 StGB strafrechtlich beurteilt.

Im Hinblick auf die Art der Beteiligung, die den Angeklagten vorzuwerfen war, kritisierte der BGH die vom KG als Vorinstanz seines Erachtens vorschnell bejahte Mittäterschaft bei den durch die Veröffentlichung begangenen Äußerungsdelikten. Der Senat lässt für diese Annahme die bloße Verbreitung der Zeitschrift in Kenntnis ihres strafbaren Inhalts nicht genügen. Vielmehr führt er aus:

„Das KG verkennt auch hier, dass nicht Mittäterschaft bei Verbreitungsdelikten (z.B. § 86 Abs. 1, § 130a Abs. 1, § 131 Abs. 1 und 2 StGB), sondern bei Äußerungsdelikten zu prüfen war, es also darauf ankam, ob der Angeklagte [...] auch selbst zu Straftaten aufgefordert, Straftaten gebilligt und für eine terroristische Vereinigung geworben (Täterschaft) oder nur solche Äußerungen anderer verbreitet hat (Beihilfe).“[28]

---

24 OLG Koblenz, Urt. v. 24.5.1984 – 1 Ss 132/84 = StV 1985, S. 15 (16).

25 OLG Koblenz, Urt. v. 24.5.1984 – 1 Ss 132/84 = StV 1985, S. 15 (16).

26 BGH, Beschl. v. 20.2.1990 – 3 StR 278/89 = BGHSt 36, 363.

27 Zum Charakter und Inhalt dieser und anderer terroristischer Publikationen vgl. *Hofmann*, NStZ 1998, S. 249 f. sowie die eingehende Schilderung bei *Rebmann*, NStZ 1989, S. 97 ff.

28 BGH, Beschl. v. 20.2.1990 – 3 StR 278/89 = BGHSt 36, 363 (370).

Ferner wies der BGH darauf hin, dass die Qualifizierung der Beteiligung als Beihilfe eine Beurteilung der Strafbarkeit der für die Veröffentlichung unmittelbar verantwortlichen Redaktionsmitglieder notwendig macht. Sollten die inkriminierten Artikel nicht von ihnen selbst stammen, so sind sie ihrerseits auch wiederum nur dann als Mittäter der außenstehenden Verfassern anzusehen,

> „wenn der jeweilige Zeitungsartikel auch als ihre eigene Meinungsäußerung, also nicht nur als Information über die Meinungsäußerung Dritter, nämlich der Verfasser [...] aufgefaßt werden konnte"[29].

Bei der demnach vorzunehmenden Prüfung sei insbesondere der redaktionelle und journalistische Zusammenhang von Bedeutung, in den die fremde Äußerung eingebettet ist. Diesbezüglich wurde abermals die Rolle von Art. 5 GG hervorgehoben:

> „Im gegenwärtigen Stadium des Verfahrens ist eine nähere Stellungnahme zu der Frage nicht veranlaßt, ob und gegebenenfalls inwieweit – unter Berücksichtigung der Meinungs- und Pressefreiheit gem. Art. 5 GG – eine sich nicht distanzierende Berichterstattung über eine den Tatbestand des § 140 StGB erfüllende Billigung von Straftaten als Beihilfe der Redakteure zur Billigung der Täter strafbar ist."[30]

Schließlich machte der 3. Senat noch darauf aufmerksam, dass im Fall der Ablehnung einer täterschaftlichen Strafbarkeit der Angeklagten noch die presserechtliche Sonderhaftung des verantwortlichen Redakteurs in Betracht käme. Im Ergebnis sei diese jedoch wegen der mangelnden Innehabung einer dementsprechenden tatsächlichen Position für die beiden Angeklagten zu verneinen[31].

7. *Aufrufe verbotener Vereinigungen, BGH v. 9.4.1997*[32]

Der Angeklagte in diesem dem Urteil des BGH zugrunde liegenden Sachverhalt arbeitete unentgeltlich beim Herausgeber der Druckschrift „Biji, Informationen aus Kurdistan" mit. Er besaß dabei eine nicht näher beschriebene Position als „presserechtlich Verantwortlicher". 1995 erschienen in dieser Druckschrift eine Reihe von Erklärungen und Aufrufen agitatorischen Inhalts, die unter anderem von Vertretern der „Arbeiterpartei Kurdistans (PKK)" und ihrer Teilorganisation der „Nationalen Befreiungsfront Kurdistans (ERNK)" stammten. Diesen beiden Organisationen war durch den Bundesminister des Innern auf Grundlage des Vereinsgesetzes in der Bundesrepublik Deutschland die Betätigung untersagt worden[33]. Das Verhalten des Angeklagten wurde demgemäß als Zuwiderhandlung

---

29 BGH, Beschl. v. 20.2.1990 – 3 StR 278/89 = BGHSt 36, 363 (371).

30 BGH, Beschl. v. 20.2.1990 – 3 StR 278/89 = BGHSt 36, 363 (371 f.).

31 BGH, Beschl. v. 20.2.1990 – 3 StR 278/89 = BGHSt 36, 363 (366 f.).

32 BGH, Urt. v. 9.4.1997 – 3 StR 387/96 = BGHSt 43, 41. Der vollständige Sachverhalt ist abgedruckt in der Fundstelle NJW 1997, S. 2248.

33 Siehe die entsprechende Verfügung vom 22.11.1993, bekannt gemacht im BAnz. Nr. 222 vom 26.11.1993, S. 10313.

gegen ein vereinsrechtliches Betätigungsverbot gem. § 20 Abs. 1 Nr. 4 VereinsG gewertet.

Der 3. Senat knüpfte in seinem Urteil zunächst an seine mittlerweile ständige Rechtsprechung an, wonach unter dem Begriff des Zuwiderhandelns i.S.v. § 20 Abs. 1 Nr. 4 VereinsG nicht nur eine mitgliedschaftliche Betätigung für die verbotene Vereinigung zu verstehen sei, sondern darüber hinaus auch unterstützende Handlungen außenstehender Dritter, sofern sie auf die verbotene Tätigkeit der Vereinigung bezogen und zu deren Förderung geeignet sind. In der Entscheidung vom April 1997 sah sich der BGH allerdings diesbezüglich zwei Schwierigkeiten ausgesetzt. Zum Ersten betonte er angesichts der Bedeutung von Art. 5 Abs. 1 GG, dass diese Grundsätze auf die Verbreitung von Texten in Presseerzeugnissen nicht unbesehen angewendet werden dürfen, was insbesondere dann zu beachten sei, wenn es sich um die Verbreitung fremder Texte handelt. Zur restriktiveren Auslegung bediente er sich sodann der im Zusammenhang mit den §§ 129, 129a StGB entwickelten Voraussetzungen.

> „Danach muss ein Text [...] objektiv geeignet sein, von den angesprochenen Adressaten als Werbung oder Unterstützung der Vereinstätigkeit aufgefaßt zu werden. Ferner muss die Zielrichtung auf Unterstützung der verbotenen Vereinstätigkeit eindeutig erkennbar sein. [...] Im hier gegebenen Fall der Verbreitung fremder Texte muss hinzukommen, das die Wiedergabe der die Vereinstätigkeit eindeutig unterstützenden (Dritt-) Aussagen vom angesprochenen Leserkreis als eine sich die unterstützende Tendenz zu eigen machende Meinungsäußerung der Publizierenden zu verstehen ist. [...] Bei unkommentierter Wiedergabe fremder unterstützender und werbender Texte kann sich aus der Art der einseitig ausgerichteten Zusammenstellung der Beiträge und aus der dabei offenbar werdenden eindeutigen propagandistischen Zielrichtung ergeben, dass sich die Publizierenden die Sache der vom Verbot betroffenen Vereinigung zu eigen machen, indem sie sich mit der Veröffentlichung gleichsam als Sprachrohr in deren Dienst stellen.“[34]

Nachdem diese Voraussetzungen noch weiter erläutert wurden, erfolgte die eigentliche Subsumtion dann allerdings recht knapp:

> „Die propagandistische Ausrichtung der veröffentlichten Beiträge zugunsten der PKK/ERNK liegt schon angesichts der Herkunft dieser Texte auf der Hand.“[35]

Zum Zweiten äußerte der 3. Senat Bedenken hinsichtlich der Beurteilung des Verhaltens des Angeklagten als täterschaftliches Zuwiderhandeln. Allein aus der formalen Stellung als verantwortlicher Redakteur im Sinne des Presserechts könne eine solche Schlussfolgerung nicht gezogen werden, obgleich § 11 Abs. 2 Bay. LPG zu Lasten des verantwortlichen Redakteurs eines periodischen Druckwerks die Vermutung aufstelle, dass er den Inhalt eines unter seiner Verantwortung erschienenen Textes gekannt und den Abdruck gebilligt hat. Diesbezüglich sei allerdings anerkannt, dass es sich nicht um eine Täterschaftsver-

34 BGH, Urt. v. 9.4.1997 – 3 StR 387/96 = BGHSt 43, 41 (43 f.).

35 BGH, Urt. v. 9.4.1997 – 3 StR 387/96 = BGHSt 43, 41 (46).

mutung handelt und vom verantwortlichen Redakteur auch kein Entlastungsbeweis verlangt wird. Eine Anwendung dieser Vorschrift kam für den BGH jedoch letztendlich nicht in Betracht, da im konkreten Fall der Angeklagte einen solchen Posten scheinbar nur formal – d.h. ohne die damit üblicherweise einhergehenden und aus presserechtlicher Sicht unentbehrlichen Entscheidungsbefugnisse – innehatte und somit die Stellung als verantwortlicher Redakteur von der Vorinstanz nicht zweifelsfrei festgestellt wurde. Bezüglich der demnach in Betracht kommenden Strafbarkeit wegen Beihilfe zum Zuwiderhandeln des für die Veröffentlichung tatsächlich Verantwortlichen sah sich der BGH jedoch vor ein dogmatisches Problem gestellt:

> „Zwar werden – materiell gesehen – durch § 20 Abs. 1 Nr. 4 VereinsG, soweit es um unterstützende Handlungen von außenstehenden Dritten geht, zur Täterschaft erhobene Beihilfehandlungen erfaßt, so dass daneben für eine Beihilfe grundsätzlich kein Raum ist."[36]

Allerdings konnte der Senat in seiner Entscheidung eine weitergehende Klärung dieser Frage unterlassen, da die unterstützende Handlung in diesem Fall gerade in der mittels Presseerzeugnisse erfolgenden Verbreitung fremder Texte bestand.

> „Infolge der dargelegten restriktiven Anwendung des § 20 Abs. 1 Nr. 4 VereinsG auf Fälle der Verbreitung fremder Texte durch Presseerzeugnisse ist der Kreis der zur Täterschaft erhobenen Beihilfehandlungen zur verbotenen Vereinstätigkeit so eng gezogen, dass in diesem Bereich von einer weitgehenden Gleichsetzung materieller Beihilfe in Gestalt fördernden Dritthandelns mit der Täterschaft nach § 20 Abs. 1 Nr. 4 VereinsG nicht die Rede sein kann. [...] Weder aus dem Sinn des § 20 Abs. 1 Nr. 4 VereinsG noch aus der Berücksichtigung der Meinungs- und Pressefreiheit ergeben sich einleuchtende Gründe, weshalb in solchen Fällen die allgemeinen Grundsätze strafrechtlicher Teilnahme nicht gelten sollen."[37]

8. *Homepage mit Hyperlink, AG Tiergarten v. 30.6.1997*[38]

Ein Berliner Amtsgericht hatte 1997 über die Strafbarkeit einer Angeklagten[39] zu befinden, welche seit April 1996 eine Internet-Homepage unterhalten hat, auf der sie sog. Hyperlinks eingerichtet hat. Ein Hyperlink – oder abgekürzt einfach Link – stellt ein markiertes Feld dar, welches nach Anwählen den Nutzer dieser Seite auf eine andere Homepage führt[40]. Über einen auf der Homepage der Angeklagten vorhandenen Link war es möglich, nach weiteren Auswahlentscheidungen über andere Links schließlich zu einer Seite mit zwei Artikeln zu gelangen, die Auszüge aus der im Juni 1996 erschienenen Berliner Zeitschrift

---

36 BGH, Urt. v. 9.4.1997 – 3 StR 387/96 = BGHSt 43, 41 (51).

37 BGH, Urt. v. 9.4.1997 – 3 StR 387/96 = BGHSt 43, 41 (52).

38 AG Tiergarten, Urt. v. 30.6.1997 – 260 DS 857/96 = CR 1998, S. 111 = MMR 1998, S. 49.

39 Es handelte sich um die PDS-Politikerin Angela Marquardt, wodurch der Fall bundesweit beträchtliche Aufmerksamkeit auf sich zog.

40 Für eine genauere Erklärung siehe *A. Koch*, MMR 1999, S. 704 f.

„radikal“ enthielten und die sich inhaltlich mit der Begehung von Sabotageakten gegen die Deutsche Bahn beschäftigten. Diese unter dem Aspekt der Störung öffentlicher Betriebe sowie des öffentlichen Friedens durch Androhung von Straftaten inkriminierten Texte wurden jedoch nach den Feststellungen des Gerichts erst zu einem Zeitpunkt auf dieser in der Kette der Verweisungen letzten Internet-Seite eingefügt, als die Homepage der Angeklagten den erwähnten Link bereits besaß. Ob die Angeklagte später überhaupt Kenntnis von den strafbaren Texten bekam, ließ sich nicht klären. Ohne weitere Ausführungen zur strafrechtlichen Bedeutung der Einrichtung eines Links auf der eigenen Homepage zu machen, folgerte das Gericht allein aufgrund der Tatsache, dass die Angeklagte auf die in Rede stehende Internet-Seite schon verwies, als die inkriminierten Inhalte dort noch gar nicht dort zu finden waren:

> „Die bloße Weiterexistenz des Links kann eine Strafbarkeit der Angeklagten jedenfalls dann nicht begründen, wenn nicht positiv festgestellt werden kann, dass die Angeklagte den Link bewußt und gewollt in Kenntnis der Existenz und des Inhalts [...] aufrecht erhielt“[41].

Eine Strafbarkeit wegen Beihilfe zu den §§ 130a, 140 StGB wurde daher verneint. Allerdings hat das Gericht auch darauf hingewiesen, dass eine Pflicht zur regelmäßigen Überprüfung eigener Links und des Inhalts der Seiten, auf die sie verweisen, vorstellbar wäre, sodass bei entsprechender Versäumung einer solchen Kontrolle eine Strafbarkeit wegen Unterlassens aufgrund einer Garantenpflicht aus Ingerenz in Betracht käme. Unter Hinweis auf die mit einer solchen juristischen Konstruktion einhergehende Rechtsunsicherheit wurde dieser Gedanke indes nicht weiter ausgeführt.

II. Umschreibung des Untersuchungsgegenstandes durch Hervorhebung der deliktsübergreifenden Gemeinsamkeiten

Diese acht Beispiele aus der strafrechtlichen Rechtsprechung dürften trotz der Verschiedenheit der ihnen zugrunde liegenden Lebenssachverhalte deutlich gemacht haben, dass sich bei der Beurteilung der Strafbarkeit wegen der Verwendung fremder Texte unabhängig von den im Einzelfall zu prüfenden Straftatbeständen ein ums andere Mal immer wieder die gleichen Probleme ergeben. Die an dieser Stelle einer in wissenschaftlicher Hinsicht begrüßenswerten Skepsis möglicherweise entspringende Vermutung, bei den im Folgenden näher zu beschreibenden Problemen und Auffälligkeiten handele es sich weniger um das Resultat eines repräsentativen Querschnitts durch die Rechtsprechung der Strafgerichte – vor allem die Judikatur des 3. Strafsenats des BGH – als vielmehr das Ergebnis einer persuasiven Auswahl von Entscheidungen seitens des Verfassers, ist unbegründet. In den folgenden Kapiteln findet eine ausführliche

41 AG Tiergarten, Urt. v. 30.6.1997 – 260 DS 857/96 = CR 1998, S. 111.

und erschöpfende Aufarbeitung der für die vorliegende Untersuchung relevanten Rechtsprechung statt. Spätestens dort wird deutlich, dass jederzeit auch andere Entscheidungen an Stelle der Ausgewählten hätten herangezogen werden können, um das Thema dieser Arbeit zu veranschaulichen. Wie eingangs dieses Kapitels bereits begründet, wurde den hier vorgestellten Beispielsfällen lediglich deswegen der Vorrang eingeräumt, da ihnen einerseits – mehr oder weniger – die Qualität von Leitentscheidungen zugeschrieben werden kann und sie andererseits infolge ihrer vielgestaltigen Sachverhalte möglichst viele Facetten desselben Phänomens wiederspiegeln. Dabei darf und soll die Existenz eben dieses strafrechtlichen Phänomens einstweilen – genaugenommen bis zum Ergebnis der einzeldeliktsspezifischen Betrachtung im 3. Kapitel – nur behauptet sein und den Rang einer Arbeitshypothese einnehmen.

Zunächst ist im Rahmen dieses Resümees zur Umschreibung des Untersuchungsgegenstandes festzuhalten, dass die einschlägigen Tatbestände eine überschaubare Gruppe bilden. Bis auf wenige Ausnahmen beschäftigten sich die Entscheidungen mit Delikten, die typischerweise mittels verkörperter Gedankeninhalte begangen werden. Gemeint sind die Verunglimpfungs-, Beschimpfungs- und Ehrverletzungsdelikte der §§ 90a, 130, 185 und 189 StGB sowie die §§ 111, 130a, 140 StGB, welche eine Aufforderung, Anleitung bzw. Billigung im Hinblick auf Straftaten Dritter pönalisieren. Konsequenterweise sind dies gleichzeitig ausnahmslos alles Tatbestände, die eine wichtige Rolle im Bereich des Pressestrafrechts spielen[42]. Das charakteristische Einhergehen dieser Delikte mit der Begehungsform der verkörperten Erklärung und der dadurch verursachten besonderen Strafwürdigkeit aufgrund der erhöhten Dauerwirkung und ermöglichten Breitenwirkung – insbesondere im Rahmen der periodischen und nichtperiodischen Presse – könnte ein Charakteristikum sein, welches den Gegenstand dieser Untersuchung zu umschreiben helfen könnte. Allerdings ist dieser Ansatz mit Blick auf die oben erwähnten Delikte des Zuwiderhandelns gegen ein vereinsrechtliches Betätigungsverbot gem. § 20 Abs. 1 Nr. 4 VereinsG und der Bildung terroristischer Vereinigungen gem. § 129a StGB fraglich. Schon aus den Äußerungen des BGH im Rahmen der oben als 7. Beispielsfall vorgestellten Entscheidung lässt sich entnehmen, dass bei diesen Straftaten die Verwendung von Texten keinesfalls die den Normalfall bildende Form der Tatbestandsverwirklichung darstellt, sondern wegen der geringen Gefährlichkeit eines solchen Verhaltens stattdessen Anlass für eine die Strafbarkeit einschränkende restriktive Auslegung ist. Völlig ungeeignet ist er schließlich, um die zuvor erwähnten Text-Darstellungen auf Computer-Monitoren[43] diesem Thema zuzuordnen, da es in diesen Fällen an einer derartigen Verkörperung gerade

42 Vgl. die entsprechende Zusammenstellung der bedeutendsten Delikte, welche als sog. Presse-Inhaltsdelikte in Betracht kommen bei *Löffler*^{4}*-Kühl* § 20 LPG Rdn. 53 bis 60.

43 Siehe dazu den 8. Beispielsfall.

fehlt. Andererseits stellt dieser Umstand auch keinen überzeugenden Grund dar, Fälle wie den des AG Tiergarten aus der Untersuchung auszuklammern, da ansonsten keine nennenswerten Unterschiede zu den übrigen Fällen bestehen. Vielmehr überwiegen gerade in Ansehung des 6. Beispielsfalles die Parallelen – dort Haftung wegen Herstellung und Verbreitung der gedruckten Zeitschrift „radikal", hier Haftung wegen Zugänglichmachens des Inhalts mehrerer Artikel der Zeitschrift „radikal" im Internet –, sodass der 8. Beispielsfall auch nur eine „moderne" Variante desselben Problems sein könnte und daher jedenfalls auch zum Gegenstand dieser Arbeit zählen muss.

Lassen sich die erwähnten Tatbestände nicht so ohne Weiteres unter diesem Gesichtspunkt beschreiben, kommt eine Hervorhebung der bei ihrer Subsumtion auftretenden gemeinsamen Probleme in Betracht. Diesbezüglich ist vor allem auffällig, dass in den meisten Beispielsfällen die Angeklagten die Stellung eines verantwortlichen Redakteurs inne hatten oder dies zumindest nicht ausgeschlossen werden konnte[44]. Existierte laut Sachverhalt eine Person mit dieser Funktion nicht, z.B. weil es um Artikel in Druckwerken der nichtperiodischen Presse ging, waren die Angeklagten oftmals der Herausgeber oder Verleger[45]. Bei diesen Personengruppen handelt es sich ausnahmslos um Aufgabenträger, deren Stellung und deren Pflichten in den Landespressegesetzen näher beschrieben sind. Demgemäß haben auch die erkennenden Gerichte in den Beispielsfällen namentlich der Stellung als verantwortlicher Redakteur im Sinne des Presserechts Bedeutung beigemessen für die Beantwortung der Frage, wann von einem Zu-Eigen-Machen fremder Texte ausgegangen werden kann. Zusammen mit dem an keiner Stelle näher erläuterten Hinweis auf den – wohl – strafbarkeitseinschränkenden Einfluss von Art. 5 Abs. 1 GG[46] wird die Funktion als presserechtlich Verantwortlicher als Begründung verwendet, um die für eine Strafbarkeit notwendige Identifikation mit fremden Äußerungen mal nur bei Vorhandensein einer eigenen zustimmenden Erklärung[47], mal aber auch schon bei Fehlen einer eigenen distanzierenden Erklärung und damit gleichsam automatisch[48] anzunehmen. Allerdings haben sich die rechtlichen Erwägungen im 4. und 5. Beispielsfall, in denen Drucker bzw. eine Religionspädagogin angeklagt waren, nicht wesentlich von den anderen Beispielen unterschieden. Worin genau hier die Gemeinsamkeiten bzw. Verschiedenheiten bestehen, wird noch zu klären sein.

---

44 Derart im 2., 3. (dort bei OLG Braunschweig, AG Frankfurt und LG Göttingen), 6. und 7. Beispielsfall.

45 So im 1. und 3. (dort bei LG Berlin) Beispielsfall.

46 Vgl. dazu den 1., 3. (dort bei AG Frankfurt), 6. und 7. Beispielsfall.

47 So im 2., 3. (dort bei LG Berlin) und wohl auch 6. Beispielsfall (so der BGH im Unterschied zum KG als Vorinstanz). Ebenso dürfte der 7. Beispielsfall hierher gehören, obgleich der BGH dort in Ermangelung der erforderlichen tatsächlichen Feststellungen die Stellung als verantwortlicher Redakteur nicht zur Begründung heranziehen konnte.

48 So im 3. Beispielsfall (dort bei OLG Braunschweig und LG Göttingen).

Damit stellt das Erfordernis der Identifikation – des Zu-Eigen-Machens – ein zentrales Problem dar, welches der BGH in obigen Beispielsfällen anlässlich der Zurechnung der in dem fremden Text enthaltenen Äußerung wiederholt betont hat, und zwar hinsichtlich der § 20 Abs. 1 Nr. 4 VereinsG, § 129a StGB gleichermaßen wie für die §§ 90a, 111, 130, 140, 185, 189 StGB. Diese Voraussetzung versteht der BGH als Charakteristikum der Äußerungsdelikte, denen er in direkter Abgrenzung eine als Verbreitungsdelikte bezeichnete Gruppe von Tatbeständen gegenüberstellt[49]. Allerdings sah sich der 3. Strafsenat zur Formulierung dieses einschränkenden Kriteriums weniger bereits aufgrund der Verwendung von Texten als in Betracht kommendem Mittel zur Tatbestandsverwirklichung veranlasst, als vielmehr um der Tatsache der aus Sicht des Täters fremden Verfasserschaft Rechnung zu tragen. Der Besonderheiten nämlich, die es gerade bezüglich schriftlich niedergelegter Äußerungen zu beachten gilt, gedachte der BGH mit der Aufstellung zweier weiterer Voraussetzungen. Danach müsse der inkriminierte Text erstens eine objektive Eignung besitzen, von seinem Adressatenkreis in einer ganz bestimmten Weise verstanden zu werden, und zweitens eine eindeutig erkennbare tatbestandsbezogene Zielrichtung aufweisen[50].

Mag man angesichts dieser konkret formulierten Kriterien daran zweifeln wollen, dass es eine diesbezüglich noch zu beseitigende Rechtsunsicherheit – mit anderen Worten eine Berechtigung für die vorliegende Untersuchung – überhaupt gibt, so sind diese Bedenken bei genauerer Betrachtung nicht begründet. Schließlich wurden die drei genannten Voraussetzungen vom BGH lediglich anlässlich der Tatbestandsauslegung der §§ 129, 129a StGB, § 20 Abs. 1 Nr. 4 VereinsG aufgestellt[51]. Anlass und Argument dafür waren zum einen Erwägungen zur Strafwürdigkeit des inkriminierten Verhaltens, die in der Erkenntnis gipfelten, dass es sich bei der Verwendung von – eigenen wie fremden – Texten regelmäßig um eine Propagandatätigkeit handeln würde, welche auf die bloße Gewinnung von Sympathie abziele[52]. Diese Sympathiegewinnung aber sei eine der harmloseren Formen der Tatbestandsverwirklichung obiger Delikte. Zum anderen betonte der BGH auch die Rolle von Art. 5 Abs. 1 GG in seiner Funktion als

---

49 Siehe oben 6. Beispielsfall, BGH, Beschl. v. 20.2.1990 – 3 StR 278/89 = BGHSt 36, 363 (370).

50 Derart der BGH im 7. Beispielsfall, Urt. v. 9.4.1997 – 3 StR 387/96 = BGHSt 43, 41 (43 f.); hinsichtlich der Zielrichtung auch schon im 1. Beispielsfall, Urt. v. 28.2.1964 – 3 StR 40/63 = BGHSt 19, 245 (250).

51 So außer in BGH, Urt. v. 9.4.1997 – 3 StR 387/96 = BGHSt 43, 41 ebenso auch in BGH, Urt. v. 9.4.1997 – 3 StR 584/96 = NStZ-RR 1997, S. 282; BGH, Beschl. v. 4.8.1995 – 2 BJs 183/91-3 StB 31/95 = NJW 1995, S. 3395; BGH, Beschl. v. 24.8.1987 – 1 BJs 167/86-4 StB 18/87 = NJW 1988, S. 1677 (1678); BGH, Urt. v. 25.7.1984 – 3 StR 62/84 = BGHSt 33, 16 (18); ferner KG, Beschl. v. 1.12.1989 – ER 30/9 = StV 1990, S. 210; OLG Schleswig, Beschl. v. 30.10.1987 – 2 OJs 11/87 = NJW 1988, S. 352.

52 BGH, Urt. v. 25.7.1984 – 3 StR 62/84 = BGHSt 33, 16 (17 f.).

ein die Meinungs- und Pressefreiheit sicherndes Kommunikationsgrundrecht sowie das daraus resultierende Postulat, die als Schranke i.S.v. Art. 5 Abs. 2 GG in Betracht kommenden Gesetze im Lichte dieses Grundrechts auszulegen[53]. Die Schlussfolgerung aus diesen Erwägungen war nach Ansicht des 3. Senats die Notwendigkeit, die genannten Tatbestände „einschränkend auszulegen", d.h. sie einer „restriktiven Anwendung" zuzuführen[54]. Betrachtet man diese Vorgehensweise indes genauer, wird die vom Gericht gewählte Etikettierung dieses Verfahrens einer Ergebnisfindung fragwürdig. Indem der BGH die erwähnten drei additiven Kriterien aufgestellt hat, deren Vorliegen es für die Tatbestandserfüllung im Fall der Verwendung fremder Texte bedarf, hat er keineswegs nur schlicht eine sich anbietende engere Wortbedeutung im Rahmen der §§ 129, 129a StGB oder § 20 VereinsG gewählt, sondern er hat deren Tatbestände um zusätzliche einschränkende Merkmale erweitert. Dies jedoch ist eine Methode der Rechtsfindung, die sich nicht mehr über die verschiedenen Mittel der Auslegung erreichen lässt, deren zwingende und logische Grenze der Gesetzeswortlaut ist, den es auszulegen gilt. Deutlicher ausgedrückt besteht die Vorgehensweise des BGH vielmehr in einer ersichtlich gerade nicht wortgetreuen Gesetzesanwendung. Das Hinzufügen einer sinngemäß geforderten Einschränkung aber ist methodisch für gewöhnlich als teleologische Reduktion zu qualifizieren, welche als Verfahren der „Merkmalsergänzung" das durch Auslegung gewonnene Ergebnis durch Modifizierung des Wortlauts unterschreitet[55]. Dass diese Variante richterlicher Rechtsfortbildung in Form der Schaffung neuer Tatbestandsmerkmale ganz anderen Anforderungen an ihre Rechtfertigung ausgesetzt ist, als die bloße Präzisierung bereits vorhandener Normen, ist bereits der erste – freilich noch zu vertiefende – Ansatz für eine eingehendere Betrachtung[56].

Ein anderer, im Zusammenhang mit der Umschreibung des Untersuchungsgegenstandes viel wesentlicherer Gedanke ergibt sich aus dem oben angesprochenen Anlass für die restriktive Haltung des BGH. Diesbezüglich ist zu berücksichtigen, dass die mittels teleologischer Reduktion zu beseitigenden Wider-

---

53 BGH, Urt. v. 9.4.1997 – 3 StR 584/96 = NStZ-RR 1997, S. 282; BGH, Urt. v. 9.4.1997 – 3 StR 387/96 = BGHSt 43, 41 (43); BGH, Urt. v. 25.7.1984 – 3 StR 62/84 = BGHSt 33, 16 (18).

54 So der BGH im 7. Beispielsfall, Urt. v. 9.4.1997 – 3 StR 387/96 = BGHSt 43, 41 (43) und (52).

55 So *Brandenburg*, Die teleologische Reduktion (1983), S. 54 und S. 58, sowie *Larenz/Canaris*, Methodenlehre der Rechtswissenschaft (1995), S. 211 mit dem auch auf diesen Fall zutreffenden Hinweis, dass die Rechtsprechung oftmals um der auf den ersten Blick größeren Gesetzestreue Willen von einer einengenden Auslegung spricht, wo es sich tatsächlich aber um eine teleologische Reduktion handelt.

56 Vgl. zu diesen Voraussetzungen die ausführliche Darstellung bei *Brandenburg*, Die teleologische Reduktion (1983), S. 55 ff.

sprüche stets zwischen Wortlaut und ratio einer einzigen Norm, im Verhältnis mehrerer nebeneinander geltenden Normen zueinander oder zwischen einer Norm und einem an sich dieser Norm fremden Prinzip bestehen[57]. Genau Letzteres könnte vorliegend bei der Verwendung fremder Texte möglicherweise der Fall sein, da die Überlegungen, die hier zu einer besonderen Voraussetzungen unterliegenden strafrechtlichen Beurteilung führten, bisher nicht zwingend an die Auslegung bestimmter einzelner Delikte gekoppelt erscheinen und aus diesem Grund durchaus Ausdruck eines normfremden Prinzips sein könnten. Dann aber würde es sich bei dem Gegenstand dieser Arbeit tatsächlich um ein einzeldeliktsübergreifendes dogmatisches Phänomen handeln, welches bislang in dieser Tragweite noch keine eingehende wissenschaftliche Behandlung erfahren hat.

Darüber hinaus stießen die Strafgerichte in allen oben angeführten Beispielen in dem Moment auf ein identisches Problem, sobald eine täterschaftliche Begehung wegen mangelnder Identifikation mit dem Inhalt des fremden Textes verneint werden musste. Die daraufhin zu prüfende Gehilfenstrafbarkeit nach § 27 StGB stellte sich als dogmatisch nicht zweifelsfrei dar, denn gerade bei den angesprochenen Tatbeständen war es fraglich, ob der Gesetzgeber mit den jeweiligen Tatbestandsformulierungen eine abschließende Regelung des strafbaren Verhaltens bezweckt hat, wodurch die Geltung der allgemeinen Teilnahmevorschriften ausgeschlossen sein könnte. Während der BGH dieses Problem zunächst mit den herkömmlichen Methoden der Gesetzesauslegung und damit deliktsspezifisch beantwortet hat[58], ging er später dazu über, die Anwendbarkeit der Beihilfegrundsätze nicht mit den besonderen Umständen der einzelnen Straftatbestände und der Interpretation konkreter Tatbestandsmerkmale, sondern unter Hinweis auf die Besonderheiten gerade der Verwendung fremder Texte in Presseerzeugnissen und die damit einhergehende restriktive Tatbestandsauslegung zu begründen[59]. Genauer gesagt stellte der 3. Strafsenat einen Zusammenhang her zwischen den die täterschaftliche Strafbarkeit einschränkenden Erwägungen einerseits und der Geltung des § 27 StGB andererseits. Ohne abschließend dazu Stellung zu nehmen, ob Tatbestandsmerkmale wie „Zuwiderhandeln" i.S.v. § 20 Abs. 1 Nr. 4 VereinsG oder „Werben" und „Unterstützen" i.S.v. §§ 129, 129a StGB tatsächlich tatbestandlich verselbstständigte und somit zur Täterschaft erhobene Beihilfehandlungen sind, löste er dieses Problem rein argumentativ: Gerade wegen der nur äußerst restriktiv anzunehmenden Strafbarkeit eines fremde Texte verwendenden Täters könne nicht davon ausgegangen werden, dass der in diesem Fall derart eingeschränkte Tat-

---

57 *Larenz/Canaris*, Methodenlehre der Rechtswissenschaft (1995), S. 211; *Brandenburg*, Die teleologische Reduktion (1983), S. 54.

58 So im 4. Beispielsfall, siehe BGH, Urt. 23.4.1980 – 3 StR 434/79 (S) = BGHSt 29, 258 (260 ff.).

59 So z.B. im 7. Beispielsfall, BGH, Urt. v. 9.4.1997 – 3 StR 387/96 = BGHSt 43, 41 (51 f.).

bestand bereits abschließend auch den Bereich strafbarer Beihilfe umschreiben möchte[60].

Wenn der BGH damit eine methodische Verfahrensweise, die einer teleologischen Reduktion am nächsten steht und welche vom Gericht nicht einmal als solche ausdrücklich bezeichnet und geprüft wird, als Bedingung dafür ansieht, eine Gehilfenstrafbarkeit scheinbar entgegen einem anders lautenden Grundsatz zu bejahen, wirft dies die Frage auf, ob mit solch einer Argumentation nicht der Bereich der Wortlautauslegung verlassen wird. Gäbe es tatsächlich ein derartiges Rechtsprinzip, wonach § 27 StGB in Konstellationen von tatbestandlich verselbstständigten Beihilfehandlungen nicht anzuwenden ist, könnte die dennoch erfolgende Anwendung, welche wiederum nur mit einer an anderer Stelle vorzunehmenden wortlautunterschreitenden Reduktion begründet wird, die Möglichkeiten einer ausdehnenden Auslegung überschreiten und eine lückenschließende teleologische Extension oder Analogie[61] darstellen. Eine solche aber wäre, da für den Gehilfen strafbegründend, gem. Art.103 Abs. 2 GG unzulässig[62]. Nicht einmal dieses Schlussfolgerung ist jedoch sicher, da es ferner unklar ist, ob sich diese extensive Anwendung auf § 27 StGB oder den jeweils einschlägigen Deliktstatbestand bezieht. Dies aber ist von Bedeutung für die Geltung des Art. 103 Abs. 2 GG, der im Allgemeinen Teil des StGB womöglich kein Analogieverbot normieren könnte[63]. Jedenfalls vermag allein die bloße Bezugnahme auf eine für den Täter enge Auslegung die für den Gehilfen weite Fassung des Strafbarkeitsbereichs nicht überzeugend zu begründen.

Mögen diese Gemeinsamkeiten in den Entscheidungsgründen der oben beispielhaft angeführten Fälle auch noch nicht die mit einem Erkenntnisgewinn verbundene Existenz einer entsprechenden strafrechtlichen Fallgruppe beweisen, so lassen sie aber jedenfalls die Vermutung zu, dass es sich bei den dog-

---

60 BGH, Urt. v. 9.4.1997 – 3 StR 387/96 = BGHSt 43, 41 (52).

61 Während eine Analogie auf einer ähnlichen Sachverhalten entspringenden gleichen Interessenlage beruht, unterscheidet sich bei einer teleologischen Extension der normierte Tatbestand vom nicht geregelten Fall, der aber gerade deswegen vom Gesetzgeber hätte ausdrücklich mit berücksichtigt werden müssen. Siehe dazu *Larenz/Canaris*, Methodenlehre der Rechtswissenschaft (1995), S. 217 f. sowie – eher skeptisch – *Gast*, Juristische Rhetorik (1997), S. 230 Rdn. 334.

62 *Larenz/Canaris*, Methodenlehre der Rechtswissenschaft (1995), S. 218.

63 Zu dieser bislang noch unzureichend geklärten Frage nach dem Geltungsbereich des Analogieverbots über die Straftatbestände des Besonderen Teils hinaus vgl. *Roxin*, AT Bd. 1 (1997), S. 113 Rdn. 41, und *Fincke*, Das Verhältnis des Allgemeinen zum Besonderen Teil des Strafrechts (1975), S. 13 ff. Für eine Anwendung auch auf die Vorschriften des Allgemeinen Teils sprechen sich aus *Jescheck/Weigend*, AT (1996), S. 136; *Maurach/Zipf*, Strafrecht AT – Teilbd. 1 (1992), S. 127 f. Rdn. 21 ff. Anderer Ansicht und damit die Möglichkeit einer Analogie außerhalb des Besonderen Teils bejahend ist LK[10]-*Tröndle* § 1 Rdn. 38, eher verneinend dagegen LK[11]-*Gribbohm* § 1 Rdn. 72.

matischen Schwierigkeiten, welche die Beurteilung der Strafbarkeit wegen einer Verwendung fremder Texte mit sich bringt, um eine weitgehend gleichartig verlaufende, einzeldeliktsübergreifende Erscheinung handelt. Dabei sind jedoch die einschlägigen Delikte, auf die dies zutrifft sowie die rechtlichen Lösungsansätze im Detail noch zu erörtern und – wie bereits deutlich geworden – zum Teil überhaupt erst noch zu entwickeln. Somit kann die Rechtslage in dieser Hinsicht als durchaus klärungsbedürftig angesehen werden, womit der Gegenstand dieser Arbeit vorerst konkret genug umschrieben sein dürfte, nämlich weniger als Beschreibung einer Gruppe von spezifischen Lebenssachverhalten, welche die Frage ihrer strafrechtlichen Bewertung nach sich ziehen, sondern vielmehr als Synonym für eine Reihe von bestimmten dogmatischen Fragen, die im Zusammenhang mit der Zurechnung fremder Texte auftreten.

Bevor nun detailliert auf eben diese Fragestellungen und die existierenden sowie noch zu findenden Antworten eingegangen wird, soll zum besseren Verständnis zunächst das bereits vorhandene gesetzliche Instrumentarium dargestellt werden, welches zum Zweck der Beurteilung der Strafbarkeit im Zusammenhang mit Kommunikationsinhalten bereit steht.

2. Kapitel

Das gesetzliche Instrumentarium zur strafrechtlichen Beurteilung von Kommunikationsformen und Kommunikationsinhalten

I. Die sog. Kommunikationsdelikte

1. Fehlen einer einheitlich verwendeten Terminologie

Eine wichtige Rolle bei der Beurteilung der Strafbarkeit von Äußerungen spielen die bereits mehrfach namentlich erwähnten sog. Kommunikationsdelikte[1], also all jene Straftatbestände, die von ihrem Tatbestand her nicht an ein beliebiges menschliches Verhalten anknüpfen, sondern die gerade den Bereich meinungsbildender Kommunikation als der gegenseitigen Verständigung durch Übermittlung oder Austausch geistiger Sinngehalte durch die Normierung von Verboten regeln wollen. Im Jahr 1919 konstatierte *Kern* in seinem gleichnamigen Werk über die Äußerungsdelikte, es

> „findet sich bis auf die neueste Zeit nirgends ein Versuch, die Äußerungsdelikte zusammenzufassen; ja nicht einmal die großen Gruppen, die sich zwanglos unter ihnen bilden lassen, [...] sind als verwandte Delikte erkannt und erörtert worden. [...] Nur in den Erörterungen über das Preßrecht finden sich gemeinsame Untersuchungen über das Wesen der Äußerung und im Zusammenhang damit über das Wesen der Preßdelikte. Im übrigen aber hat das Problem als solches noch keine Geschichte“[2].

Diese Bemerkung hat auch heute, sieht man einmal von *Kern's* eigenen Ausführungen ab, nichts von ihrer Gültigkeit verloren und beschreibt anschaulich die derzeitige Situation im strafrechtlichen und presserechtlichen Schrifttum, zu welchem in neuester Zeit in Anbetracht der immer vielfältiger werdenden Kommunikationsmöglichkeiten im Rahmen der sog. neuen Medien Abhandlungen zum Internet-, Online- und Medienrecht hinzugetreten sind. Dort werden zwar vielfach Begriffe aus dem Bereich der Kommunikationsdelikte als termini technici benutzt, ein diese Verwendung erklärender Versuch einer Systematisierung, welche diese Begrifflichkeiten nicht wie selbstverständlich voraussetzt, sondern sie im Wege einer dogmatischen Begründung rechtfertigt, findet indes kaum statt. Daher fehlt es bislang auch an einer durchgehend einheitlichen Terminologie. Das bedeutet für den hier anzustellenden Überblick, nicht ohne

---

1 Dieser den Regelungsbereich zutreffend beschreibende Begriff wird in neuerer Zeit bewusst insbesondere von *Altenhain*, CR 1997, S. 485 verwendet, um als Oberbegriff eine Gruppe strafrechtlicher Vorschriften zu bezeichnen, die bisher vorwiegend unter den maßgeblich von *Kern* herausgearbeiteten Termini der Äußerungsdelikte und der Tathandlungen zusammengefasst wurden, vgl. *Kern*, Die Äußerungsdelikte (1919), S. 1 ff.

2 *Kern*, Die Äußerungsdelikte (1919), S. 2.

eine vorangestellte Erläuterung der im Folgenden verwendeten Begriffe auskommen zu können.

In Anbetracht der hier zunächst maßgeblichen Aufgabe der Vornahme einer Einteilung der meinungsbildende Kommunikation betreffenden Delikte bietet es sich an, die zu wählenden Begrifflichkeiten eher weit zu fassen, um nicht bereits auf terminologischer Ebene eine Verengung des Themas zu bewirken. Für die folgende Untersuchung soll daher der oben schon verwendete Begriff der Kommunikationsdelikte als genus proximum alle Delikte kennzeichnen und zusammenfassen, welche die Äußerung oder Weitergabe missbilligter Inhalte als Inbegriff inkriminierter zwischenmenschlicher meinungsbildender Kommunikation unter Strafe stellen[3]. An diesem Oberbegriff orientiert kommt eine Strafbarkeit bei unvoreingenommenem Verständnis unter zwei verschiedenen Gesichtspunkten in Betracht[4]. Einerseits ist es denkbar, dass man bereits am bloßen Aussagegehalt einer Mitteilung Anstoß nimmt und aufgrund dessen verhindern möchte, dass diese publik wird. Andererseits ist es genauso vorstellbar, dass ein Täter sich des Mittels der kommunikativen Einflussnahme auf andere bedient, um damit seine kriminellen Absichten zu verwirklichen, d.h. unter Äußerung bestimmter Inhalte und deren Bekräftigung durch Darstellung der eigenen Person als dahinter stehenden geistigen Träger einen dadurch überhaupt erst zu erreichenden Taterfolg anstrebt. Schlichter ausgedrückt, kann ein Täter eines Kommunikationsdelikts entweder eine Äußerung verbreiten oder aber ein wie auch immer geartetes tatbestandliches Ziel erreichen wollen indem er sich zu diesem Zweck der Verbreitung von Äußerungen bedient.

Es kann zum einen also vornehmlich auf den Inhalt einer verbreiteten Äußerung abgestellt werden, der beispielsweise deshalb strafrechtlich zu missbilligen ist, weil er gewaltverherrlichenden, rassistischen, ehrverletzenden, straftatanleitenden, propagandistischen, nationalsozialistischen oder pornographischen Charakter besitzt. Die Strafbarkeit des Täters würde sich in diesem Fall bereits darauf gründen, dass er solche Äußerungen – freilich in Kenntnis ihres Inhalts – weitergibt. Zum anderen kann gleichsam darauf aufbauend ein bestimmtes Verhältnis in Gestalt einer gedanklichen Beziehung des Täters zum missbilligten Inhalt der Äußerung zum Anknüpfungspunkt der Strafbarkeit gemacht werden, sodass weniger der Publikationsakt als solcher sondern vielmehr die Kundgabe einer eigenen persönlichen Äußerung und der damit verfolgte Zweck zum Gegenstand des strafrechtlich relevanten Verhaltens wird. Somit bietet es sich an, die zu dieser zweiten Fallgruppe gehörenden Delikte im Folgenden als persönli-

3 In Anlehnung an *Altenhain*, CR 1997, S. 485.

4 So erstmals unterschieden von *Kern*, Die Äußerungsdelikte (1919), S. 37, der bemerkt, dass auf diese „Verschiedenheit bisher noch nirgends aufmerksam gemacht worden ist". Allerdings wollte *Kern* diese Ausführungen thematisch auf Schriftenverbreitungsdelikte beschränkt wissen.

che oder synonym höchstpersönliche Äußerungsdelikte zu bezeichnen[5]. Für die zuerst beschriebene Deliktsgruppe dagegen wird der Begriff der Verbreitungsdelikte vorgeschlagen[6], um deutlich zu machen, dass es für eine Strafbarkeit auf die Zurechnung der gedanklichen Aussage der Mitteilung gegenüber dem sich Äußernden nicht ankommt, sondern die reine Weitergabe bestimmter Kommunikationsinhalte im Vordergrund steht[7].

Deren inhaltliche Erörterung kann zumindest an dieser Stelle der Untersuchung knapp gehalten werden. Auch muss sich die gewählte Einteilung, die sich derart im Schrifttum keineswegs in terminologischer Einhelligkeit wiederfinden lässt, angesichts ihres soweit einzigen Zwecks, nämlich eine das Verständnis für die im Rahmen dieser Arbeit relevanten Tatbestände fördernde Einteilung der Delikte zu unterstützen, keinen allzu strengen dogmatischen Begründungsanforderungen ausgesetzt sehen, als vielmehr dem Anliegen einer praktikablen Einführung genügen. Solange jedenfalls aus den existierenden divergierenden Ansätzen zur Begriffsbildung keine dogmatischen Schlüsse gezogen werden sollen, mag das Problem der fehlenden fundierten Systematik an dieser Stelle nur erwähnt und dahingestellt bleiben. Die hier gewählte Einteilung wird dadurch insoweit nicht in Zweifel gezogen. Folglich soll auch ihre Rechtfertigung vorerst noch nicht versucht werden. Relevant werden die Unterschiede erst dann, wenn die Zuordnung zu einer der Gruppen nicht nur der bloßen Kategorisierung dient, sondern darüber hinaus die Begründung für eine bestimmte Grundhaltung bei der Auslegung darstellen bzw. ersetzen soll[8]. Für den hier zunächst allein maßgeblichen Zweck, einen Überblick über die verschiedenen Möglichkeiten der Strafbarkeit im Zusammenhang mit inkriminierten Äußerungen zu gewinnen, genügt der obige Ansatz, den Begriff der „Kommunikationsdelikte“ als Oberbegriff zu verwenden. Über die generelle Existenz der sachlich darunter zu fassenden Fallgruppen besteht schließlich auch keine Meinungsverschiedenheit.

---

5 Grundlegend *Kern*, Die Äußerungsdelikte (1919); ferner *Altenhain*, CR 1997, S. 486 und S. 496; *Uebbert*, Die strafrechtliche Haftung des verantwortlichen Redakteurs (1995), S. 47 f.; *Franke*, GA 1984, S. 462; *Mannheim*, Pressrecht (1927), S. 38; *Kitzinger*, Das Reichsgesetz über die Presse (1920), S. 125.

6 So beispielsweise bei *Altenhain*, CR 1997, S. 486; *Uebbert*, Die strafrechtliche Haftung des verantwortlichen Redakteurs (1995), S. 48; *Franke*, GA 1984, S. 452 ff.

7 Ebenso bereits *Kern*, Die Äußerungsdelikte (1919), S. 37 und *Mannheim*, Pressrecht (1927), S. 38 f. Den zusammenfassenden Begriff der „Verbreitungsdelikte“ benutzten beide indes noch nicht. Stattdessen verwendet *Kern* für diese Deliktsgruppe den Terminus „Tathandlungen“. Wenn *Sieber*, in: *Hoeren/Sieber*, Handbuch Multimedia-Recht (2001), Teil 19, S. 230 Rdn. 600 die Verbreitungsdelikte „Äußerungsdelikte i.e.S.“ nennt und ihnen die hier als persönliche Äußerungsdelikte bezeichneten „Äußerungsdelikte i.w.S.“ gegenüberstellt, wird mit dieser Begriffswahl der eigentliche Unterschied zwischen diesen Deliktsgruppen verdeckt.

8 Entsprechende Beispiele werden im 5. Kapitel unter II. 1. a) (S. 194) sowie vorher schon anhand der Auffassung von *Uebbert* im 3. Kapitel unter II. 5 b) (S. 134) angeführt.

2. *Verbreitungsdelikte*

Für die hier[9] als Verbreitungsdelikte bezeichnete Gruppe von Tatbeständen wird die Missbilligung des Inhalts einer Äußerung als das die Strafbarkeit begründende Kriterium angesehen. Möchte man diese Delikte indes als Kommunikationsdelikte bezeichnen, so muss dazu notwendigerweise noch ein Akt der Publikation treten, d.h. eine Weitergabe gerade dieses Gedankeninhalts. In diesem Zusammenhang ist zu beachten, dass dabei entsprechend dem Zweck, die Mitteilung bestimmter Äußerungsinhalte zu unterbinden, nicht von vornherein eine Beschränkung auf eine bestimmte Art und Weise der Weitergabe oder eine spezielle Form des Gedankeninhalts – also des Mediums der Kommunikation – existieren kann. Zwar knüpfen die meisten Verbreitungsdelikte tatbestandlich an das Vorhandensein einer Schrift an, jedoch kommen ebenso Behauptungen und Tatsachen unabhängig von ihrer Verkörperung als verbreiteter Kommunikationsinhalt in Betracht[10] sowie die naturgemäß unkörperlichen Darbietungen im Rundfunk[11]. Die übliche Erscheinungsform der Verbreitungshandlung, nämlich ohne eine persönliche Stellungnahme des sich Äußernden zu dem von ihm verbreiteten Erklärungsinhalt, mag typisch sein, ist aber keineswegs notwendig. Da die Tatbestände der Verbreitungsdelikte sich wie eben erwähnt vielfach dadurch auszeichnen, dass sie eine Weitergabe missbilligter Inhalte nicht in Form von beliebig beschaffenen Äußerungen unter Strafdrohung stellen, sondern gerade ein Verbreiten von Schriften voraussetzen, ist zu erläutern, was unter diesen Begriffen in strafrechtlicher Hinsicht zu verstehen ist.

Der im StGB[12] gebrauchte Begriff des Verbreitens wird, soweit dies im Zusammenhang mit Schriften erfolgt, von Rechtsprechung und Schrifttum einhellig verstanden als körperliche Übergabe eines Schriftstücks, d.h. als das gegenständliche Zugänglichmachen gegenüber einem größeren Personenkreis[13]. Mit dieser Begriffsbestimmung kann es allerdings nicht sein Bewenden haben, soweit Tatbestände auf die Weitergabe nicht der Substanz, sondern des Inhalts einer Gedan-

---

9 Insofern in terminologischer Übereinstimmung u.a. mit *Popp*, Die strafrechtliche Verantwortung von Internet-Providern (2002), S. 107 ff.; *Altenhain*, CR 1997, S. 486; *Uebbert*, Die strafrechtliche Haftung des verantwortlichen Redakteurs (1995), S. 48.

10 Z.B. in den §§ 109d, 186, 187 StGB.

11 Beispielsweise in den §§ 131 Abs. 2, 184 Abs. 2 und 200 Abs. 2 StGB, wobei in letzterem Fall das Veröffentlichen eine spezielle Form des Verbreitens darstellt, worauf *Franke*, NStZ 1984, S. 127; *ders.*, GA 1984, S. 456, hinweist.

12 Ebenso wie im Gesetz über die Verbreitung jugendgefährdender Schriften und Medieninhalte, vgl. §§ 3, 5, 21 sowie im Ordnungswidrigkeitenrecht, vgl. §§ 116, 119, 120 OWiG.

13 BGH, Urt. v. 8.5.1964 – 3 StR 9/64 = BGHSt 19, 308 (310); BGH, Urt. v. 3.10.1962 – 3 StR 35/62 = BGHSt 18, 63 (63 f.); BGH, Urt. v. 6.10.1959 – 5 StR 384/59 = BGHSt 13, 257 (258); OLG Hamburg, Urt. v. 24. 11 1982 – 1 Ss 128/82 = NStZ 1983, S. 127; *Derksen*, NJW 1997, S. 1881; *Sieber*, JZ 1996, S. 495; *Walther*, NStZ 1990, S. 524 f.; *Franke*, GA 1984, S. 459.

kenerklärung abstellen, wie dies beispielsweise bei den §§ 186, 187 StGB der Fall ist. Demzufolge ist im Schrifttum häufig von einem speziellen strafrechtlichen Verbreitungsbegriff die Rede, welcher eben diese Besonderheit herausstellen soll, dass in einigen Fällen unter das Verbreiten auch die bloße Übermittlung des geistigen Inhalts einer Äußerung zu subsumieren ist[14]. Vereinzelt wird ob dieser Unterschiede sowie vor allem wegen der vielfältigen und sogleich vorzustellenden Darstellungsformen, welche im Schriftenbegriff zusammengefasst sind und bezüglich derer sich die Tathandlung des Verbreitens nicht gleichartig auslegen lassen soll, sogar die Existenz eines einheitlich mehrere Tatbestände umfassenden strafrechtlichen Verbreitungsbegriffs bezweifelt[15].

Der Begriff der Schrift dagegen, der für die Anwendbarkeit der Verbreitungsdelikte eine wichtige Rolle spielt, ist im Strafgesetzbuch in § 11 Abs. 3 legaldefiniert, sodass sich Divergenzen bei der Auslegung nicht in einem solchen Maße ergeben. Der Begriff der Schrift – da praktisch bedeutendster Anwendungsfall – wird dort als verweisungstechnischer Sammelbegriff verwendet, um verschiedene Äußerungsformen zusammenzufassen[16]. Diese Regelung wurde durch den Gesetzgeber 1974 in den Allgemeinen Teil eingefügt, um alle Vorschriften, die tatbestandlich eine Schrift voraussetzen, auch auf die modernen elektronischen Medien anwenden zu können, sofern sie eine Verweisung auf eben diesen neuen § 11 Abs. 3 StGB enthalten[17]. Die gleiche Zielsetzung lag dann ebenfalls der 1997 durch das Informations- und Kommunikationsdienste-Gesetz (IuKDG)[18] erfolgten Ergänzung des § 11 Abs. 3 StGB[19] um den Begriff des „Datenspeichers" zugrunde, welche durch die mit der weltweit wachsenden Bedeutung und Benutzung des Internet entstandenen rechtlichen Fragen bezüglich der Anwendung des deutschen Strafrechts veranlasst wurde[20].

---

14 So *Löffler*[4]*-Bullinger* Einl. Rdn. 44.

15 Derart kritisch *Franke*, NStZ 1984, S. 127; *ders.*, GA 1984, S. 457.

16 So *Sch/Sch*[26]*-Eser* § 11 Rdn. 78; *Barton*, Multimedia-Strafrecht (1999), S. 116 Rdn. 167.

17 Einen ausführlichen Überblick über die Entwicklung der Gesetzgebung hinsichtlich des Schriftenbegriffs beginnend mit dem Reichsstrafgesetzbuch von 1871 bis hin zur Fassung des § 11 Abs. 3 StGB von 1974 gibt *Franke*, GA 1984, S. 452 ff.

18 Gesetz zur Regelung der Rahmenbedingungen für Informations- und Kommunikationsdienste (Informations- und Kommunikationsdienste-Gesetz – IuKDG) v. 22.7.1997, BGBl. I S. 1870 ff.

19 Art. 4 IuKDG enthält die besagte Änderung des § 11 Abs. 3 StGB, wobei konsequenterweise durch die Art. 5 und 6 IuKDG auch das Gesetz über Ordnungswidrigkeiten sowie das Gesetz über die Verbreitung jugendgefährdender Schriften (dieses in Ergänzung seines Namens um den Begriff der Medieninhalte) im gleichen Sinne geändert werden, sodass weiterhin der Schriftenbegriff in diesen drei Gesetzen einheitlich zu verstehen ist. Zu diesen Änderungen siehe *Moritz*, in: *Loewenheim/Koch*, Praxis des Online-Rechts (1998), S. 531 ff.

20 Dazu *Sieber*, in: *Hoeren/Sieber*, Handbuch Multimedia-Recht (2001), Teil 19, S. 231 Rdn. 603 ff.; *Kudlich*, Jura 2001, S. 307; *Soehring*, Presserecht (2000), S. 225 Rdn. 12.6a;

Nach diesem § 11 Abs. 3 StGB dient der Begriff der Schrift zwar als Leit- und Verweisungsbegriff, der eigentliche Oberbegriff ist jedoch der der Darstellung[21]. Unter einer solchen versteht man alle stofflichen Zeichen, die sinnlich wahrnehmbar sind und einen Vorgang oder sonstigen gedanklichen Inhalt vermitteln sollen, wobei die stoffliche Verkörperung von gewisser Dauer sein muss[22]. Unter den so definierten Begriff der Darstellung lassen sich dann ohne Weiteres die Abbildungen als optische Wiedergabe körperlicher Gegenstände oder Vorgänge in Fläche und Raum, die Ton- und Bildträger als durch Wiedergabegeräte für das Ohr bzw. Auge wahrnehmbare technisch gespeicherte Laute bzw. Bilder sowie die Schriften subsumieren. Unter Letzteren versteht man gerade solche stofflichen Zeichen, in denen die Gedankenäußerungen durch Buchstaben oder Zeichen verkörpert sind, sodass sie durch den Gesichts- oder Tastsinn erkannt werden können[23], wobei zu diesen Kriterien des gedanklichen Inhalts und der Verkörperung noch die Bestimmung zur Verbreitung hinzukommen muss[24]. Gemein ist diesen Begriffen jedenfalls ihre Eigenschaft als dauerhaft stofflich verkörperte Gebilde. Eben dies ist bei bloßen Anzeigen auf Computerbildschirmen – sofern es nicht zu einem Ausdruck kommt – nicht der Fall[25], sodass im Bereich von Computernetzen auf die Datenspeicher mit den auf ihnen stofflich – wenn auch nicht körperlich – festgehaltenen Gedankeninhalten abgestellt werden muss, um die tatbestandliche Existenz einer Schrift oder Darstellung bejahen zu können[26]. Die Zweifel an dieser mit Blick auf obige Defini-

---

Moritz, in: *Loewenheim/Koch*, Praxis des Online-Rechts (1998), S. 508 f.; *Wimmer/Michael*, Der Online-Provider im neuen Multimediarecht (1998), S. 125 f.; *Engel-Flechsig/Maennel/Tettenborn*, NJW 1997, S. 2990.

21 *Sch/Sch*[26]*-Eser* § 11 Rdn. 78; *Walther*, NStZ 1990, S. 523.

22 *Sch/Sch*[26]*-Eser* § 11 Rdn. 78.

23 *Sch/Sch*[26]*-Eser* § 11 Rdn. 78.

24 BGH, Urt. v. 22.12.1959 – 3 StR 52/59 = BGHSt 13, 375 (376); BayObLG, Beschl. v. 27.6.2000 – 5 St RR 122/00 = NJW 2000, S. 2911; *Derksen*, NJW 1997, S. 1881; *Franke*, GA 1984, S. 454 f.

25 *Kudlich*, Jura 2001, S. 307; *Pelz*, wistra 1999, S. 53; *Moritz*, in: *Loewenheim/Koch*, Praxis des Online-Rechts (1998), S. 508 f.; *Derksen*, NJW 1997, S. 1881; *Löhnig*, JR 1997, S. 496 f.; *Sieber*, JZ 1996, S. 495; *Walther* NStZ 1990, S. 523. Anderer Ansicht bezüglich bloßer Bildschirmanzeigen ist *Altenhain*, CR 1997, S. 495, dessen Hinweis auf *Dreher/Tröndle*[47] § 11 Rdn. 44 freilich fehlgeht, da dort wiederum auf *Walther*, a.a.O., verwiesen wird, welcher Zeichen auf Bildschirmen aber gerade ausdrücklich nicht unter § 11 Abs. 3 StGB subsumiert, sondern auf die zur Speicherung verwendeten Datenträger abstellt.

26 Diese Auslegung wurde bereits vor der Änderung des § 11 Abs. 3 StGB durch Art. 4 IuKDG vertreten von: OLG Nürnberg, Beschl. v. 23.6.1998 – Ws 1603/97 = NStZ-RR 1999, S. 238 (240, die Entscheidung bezieht sich auf eine strafbare Handlung im Juni 1997); OLG Stuttgart, Beschl. v. 27.8.1991 – 5 Ss 560/90 = NStZ 1992, S. 38; *Beisel/Heinrich*, CR 1997, S. 362; *Derksen*, NJW 1997, S. 1881; *Ringel*, CR 1997, S. 304; *Sieber*, JZ 1996, S. 495; *Walther*, NStZ 1990, S. 523. Zusammenfassend dazu *Soehring*,

tion der Darstellung an der Grenze des Analogieverbots liegenden Auslegung[27] wurden durch besagte Ergänzung des § 11 Abs. 3 StGB zerstreut. In Ansehung des erwähnten Körperlichkeitskriteriums erfordert nach heute herrschender Meinung der Begriff des Verbreitens, dass der Datenspeicher selbst seiner Substanz nach, d.h. die Festplatte bzw. Diskette, weitergegeben wird oder aber zumindest – begrifflich gelockert, um der Erscheinung der Verbreitung innerhalb von Computernetzen wie dem Internet Rechnung zu tragen – die elektronisch übertragenen Daten auf einem neuen Datenträger gespeichert werden[28].

Das soeben beschriebene tatbestandliche Anknüpfen der Verbreitungsdelikte gerade an das Verbreiten von Schriften ist regelmäßig das Ergebnis der Intention, den Strafrechtsschutz von bestimmten Rechtsgütern noch weit im Vorfeld einer materiellen Rechtsgutsverletzung beginnen zu lassen[29]. Dieses Ziel wiederum ist eng verknüpft mit ganz speziellen Bereichen strafrechtlicher Gesetzgebung, denn eine solche Vorgehensweise findet sich spezifisch auf dem Gebiet der Staatsschutzdelikte, der Ehrverletzungsdelikte sowie der Pornographiedelikte[30]. Ferner ist den Verbreitungsdelikten gemein, dass ein derart tatbestandliches Verbreiten von Schriften meistens nur eine mögliche Tathandlung im Rahmen einer Aufzählung von mehreren relevanten Formen der Tatbestandsverwirklichung darstellt[31]. Dabei werden beispielsweise dem Schriftenverbreiten noch die Begehungsformen des Zugänglichmachens, der öffentlichen Begehung bzw. des öffentlichen Zugänglichmachens oder schließlich der Begehung in einer Versammlung an die Seite gestellt. Möchte man eine Unterteilung versuchen, bieten sich diese Unterscheidungsmerkmale des verwendeten Mediums, der Art und Weise der Verbreitung und des Adressatenkreises am ehesten an[32].

Unter die so beschriebenen Verbreitungsdelikte lassen sich nun ohne weiteres die Staatsschutzdelikte der § 86 und § 86a StGB fassen. Ebenso verhält es sich

---

Presserecht (2000), S. 225 Rdn. 12.6a; *Barton*, Multimedia-Strafrecht (1999), S. 117 Rdn. 174; *Pelz*, wistra 1999, S. 53.

27 Derart kritisch *Löhnig*, JR 1997, S. 496 f.; großzügiger dagegen *Stange*, CR 1996, S. 426.

28 Dazu aus neuerer Zeit BGH, Urt. v. 27.6.2001 – 1 StR 66/01 = NJW 2001, S. 3558 (3559); BayObLG, Beschl. v. 27.6.2000 – 5 St RR 122/00 = NJW 2000, S. 2911; ferner *Gercke*, ZUM 2002, S. 286 und S. 288; *Hörnle*, NJW 2002, S. 1009 f.; *Popp*, Die strafrechtliche Verantwortung von Internet-Providern (2002), S. 108 ff.; *Sieber*, in: *Hoeren/ Sieber*, Handbuch Multimedia-Recht (2001), Teil 19, S. 231 Rdn. 603 ff.; *ders.*, NJW 1999, S. 2070 ff.; *Schreibauer*, in: *Kröger/Gimmy*, Handbuch zum Internetrecht (2000), S. 587; *Römer*, Verbreitungs- und Äußerungsdelikte im Internet (2000), S. 83 ff.; *Barton*, Multimedia-Strafrecht (1999), S. 118 Rdn. 175 ff.; *Vassilaki*, MMR 1999, S. 528 f.; *Derksen*, NJW 1997, S. 1881.

29 *Franke*, GA 1984, S. 471.

30 Ebenso *Franke*, GA 1984, S. 454.

31 Das betont *Sieber*, JZ 1996, S. 495.

32 So auch *Altenhain*, CR 1997, S. 486.

mit § 109d StGB sowie den §§ 130 Abs. 2, 130a, 131 StGB. Schließlich kommen das Pornographiedelikt § 184 StGB[33] und die Verbreitungsalternativen der §§ 186, 187 StGB[34] als oben erwähnte Ehrverletzungsdelikte hinzu. Eine weitere strafbare Möglichkeit der Weitergabe inkriminierter Inhalte findet sich in § 241a Abs. 2 StGB.

3. Persönliche Äußerungsdelikte

Die Charakterisierung der persönlichen Äußerungsdelikte kann unmittelbar auf dem zu den Verbreitungsdelikten Gesagten aufbauen. Auch sie können vielfach durch das Verbreiten von Schriften, öffentlich oder in Versammlungen begangen werden. Entscheidend ist jedoch, dass diese Form, in der die missbilligte Äußerung auftreten kann, für sich gesehen nicht zur Strafbarkeit führt[35]. Tathandlung ist hier gerade nicht die Weitergabe als solche, sondern die Abgabe einer eigenen Gedankenerklärung[36]. Diese Delikte tragen damit der Bedeutung sowie dem Einfluss Rechnung, welche im Rahmen meinungsbildender Kommunikation der sich äußernden Person zukommt[37]. Es muss „der Inhalt der geistigen Mitteilung gerade in Gedanken des die Äußerung bewirkenden Subjekts selbst" bestehen[38]. Hinzukommen muss folglich eine Identifizierung mit dem Geäußerten. Allerdings bedeutet das nicht zwingend, dass es sich bei persönlichen Äußerungsdelikten niemals um die Weitergabe von fremden Gedankeninhalten handeln kann. Verfasserschaft und Täterschaft fallen nicht unbedingt zusammen[39]. Notwendig in einem solchen Fall ist dann jedoch, dass der als Täter in Betracht kommende Verbreiter sich diese originär fremde Äußerung

---

33 *Moritz*, in: *Loewenheim/Koch*, Praxis des Online-Rechts (1998), S. 506 bezeichnet § 184 StGB ohne Begründung als Äußerungsdelikt.

34 Genau entgegengesetzt sieht dies indes *Uebbert*, Die strafrechtliche Haftung des verantwortlichen Redakteurs (1995), S. 59 f., wenn er betont, dass das Verbreiten von Tatsachen i.S.d. §§ 186, 187 StGB ein persönliches Äußerungsdelikt darstellen würde. Dabei sieht *Uebbert* die eigene Gedankenerklärung des Täters scheinbar in dem Umstand, dass er sich vom Wahrheitsgehalt der Äußerung unter Hinweis auf die Überzeugung eines Dritten distanziert, worin gerade der Unterschied zur Begehungsform des „Behauptens" liegen soll. Eine eingehende Auseinandersetzung mit dieser Ansicht *Uebbert's* erfolgt im 3. Kapitel unter II. 5. b) (S. 132).

35 So schon *Kern*, Die Äußerungsdelikte (1919), S. 14 f.

36 *Uebbert*, Die strafrechtliche Haftung des verantwortlichen Redakteurs (1995), S. 48.

37 Das stellt auch *Giehring*, StV 1985, S. 34 fest, wenn er konstatiert, dass der Erfolg persuasiver Kommunikation unmittelbar mit Persönlichkeit, Status und Glaubwürdigkeit des Vermittelnden verbunden ist und daher in den Tatbeständen der persönlichen Äußerungsdelikte Berücksichtigung finden muss. Vgl. noch ausführlicher dazu *Giehring*, StV 1983, S. 303 f.

38 *Loening*, Die strafrechtliche Haftung des verantwortlichen Redakteurs (1889), S. 141.

39 *Mannheim*, Pressrecht (1927), S. 33.

zu Eigen gemacht hat[40]. Die an diesen Akt der Identifikation zu stellenden Anforderungen mögen dann im einzelnen divergieren von einer eher rein subjektiven Haltung bis hin zu einer objektiv erkennbaren Manifestation. Auch in den im 1. Kapitel angeführten Beispielsfällen[41] mussten die Gerichte besagte Identifikation nachweisen, was sie unter Rückgriff auf die zitierten Kriterien taten. Danach kommen vor allem editorische und inhaltliche Stilmittel wie drucktechnische Hervorhebungen, Überschriften, persönliche Anmerkungen und erläuternde Stellungnahmen in Betracht, um die Übernahme einer fremden Äußerung anzuzeigen[42]. Allerdings ist es ebenso denkbar, die entsprechenden Voraussetzungen derart auf ein Mindestmaß zu reduzieren, dass in der wissentlichen und gewollten Wiedergabe einer Äußerung das festzustellende Zu-Eigen-Machen gleichsam vermutet wird und diese Vermutung wiederum nur bei Vorliegen einer eindeutigen Distanzierung vom Inhalt der inkriminierten Äußerung entfällt[43]. Eine einheitliche Praxis zu dieser wesentlichen Frage existiert ebensowenig wie eine als herrschend zu bezeichnende Ansicht[44]. Allein die bloße Weitergabe fremder Äußerungen kann zumindest niemals die Strafbarkeit wegen eines persönlichen Äußerungsdeliktes begründen.

Die den derart beschriebenen persönlichen Äußerungsdelikten zugehörigen Tatbestände kann man am nahe liegendsten unter Berücksichtigung der von ihrem gedanklichen Erklärungsinhalt ausgehenden geistigen Wirkung unterteilen[45]. Danach sind dies zum einen die zahlreichen Verunglimpfungs-, Beschimpfungs- und Beleidigungsdelikte, die unter der persönlichen Äußerung von Missachtung begangen werden, also die §§ 90, 90a, 90b, 103, 130 Abs. 1 Nr. 2, 166, 185, 186 und 187 StGB in ihren Alternativen des Behauptens sowie schließlich § 189 StGB. Eine weitere Gruppe von Tatbeständen knüpft die eigene Gedankenerklärung an das Inaussichtstellen eines Übels, welches als von der eigenen Person abhängend dargestellt wird, wie dies in den Drohungstatbeständen der § 126 und § 241 Abs. 1 StGB der Fall ist. Schließlich kann die persönliche Äußerung auch

40 *A. Koch*, MMR 1999, S. 710; *Vassilaki*, MMR 1999, S. 529; *Uebbert*, Die strafrechtliche Haftung des verantwortlichen Redakteurs (1995), S. 48; *Franke*, GA 1984, S. 462; *Kern*, Die Äußerungsdelikte (1919), S. 74.

41 Dort im 1., 2., 3., 5. und 6. Beispielsfall.

42 So beispielsweise BGH, Urt. v. 28.2.1964 – 3 StR 40/63 = BGHSt 19, 245 (250) = obiger 1. Beispielsfall; BGH, Beschl. v. 20.2.1990 – 3 StR 278/89 = BGHSt 36, 363 (371) = obiger 6. Beispielsfall. Die praktischen Probleme bei der Anwendung dieser redaktionellen Indizien verdeutlicht *Geppert*, JK 83, StGB § 111/1 anhand der Entscheidung des OLG Frankfurt, Beschl. v. 27.12.1982 – 2 Ss 554/82 = NJW 1983, S. 1207.

43 So in der als 5. Beispielsfall zusammengefassten Entscheidung des OLG Koblenz, Urt. v. 24.5.1984 – 1 Ss 132/84 = StV 1985, S. 15 (16).

44 Dies wird das 3. Kapitel dieser Arbeit im Wege einer genaueren Analyse der Auslegung und Anwendung der einschlägigen Tatbestände noch verdeutlichen.

45 Insofern der Darstellung von *Altenhain*, CR 1997, S. 496 folgend.

unter Bezugnahme zu anderen Straftaten, zu denen motiviert oder deren Begehung befürwortet werden soll, erfolgen. Diesbezüglich kommen die Tatbestände §§ 80a, 89, 111, 130 Abs. 1 Nr. 1, 140, 219a StGB in Betracht.

4. Bedeutung der Kommunikationsdelikte für den anhand der Beispielsfälle verdeutlichten Untersuchungsgegenstand

Sollen die im 1. Kapitel vorgestellten Beispielsfälle den Rahmen des zu untersuchenden Gegenstandes dieser Arbeit abstecken, so deuten bereits die dort erwähnten Straftatbestände auf weitgehende Überschneidungen mit den zu der Gruppe der Kommunikationsdelikte gehörenden Tatbeständen hin. Die genannten Verbreitungsdelikte sind aufgrund ihrer zumeist auf Schriften i.S.d. § 11 Abs. 3 StGB abstellenden Tatbestände bezüglich der hier relevanten Texte einschlägig, wobei der Begriff des Textes zunächst in einem möglichst weiten Sinn verstanden werden soll als jede sprachliche Einheit, die aus verknüpften Sätzen besteht und miteinander verbundene Sachverhalte darstellt. Auch wenn sich Abbildungen sowie Ton- und Bildträger nicht unter dieses Verständnis eines Textes fassen lassen, so kommt § 11 Abs. 3 StGB immer noch in seinen Alternativen der Schriften, Darstellungen und Datenspeicher in Betracht. Dabei ergeben sich bei der Subsumtion obiger Beispielsfälle nur geringe Probleme, da das Erfordernis der Verkörperung, welches den Gesetzgeber zur Ergänzung des § 11 Abs. 3 StGB veranlasst hat, für den eher an der Form der sprachlichen Ausdrucksweise orientierten Begriff des Textes keine Rolle spielt. Demgemäß lassen sich auch auf Computerbildschirmen sichtbare Ausführungen ohne Schwierigkeiten als Text in diesem Sinn verstehen.

Allerdings liegt das Schwergewicht bei den persönlichen Äußerungsdelikten, welche mit den §§ 90a, 111, 130, 140, 185, 189 StGB den Bereich bilden, der hinsichtlich der Zurechnung gerade fremder Kommunikationsinhalte naturgemäß größere Probleme verursacht, als dies bei Verbreitungsdelikten der Fall ist, die sich bezüglich der Urheberschaft einer Äußerung indifferent verhalten. Im Rahmen der persönlichen Äußerungsdelikte dagegen kann eine von einem Dritten stammende Erklärung nur dann als tatbestandlich angesehen werden, wenn besagte Identifikation festgestellt werden kann, sodass das Merkmal der Fremdheit allein hier entscheidend wird. Diesbezüglich erlaubt die inhaltliche Weite des Begriffs des Textes das Erfassen sämtlicher bereits erwähnter Kriterien wie das der drucktechnischen Gestaltung der inkriminierten Äußerung sowie ihrer stilistischen Darstellung unter Hinzufügung von Anmerkungen und Stellungnahmen. Dies ist nach dem bisher Ausgeführten deshalb von Bedeutung, weil das beschriebene Zurechnungsproblem bislang primär mittels gestalterischer, sprachlicher und inhaltlicher Interpretation der maßgeblichen Äußerung zu bewältigen versucht wird. In dieser Hinsicht erscheint die Rechtslage besonders klärungsbedürftig, da sich eine einheitliche Antwort auf die Frage nach den Voraussetzungen einer Übernahme fremder Texte und einer anschließenden Qualifizierung als eigene Äußerung bisher – und somit auch in obigen Beispielsfällen – noch nicht gebildet hat. Jedoch können damit die den Gegenstand dieser Arbeit ausmachenden Delikte noch nicht vollständig beschrieben sein, da eine große Rolle in obigen Beispielsfällen die § 129a StGB und § 20 Abs. 1 Nr. 4 VereinsG spielten[46]. Diese Tatbestände knüpfen ihre Anwendbarkeit aber nicht zwingend an eine Äußerung des Täters, sodass es sich bei ihnen zumindest grundsätzlich nicht um persönliche Äußerungsdelikte handelt. Im Rahmen der Kommentierung zu § 129a Abs. 3 StGB – insofern identisch mit § 129 Abs. 1 StGB – wird freilich darauf hingewiesen, dass es sich bei der Tathandlung des „Werbens" um ein solches Delikt handele[47], weshalb konsequenterweise die bloße Wiedergabe einer fremden Werbung ohne damit einhergehende Identifikation diesen Tatbestand nicht erfüllen könne[48]. Diese Auslegung ist indessen nicht so nahe liegend, wie bei den anderen Delikten, die oben als persönliche Äußerungsdelikte qualifiziert wurden. Diese weisen in ihren Tatbestandsformulierungen unter Verwendung von Begriffen wie beispielsweise „Auffordern", „Aufstacheln", „Behaupten", „Beschimpfen" oder „Billigen" einen von der Wortwahl her deutlicheren Zusammenhang mit kommunikativen Äußerungen auf, als das auch in Form sonstiger Tathandlungen denkbare „Werben". In dieser unsicheren Einordnung spiegelt sich schließlich exakt die bereits angesprochene argumentative Vorgehensweise wieder, unter unbegründeter Bezeichnung eines Tatbestandes als Äußerungsdelikt bestimmte dogmatische Ausgangspositionen für seine Auslegung einzunehmen. Gänzlich versagen muss diese Methode letzten Endes bei § 20 Abs. 1 Nr. 4 VereinsG, welcher die Zuwiderhandlung gegen ein vereinsrechtliches Betätigungsverbot pönalisiert und damit in keiner Beziehung gerade zur Weitergabe von Äußerungen missbilligten Inhalts steht. Dennoch wird dieser Tatbestand von den Gerichten in ausdrücklicher Anlehnung an die persönlichen Äußerungsdelikte ausgelegt[49], sodass sich in Konstellationen, in denen es um inkriminierte Texte geht, die gleichen Probleme ergeben. Dementsprechend handelt es sich bei dem angesprochenen Zurechnungsproblem und dem uneinheitlich verstandenen Kriterium der Identifikation augenscheinlich gerade nicht um ein dogmatisches Problem, welches sich auf diese Gruppe von Delikten beschränken lässt. Ob die Erstreckung der in diesem Zusammenhang gebräuchlichen Argumentation speziell auf § 20 Abs. 1 Nr. 4 VereinsG lediglich eine zu begründende Ausnahme darstellt oder vielmehr beispielhaft die Eigenständigkeit dieses Problems jenseits der Auslegung nur der anerkannten Äußerungsdelikte offenbart, wird im Folgenden aufzuzeigen sein.

---

46 So im obigen 4., 6. und 7. Beispielsfall.

47 LK[11]-*v. Bubnoff* § 129 Rdn. 57.

48 So *Sch/Sch*[26]*-Lenckner* § 129 Rdn. 14a; LK[11]-*v. Bubnoff* § 129 Rdn. 57.

49 Derart BGH, Urt. v. 9.4.1997 – 3 StR 387/96 = BGHSt 43, 41 (43 f.) = obiger 7. Beispielsfall.

II. Das sog. Pressestrafrecht

Eine ebenso bedeutende Rolle wie diesen Kommunikationsdelikten kommt für die strafrechtliche Beurteilung meinungsbildender Kommunikation den Tatbeständen zu, die sich speziell an die Presse richten, um den sich aus ihrer publizistischen Eigenart ergebenen Gefahren zu begegnen. Der Begriff der „Presse" ist in diesem Zusammenhang umgangssprachlich zu verstehen, da weder das Grundgesetz noch die Landespressegesetze ihn inhaltlich vorgeben, sondern ihren Anwendungsbereich unter Definition des Begriff des „Druckwerks" festlegen[50]. Anerkanntermaßen kann von in diesem Medium anzutreffenden Äußerungen missbilligter Inhalte eine besonders große Gefahr ausgehen. Während die von mündlich getätigten Äußerungen verursachte Wirkung aufgrund der Flüchtigkeit und Unbefangenheit des gesprochenen Wortes in vielen Fällen kaum der Erwähnung wert sein mag, trifft dies keinesfalls auf die mittels eines Druckwerks verbreiteten Äußerungen zu. Die stoffliche Verkörperung des geschriebenen Wortes, seine damit verbundene Dauerwirkung, die durch Massenvervielfältigungsverfahren ermöglichte enorme Breitenwirkung, das oftmals periodische Erscheinen sowie die Möglichkeit, sich im Schutz der Anonymität einer Bestrafung zu entziehen, machen die potenzielle Gefährlichkeit des Kommunikationsmediums „Presse" aus[51]. Folglich versteht man unter dem sog. Pressestrafrecht nicht die Normen der allgemeinen Strafgesetze, welche als „allgemeine Gesetze" i.S.v. Art. 5 Abs. 2 GG von allen Bürgern und damit auch Presseangehörigen zu beachten sind. Vielmehr handelt es sich dabei um die ausschließlich der Presse gegenüber geltenden Sondervorschriften, welche spezifisch auf die in diesem Bereich vorliegenden besonderen Umstände zugeschnitten sind, beispielsweise durch die Anordnung einer Sonderhaftung für Personen mit einer bestimmten Stellung oder Funktion sowie durch die Normierung spezieller Verjährungsregelungen. Diese Materie ist zwar aufgrund des kompetenzrechtlichen Sachzusammenhangs mit dem Presserecht gem. Art.70 Abs. 1 GG als Gesetzgebungsgegenstand den Ländern zugewiesen[52], dennoch weisen sämtliche Bundesländer in ihren Landespressegesetzen eine weitgehend deckungsgleiche Regelungsstruktur auf, jedenfalls sofern es das hier interessierende Gebiet des Pressestrafrechts betrifft[53].

---

50 Vgl. zu dieser Gesetzestechnik *Löffler/Ricker*, Handbuch des Presserechts (2000), S. 88 Rdn. 3 und Rdn. 4 sowie *Löffler[4]-Sedelmeier* § 7 LPG Rdn. 2 ff. und insbesondere Rdn. 7 ff.

51 Ebenso bezüglich dieser Wirkungsweise unter Beschreibung der verschiedenen Ursachen *Löffler[4]-Kühl* § 20 LPG Rdn. 29; *Löffler[4]-Sedelmeier* § 7 LPG Rdn. 65 sowie § 8 LPG Rdn. 2 und § 9 LPG Rdn. 2.

52 BVerfG, Beschl. v. 4.6.1957 – 2 BvL 17/56, 16/56, 22/56, 29/56, 39/56 = BVerfGE, 7, 29 (38); *Löffler/Ricker*, Handbuch des Presserechts (2000), S. 131 Rdn. 6; *Groß*, Presserecht (1999), S. 346 Rdn. 646 ff.; *Löffler[4]-Kühl* Vorbem. §§ 20 ff. LPG Rdn. 12 und Rdn. 13.

53 §§ 20, 21 und 22 Bad.-Württ. LPG; §§ 11, 13 und 14 Bay. LPG; §§ 14 und 15 Bbg. LPG; §§ 19, 20 und 21 Berl. LPG; §§ 20, 21 und 22 Brem. LPG; §§ 19, 20 und 21 Ham. LPG; §§ 11, 21 und 21a Hess. LPG; §§ 19, 20 und 21 M.-V. LPG; §§ 20, 21 und 22 Nieders. LPG;

Danach sind die zu diesem presserechtlichen Sonderstrafrecht gehörenden Bestimmungen grundsätzlich in zwei Gruppen aufzuteilen: Zum einen in die sog. Presse-Ordnungsverstöße und zum anderen in die sog. Presse-Inhaltsdelikte[54]. Die erstgenannte Gruppe umfasst lediglich Zuwiderhandlungen gegen die in den Landespressegesetzen normierten Ordnungsvorschriften, wie beispielsweise Verstöße gegen die im Zusammenhang mit der Gestaltung des Impressums oder der Bestellung des verantwortlichen Redakteurs stehenden Vorschriften. Dabei werden die schwereren Verstöße gegen presserechtliche Ordnungsvorschriften als Presse-Ordnungsdelikte bestraft[55], die eher leichteren Ordnungsverstöße dagegen als Ordnungswidrigkeiten[56]. Infolgedessen geht es in diesem Bereich ausschließlich um den Schutz und die Beachtung der Ordnung der Presse, womit jedoch eine Verantwortlichkeit aufgrund der Verbreitung inkriminierter – eigener oder fremder – Inhalte nichts zu tun hat. Die Gruppe der Presse-Inhaltsdelikte demgegenüber erfasst strafbare Handlungen, die gerade durch den geistigen Inhalt eines Druckwerks verwirklicht werden[57]. Die sachliche Nähe zu den oben beschriebenen persönlichen Äußerungsdelikten, bei denen die Strafbarkeit gleichfalls durch den Inhalt der – freilich notwendig eigenen – Gedankenäußerung begründet wird, ist kaum zu übersehen. Dementsprechend waren es auch tatsächlich die Presse-Inhaltsdelikte und das Anliegen ihrer Systematisierung, wodurch zahlreiche Verfasser zu Stellungnahmen zur Thematik der Kommunikationsdelikte, also Verbreitungs- wie persönlicher Äußerungsdelikte, bewegt wurden[58].

---

§§ 21, 22 und 23 Nordrh.-West. LPG; §§ 19, 20 und 21 Rhld.-Pf. LPG; §§ 20, 21 und 22 Saarl. LPG; §§ 12 und 13 Sächs. LPG; §§ 12, 13 und 14 Sachs.-Anh. LPG; §§ 20, 21 und 22 Schl.-Holst. LPG. Die einzige Ausnahme ist Thüringen, wo auf die Normierung einer strafrechtlichen Verantwortlichkeit verzichtet wurde und in § 13 Thür. LPG lediglich die Ahndung einzelner Presse-Ordnungsverstöße als Ordnungswidrigkeiten vorgesehen ist. Zur Rechtslage in Thüringen vgl. *Löffler*[4]*-Kühl* § 20 LPG Rdn. 171.

54 *Groß*, AfP 1998, S. 359.

55 § 21 Bad.-Württ. LPG; § 14 Bay. LPG; § 20 Berl. LPG; § 21 Brem. LPG; § 20 Ham. LPG; § 21 Hess. LPG; § 20 M.-V. LPG; § 21 Nieders. LPG; § 22 Nordrh.-West. LPG; § 20 Rhld.-Pf. LPG; § 21 Saarl. LPG; § 13 Sachs.-Anh. LPG; § 21 Schl.-Holst. LPG.

56 Damit gehören sie nicht mehr dem Bereich des Strafrechts an, sondern dem sog. Verwaltungsunrecht. Vgl. § 22 Bad.-Württ. LPG; § 13 Bay. LPG; § 15 Bbg. LPG; § 21 Berl. LPG; § 22 Brem. LPG; § 21 Ham. LPG; § 21a Hess. LPG; § 21 M.-V. LPG; § 22 Nieders. LPG; § 23 Nordrh.-West. LPG; § 21 Rhld.-Pf. LPG; § 22 Saarl. LPG; § 13 Sächs. LPG; § 14 Sachs.-Anh. LPG; § 22 Schl.-Holst. LPG; § 13 Thür. LPG.

57 § 20 Bad.-Württ. LPG; § 11 Bay. LPG; § 14 Bbg. LPG; § 19 Berl. LPG; § 20 Brem. LPG; § 19 Ham. LPG; § 11 Hess. LPG; § 19 M.-V. LPG; § 20 Nieders. LPG; § 21 Nordrh.-West. LPG; § 19 Rhld.-Pf. LPG; § 20 Saarl. LPG; § 12 Sächs. LPG; § 12 Sachs.-Anh. LPG; § 20 Schl.-Holst. LPG. Dazu *Löffler/Ricker*, Handbuch des Presserechts (2000), S. 131 Rdn. 4; *Löffler*[4]*-Kühl* Vorbem. §§ 20 ff. LPG Rdn. 6 und § 20 LPG Rdn. 17.

58 So z.B. *Uebbert*, Die strafrechtliche Haftung des verantwortlichen Redakteurs (1995), S. 47 f.; *Mannheim*, Pressrecht (1927), S. 33 ff.; *Kitzinger*, Das Reichsgesetz über die Presse (1920), S. 124 ff.; *Galli*, GA 52 (1905), S. 161 ff.

Dies bereits ist Grund genug, die hier unter dem Aspekt der strafrechtlichen Verantwortlichkeit für fremde Texte allein interessierende Gruppe der Presse-Inhaltsdelikte genauer zu betrachten. Allerdings soll vorher noch der erwähnte Begriff des „Druckwerks" erläutert werden, da die pressestrafrechtlichen Bestimmungen ebenso wie das gesamte Presserecht ihre tatbestandliche Anwendbarkeit an das Vorliegen eines solchen knüpfen.

1. Begriff des „Druckwerks" im Sinne der Landespressegesetze

Die enorme Bedeutung des Begriffs des Druckwerks im Rahmen der Pressegesetze der Länder aufgrund einer fehlenden Bestimmung des Begriffs der „Presse" wurde bereits erwähnt. Dementsprechend vermag es in Anbetracht dieser den Anwendungsbereich des gesamten Presserechts eröffnenden Definition nicht zu überraschen, wenn diese über den allgemeinen Sprachgebrauch hinausgeht. Diese weite Begriffsbestimmung war schon zur Zeit des Reichsgesetzes über die Presse von 1874 anerkannt und lässt sich historisch durch das obrigkeitsstaatliche Bemühen erklären, möglichst alle denkbaren Formen einer Massenvervielfältigung von potenziell gefährlichen Gedanken der staatliche Kontrolle in Gestalt der Vorschriften des Pressestrafrechts zu unterwerfen[59]. Diese Intention hat sich heute unter der Geltung des Grundgesetzes mit seiner besonderen Hervorhebung des verfassungsrechtlichen Schutzes einer freien Presse von der Wirkung her in ihr Gegenteil verkehrt, da eine weite Definition zugleich eine weite Schutzbereichsumschreibung im Hinblick auf Art. 5 Abs. 1 S. 2 Alt. 1 GG bedeutet[60].

Was genau unter dem Begriff des Druckwerks zu verstehen ist, definieren die Landespressegesetze weitgehend einheitlich. Danach handelt es sich bei Druckwerken um Schriften, besprochene Tonträger, bildliche Darstellungen mit und ohne Schrift sowie Musikalien mit Text oder Erläuterungen, sofern sie im Wege der Buchdruckerpresse oder eines sonstigen zur Massenherstellung geeigneten Vervielfältigungsverfahrens hergestellt und zur Verbreitung bestimmt sind[61]. An dieser Begriffsbestimmung orientiert, kann man im Wesentlichen vier Merkmale ausmachen, die ein Druckwerk in diesem Sinn aufweisen muss[62].

---

59 *Löffler/Ricker*, Handbuch des Presserechts (2000), S. 88 Rdn. 4; *Löffler*^{4}*-Sedelmeier* § 7 LPG Rdn. 3.

60 Ebenso *Löffler*^{4}*-Sedelmeier* § 7 LPG Rdn. 7.

61 So § 7 der Landespressegesetze von Baden-Württemberg, Brandenburg, Bremen, Hamburg, Niedersachsen, Nordrhein-Westfalen, Rheinland-Pfalz, Saarland und Schleswig-Holstein. In Berlin, Mecklenburg-Vorpommern, Sachsen-Anhalt und Thüringen ist es § 6 und in Hessen § 4, während in Bayern die §§ 6, 7, 19 und in Sachsen die §§ 6, 15 in einer Zusammenschau herangezogen werden müssen, um eine den anderen Ländern entsprechende Begriffsbestimmung zu erhalten.

62 Ebenso *Löffler/Ricker*, Handbuch des Presserechts (2000), S. 89 f. Rdn. 5 bis 8; *Löffler*^{4}*-Sedelmeier* § 7 LPG Rdn. 15 bis 26; *Franke*, GA 1982, S. 406 ff.

Zunächst einmal kommen nur solche Erzeugnisse in Betracht, die überhaupt einen geistigen Sinngehalt besitzen[63]. Denn gerade ob dieser geistigen Sinnhaftigkeit wurde die Presse schon immer als ideales Medium für die Verbreitung missbilligter Gedanken angesehen, was überhaupt erst den Anlass darstellte, sie einem Sonderrecht zu unterwerfen[64]. Dabei muss allerdings beachtet werden, dass die Verbreitung eines Druckwerks mit geistigem Sinngehalt nicht notwendig die Äußerung einer Gedankenerklärung im Sinne der persönlichen Äußerungsdelikte darstellen muss. Denn der geistige Gehalt kann in diesem Zusammenhang keineswegs nur in der Verlautbarung einer Meinung oder eines Gedankens bestehen[65], sondern vielmehr kann jede wahrnehmbare Information bereits den Sinngehalt eines Druckwerks bilden[66]. Als weiteres Merkmal muss die stoffliche Verkörperung gerade dieses soeben beschriebenen geistigen Sinngehalts vorliegen[67]. Das bedeutet, dass der gesamte Bereich der elektronischen Telekommunikation mit seinen körperlosen, lediglich infolge von Lichtimpulsen optisch wahrnehmbaren Projektionen aus dem Anwendungsbereich des Pressestrafrechts hinaus fällt[68]. Die Herstellung in einem zur Massenherstellung geeigneten Vervielfältigungsverfahren tritt als drittes Element hinzu[69]. Anhand dieses Kriteriums lassen sich die unter den Begriff des „Druckwerks" subsumierbaren Schriften von den Schriften i.S.d. § 11 Abs. 3 StGB unterscheiden. Zwar wurde oben anlässlich der Erläuterung des Schriftenbegriffs gem. § 11 Abs. 3 StGB erwähnt, dass ein Merkmal gleichfalls in der Bestimmung zur Vervielfältigung oder Verbreitung besteht. Jedoch erweist sich der strafrechtliche Begriff der Schrift insofern als weiter, da er nicht die einschränkende Voraussetzung der Herstellung gerade in einem Massenvervielfältigungsverfahren

---

63 *Löffler/Ricker*, Handbuch des Presserechts (2000), S. 89 Rdn. 5; *Löffler^4-Sedelmeier* § 7 LPG Rdn. 15.

64 *Löffler/Ricker*, Handbuch des Presserechts (2000), S. 89 Rdn. 5.

65 So freilich die mittlerweile veraltete, zu den Zeiten den Reichspressegesetzes aber vorherrschende Meinung, welche bei Druckschriften die Äußerung eines Gedankeninhalts verlangte, vgl. *Kloeppel*, Das Reichspreßrecht (1894), S. 147.

66 So schon *Kern*, Die Äußerungsdelikte (1919), S. 57 sowie *Löffler^4-Sedelmeier* § 7 LPG Rdn. 17, beide mit dem verbreiteten Argument, dass die Pressegesetze – und ebenso schon das Reichspressegesetz – auch beispielsweise Preislisten und Formulare als Druckwerke bezeichnen, nur um anschließend sogleich wieder ihre Herausnahme aus den die Druckwerke betreffenden Vorschriften anzuordnen.

67 *Löffler^4-Sedelmeier* § 7 LPG Rdn 19.

68 So *Flechsig*, in: *Schwarz*, Recht im Internet (2000), 8-2.1, S. 17; *Löffler^4-Sedelmeier* § 7 LPG Rdn. 19. *Flechsig* schlägt jedoch angesichts dieses Ergebnisses und des vergleichbaren Gebrauchs von Bildschirmtexten einerseits und den Produkten der klassischen Printmedien andererseits vor, die Kommunikation über Internet als „virtuelle Presse" zu klassifizieren und dem Presserecht dort unterfallen zu lassen, „wo dies sinnvoll ist".

69 *Löffler^4-Sedelmeier* § 7 LPG Rdn. 23.

kennt[70]. Das vierte Merkmal schließlich ist die Bestimmung zur Verbreitung. Allerdings muss auch diesbezüglich trotz gleichlautender Begrifflichkeiten klargestellt werden, dass dieser Vorgang der Verbreitung im Sinne des Presserechts nicht – zumindest nicht generell – identisch ist mit dem anlässlich der Darstellung der Verbreitungsdelikte gebrauchten strafrechtlichen Verbreitungsbegriff[71]. Denn während der presserechtliche Verbreitungsbegriff maßgeblich unter Beachtung der im Pressewesen herrschenden Umstände – z.B. dem Vorhandensein einer verkörperten Darstellung, welche den Inhalt zur körperlichen Verbreitung befähigt und der Adressierung an einen größeren Personenkreis entsprechend der Verwendung von Massenvervielfältigungsverfahren[72] – definiert wird, orientiert sich sein strafrechtliches Pendant primär am Zweck einer möglichst umfassenden Verhinderung missbilligter Äußerungen. Dieser Zweck aber legt ein eher weites strafrechtliches Verständnis des Begriffs der Verbreitung nahe, ohne von vornherein den Blick auf bestimmte Modalitäten der Weitergabe zu beschränken oder speziell in Massenvervielfältigungsverfahren hergestellte Darstellungen vorauszusetzen[73]. Zwar kann es bei den Verbreitungsdelikten, die tatbestandlich an die Verbreitung von Schriften anknüpfen, zu einem Übereinstimmen von presse- und strafrechtlichem Verbeitungsbegriff kommen[74]. Dennoch gibt es selbst dann noch Tatbestände, die bereits eine Weitergabe des bloßen Inhalts der Äußerung unter den Begriff des Verbreitens fassen[75], was oben im Rahmen der Darstellung der Verbreitungsdelikte bereits Anlass dafür war, Zweifel an der Existenz eines einheitlichen Begriffs der Verbreitung im strafrechtlichen Sinn anzumelden. Zumindest stellt sich das strafrechtliche Bild nicht einheitlich dar, womit jedenfalls von einer Übereinstimmung der Begriffe nicht die Rede sein kann[76].

---

70 *Löffler[4]-Bullinger* Einl. Rdn. 17.

71 Wobei sich wie zuvor gesehen bereits dieser Begriff nicht einheitlich darstellen ließ.

72 Zu dieser presserechtlichen Begriffsbestimmung vgl. BGH, Urt. v. 3.10.1962 – 3 StR 35/62 = BGHSt 18, 63 (64 f.); *Löffler[4]-Bullinger* Einl. Rdn. 24 bis 34; *Löffler[4]-Sedelmeier* § 7 LPG Rdn. 20 bis 22.

73 Ebenso *Löffler[4]-Bullinger* Einl. Rdn. 44.

74 So ausdrücklich OLG Hamburg, Urt. v. 24.11.1982 – 1 Ss 128/82 = NStZ 1983, S. 127. Beispielsweise verwenden *Sch/Sch[26]-Lenckner/Perron* § 184 Rdn. 57 den presserechtlichen Verbreitungsbegriff, um die Tathandlung des § 184 Abs. 3 Nr. 1 StGB zu definieren.

75 Das bekannteste und auch zuvor in den Ausführungen zum strafrechtlichen Verbreitungsbegriff angeführte Beispiel dürften die §§ 186, 187 StGB sein.

76 So insbesondere *Franke*, NStZ 1984, S. 127; *ders.*, GA 1984, S. 457, welcher wie bereits erwähnt darüber hinaus sogar für die Gruppe der Schriftenverbreitungsdelikte die pauschale Annahme eines mit der presserechtlichen Definition identischen, einheitlichen Verbreitungsbegriffs entschieden ablehnt.

2. *Presse-Inhaltsdelikte*

Die Formulierung „Presse-Inhaltsdelikt“ findet sich in dieser Ausdrücklichkeit nicht in den Landespressegesetzen. Stattdessen haben die Gesetzgeber der Länder in Übernahme dieses von der Rechtswissenschaft entwickelten Begriffs den Wortlaut der „Druckwerke strafbaren Inhalts“ verwendet[77]. Dabei kann man die normierte Verantwortlichkeit in zwei verschiedene Regelungsgegenstände unterteilen. Zum einen ordnen die landesrechtlichen Vorschriften bezüglich der Beurteilung von Straftaten, die mittels eines Druckwerks begangen wurden, in einer Generalverweisung die Geltung der allgemeinen bundesrechtlichen Strafgesetze an[78]. Zum anderen begründen sie für die Person des verantwortlichen Redakteurs bei periodischen Druckwerken sowie des Verlegers bei nichtperiodischen Druckwerken aufgrund deren herausragender Rolle für die Herstellung und Verbreitung von Druckwerken eine strafrechtliche Sonderhaftung in Form eines pressespezifischen Sonderdelikts[79]. Dabei handelt es sich um ein selbstständiges, dem Pressegewerbe eigentümliches Sonderdelikt[80]. Dieses besteht in einer speziellen und unter Strafe gestellten Berufspflichtverletzung seitens des verantwortlichen Redakteurs bzw. Verlegers, wonach sie es vorsätzlich oder

---

77 *Löffler/Ricker*, Handbuch des Presserechts (2000), S. 132 Rdn. 7. Dies gilt wie schon bemerkt allerdings nicht für Thüringen, wo sich der Landtag gegen eine solche Normierung der strafrechtlichen Verantwortlichkeit entschieden hat, vgl. dazu *Löffler*[4]*-Kühl* § 20 LPG Rdn. 171.

78 § 20 Abs. 1 Bad.-Württ. LPG; § 11 Abs. 1 Bay. LPG; § 14 Abs. 1 Bbg. LPG; § 19 Abs. 1 Berl. LPG; § 19 Abs. 1 Ham. LPG; § 19 Abs. 1 M.-V. LPG; § 21 Abs. 1 Nordrh.-West. LPG; § 19 Abs. 1 Rhld.-Pf. LPG; § 20 Abs. 1 Saarl. LPG; § 12 Abs. 1 Sächs. LPG; § 20 Abs. 1 Schl.-Holst. LPG. Zur Bedeutung dieser Verweisung auf die Strafgesetze des Bundes in einer Materie, die wie das pressespezifische Strafrecht dem Gebiet des Presserechts zuzuordnen ist und damit in den Bereich der Gesetzgebungskompetenz der Länder fällt vgl. *Groß*, Presserecht (1999), S. 345 Rdn. 644 f.; *ders.*, AfP 1998, S. 358 f. Auf die Anordnung einer solchen Generalverweisung verzichtet haben Bremen, Hessen, Niedersachsen, Sachsen-Anhalt und Thüringen.

79 § 20 Abs. 2 Bad.-Württ. LPG; § 14 Abs. 2 Bbg. LPG; § 19 Abs. 2 Berl. LPG; § 20 Brem. LPG; § 19 Abs. 2 Ham. LPG; § 19 Abs. 2 M.-V. LPG; § 20 Nieders. LPG; § 21 Abs. 2 Nordrh.-West. LPG; § 19 Abs. 2 Rhld.-Pf. LPG; § 20 Abs. 2 Saarl. LPG; § 12 Abs. 2 Sächs. LPG; § 12 Sachs.-Anh. LPG; § 20 Abs. 2 Schl.-Holst. LPG. Dazu *Löffler*[4]*-Kühl* § 20 LPG Rdn. 112 und Rdn. 113. Eine solche Sonderhaftung fehlt nur in Bayern und Hessen, die statt dessen eine an die §§ 20, 21 des früheren Reichspressegesetzes angelehnte Fahrlässigkeitshaftung bzw. eine Veröffentlichungsvermutung vorsehen, vgl. dazu die Darstellung im 3. Kapitel unter II. 3. (S. 118); ferner *Löffler/Ricker*, Handbuch des Presserechts (2000), S. 133 f. Rdn. 12 und Rdn. 14; *Löffler*[4]*-Kühl* § 20 LPG Rdn. 160 bis 163 und Rdn. 166. Auf die Rechtslage in Thüringen, wo eine vergleichbare Regelung fehlt, wurde bereits hingewiesen.

80 So bereits RG, Urt. v. 2.6.1892 – Rep. 1498/92 = RGSt 23, 151 (154) zur Vorgängervorschrift § 21 RPG; ferner *Löffler*[4]*-Kühl* § 20 LPG Rdn. 113.

fahrlässig[81] versäumt haben, ihrer Pflicht zur Freihaltung des Druckwerks von strafbaren Inhalten nachzukommen[82]. Der Unrechtsgehalt wird diesbezüglich gerade nicht in dem durch das Presse-Inhaltsdelikt herbeigeführten anderweitigen strafrechtlichen Erfolg – z.B. einer Beleidigung oder Aufforderung zu Straftaten – gesehen, sondern darin, dass der verantwortliche Redakteur oder Verleger seine Berufspflicht zur Gewährleistung der strafrechtlichen Reinheit des Druckwerks verletzt hat[83]. Das durch den Redakteur bzw. Verleger verwirklichte Unrecht erschöpft sich also in der Verletzung ihrer Prüfungspflicht[84]. Als weitere Besonderheit ist ferner hervorzuheben, dass diese Sonderhaftung subsidiär ausgestaltet ist, also erst dann eingreift, wenn eine Bestrafung als Täter oder Teilnehmer nach den allgemeinen Strafgesetzen – deren Geltung durch soeben erwähnte Verweisung angeordnet wird – nicht möglich ist.

Was genau unter dem Begriff des Presse-Inhaltsdelikts zu verstehen ist, orientiert sich auch heute noch an der vom Reichsgericht verwendeten Definition[85]. Danach liegt ein Presse-Inhaltsdelikt vor, wenn eine Straftat durch die Verbreitung eines Druckwerks begangen wird, dessen geistig wirksamer Inhalt die Erklärung enthält, die für den betreffenden Straftatbestand erforderlich ist, wobei es genügt, wenn diejenigen Umstände, von denen die Strafbarkeit sonst noch abhängt, außerhalb der durch die Presse verbreiteten Erklärung gegeben sind[86]. Denn genau

---

81 In Berlin ist aufgrund von § 15 StGB nur die vorsätzliche Pflichtverletzung strafbar, da das Berl. LPG keine Fahrlässigkeitshaftung vorsieht, vgl. dazu *Groß*, AfP 1998, S. 360.

82 *Löffler/Ricker*, Handbuch des Presserechts (2000), S. 133 Rdn. 10 und S. 421 Rdn. 4; *Löffler*[4]*-Kühl* § 20 LPG Rdn. 113.

83 OLG Stuttgart, Urt. v. 1.9.1980 – 3 Ss 440/80 = JR 1981, S. 339 (340); *Löffler*[4]*-Kühl* § 20 LPG Rdn. 114; *Uebbert*, Die strafrechtliche Haftung des verantwortlichen Redakteurs (1995), S. 111 ff. und S. 130.

84 Dies erklärt, warum im Rahmen dieses Sonderdelikts das zugrunde liegende Presse-Inhaltsdelikt als objektive Bedingung der Strafbarkeit angesehen wird. Siehe dazu *Löffler*[4]*-Kühl* § 20 LPG Rdn. 144; *Uebbert*, Die strafrechtliche Haftung des verantwortlichen Redakteurs (1995), S. 114 ff.

85 So BGH, Beschl. v. 18.12.1974 – 3 StR 105/74 = BGHSt 26, 40 (44); *Groß*, Presserecht (1999), S. 349 Rdn. 653; *Löffler*[4]*-Kühl* § 20 LPG Rdn. 26. Die Existenz eines einheitlichen Begriffs des Presse-Inhaltsdelikts wird allerdings von *Uebbert*, Die strafrechtliche Haftung des verantwortlichen Redakteurs (1995), S. 115 f., ausdrücklich entgegen der herrschenden Meinung in Frage gestellt. *Uebbert* meint, man müsse anhand Wortlaut und ratio all jener Normen, die solche „Druckwerke strafbaren Inhalts" zum Gegenstand haben, überhaupt erst den Begriff des Presse-Inhaltsdelikts erschließen und dann die Frage beantworten, ob es ein einheitlicher Terminus sei. Dies hindert *Uebbert* jedoch nicht, im Nachfolgenden das Presse-Inhaltsdelikt unter Einteilung in seine Begriffsmerkmale exakt auf die gleiche Weise zu erörtern, wie es der ganz herrschenden Ansicht entspricht und auch hier sogleich geschieht.

86 RG, Urt. v. 14.12.1931 – II 1004/31 = RGSt 66, 145 (147) und im Anschluss daran die ganz herrschende Ansicht, vgl. *Löffler/Ricker*, Handbuch des Presserechts (2000), S. 131 f. Rdn. 4 und Rdn. 8; *Groß*, Presserecht (1999), S. 349 Rdn. 653; *ders.*, AfP 1998,

dies macht die oben einleitend angesprochene publizistische Eigenart der Presse aus, dass sie Gedankeninhalte in Druckwerken verkörpert und in dieser Form an das breite Publikum gelangen lässt[87]. Dies hat zur Folge, dass die Verwirklichung eines Straftatbestandes lediglich mittels eines Druckwerks für sich gesehen nicht ausreicht, um als Presse-Inhaltsdelikt qualifiziert zu werden. Vielmehr muss notwendig eine bestimmte Art und Weise der Tatbestandserfüllung hinzukommen, nämlich die Verwirklichung der strafbaren Handlung gerade durch den geistigen Inhalt. Dieser Inhalt des Druckwerks muss somit die in einem Straftatbestand vorausgesetzte Erklärung enthalten, mögen auch die sonstigen Tatbestandsmerkmale außerhalb des Druckwerks verwirklicht worden sein[88].

Diese Umschreibung macht deutlich, dass der Begriff des Presse-Inhaltsdelikts keineswegs eine eigene Sondergattung von Straftaten definieren soll, sondern nur das Erscheinungsbild einer bestimmten Begehungsform der allgemeinen Straftatbestände kennzeichnet: Die Verübung einer Straftat mittels des Inhalts eines Druckwerks[89]. Auf diese reichsgerichtliche Begriffsbestimmung soll nun genauer eingegangen werden, um die Berührungspunkte mit den zuvor dargestellten Kommunikationsdelikten im Bereich der strafrechtlichen Verantwortlichkeit für fremde Texte deutlicher hervortreten zu lassen.

a) Begriffsmerkmale des Presse-Inhaltsdelikts

Das Presse-Inhaltsdelikt setzt sich nach allgemeiner Ansicht aus drei Begriffselementen zusammen[90]. Die erste begriffliche Voraussetzung ist, dass der in dem Druckwerk verkörperte Inhalt eine „geistige Wirkungskraft“[91] besitzt, womit gemeint ist, dass er auf den Leser als eine „geistig wirksame Gedankenäußerung“[92] einwirken müsse. Mit diesen Formulierungen sollen vor allem zwei Charakteristika der Presse-Inhaltsdelikte benannt werden. Zum einen soll noch ein weiteres mal – neben den schon zum Begriff des Druckwerks angestellten Überlegungen, an welchen die pressestrafrechtlichen Vorschriften ohnehin tatbestandlich anknüpfen – unterstrichen werden, dass die große potenzielle Gefährlichkeit der Presse gerade in ihrer Bedeutung für die öffentliche Meinungs-

---

S. 359; *ders.*, NStZ 1994, S. 313; *Löffler*⁴*-Bullinger* Einl. Rdn. 57. Schon vor der Entscheidung des RG hat *Galli*, GA 52 (1905), S. 162 und S. 166 f. eine entsprechende Auslegung vertreten.

87 BGH, Beschl. v. 18.12.1974 – 3 StR 105/74 = BGHSt 26, 40 (43).

88 *Groß*, Presserecht (1999), S. 349 Rdn. 653; *ders.*, AfP 1998, S. 359.

89 So *Löffler*^{4}*-Kühl* § 20 LPG Rdn. 28 und *Franke*, GA 1982, S. 408, sowie gleichermaßen bereits *Kern*, Die Äußerungsdelikte (1919), S. 56.

90 *Löffler*^{4}*-Kühl* § 20 LPG Rdn. 32; *Uebbert*, Die strafrechtliche Haftung des verantwortlichen Redakteurs (1995), S. 117; *Franke*, GA 1982, S. 406.

91 So *Löffler*^{4}*-Kühl* § 20 LPG Rdn. 33.

92 So *Uebbert*, Die strafrechtliche Haftung des verantwortlichen Redakteurs (1995), S. 117.

bildung liegt[93]. Ihre enorme Breitenwirkung und die dem geschriebenen Wort zukommende Dauerwirkung waren der gesetzgeberische Grund, der als gefährlich eingeschätzten geistigen Wirkungskraft von über dieses Kommunikationsmedium verbreiteten Äußerungen mit einem Sonderstrafrecht speziell für die Presse entgegenzutreten. Zum anderen sollte klargestellt werden, dass nicht jedes Druckwerk mit einem vom Gesetzgeber missbilligten Inhalt automatisch zu einem Presse-Inhaltsdelikt führen muss. Denn auch in Fällen bloßer Presse-Ordnungsverstöße liegt beispielsweise bei unrichtigen Impressumsangaben ein rechtswidriger Inhalt des jeweiligen Druckwerks vor. Dennoch fehlt es in diesen Konstellationen gänzlich an einer geistigen Wirkungskraft, die diese missbilligten Inhalte besitzen und welche auf die Leser des Druckwerks einwirken könnte[94]. Dementsprechend beinhalten auch andere Straftaten, bei denen die Strafbarkeit zwar durchaus an einen rechtswidrigen Inhalt anknüpft, dieser jedoch keinerlei intellektuell beeinflussende Ausstrahlungskraft besitzt, kein Presse-Inhaltsdelikt. Als Beispiele für solche Fälle werden in der Literatur die Fälschungsdelikte der §§ 146 ff. StGB genannt, sowie Verstöße gegen das Urheberrecht oder das Gesetz über die Verbreitung jugendgefährdender Schriften[95]. Ihnen nämlich sei eigentümlich, dass die Strafbarkeit auf Verstößen gegen die normierten Modalitäten der Verbreitung basiert oder sich auf die mangelnde Befugnis der handelnden Personen bezieht. Ein Druckwerk mit inkriminiertem Inhalt, das zu einem Presse-Inhaltsdelikt führt, muss also nicht nur einen per definitionem sowieso erforderlichen geistigen Sinngehalt aufweisen, sondern dieser muss sich zugleich als eine kommunikative Gedankenerklärung darstellen.

Das zweite Begriffsmerkmal eines Presse-Inhaltsdelikts ist dessen Ausführungshandlung, welche notwendigerweise in der Verbreitung eines Druckwerks liegt. Das bedeutet, dass die Tat eben nicht nur unter Verwendung eines Druckwerks begangen werden muss, worunter man sich auch die akustische Weitergabe seines bloßen Inhalts vorstellen könnte[96], sondern das Delikt muss gerade

---

93 Ebenso *Löffler[A]-Kühl* § 20 LPG Rdn. 29 ff.; *Uebbert*, Die strafrechtliche Haftung des verantwortlichen Redakteurs (1995), S. 118.

94 So *Löffler[A]-Kühl* § 20 LPG Rdn. 33.

95 Diese werden genannt von *Groß*, Presserecht (1999), S. 349 Rdn. 654; *ders.*, AfP 1998, S. 360; *Löffler[A]-Kühl* § 20 LPG Rdn. 37 und Rdn. 38; *Uebbert*, Die strafrechtliche Haftung des verantwortlichen Redakteurs (1995), S. 118.

96 Die zweite Bedeutung, die sich aus der notwendigen Ausführungshandlung des „Verbreitens" ergeben soll und auf die in der Literatur gerne hingewiesen wird, ist die Erkenntnis, dass das Presse-Inhaltsdelikt eben nur durch Verbreitung begangen werden kann, nicht aber durch andere Tathandlungen, die unter Gebrauch eines Druckwerks erfolgen, wie z.B. der Einsatz eines Buches als Waffe gegen den Körper des Opfers, vgl. *Löffler[A]-Kühl* Vorbem. zu §§ 20 ff. LPG Rdn. 4 und § 20 LPG Rdn. 39; ebenso *Uebbert*, Die strafrechtliche Haftung des verantwortlichen Redakteurs (1995), S. 101. Freilich dürfte sich diese richtige Feststellung bereits aus der Zusammenschau des ersten und des dritten – sogleich noch zu erörternden – Begriffsmerkmals ergeben.

mittels der Verbreitung dieses Druckwerks verwirklicht werden[97]. Außerdem kommt es bei dieser Verbreitung darauf an, dass das Druckwerk gerade als geistiges Einwirkungsmittel gegenüber einer unbestimmten Vielzahl von Lesern benutzt wird, sodass kein Presse-Inhaltsdelikt vorliegt, wenn es sich gezielt nur an wenige Personen richtet[98].

Die dritte begriffliche Voraussetzung schließlich besteht in dem Erfordernis, dass der infolge des Presse-Inhaltsdelikts verwirklichte anderweitige straftatbestandliche Erfolg ausgerechnet durch den Inhalt des Druckwerks begründet wird[99]. Denn das erste oben angesprochene Begriffsmerkmal bestand nur in der schlichten Existenz eines geistige Wirkungskraft aufweisenden Inhalts. Hinzukommen muss aber, dass auch die Strafbarkeit einzig auf diesem Inhalt basiert. Schon dieser letzte Satz indes ist missverständlich und könnte so verstanden werden, als dass die im Druckwerk verkörperte inkriminierte Gedankenerklärung für sich allein bereits den objektiven Tatbestand des jeweiligen Delikts erfüllen muss[100]. Folglich würden alle Delikte, die tatbestandlich weitere Voraussetzungen aufstellen, welche nur außerhalb des Druckwerks erfüllt werden können – z.B. ein über die bloße Verbreitung hinausgehender bestimmter Erfolg – aus dem Kreis potenzieller Presse-Inhaltsdelikte ausscheiden[101]. Eine derartige Sichtweise wird heute jedoch nicht mehr ernsthaft vertreten[102]. Demgemäß geht auch die oben wiedergegebene Definition des Reichsgerichts ausdrücklich davon aus, dass es genügt, wenn die für die Tatbestandsverwirklichung erfoderliche Erklärung im Inhalt des Druckwerks zu finden ist. Viel wichtiger als dieser überkommene Streit ist denn auch eine andere Feststellung, welche durch dieses dritte Begriffsmerkmal ermöglicht wird. Danach kommen nämlich solche Straftatbestände, die eine Verbreitung eines Druckwerks mit Strafe bedrohen,

---

97 *Löffler/Ricker*, Handbuch des Presserechts (2000), S. 132 Rdn. 8; *Löffler*^{4}*-Kühl* § 20 LPG Rdn. 39; *Uebbert*, Die strafrechtliche Haftung des verantwortlichen Redakteurs (1995), S. 119 f.; *Franke*, GA 1982, S. 406 f.

98 *Löffler/Ricker*, Handbuch des Presserechts (2000), S. 132 Rdn. 8.

99 *Löffler*^{4}*-Kühl* § 20 LPG Rdn. 50; *Franke*, GA 1982, S. 407.

100 So tatsächlich der sog. „enge“ Begriff des Presse-Inhaltsdelikts, der vor allem früher im zum Reichspressegesetz erschienenen Schrifttum vertreten wurde und welcher maßgeblich auf die Ausführungen von *v. Liszt*, Das deutsche Reichspreßrecht (1880), S. 141 und *Loening*, Die strafrechtliche Haftung des verantwortlichen Redakteurs (1889), S. 101 f. zurückgeht. Vgl. dazu die Darstellungen dieser Auffassung bei *Löffler*^{4}*-Kühl* § 20 LPG Rdn. 50; *Uebbert*, Die strafrechtliche Haftung des verantwortlichen Redakteurs (1995), S. 123 f.; *Groß*, NJW 1966, S. 638; *Mannheim*, Pressrecht (1927), S. 33 ff.

101 Dies war dann auch die von *Loening*, Die strafrechtliche Haftung des verantwortlichen Redakteurs (1889), S. 107 f. gezogene Schlussfolgerung. Auf diese den „engen“ Begriff des Presse-Inhaltsdelikts nahezu ad absurdum führende, da die wichtigsten durch die Presse begehbaren Delikte ausklammernde Konsequenz machten schon *Mannheim*, Pressrecht (1927), S. 33 f. und *Kern*, Die Äußerungsdelikte (1919), S. 59 aufmerksam.

102 Siehe nur *Löffler*^{4}*-Kühl* § 20 LPG Rdn. 51.

ohne dass es eine Rolle spielt, ob ihr Inhalt strafbar ist oder nicht, als Presse-Inhaltsdelikte nicht in Betracht[103].

b) Kommunikationsdelikte als Presse-Inhaltsdelikte

Die Rolle der Kommunikationsdelikte als wohl bedeutendste Gruppe von Straftatbeständen, welche den Gegenstand der Presse-Inhaltsdelikte ausmachen, wurde bereits anfangs erwähnt mit dem Hinweis, dass es vorwiegend Ansätze aus dem Schrifttum waren, die sich die Beschreibung der Presse-Inhaltsdelikte als Ziel gesetzt hatten[104] und anlässlich dieser Untersuchung zum Wesen der Kommunikationsdelikte als dem Hauptanwendungsfall der Presse-Inhaltsdelikte Stellung nehmen mussten[105]. Demgemäß weisen auch die aktuellen Kommentierungen der Landespressegesetze die zu den Verbreitungsdelikten wie persönlichen Äußerungsdelikten gehörenden Tatbestände als wichtigste Fälle von Presse-Inhaltsdelikten aus[106], womit zugleich gesagt ist, dass es sich nicht um die einzigen Fälle handelt. Allerdings ist schon dieses Feststellung nicht zu allen Zeiten völlig unstrittig gewesen. Namentlich *Kern* ließ nur eine sehr kleine Gruppe von Delikten unter den Anwendungsbereich des Pressestrafrechts fallen. Während seines Erachtens die von ihm als Tathandlungen bezeichneten Verbreitungsdelikte überhaupt nicht spezifisch durch die Presse begangen werden könnten, und damit als potenzielle Presse-Inhaltsdelikte a priori ausscheiden müssten, kämen dafür nur die Äußerungsdelikte im weiteren Sinn in Betracht[107]. Unter diesen verstand *Kern* sämtliche Delikte, die durch Kundgebungen mit gedanklichem Inhalt begangen werden[108]. Dabei unterschied er zwischen Tatbeständen, welche einerseits unter anderem auch durch Gedankenäußerungen verwirklicht werden können, da ein bestimmtes Mittel zur Tatbestandsverwirklichung nicht vorgeschrieben ist[109], und solchen Tatbeständen andererseits, die schon tatbestandlich nur durch Äußerungshandlungen verwirklicht werden können[110]. Nur letztere Delikte, welche er als Äußerungstatbestände oder Äußerungsdelikte im engeren Sinn bezeichnete – und welche inhaltlich mit den persönlichen Äußerungsdelik-

103 *Groß*, Presserecht (1999), S. 349 Rdn. 654; *ders.*, AfP 1998, S. 360; *Löffler*[4]*-Kühl* Vorbem. zu §§ 20 ff. LPG Rdn. 4; *Franke*, GA 1982, S. 405.

104 Beispielsweise die zitierten *Kitzinger*, *Mannheim* und *Uebbert*.

105 Für *Kern* stellte sich die Lage umgekehrt dar, hatte er sich doch die systematische Darstellung der Äußerungsdelikte zum Ziel gemacht und kam dann bei deren Untersuchung nicht umhin, auch die „Preßdelikte" als praktisch wichtigsten Sonderfall zu beschreiben.

106 *Uebbert*, Die strafrechtliche Haftung des verantwortlichen Redakteurs (1995), S. 47; vgl. ferner die Auflistung aller relevanten Straftatbestände bei *Löffler*[4]*-Kühl* § 20 LPG Rdn. 53 ff.

107 *Kern*, Die Äußerungsdelikte (1919), S. 58.

108 *Kern*, Die Äußerungsdelikte (1919), S. 10.

109 *Kern*, Die Äußerungsdelikte (1919), S. 12.

110 *Kern*, Die Äußerungsdelikte (1919), S. 10 f.

ten im hier gebrauchten Sinn identisch sind – könnten als Presse-Inhaltsdelikte angesehen werden[111]. Bei dieser Abgrenzung ging *Kern* jedoch mit keinem Wort auf die reichsgerichtliche Rechtsprechung ein, welche eben einer solchen Auslegung des Begriffs des Presse-Inhaltsdelikts entgegenwirken wollte[112]. Demgemäß betonte das Reichsgericht schon früh, dass grundsätzlich auch Verbreitungsdelikte als taugliche Presse-Inhaltsdelikte in Betracht kämen[113]. Diese Unsicherheiten bei der Begriffsbestimmung des Presse-Inhaltsdelikts überraschen, bestand doch über die oben beschriebenen einzelnen Begriffsmerkmale weitgehend Einigkeit, sodass sich die Unstimmigkeiten eigentlich nur bei der Subsumtion unter diese ergeben konnten. Ursprung dieser verschiedenen Auffassungen war dann auch vor allem die Frage, wie eng und aufeinander bezogen die Merkmale des gedanklichen Inhalts und der Tathandlung des Verbreitens zu verstehen sind[114]. Heute wird diese Frage mittlerweile als beantwortet angesehen durch die Ausführungen des BGH, wonach

> „es sich um ein Druckwerk handeln muss, bei dem der Grund, aus dem seine Verbreitung bestraft wird, nur in seinem Inhalt liegt. [...] Das bedeutet auf der anderen Seite, dass in diesem Sinne ‚strafbaren Inhalt' solche Druckwerke nicht haben, deren Verbreitung grundsätzlich erlaubt ist und nur dann strafbar wird, wenn dabei Vorschriften, welche Zeit, Ort oder Art des Verbreitens oder einen bestimmten Abnehmerkreis betreffen, verletzt werden. In solchen Fällen ist der Strafgrund nicht oder nicht allein der Inhalt des Druckwerks selbst, sondern der Verstoß gegen Vorschriften der bezeichneten Art, [...] ist die Verbreitung des Druckwerks nicht ‚schlechthin' strafbar, sondern nur bei bestimmten Verbreitungsarten"[115].

Auf diese Aussage wird nun im Schrifttum bei einer als fraglich erscheinenden Qualifizierung eines Delikts als Presse-Inhaltsdelikt zumeist verwiesen, jedoch ohne damit in jedem Fall zu übereinstimmenden Ergebnissen zu kommen. So wird beispielsweise bezüglich § 129a StGB teilweise betont, es

> „kann jedes Allgemeindelikt Presse-Inhaltsdelikt werden, wenn es mittels Verbreitung einer Druckschrift begangen wird"[116]

---

111 *Kern*, Die Äußerungsdelikte (1919), S. 60.

112 Eine ausführliche Darstellung der Entwicklung dieser Problematik um die Verbreitungsdelikte als Gegenstand der Presse-Inhaltsdelikte findet sich bei *Franke*, GA 1982, S. 408 ff.

113 Erstmals in RG, Urt. v. 23.12.1881 – Rep. 3093/81 = RGSt 5, 354 (356); daran anknüpfend RG, Urt. v. 10.12.1883 – Rep. 2471/83 = RGSt 9, 269 (270); RG, Urt. v. 28.2.1899 – Rep. 134/99 = RGSt 32, 69 (70 f.).

114 Diese Frage versucht *Franke*, GA 1982, S. 404 ff. zu beantworten, wobei er sich bereits durch die klare Benennung des Problems als in der Beziehung von Tathandlung und geistigem Inhalt liegend von den meisten Ausführungen im presserechtlichen Schrifttum abhebt.

115 BGH, Beschl. v. 18.12.1974 – 3 StR 105/74 = BGHSt 26, 40 (44).

116 So *Löffler/Ricker*, Handbuch des Presserechts (2000), S. 132 Rdn. 7. Diese Formel wird von *Groß*, AfP 1998, S. 360 als dem Problem nicht gerecht werdend und damit verfehlt angesehen.

und anschließend § 129a StGB als potenzielles Presse-Inhaltsdelikt angesehen[117]. Von anderer Seite wird dann allerdings wiederum § 129a StGB als Beispiel dafür angeführt, dass Verstöße lediglich mittels eines Druckwerks – und ohne Bezug zu seinem geistigen Inhalt – gerade nicht die Eigenschaft als Presse-Inhaltsdelikt begründen. Diesbezüglich wird dieser Tatbestand als sog. Organisationsdelikt bezeichnet, und in dieser Klassifizierung bewusst den Presse-Inhaltsdelikten gegenübergestellt[118]. Somit dürfte vorläufig festzuhalten sein, dass über die grundlegenden Begrifflichkeiten hinaus von einer sicheren Qualifizierung eines Straftatbestandes als Presse-Inhaltsdelikt nicht die Rede sein kann[119]. Hier kann es mit der Feststellung sein Bewenden haben, dass jedenfalls die oben beschriebenen persönlichen Äußerungsdelikte, welchen im Rahmen dieser Arbeit die größere Beachtung zu widmen ist, als mögliche Presse-Inhaltsdelikte ohne Weiteres in Betracht kommen. Für die Verbreitungsdelikte kann dies angesichts der angesprochenen Unstimmigkeiten im Schrifttum zumindest nicht generell angenommen werden.

c) Bedeutung der Presse-Inhaltsdelikte für den anhand der Beispielsfälle verdeutlichten Untersuchungsgegenstand

Sofern bereits konstatiert wurde, dass bei den hinsichtlich der strafrechtlichen Verantwortlichkeit für fremde Texte relevanten Delikten das Schwergewicht auf den persönlichen Äußerungsdelikten liegen wird und diese soeben als mögliche Presse-Inhaltsdelikte ausgemacht wurden, dürfte damit auch ihre Bedeutung für diese Untersuchung deutlich geworden sein. Darüber hinaus kommen die Presse-Inhaltsdelikte jedoch nicht nur als mögliche Form von einschlägigen Kommunikationsdelikten in Frage sondern führen möglicherweise im Hinblick auf den Untersuchungsgegenstand zu eigenständigen Problemen. Beispielswei-

---

117 Diese Aussage wird von *Löffler/Ricker*, Handbuch des Presserechts (2000), S. 132 Rdn. 7 unter Verweis auf die Entscheidung des OLG Düsseldorf, Beschl. v. 12.6.1989 – OGs 13/89 = NStZ 1990, S. 145 gemacht. Dort findet sich allerdings lediglich in den Leitsätzen der Hinweis auf die Auslegung der Tatbestandsmerkmale des § 129a Abs. 3 StGB im Fall der Verwirklichung eines Presse-Inhaltsdelikts. Diese Ankündigung wird indes von dem daraufhin abgedruckten Beschluss nicht getragen, da die dort erläuterte einschränkende Interpretation des Tatbestandes nicht mit Blick auf die Qualifizierung dieses Delikts ausgerechnet als Presse-Inhaltsdelikt erfolgt, sondern nur die gefestigte Ansicht der Rechtsprechung zur restriktiven Auslegung dieser Norm wiedergibt, so wie sie auch vom BGH – vgl. dessen Ausführungen im obigen 7. Beispielsfall – vertreten wird.

118 Derart *Groß*, Presserecht (1999), S. 349 Rdn. 654; *ders.*, AfP 1998, S. 360; *ders.*, NStZ 1994, S. 313. Ebenso hinsichtlich der Ausklammerung sog. Organisationsdelikte *Löffler*[4]-*Kühl* Vorbem. zu §§ 20 ff. LPG Rdn. 4, wenn auch nur unter Nennung der §§ 84, 85 StGB und § 20 Abs. 1 Nr. 4 VereinsG. Zur Rechtsnatur der §§ 129, 129a StGB als sog. Organisationsdelikte siehe die Ausführungen im 4. Kapitel unter II. 1. (S. 157).

119 Dies ist auch der Ausgangspunkt für die sich daran anschließende Untersuchung von *Franke*, GA 1982, S. 411, der dort von einer „konturenlosen Bestimmung" spricht.

se erscheint die Ansicht, dass § 20 Abs. 1 Nr. 4 VereinsG, der zuvor schon nicht ohne Schwierigkeiten als Kommunikationsdelikt angesehen werden konnte, die Merkmale eines Presse-Inhaltsdelikts nicht erfüllt, rechtfertigungsbedürftig. Dies ist vor allem deshalb notwendig, weil teilweise ohne nähere Begründung ein Tatbestand wie § 129a Abs. 3 StGB als Presse-Inhaltsdelikt bezeichnet wird, um scheinbar aus diesem Grund eine restriktive Auslegung zu befürworten[120], welche in anderem Zusammenhang dann jedoch wiederum unterschiedslos auf § 20 Abs. 1 Nr. 4 VereinsG angewendet wird[121].

III. Das Recht der sog. neuen Medien

1. TDG, MDStV und EGG

Bereits die oben als 8. Beispielsfall vorgestellte Entscheidung, welche die strafrechtliche Beurteilung eines Hyperlinks auf einer Homepage im Internet zum Gegenstand hatte[122], verdeutlichte, dass die strafrechtliche Verantwortlichkeit für fremde Texte nicht notwendig ein auf den Bereich der Printmedien beschränktes Problem kennzeichnen muss. Vielmehr sind aufgrund der schnell fortschreitenden Entwicklungen auf dem Gebiet der globalen Computernetze weitgehend gleichartige Fragestellungen auch bezüglich der sog. neuen Medien denkbar[123]. Unterschiede und Parallelen bei deren Beantwortung ergeben sich vor allem daraus, dass die Schriftentatbestände des StGB erst seit der Erweiterung des Begriffs der Schrift in § 11 Abs. 3 StGB Anwendung finden können sowie aus dem Umstand, dass die landespresserechtlichen Vorschriften und damit auch die Sonderhaftung für Presse-Inhaltsdelikte mangels Vorhandenseins eines Druckwerks nicht einschlägig sind.

Ein darüber hinausgehender neuer Aspekt tritt allerdings dadurch hinzu, dass der Gesetzgeber sich nicht nur darauf beschränkt hat, die bisher bekannten Strafvorschriften des StGB durch Änderung des § 11 Abs. 3 StGB für anwendbar zu erklären, sondern dass er darüber hinaus eine rechtsgebietsübergreifende und nur auf den Bereich der elektronischen Medien bezogene eigenständige Regelung der Verantwortlichkeit entworfen hat, mit der er den besonderen Bedingungen internationaler Computernetze Rechnung tragen möchte. Als Art. 1 des Gesetzes zur Regelung der Rahmenbedingungen für Informations- und

120 So die bereits erwähnte Entscheidung des OLG Düsseldorf, Beschl. v. 12.6.1989 – OGs 13/89 = NStZ 1990, S. 145.

121 Z.B. im obigen 7. Beispielsfall.

122 AG Tiergarten, Urt. v. 30.6.1997 – 260 DS 857/96 = CR 1998, S. 111 = MMR 1998, S. 49.

123 Vgl. dazu *Vassilaki*, CR 1997, S. 297 ff., die diesbezüglich von einer neuen Kriminalitätsform in Gestalt einer „multimedialen Kriminalität" spricht. *Hoeren*, NJW 1995, S. 3297 gibt einen knappen Überblick über das Internet sowie das World Wide Web als dessen wichtigsten Unterdienst.

Kommunikationsdienste (IuKDG)[124] ist 1997 das Gesetz über die Nutzung von Telediensten (Teledienstegesetz – TDG) erlassen worden, dessen ursprünglicher § 5 die Verantwortlichkeit von Anbietern, welche die Nutzung von Telediensten ermöglichen, für eigene wie fremde Inhalte zum Gegenstand hatte. Daneben existierte bezüglich der Inhaltsverantwortlichkeit von Diensteanbietern auf dem Gebiet der elektronischen Medien eine entsprechende Vorschrift im Mediendienste-Staatsvertrag der Länder (MDStV – dort ebenfalls als § 5 normiert)[125], der genau wie das IuKDG am 1.8.1997 in Kraft getreten ist und mit diesem zusammen als sog. Multimedia-Gesetze bezeichnet wird[126].

Diese Parallelität von auf Teledienste bezogenem Bundesgesetz einerseits und auf Mediendienste bezogenem Länderstaatsvertrag andererseits mit gleichwohl weitgehend wortgleichen oder wenigstens inhaltsgleichen Normen[127] wurde dadurch verursacht, dass die entsprechenden Gesetzgebungskompetenzen von Bund und Ländern nicht völlig eindeutig abgrenzbar erschienen[128]. Insbesondere die anerkannte Ländergesetzgebungskompetenz für das Rundfunkwesen wurde vielfach betont, um die Regelungskompetenz der Länder auch für die im

---

124 Informations- und Kommunikationsdienste-Gesetz (IuKDG) v. 22.7.1997, BGBl. I S. 1870 ff.

125 Vgl. beispielsweise für Berlin den Abdruck des Gesetzes zu dem Staatsvertrag über Mediendienste v. 23.6.1997, Berl. GVBl. S. 360 ff.; eine Auflistung der Fundstellen in den Gesetzesblättern der einzelnen Bundesländer findet sich bei *Gounalakis*, NJW 1997, S. 2993 in Fn. 1.

126 Während die Bezeichnung „Multimedia-Gesetze" lediglich das IuKDG und den MDStV erfasst, ist der Oberbegriff „Online-Recht" als Zusammenfassung nicht nur aller Rechtsquellen, welche die Kommunikation mittels internationaler Computernetze regeln, sondern auch der Auslegungsansätze, welche die bisher existierenden Regelungen auf die neuartigen Konstellationen anwendbar machen sollen, besser geeignet. So ebenfalls *Strömer*, Online-Recht (2002), S. 2 f.

127 So *Popp*, Die strafrechtliche Verantwortung von Internet-Providern (2002), S. 61 f.; *Park*, GA 2001, S. 28; *Römer*, Verbreitungs- und Äußerungsdelikte im Internet (2000), S. 175 f.; *Sieber*, MMR-Beilage 2/1999, S. 3 f.; *ders.*, CR 1997, S. 583 mit Fn. 14; *Wimmer*, ZUM 1999, S. 439; *Engel-Flechsig/Maennel/Tettenborn*, NJW 1997, S. 2981 mit Beispielen in Fn. 7. Entgegengesetzt jedoch *Waldenberger*, MMR 1998, S. 124 f., der auf die dennoch existierenden Unterschiede hinweist. In diesem Sinne auch *Wimmer/Michael*, Der Online-Provider im neuen Multimediarecht (1998), S. 31 ff.; *v. Bonin/Köster*, ZUM 1997, S. 822.

128 Zu diesen kompetenzrechtlichen Fragestellungen siehe *Freytag*, Haftung im Netz (1999), S. 29 ff.; *Sieber*, Verantwortlichkeit im Internet (1999), S. 109 Rdn. 223 ff.; *Wimmer/ Michael*, Der Online-Provider im neuen Multimediarecht (1998), S. 14 ff.; *Müller-Terpitz*, MMR 1998, S. 479 f.; *Pichler*, MMR 1998, S. 80 f.; *Waldenberger*, MMR 1998, S. 124 ff.; *ders.*, AfP 1998, S. 373 f.; *Engel-Flechsig*, ZUM 1997, S. 239; *Engel-Flechsig/ Maennel/Tettenborn*, NJW 1997, S. 2982; *Koch*, CR 1997, S. 198; *Spindler*, NJW 1997, S. 3194.

Zusammenhang mit dem Internet entstehenden Rechtsfragen zu begründen[129]. Dementsprechend sollte die Unterscheidung zwischen Individualkommunikation einerseits und Allgemeinbezogenheit des zur Meinungsbildung dienenden Angebots andererseits als Abgrenzungskriterium zwischen Tele- und Mediendiensten fungieren[130]. Teledienste haben danach ihren Schwerpunkt in der individuellen Kommunikation und Information, während sich Mediendienste auf die publizistisch-massenkommunikative – und insofern „rundfunkähnliche“ – Meinungsbildung der Öffentlichkeit beziehen[131]. Die gefundene Lösung in Form der Kombination von IuKDG und speziell dem TDG für Teledienste sowie dem MDStV für Mediendienste stellt demgemäß einen Kompromiss dar, der nötig war, um der gesetzgeberische Intention Rechnung zu tragen, einen einheitlichen und insofern Rechtssicherheit gewährleistenden Rahmen für den wirtschaftlichen Ausbau und die Nutzung der neuen elektronischen Medien zu schaffen[132].

Nur viereinhalb Jahre später wurde das IuKDG im Zuge der Umsetzung der Richtlinie über den elektronischen Geschäftsverkehr (sog. E-Commerce-Richtlinie – ECRL)[133] bereits wieder geändert. Als Reaktion auf diese Richtlinie hat

---

129 Dazu *Wimmer/Michael*, Der Online-Provider im neuen Multimediarecht (1998), S. 20 ff.; *Kuch*, ZUM 1997, S. 226 ff.; *Bullinger*, JZ 1996, S. 391. Während die Länderkompetenz für das Rundfunkwesen als Argument gegen die Verfassungsmäßigkeit des TDG herangezogen wird, werden die entsprechenden Zweifel am MDStV mit der Bundeskompetenz für das Bürgerliche Recht und Strafrecht gem. Art. 74 Abs. 1 Nr. 1 GG begründet, vgl. *Pankoke*, Von der Presse- zur Providerhaftung (2000), S. 12 ff.; *Barton*, Multimedia-Strafrecht (1999), S. 93 Rdn. 126 ff.; *Müller-Terpitz*, MMR 1998, S. 479 f.

130 Derart der Wortlaut von § 2 Abs. 4 Nr. 3 TDG und die diesbezügliche Stellungnahme des Bundesrates zum Regierungsentwurf des IuKDG, Anlage 2 zur BT-Drs. 13/7385, S. 50 (Buchstaben a und c) sowie die Gegenäußerung des Bundesregierung, Anlage 3 zur BT-Drs. 13/7385, S. 69 (Buchstaben a und c); *Pankoke*, Von der Presse- zur Providerhaftung (2000), S. 25 ff.; *Soehring*, Presserecht (2000), S. 561 Rdn. 28.15 ff.; *Barton*, Multimedia-Strafrecht (1999), S. 92 Rdn. 125 und S. 188 Rdn. 275 ff.; *Zimmermann*, NJW 1999, S. 3146; *Flechsig/Gabel*, CR 1998, S. 353 f.; *Mann*, AfP 1998, S. 129; *Pichler*, MMR 1998, S. 80; *v. Bonin/Köster*, ZUM 1997, S. 822; *Engel-Flechsig*, ZUM 1997, S. 234 f. und S. 237 ff.; *Engel-Flechsig/Maennel/Tettenborn*, NJW 1997, S. 2983; *Gounalakis*, NJW 1997, S. 2994 f.; *Koch*, CR 1997, S. 194.

131 *Waldenberger/Hoß*, AfP 2000, S. 238; *Wimmer/Michael*, Der Online-Provider im neuen Multimediarecht (1998), S. 27.

132 Derart die Beschreibung des gesetzgeberischen Ziels in Bund wie Ländern, siehe die Begründung zum Gesetzentwurf der Bundesregierung BT-Drs. 13/7385, S. 16 sowie die Begründung beispielsweise des Abgeordnetenhauses von Berlin, Drs. 13/1663, S. 9 ff. Diesen „politischen Kompromiss“ befürworten ausdrücklich *Sieber*, Verantwortlichkeit im Internet (1999), S. 106 Rdn. 217 ff.; *Wimmer/Michael*, Der Online-Provider im neuen Multimediarecht (1998), S. 17 ff.

133 Richtlinie 2000/31/EG des Europäischen Parlaments und des Rates v. 8.6.2000 über bestimmte rechtliche Aspekte der Dienste der Informationsgesellschaft, insbesondere des

der deutsche Gesetzgeber das Gesetz über rechtliche Rahmenbedingungen für den elektronischen Geschäftsverkehr (Elektronischer Geschäftsverkehr-Gesetz – EGG)[134] erlassen, welches am 1.1.2002 in Kraft getreten ist. Zur Harmonisierung mit den europäischen Vorgaben durch die ECRL ändert das EGG einige Regelungen des IuKDG, wobei davon das TDG und dort wiederum die Vorschriften über die Inhaltsverantwortlichkeit von Diensteanbietern besonders betroffen sind[135]. Da durch das EGG lediglich die Novellierung des TDG erreicht werden konnte, die ECRL allerdings gleichermaßen Vorgaben im Bereich der Länderkompetenz macht, wurden auch die entsprechenden Vorschriften im MDStV wort- bzw. inhaltsgleich angepasst[136]. Gesetzestechnisch wurden die Änderungen des MDStV von 1997 als Art. 3 im Sechsten Rundfunkänderungsstaatsvertrag geregelt, der am 1.7.2002 in Kraft getreten ist[137]. Erst durch diese übereinstimmende Änderung von TDG einerseits und MDStV andererseits konnte die vollständige Umsetzung der ECRL sichergestellt werden[138]. Die zeitliche Verzögerung von einem halben Jahr geht auf den Umstand zurück, dass die durch das EGG geänderten Vorschriften des TDG zunächst feststehen mussten, bevor mit dem Verfahren zur Anpassung des MDStV begonnen werden konnte, um die angestrebte Parallelität von TDG und MDStV zu gewährleisten[139].

2. *Strafrechtliche Verantwortlichkeit der Diensteanbieter*

a) Rechtslage vor Inkrafttreten des EGG

Den erwähnten § 5 TDG (a.F.) und § 5 MDStV (a.F.) kam zunächst die Bedeutung zu, die haftungsrechtliche Verantwortlichkeit von Diensteanbietern einzuschränken und ihr Risiko, aufgrund von vorwiegend mittelbaren Rechtsguts-

---

elektronischen Geschäftsverkehrs, im Binnenmarkt (Richtlinie über den elektronischen Geschäftsverkehr), ABl. EG Nr. L 178 v. 17.7.2000, S. 1 ff.

134 Gesetz über rechtliche Rahmenbedingungen für den elektronischen Geschäftsverkehr (Elektronischer Geschäftsverkehr-Gesetz – EGG) v. 14.12.2001, BGBl. I S. 3721 ff.

135 Allgemeine Darstellungen zum EGG sowie den Novellierungen insbesondere des TDG finden sich bei *Hoffmann*, NJW 2002, S. 2602 ff.; *ders.*, MMR 2002, S. 284 ff.; *Nickels*, CR 2002, S. 302 ff.; *Spindler*, NJW 2002, S. 921 ff.; *ders.*, MMR 1999, S. 199 ff.; *Härting*, CR 2001, S. 271 ff.; *Säcker*, MMR-Beilage 9/2001, S. 2 ff.; *Satzger*, CR 2001, S. 109 ff.; *Tettenborn/Bender/Lübben/Karenfort*, BB-Beilage 50/2001, S. 1 ff.

136 Dazu *Tettenborn/Bender/Lübben/Karenfort*, BB-Beilage 50/2001, S. 2.

137 Die Ministerpräsidenten der Länder haben den Sechsten Rundfunkänderungsstaatsvertrag am 20.12.2001 unterzeichnet. Vgl. z.B. für Hessen den Abdruck des Gesetzes zu dem Sechsten Staatsvertrag zur Änderung des Rundfunkstaatsvertrages, des Rundfunkfinanzierungsstaatsvertrages und des Mediendienste-Staatsvertrages (Sechster Rundfunkänderungsstaatsvertrag) v. 21.3.2002, Hess. GVBl. I S. 38 ff. Eine allgemeine Darstellung der durch den Sechsten Rundfunkänderungsstaatsvertrag bewirkten Änderungen findet sich bei *Bornemann*, K&R 2002, S. 301 ff.

138 Die §§ 8 ff. TDG bzw. §§ 6 ff. MDStV entsprechen fast wörtlich den Art. 12 ff. ECRL.

139 So *Tettenborn/Bender/Lübben/Karenfort*, BB-Beilage 50/2001, S. 2 f.

verletzungen wegen fremder rechtswidriger Inhalte in Regress genommen zu werden, überschaubar und transparent zu gestalten. § 5 TDG (a.F.) lautete ursprünglich:

> § 5 TDG (a.F.)
>
> (1) Diensteanbieter sind für eigene Inhalte, die sie zur Nutzung bereithalten, nach den allgemeinen Gesetzen verantwortlich.
>
> (2) Diensteanbieter sind für fremde Inhalte, die sie zur Nutzung bereithalten, nur dann verantwortlich, wenn sie von diesen Inhalten Kenntnis haben und es ihnen technisch möglich und zumutbar ist, deren Nutzung zu verhindern.
>
> (3) Diensteanbieter sind für fremde Inhalte, zu denen sie lediglich den Zugang zur Nutzung vermitteln, nicht verantwortlich. Eine automatische und kurzzeitige Vorhaltung fremder Inhalte auf Grund Nutzerabfrage gilt als Zugangsvermittlung.
>
> (4) Verpflichtungen zur Sperrung der Nutzung rechtswidriger Inhalte nach den allgemeinen Gesetzen bleiben unberührt, wenn der Diensteanbieter unter Wahrung des Fernmeldegeheimnisses gemäß § 85 des Telekommunikationsgesetzes von diesen Inhalten Kenntnis erlangt und eine Sperrung technisch möglich und zumutbar ist.

§ 5 Abs. 1 bis 3 MDStV (a.F.) besaß den gleichen Wortlaut, wenn man von dem unbedeutenden Umstand, dass der MDStV von „Anbietern" anstatt von „Diensteanbietern" sprach, absieht[140].

Diese Verantwortlichkeitsregelungen in TDG und MDStV galten bzw. gelten noch immer ausschließlich für Diensteanbieter, d.h. für die natürlichen und juristischen Personen oder Personenvereinigungen, welche vorwiegend aus kommerziellen Gründen den Anwendern – zumeist privaten Nutzern – einen Zugang zu Angeboten zur Nutzung des Internet als dem praktisch bedeutendsten Netzwerk vermitteln oder selbst bereithalten[141]. Danach kommen als Diensteanbieter die verschiedensten Personengruppen in Betracht, die in Computernetzen ihre spezifischen Dienstleistungen anbieten. Dies sind vor allem sog. Content-Provider, Host-Provider und Access-Provider[142].

---

140 Lediglich eine korrespondierende Regelung zu § 5 Abs. 4 TDG (a.F.) existierte in § 5 MDStV (a.F.) nicht, der dafür den Inhalt dieser Vorschrift in § 18 Abs. 3 MDStV (a.F.) in Form einer Aufsichtsregelung wiederholte.

141 Vgl. die entsprechenden Begriffsbestimmungen in § 3 TDG und § 3 MDStV.

142 Zu diesen möglichen Anbietern in ihren verschiedenen Funktionen vgl. *Flechsig*, in: *Schwarz*, Recht im Internet (2000), 8-2.2, S. 24 f.; *Soehring*, Presserecht (2000), S. 562 Rdn. 28.16 ff.; *Wimmer*, ZUM 1999, S. 439 f.; *Pichler*, MMR 1998, S. 79 f.; *v. Bonin/Köster*, ZUM 1997, S. 822; *Sieber*, CR 1997, S. 583 und S. 666; *ders.*, JZ 1996, S. 434. *Wimmer/Michael*, Der Online-Provider im neuen Multimediarecht (1998), S. 43 Fn. 109, weisen darauf hin, dass der Begriff des Host-Providers dem des teilweise ebenfalls verwendeten Begriffs des Service-Providers entspricht. Abweichend davon meint *Finke*, Die strafrechtliche Verantwortung von Internet-Providern (1998), S. 102 f., dass der Begriff des Service-Providers lediglich ein Oberbegriff für verschiedene Arten von Internet-Dienstleistungen sei.

Als Content-Provider wird bezeichnet, wer als Urheber und Inhaltsanbieter eigene Informationen zur Nutzung durch Dritte bereithält und damit für diese eigenen Inhalte als primär Verantwortlicher in Betracht kommt, vgl. § 5 Abs. 1 TDG (a.F.)/§ 5 Abs. 1 MDStV (a.F.). Typischer Fall eines Content-Providers ist der institutionelle Anbieter, also z.B. ein Unternehmen, welches unter einer eigenen Domain mit eigenen Web-Seiten im Internet auftritt[143]. Allerdings können auch Privatpersonen ohne weiteres unter den Begriff des Content-Provider fallen, wenn sie beispielsweise eine eigene Homepage unterhalten, was durch entsprechende Angebote der Host-Provider mittlerweile ohne Schwierigkeiten möglich ist und massenhaft genutzt wird[144]. Unter einem Host-Provider versteht man einen Anbieter, dessen Funktion im Zurverfügungstellen von Speicherplatz besteht und der damit die auf seinem Server hinterlegten Informationen als fremde Inhalte zur Nutzung bereithält, vgl. § 5 Abs. 2 TDG (a.F.)/§ 5 Abs. 2 MDStV (a.F.). Ein Access-Provider schließlich vermittelt den Zugang zu Tele- oder Mediendiensten, d.h. vor allem zum Internet, vgl. § 5 Abs. 3 TDG (a.F.)/ § 5 Abs. 3 MDStV (a.F.). Die großen Online-Unternehmen haben somit die Funktion nicht nur eines Host-Providers, sondern treten zugleich auch als Access-Provider auf, da sie über sog. Einwahlknoten die Möglichkeit des Zugangs zur Nutzung von Tele- oder Mediendiensten anbieten[145].

In § 5 TDG (a.F.)/§ 5 MDStV (a.F.) wurde als Grundsatz von der Verantwortlichkeit für eigene Inhalte ausgegangen, um anschließend in den Absätzen 2 und 3 solche Fälle abzugrenzen, in denen die Diensteanbieter lediglich eine Verbindung zu fremden Inhalten herstellen, indem sie diese zur Nutzung bereithalten oder den Zugang zu ihnen vermitteln. Allerdings bezog sich dieser Begriff der Verantwortlichkeit nicht nur auf den Bereich zivil- oder strafrechtlicher Haftung, sondern sollte als abstrakte Regelung des Einstehenmüssens für bestimmte Rechtsfolgen ganz allgemein als vorangestellter Prüfungspunkt verstanden werden, welcher zunächst passiert werden muss, bevor die Beurteilung nach den jeweiligen Maßstäben des Zivil-, Straf- oder beispielsweise Gefahrenabwehrrechts erfolgen kann[146]. Bezogen auf die Prüfungsstufen der Tatbe-

---

143 Eingehend hierzu und zum Folgenden *Wimmer/Michael*, Der Online-Provider im neuen Multimediarecht (1998), S. 44 ff.

144 Dazu *Sieber*, Verantwortlichkeit im Internet (1999), S. 131 Rdn. 265 sowie gleich unter III. 3. (S. 74) m.w.N.

145 Dazu *Wimmer/Michael*, Der Online-Provider im neuen Multimediarecht (1998), S. 51.

146 Begründung der Bundesregierung in BT-Drs. 13/7385, S. 20 sowie die in BT-Drs. 13/8153, S. 8, abgedruckte Antwort der Bundesregierung auf Frage 14 a) der Kleinen Anfrage v. 22.5.1997 aus BT-Drs. 13/7757 bezüglich Ermittlungsmaßnahmen gegen die Zeitschrift „radikal" im Internet; Stellungnahme des Bundesrates zum Regierungsentwurf des IuKDG, Anlage 2 zur BT-Drs. 13/7385, S. 51 (Punkt 4 Buchstabe a); *Park*, GA 2001, S. 29; *Mylaeus*, in: *Schwarz*, Recht im Internet (2000), 3-4.2, S. 23; *Schuster/U. Müller*, MMR-Beilage 10/2000, S. 15; *Barton*, Multimedia-Strafrecht (1999), S. 88 Rdn. 118 ff.

standsmäßigkeit, Rechtswidrigkeit und Schuld wurde § 5 TDG (a.F.) bzw. § 5 MDStV (a.F.) überwiegend der Tatbestandsebene zugeordnet[147].

In Ansehung dieses neben dem Strafrecht auch das Zivil- und Verwaltungsrecht umfassenden Anwendungsbereichs von § 5 TDG (a.F.)/§ 5 MDStV (a.F.). wurde die namentlich von *Vassilaki* vertretene Ansicht, dass durch diese Verantwortlichkeitsregelung das Erscheinungsbild einer neuartigen Begehungsform von allgemeinen Deliktstatbestände geschaffen werden sollte[148], überwiegend abgelehnt[149]. Unter augenfälliger Bezugnahme auf die zuvor behandelten Presse-Inhaltsdelikte hat *Vassilaki* den Versuch unternommen zu begründen, dass § 5 TDG (a.F.) keinen neuartigen Unrechtstypus schaffen soll, sondern lediglich eine Handlung – scil. das Bereithalten von Telediensteinhalten – herausstellt,

> „durch die Tatbestände, die schon unter Strafe gestellt sind, begangen werden. Unter diesem Gesichtspunkt läßt sich eine neue Begehungsform bilden, die als ‚Telediensteinhaltsdelikt' bezeichnet werden kann. Ein solches liegt vor, wenn ei-

---

und S. 192 Rdn. 281 ff.; *Pelz*, wistra 1999, S. 57 f.; *Sieber*, Verantwortlichkeit im Internet (1999), S. 109 Rdn. 223; *ders.*, MMR-Beilage 2/1999, S. 5 f.; *ders.*, CR 1997, S. 583 mit Fn. 17; *Lehmann*, CR 1998, S. 233; *Moritz*, CR 1998, S. 506; *Müller-Terpitz*, MMR 1998, S. 479; *Waldenberger*, MMR 1998, S. 126 f.; *Wimmer/Michael*, Der Online-Provider im neuen Multimediarecht (1998), S. 54. *Spindler*, MMR 1998, S. 640 f. und S. 643 sowie *ders.*, NJW 1997, S. 3194 f., deutet § 5 TDG (a.F.)/§ 5 MDStV (a.F.) als eine Modifizierung auf Tatbestandsebene in dem jeweiligen Rechtsgebiet. *V. Bonin/Köster*, ZUM 1997, S. 823, sprechen von einer „spezialgesetzlich geregelten Vorfrage". *Engel-Flechsig/Maennel/Tettenborn*, NJW 1997, S. 2984, sehen darin die Funktion eines „akzessorischen Filters". Kritisch zu diesen Umschreibungen *Haedicke*, CR 1999, S. 310 f., und *Pelz*, ZUM 1998, S. 534.

147 Dazu eingehend *Sieber*, in: *Hoeren/Sieber*, Handbuch Multimedia-Recht (2001), Teil 19, S. 85 Rdn. 233 ff.; *ders.*, Verantwortlichkeit im Internet (1999), S. 117 Rdn. 240 ff.; *ders.*, MMR-Beilage 2/1999, S. 6, der meint, dass damit die vieldiskutierte Frage, ob § 5 TDG (a.F.) bzw. MDStV (a.F.) als eigenständiger Filter noch vor den rechtsgebietsspezifischen Regelungen geprüft wird oder in die entsprechenden – hier strafrechtlichen – Merkmale hineingelesen werden muss, praktisch bedeutungslos geworden ist. Ebenso *Satzger*, CR 2001, S. 111; *Hilgendorf*, NStZ 2000, S. 518 f.; *Römer*, Verbreitungs- und Äußerungsdelikte im Internet (2000), S. 162 f.; *Spindler*, MMR 1998, S. 643; *ders.*, NJW 1997, S. 3194 f. Anderer Ansicht sind *Popp*, Die strafrechtliche Verantwortung von Internet-Providern (2002), S. 90 ff. und *Haedicke*, CR 1999, S. 313, die beide § 5 TDG (a.F.)/§ 5 MDStV (a.F.) der Rechtswidrigkeitsebene zuordnen. Das LG München I, Urt. v. 17.11.1999 – 20 Ns 465 Js 173158/95 = NJW 2000, S. 1051 (1052) vertritt schließlich eine Prüfung im Rahmen der Schuldfrage. Zustimmend zu dieser Entscheidung äußert sich *Vassilaki*, NStZ 2000, S. 535 f.

148 Dazu grundlegend *Vassilaki*, MMR 1998, S. 630 ff., sowie vor ihr ebenfalls schon – wenngleich ohne nähere Begründung – *Waldenberger*, MMR 1998, S. 127.

149 *Römer*, Verbreitungs- und Äußerungsdelikte im Internet (2000), S. 162 f.; *Barton*, Multimedia-Strafrecht (1999), S. 194 Rdn. 284; *Sieber*, Verantwortlichkeit im Internet (1999), S. 121 Rdn. 246 ff. und S. 183 Rdn. 372; *ders.*, MMR-Beilage 2/1999, S. 23; *Spindler*, MMR 1998, S. 641.

ne Straftat durch die Bereithaltung von Telediensteinhalten begangen wird, in denen eine Erklärung impliziert ist, die für den betreffenden Straftatbestand erforderlich ist. Dabei genügt es, wenn diejenigen Umstände, von denen die Strafbarkeit der einschlägigen Straftatbestände abhängt, außerhalb der bereitgehaltenen Telediensteinhalte gegeben sind“[150].

Außer im Hinblick auf die Bezeichnung besteht zwischen den von *Vassilaki* sog. Telediensteinhaltsdelikten und den Presse-Inhaltsdelikten tatsächlich keine weitergehende Gemeinsamkeit. Weder handelte es sich bei § 5 TDG (a.F.) bzw. MDStV (a.F.) um eine besonders pönalisierte Berufspflichtverletzung seitens bestimmter Personen, noch wird der Unrechtsgehalt in einem anderen Umstand als dem durch das „Telediensteinhaltsdelikt“ verwirklichten strafrechtlichen Erfolg erblickt[151]. Da weder TDG noch MDStV spezielle, das allgemeine Strafrecht ergänzende Regelungen enthalten, wie dies im Presserecht mit den besonderen Verjährungsvorschriften oder der Sonderhaftung in Gestalt eines pressespezifischen Sonderdelikts der Fall ist, existierte richtigerweise kein Grund, die Verantwortlichkeitsvorschriften als ein den Presse-Inhaltsdelikten vergleichbares Tele- bzw. Mediendienste-Inhaltsdelikt auszulegen[152].

b) Rechtslage nach Inkrafttreten des EGG

Infolge des EGG wurde der bisherige § 5 TDG (a.F.) durch die aktuellen §§ 8 bis 11 TDG ersetzt, welche wiederum die in den Art. 12 bis 15 ECRL enthaltenen Vorgaben bezüglich der Beschränkung der Verantwortlichkeit von Vermittlern elektronischer Kommunikation umsetzen. Die durch das EGG geänderten Vorschriften des TDG über die Verantwortlichkeit von Diensteanbietern haben danach folgenden Wortlaut:

> § 8 TDG: Allgemeine Grundsätze
>
> (1) Diensteanbieter sind für eigene Informationen, die sie zur Nutzung bereithalten, nach den allgemeinen Gesetzen verantwortlich.
>
> (2) Diensteanbieter i.S.d. §§ 9 bis 11 sind nicht verpflichtet, die von ihnen übermittelten oder gespeicherten Informationen zu überwachen oder nach Umständen zu forschen, die auf eine rechtswidrige Tätigkeit hinweisen. Verpflichtungen zur Entfernung oder Sperrung der Nutzung von Informationen nach den allgemeinen Gesetzen bleiben auch im Falle der Nichtverantwortlichkeit des Diensteanbieters

---

150 *Vassilaki*, MMR 1998, S. 633.

151 Das gilt für die aktuellen §§ 8 ff. TDG und §§ 6 ff. MDStV gleichermaßen.

152 So *Popp*, Die strafrechtliche Verantwortung von Internet-Providern (2002), S. 97 ff.; *Barton*, Multimedia-Strafrecht (1999), S. 194 Rdn. 284; *Sieber*, MMR-Beilage 2/1999, S. 23; *Spindler*, MMR 1998, S. 641 f. Der Gedanke, auch in Fällen ohne presserechtlichen Bezug bestimmte Formen der Deliktsbegehung in Anlehung an die Presse-Inhaltsdelikte zu beschreiben, ist nicht neu. So hat z.B. schon *Weber* bei seiner Untersuchung der strafrechtlichen Verantwortlichkeit für das Sprayen beleidigender Parolen auf Sachen von „Spray-Inhaltsdelikten“ gesprochen, vgl. *ders.*, FS *Oehler* (1985), S. 84.

nach den §§ 9 bis 11 unberührt. Das Fernmeldegeheimnis nach § 85 des Telekommunikationsgesetzes ist zu wahren.

§ 9 TDG: Durchleitung von Informationen

(1) Diensteanbieter sind für fremde Informationen, die sie in einem Kommunikationsnetz übermitteln oder zu denen sie den Zugang zur Nutzung vermitteln, nicht verantwortlich, sofern sie

1. die Übermittlung nicht veranlasst,
2. den Adressaten der übermittelten Informationen nicht ausgewählt und
3. die übermittelten Informationen nicht ausgewählt oder verändert haben.

Satz 1 findet keine Anwendung, wenn der Diensteanbieter absichtlich mit einem Nutzer seines Dienstes zusammenarbeitet, um rechtswidrige Handlungen zu begehen.

(2) Die Übermittlung von Informationen nach Absatz 1 und die Vermittlung des Zugangs zu ihnen umfasst auch die automatische kurzzeitige Zwischenspeicherung dieser Informationen, soweit dies nur zur Durchführung der Übermittlung im Kommunikationsnetz geschieht und die Informationen nicht länger gespeichert werden, als für die Übermittlung üblicherweise erforderlich ist.

§ 10 TDG: Zwischenspeicherung zur beschleunigten Übermittlung von Informationen

Diensteanbieter sind für eine automatische, zeitlich begrenzte Zwischenspeicherung, die allein dem Zweck dient, die Übermittlung der fremden Information an andere Nutzer auf deren Anfrage effizienter zu gestalten, nicht verantwortlich, sofern sie

1. die Informationen nicht verändern,
2. die Bedingungen für den Zugang zu den Informationen beachten,
3. die Regeln für die Aktualisierung der Information, die in weithin anerkannten und verwendeten Industriestandards festgelegt sind, beachten,
4. die erlaubte Anwendung von Technologien zur Sammlung von Daten über die Nutzung der Information, die in weithin anerkannten und verwendeten Industriestandards festgelegt sind, nicht beeinträchtigen und
5. unverzüglich handeln, um im Sinne dieser Vorschrift gespeicherte Informationen zu entfernen oder den Zugang zu ihnen zu sperren, sobald sie Kenntnis davon erhalten haben, dass die Informationen am ursprünglichen Ausgangsort der Übertragung aus dem Netz entfernt wurden oder der Zugang zu ihnen gesperrt wurde oder ein Gericht oder eine Verwaltungsbehörde die Entfernung oder Sperrung angeordnet hat.

§ 9 Abs. 1 Satz 2 gilt entsprechend.

§ 11 TDG: Speicherung von Informationen

Diensteanbieter sind für fremde Informationen, die sie für einen Nutzer speichern, nicht verantwortlich, sofern

1. sie keine Kenntnis von der rechtswidrigen Handlung oder der Information haben und ihnen im Falle von Schadensersatzansprüchen auch keine Tatsachen oder Umstände bekannt sind, aus denen die rechtswidrige Handlung oder die Information offensichtlich wird, oder
2. sie unverzüglich tätig geworden sind, um die Information zu entfernen oder den Zugang zu ihr zu sperren, sobald sie diese Kenntnis erlangt haben.

Satz 1 findet keine Anwendung, wenn der Nutzer dem Diensteanbieter untersteht oder von ihm beaufsichtigt wird.

Die §§ 8 bis 11 TDG wurden im MDStV wortgleich in den §§ 6 bis 9 MDStV normiert[153].

Diese Novellierung von TDG und MDStV hat zu weit weniger Veränderungen gegenüber der Rechtslage vor 2002 geführt, als die Ersetzung von § 5 TDG (a.F.)/§ 5 MDStV (a.F.) durch immerhin eine ganze Reihe von Haftungsvorschriften in den §§ 8 ff. TDG bzw. §§ 6 ff. MDStV auf den ersten Blick vermuten lassen könnte[154]. Das abgestufte Haftungssystem, in dem im Wesentlichen zwischen den Tätigkeiten als Content-, Host- und Access-Provider unterschieden wird, ist erhalten geblieben[155]. Ebenso hat sich insbesondere an der schon erwähnten systematischen Verortung der Regelungen über die Verantwortlichkeit und ihrer oftmals als „Filter-Funktion“ beschriebenen Wirkungsweise mitsamt aller damit einhergehender Streitigkeiten nicht das Geringste geändert[156]. Auch gelten die Verantwortlichkeitsvorschriften weiterhin gleichermaßen für geschäfts- wie nicht-geschäftsmäßige Diensteanbieter, obgleich letzteres von der ECRL nicht vorgegeben wurde[157]. Das Abstellen auf den Begriff der „Information“ anstatt den Begriff der „Inhalte“ hat zu einer Erweiterung des Anwendungsbereichs auf nicht-kommunikative Inhalte geführt[158], die für den Gegenstand der vorliegenden Arbeit ohne Belang ist.

Betrachtet man allein die Art. 12 ff. ECRL, scheint sich dagegen die gerade für diese Untersuchung besonders relevante Frage der Unterscheidung zwischen eigenen und fremden Inhalten relativiert zu haben, da sich die Richtlinie ausschließlich mit der Haftung für „von einem Nutzer eingegebene“ – also fremde – Informationen befasst. Dieser Eindruck wird jedoch durch das EGG nicht bestätigt, da sich der deutsche Gesetzgeber dazu entschieden hat, diese im TDG von 1997 angelegte grundsätzliche Unterscheidung beizubehalten, woran er trotz der als Vollharmonisierung gedachten – d.h. den Mitgliedstaaten engere ebenso

153 Dabei entspricht § 8 TDG dem § 6 MDStV, § 9 TDG dem § 7 MDStV, § 10 TDG dem § 8 MDStV und § 11 TDG dem § 9 MDStV, weshalb eine Wiedergabe der Vorschriften des MDStV an dieser Stelle entbehrlich ist.

154 Ebenso die Einschätzung von *Holznagel/Kussel*, MMR 2001, S. 349 und *Spindler*, MMR 1999, S. 206; eher skeptisch dagegen *Schuster/U. Müller*, MMR-Beilage 7/2001, S. 20.

155 So auch die Begründung der Bundesregierung in BT-Drs. 14/6098, S. 22.

156 Siehe dazu die Begründung der Bundesregierung in BT-Drs. 14/6098, S. 23; *Hoffmann*, MMR 2002, S. 285; *Hörnle*, NJW 2002, S. 1011; *Nickels*, CR 2002, S. 305; *Spindler*, NJW 2002, S. 922; *Vassilaki*, MMR 2002, S. 660; *Tettenborn/Bender/Lübben/Karenfort*, BB-Beilage 50/2001, S. 27.

157 *Hoffmann*, MMR 2002, S. 284; *Nickels*, CR 2002, S. 303; *Spindler*, NJW 2002, S. 921 f.; *ders.*, MMR 1999, S. 199 f.; *Säcker*, MMR-Beilage 9/2001, S. 4.

158 *Spindler*, NJW 2002, S. 922; *ders.*, MMR 1999, S. 201; *Nickels*, CR 2002, S. 306; *Tettenborn/Bender/Lübben/Karenfort*, BB-Beilage 50/2001, S. 27; *Waldenberger/Hoß*, AfP 2000, S. 242. Von einer Entsprechung beider Begriffe geht auch die Begründung der Bundesregierung in BT-Drs. 14/6098, S. 23, aus.

wie weitere Regelungen im nationalen Recht untersagende – Art. 12 ff. ECRL nicht gehindert war[159]. Infolgedessen findet sich die bisher in § 5 Abs. 1 TDG (a.F.)/§ 5 Abs. 1 MDStV (a.F.) geregelte Verantwortlichkeit des Content-Provider für eigene Inhalte nunmehr als Verantwortlichkeit für „eigene Informationen" in § 8 Abs. 1 TDG bzw. § 6 Abs. 1 MDStV[160]. Die weiterhin existierende Haftungsprivilegierung des Access-Providers ist in § 9 TDG bzw. § 7 MDStV normiert[161], wobei die bislang in § 5 Abs. 3 S. 2 TDG (a.F.)/§ 5 Abs. 3 S. 2 MDStV (a.F.) angelegte Sonderregelung für automatische Zwischenspeicherungen – das sog. Caching – jetzt durch § 10 TDG und § 8 MDStV in einer eigenen Vorschrift behandelt wird[162]. Die bis zum Inkrafttreten des EGG in § 5 Abs. 2 TDG (a.F.) bzw. MDStV (a.F.) geregelte Verantwortlichkeit des Host-Providers ist schließlich in § 11 TDG bzw. § 9 MDStV umgesetzt worden[163].

Somit werden die durch das EGG verursachten Veränderungen in TDG und MDStV – von der gleich noch zu behandelnden Verantwortlichkeit für Hyperlinks abgesehen – im Wesentlichen dazu führen, dass aufgrund der im Vergleich zum eher knappen § 5 TDG (a.F.)/§ 5 MDStV (a.F.) sehr detaillierten Regelungen der §§ 8 ff. TDG/§§ 6 ff. MDStV zahlreiche Auslegungsfragen, die in den vergangenen Jahren durch das Schrifttum aufbereitet werden mussten, nunmehr schon mittels des Gesetzeswortlauts beantwortet werden können[164].

3. *Strafrechtliche Verantwortlichkeit für Hyperlinks*

Ob man bei einem privaten Anwender, der eine Homepage im Internet erstellt und anschließend auf einem über das Internet erreichbaren Rechner eines Host-Providers gespeichert hat, von einem „Bereithalten" dieses – zweifellos eigenen – Inhalts sprechen und ihn damit als Content-Provider ansehen kann, war kurz nach Inkrafttreten des IuKDG noch fraglich[165]. Während dies unter Geltung des alten TDG bzw. MDStV dann aber schon bald zutreffend ganz überwiegend

---

159 So *Nickels*, CR 2002, S. 306; *Tettenborn/Bender/Lübben/Karenfort*, BB-Beilage 50/2001, S. 27 und S. 29. Dagegen meinen *Hoffmann*, MMR 2002, S. 288, und *Spindler*, NJW 2002, S. 923, dass die bisherige Unterscheidung zwischen eigenen und fremden Inhalten im novellierten TDG trotz der im Wortlaut von § 8 TDG einerseits und §§ 9, 11 TDG andererseits beibehaltenen Differenzierung keine maßgebliche Bedeutung mehr besitzt. Auf diese Ansicht wird ausführlicher im 8. Kapitel unter I. 1. a) (S. 310) eingegangen.

160 Begründung der Bundesregierung in BT-Drs. 14/6098, S. 23.

161 Begründung der Bundesregierung in BT-Drs. 14/6098, S. 23 f.

162 Siehe dazu die Begründung der Bundesregierung in BT-Drs. 14/6098, S. 24 f.

163 Begründung der Bundesregierung in BT-Drs. 14/6098, S. 25.

164 Ebenso die Einschätzung von *Säcker*, MMR-Beilage 9/2001, S. 4 sowie *Tettenborn/Bender/Lübben/Karenfort*, BB-Beilage 50/2001, S. 28.

165 Dies lehnten und lehnen zum Teil immer noch ab z.B. *Barton*, Multimedia-Strafrecht (1999), S. 204 Rdn. 296 ff.; *Hütig*, MMR 1998, S. 50; *Pichler*, MMR 1998, S. 79 f.; *Koch*, CR 1997, S. 200 ff.; missverständlich *v. Bonin/Köster*, ZUM 1997, S. 822.

bejaht wurde[166], können sich entsprechende Zweifel aufgrund der im EGG unmissverständlich vorgegebenen Anwendbarkeit der Verantwortlichkeitsvorschriften für geschäftsmäßige ebenso wie für private Informationen nicht mehr ergeben[167].

Hat dieser – private oder geschäftsmäßige – Anbieter nun auf seiner Homepage Links eingerichtet, mittels derer er den Zugang zu fremden Tele- bzw. Mediendiensten vermittelt, nimmt er insofern die Rolle eines Access-Providers ein, während er hinsichtlich seiner eigenen von ihm bereitgehaltenen Inhalte als Content-Provider einzustufen ist[168]. Wenn jedoch der Link redaktionell in die eigenen Inhalte eingebettet wird oder z.B. durch empfehlende Kommentare besonders hervorgehoben ist, wird oftmals angenommen, dass damit der Inhalt der Internet-Seiten, auf die verwiesen wird, zu eigenen Inhalten des somit als Con-

---

166 Bejaht wurde dies von Anfang an von der Bundesregierung, vgl. die Antwort auf Frage 14 m) der Kleinen Anfrage aus BT-Drs. 13/7757, abgedruckt in BT-Drs. 13/8153, S. 13; ferner von *Park*, GA 2001, S. 31; *Sieber*, in: *Hoeren/Sieber*, Handbuch Multimedia-Recht (2001), Teil 19, S. 89 Rdn. 243; *Wimmer*, ZUM 1999, S. 440; *Flechsig/Gabel*, CR 1998, S. 354; *Pelz*, ZUM 1998, S. 532 f.; *Engel-Flechsig/Maennel/Tettenborn*, NJW 1997, S. 2985. Zusammenfassend zur Diskussion *Sieber*, Verantwortlichkeit im Internet (1999), S. 131 Rdn. 264 f.; *ders.*, MMR-Beilage 2/1999, S. 9 f. Mit der Frage, ob eine Homepage unter das TDG oder den MDStV fällt, beschäftigt sich *Helle*, CR 1998, S. 672 ff.

167 Vgl. dazu die Begründung der Bundesregierung in BT-Drs. 14/6098, S. 23.

168 So *Popp*, Die strafrechtliche Verantwortung von Internet-Providern (2002), S. 183; *Damm/Rehbock*, Widerruf, Unterlassung und Schadensersatz in Presse- und Rundfunk (2001), S. 247 Rdn. 557; *Wimmer/Michael*, Der Online-Provider im neuen Multimediarecht (1998), S. 51 f.; *Moritz*, in: *Loewenheim/Koch*, Praxis des Online-Rechts (1998), S. 512; *Engel-Flechsig/Maennel/Tettenborn*, NJW 1997, S. 2985; *Koch*, CR 1997, S. 198 und S. 200; *Spindler*, NJW 1997, S. 3198. Ganz anders *Römer*, Verbreitungs- und Äußerungsdelikte im Internet (2000), S. 220 ff.; *Soehring*, Presserecht (2000), S. 565 Rdn. 28.17a; *Ernst*, NJW-CoR 1999, S. 430; *Freytag*, Haftung im Netz (1999), S. 229 ff.; *v. Bonin/Köster*, ZUM 1997, S. 823 ff., die den Setzer eines Links als Host-Provider behandeln wollen. Aus den Ausführungen von *Niebler*, in: *Loewenheim/Koch*, Praxis des Online-Rechts (1998), S. 263 und S. 265 geht nicht hervor, in welchen Konstellationen neben § 5 Abs. 1 und 3 TDG (a.F.) auch Absatz 2 anwendbar sein sollte. Ähnlich insofern *Waldenberger/Hoß*, AfP 2000, S. 243 f.; *A. Koch*, MMR 1999, S. 706 f.; *Altenhain*, AfP 1998, S. 464; *Waldenberger*, MMR 1998, S. 128 f.; *ders.*, AfP 1998, S. 374, die hinsichtlich der Haftung für Links zudem vorschlagen, § 5 Abs. 2 TDG (a.F.) bzw. MDStV (a.F.) analog anzuwenden. Entschieden gegen eine Anwendung von § 5 Abs. 2 TDG (a.F.) ist dagegen *Popp*, Die strafrechtliche Verantwortung von Internet-Providern (2002), S. 183 ff., der seine Auffassung eingehend begründet. Völlig anderer Ansicht ist *Barton*, Multimedia-Strafrecht (1999), S. 218 Rdn. 319 ff. und S. 245 Rdn. 357, der das Einrichten von Hyperlinks unter keinen Absatz von § 5 TDG (a.F.) einordnet und daher die allgemeinen strafrechtlichen Grundsätze zur Anwendung kommen lässt. *Flechsig/Gabel*, CR 1998, S. 354 schließlich sprechen sich für eine Anwendung von § 5 Abs. 1 TDG (a.F.)/§ 5 Abs. 1 MDStV (a.F.) aus und nehmen damit generell ein Zu-Eigen-Machen des hinter dem Link stehenden Inhalts an.

tent-Provider zu behandelnden Einrichter des Links werden[169]. Diese Unterscheidung wurde teilweise noch weiter differenziert, indem bei Links auf nicht zu eigen gemachte Inhalte neben § 5 Abs. 3 TDG (a.F.)/§ 5 Abs. 3 MDStV (a.F.) auch Absatz 2 für anwendbar gehalten wurde. In den Fällen, in denen zwar kein Zu-Eigen-Machen der fremden Inhalten vorlag und Absatz 1 somit nicht einschlägig war, sollte daher hinsichtlich der unmittelbar „gelinkten" Internet-Seite eines Drittanbieters ein „Bereithalten" gegeben und damit Absatz 2 zu bejahen sein[170].

Diese Unterscheidung hatte bedeutsame Konsequenzen, da einem Access-Provider die Verantwortlichkeitsprivilegierung in § 5 Abs. 3 TDG (a.F.) bzw. MDStV (a.F.) zugute kam und dieser somit selbst dann nicht strafrechtlich belangt werden konnte, wenn er vorsätzlich einen Link auf fremde Internet-Seiten mit inkriminierten Inhalten gesetzt hat[171]. Gerade in derartigen Fällen der bewussten und gewollten Vermittlung strafbarer Inhalte wurde diese Privilegierung des Access-Providers als zu weitgehend und rechtspolitisch verfehlt angesehen[172]. Dennoch konnte dieses Resultat aufgrund der insofern eindeutigen Regelung in § 5 Abs. 3 TDG (a.F.)/§ 5 Abs. 3 MDStV (a.F.) kaum korrigiert werden[173]. Deshalb war unter Geltung der ursprünglichen Verantwortlichkeits-

---

169 LG Lübeck, Urt. v. 24.11.1998 – 11 S 4/98 = CR 1999, S. 650 (650 f.); LG Frankfurt, Urt. v. 27.5.1998 – 3/12 O 173/97 = CR 1999, S. 45 (46); *Hoffmann*, NJW-Beilage 14/2001, S. 29; *Soehring*, Presserecht (2000), S. 543 Rdn. 26.11a und S. 564 Rdn. 28.17 ff.; *Freytag*, Haftung im Netz (1999), S. 229 ff.; *Kloos*, CR 1999, S. 47; *Zimmermann*, NJW 1999, S. 3149 Fn. 45; *Wimmer/Michael*, Der Online-Provider im neuen Multimediarecht (1998), S. 61; *Engel-Flechsig/Maennel/Tettenborn*, NJW 1997, S. 2985.

170 *Sieber*, in: *Hoeren/Sieber*, Handbuch Multimedia-Recht (2001), Teil 19, S. 97 Rdn. 266 ff.; *ders.*, Verantwortlichkeit im Internet (1999), S. 161 Rdn. 326; *ders.*, MMR-Beilage 2/1999, S. 17 f.; *Engels/Köster*, MMR 1999, S. 524; *v. Bonin/Köster*, ZUM 1997, S. 823 ff.; ähnlich ebenfalls *Ernst*, NJW-CoR 1999, S. 430 sowie *Vassilaki*, CR 1999, S. 85 ff. und *dies.*, MMR 1998, S. 636 ff. Ebenso für den Fall der Darstellung von Hyperlinks im Rahmen von Suchmaschinen *v. Lackum*, MMR 1999, S. 700 ff. Dieser Ansicht widerspricht *Popp*, Die strafrechtliche Verantwortung von Internet-Providern (2002), S. 74 f. und S. 186 f.

171 Dies wird von *Soehring*, Presserecht (2000), S. 543 Rdn. 26.11a, verkannt, der das Setzen eines Links auf fremde Inhalte sogar ohne deren Zurechnung als Beihilfehandlung ansieht.

172 Dazu *Barton*, Multimedia-Strafrecht (1999), S. 202 Rdn. 293, der freilich das Setzen eines Links nicht als Zugangsvermittlung begreift, vgl. S. 218 Rdn. 321 und S. 243 Rdn. 356 f.; *Finke*, Die strafrechtliche Verantwortung von Internet-Providern (1998), S. 149; *Waldenberger*, MMR 1998, S. 128; *Wimmer/Michael*, Der Online-Provider im neuen Multimediarecht (1998), S. 60 f.; *Spindler*, NJW 1997, S. 3198.

173 So ausdrücklich *Sieber*, Verantwortlichkeit im Internet (1999), S. 184 Rdn. 373 und *ders.*, MMR-Beilage 2/1999, S. 23 f., der allerdings die erste Link-Ebene nicht als Fall der Zugangsvermittlung, sondern des Bereithaltens i.S.d. § 5 Abs. 2 TDG (a.F.)/§ 5 Abs. 2 MDStV (a.F.) ansieht. *Pätzel*, CR 1998, S. 626, und *Spindler*, NJW 1997, S. 3198, halten dagegen eine Korrektur im Wege einer teleologischen Reduktion von § 5 Abs. 3 TDG

vorschriften die Frage, unter welchen Voraussetzungen der durch einen Link vermittelte Inhalt dem Setzer des Links als eigener Inhalt zugerechnet werden kann, von zentraler Bedeutung.

Als Grund für eine mögliche Strafbarkeit kommen dabei z.B. Lebenssachverhalte ähnlich dem des obigen 8. Beispielsfalles in Betracht. Nach den vorstehenden Ausführungen hätte das AG Tiergarten unter Beachtung der überwiegenden Meinung die Angeklagte hinsichtlich der Unterhaltung ihrer eigenen Hompage als Content-Providerin und hinsichtlich des dort gelegten Links zur Zeitschrift „radikal" als Access-Providerin behandeln müssen, sofern nicht ein Zu-Eigen-Machen der fremden Inhalte bejaht worden wäre[174]. Hätte das Strafverfahren nicht bereits mit der Urteilsverkündung am 30.6.1997 – also vor Inkrafttreten des IuKDG – sein Ende gefunden, wäre grundsätzlich die Verantwortlichkeitsprivilegierung für Access-Provider anwendbar gewesen[175].

Diese Rechtslage im Hinblick auf die Verantwortlichkeit wegen der Verwendung von Hyperlinks hat sich seit Anfang 2002 infolge der Novellierung des TDG durch das EGG allerdings erheblich geändert. Denn die haftungsrechtliche Einordnung von Hyperlinks ist von der ECRL ebenso wie vom EGG offengelassen worden[176]. Während über die zutreffende Behandlung von Links im alten System des § 5 TDG (a.F.)/§ 5 MDStV (a.F.) wie gerade beschrieben vortrefflich gestritten werden konnte und wurde, kann sich eine vergleichbare Frage hinsichtlich der neuen §§ 8 ff. TDG/§§ 6 ff. MDStV von vornherein nicht stellen[177]. Auch kommt eine Analogie – vergleichbar mit dem Vorschlag, § 5

(a.F.) bzw. MDStV (a.F.) für möglich. Auch *Waldenberger*, MMR 1998, S. 128 f., meint, diese „erhebliche Regelungslücke" schließen zu können, indem § 5 Abs. 2 TDG (a.F.) bzw. MDStV (a.F.) analog angewendet wird.

174 So *Wimmer/Michael*, Der Online-Provider im neuen Multimediarecht (1998), S. 119. Im Ergebnis ebenso *Soehring*, Presserecht (2000), S. 564 Rdn. 28.17; *Moritz*, in: *Loewenheim/Koch*, Praxis des Online-Rechts (1998), S. 512 und S. 526. Anderer Ansicht ist *Barton*, Multimedia-Strafrecht (1999), S. 212 Rdn. 309. Zur Bewertung der Entscheidung des AG Tiergarten siehe auch *Hoffmann*, NJW-Beilage 14/2001, S. 26; *Park*, GA 2001, S. 32; *Flechsig/Gabel*, CR 1998, S. 352; *v. Gravenreuth*, CR 1998, S. 629; *Hütig*, MMR 1998, S. 50 ff.; *Mann*, AfP 1998, S. 132 f.; *Vassilaki*, CR 1998, S. 111 f.; *dies.*, MMR 1998, S. 248; *Ernst*, NJW-CoR 1997, S. 115, S. 227 f. und S. 361.

175 § 5 TDG wäre dann zeitlich anwendbar gewesen, da diese Vorschrift zu einer Begrenzung der Verantwortlichkeit und damit zu einer „milderen Rechtslage" gem. Art. 103 Abs. 2 GG, § 2 Abs. 2 StGB führt. Vgl. zur Anwendbarkeit auf „Altfälle" *Sieber*, in: *Hoeren/Sieber*, Handbuch Multimedia-Recht (2001), Teil 19, S. 87 Rdn. 238; *ders.*, Verantwortlichkeit im Internet (1999), S. 125 Rdn. 252; *ders.*, MMR-Beilage 2/1999, S. 7; *Römer*, Verbreitungs- und Äußerungsdelikte im Internet (2000), S. 262 ff.

176 Siehe Art. 21 Abs. 2 ECRL.

177 Ausführlich dazu *Müglich*, CR 2002, S. 591; *Spindler*, MMR 2002, S. 496 ff.; *ders.*, NJW 2002, S. 924; *ders.*, MMR 1999, S. 204; *Tettenborn/Bender/Lübben/Karenfort*, BB-Beilage 50/2001, S. 27 f.; *Pankoke*, Von der Presse- zur Providerhaftung (2000), S. 123 und S. 132.

Abs. 2 TDG (a.F.) bzw. MDStV (a.F.) analog auf das Setzen von Links anzuwenden – ersichtlich nicht in Betracht, da es diesbezüglich an einer Regelungslücke fehlt[178]. Der Gesetzgeber hat sich trotz gegenteiliger Anregungen während des Gesetzgebungsverfahrens beispielsweise durch den Bundesrat dazu entschlossen, die Problematik der haftungsrechtlichen Erfassung von Hyperlinks durch das EGG zunächst nicht zu regeln[179]. Daher gilt für die Beurteilung der strafrechtlichen Verantwortlichkeit wegen des Setzens von Hyperlinks die gleiche Rechtslage, wie vor dem Inkrafttreten des IuKDG im Jahr 1997. Danach sind die allgemeinen strafrechtlichen Regeln anzuwenden, womit sich insbesondere wieder die Frage nach einer etwaigen Garantenpflicht des Verwenders eines Links stellt[180].

4. Bedeutung des Online-Rechts für den anhand der Beispielsfälle verdeutlichten Untersuchungsgegenstand

Vergleicht man nun diese durch die technischen Möglichkeiten des Internet eingetretene Situation und insbesondere die durch TDG, MDStV und schließlich EGG geschaffenen Regelungen der Verantwortlichkeit für eigene wie fremde Inhalte mit dem Untersuchungsgegenstand, wie er sich bisher in Orientierung an obigen Beispielsfällen dargestellt hat, fallen vor allem zwei Punkte auf. Die erste Auffälligkeit geht zurück noch auf die Zeit vor Inkrafttreten der „Multimedia-Gesetze". Da das Problem der Verbreitung von inkriminierten – vorwiegend gewaltverherrlichenden, pornographischen oder volksverhetzenden – Inhalten im Internet bereits bekannt war, ergab sich die Notwendigkeit, in Ermangelung spezialgesetzlicher Regelungen das existierende strafrechtliche Instrumentarium auf diese neuartige Problematik anwenden zu müssen. Die rechtswissenschaftliche Diskussion, die daraufhin aufkam, drehte sich fast ausschließlich um drei offene Fragen. Als Erstes war die Anwendbarkeit des Schriftenbegriffs in § 11 Abs. 3 StGB – der zu diesem Zeitpunkt noch nicht um die Variante der „Datenspeicher" ergänzt war – bezüglich Darstellungen auf Computermonitoren umstritten[181]. Als Zweites galt es das strafrechtlich rele-

178 So *Köster/Jürgens*, MMR 2002, S. 422; *Müglich*, CR 2002, S. 591; *Nickels*, CR 2002, S. 308; *Spindler*, MMR 2002, S. 498; *ders.*, NJW 2002, S. 924.

179 Vgl. die Stellungnahme des Bundesrates in BT-Drs. 14/6098, S. 34 sowie die Gegenäußerung der Bundesregierung auf S. 37.

180 So die Bundesregierung in BT-Drs. 14/6098, S. 37; *Nickels*, CR 2002, S. 308; *Spindler*, NJW 2002, S. 924. Eingehend mit dieser „neuen alten" Rechtslage in Bezug auf die Haftung für Hyperlinks beschäftigen sich *Köster/Jürgens*, MMR 2002, S. 422 ff.; *Müglich*, CR 2002, S. 584 ff.; *Spindler*, MMR 2002, S. 498 ff. Auch hierauf wird ausführlicher erst im 8. Kapitel – dort unter I. 2. (S. 318) – eingegangen werden.

181 Dazu *Flechsig*, in: *Schwarz*, Recht im Internet (2000), 8-2.2, S. 26; *Altenhain*, CR 1997, S. 495; *Derksen*, NJW 1997, S. 1881; *U. Jäger/Collardin*, CR 1996, S. 237; *Sieber*, JZ 1996, S. 495.

vante Verhalten der Dienstanbieter als Tun oder Unterlassen zu qualifizieren und drittens nach Beantwortung dieser Frage im letzteren Sinn die notwendige Garantenstellung zu begründen[182]. Gerade die letzten zwei Aspekte sind Ansatzpunkte, die hinsichtlich der strafrechtlichen Verantwortlichkeit für fremde Texte in den klassischen Printmedien nicht mit einer vergleichbaren Ausführlichkeit diskutiert werden, obgleich sich die zu beurteilende Situation bis auf das verwendete Kommunikationsmedium auf den ersten Blick scheinbar nicht wesentlich unterscheidet.

Die angesprochene zweite Auffälligkeit gilt insbesondere für die Zeit nach Erlass der Verantwortlichkeitsvorschriften in TDG und MDStV in ihrer Fassung vor und nach Inkrafttreten des EGG. Dabei handelt es sich um die Art und Weise, wie Inhalte im Internet als „fremd" oder „eigen" qualifiziert werden. Während diese Beurteilung – zumindest nach dem Eindruck, den die in obigen Beispielsfällen zitierten Gerichtsentscheidungen erweckt haben – ansonsten mittels einer Reihe von Indizien und Vermutungen getroffen zu werden scheint, um daraufhin die notwendige „Identifikation" bzw. das „Zu-Eigen-Machen" nachweisen zu können, so wird auf diese im Rahmen der Äußerungsdelikte geläufige Vorgehensweise im multimediarechtlichen Schrifttum kaum Bezug genommen[183]. Dies muss verwundern, da die zentralen Abgrenzungsschwierigkeiten zwischen eigenen, fremden und zu eigen gemachten Inhalten innerhalb der Prüfung der Verantwortlichkeitsvorschriften von TDG bzw. MDStV genauso wie die – nach Passieren dieses vorgeschalteten „Filters" – anzuwendenen Deliktstatbestände die gleichen bleiben und das genutzte Medium für die Frage, ob ein von einer anderen Person verfasster Text eine persönliche Äußerung bzw. einen eigenen Inhalt des Publizierenden darstellt, doch eigentlich keine Rolle spielen kann. Erstellt also ein Anbieter eine Homepage im Internet unter Verwendung von Links, um auf andere Seiten mit den Inhalten anderer Verfasser zu verweisen, müsste sich die Frage, ob und wie er für auf diesen Seiten befindliche rechtswidrige Inhalten haftbar zu machen ist, an sich nach den gleichen Kriterien richten,

---

182 Zu diesen beiden Fragen *Flechsig*, in: *Schwarz*, Recht im Internet (2000), 8-2.2, S. 27 f.; *Altenhain*, CR 1997, S. 486 ff.; *Derksen*, NJW 1997, S. 1882 ff.; *Conradi/Schlömer*, NStZ 1996, S. 472 ff.; *U. Jäger/Collardin*, CR 1996, S. 238 ff.; *Sieber*, JZ 1996, S. 499 ff.

183 Z.B. greifen *Flechsig*, in: *Schwarz*, Recht im Internet (2000), 8-2.1, S. 18 ff., und *Altenhain*, CR 1997, S. 496 Fn. 97, gezielt auf die zur Abgrenzung von Verbreitungs- und Äußerungsdelikten bekannten Kriterien zurück. Dagegen nennen beispielsweise *Park*, GA 2001, S. 31 f.; *Engels/Köster*, MMR 1999, S. 523; *Pelz*, wistra 1999, S. 58; *ders.*, ZUM 1998, S. 532; *Vassilaki*, MMR 1999, S. 529; *Mann*, AfP 1998, S. 132; *Pichler*, MMR 1998, S. 82; *v. Bonin/Köster*, ZUM 1997, S. 824 und *F. Koch*, CR 1997, S. 197, diese Kriterien, ohne auf die schwierige Abgrenzung im Bereich der Verbreitungs- und persönlichen Äußerungsdelikte hinzuweisen oder die dort gebräuchlichen Argumente zu verwenden. Eine ausführliche Erörterung dieser zum Teil sehr unterschiedlichen medienrechtlichen Ansätze erfolgt im 8. Kapitel unter I. 1. b) (S. 313) und I. 2. b) (S. 319).

wie im Bereich der klassischen Printmedien[184]. Zumindest erscheinen die Unterschiede zu solchen Fällen, in denen Leserbriefe mit rechtswidrigem Inhalt veröffentlicht werden oder Zitate anderer Personen gebraucht werden, als nicht besonders gravierend[185]. In allen Konstellationen wird zu beantworten sein, ob der inkriminierte Inhalt dem Publizierenden – bzw. Verweisenden – bekannt war und ob er sich den Inhalt der fremden Äußerung derart zu Eigen gemacht hat, dass er sie als seine eigene wiedergibt. Die Antworten dürften sich dementsprechend auch auf die gleiche methodische Weise finden lassen.

IV. Thematische Ausgrenzungen und Ablauf der weiteren Untersuchung

Wenn bisher von inkriminierten Inhalten die Rede war, so waren damit zumeist ehrverletzende, diskriminierende, gewaltverherrlichende, volksverhetzende, pornographische oder sonst zu einer Deliktsbegehung auffordernde Äußerungen gemeint. Diese Art der Tatbestandsverwirklichung unter Verwendung von Gedankenäußerungen bringt zwangsläufig die Notwendigkeit einer Auslegung, einer Deutung dieser Äußerung mit sich[186]. Die richterliche Würdigung entsprechender äußerungsrechtlicher Sachverhalte wurde in jüngerer Zeit besonders im Zusammenhang mit § 185 StGB als dem in dogmatischer Hinsicht wohl am ausführlichsten untersuchten Äußerungsdelikt diskutiert. Das beste Beispiel dafür dürften die sog. „Soldaten-sind-Mörder"-Beschlüsse des BVerfG sein, deren vielbesprochener Schwerpunkt in der Auslegung und Deutung des Aussagegehalts der namensgebenden drei Wörter liegt[187]. Auf diese strafrechtliche Problematik soll hier nicht weiter eingegangen werden[188]. Vielmehr wird die Strafbarkeit der jeweiligen „Primäräußerung" ohne Weiteres angenommen, um darauf aufbauend die Verantwortlichkeit für die Verwendung dieser fremden – als Text gefassten – Äußerung zu untersuchen. Die Wortwahl und die damit einhergehenden Deutungsmöglichkeiten der „Primäräußerung" sollen daher nur in-

---

184 Auch *Spindler*, MMR 2002, S. 501 und *Strömer*, Online-Recht (2002), S. 216 f. vergleichen die Situation direkt mit derjenigen des Verlegers, Herausgebers bzw. Redakteurs, der fremde Inhalte zur Veröffentlichung auswählt.

185 Ebenso *Köster/Jürgens*, MMR 2002, S. 424; *Spindler*, MMR 2002, S. 501 ff.; *ders.*, MMR 1999, S. 203 mit Fn. 38; *ders.*, ZUM 1996, S. 534; *Engels/Köster*, MMR 1999, S. 523; *F. Koch*, CR 1997, S. 193; *Marly*, Jur-PC 1992, S. 1445. Gegen diese häufig angeführte Parallele zum Bereich der Pressehaftung wendet sich ausdrücklich *Pichler*, MMR 1998, S. 83; ähnlich auch *Mayer*, NJW 1996, S. 1788.

186 So bereits *Kern*, Die Äußerungsdelikte (1919), S. 1, der diese Erkenntnis als Ausgangspunkt für seine sich daran anschließende systematische Betrachtung der Äußerungsdelikte benutzte.

187 BVerfG, Beschl. v. 25.8.1994 – 1 BvR 1423/92 = NJW 1994, S. 2943 und BVerfG, Beschl. v. 10.10.1995 – 1 BvR 1476/91, 1 BvR 1980/91, 1 BvR 102/92 und 1 BvR 221/92 = BVerfGE 93, 266.

188 Siehe dazu stattdessen den ausführlichen Beitrag von *Wittig*, GA 2000, S. 267 ff.

sofern als Gegenstand einer genaueren Betrachtung in Frage kommen, als dadurch die Strafbarkeit ihrer Wiedergabe beeinflusst wird, beispielsweise durch unterschiedliche Anforderungen an den erforderlichen Nachweis eines Zu-Eigen-Machens.

Der Ablauf der weiteren Untersuchung orientiert sich an den im Rahmen der Beschreibung des Untersuchungsgegenstandes aufgeworfenen Fragen. Unter Berücksichtigung der einzeldeliktsübergreifenden Probleme, die schon im 1. Kapitel zu Tage getreten sind, bietet sich dafür eine thematisch – allerdings nicht gleichgewichtig – in Täterschaft und Teilnahme sowie Presse- und Online-Recht unterteilte Gliederung an. Dabei liegt von der Gewichtung her der Schwerpunkt bei der Untersuchung der Täterschaft in Fallgestaltungen mit presserechtlichem Bezug. So wird in Teil 2 betrachtet werden, auf welche Weise die täterschaftliche Deliktsverwirklichung aufgrund der Verwendung fremder Texte in Rechtsprechung und Schrifttum bislang gehandhabt wird. Eine große Rolle werden dabei die oben erwähnten, vom BGH bereits geschaffenen und angewendeten einschränkenden Voraussetzungen spielen. Diese Voraussetzungen werden im 3. Kapitel zunächst vor dem Hintergrund der jeweiligen Tatbestände erörtert, zu denen sie entwickelt und im Rahmen derer sie bisher angewendet wurden. Anschließend wird im 4. Kapitel zu beantworten sein, ob die in der Judikatur bzw. Literatur angeführten Begründungen für eine derart eingeschränkte täterschaftliche Strafbarkeit einer genaueren Prüfung standhalten und inwieweit diese zu einzelnen Deliktstatbeständen entworfenen Kriterien verallgemeinerungsfähig sind. In Teil 3 wird im 5. und 6. Kapitel darauf aufbauend sodann ein eigenes Konzept zur systematischen Erklärung und Bewältigung der strafrechtlichen Verantwortlichkeit für fremde Texte entwickelt und begründet. Dabei soll besondere Aufmerksamkeit den hinter diesem Phänomen stehenden rechtstheoretischen wie methodischen Erwägungen gewidmet werden, um auf diese Weise gerade in Anbetracht zahlreicher scheinbar zusammenhanglos ergangener Einzelfallentscheidungen zu allgemeingültigen Aussagen zu gelangen. Auch muss in diesem Kontext auf bisher noch ausgesparte offene Fragen eingegangen werden, wie beispielsweise die Anforderungen an eine Mittäterschaft zwischen Redakteur und Verfasser sowie die Bedeutung der Abgrenzung von Tun und Unterlassen beim Veröffentlichen fremder Äußerungen. Der sich anschließende Teil 4 wird auf der Grundlage der bisherigen Ergebnisse dann noch einige bedeutende Folgeprobleme behandeln. So hat das 7. Kapitel die schon angesprochene Teilnahmestrafbarkeit und in diesem Rahmen insbesondere die Beihilfe bei und aufgrund der Publikation fremder Texte zum Gegenstand. Bezüglich der dort u.a. zu beantwortenden Frage nach der Existenz eines verallgemeinerungsfähigen Grundsatzes von einer Derogation der §§ 26, 27 StGB aufgrund abschließender tatbestandlicher Umschreibung des Bereichs strafbaren Verhaltens wird zwangsläufig eine Beschränkung der Untersuchung notwendig werden, da eine dogmatisch umfassende Darstellung dieses Problems einer eigenständigen Abhandlung vorbehalten bleiben muss. Daher kann diese Fragestellung nur insofern von Interesse sein, als Rückschlüsse speziell für die Beihilfe im Zusammenhang mit der Verbreitung fremder Texte zu erwarten sind. Schließlich wird im 8. Kapitel auch das gerade dargestellte Problem der strafrechtlichen Verantwortlichkeit für fremde Texte im Bereich der neuen Medien im Lichte der bis dahin gewonnenen Ergebnisse gewürdigt und ein Vorschlag für eine dogmatisch stimmige und vor allem praktikable Lösung gemacht werden. Dafür müssen zuvor die existierenden Ansichten zur Strafbarkeit wegen der Verwendung von Hyperlinks sowie zu den Anforderungen an den Nachweis einer Identifikation mit fremden Texten auf Internetseiten Dritter auf ihre Vereinbarkeit mit den bisherigen eigenen Schlussfolgerungen untersucht werden.

Der gewählte formale Aufbau der Teile 2 bis 4 folgt diesen Fragestellungen. Dabei wird jedoch besonderer Wert auf eine Vorgehensweise gelegt, welche die bereits in der Strafrechtspraxis existierenden und namentlich vom BGH angewendeten Lösungswege nicht zugunsten einer komplett auf eigenen Ansätzen basierenden Untersuchung ignoriert. Eine andere Arbeitsweise würde zu sehr Gefahr laufen, eine dogmatische Begründung der strafrechtlichen Verantwortlichkeit für fremde Texte zu liefern, deren realistische Aussicht auf Übernahme in die Praxis gerichtlicher Urteilsfindung von vornherein gering wäre. Daher werden in Teil 2 bewusst als Ausgangspunkt der Untersuchung der täterschaftlichen Strafbarkeit die in der Rechtsprechung benutzten restriktiven Kriterien gewählt. Im Rahmen einer ausweitenden Darstellung werden diese als vorangestellter Untersuchungskern angesehen, den es in einen größeren und vor allem strafrechtsdogmatisch keine Zweifel bestehen lassenden Zusammenhang einzubetten gilt. Dabei wird sich in Teil 3 als Resultat eine methodisch eingehend begründete Rechtfertigung dieser Kriterien ergeben oder ein induktiv abgesicherter Vorschlag einer tauglicheren Lösung. Da diese bereits existierende Judikatur gleichsam das eigentlich erst herzuleitende Ergebnis einer dogmatischen Untersuchung ist, scheint einem Weg, der in einem Begründungsversuch für dieses – zumindest vorerst als hypothetisch korrekt anzunehmende – Ergebnis besteht, eine mit Blick auf das Resultat der Arbeit größere Ehrlichkeit zuzukommen. Eine andere Vorgehensweise, die nahe liegender Weise z.B. die Bildung einer teleologischen Reduktion zur Einschränkung der täterschaftlichen Strafbarkeit zum Ausgangspunkt macht, diese dogmatisch begründet, um dann als Inhalt der sinngemäß geforderten Einschränkung eben die Kriterien vorzuschlagen, welche die Rechtsprechung ohnehin bereits gebraucht und welche auch im 1. Kapitel schon genannt wurden, müsste sich dagegen die Frage der praktischen Relevanz gefallen lassen. Die methodologische Suche nach einem derartigen, schon bekannten Ergebnis würde als syllogistische Scheindiskussion daherkommen. Angesichts einer Judikatur aber, die – jedenfalls bezüglich der täterschaftlichen Strafbarkeit – ein praktikables Ergebnis gefunden zu haben scheint, ist eine Verifikation eben dieses Ergebnisses nicht nur wesentlich reizvoller, sondern auch vielversprechender. Im sich anschließenden Teil 4 wird ein solcher Aufbau zumindest hinsichtlich der Teilnahmeproblematik dagegen nicht möglich sein, sondern vielmehr bietet sich im Rahmen der Untersuchung einer Strafbarkeit wegen Beihilfe eine einengende deduktive Darstellung an. Weil es hier bislang an einer gefestigten Praxis bezüglich der äußerst fraglichen – zumindest teilweisen – Aufhebung der allgemeinen Teilnahmelehre infolge tatbestandlich abschließend pönalisierter Teilnahmehandlungen fehlt, wird diese Frage vorab zu klären sein, um dann von diesem allgemeinen Rechtsprinzip auf die Besonderheiten gerade im Zusammenhang mit der Verwendung fremder Texte schließen zu können. Da der 3. Senat des BGH hervorgehoben hat, dass die Beantwortung dieser Frage davon abhängt, ob und inwieweit eine täterschaftliche Strafbarkeit aufgrund der Verwendung fremder Texte nur eingeschränkt angenommen werden kann[189], werden wohl die in Teil 2 und 3 zu findenden Ergebnisse die maßgeblichen Vorentscheidungen beinhalten, welche die in Teil 4 anstehenden Schlussfolgerungen präjudizieren.

---

189 Vgl. BGH, Urt. v. 9.4.1997 – 3 StR 387/96 = BGHSt 43, 41 (52) = obiger 7. Beispielsfall.

Teil 2

Die Beurteilung täterschaftlicher Deliktsverwirklichung aufgrund der Verwendung fremder Texte in Rechtsprechung und Schrifttum

3. Kapitel

Deliktsspezifische Betrachtung von Anlass, Inhalt und Begründung einer eingeschränkten Strafbarkeit

Während die im 1. Kapitel vorgestellten acht Beispielsfälle im Wesentlichen ein Gefühl für die thematische Breite des Untersuchungsgegenstandes vermitteln sollten, muss die Darstellung der täterschaftlichen Strafbarkeit in die Tiefe gehen, um generalisierbare Aussagen liefern zu können. Die dabei im Mittelpunkt des Interesses stehenden Ansätze, welche die Rechtsprechung zu einer nur restriktiv angenommenen strafrechtlichen Verantwortlichkeit gelangen lassen, wurden bereits im Rahmen der Zusammenfassung der Beispielsfälle anhand ihrer deliktsübergreifenden Gemeinsamkeiten angesprochen. Nun wird aber auch die dort aufgeworfene Frage nach der Existenz eines dieser „einschränkenden Auslegung" einzelner Tatbestände zugrunde liegenden einheitlichen Prinzips zu beantworten sein. Um ein entsprechendes Ergebnis zu erhalten, ist es notwendig, einen soweit als möglich vollständigen Überblick über alle Straftatbestände zu geben, hinsichtlich derer sich die Rechtsprechung oder das Schrifttum schon einmal zu Restriktionen veranlasst gesehen haben, sei es aufgrund der Verwendung fremder Texte oder sei es auch nur mittels der Anwendung von Kriterien wie objektiver Eignung, eindeutig erkennbarer Zielrichtung oder einer erforderlichen Identifikation, selbst wenn die Begründung für deren Heranziehung eine andere war. Mit einer solchen, den Bereich des Kern- und Nebenstrafrechts abdeckenden Untersuchung der Frage, warum es bei bestimmten Straftatbeständen zu Einschränkungen gekommen ist und wie diese vorgenommen werden, sollte beantwortet werden können, ob den dargestellten einzeldeliktischen Besonderheiten ein einheitliches rechtliches Prinzip entnommen werden kann. Sollte das der Fall sein, wird dieses auf seine Vereinbarkeit mit dem herkömmlichen strafrechtlichen Instrumentarium zur Behandlung derartiger Sachverhalte überprüft werden müssen. Im Anschluss daran können dann auch die aktuell vom BGH benutzten einschränkenden Merkmale einer letzten kritischen Würdigung unterzogen werden, die ihre Tauglichkeit zur Umsetzung dieses Prinzips bewertet.

I. Delikte mit Vereinigungsbezug

Die ausführlichste und zugleich aktuellste Behandlung hat der Gedanke einer einschränkenden Auslegung in Rechtsprechung wie Literatur im Rahmen der Tatbestände der Bildung krimineller und terroristischer Vereinigungen sowie der Zuwiderhandlung gegen ein vereinsrechtliches Betätigungsverbot erfahren. Bezüglich dieser Delikte hat der BGH mehrmals die Notwendigkeit einer restriktiven Tatbestandsanwendung betont, wenn es sich bei dem nach § 129 Abs. 1 und § 129a Abs. 3 StGB strafbaren Werben oder Unterstützen bzw. dem gem. § 20 Abs. 1 Nr. 4 VereinsG inkriminierten Zuwiderhandeln lediglich um die Verbreitung von Texten handelt[1]. Trotz ggf. bestehender Unterschiede in der tatbestandlichen Struktur dieser Delikte ist eine zumindest anfänglich gemeinsame Betrachtung durch die gleichlautenden einschränkenden Kriterien, die der 3. Senat anwendet, gerechtfertigt.

1. Kriterien zur Einschränkung der §§ 129, 129a StGB, § 20 VereinsG

Ausgangspunkt dieser Auslegung war zunächst die schlichte Verwendung eigener Texte durch den Täter selbst, der für eine kriminelle bzw. terroristische Vereinigung werben will oder sie unterstützen möchte. Zur sachgerechten Behandlung solcher Sachverhalte entwickelte der BGH 1984 anlässlich eines Urteils, welches die Strafbarkeit von Personen betraf, die auf die Rückseite von über Autobahnen angebrachten Schilderbrücken Parolen mit „RAF"-Bezug gesprüht hatten, einige einschränkende Kriterien[2]. Diese hat der 3. Strafsenat seitdem inhaltlich nicht verändert und auch von der übrigen Judikatur wurden sie ebenso wie von der Literatur ausnahmslos nahezu wortwörtlich übernommen. Danach sind derartige Texte nur dann von tatbestandlicher Relevanz, wenn ihnen eine objektive Eignung zuerkannt werden kann, von den im Einzelfall angesprochenen Adressaten als Werbung oder Unterstützung aufgefasst zu werden[3]. Ausschließlich in

---

1 So z.B. bezüglich §§ 129, 129a StGB: BGH, Beschl. v. 4.8.1995 – 2 BJs 183/91-3 StB 31/95 = NJW 1995, S. 3395; BGH, Beschl. v. 24.8.1987 – 1 BJs 167/86-4 StB 18/87 = NJW 1988, S. 1677 (1678); BGH, Urt. v. 25.7.1984 – 3 StR 62/84 = BGHSt 33, 16 (18); bezüglich § 20 Abs. 1 Nr. 4 VereinsG: BGH, Urt. v. 9.4.1997 – 3 StR 387/96 = BGHSt 43, 41 (43); BGH, Urt. v. 9.4.1997 – 3 StR 584/96 = NStZ-RR 1997, S. 282.

2 BGH, Urt. v. 25.7.1984 – 3 StR 62/84 = BGHSt 33, 16 (17 ff.).

3 So BGH, Urt. v. 9.4.1997 – 3 StR 387/96 = BGHSt 43, 41 (43 f.); BGH, Urt. v. 9.4.1997 – 3 StR 584/96 = NStZ-RR 1997, S. 282; BGH, Beschl. v. 4.8.1995 – 2 BJs 183/91-3 StB 31/95 = NJW 1995, S. 3395; BGH, Beschl. v. 24.8.1987 – 1 BJs 167/86-4 StB 18/87 = NJW 1988, S. 1677 (1678); BGH, Urt. v. 25.7.1984 – 3 StR 62/84 = BGHSt 33, 16 (18); BayObLG, Beschl. v. 23.10.1995 – 3 St 3/95 a, b = NStZ-RR 1996, S. 135; BayObLG, Beschl. v. 20.3.1995 – 3 St 13/94 = NStZ-RR 1996, S. 7 (8); KG, Beschl. v. 1.12.1989 – ER 30/9 = StV 1990, S. 210; OLG Düsseldorf, Beschl. v. 12.6.1989 – OGs 13/89 = NStZ 1990, S. 145 (146); OLG Schleswig, Beschl. v. 30.10.1987 – 2 OJs 11/87 = NJW 1988, S. 352; ebenso LK[11]-*v. Bubnoff* § 129 Rdn. 54; ähnlich *Giehring*, StV 1983, S. 307 f. Inhaltsgleiche Aus-

diesem Fall würde eine Situation vorliegen, welche die Anwendung der §§ 129, 129a StGB, § 20 Abs. 1 Nr. 4 VereinsG als gerechtfertigt erscheinen lässt. Ferner müsse neben dieser objektiven Eignung der Text eine eindeutig erkennbare Zielrichtung gerade bezüglich der Unterstützung der verbotenen Vereinstätigkeit oder einer Werbung für diese aufweisen[4]. Das bedeutet, dass eine bloße Parallelität der verfolgten Ziele nicht genügt, um ein tatbestandliches Werben, Unterstützen oder Zuwiderhandeln zu bejahen. Vielmehr habe der objektiv dazu geeignete Text unmissverständlich auf eine verbotene Vereinigung hinzuweisen und damit durch Herausstellung dieses Organisationsbezugs eine Aussage zugunsten einer bestimmten kriminellen oder terroristischen Vereinigung oder eines verbotenen Vereins gerade in dieser Eigenschaft zu enthalten[5]. Durch dieses Kriterium sollen vor allem Fälle ausgeschieden werden, in denen selbst nach eingehender Analyse eines auslegungsbedürftigen Textes noch Zweifel über seine Intention verbleiben[6].

Auf diesen Anforderungen aufbauend und ihnen eine dritte Voraussetzung hinzufügend hat der BGH dann 13 Jahre später einen Fall entschieden, in welchem der Täter durch Veröffentlichung fremder Texte einem vereinsrechtlichen Betätigungsverbot zuwidergehandelt hat[7]. Eine solche Verwendung fremder Texte

---

führungen finden sich bei *Rebmann*, NStZ 1989, S. 101; *ders.*, NStZ 1981, S. 459, an dessen „Hinweise für eine einschränkende Auslegung" in NStZ 1981, S. 459 f., der BGH offensichtlich – wenn auch unausgesprochen – anknüpfte. Ebenso die Einschätzung bei *Fürst*, Grundlagen und Grenzen der §§ 129, 129a StGB (1989), S. 117.

4 BGH, Urt. v. 9.4.1997 – 3 StR 387/96 = BGHSt 43, 41 (44); BGH, Urt. v. 9.4.1997 – 3 StR 584/96 = NStZ-RR 1997, S. 282; BGH, Beschl. v. 4.8.1995 – 2 BJs 183/91-3 StB 31/95 = NJW 1995, S. 3395; BGH, Beschl. v. 24.8.1987 – 1 BJs 167/86-4 StB 18/87 = NJW 1988, S. 1677; BGH, Urt. v. 25.7.1984 – 3 StR 62/84 = BGHSt 33, 16 (18 f.); BayObLG, Beschl. v. 23.10.1995 – 3 St 3/95 a, b = NStZ-RR 1996, S. 135; BayObLG, Beschl. v. 20.3.1995 – 3 St 13/94 = NStZ-RR 1996, S. 7 (8); KG, Beschl. v. 1.12.1989 – ER 30/9 = StV 1990, S. 210; OLG Schleswig, Beschl. v. 30.10.1987 – 2 OJs 11/87 = NJW 1988, S. 352; ebenso SK-BT[54]-*Rudolphi* § 129 Rdn. 18a; LK[11]-*v. Bubnoff* § 129 Rdn. 55.

5 BayObLG, Beschl. v. 23.10.1995 – 3 St 3/95 a, b = NStZ-RR 1996, S. 135; BayObLG, Beschl. v. 20.3.1995 – 3 St 13/94 = NStZ-RR 1996, S. 7 (8); OLG Düsseldorf, Beschl. v. 12.6.1989 – OGs 13/89 = NStZ 1990, S. 145 (146); LK[11]-*v. Bubnoff* § 129 Rdn. 53; *Giehring*, StV 1983, S. 298; *Rebmann*, NStZ 1981, S. 460.

6 BGH, Beschl. v. 24.8.1987 – 1 BJs 167/86-4 StB 18/87 = NJW 1988, S. 1677 (1678).

7 BGH, Urt. v. 9.4.1997 – 3 StR 387/96 = BGHSt 43, 41 (44). In dieser Entscheidung verweist der 3. Strafsenat bezüglich dieser Anforderung auf den 1990 ergangenen Beschl. v. 20.2.1990 – 3 StR 278/89 = BGHSt 36, 363 (371). Dort finden sich auch tatsächlich Ausführungen, wonach es für eine täterschaftliche Strafbarkeit nicht genügt, wenn fremde Texte als fremde Meinungsäußerung veröffentlicht werden. Allerdings wird diese Aussage pauschal außer auf § 129a StGB auch auf die §§ 111, 140 StGB bezogen. Ferner wird sie auch nicht als in Zusammenhang mit den generell bei Texten anzulegenden einschränkenden Kriterien stehend dargestellt. Daher wird hier die Entscheidung v. 9.4.1997 (BGHSt 43, 41) als entsprechende Grundsatzentscheidung genannt.

sei danach nur dann tatbestandlich, wenn sie aus Sicht des Leserkreises als eine eigene Meinungsäußerung des Publizierenden erscheint, der sich unter Identifikation mit der publizierten fremden Äußerung die oben erwähnte Zielsetzung zu Eigen macht[8]. Bei der Feststellung dieser Identifikation ist allerdings ein denkbar großer Beurteilungsspielraum gegeben. Keine nennenswerten Probleme dürften sich in Fällen ergeben, in denen der fremde Text mit zustimmenden Erläuterungen versehen ist oder in denen sich die Übernahme der Äußerung vermuten lässt infolge der vom Publizierenden gewählten optischen Gestaltung oder vorgenommenen Einbettung in andere Beiträge, welche vom journalistischen Kontext her und der Art ihrer einseitig ausgerichteten Zusammenstellung in engem redaktionellen Zusammenhang mit dem inkriminierten Text stehen[9]. Schwierigkeiten müssen sich dagegen zwangsläufig einstellen, wenn der potenzielle Täter der Vermutung einer Übernahme der Zielrichtung des Fremdbeitrages erkennbar entgegen tritt, indem er eine distanzierende Anmerkung beifügt, um auf diese Weise in die Nähe von bewusst kritischen Berichterstattungen oder für sich gesehen bewertungsfreien Dokumentationen zu rücken, welche gerade kein strafbares Verhalten darstellen, sondern eine von Art. 5 GG gewährleistete Information der Öffentlichkeit[10].

Als letztes Kriterium, welches von der Rechtsprechung bislang speziell in den Fällen der Verwendung fremder Texte zur Einschränkung der Strafbarkeit nach §§ 129, 129a StGB vorgeschlagen wurde, ist die restriktive Auslegung der subjektiven Seite des Tatbestands zu erwähnen[11]. Ein vorsätzliches strafbares Wer-

---

8 So BGH, Urt. v. 9.4.1997 – 3 StR 387/96 = BGHSt 43, 41 (44) und vom gleichen Tag BGH, Urt. v. 9.4.1997 – 3 StR 584/96 = NStZ-RR 1997, S. 282; ebenso LK[11]-*v. Bubnoff* § 129 Rdn. 57. Allerdings ist diesbezüglich zu bemerken, dass bereits 1987 das OLG Schleswig unter Anknüpfung an die Entscheidung des BGH, Urt. v. 25.7.1984 – 3 StR 62/84 = BGHSt 33, 16 einen Beschluss zu § 129a StGB mit genau dieser Erwägung begründet hat: OLG Schleswig, Beschl. v. 30.10.1987 – 2 OJs 11/87 = NJW 1988, S. 352. Dabei knüpfte das OLG ausdrücklich an die Ausführungen von *Rebmann* in NStZ 1981, S. 461 f., an, der dort wiederum erstmalig im Zusammenhang mit der durch die Verwendung fremder Texte veranlassten einschränkenden Auslegung des § 129a StGB das Kriterium der Identifikation vorschlägt.

9 Eine Aufzählung derartiger Indizien enthalten BGH, Urt. v. 9.4.1997 – 3 StR 387/96 = BGHSt 43, 41 (44) und BGH, Urt. v. 9.4.1997 – 3 StR 584/96 = NStZ-RR 1997, S. 282; LK[11]-*v. Bubnoff* § 129 Rdn. 57; ebenso *Rebmann*, NStZ 1981, S. 462. Eine deutlich strengere Betrachtungsweise vertritt *Rebmann* allerdings 1988 in FS *Pfeiffer* (1988), S. 235 Fn. 55 und S. 237, wo er bereits den kritiklosen Abdruck für grundsätzlich strafbar erachtet.

10 BGH, Urt. v. 9.4.1997 – 3 StR 387/96 = BGHSt 43, 41 (45); BGH, Urt. v. 9.4.1997 – 3 StR 584/96 = NStZ-RR 1997, S. 282 (283).

11 Auch in der Literatur lassen sich Andeutungen finden, welche die Lösung der Schwierigkeiten bei der Auslegung der §§ 129, 129a StGB in einer stärkeren Hinwendung zur subjektiven Seite sehen, vgl. *Geilen*, JK 79, StGB § 129/1, *Giehring*, StV 1983, S. 298. Kritisch zu einer solchen Subjektivierung von Straftatbeständen äußern sich *Fürst*, Grundla-

ben i.S.v. § 129a StGB würde danach voraussetzen, dass der Täter mit mehr als nur dolus eventualis die Veröffentlichung der Texte betreibt[12]. Allerdings lässt sich in den Entscheidungen des BGH, in denen er diesen Gedanken anspricht, eine konsequente Fortführung dieses Ansatzes nicht entdecken. Erstmalig vorgeschlagen wurde die Korrektur eines bedenklich erscheinenden Auslegungsergebnisses mit Hilfe der subjektiven Tatbestandsvoraussetzungen 1980, jedoch geschah dies in einem Urteil, welches sich im Wesentlichen mit der hier erst im 7. Kapitel darzustellenden Problematik einer möglichen Beihilfe zum Werben gem. § 129a StGB als einer eventuell bereits tatbestandlich verselbstständigten Beihilfehandlung beschäftigte[13]. Der BGH, der diese Möglichkeit bejahte, sah sich angesichts des daraus resultierenden hohen Risikos der Strafbarkeit von Personen, die mit der bloßen drucktechnischen Herstellung oder Verbreitung von Schriften befasst sind, zur der Anmerkung veranlasst, dass der subjektive Tatbestand einer strafbaren Beihilfe in solch einem Fall besonders sorgfältig und restriktiv zu prüfen sei[14]. In einer Entscheidung von 1987 machte der BGH dann ein täterschaftliches Werben i.S.v. § 129a StGB generell davon abhängig, dass dolus directus nachgewiesen werden kann[15]. 1990 griff der 3. Senat diese Aussage auf, indem er dies ausdrücklich zum tauglichen Mittel für eine einschränkende Auslegung erklärte[16]. In allen Entscheidungen belässt es der BGH aber bei Hinweisen im Rahmen der Zurückverweisung an die Vorinstanz bzw. bei bloßen obiter dicta. Daher sind diese Erwägungen noch nicht entscheidungsrelevant geworden und ihre Bedeutung bleibt wegen der schon objektiv tatbestandlich vorausgesetzten eindeutigen Zielrichtung offen.

---

gen und Grenzen der §§ 129, 129a StGB (1989), S. 138 f.; *Schlothauer/Tscherch*, StV 1981, S. 23 und *Tscherch*, Ästhetik und Kommunikation 1978, S. 110 f.

12 BGH, Beschl. v. 20.2.1990 – 3 StR 278/89 = NJW 1990, S. 2828 (2830, diese Passage ist insoweit in BGHSt 36, 363 nicht abgedruckt); BGH, Beschl. v. 24.8.1987 – 1 BJs 13/87-5 StB 20/87 = NJW 1988, S. 1679; ebenso LK[11]-*v. Bubnoff* § 129 Rdn. 70, der bei der Begehungsform des Werbens direkten Vorsatz verlangt. Anderer Ansicht, d.h. bedingten Vorsatz für ausreichend erachtend, ist *Ostendorf*, JZ 1979, S. 256, und bemerkenswerter Weise auch *Rebmann*, NStZ 1981, S. 462, dem der BGH in diesem Vorschlag nicht gefolgt ist. *Rudolphi* und *Lenckner* dagegen begreifen diese Tatbestandsvariante als Delikt mit überschiessender Innentendenz. Folglich lassen sie zwar im Rahmen der §§ 129, 129a StGB generell dolus eventualis genügen, verlangen allerdings beim Werben darüber hinaus noch eine auf den Werbungserfolg gerichtete Absicht, vgl. SK-BT[54]-*Rudolphi* § 129 Rdn. 19 und *Sch/Sch*[26]-*Lenckner* § 129 Rdn. 16.

13 BGH, Urt. v. 23.4.1980 – 3 StR 434/79 (S) = BGHSt 29, 258.

14 BGH, Urt. v. 23.4.1980 – 3 StR 434/79 (S) = BGHSt 29, 258 (266).

15 BGH, Beschl. v. 24.8.1987 – 1 BJs 13/87-5 StB 20/87 = NJW 1988, S. 1679.

16 BGH, Beschl. v. 20.2.1990 – 3 StR 278/89 = NJW 1990, S. 2828 (2830).

2. *Deliktsspezifische Begründung der restriktiven Auslegung*

Eine ausführliche Begründung für die beschriebenen einschränkenden Ansätze findet sich in den einschlägigen Entscheidungen nicht. Allein auf drei Gesichtspunkte wird von der Rechtsprechung wiederholt hingewiesen, und zwar bezüglich § 20 Abs. 1 Nr. 4 VereinsG ebenso wie mit Blick auf die §§ 129, 129a StGB. Anlässlich letzterer erklärte der BGH, dass es sich in den Fällen, in denen das an sich tatbestandliche Werben oder Unterstützen lediglich durch die Verbreitung von Texten geschieht, regelmäßig um eine bloße Sympathiewerbung handele[17]. Eine solche aber sei die harmloseste Form, in welcher die §§ 129, 129a StGB in den genannten Tatbestandsalternativen verwirklicht werden können. Da dennoch die gleiche Strafdrohung gelte, müssen solche im Vergleich zu den sonstigen Begehungsweisen weniger gefährlichen Sympathiebekundungen über die Anwendung dies berücksichtigender Kriterien einer einschränkenden Auslegung zugeführt werden. Des Weiteren sei die Beeinflussung dieser Tatbestandsmerkmale durch die grundrechtlich gewährleistete Meinungs- und Pressefreiheit des Art. 5 Abs. 1 GG zu beachten, welche in Gestalt der sog. Wechselwirkungslehre eine möglichst restriktive Anwendung der diese Grundrechte einschränkenden allgemeinen Gesetze i.S.d. Art. 5 Abs. 2 GG fordern[18]. Gleiches gelte auch für den strafrechtlichen Bestimmtheitsgrundsatz gem. Art.103 Abs. 2 GG[19]. Hinsichtlich der Zuwiderhandlung gegen ein vereinsrechtliches Betätigungsverbot hat der 3. Strafsenat ausdrücklich auf diese Aussagen verwiesen und betont, dass dieser identische Anlass der Einschränkung auch der Grund für die unveränderte Übernahme der von den §§ 129, 129a StGB her bekannten Kriterien ist[20].

a) Sympathiewerbung und §§ 129, 129a StGB

Die ausführlichste Begründung für eine einschränkende Auslegung wurde vom BGH im Hinblick auf die geringe Strafbedürftigkeit von Sympathiewerbung gegeben. Damit ist ein spezielles Auslegungsproblem gerade der §§ 129, 129a StGB angesprochen, welches sich im Zeitraum seit der Einfügung des Tatbe-

---

17 So BGH, Urt. v. 25.7.1984 – 3 StR 62/84 = BGHSt 33, 16 (18); zustimmend LK[11]-*v. Bubnoff* § 129 Rdn. 54. In den danach ergangenen Entscheidungen beschränkt sich der BGH darauf, auf die dort näher ausgeführte Begründung zu verweisen, vgl. BGH, Beschl. v. 24.8.1987 – 1 BJs 167/86-4 StB 18/87 = NJW 1988, S. 1677 (1678).

18 Wiederum BGH, Urt. v. 25.7.1984 – 3 StR 62/84 = BGHSt 33, 16 (18). Eine entsprechende Anmerkung findet sich unter Bezugnahme auf § 140 StGB auch in BGH, Beschl. v. 20.2.1990 – 3 StR 278/89 = BGHSt 36, 363 (371 f.), im Hinblick auf § 20 Abs. 1 Nr. 4 VereinsG auch in BGH, Urt. v. 24.1.1996 – 3 StR 530/95 = BGHSt 42, 30 (37 f.).

19 BGH, Urt. v. 25.7.1984 – 3 StR 62/84 = BGHSt 33, 16 (18); ebenso zu § 20 Abs. 1 Nr. 4 VereinsG BGH, Urt. v. 24.1.1996 – 3 StR 530/95 = BGHSt 42, 30 (37 f.).

20 BGH, Urt. v. 9.4.1997 – 3 StR 387/96 = BGHSt 43, 41 (43); BGH, Urt. v. 9.4.1997 – 3 StR 584/96 = NStZ-RR 1997, S. 282.

standsmerkmals des Werbens in § 129 StGB durch das novellierte Vereinsgesetz von 1964[21] bis zur oben dargestellten Entscheidung des BGH aus dem Jahr 1984 zur zentralen, dogmatisch wie rechtspolitisch umstrittensten Frage hinsichtlich der Anwendung der Begehungsformen des Werbens und Unterstützens entwickelt hat. Während sich das Unterstützen inhaltlich anerkanntermaßen recht detailliert dahingehend beschreiben lässt, dass ein Nichtmitglied den Fortbestand der Vereinigung oder die Verwirklichung der Ziele der Vereinigung durch organisationsbezogene Betätigungen fördert[22], so ist die gängige Definition des Werbens wesentlich unbestimmter. Danach wird üblicherweise unter Werben eine Tätigkeit verstanden, die in der gezielten Stärkung der Vereinigung mit den Mitteln der Propaganda besteht. Dies wird am wirkungsvollsten vor allem durch die Gewinnung von neuen Anhängern geschehen, generell aber durch Handlungen, die zunächst einmal auch unterstützenden Charakter haben[23]. Daher wird oftmals noch hinzugefügt, dass es sich auch beim Werben im Grunde um ein unterstützendes Verhalten handelt, bei dem es aber – und darin wird der Unterschied zum Merkmal des Unterstützens und die Rechtfertigung dieses selbstständigen Tatbestandsmerkmals gesehen – auf den Eintritt eines Erfolges nicht ankommt, sodass bereits versuchte Förderungshandlungen genügen[24].

Unklar dabei allerdings bleibt, ob das Merkmal des Werbens notwendig auf die Anhängergewinnung zu beschränken ist oder ob diese nur eine von vielen denkbaren Werbetätigkeiten sein kann und somit auch die sog. Sympathiewerbung in Gestalt von bloßen Sympathiebekundungen darunter fällt. Von der jeweils eingenommenen Grundposition hängt dann ab, ob es einen Anlass für eine restriktive Auslegung mittels extra zu diesem Zweck gebildeter einschränkender Kriterien gibt. Mittlerweile hat sich zwar zu dieser Frage in Rechtsprechung wie Literatur ein Konsens dergestalt ergeben, dass auch Sympathiewerbung als grundsätzlich tatbestandsmäßig angesehen wird, jedoch Ausnahmen bei besonders harmlosen Propagandatätigkeiten gemacht werden[25]. Da aber gerade die

---

21 BGBl. I S. 593.

22 BGH, Urt. v. 30.10.1964 – 3 StR 45/64 = BGHSt 20, 89 (89 f.); SK-BT[54]-*Rudolphi* § 129 Rdn. 17; *Sch/Sch*[26]-*Lenckner* § 129 Rdn. 15; LK[11]-*v. Bubnoff* § 129 Rdn. 65.

23 So SK-BT[54]-*Rudolphi* § 129 Rdn. 18; LK[11]-*v. Bubnoff* § 129 Rdn. 49; *Ostendorf*, JA 1980, S. 502; *Dahs*, NJW 1976, S. 2148.

24 BGH, Urt. v. 23.4.1980 – 3 StR 434/79 (S) = BGHSt 29, 258 (263); BGH, Urt. v. 3.5.1978 – 3 StR 91/78 (S) = BGHSt 28, 26 (27); BGH, Urt. v. 30.10.1964 – 3 StR 45/64 = BGHSt 20, 89 (90); SK-BT[54]-*Rudolphi* § 129 Rdn. 18; *Sch/Sch*[26]-*Lenckner* § 129 Rdn. 14a; LK[11]-*v. Bubnoff* § 129 Rdn. 48. Auf die damit zusammenhängende problematische Qualifizierung der Rechtsnatur des Werbens als zur Täterschaft verselbstständigte Teilnahmehandlung wird erst im 7. Kapitel eingegangen, da die sich daraus ergebenden Konsequenzen primär für die Gehilfenstrafbarkeit von Bedeutung sind.

25 Eine umfassend aufbereitete Auswertung der verschiedenen Meinungen zum Problem der Sympathiewerbung sowie zur Entwicklung der hinsichtlich §§ 129, 129a StGB ge-

Veröffentlichung von Texten die den Regelfall darstellende Form der Bekundung von Sympathie gegenüber einem größeren Adressatenkreis ist, soll zunächst auf die entscheidenden Gedanken eingegangen werden, die dazu geführt haben, solche Tätigkeiten überhaupt als strafbares Verhalten zu begreifen. Die Vorgehensweise dabei orientiert sich an den zu dieser Frage bereits existierenden, umfassenden Erörterungen im Schrifttum, wo schließlich nach Jahren der Auseinandersetzung eine an den vier klassischen Auslegungskriterien angelehnte, sehr um methodische Genauigkeit bemühte Argumentation die Oberhand gewonnen hat.

Der somit zuerst zu betrachtende Wortlaut verhält sich weitgehend indifferent. Lediglich die mangelnde Erfolgsbezogenheit lässt sich aus der Formulierung des Werbens anerkanntermaßen entnehmen, ansonsten aber erschöpft sich die grammatische Auslegung in dieser Beschreibung der Modalität des Werbens, ohne dass mit Sicherheit gesagt werden kann, um was genau geworben werden muss[26]. Dennoch gibt es bereits zu diesem Punkt auch andere Ansätze, wonach der Begriff des Werbens von vornherein auch Maßnahmen der Beziehungspflege – der „public relations" – umfasse, sodass neben die Werbung für ein nach außen in Erscheinung tretendes Verhalten ebenso die Werbung für eine innere, der jeweiligen Vereinigung zugewandte Einstellung – kurzum also Sympathie – tritt[27].

Im Rahmen der systematischen Auslegung wird zumeist Bezug auf die parallele Tatbestandshandlung des Unterstützens genommen. Da die ganz herrschende Ansicht in Rechtsprechung wie Literatur im Unterstützen eine zur Täterschaft verselbstständigte Beihilfe sieht[28] und dieses damit auch nach Beihilfegrundsätzen auslegt[29], wird in Abgrenzung dazu das Werben teilweise als zur Täter-

---

brauchten einschränkenden Kriterien findet sich bei *Fürst*, Grundlagen und Grenzen der §§ 129, 129a StGB (1989), S. 112 ff.

26 *Fürst*, Grundlagen und Grenzen der §§ 129, 129a StGB (1989), S. 125; *Giehring*, StV 1983, S. 300; *Rudolphi*, Jura 1980, S. 259; *ders.*, JR 1979, S. 34.

27 So LK[11]-*v. Bubnoff* § 129 Rdn. 49; *Rebmann*, NStZ 1981, S. 458; ähnlich insofern auch *Geilen*, JK 79, StGB § 129/1. Auch BayObLG, Beschl. v. 27.11.1997 – 3 St 3/97 = NJW 1998, S. 2542 (2543), betont den sehr weit formulierten Tatbestand, welcher eine Sympathiewerbung umfasst.

28 BGH, Urt. v. 30.10.1964 – 3 StR 45/64 = BGHSt 20, 89; SK-BT[54]-*Rudolphi* § 129 Rdn. 17; LK[11]-*v. Bubnoff* § 129 Rdn. 65 und Rdn. 73; *Fürst*, Grundlagen und Grenzen der §§ 129, 129a StGB (1989), S. 102; *Giehring*, StV 1983, S. 298; *Schlothauer/Tscherch*, StV 1981, S. 22; *Sommer*, JR 1981, S. 490; *Ostendorf*, JA 1980, S. 501 f.; *ders.*, JZ 1979, S. 255; *Rudolphi*, ZRP 1979, S. 217; *ders.*, JR 1979, S. 34; *ders.*, FS *Bruns* (1978), S. 327; *Werle*, JR 1979, S. 96; *Dahs*, NJW 1976, S. 2148; *Roggemann*, JR 1966, S. 248; *Wagner*, MDR 1966, S. 188 und S. 191.

29 BGH, Urt. v. 30.10.1964 – 3 StR 45/64 = BGHSt 20, 89 (89 f.); LK[11]-*v. Bubnoff* § 129 Rdn. 65; *Schlothauer/Tscherch*, StV 1981, S. 22 f.; *Rudolphi*, JR 1979, S. 34; *ders.*, FS *Bruns* (1978), S. 327; *Roggemann*, JR 1966, S. 248 mit Fn. 67; anderer Ansicht ist *Fürst*, Grundlagen und Grenzen der §§ 129, 129a StGB (1989), S. 103.

schaft verselbstständigte Anstiftung dargestellt[30]. Dann aber wäre es nur konsequent, dass der Täter – ähnlich einem Anstifter – zu einem tatbestandsmäßigen, rechtswidrigen Verhalten auffordern müsste, womit das bloße Werben um Sympathie zwangsläufig nicht strafbar wäre[31]. Allerdings wird außer auf den Zusammenhang mit der Begehungsform des Unterstützens ebenso auf die einheitliche Strafdrohung für Werben, Unterstützen, Gründen und Sichbeteiligen hingewiesen[32]. Daher könne man nur folgern, dass wohl auch das Werben Tathandlungen von einigem Gewicht voraussetze, um diesen identischen Strafrahmen zu erklären[33]. Ob das aber automatisch gegen die Einbeziehung von Sympathiewerbung spricht, ist damit noch nicht beantwortet.

---

30 So von *Croissier*, DuR 1981, S. 343; *Ostendorf*, JA 1980, S. 502; *Dahs*, NJW 1976, S. 2148; wohl auch von *Berlit/Dreier*, in: *Sack/Steinert*, Analysen zum Terrorismus 4/2 – Protest und Reaktion (1984), S. 282. Auf die davon abweichenden Deutungen des Werbens einerseits als Kombination von versuchter oder vollendeter Anstiftung mit einer erfolglosen oder erfolgreichen öffentlichen Aufforderung i.S.v. § 111 StGB (so SK-BT[54]-*Rudolphi* § 129 Rdn. 18; *Rudolphi*, JA 1979, S. 3; *ders.*, JR 1979, S. 34; *ders.*, ZRP 1979, S. 215) oder andererseits als der erfolglos gebliebene Versuch einer Unterstützung als Unterfall der zur Täterschaft verselbstständigten Beihilfe und damit ebenfalls als Beihilfe (so BGH, Urt. v. 23.4.1980 – 3 StR 434/79 (S) = BGHSt 29, 258 (263); BGH, Urt. v. 30.10.1964 – 3 StR 45/64 = BGHSt 20, 89 (90)) wird hier nicht weiter eingegangen.

31 *Rudolphi*, JR 1979, S. 34. Kritisch gegenüber dieser Schlussfolgerung sind *Fürst*, Grundlagen und Grenzen der §§ 129, 129a StGB (1989), S. 125 f.; *Rebmann*, NStZ 1981, S. 458 mit Fn. 11; ähnlich *Giehring*, StV 1983, S. 306, der generell die Aussagekraft von Folgerungen aus der zumeist nur behaupteten Rechtsnatur des Werbens als verselbstständigter Anstiftung bezweifelt.

32 Obgleich dieser Hinweis angesichts von § 129a Abs. 3 StGB nur für § 129 Abs. 1 StGB gilt. Denn während § 129a Abs. 1 StGB in seiner ursprünglichen Fassung des sog. Anti-Terroristengesetzes v. 18.8.1976 (BGBl. I S. 2181) noch eine einheitliche Strafdrohung für alle Begehungsformen aufwies, wurden die Tathandlungen des Werbens und Unterstützens durch das Gesetz zur Bekämpfung des Terrorismus v. 19.12.1986 (BGBl. I S. 2566) unter Beibehaltung des bisherigen Strafrahmens aus dem zum Verbrechenstatbestand verschärften Absatz 1 in den Absatz 3 der aktuellen Fassung verlagert. Allerdings wird dieser Unterschied aufgrund der in den Kommentierungen sehr pauschal erfolgenden, inhaltlich identischen Auslegung der Begriffe in beiden Vorschriften kaum beachtet. Als Ausnahme erwähnenswert in dieser Hinsicht ist BayObLG, Beschl. v. 27.11.1997 – 3 St 3/97 = NJW 1998, S. 2542 (2543).

33 So *Sch/Sch*[26]*-Lenckner* § 129 Rdn. 14b; *Rebmann*, NStZ 1981, S. 458. Im Ergebnis gleich, allerdings mit einer anderen systematischen Begründung *Bruns*, NStZ 1985, S. 23. *Bruns* setzt die Tatbestandshandlungen des § 129a StGB in eine „Rangfolge ihrer Gewichtigkeit“ und kommt dazu, dass das Werben zwischen den schwereren Begehungsformen der Gründung und mitgliedschaftlichen Betätigung einerseits und dem harmloseren Unterstützen andererseits steht. Die Auslegung des Begriffs der Werbung müsse diesem deliktischen Gehalt Rechnung tragen, weshalb nur Tathandlungen von einigem Gewicht strafrechtlich relevant seien.

Die entscheidenden Argumente auf diese Frage können sich somit nur noch im Wege der historischen und teleologischen Auslegung ergeben. Die auf der Entstehungsgeschichte basierende historische Auslegung wird jedoch durch eine Reihe von Widersprüchen und Ungenauigkeiten in den Gesetzesmaterialien erschwert. Das Tatbestandsmerkmal des Werbens wurde 1964 in den damaligen § 129 StGB im Zuge der Reform der sog. Organisationsdelikte durch das Vereinsgesetz vom 5.8.1964[34] eingefügt. Ziel dieser Ergänzung war die Harmonisierung mit den entsprechenden Fassungen der zu diesem Zeitpunkt gleichfalls novellierten Vereinigungsdelikte innerhalb des Staatsschutzstrafrechts[35]. Dabei handelte es sich namentlich um die §§ 90a, 90b StGB (i.d.F. v. 1964), welche ebenso das Merkmal des Werbens enthielten[36]. Mit diesem Umstand lässt sich erklären, dass die Materialien zu § 129 StGB auffällig unergiebig sind. Scheinbar wurde von einer identischen Bedeutung des Begriffs der Werbung ausgegangen, weshalb sich die maßgeblichen Erwägungen bei den §§ 90a, 90b StGB (i.d.F. v. 1964) finden lassen[37]. § 129a StGB schließlich wurde durch das sog. Anti-Terroristengesetz vom 18.8.1976[38] als Qualifikationstatbestand zu § 129 StGB geschaffen, von dem er sich einzig durch die Ziele und Tätigkeiten der jeweiligen Vereinigung unterscheidet[39]. In besagten Materialien zu §§ 90a, 90b StGB (i.d.F. v. 1964) finden sich nun Aussagen, wonach deren Tatbestandsmerkmale an die Rechtsprechung zu den §§ 42, 47 BVerfGG (a.F.) angelehnt

---

34 BGBl. I S. 593.

35 *Fürst*, Grundlagen und Grenzen der §§ 129, 129a StGB (1989), S. 126; *Giehring*, StV 1983, S. 300 f.

36 Damit trat der neue § 90a StGB an die Stelle der bisherigen §§ 42, 47 BVerfGG. Allerdings wurde 1968 die Begehungsform des Werbens dann wieder aus den Vereinigungsdelikten des Staatsschutzstrafrechts gestrichen, da eine „ohne Unterstützungserfolg gebliebene Propaganda" den anderen Tathandlungsalternativen nicht mehr entsprach, vgl. den schriftlichen Bericht des Sonderausschusses für die Strafrechtsreform, BT-Drs. V/2860, S. 6 und dazu *Giehring*, StV 1983, S. 300 f.

37 So *Fürst*, Grundlagen und Grenzen der §§ 129, 129a StGB (1989), S. 126; *Giehring*, StV 1983, S. 300. Allerdings ist die unbesehene Übertragung der Äußerungen auf die §§ 129, 129a StGB nicht unumstritten, vgl. *Rudolphi*, JR 1979, S. 35. Es wird beispielsweise vorgetragen, dass die Einbeziehung von Sympathiewerbung in den Begriff des Werbens bei den Vereinigungsdelikten des Staatsschutzstrafrechts durchaus Sinn machen würde, da es dort um vom BVerfG für verfassungswidrig erklärte Parteien geht. Für eine solche sei das Betreiben von Propaganda jedoch gerade der wesentliche Teil ihrer Tätigkeit; würde es der Einzelne nicht tun, müsste es die Partei selbst initiieren. Bei einer kriminellen oder terroristischen Vereinigung dagegen komme der Propagandatätigkeit keine vergleichbare Bedeutung zu. Ausdrücklich anderer Meinung sind *Giehring*, StV 1983, S. 300 mit Fn. 52; *Rebmann*, NStZ 1981, S. 459 mit Fn. 16; vermittelnd *Fürst*, Grundlagen und Grenzen der §§ 129, 129a StGB (1989), S. 127.

38 BGBl. I S. 2181.

39 *Berlit/Dreier*, in: *Sack/Steinert*, Analysen zum Terrorismus 4/2 – Protest und Reaktion (1984), S. 280 und Fn. 27.

seien und ein möglichst genaues Abbild des dort verwendeten Merkmals des Zuwiderhandelns darstellen würden[40]. Unter diesem verstand der BGH zu dieser Zeit aber auch die bloße Propagandatätigkeit[41]. Darüber hinaus orientierte sich das Vereinsgesetz von 1964 an den Begrifflichkeiten des Entwurfs eines Strafgesetzbuches von 1962[42] und damit an den in diesem Zusammenhang angestellten Erwägungen zur Auslegung der §§ 294, 374 dieses Entwurfs, welche den §§ 90a (i.d.F. v. 1964), 129 StGB entsprachen[43]. In der Entwurfsbegründung allerdings finden sich lediglich Stellungnahmen, die auf ein Verständnis des Werbens als Mitglieder- und Unterstützergewinnung hindeuten[44]. Gänzlich ergebnisoffen wird die Bewertung der Materialien schließlich infolge der Äußerungen, die anlässlich der Einführung des § 129a StGB im Jahr 1976 zum Tatbestandsmerkmal des Werbens gemacht wurden. Danach handelt es sich dabei um eine Tätigkeit, welche ausschließlich das Ziel der Gewinnung von Anhängern hat, die aber nicht auch sonstige Werbungsakte umfasst[45].

Die Beantwortung der Frage nach der Einbeziehung der Sympathiewerbung in den Kreis der möglichen Deutungen des Merkmals der Werbung kann angesichts dieser zwiespältigen und eine Interpretation in jede Richtung eröffnenden Materialien nur noch in einer teleologischen Auslegung gefunden werden[46].

---

40 So der Vertreter des Bundesjustizministeriums *Lüttger*, 11. Sitzung des Sonderausschusses „Strafrecht“ vom 16.1.1964 (4. Wahlperiode), S. 204. Gleicher Ansicht sind *Fürst*, Grundlagen und Grenzen der §§ 129, 129a StGB (1989), S. 132; *Roggemann*, JR 1966, S. 247 f.

41 Gemeint ist die Entscheidung BGH, Urt. v. 15.12.1960 – 3 StR 34/60 = GA 1963, S. 244 Nr. 24, welcher im Gesetzgebungsverfahren eine große Rolle zukam. Vgl. dazu die Äußerungen und Zitate in der 11. Sitzung des Sonderausschusses „Strafrecht“ vom 16.1.1964 (4. Wahlperiode), S. 207 ff.

42 BT-Drs. IV/650.

43 So der schriftliche Bericht des Ausschusses für Inneres über den von der Bundesregierung eingebrachten Entwurf eines Vereinsgesetzes, BT-Drs. IV/2145 (neu), S. 6 und S. 8; ebenso *Lüttger*, 11. Sitzung des Sonderausschusses „Strafrecht“ vom 16.1.1964 (4. Wahlperiode), S. 204 und S. 215 sowie *Güde*, ebd., S. 216.

44 BT-Drs. IV/650, S. 466 (zu § 294 E 1962 = § 129 StGB, allerdings wird hier lediglich auf die Begründung zu § 374 E 1962 verwiesen) und S. 565 (zu § 374 E 1962 = § 90a StGB a.F.); ebenso *Fürst*, Grundlagen und Grenzen der §§ 129, 129a StGB (1989), S. 132.

45 So der Vertreter des Bundesjustizministeriums *Laufhütte*, 77. Sitzung des Sonderausschusses für die Strafrechtsreform vom 28.1.1976 (7. Wahlperiode), S. 2442 und S. 2464. Nach der Bewertung von *Giehring*, StV 1983, S. 301 ist dieser insgesamt ausführlichsten Interpretation des Werbungsbegriffs das entscheidende Gewicht einzuräumen, womit das Werben nicht über eine Anhängergewinnung hinausgehen würde. Anderer Ansicht diesbezüglich ist – freilich ohne Begründung – *Rebmann*, NStZ 1981, S. 459; äußerst kritisch zu ihm *Berlit/Dreier*, in: *Sack/Steinert*, Analysen zum Terrorismus 4/2 – Protest und Reaktion (1984) in Fn. 108; *Giehring*, StV 1983, S. 301.

46 Dies ist das Fazit von LK[11]-*v. Bubnoff* § 129 Rdn. 60 und *Fürst*, Grundlagen und Grenzen der §§ 129, 129a StGB (1989), S. 133.

Allerdings hat obige historische Betrachtung für den Gegenstand dieser Untersuchung zumindest den Erkenntniswert, dass die auf den ersten Blick äußerst tatbestandsspezifische Problematik der Sympathiewerbung keineswegs ein auf die §§ 129, 129a StGB beschränktes Phänomen darstellt, sondern bereits seit Einfügung der fraglichen Merkmale dogmatisch korrekt nur im Kontext mit weiteren Tatbeständen aus dem Bereich der Vereinigungs- und Organisationsdelikte gesehen werden kann. Inwiefern sich diese Verknüpfung im Rahmen der tatbestandlichen Einschränkungen fortsetzt, wird noch zu betrachten sein.

Der noch ausstehende Blick auf die ratio der §§ 129, 129a StGB hängt maßgeblich von der korrekten Ermittlung des Zwecks dieser Normen ab. Diesbezüglich überrascht es nicht, dass die unterschiedlichen Ansätze, die sich infolge der grammatischen wie systematischen Auslegung ergeben haben und die ihre verschiedenen Prämissen unter Verwendung der jeweils passenden historischen Bezüge bestätigt sehen können, auch bei der teleologischen Auslegung zu gegensätzlichen Ergebnissen gelangen. Somit wird einerseits der Zweck der §§ 129, 129a StGB betont, zum Schutz der öffentlichen Sicherheit und Ordnung bereits der nahe liegenden Gefahr von Rechtsgutsverletzungen entgegenzuwirken[47]. Dieser Zweck kann nun bezüglich Sympathiebekundungen und der durch sie verursachten Stärkung des Gefährdungspotenzials terroristischer wie krimineller Vereinigungen durchaus einschlägig sein, berücksichtigt man allein den Stellenwert, den die Mitglieder solcher Vereinigungen der Erzeugung von Sympathie in der Bevölkerung als strategisches Mittel beimessen[48]. Folglich fällt es nicht schwer, Sympathiewerbung einen gewichtigen Platz im Anwendungsbereich dieser Vorschriften einzuräumen, nämlich als diejenige Begehungsform, die in der Lage ist, Meinungsäußerungen innerhalb der sog. Sympathiesantenszene zu pönalisieren[49]. Andererseits wird genau gegenteilig vorgebracht, dass die durch §§ 129, 129a StGB angestrebte Bekämpfung der Existenz derartiger Vereinigungen bereits im Vorfeld etwaiger materieller Rechts-

47 Ebenso hinsichtlich dieses Schutzgutes BGH, Urt. v. 22.2.1995 – 3 StR 583/94 = BGHSt 41, 47 (51); BGH, Urt. v. 13.1.1983 – 4 StR 578/82 = BGHSt 31, 202 (207); BGH, Beschl. v. 5.1.1982 – StB 53/81 = BGHSt 30, 328 (331); LK[11]-*v. Bubnoff* § 129 Rdn. 1 f.; *Geppert*, JK 96, StGB § 129/5; *Schittenhelm*, NStZ 1995, S. 343; anderer Ansicht bezüglich der öffentlichen Sicherheit und Ordnung als geschütztem Rechtsgut der §§ 129, 129a StGB ist *Giehring*, StV 1983, S. 301 ff., der den Individualrechtsschutz in den Vordergrund stellt; ähnlich SK-BT[54]-*Rudolphi* § 129 Rdn. 2.

48 So die Einschätzung bei BGH, Beschl. v. 24.8.1987 – 1 BJs 167/86-4 StB 18/87 = NJW 1988, S. 1677 (1678); *Fürst*, Grundlagen und Grenzen der §§ 129, 129a StGB (1989), S. 134 f.; *Blath/Hobe*, Strafverfahren gegen linksterroristische Straftäter und ihre Unterstützer (1982), S. 10; *Geilen*, JK 79, StGB § 129/1; *Rebmann*, NStZ 1981, S. 458 f.; *ders.*, NStZ 1989, S. 100; diesem widerspricht jedoch ausdrücklich *Giehring*, StV 1983, S. 303 und S. 308.

49 So die einleitende Bewertung von *Giehring*, StV 1983, S. 297.

verletzungen zumindest eine Tathandlung voraussetzt, die Auswirkungen auf deren Gefährdungspotenzial hat. Allein die Sympathie außenstehender Dritter aber macht eine Vereinigung nicht gefährlicher[50]. Demzufolge spräche einiges dafür, Sympathiewerbung als noch nicht tatbestandsmäßig anzusehen.

Wie anfangs bereits erwähnt, hat sich dieser Streit um die Einbeziehung der Sympathiewerbung durch namentlich zwei als Grundsatzurteile zu bezeichnende Entscheidungen des BGH entschärft. Gemeint ist zunächst das ausschließlich zu diesem Problem Stellung nehmende Urteil von 1978[51], in welchem der 3. Strafsenat auf einer historischen Auslegung basierend unter Werben ausdrücklich nicht nur Mitgliedergewinnung versteht, sondern auch Tätigkeiten, welche eine Stärkung der Vereinigung mit Mitteln der Propaganda bezwecken[52]. Bestätigt und im Hinblick auf die bis dahin noch immer umstrittene Strafbarkeit der Sympathiewerbung korrigiert wurde diese Auslegung dann in der oben angeführten Entscheidung aus dem Jahr 1984[53]. In weitgehendem Einklang mit den 1981 veröffentlichten Vorschlägen des Generalbundesanwalts *Rebmann*[54] blieb der BGH bei der Beurteilung der Sympathiewerbung als grundsätzlich strafbarem Werben i.S.d. §§ 129, 129a StGB, stellte aber erstmals die Notwendigkeit auf, dass in Fällen der bloßen Verbreitung von Texten einschränkende Voraussetzungen Anwendung finden müssen[55]. Damit ist die Rechtsprechung bezüglich dieses Problems aus ihrer Sicht zu einem praktikablen, kompromissfähigen Ergebnis gekommen, welches im Folgenden sogar auf § 20 Abs. 1 Nr. 4 VereinsG übertragen wurde[56].

---

50 SK-BT[54]-*Rudolphi* § 129 Rdn. 18; *Fürst*, Grundlagen und Grenzen der §§ 129, 129a StGB (1989), S. 137; *Ostendorf*, JA 1980, S. 502; *Rudolphi*, Jura 1980, S. 259 f.; *ders.*, JR 1979, S. 35; *ders.*, ZRP 1979, S. 217 ff.; eher zurückhaltend gegenüber der Wirkung von Sympathie bezeugender Propaganda ist auch *Giehring*, StV 1983, S. 303 ff., allerdings ohne die Konsequenz zu ziehen, derartige Tathandlungen aus dem Begriff des Werbens auszuklammern.

51 BGH, Urt. v. 3.5.1978 – 3 StR 91/78 (S) = BGHSt 28, 26.

52 BGH, Urt. v. 3.5.1978 – 3 StR 91/78 (S) = BGHSt 28, 26 (28). Bezeichnenderweise benutzt der BGH jedoch in der gesamten Entscheidung nicht einmal den Begriff der Sympathiewerbung. In Anbetracht dessen stellt auch *Fürst*, Grundlagen und Grenzen der §§ 129, 129a StGB (1989), S. 114 fest, dass es sich hier eigentlich um eine Aussage über die Strafbarkeit der Kundgabe von Sympathie handelt, weniger dagegen um eine Beurteilung der Werbung um Sympathie selbst.

53 BGH, Urt. v. 25.7.1984 – 3 StR 62/84 = BGHSt 33, 16; zustimmende Besprechung von *Bruns* in NStZ 1985, S. 21 ff.

54 In NStZ 1981, S. 457 ff.

55 BGH, Urt. v. 25.7.1984 – 3 StR 62/84 = BGHSt 33, 16 (18 f.) mit dem Hinweis, dass der Grad der Gefährlichkeit für die Aufstellung „abgrenzender Kriterien" von Bedeutung ist.

56 So in den bereits erwähnten Urteilen BGH, Urt. v. 9.4.1997 – 3 StR 387/96 = BGHSt 43, 41 (43); BGH, Urt. v. 9.4.1997 – 3 StR 584/96 = NStZ-RR 1997, S. 282.

b) Sympathiewerbung und § 20 Abs. 1 Nr. 4 VereinsG

Dieser § 20 VereinsG wurde 1964 erstmalig in das neugefasste Vereinsgesetz aufgenommen. Zu diesem Zeitpunkt enthielt dessen Absatz 1 lediglich zwei Nummern, die bereits im Wesentlichen den heutigen Nummern 1 bis 5 entsprachen, allerdings war die Begehungsform des Zuwiderhandelns noch nicht normiert. Statt dessen – insofern abgestimmt auf die ebenfalls 1964 neugefassten §§ 90a, 90b StGB (a.F.) – wies er die Tatbestandsalternativen des Werbens und Unterstützens auf[57]. Die aktuelle Fassung erhielt § 20 VereinsG durch das 8. Strafrechtsänderungsgesetz[58]. Seitdem war in Absatz 1 Nr. 4 die Differenzierung zwischen der Betätigung als Organisator, Mitglied oder Unterstützer infolge des allgemein gehaltenen Merkmals der Zuwiderhandlung aufgehoben. Von Erlass an war § 20 VereinsG als subsidiärer Auffangtatbestand zu den §§ 84, 85, 86, 86a, 129, 129a StGB (aktueller Fassung) bzw. den diesen vorausgegangenen Tatbeständen gedacht und sollte diese ergänzend alle Vereinigungsstraftaten erfassen, die nicht bereits danach strafbar waren[59].

Das Merkmal des Zuwiderhandelns gegen ein vereinsrechtliches Betätigungsverbot gem. § 20 Abs. 1 Nr. 4 VereinsG sowie die Frage, ob und inwieweit die Kundgabe von bzw. Werbung um Sympathie für eine verbotene Vereinigung diesen Tatbestand erfüllt, werden bei weitem nicht in einer mit den §§ 129, 129a StGB vergleichbaren Breite diskutiert. Nach allgemeiner Ansicht erstreckt sich der Begriff der Zuwiderhandlung nicht nur auf mitgliedschaftliche Betätigungen[60], sondern auf jegliches Handeln im Auftrag der mit dem Betätigungsverbot belegten Vereinigung[61]. Darüber hinaus wird aber auch das Verhalten außenstehender Dritter unter gewissen Voraussetzungen als tatbestandsmäßig angesehen. Zwar ist aus verwaltungsrechtlicher Sicht Adressat des Betätigungsverbots der Verein als Personenvereinigung, konkrete strafrechtliche Verstöße gegen Verbotsverfügungen werden indes immer von den Mitgliedern als natürliche Personen ausgehen[62]. Deren Verhalten als Zuwiderhandlung gegen ein an

---

57 Unter denen wie im StGB die Mitgliedergewinnung und die zur Täterschaft verselbstständigte Beihilfe verstanden wurde, dazu *Schnorr*, Öffentliches Vereinsrecht (1965), S. 275 Rdn. 7 f.

58 8. StrÄndG v. 25.6.1968, BGBl. I S. 741.

59 Dazu BGH, Urt. v. 9.10.1964 – 3 StR 34/64 = BGHSt 20, 45 (50); *Erbs/Kohlhaas/Ambs*[146]-*Wache* § 20 VereinsG Rdn. 1; *Schnorr*, Öffentliches Vereinsrecht (1965), S. 270 Rdn. 2 und S. 272 Rdn. 1.

60 Wobei die mitgliedschaftliche Betätigung in den Fällen, in denen nicht nur ein Betätigungsverbot nach §§ 14, 18 VereinsG erlassen wurde, sondern die Vereinigung selbst verboten ist, bereits unter die Tatbestände von § 20 Abs. 1 Nr. 1 oder Nr. 2 VereinsG fällt.

61 BGH, Urt. v. 9.4.1997 – 3 StR 387/96 = BGHSt 43, 41 (42).

62 BGH, Urt. v. 24.1.1996 – 3 StR 530/95 = BGHSt 42, 30 (36). Eine gegen dieses Urteil gerichtete Verfassungsbeschwerde wurde nicht zur Entscheidung angenommen, da das

den Verein selbst gerichtetes Verbot zu begreifen, ist allerdings aufgrund der mitgliedschaftlichen Verflechtung grundsätzlich möglich sowie tatsächlich nahe liegend[63]. Bei außenstehenden, organisatorisch nicht eingebundenen Dritten, die weder in einem Mitglieds- noch Auftragsverhältnis zu dem Verein stehen, spricht der erste Anschein jedoch gerade gegen eine solche Vermutung[64]. Daher kann deren Tätigkeit nur dann als Zuwiderhandlung gegen ein an einen bestimmten Verein adressiertes Verbot angesehen werden, wenn sie von vornherein auf die verbotene Betätigung der jeweiligen Vereinigung bezogen ist, sodass sie objektiv als Handeln des mit dem Verbot belegten Vereins selbst erscheint[65]. Ferner müsse das Verhalten der Nichtmitglieder diesbezüglich förderlich sein, d.h. die konkrete Eignung besitzen, vorteilhafte Wirkung für die Arbeit des Vereins hervorzurufen[66]. Ähnlich wie schon bei der Definition des Unterstützens i.S.d. §§ 129, 129a StGB sind hier deutliche Anleihen an die Begrifflichkeiten der Beihilfe sichtbar. Demgemäß wird hinsichtlich § 20 Abs. 1 Nr. 4 VereinsG betont, dass die Variante des förderlichen Handelns außenstehender Dritter eine zur Täterschaft erhobene Beihilfehandlungen darstelle[67], weshalb

---

BVerfG die Ausführungen des BGH in vollem Umfang bestätigt hat. Siehe BVerfG, Beschl. v. 15.11.2001 – 1 BvR 98/97 = NStZ-RR 2002, S. 120 (121).

63 BGH, Beschl. v. 7.5.1997 – 3 StR 185/97 = NStZ 1997, S. 497.

64 Aus diesem Grund – die Kundgabe von Sympathie für eine bestimmte Vereinigung durch Dritte stellt noch lange nicht zugleich eine Betätigung der Vereinigung als solcher dar – subsumiert *Köbler*, NStZ 1995, S. 531 Sympathiekundgebungen nicht unter § 20 Abs. 1 Nr. 4 VereinsG, hält es aber für möglich, dass „weitere Umstände" dies als eigene Betätigung der Vereinigung selbst erscheinen lassen können.

65 BGH, Urt. v. 9.4.1997 – 3 StR 387/96 = BGHSt 43, 41 (42); BGH, Beschl. v. 13.3.1996 – 3 StR 610/95 = NStZ-RR 1996, S. 219; BGH, Urt. v. 24.1.1996 – 3 StR 530/95 = BGHSt 42, 30 (36 f.); BGH, Urt. v. 12.3.1997 – 3 StR 607/96 = NJW 1997, S. 2251 (2251 f.) spricht von einer „gewissen Außenwirkung", die über eine bloß subjektive Handlungstendenz hinausgehen müsse. Ähnlich auch BGH, Beschl. v. 14.1.1998 – 3 StR 667/97 = NStZ-RR 1998, S. 286 (287); BGH, Beschl. v. 16.7.1997 – 3 StR 314/97 = NStZ-RR 1997, S. 349 (350); BGH, Beschl. v. 18.6.1997 – 3 StR 206/97 = NStZ 1997, S. 604; BGH, Beschl. v. 7.5.1997 – 3 StR 185/97 = NStZ 1997, S. 497. Deutlich *Köbler*, NStZ 1995, S. 531: „Dabei ist dem Tatbestand des § 20 Abs. 1 Nr. 4 jedoch stets immanent, dass überhaupt eine verbotene Betätigung des Vereins stattfinden muss. Der Nachweis einer solchen Betätigung ist für die Strafbarkeit zwingend erforderlich."

66 BVerfG, Beschl. v. 15.11.2001 – 1 BvR 98/97 = NStZ-RR 2002, S. 120 (121 f.); BGH, Beschl. v. 17.3.1999 – 3 StR 637/98 = NStZ 1999, S. 411 (412); BGH, Beschl. v. 19.11.1997 – 3 StR 574/97 = BGHSt 43, 312 (313); BGH, Beschl. v. 7.5.1997 – 3 StR 185/97 = NStZ 1997, S. 497; BGH, Urt. v. 9.4.1997 – 3 StR 387/96 = BGHSt 43, 41 (42); BGH, Urt. v. 12.3.1997 – 3 StR 607/96 = NJW 1997, S. 2251 (2252); BGH, Beschl. v. 13.3.1996 – 3 StR 610/95 = NStZ-RR 1996, S. 219; BGH, Urt. v. 24.1.1996 – 3 StR 530/95 = BGHSt 42, 30 (36 f.); *Erbs/Kohlhaas/Ambs*[146]*-Wache* § 20 VereinsG Rdn. 19; *Hartmann*, StV 1998, S. 138 f.; *Scholz*, NStZ 1996, S. 603; *Köbler*, NStZ 1995, S. 531.

67 Derart BGH, Urt. v. 9.4.1997 – 3 StR 387/96 = BGHSt 43, 41 (51) mit wiederum daraus sich ergebenden Konsequenzen für die Möglichkeit einer Beihilfe gem. § 27 StGB zum Zuwi-

eine Ursächlichkeit für konkrete, als Betätigung untersagte organisatorische Tätigkeiten des Vereins nicht erforderlich sei[68]. Damit ist ebenso wie beim erfolgsunabhängigen Begriff des Werbens der Blick auf die Strafbarkeit von Propaganda eröffnet, mittels derer um Sympathie für die Vereinigung geworben wird, sei es durch das Verbreiten von Flugblättern mit fremden Äußerungen, das Tragen von Plaketten oder das Anbringen von Plakaten verbotener Organisationen. Vergleichbar mit den Ausführungen im Rahmen der teleologischen Auslegung der §§ 129, 129a StGB wird vom BGH darauf hingewiesen, dass die strafrechtliche Relevanz derartiger Verhaltensweisen sich nach der Gefahrerhöhung bemisst, die von einem solchen grundsätzlich geeigneten Dritthandeln für die durch das ausgesprochene Verbot geschützten Allgemeininteressen ausgeht. Im Fall von propagandistischer Sympathiewerbung könne man annehmen, dass die Gefahr, der durch das Betätigungsverbot begegnet werden soll, verstärkt wird[69].

Die Konsequenz dieser Auslegung des Zuwiderhandelns besteht dann nach Ansicht des BGH darin, in der Konstellation der Verbreitung fremder, die Tätigkeit der verbotenen Vereinigung fördernder Texte in Presseerzeugnissen durch

---

derhandeln, auf welche im 7. Kapitel eingegangen wird. Als eine zur Täterschaft verselbstständigte Beihilfe wird ebenso das Unterstützen gem. § 20 Abs. 1 Nr. 3 VereinsG qualifiziert, vgl. *Erbs/Kohlhaas/Ambs*[146]*-Wache* § 20 VereinsG Rdn. 16 und Rdn. 31; *Erbs/Kohlhaas-Potrykus*, Sonderdruck: Vereins- und Versammlungsrecht (1972), § 20 VereinsG Anm. 5. Im Zusammenhang mit der primär durch Textverbreitung erfolgenden Sympathiewerbung spielt dieser Tatbestand allerdings keine große Rolle, da er zwingend die Förderung gerade des organisatorischen Zusammenhalts der Vereinigung voraussetzt, woran es in Fällen der Sympathieerzeugung bei Dritten regelmäßig fehlen wird.

68 BGH, Urt. v. 9.4.1997 – 3 StR 387/96 = BGHSt 43, 41 (42 f.); BGH, Beschl. v. 13.3.1996 – 3 StR 610/95 = NStZ-RR 1996, S. 219; BGH, Urt. v. 24.1.1996 – 3 StR 530/95 = BGHSt 42, 30 (36); BayObLG, Beschl. v. 6.11.1995 – 3 St ObWs 2/95 = NStZ-RR 1996, S. 121; *Köbler*, NStZ 1995, S. 531; ebenso jetzt auch *Erbs/Kohlhaas/Ambs*[146]*-Wache* § 20 VereinsG Rdn. 19, obgleich anderer Ansicht noch bis zur 106. Ergänzungslieferung. Allerdings – anders als hinsichtlich des Werbens – ist beim Unterstützen i.S.d. §§ 129, 129a StGB die Frage, ob dieses zu einem nachweisbaren kausalen Nutzen für die kriminelle oder terroristische Vereinigung führen muss, durchaus umstritten, vgl. einerseits BGH, Beschl. v. 24.8.1987 – 1 BJs 167/86-4 StB 18/87 = NJW 1988, S. 1677, wo in Orientierung an der ständigen Rechtsprechung (z.B. RG, Urt. v. 18.3.1924 – I 50/24 = RGSt 58, 113; BGH, Urt. v. 14.2.1985 – 4 StR 27/85 = NStZ 1985, S. 318) zu § 27 StGB die bloße Förderung als ausreichend angesehen wird, andererseits *Fürst*, Grundlagen und Grenzen der §§ 129, 129a StGB (1989), S. 110; *Ostendorf*, JA 1980, S. 502; *ders.*, JZ 1979, S. 253; *Rudolphi*, ZRP 1979, S. 217; *ders.*, FS *Bruns* (1978), S. 327 ff., welche mit der überwiegenden Ansicht im Schrifttum (dazu *Sch/Sch*[26]*-Cramer/Heine* § 27 Rdn. 7 ff. m.w.N.) die (Mit-)Kausalität des Gehilfenbeitrags verlangen. Genau wie beim Unterstützen i.S.d. §§ 129, 129a StGB gilt die Bemerkung von *Geilen*, JK 79, StGB § 129/1, wonach hier ganz deutlich die Problematik um die sog. Beihilfe-Kausalität wiederzufinden ist.

69 So BGH, Beschl. v. 7.5.1997 – 3 StR 185/97 = NStZ 1997, S. 497; BGH, Urt. v. 9.4.1997 – 3 StR 387/96 = BGHSt 43, 41 (43).

Nichtmitglieder, die anlässlich der §§ 129, 129a StGB erwähnten einschränkenden Kriterien anzuwenden[70].

3. Restriktive Auslegung der §§ 42, 47 BVerfGG (a.F.), §§ 90a, 90b StGB (a.F.)

Eine vergleichbare Tatbestandseinschränkung ist von Rechtsprechung wie Schrifttum bezüglich der Zuwiderhandlung gegen ein vom Bundesverfassungsgericht erklärtes Parteiverbot gem. §§ 42, 47 BVerfGG (a.F.) sowie anschließend zu deren Nachfolgevorschriften der §§ 90a, 90b StGB (a.F.) praktiziert worden. Da sich die Auslegung dieser Tatbestände zumindest in dieser Frage zu keinem Zeitpunkt geändert hat, kann eine gemeinsame Betrachtung erfolgen. Zu deren Erleichterung soll zunächst ein Überblick über die Gesetzgebung auf dem Gebiet der Staatsgefährdungsdelikte gegeben werden, das infolge wechselnder politischer Rahmenbedingungen Gegenstand zahlreicher Reformen und Novellierungen war. Zur besseren Übersichtlichkeit werden die einschlägigen Vorschriften, die mittlerweile alle außer Kraft gesetzt sind, hier auszugsweise wiedergegeben:

> § 42 BVerfGG
>
> Vorsätzliche Zuwiderhandlungen gegen eine Entscheidung des Bundesverfassungsgerichts oder gegen die im Vollzug der Entscheidung getroffenen Maßnahmen werden mit Gefängnis [...] bestraft.
>
> § 90a StGB (i.d.F. v. 1951)
>
> (1) Wer eine Vereinigung gründet, deren Zwecke oder deren Tätigkeit sich gegen die verfassungsmäßige Ordnung oder gegen den Gedanken der Völkerverständigung richten, oder wer die Bestrebungen einer solchen Vereinigung als Rädelsführer oder Hintermann fördert, wird mit Gefängnis bestraft.
>
> (2), (3) (...)
>
> § 90a StGB (i.d.F. v. 1964)
>
> (1) Wer eine politische Partei, die vom Bundesverfassungsgericht für verfassungswidrig erklärt ist, fortführt, ihren organisatorischen Zusammenhalt auf andere Weise aufrechterhält oder für sie eine Ersatzorganisation schafft, wird mit Gefängnis [...] bestraft. Der Versuch ist strafbar.
>
> (2) Wer sich an einer in Absatz 1 bezeichneten Partei oder an einer für sie geschaffenen Ersatzorganisation als Mitglied beteiligt, für sie wirbt oder sie unterstützt, wird mit Gefängnis bestraft.
>
> (3) – (6) (...)
>
> § 90b StGB (i.d.F. v. 1964)
>
> (1) Wer eine Vereinigung, die unanfechtbar verboten ist, weil sie sich gegen die verfassungsmäßige Ordnung oder den Gedanken der Völkerverständigung richtet,

---

70 BGH, Urt. v. 9.4.1997 – 3 StR 387/96 = BGHSt 43, 41 (43); BGH, Urt. v. 9.4.1997 – 3 StR 584/96 = NStZ-RR 1997, S. 282.

fortführt, ihren organisatorischen Zusammenhalt auf andere Weise aufrechterhält oder für sie eine Ersatzorganisation schafft, wird mit Gefängnis bestraft. Der Versuch ist strafbar.

(2) Wer sich an einer in Absatz 1 bezeichneten Vereinigung oder an einer für sie geschaffenen Ersatzorganisation als Mitglied beteiligt, für sie wirbt oder sie unterstützt, wird mit Gefängnis [...] bestraft.

(3) (...)

Ursprünglich in das BVerfGG aufgenommen wurden die §§ 42, 47 (a.F.) 1951 infolge der Überarbeitung des Staatsschutzrechts durch das 1. Strafrechtsänderungsgesetz[71], und zwar gemeinsam mit der Einfügung der §§ 90a, 129 und 129a (jeweils a.F.) in das StGB. § 129 StGB (i.d.F. v. 1951) enthielt das Verbot der Gründung von bzw. mitgliedschaftlichen Beteiligung an Vereinigungen, deren Zweck oder Tätigkeit in der Begehung strafbarer Handlungen besteht. § 90a StGB (i.d.F. v. 1951) demgegenüber erfasste Vereinigungen, die sich gegen die verfassungsmäßige Ordnung oder den Gedanken der Völkerverständigung richten. § 129a StGB (i.d.F. v. 1951) schließlich untersagte die Fortsetzung einer verwaltungsgerichtlich verbotenen Vereinigung. Während § 42 BVerfGG (i.d.F. v. 1951) selbst nur die Zuwiderhandlung gegen eine Entscheidung des Bundesverfassungsgerichts über die Verwirkung von Grundrechten nach Art. 18 GG unter Strafdrohung stellte, verwies § 47 BVerfGG (i.d.F. v. 1951) in den Fällen eines Verstoßes gegen die Anordnung der Auflösung politischer Parteien und das Verbot von Ersatzorganisationen auf diese Rechtsfolge. Im Zuge der Novellierung des politischen Strafrechts durch das Vereinsgesetz von 1964[72] wurden die §§ 90a, 129a StGB (i.d.F. v. 1951), §§ 42, 47 BVerfGG (i.d.F. v. 1951) jedoch wieder aufgehoben. An ihre Stelle traten die durch das Vereinsgesetz eingeführten neuen §§ 90a, 90b StGB (a.F.), die im Wesentlichen den § 90a StGB (i.d.F. v. 1951), §§ 42, 47 BVerfGG (i.d.F. v. 1951) entsprachen. Die wichtigsten Änderungen, die dabei erfolgten, waren durch die Rechtsprechung des Bundesverfassungsgerichts zum sog. Parteienprivileg des Art. 21 Abs. 2 GG veranlasst, wonach politische Parteien keine kriminellen Vereinigungen sein können und demzufolge die Strafbarkeit von einem vorherigen Verbot der Partei abhängt[73]. Danach enthielt § 90a StGB (i.d.F. v. 1964), der sich als Nachfolgevorschrift der §§ 42, 47 BVerfGG (i.d.F. v. 1951) eng an dem Entwurfsvorschlag in Gestalt von § 374 des Entwurfs eines Strafgesetzbuches

71 1. StrÄndG v. 30.8.1951, BGBl. I S. 739.

72 BGBl. I S. 593.

73 Das BVerfG legte § 129 StGB verfassungskonform aus, sodass politische Parteien nicht darunter fallen, vgl. BVerfG, Beschl. v. 30.10.1963 – 2 BvL 7/61, 2, 9/63 = BVerfGE 17, 155 (163 ff.). In BVerfG, Urt. v. 21.3.1961 – 2 BvR 27/60 = BVerfGE 12, 296 erklärte das Gericht § 90a StGB (i.d.F. v. 1951) insoweit für verfassungswidrig und nichtig, wie er auf politische Parteien anwendbar war, vgl. BVerfG, Urt. v. 21.3.1961 – 2 BvR 27/60 = BVerfGE 12, 296 (307).

von 1962 orientierte, das Verbot der Fortführung einer vom Bundesverfassungsgericht für verfassungswidrig erklärten Partei bzw. der Aufrechterhaltung ihres organisatorischen Zusammenhalts sowie der Schaffung von Ersatzorganisationen[74]. § 90b StGB (i.d.F. v. 1964) – maßgeblich dem § 375 des Entwurfs von 1962 nachempfunden und im Gegensatz zu § 90a nicht an Parteien i.S.d. Art. 21 GG sondern an Vereinigungen i.S.d. Art. 9 GG anknüpfend – stellte die Fortführung verbotener Vereinigungen, die sich gegen die verfassungsmäßige Ordnung oder den Gedanken der Völkerverständigung richten, unter Strafdrohung[75]. § 90a wie § 90b StGB (i.d.F. v. 1964) enthielten beide jeweils im zweiten Absatz das in diesem Zusammenhang neue Merkmal des Werbens[76], das – wie oben bereits erwähnt – zur Harmonisierung auch in den überarbeiteten § 129 StGB eingefügt wurde. 1968 schließlich wurden die §§ 90a, 90b StGB (i.d.F. v. 1964) durch das 8. Strafrechtsänderungsgesetz[77] wiederum aufgehoben und in Gestalt der §§ 84, 85 StGB (aktueller Fassung) eingefügt, welche tatbestandlich enger formuliert sind und eine Begehungsform des Werbens nicht mehr enthalten[78]. §§ 84, 85 StGB und § 20 VereinsG unterscheiden sich lediglich durch die Art der jeweiligen Partei oder Vereinigung sowie die Unanfechtbarkeit bzw. bloße Vollziehbarkeit der Verbotsverfügung[79].

Ebenso wie dies zuvor zu den §§ 129, 129a StGB, § 20 Abs. 1 Nr. 4 VereinsG bemerkt wurde, war auch bei den Merkmalen des Zuwiderhandelns gem. § 42 BVerfGG (a.F.) sowie des Unterstützens und Werbens gem. §§ 90a, 90b StGB (i.d.F. v. 1964) vorherrschende Ansicht, dass es sich bei ihnen um zur Täterschaft verselbstständigte Teilnahmehandlungen – namentlich Beihilfe – han-

---

74 § 374 E 1962 sollte die §§ 42, 47 BVerfGG (a.F.) übernehmen, so die Begründung in BT-Drs. IV/650, S. 565. Vgl. dazu die ausführliche Darstellung der Reform durch das Vereinsgesetz von 1964 bei *Wagner*, MDR 1966, S. 18 ff., S. 97 ff., S. 185 ff. und S. 287 ff.

75 § 375 E 1962 knüpfte an § 129a StGB (i.d.F. v. 1951) an, vgl. die Begründung in BT-Drs. IV/650, S. 566.

76 § 90a Abs. 2 und § 90b Abs. 2 StGB (i.d.F. v. 1964) erfassten die Beteiligung als Mitglied, das Werben sowie das Unterstützen.

77 8. StrÄndG v. 25.6.1968, BGBl. I S. 741.

78 Da „sie nicht mehr den anderen Handlungsformen nach deren stärkerer Qualifizierung entsprechen" würde, so der schriftliche Bericht des Sonderausschusses für die Strafrechtsreform, BT-Drs. V/2860, S. 6.

79 *Sch/Sch*[26]*-Stree/Sternberg-Lieben* § 84 Rdn. 8 sowie § 85 Rdn. 1 und Rdn. 6. Der Umstand, dass § 20 VereinsG im Unterschied zu den Vorschriften des StGB die Strafbarkeit bereits zu einem Zeitpunkt anordnet, in dem das Verbot nur vollziehbar, noch nicht aber unanfechtbar ist, hat anfangs zu Zweifeln bezüglich seiner Verfassungsmäßigkeit geführt, so bei *Erbs/Kohlhaas-Potrykus*, Sonderdruck: Vereins- und Versammlungsrecht (1972), § 20 VereinsG Anm. 1; *Schnorr*, Öffentliches Vereinsrecht (1965), S. 274 Rdn. 2. Diesen Zweifeln die Grundlage genommen hat BVerfG, Beschl. v. 15.6.1989 – 2 BvL 4/87 = NJW 1990, S. 37; ebenso *Erbs/Kohlhaas/Ambs*[146]*-Wache* § 20 VereinsG Rdn. 7.

delt[80]. Ferner hat der BGH darauf hingewiesen, dass diese Vorschriften sich insofern gleichen, als sie zwar mit Blick auf Art. 5 Abs. 1 GG verfassungsgemäß sind[81], im Fall der Tätigkeit außenstehender Dritter aber die Erfüllung zusätzlicher Voraussetzungen verlangen, damit ihr Tatbestand bejaht werden kann[82]. Wegen der Bedeutung des Grundrechts auf freie Meinungsäußerung müsse die Tätigkeit von Nichtmitgliedern einen unmittelbaren Bezug zur verbotenen Vereinigung aufweisen[83]. Ähnlich wie es der BGH zum Kriterium der eindeutig erkennbaren Zielrichtung ausführt, hat das BVerfG in diesem Zusammenhang erklärt, dass es nicht genügt, wenn der Außenstehende lediglich die gleichen Ziele wie die verbotene Organisation verfolgt. Vielmehr müssen zusätzliche äußere Umstände bestätigen, dass es sich tatsächlich um eine Tätigkeit unmittelbar zugunsten der Vereinigung handelt[84]. Während der BGH dieses Erfordernis aufstellte, um mehrdeutige Äußerungen, denen dem „ersten Blick" nach keine strafrechtliche Relevanz zukommt und die nur nach einer die Grenzen jeder vernünftigen Auslegung strapazierenden richterlichen Interpretation als strafbar bewertet werden können, aus dem Bereich des Tatbestands auszuscheiden[85], begründete das BVerfG dieses Kriterium eingehender mit der Bedeutung von Art. 5 GG. Danach verlangt dieses Grundrecht im Interesse der grundsätzlich vermuteten Freiheit von Meinungsäußerungen, dem Einzelnen die Kundgabe seiner politischen Ansichten zu ermöglichen. Sind diese Ansichten zufällig mit denen einer verbotenen Vereinigung identisch, vermag das noch nichts am Schutz der freien Rede zu ändern. Das ist erst dann der Fall, wenn er seiner

---

80 BGH, Urt. v. 30.10.1964 – 3 StR 45/64 = BGHSt 20, 89 (89 f.); BGH, Urt. v. 25.7.1960 – 3 StR 24/60 = NJW 1960, S. 1772; BGH, Urt. v. 12.5.1954 – 6 StR 92/54 = BGHSt 6, 159 (160); *Schönke/H. Schröder*[12] § 90a Anm. 17 i.V.m. § 129 Anm. 15; *Wagner*, MDR 1966, S. 187 f.; *Heinemann/Posser*, NJW 1959, S. 124; *Ruhrmann*, NJW 1954, S. 1514. Diese Interpretation setzt sich fort bei Abs. 2 der §§ 84, 85 StGB geltender Fassung, vgl. BGH, Urt. v. 17.12.1975 – 3 StR 4/71 I = BGHSt 26, 258 (261); *Maurach/F.-C. Schroeder/Maiwald*, Strafrecht BT – Teilbd. 2 (1999), S. 329 Rdn. 19; LK[11]-*Laufhütte* § 84 Rdn. 15.

81 BGH, Urt. v. 9.4.1997 – 3 StR 387/96 = BGHSt 43, 41.

82 BGH, Beschl. v. 16.7.1997 – 3 StR 314/97 = NStZ-RR 1997, S. 349; BGH, Beschl. v. 18.6.1997 – 3 StR 206/97 = NStZ 1997, S. 604; BGH, Beschl. v. 7.5.1997 – 3 StR 185/97 = NStZ 1997, S. 497; BGH, Urt. v. 12.3.1997 – 3 StR 607/96 = NJW 1997, S. 2251 mit zustimmender Anmerkung von *Hartmann*, StV 1998, S. 138; BGH, Urt. v. 15.7.1964 – 3 StR 12/64, S. 8 (nicht veröffentlicht).

83 BVerfG, Beschl. v. 14.1.1969 – 1 BvR 553/64 = BVerfGE 25, 44 (57 ff.) zu den §§ 42, 47 BVerfGG; BVerfG, Beschl. v. 15.1.1969 – 1 BvR 323/66 = BVerfGE 25, 79 (86) zu § 90a StGB (i.d.F. v. 1964).

84 BVerfG, Beschl. v. 14.1.1969 – 1 BvR 553/64 = BVerfGE 25, 44 (58 f.); BVerfG, Beschl. v. 15.1.1969 – 1 BvR 323/66 = BVerfGE 25, 79 (86).

85 So der BGH in der am Anfang dieses Teils erwähnten Entscheidung BGH, Beschl. v. 24.8.1987 – 1 BJs 167/86-4 StB 18/87 = NJW 1988, S. 1677 (1678).

Meinung gerade durch Förderung der Vereinigung Ausdruck verleiht. In diesem Fall greift die Strafbarkeit nach §§ 42, 47 BVerfGG (a.F.), § 90a StGB (i.d.F. v. 1964), die ausnahmslos an die inkriminierte Hilfeleistung zugunsten einer Organisation anknüpfen und nicht an Äußerungen Einzelner[86]. Da sich ein solcher Förderungseffekt allerdings regelmäßig als Folge propagandistischer Äußerungen einstellen wird, muss der Meinungskundgabe eine besondere Qualität zukommen, um eben dieses Regel-Ausnahme-Verhältnis nicht umzukehren. Bemerkenswerter Weise – anders insofern als der BGH Jahre später – nahm das BVerfG ausdrücklich davon Abstand, diesen speziellen Gehalt der Äußerung über den subjektiven Tatbestand zu konstruieren[87]. Statt dessen gelangte das Gericht aufgrund dieser Notwendigkeit einer restriktiven Grundhaltung bei der Bewertung von zur Förderung geeigneten Äußerungen zum Erfordernis der besonderen objektiven Umstände, welche einen unmittelbaren Bezug zur Tätigkeit der Vereinigung herstellen sollten. Anzeichen, die danach einem objektiven Betrachter den Eindruck vermitteln, es handele sich um eine unmittelbare Förderung der verbotenen Partei, können z.B. Aufmachung und Stil der Äußerung, der Sprachgebrauch sowie auch persönliche – ggf. sogar vergangene – Verbindungen zu der Organisation sein. Denn wer früher in öffentlichkeitswirksamer Stellung für eine Vereinigung tätig war, müsse berücksichtigen, dass eben diese Öffentlichkeit die aktuellen Äußerungen regelmäßig noch in Zusammenhang mit der früheren Tätigkeit bringen wird[88]. Allerdings sei dies nicht gleichzusetzen mit einer automatischen Pflicht zur Distanzierung, da sich eine solche nach den Gegebenheiten des Einzelfalles richtet, namentlich nach der Vorstellung beim Äußerungsempfänger, der unter Umständen entgegenzuwirken ist[89].

Diese Auslegung hat sich bei den §§ 84, 85 StGB fortgesetzt, jedoch aufgrund ihrer tatbestandlichen Fassung unter geringerem Begründungszwang. Denn durch das 8. Strafrechtsänderungsgesetz ist die Notwendigkeit der Organisationsbezogenheit des Tatbeitrags unmitelbar im Gesetzeswortlaut verankert worden, wonach Nichtmitglieder den organisatorischen Zusammenhalt unterstützen müssen.

---

86 Wiederum BVerfG, Beschl. v. 14.1.1969 – 1 BvR 553/64 = BVerfGE 25, 44 (58 f.).

87 BVerfG, Beschl. v. 14.1.1969 – 1 BvR 553/64 = BVerfGE 25, 44 (58).

88 BVerfG, Beschl. v. 14.1.1969 – 1 BvR 553/64 = BVerfGE 25, 44 (58 f.). Auf diese Passage nimmt das BVerfG, Beschl. v. 15.11.2001 – 1 BvR 98/97 = NStZ-RR 2002, S. 120 (121) im Rahmen einer Entscheidung zu § 20 Abs. 1 Nr. 4 VereinsG ausdrücklich Bezug.

89 BVerfG, Beschl. v. 14.1.1969 – 1 BvR 553/64 = BVerfGE 25, 44 (59); ebenso BVerfG, Beschl. v. 15.1.1969 – 1 BvR 323/66 = BVerfGE 25, 79 (87 f.). In beiden Entscheidungen wurde eine Distanzierung aufgrund der Umstände des Einzelfalles verlangt.

4. *Restriktive Auslegung der §§ 93 (a.F.), 86 StGB*

Auch zu § 93 StGB (a.F.) hat sich eine ähnlich restriktive Auslegung herausgebildet. § 93 wurde 1951 gemeinsam mit obigen §§ 90a, 129, 129a (a.F.) in das StGB eingefügt durch das 1. Strafrechtsänderungsgesetz[90]. Zwei Jahre später wurde sein Anwendungsbereich durch das 3. Strafrechtsänderungsgesetz[91] dahingehend erweitert, dass nicht mehr nur in das Gebiet der Bundesrepublik eingeführtes verfassungsfeindliches Propagandamaterial erfasst werden konnte, sondern auch solches, das direkt in der Bundesrepublik hergestellt wurde. Infolge des 8. Strafrechtsänderungsgesetzes[92] wurde § 93 StGB (a.F.) ersetzt durch den neuen, engeren § 86 StGB[93]. § 93 StGB (a.F.) in seiner infolge des 3. Strafrechtsänderungsgesetzes erweiterten Fassung lautete:

> § 93 StGB (i.d.F. v. 1953)
>
> (1) Wer Schriften, Schallaufnahmen, Abbildungen oder Darstellungen, durch deren Inhalt Bestrebungen herbeigeführt oder gefördert werden sollen, die darauf gerichtet sind, den Bestand der Bundesrepublik Deutschland zu beeinträchtigen oder zur Unterdrückung der demokratischen Freiheit einen der in § 88 bezeichneten Verfassungsgrundsätze zu beseitigen, außer Geltung zu setzen oder zu untergraben,
>
> 1. herstellt, vervielfältigt oder verbreitet oder
>
> 2. [...] wird mit Gefängnis bestraft.
>
> (2) Der Versuch ist strafbar.

Ein zentrales Problem dieser Vorschrift wurde die Frage, woraus genau sich die verfassungsfeindliche Zielrichtung der Schrift zu ergeben hat, d.h. mit welcher Deutlichkeit sie sich im Inhalt der Schrift wiederfinden muss und ob neben dem Inhalt selbst beispielsweise auch die Zielsetzung des Herstellers oder Verbreiters berücksichtigt werden kann[94]. Der BGH hat dazu schon sehr früh vertreten, dass sich die verfassungsfeindliche Zielrichtung der Druckschrift deutlich erkennbar aus ihrem Inhalt selbst ergeben muss, wobei dieser dafür zumindest Anhaltspunkte zu enthalten hat, die dann aber der Ergänzung durch allgemeinkundige Tatsachen fähig sind[95]. Diese Beurteilung hat dabei aus der Sicht eines einsichtigen Lesers zu erfolgen, der aus der Schrift selbst auf die entsprechende verfassungsfeindliche Zielsetzung schließen können muss[96].

---

90 1. StrÄndG v. 30.8.1951, BGBl. I S. 739.

91 3. StrÄndG v. 4.8.1953, BGBl. I S. 735.

92 8. StrÄndG v. 25.6.1968, BGBl. I S. 741.

93 In seiner aktuellen Fassung mit den Änderungen in Absatz 3 (durch das 14. StrÄndG v. 22.4.1976, BGBl. I S. 1056) und Absatz 1 (durch das VerbrechensbekämpfungsG v. 28.10.1994, BGBl. I S. 3186).

94 Dazu aus damaliger Sicht *Willms*, NJW 1965, S. 2177 ff.; *ders.*, JZ 1958, S. 601 ff.; *Schönke/H. Schröder*[11] § 93 Rdn. 2.

95 BGH, Urt. v. 23.11.1955 – 6 StR 26/55 = BGHSt 8, 245 (247). Zustimmend *Willms*, JZ 1958, S. 602.

96 BGH, Urt. v. 23.11.1955 – 6 StR 26/55 = BGHSt 8, 245 (247).

An diesen Grundsätzen orientiert hat sich sodann die ständige Rechtsprechung des BGH zur Auslegung von § 93 StGB (a.F.) herausgebildet, ohne dass es in der Folgezeit zu bedeutenden Abweichungen gekommen ist. Daran, dass der Beurteilungsmaßstab für den Inhalt der Schrift die Sichtweise eines einsichtigen bzw. verständigen Lesers oder Durchschnittsadressaten ist, hat der BGH unverändert festgehalten[97]. Diesbezüglich hat er es ferner durchweg als ausreichend betrachtet, wenn sich die verfassungsfeindliche Zielrichtung einer Schrift aus Aussagen ergibt, die aus dem Blickwinkel eben dieses verständigen Lesers „zwischen den Zeilen" der Schrift stehen[98]. Eine solche Sichtweise werde nämlich immer dann unentbehrlich, wenn der Verfasser der zu beurteilenden Schrift nicht zugleich der Verfasser des Textes ist, der im Wesentlichen den Inhalt dieser Schrift ausmacht. Ist in diesem Fall die verfassungsfeindliche Zielrichtung der Schrift nachzuweisen, kann dem bloßen Wortlaut des übernommenen Textes keine entscheidende Bedeutung zuerkannt werden[99]. Da die Verfassungsfeindlichkeit eines Dritt-Textes etwas anderes ist als die Verfassungsfeindlichkeit einer Schrift, die diesen Dritt-Text enthält, muss deren Zielrichtung gesondert ermittelt werden, wobei die Bezugnahme zum wiedergegebenen Text besonders zu beachten ist. Fällt diese befürwortend und zustimmend aus, teilt die Schrift die Zielrichtung des Dritt-Textes. Bei dieser Betrachtung sind aber zwangsläufig auch Umstände zu berücksichtigen, die nur angedeutet werden, wie z.B. Stellungnahmen und Anmerkungen, die sich lediglich aus den Zusammenhängen ergeben[100]. Unumgänglich und wesentlich ist aber auch dabei, dass diese Zielrichtung zumindest in Ansätzen in der Schrift selbst verkörpert ist, d.h. unmittelbar in dem Text zum Ausdruck gekommen ist, der den Inhalt der Druckschrift bildet[101]. Die Berücksichtigung von Umständen jenseits des Wortlauts der Schrift, welche in dieser nicht erwähnt werden, hat der BGH von Anfang an entschieden abgelehnt. Vor allem betonte er, dass nicht in der Schrift verkörperte Absichten der Verfasser oder Verbreiter – also deren verfassungs-

---

97 In zeitlicher Abfolge: BGH, Urt. v. 28.2.1959 – 1 St E 1/59 = BGHSt 13, 32 (34); BGH, Urt. v. 13.5.1960 – 3 StR 4/60 = BGHSt 14, 293 (295 f.); BGH, Urt. v. 21.4.1961 – 3 StR 55/60 = BGHSt 16, 49 (53); BGH, Urt. v. 28.2.1964 – 3 StR 40/63 = BGHSt 19, 245 (249); BGH, Urt. v. 23.7.1969 – 3 StR 326/68 = BGHSt 23, 64 (73).

98 BGH, Urt. v. 23.7.1969 – 3 StR 326/68 = BGHSt 23, 64 (73); BGH, Urt. v. 28.2.1964 – 3 StR 40/63 = BGHSt 19, 245 (249); BGH, Urt. v. 21.4.1961 – 3 StR 55/60 = BGHSt 16, 49 (52 f.).

99 BGH, Urt. v. 28.2.1964 – 3 StR 40/63 = BGHSt 19, 245 (250).

100 BGH, Urt. v. 28.2.1964 – 3 StR 40/63 = BGHSt 19, 245 (249 ff.).

101 BGH, Urt. v. 28.2.1964 – 3 StR 40/63 = BGHSt 19, 245 (247); BGH, Urt. v. 21.4.1961 – 3 StR 55/60 = BGHSt 16, 49 (52); BGH, Urt. v. 13.5.1960 – 3 StR 14/60 = BGHSt 14, 299 (300); BGH, Urt. v. 13.5.1960 – 3 StR 4/60 = BGHSt 14, 293 (294); BGH, Urt. v. 28.2.1959 – 1 St E 1/59 = BGHSt 13, 32 (34); BGH, Urt. v. 11.12.1958 – 3 StR 35/58 = BGHSt 12, 174 (174 f.); BGH, Urt. v. 23.11.1955 – 6 StR 26/55 = BGHSt 8, 245 (247).

feindliche Zielsetzung – keinen Einfluss auf die Beantwortung der Frage hat, ob der Inhalt einer Schrift eine verfassungsfeindliche Zielrichtung besitzt[102].

Die letztgenannte Aussage wurde vom BGH in mehreren Entscheidungen eingehend begründet[103]. Angesichts des Wortlauts von § 93 StGB (a.F.), der an Schriften anknüpfte, durch deren Inhalt Bestrebungen mit verfassungsfeindlicher Zielrichtung herbeigeführt oder gefördert werden „sollen“, führte der BGH aus, dass damit keinesfalls eine verfassungsfeindliche Absicht des Verfassers bzw. Verbreiters gemeint sei, sondern einzig und allein der Inhalt der Schrift als solcher[104]. Der Wortlaut selbst spreche für diese Auslegung, da eine Schrift, sofern sie erst einmal veröffentlicht worden ist, ein „Eigenleben“ führe und demzufolge lösgelöst vom Willen ihres Verfassers allein durch ihren Inhalt eine Tendenz aufweisen und somit etwas „wollen“ könne[105]. Dies würde soweit gehen, dass sie beispielsweise sogar etwas zum Ausdruck bringen kann, was von ihrem Verfasser überhaupt nicht beabsichtigt worden war. Neben entstehungsgeschichtlichen Argumenten würde diese Auffassung auch durch die ratio von § 93 StGB (a.F.) unterstützt, da mit der Formulierung „sollen“ vor allem wissenschaftliches Schrifttum aus dem Tatbestand ausgenommen werden sollte, da Informations- oder Dokumentationsschriften ihrer Natur nach keine Tendenz innewohnt und sie somit nicht tatbestandsmäßig seien[106]. Darüber hinaus sprächen schließlich systematische Erwägungen für die Richtigkeit dieses Ergebnisses, wie ein Vergleich mit § 97 StGB (a.F.) zeige. Dort wird eine verfassungsfeindliche Absicht des Täters vorausgesetzt. Eine solche Absicht wird im Fall der Verwendung fremder Texte dann anzunehmen sein, wenn sich aus allen für die Wirkung der Schrift bedeutsamen Umständen ergibt, dass mit der Wiedergabe zugleich eine Übernahme der verfassungsfeindlichen Zielsetzung verbunden ist[107]. Da es sich aber um den Nachweis einer verfassungsfeindlichen Absicht – und gerade nicht wie bei § 97 StGB (a.F.) um die verfassungsfeindliche Zielrichtung einer Schrift – handelt, die für den Leser des Textes nicht unbedingt erkennbar sein müsse, können dabei ohne weiteres auch Umstände außer-

102 So BGH, Urt. v. 23.7.1969 – 3 StR 326/68 = BGHSt 23, 64 (73); BGH, Urt. v. 21.4.1961 – 3 StR 55/60 = BGHSt 16, 49 (52); BGH, Urt. v. 13.5.1960 – 3 StR 4/60 = BGHSt 14, 293 (294 f.); BGH, Urt. v. 23.11.1955 – 6 StR 26/55 = BGHSt 8, 245 (247).

103 Diese Erwägungen werden an anderer Stelle von Bedeutung sein, um die Verallgemeinerungsfähigkeit der zu § 93 StGB (a.F.) gewonnenen Auslegungsergebnisse beurteilen zu können. Siehe dazu die Ausführungen im 4. Kapitel unter II. 2. b) (S. 163).

104 So erstmalig BGH, Urt. v. 23.11.1955 – 6 StR 26/55 = BGHSt 8, 245 (247) und später mit ausführlicherer Begründung BGH, Urt. v. 13.5.1960 – 3 StR 4/60 = BGHSt 14, 293 (294 f.).

105 BGH, Urt. v. 13.5.1960 – 3 StR 4/60 = BGHSt 14, 293 (295).

106 So BGH, Urt. v. 28.2.1964 – 3 StR 40/63 = BGHSt 19, 245 (252); BGH, Urt. v. 13.5.1960 – 3 StR 4/60 = BGHSt 14, 293 (295).

107 BGH, Urt. v. 28.2.1964 – 3 StR 40/63 = BGHSt 19, 245 (254).

halb des Inhalts der Schrift herangezogen werden[108]. Eben dies sei bei § 93 StGB (a.F.) aber nicht möglich.

Innerhalb der Schrifttums hat sich namentlich *Willms* mit dieser Auslegung des § 93 StGB (a.F.) durch den BGH beschäftigt[109]. So lieferte er ein weiteres systematisches Argument für dessen Auffassung, indem er § 93 StGB (a.F.) gemeinsam mit den §§ 90, 97 StGB (a.F.) als Ausprägung von § 90a StGB (i.d.F. v. 1951) ansah, welcher die Förderung verfassungsfeindlicher Vereinigungen durch Rädelsführer oder Hintermänner unter Strafdrohung stellte[110]. Da bei den §§ 90, 93, 97 StGB (a.F.) nun das unrechtserschwerende Tätermerkmal des Handels als Rädelsführer oder Hintermann fehlte, diese Vorschriften als Organisationsdelikte aber gleichwohl auf § 90a StGB (i.d.F. v. 1951) basierten, müsse ein anderes Merkmal diese unrechtserschwerende Eigenschaft aufweisen, um den Unrechtsgehalt in dem beschriebenen Verhältnis von Grundtatbestand und verselbstständigten Abwandlungen entsprechend vergleichbar zu halten. Während dies bei § 90 StGB (a.F.) das Merkmal der Lahmlegung eines wichtigen Betriebes und bei § 97 StGB (a.F.) das Merkmal der ehrverletzenden Verunglimpfung sei, handele es sich bei § 93 StGB (a.F.) um das Merkmal der Schrift. Tatsächlich unrechtserschwerend könne dieses Tatbestandsmerkmal der Schrift allerdings nur dann sein, wenn die Schrift bereits für sich einen verfassungsfeindlichen Inhalt hat, d.h. die verfassungsfeindliche Zielrichtung in der Schrift verkörpert ist, weil es anderenfalls darauf hinaus liefe, dass allein das technische Mittel der Druckschrift straferschwerend wirken würde[111].

Neben diesen systematischen Erwägungen belegte *Willms* ferner anhand einer grundrechtsdogmatischen Betrachtung, dass der Grundsatz der Verkörperung im Schriftinhalt auf die tatbestandliche Fassung des § 93 StGB (a.F.) zurückzuführen ist. Er wies darauf hin, dass dieser Grundsatz bis zur Erweiterung des Tatbestandes von § 93 StGB (a.F.) auch auf in der Bundesrepublik hergestellte Schriften durch das 3. Strafrechtsänderungsgesetz keine Rolle gespielt hat[112]. Vielmehr entstand die tatbestandseinschränkende Rechtsprechung erst nach der Änderung, womit anstatt der eigentlich bezweckten Erweiterung eine bedeutende Einschränkung bewirkt wurde. Den Grund dafür sah *Willms* darin, dass in der Bundesrepublik hergestellte Schriften in den Geltungsbereich des Grundrechts aus Art. 5 Abs. 1 GG fallen, was eine verfassungskonforme Auslegung

---

108 BGH, Urt. v. 28.2.1964 – 3 StR 40/63 = BGHSt 19, 245 (254 f.).

109 *Willms*, NJW 1965, S. 2177 ff.; *ders.*, NJW 1965, S. 1457 ff.; *ders.*, JZ 1958, S. 601 ff.

110 *Willms*, JZ 1958, S. 602. *Willms* bezeichnet dort in Anlehnung an die von BGH, Urt. v. 13.12.1957 – 1 StE 8/57 = BGHSt 11, 171 (176) verwendete Ausdrucksweise den § 93 StGB (a.F.) als „Emanation“ von § 90a StGB (i.d.F. v. 1951). Ebenso *Ruhrmann*, NJW 1960, S. 994.

111 *Willms*, JZ 1958, S. 602.

112 *Willms*, NJW 1965, S. 2177.

des § 93 StGB (a.F.) erforderlich machen würde[113]. Denn eine Strafnorm, zu deren Erfüllung lediglich nötig ist, dass der Verfasser einer Schrift mit verfassungsfeindlicher Absicht handelt, ohne dass es darauf ankommt, ob diese Zielsetzung als solche ihren Niederschlag in der Schrift gefunden hat, würde „böse Gesinnungsschnüffelei" bedeuten und könne daher in Ansehung dieses Grundrechts keinen Bestand haben[114]. Folglich handele es sich bei der Rechtsprechung des BGH, derzufolge § 93 StGB (a.F.) – in seiner Fassung durch das 3. Strafrechtsänderungsgesetz – nur auf Schriften anzuwenden ist, in denen die verfassungsfeindlichen Bestrebungen selbst verkörpert sind, um nichts weiter als das Ergebnis eben dieser verfassungskonformen Auslegung[115].

Eine aufmerksame Betrachtung hat § 93 StGB (a.F.) ferner im Schrifttum erfahren in den Jahren nach 1963 im Zusammenhang mit der sog. „Spiegel-Affäre" und der Frage nach der strafrechtlichen Relevanz eines Zeitungsaustauschs zwischen DDR und Bundesrepublik Deutschland[116]. Insbesondere wurde dabei das Problem angesprochen, ob die parallele Geltung von § 93 StGB (a.F.) neben den §§ 90a, 90b StGB (i.d.F. v. 1964) nicht zu einer Überdehnung des strafrechtlichen Staatsschutzes bezüglich verfassungsfeindlicher Schriften führt[117]. Diese Möglichkeit lag deswegen nahe, weil § 93 StGB (a.F.) – ebenso wie der aktuelle § 86 Abs. 2 StGB – immerhin einige inhaltliche Mindestanforderungen an die Qualität der Schrift aufstellte. Mit den damals neuen §§ 90a, 90b StGB (i.d.F. v. 1964) wurde dagegen erstmals das Merkmal des Werbens für eine als verfassungswidrig erklärte Partei oder verbotene Vereinigung in die Delikte des Staatsschutzrechts eingeführt. Dadurch konnte grundsätzlich bei großzügiger Auslegung jegliches publizistische Bemühen um eine befürwortende Stellungnahme oder innere Einstellung gegenüber der jeweiligen Vereinigung als tatbestandliches Werben begriffen werden. Die inhaltlichen Einschränkungen des § 93 StGB (a.F.) wären damit umgangen, da Schriften, die als Mittel für Werbehandlungen gem. §§ 90a, 90b StGB (i.d.F. v. 1964) genutzt werden, lediglich funktionell geeignet sein müssen, der Organisation dienlich zu sein[118]. Des Weiteren wurde auf das Problem hingewiesen, dass der Versuch des Werbens

---

113 *Willms*, NJW 1965, S. 2178.

114 *Willms*, NJW 1965, S. 2177 f.; *ders.*, JZ 1958, S. 603.

115 So *Willms*, NJW 1965, S. 2178.

116 Dieses Problem hat sich nicht auf § 86 StGB übertragen, da der Gesetzgeber als Reaktion auf die umstrittene Auslegung des § 93 StGB (a.F.) in Art. 296 EGStGB die Anwendbarkeit von § 86 StGB auf die Einfuhr von Zeitschriften und Zeitungen unter den dort genannten Voraussetzungen ausgeschlossen hat. Instruktiv zur Geltung des Art. 296 EGStGB auf aus den USA bezogene nationalsozialistische Zeitschriften ist BGH, Urt. v. 14.2.1979 – 3 StR 412/78 (S) = BGHSt 28, 296.

117 So von *Roggemann*, JR 1966, S. 243 ff.; *Willms*, NJW 1965, S. 1457 ff. und S. 2177 ff.; *ders.* ebenso bereits zu § 90a StGB (i.d.F. v. 1951) in JZ 1958, S. 601 ff.

118 *Schönke/H. Schröder*[11] § 90a Anm. 16; *Roggemann*, JR 1966, S. 247.

oder Unterstützens nach §§ 90a, 90b StGB (i.d.F. v. 1964) nicht strafbar war, während § 93 StGB (a.F.) in Absatz 2 eine Versuchsstrafbarkeit normierte. Allein aus diesem Grund müsse der Unrechtsgehalt von tatbestandlichen Schriften i.S.d. § 93 StGB (a.F.) schwerer wiegen als von schriftlichen Äußerungen, deren Verbreitung nunmehr als Werben gem. §§ 90a, 90b StGB (i.d.F. v. 1964) strafbar war[119].

Eine Lösung wurde darin gesehen, § 93 StGB (a.F.) möglichst restriktiv anzuwenden, indem gemäß der damals schon anerkannten Auslegung dieser Vorschrift eine besondere inhaltliche Beschaffenheit der Schrift verlangt wurde, sodass sie unmittelbar selbst deutlich erkennbar verfassungsfeindlich sein muss[120]. Um diese Anforderung nicht zu unterlaufen, wurde eine Korrektur der Vorgehensweise der Rechtsprechung[121] gefordert, Anhaltspunkte für eine derartige verfassungsfeindliche Zielrichtung bereits aus Aussagen herzuleiten, die bloß „zwischen den Zeilen" stehen[122]. Auch wurde bemängelt, dass die vom BGH stets betonte Einschränkung des § 93 StGB (a.F.), nach der lediglich solche Schriften in den Anwendungsbereich fallen, in denen sich die verfassungsfeindliche Zielrichtung unmittelbar verkörpert, vom Gericht selbst nicht immer

---

119 *Roggemann*, JR 1966, S. 244 f.

120 *Hammes*, Der strafrechtliche Schutz gegen sog. staatsgefärdende Propaganda (1970), S. 25 und S. 92; *Roggemann*, JR 1966, S. 244 f.; *Schönke/H. Schröder*[12] § 93 Anm. 2. Bereits in Ansehung von § 90a StGB (i.d.F. v. 1951), der eine Strafbarkeit lediglich für Rädelsführer und Hintermänner vorsah, wurde – wie zuvor beschrieben – von *Willms*, JZ 1958, S. 602, der Vorschlag gemacht, den § 93 StGB (a.F.) unter Beachtung des Grundsatzes der Verkörperung der Zielrichtung im Schriftinhalt anzuwenden, damit ein bloßer Förderer, der nicht unter den engen § 90a StGB (i.d.F. v. 1951) fällt, nur im Fall einer vergleichbaren Unrechtsschwere strafbar ist. Nachdem § 90a StGB (i.d.F. v. 1964) durch Einfügung der Begehungsform des Werbens maßgeblich erweitert wurde, ist jedoch diese Einschränkung des § 93 StGB (a.F.) nicht etwa zurückgenommen worden, was a fortiori ebenso denkbar gewesen wäre. Vielmehr wurde sie noch bestätigt durch der Forderung, die publizistische Staatsgefährdung nunmehr allein unter § 93 StGB (a.F.) zu subsumieren.

121 Beispielsweise BGH, Urt. v. 28.2.1964 – 3 StR 40/63 = BGHSt 19, 245 (249); BGH, Urt. v. 21.4.1961 – 3 StR 55/60 = BGHSt 16, 49 (53).

122 *Roggemann*, JR 1966, S. 245. Anderer Ansicht ist *Willms*, JZ 1958, S. 603, der betonte, dass die Rechtsprechung des BGH, wonach Aussagen „zwischen den Zeilen" ebenso beachtlich sind wie Anhaltspunkte für eine verfassungsfeindliche Zielrichtung ausreichen können, wenn sie der Ergänzung durch allgemeinkundige Tatsachen fähig sind, keine Ausnahme darstellt von dem Grundsatz, dass die verfassungsfeindliche Zielrichtung in der Schrift verkörpert sein muss. Es muss sich nämlich weiterhin um Anhaltspunkte handeln, welche die verfassungsfeindliche Tendenz bereits für sich selbst aufweisen, sodass beispielsweise die bloße Herkunft einer Schrift von einer bestimmten Organisation niemals einen solchen Anhaltspunkt darstellen kann. Ebenso sieht dies *Hammes*, Der strafrechtliche Schutz gegen sog. staatsgefärdende Propaganda (1970), S. 25 f., bei seiner Würdigung der Rechtsprechung des BGH zu dieser Frage. Gleichfalls anderer Ansicht bezüglich des aktuellen § 86 StGB ist auch LK[11]-*Laufhütte* § 86 Rdn. 4.

konsequent eingehalten wurde[123]. Als andere Lösung wurde daneben vorgeschlagen, den § 93 StGB (a.F.) restriktiv als organisationsbezogenes Delikt auszulegen, also als tatbestandlich geförderte Bestrebungen nur solche genügen zu lassen, die unmittelbar von einer Vereinigung stammen, welche ihrerseits bereits verboten ist[124]. Insgesamt könne dadurch erreicht werden, das Verbreiten inhaltlich neutraler Schriften durch Nichtmitglieder der Organisation, von denen gleichwohl ein Förderungseffekt ausgeht, sachgemäß zu behandeln. Eine Strafbarkeit nach dem richtig verstandenen § 93 StGB (a.F.) komme dann mangels eindeutig erkennbarer verfassungsfeindlicher Zielrichtung nicht in Betracht. Die Anwendbarkeit der §§ 90a, 90b StGB (i.d.F. v. 1964) schließlich sei von einer gesteigerten Gefährlichkeit des Täters – die Schrift selbst scheidet aufgrund ihrer neutralen Fassung als Anknüpfungspunkt aus – abhängig zu machen. Diese könne aber nur bei einer mitgliedschaftlich veranlassten Tätigkeit festgestellt werden oder zumindest bei einem Verhalten, welches den spezifischen Unrechtsgehalt der erforderlichen Organisationsbezogenheit zum Ausdruck bringt. Letzteres sei aber nur bei einer Mitgliederwerbung der Fall, womit eine publizistische Staatsgefährdung durch außenstehende Dritte abseits des Anwerbens neuer Mitglieder nicht strafbar wäre[125].

Diese restriktive Auslegung hat sich ebenfalls auf § 86 StGB erstreckt. Insbesondere wurde der Gedanke der qualifizierten Anforderungen an den Inhalt der Schrift in Gestalt von § 86 Abs. 2 StGB ausdrücklich im Tatbestand festgeschrieben, wonach sich das Propagandamittel gegen die freiheitliche demokratische Grundordnung oder den Gedanken der Völkerverständigung richten muss. Bei der Feststellung dieser Zielrichtung hat der BGH sodann an seine bisherige Rechtsprechung zu § 93 StGB (a.F.) angeknüpft und es wiederum für ausreichend erachtet, dass sich diese Tendenz der Schrift in Ermangelung eindeutiger Aussagen „zwischen den Zeilen" ergibt[126]. Solange der wörtliche Inhalt der Schrift zumindest Ansatzpunkte für diese Zielrichtung enthält, sei eine ergänzende Auslegung aus der Sicht eines verständigen Durchschnittslesers unter He-

---

123 So *Willms*, NJW 1965, S. 2178.

124 *Roggemann*, JR 1966, S. 245 f.; anderer Ansicht waren *Schönke/H. Schröder*[13] § 93 Anm. 2 und *Willms*, NJW 1965, S. 1457 ff., da eine solche Einschränkung im Tatbestand keinen Rückhalt finden würde. Ebenso *Hammes*, Der strafrechtliche Schutz gegen sog. staatsgefährdende Propaganda (1970), S. 27 f., der allerdings die Entscheidung BGH, Urt. v. 28.2.1959 – 1 St E 1/59 = BGHSt 13, 32 (35), als „Wandel des § 93 StGB zum Individualdelikt" überbewertet. Auch sind seine als Bekräftigung intendierten Hinweise auf BGH, Urt. v. 25.7.1963 – 3 StR 4/63 = BGHSt 19, 63 und BGH, Urt. v. 21.4.1961 – 3 StR 55/60 = BGHSt 16, 49, diesbezüglich ohne Wert, da in diesen Entscheidungen auf das Merkmal der „Bestrebungen" nicht eingegangen wird.

125 *Roggemann*, JR 1966, S. 248.

126 BGH, Urt. v. 23.7.1969 – 3 StR 326/68 = BGHSt 23, 64 (73).

ranziehung allgemeinkundiger Tatsachen möglich[127]. Hinsichtlich letzterer Tatsachen betont der BGH, dass eine Bezugnahme auf eine andere Schrift – welche für sich gesehen selbst eine entsprechende Zielrichtung aufweist – nicht genüge, wenn diese keinen allgemeinkundigen Inhalt hat[128]. Ebenso wie bei § 93 StGB (a.F.) sei auch im Rahmen von § 86 StGB im Fall der Verwendung fremder Aussagen sorgfältig zwischen dem eigentlichen Inhalt der Schrift und dem wiedergegebenen fremden Text zu differenzieren, sodass die inkriminierte Zielrichtung anhand besonderer Umstände nachgewiesen werden muss[129]. Der Vorschlag dagegen, eine organisationsbezogene Auslegung zu wählen, wurde anlässlich § 86 StGB nicht wieder aufgegriffen, da § 86 StGB selbst als mittelbares Organisationsdelikt ausgestaltet worden ist[130].

Bei der Beratung des 8. Strafrechtsänderungsgesetzes wurde auch die Problematik der parallelen Anwendbarkeit der §§ 84 ff. StGB noch einmal erwähnt. Danach soll eine Strafbarkeit nach §§ 84, 85 StGB, § 20 VereinsG gerade nicht in Betracht kommen, wenn dies die nunmehr in § 86 StGB ausdrücklich normierten einschränkenden Anforderungen umgehen und nutzlos machen würde[131]. Der BGH ist nach einer ausführlichen historischen, systematischen und teleologischen Auslegung der §§ 84 ff. StGB dieser Ansicht jedoch nicht gefolgt, sodass danach eine Einschränkung der §§ 84, 85 StGB zugunsten der besonderen Voraussetzungen des § 86 StGB bezüglich des Inhalts der Schrift nicht in Betracht kommt[132].

II. Delikte mit erkennbarem Äußerungsbezug

Neben diesen Delikten, die ihren vergleichbaren Ausgangspunkt in der Beziehung des tatbestandlichen Verhaltens zu einer bestimmen Vereinigung haben, wurden bislang ähnliche Überlegungen zur Einschränkung des strafbaren Ver-

---

127 BGH, Urt. v. 25.7.1979 – 3 StR 182/79 (S) = BGHSt 29, 73 (77); BGH, Urt. v. 23.7.1969 – 3 StR 326/68 = BGHSt 23, 64 (73). Ebenso *Sch/Sch*[26]*-Stree/Sternberg-Lieben* § 86 Rdn. 6; *Maurach/F.-C. Schroeder/Maiwald,* Strafrecht BT – Teilbd. 2 (1999), S. 332 Rdn. 31; LK[11]*-Laufhütte* § 86 Rdn. 4.

128 BGH, Beschl. v. 9.9.1981 – 3 StR 310/81 = NStZ 1982, S. 25.

129 BGH, Urt. v. 23.7.1969 – 3 StR 326/68 = BGHSt 23, 64 (74 f.).

130 So BGH, Urt. v. 23.7.1969 – 3 StR 326/68 = BGHSt 23, 64 (73); *Sch/Sch*[26]*-Stree/Sternberg-Lieben* § 86 Rdn. 1; *Maurach/F.-C. Schroeder/Maiwald,* Strafrecht BT – Teilbd. 2 (1999), S. 331 Rdn. 29; LK[11]*-Laufhütte* § 86 Rdn. 1.

131 Schriftlicher Bericht des Sonderausschusses für die Strafrechtsreform, BT-Drs. V/2860, S. 9.

132 BGH, Urt. v. 17.12.1975 – 3 StR 4/71 I = BGHSt 26, 258 (261 ff.). Kritisch zu dieser Entscheidung aus dem Blickwinkel des Verhältnisses zwischen dem Werbungsbegriff und der Begehungsform des Unterstützens gem. §§ 129, 129a StGB äußert sich *Giehring,* StV 1983, S. 310.

haltens von Rechtsprechung und Literatur anlässlich verschiedener Delikte angestellt, deren gemeinsamer Bezugspunkt die Kundgabe einer eigenen Meinung des Täters ist und die sich somit als persönliche Äußerungsdelikte im zuvor[133] beschriebenen Sinn darstellen. Dieses Vorhandensein einer in der Äußerung enthaltenen persönlichen Stellungnahme unterscheidet die folgenden Tatbestände insofern von obigen vereinigungsbezogenen Delikten, als dass dies bei ihnen zwar auch möglich, nicht aber notwendig ist[134].

1. Restriktive Auslegung der §§ 90 ff. StGB

Zunächst sind hier die §§ 90 ff. StGB zu erwähnen, deren Tathandlungen im Verunglimpfen, Beschimpfen oder Verächtlichmachen bestehen. Insbesondere § 90a StGB hat im Rahmen der Prozesse um den schon mehrfach erwähnten sog. „*Buback*-Nachruf" Bedeutung erlangt und ausführliche Behandlung erfahren. Danach sei zumindest die Tatbestandsalternative der Beschimpfung der Bundesrepublik Deutschland oder ihrer verfassungsmäßigen Ordnung „subjektgebunden", könne also nur von jeweils bestimmten Personen ausgedrückt werden, weshalb es im Fall der bloßen Wiedergabe fremder Äußerungen erforderlich ist, dass der Täter sich diese in objektiv erkennbarer Weise zu Eigen gemacht hat[135].

Genau wie bei den zuvor behandelten Delikten besteht aber auch hier über die Anforderungen an ein derartiges Zu-Eigen-Machen Uneinigkeit. Folglich wird teilweise vertreten, dass es keiner ausdrücklichen dahingehenden Erklärung bedürfe, vielmehr könne eine solche Identifikation mit fremden Äußerungen auch zwischen den Zeilen stehen, wobei insbesondere Anhaltspunkte wie die gewöhnliche Äußerungsweise des sich Äußernden, seine Persönlichkeit und Denkweise sowie der Vorstellungshorizont des Erklärungsempfängers zu beachten sind[136]. Mit dieser Begründung hat das OLG Köln sogar ein Berufungsurteil als rechtsfehlerhaft aufgehoben, welches für das Zu-Eigen-Machen eine

---

133 Siehe 2. Kapitel I. 3. (S. 47).

134 Allerdings wurde im 2. Kapitel unter I. 4. (S. 49) bereits darauf hingewiesen, dass die §§ 129, 129a StGB in ihrer Tatbestandsalternative des „Werbens" zum Teil als persönliche Äußerungsdelikte bezeichnet werden, z.B. von LK[11]-*v. Bubnoff* § 129 Rdn. 57. Jedoch wird diese Einordnung erst im Zusammenhang mit der Strafbarkeit aufgrund der Weitergabe fremder Äußerungen vorgenommen. Die in solchen Fällen ausnahmsweise anzulegende restriktive Sichtweise ändert aber nichts daran, dass die gängige Definition des Werbens – vgl. die Angaben zu Beginn dieses Kapitels unter I. 2. a) (S. 89) – die Kundgabe einer eigenen Meinung nicht voraussetzt.

135 LG Göttingen, Urt. v. 5.4.1978 – 3 KLs 17/77 = NJW 1979, S. 1558 (1561); LG Berlin, Urt. v. 7.11.1978 – (512) 1 P KLs 2/78 (57/78) = JR 1979, S. 120 (121); *Sch/Sch*[26]-*Stree/Sternberg-Lieben* § 90a Rdn. 5; *F.-C. Schroeder*, JR 1979, S. 93; *Grünwald*, zitiert bei *Ahrens/Mückenberger*, KJ 1978, S. 297.

136 OLG Köln, Urt. v. 2.4.1979 – 3 Ss 24-26/79 = NJW 1979, S. 1562.

eindeutige Erklärung verlangt hat, aus der sich die Identifikation „unmittelbar, ohne Deuteln" ergibt[137]. Diese Formulierung des OLG, mit der es die vermeintlich unrichtige Auffassung der Vorinstanz beschreibt, ist ersichtlich der sog. „Südtirol-Entscheidung" entnommen, in welcher der BGH für eine Billigung i.S.v. § 140 StGB verlangt, dass die Zustimmung aus sich selbst heraus verständlich sein muss und „als solche unmittelbar, ohne Deuteln, erkannt wird"[138]. Jedoch beziehen sich diese Ausführungen des BGH einzig und allein auf die Auslegung des Tatbestandsmerkmals der Billigung, nicht aber auf die Anforderungen an eine etwaige Identifikation. Auf Letztere geht der BGH in seinem Urteil mit keinem Wort ein. Vielmehr verneint er die Strafbarkeit des publizierenden Herausgebers bereits aufgrund der Auslegung der Primäräußerung, wonach das von ihm veröffentlichte Buch „Südtirol – wohin?", welches von einem österreichischen Staatsangehörigen geschrieben wurde und unter anderem Sprengstoffanschläge auf öffentliche Einrichtungen schildert, als solches schon keine Billigung von Straftaten beinhaltet[139]. Es ist allerdings zweifelhaft, ob das OLG Köln diese Differenzierung nachvollzogen hat. Immerhin hat es das Gericht anlässlich seiner Subsumtion unter § 90a StGB für notwendig erachtet, die Nichtanwendung der an das Vorliegen einer gem. § 140 StGB tatbestandlichen Billigung zu stellenden Anforderungen mit der unterschiedlichen ratio der § 140 und § 90a StGB zu begründen[140]. Dieser Hinweis ist angesichts des Vorangegangenen überflüssig und darüber hinaus als Argument verfehlt, da es sich bei der Feststellung des billigenden Charakters eines Textes einerseits und dem Nachweis der Identifikation mit fremden Äußerungen andererseits ohnehin um zwei unterschiedliche Fragen handelt.

Namentlich mit Blick auf die „*Buback*-Prozesse" vor allem *Schroeder* schließlich einen noch weiteren Maßstab hinsichtlich der Anforderungen an eine Identifikation angelegt. Er stützt seine Ausführungen auf den historischen Ursprung der Staatsverunglimpfungsdelikte in den Weimarer Gesetzen zum Schutz der Republik sowie die Behauptung, dass das Kriterium des Zu-Eigen-Machens eigentlich anlässlich des Delikts der Verunglimpfung des Andenkens Verstorbener kreiert wurde und später von den Weimarer Gerichten auf die Republikschutztatbestände übertragen wurde[141]. Zu keiner Zeit aber wurde dieses Erfordernis derart streng verstanden, dass eine ausdrückliche und keinerlei Interpretationsspielraum eröffnende Erklärung vorliegen müsse. *Schroeder's* Ansicht nach sind nicht einmal Indizien für eine Identifikation zu suchen, sondern es sei gerade umgekehrt regelmäßig von der Verbreitung einer eigenen Meinung aus-

137 OLG Köln, Urt. v. 2.4.1979 – 3 Ss 24-26/79 = NJW 1979, S. 1562.

138 BGH, Urt. v. 17.12.1968 – 1 StR 161/68 = BGHSt 22, 282 (287).

139 Vgl. BGH, Urt. v. 17.12.1968 – 1 StR 161/68 = BGHSt 22, 282 (289).

140 So OLG Köln, Urt. v. 2.4.1979 – 3 Ss 24-26/79 = NJW 1979, S. 1562.

141 *F.-C. Schroeder*, JR 1979, S. 89 ff.

zugehen, wenn fremde Äußerungen nachgedruckt und veröffentlicht werden und dies nicht in einer evident dokumentarischen Zwecken dienenden Form geschieht[142]. Seines Erachtens entspreche allein diese Vorgehensweise der Verkehrsanschauung, weshalb vom Publizierenden eine Distanzierung verlangt werden müsse, die sich aber ggf. auch schon aus den Umständen ergeben kann.

Diese Ausführungen zu den §§ 90 ff. StGB sind übertragbar auch auf § 130 Abs. 1 Nr. 2 StGB, zumindest für den Fall der Begehungsform des Beschimpfens und böswillig Verächtlichmachens[143].

2. *Restriktive Auslegung der §§ 111, 130 Abs. 1 StGB*

Die öffentliche Aufforderung zu Straftaten gem. § 111 Abs. 1 StGB wird genauso wie die Volksverhetzung im Fall des § 130 Abs. 1 Nr. 1 StGB als Aufforderungsdelikt bezeichnet[144]. Beide Delikte setzen die Kundgebung einer Erklärung des Täters voraus, die seinen Willen erkennen lässt, den Adressaten zu einem bestimmten Verhalten zu veranlassen[145]. Damit ist es notwendig, dass der Täter selbst zur Begehung von Straftaten und Gewalt- oder Willkürmaßnahmen auffordert, sodass die bloße Verlautbarung fremder Aufforderungen als solche nicht genügt. Dementsprechend werden diese Tatbestände als persönliche Äußerungsdelikte qualifiziert und daraus die Konsequenz gezogen, dass in der Verbreitung von Äußerungen Dritter nur dann ein strafbares Verhalten gesehen werden kann, wenn aus den Umständen der Wiedergabe unmissverständlich zu erkennen ist, dass sich der Wiedergebene die fremde Äußerung zu Eigen gemacht hat[146]. Sollte eine solche Identifizierung nicht nachzuweisen sein, ist eine

---

142 So *F.-C. Schroeder*, JR 1979, S. 93, der seine Aussagen ersichtlich auf Veröffentlichungen innerhalb der Presse bezieht, auch wenn er dies nicht besonders hervorhebt. Kritisch ihm gegenüber *Uebbert*, Die strafrechtliche Haftung des verantwortlichen Redakteurs (1995), S. 72 f.

143 So jedenfalls LK[11]-*v. Bubnoff* § 130 Rdn. 28. Dagegen bezieht *Sch/Sch*[26]*-Lenckner* § 130 Rdn. 5d auch die Begehungsform des Verleumdens ein, da der gleichzeitige Angriff auf die Menschenwürde anderer auch diese Tatbestandsalternative zu einem persönlichen Äußerungsdelikt mache.

144 So *Rogall*, GA 1979, S. 24 f.; ebenso LK[11]-*v. Bubnoff* § 111 Rdn. 4a, der in diesem Zusammenhang § 130 Abs. 1 Nr. 2 StGB zitiert, welcher jedoch durch das sog. Verbrechensbekämpfungsgesetz v. 28.10.1994 (BGBl. I S. 3186) überarbeitet und gemeinsam mit der Nr. 1 (a.F.) zum aktuellen § 130 Abs. 1 Nr. 1 StGB wurde. Eingehend zu § 111 StGB siehe *Rogall*, GA 1979, S. 15 ff. sowie *Dreher*, FS *Gallas* (1973), S. 307 ff.

145 LK[11]-*v. Bubnoff* § 111 Rdn. 8 und § 130 Rdn. 19.

146 BGH, Beschl. v. 20.2.1990 – 3 StR 278/89 = BGHSt 36, 363 (370); BayObLG, Beschl. v. 11.11.1997 – 4 St RR 232/97 = NJW 1998, S. 1087; OLG Frankfurt, Beschl. v. 27.12.1982 – 2 Ss 554/82 = NJW 1983, S. 1207; OLG Köln, Urt. v. 2.4.1979 – 3 Ss 24-26/79 = NJW 1979, S. 1562; *Sch/Sch*[26]*-Eser* § 111 Rdn. 3 und *Sch/Sch*[26]*-Lenckner* § 130 Rdn. 5d; *Gänßle*, NStZ 1999, S. 90; *Kissel*, Aufrufe zum Ungehorsam und § 111 StGB (1996), S. 157; LK[11]-*v. Bubnoff* § 111 Rdn. 10a und § 130 Rdn. 28; *Giehring*, StV 1985,

distanzierte Berichterstattung über fremde Äußerungen von Art. 5 GG geschützt[147].

Fraglich sind aber auch bei diesen Delikten wiederum die Anforderungen, die an den für die Zurechnung entscheidenden Akt der Identifikation zu stellen sind. Dabei sind Tatbestandshandlung und Zurechnungsakt zu unterscheiden[148]. Während die tatbestandliche Aufforderung in den Fällen der Tatbegehung unter Verwendung von Schriften überwiegend nur den Umständen entnommen wird, die sich unmittelbar aus der Schrift selbst ergeben und gerade nicht auch Anhaltspunkten, die dort keinen Niederschlag gefunden haben[149], so ist im Gegensatz dazu die Frage nach dem Nachweis der Identifikation schwieriger zu beantworten. Wie bereits zu den oben erörterten Delikten wird auch bezüglich der §§ 111, 130 Abs. 1 StGB vertreten, dass es dafür maßgeblich auf die Umstände des Einzelfalls sowie die Art und Weise ankommt, auf welche die Wiedergabe erfolgt, wobei ausdrücklich auch Anhaltspunkte außerhalb der zu beurteilenden Äußerung mit einbezogen werden[150]. Den weitesten Standpunkt in dieser Hinsicht nahm das OLG Koblenz in einer Entscheidung aus dem Jahr 1984 ein[151], indem das Gericht die Identifikation bereits damit begründete, dass die Publizierende überhaupt die Veröffentlichung des fremden Textes betrieben hat, da erst durch ihr Verhalten einem unbestimmten Personenkreis die Drittäußerung zugänglich gemacht wurde. Wer eine solche Wirkung bewusst und gewollt herbeiführt, bejaht nach Ansicht des OLG regelmäßig auch den Inhalt der verbrei-

---

S. 34; *Grünwald*, zitiert bei *Ahrens/Mückenberger*, KJ 1978, S. 297; *Geilen*, NJW 1976, S. 281; offengelassen noch von OLG Schleswig, Urt. v. 14.12.1977 – 1 Ss 706/77 = MDR 1978, S. 333.

147 LK[11]-*v. Bubnoff* § 111 Rdn. 10c.

148 Die Missverständnisse, die durch mangelnde Beachtung dieser Differenzierung entstehen können, wurden soeben anhand § 90a StGB und dem Urteil des OLG Köln deutlich gemacht, in welchem das OLG nicht präzise zwischen dem Kriterium der Identifikation mit fremden Äußerungen und der Definition des Tatbestandsmerkmals der Billigung i.S.d. § 140 StGB unterscheidet. Vgl. dazu abermals OLG Köln, Urt. v. 2.4.1979 – 3 Ss 24-26/79 = NJW 1979, S. 1562.

149 LG Koblenz, Beschl. v. 18.4.1988 – 2 Qs 36/88 = NJW 1988, S. 1609 (1609 f.); LG Bremen, Urt. v. 19.6.1986 – 18 Ns 15 Js 33512/85 = StV 1986, S. 439 (439 f.); LG Berlin, Beschl. v. 17.8.1982 – 521 Qs 547/82 = StV 1982, S. 472; *Sch/Sch*[26]*-Eser* § 111 Rdn. 3 und *Sch/Sch*[26]*-Lenckner* § 130 Rdn. 14; ausdrücklich anderer Ansicht ist LK[11]-*v. Bubnoff* § 111 Rdn. 8d, der die tatrichterliche Beurteilung des strafbaren Aufforderungsgehalts mangels praktischer Durchführbarkeit nicht auf den Schrifteninhalt beschränken will.

150 LK[11]-*v. Bubnoff* § 130 Rdn. 28 nennt beispielsweise das Veröffentlichungsorgan als wichtigen Hinweis zur Ermittlung einer etwaigen Identifizierung. Die Fragwürdigkeit derartiger „Besonderheiten des Einzelfalles“ und des scheinbar offenen Katalogs an tauglichen Indizien betont *Geppert*, JK 83, StGB § 111/1, denn „die Strafbarkeit darf nicht davon abhängig sein, ob der fremde Text strafbaren Inhalts z.B. in der FAZ oder in der Berliner ‚taz‘ erfolgt“.

151 Der Sachverhalt ist im 1. Kapitel als 5. Beispielsfall beschrieben.

teten Äußerungen, sodass grundsätzlich davon auszugehen ist, dass diese zu Eigen gemacht wurden und anderes nur im Fall einer ausdrücklichen Distanzierung angenommen werden kann[152]. Allerdings stellt mit dieser Vorgehensweise das OLG Koblenz im Grunde die Qualifizierung als Äußerungsdelikt in Frage, was *Giehring* in einer ausführlichen Kritik dieser Entscheidung bemerkt, denn wenn tatsächlich mit einem derartigen Automatismus die Verbreitung eines fremden Textes als Übernahme der darin enthaltenen Äußerung interpretiert werden kann, dann hängt letzten Endes die Strafbarkeit doch wieder allein von der strafrechtlichen Relevanz der ursprünglichen Äußerung ab[153].

Insbesondere zu den §§ 111, 130 StGB wird in Rechtsprechung wie Schrifttum ferner auf die Möglichkeit der Begehung als Presse-Inhaltsdelikt hingewiesen[154]. Diesbezüglich hat besondere Erörterung die Frage gefunden, ob es unter Anwendung der speziellen Vorschriften der Landespressegesetze statthaft ist, die Zurechnung eines fremden Textes als eigene Erklärung des Publizierenden trotz fehlender Feststellung einer entsprechenden Identifikation vorzunehmen[155]. Eine solche Schlussfolgerung wird nach vereinzelt vertretener Auffassung vor allem durch zwei Vorschriften des bayerischen wie hessischen Pressegesetzes nahe gelegt, wonach zu Lasten des verantwortlichen Redakteurs vermutet wird,

> „daß er den Inhalt eines unter seiner Verantwortung erschienenen Textes gekannt und den Abdruck gebilligt hat“[156] bzw. „daß er die Veröffentlichung eines Druckwerks, dessen Inhalt eine mit Strafe bedrohte Handlung begründet, als eigene Äußerung gewollt hat“[157].

Zum Zwecke einer in ihren Zusammenhängen besser verständlichen Darstellung wird sogleich an dieser Stelle ausführlicher auf die Bedeutung der zitierten § 11 Abs. 2 Bay. LPG und § 11 Abs. 1 Hess. LPG eingegangen, obgleich sich deren Anwendungsbereich selbstredend nicht auf die hier erörterten §§ 111, 130 StGB beschränkt.

---

152 OLG Koblenz, Urt. v. 24.5.1984 – 1 Ss 132/84 = StV 1985, S. 15.

153 *Giehring*, StV 1985, S. 34; ebenso kritisch LK[11]-*v. Bubnoff* § 130 Rdn. 28. Allerdings wird die Notwendigkeit, die Art und Weise der Wiedergabe auch unter Zuhilfenahme gerade des Inhalts der Fremdäußerung zu beurteilen, weitgehend anerkannt, freilich aber nur „als ein Umstand unter anderen“ und vor allem im Hinblick auf die redaktionelle Aufbereitung und den redaktionellen Gesamtzusammenhang, vgl. *Giehring*, StV 1985, S. 34; *Geppert*, JK 83, StGB § 111/1.

154 OLG Frankfurt, Beschl. v. 27.12.1982 – 2 Ss 554/82 = NJW 1983, S. 1207; LK[11]-*v. Bubnoff* § 111 Rdn. 10b und § 130 Rdn. 28 a.E.; *Giehring*, StV 1985, S. 34; *Geilen*, NJW 1976, S. 281.

155 Vgl. dazu bereits oben der BGH im 7. Beispielsfall: BGH, Urt. v. 9.4.1997 – 3 StR 387/96 = BGHSt 43, 41 (50).

156 § 11 Abs. 2 Bay. LPG.

157 § 11 Abs. 1 Hess. LPG.

3. *Exkurs: Bedeutung der Vermutung in § 11 Bay. LPG bzw. Hess. LPG*

§ 11 Bay. LPG geht ebenso wie § 11 Hess. LPG zurück auf die §§ 20, 21 des Reichsgesetzes über die Presse vom 7.5.1874[158], welches endgültig erst 1966 außer Kraft trat, nachdem die elf alten Bundesländer insbesondere in den Jahren 1964 bis 1966 neue und in den wesentlichen Punkten übereinstimmende Landespressegesetze geschaffen haben. Diese Vorschriften enthielten u.a. folgende Regelungen:

> § 20 RPG (i.d.F. v. 1874)
>
> (1) [...]
>
> (2) Ist die Druckschrift eine periodische, so ist der verantwortliche Redakteur als Täter zu bestrafen, wenn nicht durch besondere Umstände die Annahme seiner Täterschaft ausgeschlossen wird.
>
> § 21 RPG (i.d.F. v. 1874)
>
> (1) Begründet der Inhalt einer Druckschrift den Tatbestand einer strafbaren Handlung, so sind der verantwortliche Redakteur, der Verleger, der Drucker, derjenige, welcher die Druckschrift gewerbsmäßig vertrieben oder sonst öffentlich verbreitet hat (Verbreiter), soweit sie nicht nach § 20 als Täter oder Teilnehmer zu bestrafen sind, wegen Fahrlässigkeit mit [...] zu belegen, wenn sie nicht die Anwendung der pflichtgemäßen Sorgfalt oder Umstände nachweisen, welche diese Anwendung unmöglich gemacht haben.
>
> (2) (...)

Diese in den §§ 20, 21 RPG vorgesehene presserechtliche Sonderhaftung gibt es dem Gedanken nach seit langem. Ihre rechtsgeschichtlichen Wurzeln gehen zurück auf das in Frankreich zu Beginn des 20. Jahrhunderts normierte Modell einer sog. Garantenhaftung[159]. Das frühere Reichspressegesetz von 1874 setzte den Gedanken der Garantenhaftung in § 20 Abs. 2 PRG dahingehend um, dass zu Lasten des verantwortlichen Redakteurs eine Veröffentlichungsvermutung angeordnet wurde[160]. Diese Regelung wurde ergänzt durch § 21 RPG, welcher für den verantwortlichen Redakteur, den Verleger, aber auch den Drucker und Verbreiter eine sukzessive Stufenhaftung unter Abhängigkeit von einer Benennung des Vordermannes vorsah[161]. Während die heutigen Landespressegesetze den unter die presserechtliche Sonderhaftung fallenden Personenkreis fast aus-

---

158 RGBl. S. 65.

159 Genau genommen orientierte sich das französische Presserecht am „gérant", d.h. dem persönlich haftenden Geschäftsführer. Diese „Gerantenhaftung", die der Sache nach eine Garantenhaftung darstellte, diente dem deutschen Presserecht als Vorbild bei der Schaffung der Rechtsfigur des verantwortlichen Redakteurs. Ausführlich zum historischen Hintergrund *Löffler*[4]*-Sedelmeier* § 9 LPG Rdn. 3 ff.

160 Eine besonders ausführliche Erörterung dieser Veröffentlichungsvermutung findet sich in der 1. Aufl. des Kommentars von *Löffler* aus dem Jahr 1955, vgl. dort § 20 RPG Rdn. 73 ff.

161 Dazu eingehend *Löffler*[4]*-Kühl* § 20 LPG Rdn. 116 ff.; ferner *Uebbert*, Die strafrechtliche Haftung des verantwortlichen Redakteurs (1995), S. 99 f.

nahmslos[162] auf den verantwortlichen Redakteur[163] und den Verleger[164] beschränkt haben, ähneln die Regelungen in Bayern und Hessen noch stark den ursprünglichen Vorschriften des Reichspressegesetzes. So normiert § 11 Hess. LPG in Absatz 1 die zitierte Veröffentlichungsvermutung zu Lasten des verantwortlichen Redakteurs und erstreckt diese Vermutung in Absatz 2 für den Fall einer Veröffentlichung gegen dessen Widerspruch nicht nur auf den Verleger, sondern auch auf den Drucker. § 11 Abs. 2 Bay. LPG enthält ebenso hinsichtlich des verantwortlichen Redakteurs die zuvor genannte Vermutung. In Absatz 3 findet sich darüber hinaus aber auch das alte Modell der Stufenhaftung wieder, und zwar – in dieser Reihenfolge – zu Lasten des verantwortlichen Redakteurs, des Verlegers, des Druckers sowie des Verbreiters, wobei die Bestrafung des Vordermanns die Haftung der nachfolgenden Person ausschließt.

Die herrschende Meinung vertritt hinsichtlich der § 11 Abs. 2 Bay. LPG, § 11 Abs. 1 Hess. LPG einhellig, dass es sich nicht um Täterschaftsvermutungen handelt, da nicht etwa eine strafbare Täterhandlung vermutet wird, sondern vielmehr nur in widerlegbarer Weise die Kenntnis und Billigung des verantwortlichen Redakteurs unterstellt werde und demnach lediglich eine Veröffentlichungsvermutung vorliege[165]. Ferner werden allgemein die Vorschriften dahingehend verstanden, dass sie vom verantwortlichen Redakteur keinen Entlastungsbeweis verlangen, da das Strafgericht – wie auch sonst im Strafprozess – von Amtswegen die materielle Wahrheit zu erforschen habe[166]. Somit komme

162 Nur für Thüringen existiert keine derartige Regelung einer Sonderhaftung. § 12 Abs. 2 Nr. 2 Sächs. LPG nennt neben dem Verleger auch den Herausgeber und den Verfasser.

163 Vgl. § 20 Abs. 2 Nr. 1 Bad.-Württ. LPG; § 14 Abs. 2 Nr. 1 Bbg. LPG; § 19 Abs. 2 Nr. 1 Berl. LPG; § 20 Nr. 1 Brem. LPG; § 19 Abs. 2 Nr. 1 Ham. LPG; § 19 Abs. 2 Nr. 1 M.-V. LPG; § 20 Nr. 1 Nieders. LPG; § 21 Abs. 2 Nr. 1 Nordrh.-West. LPG; § 19 Abs. 2 Nr. 1 Rhld.-Pf. LPG; § 20 Abs. 2 Nr. 1 Saarl. LPG; § 12 Abs. 2 Nr. 1 Sächs. LPG; § 12 Nr. 1 Sachs.-Anh. LPG; § 20 Abs. 2 Nr. 1 Schl.-Holst. LPG.

164 Die Haftung des Verlegers bezieht sich auf nichtperiodische Druckwerke, vgl. § 20 Abs. 2 Nr. 2 Bad.-Württ. LPG; § 14 Abs. 2 Nr. 2 Bbg. LPG; § 19 Abs. 2 Nr. 2 Berl. LPG; § 20 Nr. 2 Brem. LPG; § 19 Abs. 2 Nr. 2 Ham. LPG; § 19 Abs. 2 Nr. 2 M.-V. LPG; § 20 Nr. 2 Nieders. LPG; § 21 Abs. 2 Nr. 2 Nordrh.-West. LPG; § 19 Abs. 2 Nr. 2 Rhld.-Pf. LPG; § 20 Abs. 2 Nr. 2 Saarl. LPG; § 12 Abs. 2 Nr. 2 Sächs. LPG; § 12 Nr. 2 Sachs.-Anh. LPG; § 20 Abs. 2 Nr. 2 Schl.-Holst. LPG.

165 BGH, Urt. v. 9.4.1997 – 3 StR 387/96 = BGHSt 43, 41 (50); BayObLG, Urt. v. 27.7.1982 – 4 St 41/82 = NStZ 1983, S. 126 (127); *Burkhardt*, CR 1999, S. 39; *Groß*, Presserecht (1999), S. 353 Rdn. 661; *ders.*, NStZ 1994, S. 314; *Löffler*[4]*-Kühl* § 20 LPG Rdn. 163 und Rdn. 166; LK[11]-*v. Bubnoff* § 111 Rdn. 10b und § 130 Rdn. 28; *Franke*, JZ 1982, S. 581. Anderer Ansicht ist LK[11]-*Hanack* § 140 Rdn. 25, der in diesen Vorschriften eine widerlegliche Täterschaftsvermutung sieht, welche über eine fehlende Identifikation hinweghelfen kann.

166 So BGH, Urt. v. 9.4.1997 – 3 StR 387/96 = BGHSt 43, 41 (50); *Löffler*[4]*-Kühl* § 20 LPG Rdn. 163.

die Veröffentlichungsvermutung als Beweisregel zum Nachteil des verantwortlichen Redakteurs erst dann zur Anwendung, wenn das Gericht nach Würdigung aller in Frage kommenden Beweismittel zu keiner eindeutigen Überzeugung gelangt ist[167]. Als eine den Besonderheiten des Presserechts Rechnung tragende Regelung der Beweisführung soll sie insbesondere nach Auffassung des BayObLG als Anwendungsfall der freien richterlichen Beweiswürdigung lediglich die Bedeutung haben, dass die Kenntnis und Billigung des strafbaren Inhalts auch mit der Stellung als verantwortlicher Redakteur begründet werden kann, sofern keine anderen Anhaltspunkte dem entgegenstehen[168]. Diesbezüglich betont das BayObLG, dass § 11 Abs. 2 Bay. LPG keinesfalls die tatrichterliche Überzeugung ersetzt und deswegen auch nicht bestimmt, wann der Richter von der tatbestandsmäßigen Verwirklichung von Straftatbeständen überzeugt sein muss[169]. Ferner müsse weiterhin der allgemeine Grundsatz beachtet werden, dass der Richter eine Verurteilung nur auf seine Überzeugung von der Schuld und nicht etwa auf eine bloße Vermutung stützen darf, da eine derartige Vermutung ansonsten gegen den Grundsatz „im Zweifel für den Angeklagten" verstoßen würde[170].

Diese Ausführungen des BayObLG entsprechen zwar – theoretisch – der herrschenden Meinung zur Anwendung der Veröffentlichungsvermutung als bloßer Beweisregel, jedoch ergibt eine nähere Betrachtung eben gerade dieser Anwendung in der gerichtlichen Praxis ein wesentlich heterogeneres Bild, als es die Darstellung des BayObLG sowie die Kommentierungen zu diesen Vorschriften

---

167 BGH, Urt. v. 9.4.1997 – 3 StR 387/96 = BGHSt 43, 41 (50); BayObLG, Urt. v. 27.7.1982 – 4 St 41/82 = NStZ 1983, S. 126 (127); *Burkhardt*, CR 1999, S. 39; *Groß*, Presserecht (1999), S. 353 Rdn. 661; *ders.*, AfP 1998, S. 361; *Löffler*[4]*-Kühl* § 20 LPG Rdn. 163 (zu § 11 Abs. 2 Bay. LPG) und Rdn. 166 (zu § 11 Abs. 1 Hess. LPG); LK[11]*-v. Bubnoff* § 111 Rdn. 10b; *Franke*, JZ 1982, S. 581; ferner *Geppert*, JK 83, StGB § 111/1 mit dem Hinweis auf die kompetenzrechtlich zwangsläufig auf den Bereich der jeweiligen Landespressegesetze beschränkte Geltung. Anderer Auffassung bezüglich § 20 Abs. 2 RPG als dem Vorläufer dieser Vorschriften war 1927 noch *Mannheim*, Pressrecht, S. 60 ff., der darin eine gesetzliche Vermutung des Täterwillens sah. Die Bezeichnung als „Beweisregel" wird von der herrschenden Meinung recht großzügig gebraucht. Da gerade nach gängigem Verständnis die Veröffentlichungsvermutung jedoch erst nach erfolgter Beweiswürdigung in einer verbleibenden non liquet Situation zur Anwendung kommen soll, handelt es sich genau genommen weniger um eine den Vorgang der Beweiswürdigung beeinflussende Beweisregel als vielmehr eine Beweislastregel, vgl. zu dieser Unterscheidung und ihren Konsequenzen *Hohn*, Die Zulässigkeit materieller Beweiserleichterungen im Strafrecht (2000), S. 81 ff.

168 So BayObLG, Urt. v. 27.7.1982 – 4 St 41/82 = NStZ 1983, S. 126 (127). Nach *Franke*, JZ 1982, S. 581, könne bei Nachweis einer Kenntnis der strafrechtlichen Relevanz „prima facie" auf einen Täterwillen geschlossen werden.

169 BayObLG, Urt. v. 27.7.1982 – 4 St 41/82 = NStZ 1983, S. 126 (127).

170 BayObLG, Urt. v. 27.7.1982 – 4 St 41/82 = NStZ 1983, S. 126 (127).

an sich Nahe legen würde. So hat beispielsweise das LG Göttingen nur wenige Jahre zuvor allein aufgrund der Stellung mehrerer Angeklagter als verantwortliche Redakteure sowie des Umstands, dass sie trotz erfolgter Prüfung die Veröffentlichung eines inkriminierten fremden Textes nicht verhindert haben, auf deren Identifikation mit den fremden Äußerungen geschlossen[171]. In genau diese Richtung gehen ebenfalls Ausführungen des OLG Frankfurt:

> „Soweit es hiernach aber an einer sich mit dem Inhalt der Veröffentlichung identifizierenden Willenskundgebung desjenigen fehlt, der eine bestimmte Erklärung veröffentlicht, kann sie ihm nicht zugerechnet werden. Dies ist allenfalls nach besonderen presserechtlichen Vorschriften möglich, wie etwa – in Nachbildung des früheren § 20 RPG – nach § 11 Bay. LPG und nach § 11 des Hess. LPG.“[172]

Auch die Ausführungen bei *Löffler/Ricker* können nur in diesem Sinne verstanden werden:

> „Nach den presserechtlichen Vorschriften [gemeint sind die genannten Vermutungsregelungen, M.G.] wird vermutet, dass der verantwortliche Redakteur einer periodischen Druckschrift den Inhalt der Veröffentlichung als eigene Äußerung gewollt und damit durch die bloße Verbreitung den Tatbestand des § 111 StGB erfüllt hat.“[173]

Selbst wenn § 11 Abs. 2 Bay. LPG bzw. § 11 Abs. 1 Hess. LPG als Veröffentlichungsvermutung – in angeblichem Gegensatz zu einer Täterschaftsvermutung – und bloße Beweisregel bezeichnet werden, so ist dennoch bemerkenswert, dass die (eben doch: Täterschafts-)Vermutung, ein verantwortlicher Redakteur sei zugleich (Mit-)Täter des durch den Verfasser eines inkriminierten Textes verwirklichten Straftatbestandes, kaum deutlicher zum Ausdruck kommen kann, als dies in den zitierten Stellungnahmen der Fall ist. Und selbst die „anderen Anhaltspunkte“, die das BayObLG demgegenüber meint noch berücksichtigen zu müssen, konnten das LG Göttingen nicht von seiner dargestellten Argumentationslinie abbringen, denn das LG betonte ausdrücklich, dass es unerheblich sei, dass die Redakteure mit dem fremden Text nicht in allen Punkten inhaltlich übereinstimmten[174]. Schließlich ist auch der vom BayObLG angeführte

---

171 LG Göttingen, Urt. v. 5.4.1978 – 3 KLs 17/77 = NJW 1979, S. 1558 (1561). Diese Entscheidung steht im Einklang mit den Ausführungen bei LK[11]-*Hanack* § 140 Rdn. 25, wo ebenfalls die Identifikation der verantwortlichen Redakteure allein mit den genannten Vermutungsvorschriften begründet wird, welche damit de facto – sowie gerade auch de jure – als eine widerlegliche Täterschaftsvermutung angesehen werden. Die exakt gegenteilige Ansicht findet sich bei LK[11]-*v. Bubnoff* § 130 Rdn. 28, wo insbesondere mit Blick auf den verantwortlichen Redakteur und Herausgeber betont wird, dass das bloße Veröffentlichen einer fremden Äußerung keinesfalls als Identifikation angesehen werden kann und somit auch keine Täterschaftsvermutung begründet.

172 OLG Frankfurt, Beschl. v. 27.12.1982 – 2 Ss 554/82 = NJW 1983, S. 1207.

173 *Löffler/Ricker*, Handbuch des Presserechts (2000), S. 448 Rdn. 3.

174 LG Göttingen, Urt. v. 5.4.1978 – 3 KLs 17/77 = NJW 1979, S. 1558 (1561).

Grundsatz „im Zweifel für den Angeklagten“, welcher einer derartigen Bedeutung der Vermutungsregel entgegenstehen soll, in diesem Zusammenhang nicht so zweifelsfrei, wie die Ausführungen des BayObLG den Eindruck erwecken. Das OLG Köln ist immerhin der Überzeugung, dass der Grundsatz „in dubio pro reo“ bei der Auslegung von Gedankenäußerungen – im konkreten Fall ging es dabei gerade um die Zurechnung fremder Äußerungen – überhaupt keine Anwendung finden könne, da der Inhalt einer Erklärung ersichtlich nicht dadurch beeinflusst wird, dass er später in einem Strafverfahren von Bedeutung ist[175].

4. *Restriktive Auslegung des § 140 Nr. 2 StGB*

Schließlich wird auch die Billigung von Straftaten gem. § 140 Nr. 2 StGB auf ähnliche Weise wie die zuvor behandelten Delikte mit erkennbarem Äußerungsbezug ausgelegt. Unter Billigung in diesem Sinn ist wiederum eine zustimmende Kundgebung zu verstehen, aus der für den Adressaten eindeutig das erkennbare Gutheißen einer der in § 140 StGB genannten Straftaten hervorgeht, wodurch eine Gefahr für die Allgemeinheit in Gestalt der Erzeugung eines „psychischen Klimas“ der Gewalt verursacht wird[176]. Die tatbestandliche Billigung könne in gleicher Weise nur Merkmalen entnommen werden, die unmittelbarer Bestandteil der zu beurteilenden Erklärung geworden sind, weshalb eine an sich neutrale oder mehrdeutige Kundgebung unter Heranziehung von außerhalb derselben liegenden Umstände nicht zur strafbaren Billigung werden kann[177]. Ebenso wie bei der Aufforderung i.S.d. §§ 111, 130 Abs. 1 Nr. 1 StGB wird genauso bezüglich der Billigung gem. § 140 Nr. 2 StGB betont, dass diese als Äußerungsdelikt eine persönliche Stellungnahme des Täters voraussetze, sodass die Kundgabe fremder billigender Äußerungen nicht genüge[178].

---

175 OLG Köln, Urt. v. 2.4.1979 – 3 Ss 24-26/79 = NJW 1979, S. 1562. Das OLG Köln meint, dass die Zweifelsregel erst angewendet werden könnte, wenn die Auslegung beendet ist und zu dem Ergebnis geführt hat, dass die Erklärung mehrdeutig ist.

176 BGH, Urt. v. 17.12.1968 – 1 StR 161/68 = BGHSt 22, 282 (286 f.); *Sch/Sch*[26]*-Cramer/Sternberg-Lieben* § 140 Rdn. 1 und Rdn. 5; LK[11]*-Hanack* § 140 Rdn. 14.

177 BGH, Urt. v. 17.12.1968 – 1 StR 161/68 = BGHSt 22, 282 (287); ebenso BGH, Beschl. v. 20.2.1990 – 3 StR 278/89 = NJW 1990, S. 2828 (2829, insoweit nicht in BGHSt 36, 363 abgedruckt); *Rudolphi*, ZRP 1979, S. 220; auch LK[11]*-Hanack* § 140 Rdn. 19, der aber in Rdn. 20 ff. auf die praktischen Schwierigkeiten und sich eröffnenden Strafbarkeitslücken hinweist. Problematisch in dieser Hinsicht ist BGH, Urt. v. 9.8.1977 – 1 StR 74/77 = NJW 1978, S. 58 (dazu sogleich im Text). Kritisch bezüglich dieser Entscheidung äußern sich vor allem LK[11]*-Hanack* § 140 Rdn. 22 und Rdn. 23 sowie *Rudolphi*, ZRP 1979, S. 220; vermittelnd *Geppert*, JK 83, StGB § 111/1.

178 BGH, Beschl. v. 20.2.1990 – 3 StR 278/89 = BGHSt 36, 363 (370 f.); *Sch/Sch*[25]*-Cramer/Sternberg-Lieben* § 140 Rdn. 5; *Gänßle*, NStZ 1999, S. 90; LK[11]*-Hanack* § 140 Rdn. 24 und Rdn. 36; *Rudolphi*, ZRP 1979, S. 219.

Ob die bloße Veröffentlichung einer – als Billigung selbst grundsätzlich tatbestandsrelevanten – fremden Äußerung für sich allein bereits auf eine derartige Identifikation schließen lässt, wird auch bei § 140 StGB kontrovers diskutiert, insbesondere infolge einer viel beachteten Entscheidung des BGH aus dem Jahr 1977, dem sog. „*Bommi-Baumann*-Urteil“[179]. Diese Entscheidung ist im Schrifttum weitgehend auf Ablehnung gestoßen, da in ihr der BGH bereits aus der bloßen „Form der Darstellung“ Rückschlüsse auf eine etwaige Billigung anstellt, und zwar mit der einzelfallbezogenen Begründung, dass es sich bei dem Darstellenden gerade um einen Sympathisanten, teilweise sogar Mittäter des Verfassers gehandelt habe[180]. Allerdings ist dieser Kritik entgegenzuhalten, dass sie die Ausführungen des BGH zum Teil missverständlich wiedergibt. So beanstandet z.B. *Hanack*, dass das Abstellen auf die „Form der Darstellung“ dazu führe, beim publizierenden Verleger schon in der Tatsache der Veröffentlichung die Identifikation mit der fremden Äußerung zu sehen, sofern nicht eine ausdrückliche Distanzierung erfolgt[181]. Dieser Vorwurf geht indes an den Ausführungen des BGH vorbei. Die zitierte Passage bezieht sich nämlich einzig und allein auf die strafrechtliche Relevanz des Buches „Wie alles anfing“ von besagtem Autor mit dem Pseudonym *Bommi Baumann*. Das eigentliche Problem dabei lag darin, dass das LG München als Vorinstanz gänzlich die Anwendbarkeit des § 140 StGB aufgrund einer fehlenden tatbestandlichen Billigung und damit wegen mangelnder strafrechtlicher Relevanz der Äußerungen *Baumann's* selbst verneinte[182]. Der BGH war als Revisionsgericht also gehalten, zunächst über den billigenden Inhalt des Buches zu befinden. Diesbezüglich war er der Ansicht, dass die Billigung bereits der allgemein gefassten Zustimmung zu Anfang und Ende des Buches entnommen werden könne und eine ausdrückliche Zustimmung jeweils im Anschluss an die Beschreibung der konkreten Straftat entbehrlich sei. Zur Absicherung dieser Auslegung führte der BGH dann das Argument an, dass bei Sympathisanten und Mittätern – und damit war eben ausschließlich der Verfasser *Baumann* gemeint und nicht etwa die angeklagten Verleger[183] – die Billigung schon aus der Form der Darstellung gefolgert werden

179 BGH, Urt. v. 9.8.1977 – 1 StR 74/77 = NJW 1978, S. 58.

180 BGH, Urt. v. 9.8.1977 – 1 StR 74/77 = NJW 1978, S. 58 (58 f.).

181 LK[11]-*Hanack* § 140 Rdn. 22 und Rdn. 23.

182 Insofern vergleichbar mit der oben beschriebenen Situation im sog. „Südtirol-Urteil“, BGH, Urt. v. 17.12.1968 – 1 StR 161/68 = BGHSt 22, 282 (289), wo sich die Frage nach der Identifikation mangels inkriminierter Primäräußerung gar nicht erst stellte.

183 Das ergibt sich eindeutig daraus, dass sich der BGH unter Punkt 2 des Urteils ausschließlich mit der Person *Baumann's* beschäftigt, indem bei 2. a) die Frage beantwortet wird, ob das Buch Straftaten billigt oder nur beschreibt, und unter Punkt 2. b) erörtert wird, ob *Baumann* selbst diese Taten zum Zeitpunkt der Abfassung des Buches überhaupt noch gutheißt. Diese Unterscheidung beachtet LK[11]-*Hanack* § 140 Rdn. 22 jedoch nicht. Aus diesem Grund ist die Entscheidung BGH, Beschl. v. 20.2.1990 – 3 StR 278/89 = BGHSt 36, 363 = NJW 1990,

kann. Diese Meinung mag durchaus zweifelhaft sein und Kritik daran berechtigt[184], es bleibt aber ein Streit nur über die Anforderungen an eine tatbestandliche Billigung i.S.d. § 140 Nr. 2 StGB und hat mit der Strafbarkeit der Verleger als diese Äußerungen wiedergebende Dritte und einer feststellungsbedürftigen Identifikation mit diesen fremden Äußerungen unmittelbar nichts zu tun[185].

Zur strafrechtlichen Verantwortlichkeit der Publizierenden selbst kam der BGH in seinem Urteil dann allerdings auch noch[186]. Jedoch liegt die Bedeutung der Entscheidung in dieser Hinsicht eher in ihrem „beredten Schweigen", da das Gericht das Erfordernis der Identifikation nicht näher ausführt und statt dessen eine Strafbarkeit der Verleger bejaht, weil es sich nicht um eine „wertfreie Dokumentation" handelt, die sich keineswegs „nicht mit der Kundgebung identifiziert", insbesondere da ausschließlich der Verfasser *Baumann* zu Wort kommt und dessen Darstellung – wie zuvor erörtert – billigenden Charakter besitzt. Mit einer solchen Handhabung würde tatsächlich die Funktion der Voraussetzung einer eigenen Billigung in Frage gestellt, welche in diesem Fall – wenn nicht sogar bereits gänzlich aufgegeben, wie es *Rudolphi* befürchtet[187] – dann lediglich noch in der Tatsache der Veröffentlichung einer fremden Äußerung ohne Anfügung einer distanzierenden Erklärung gesehen werden kann. Genau darin

---

S. 2828 keineswegs „sehr mißverständlich", wie *Hanack* dies in Fn. 22 bemerkt, nur weil sie einerseits das „Bommi-*Baumann*-Urteil" mit der Formulierung der „Form der Darstellung" zitiert (siehe NJW 1990, S. 2829), andererseits aber die bloße Veröffentlichung von fremden Äußerungen für eine Strafbarkeit des Publizierenden nicht genügen lässt (siehe BGHSt 36, 363 (371) = NJW 1990, S. 2828 (2831)). Ersteres geschieht anlässlich der Definition des Tatbestandsmerkmals der Billigung. Letzteres im Zusammenhang mit den Voraussetzungen für eine Identifikation mit fremden Äußerungen. Beides sind verschiedene Fragen und schließen einander nicht etwa aus!

184 Wie beispielsweise die von *Rudolphi*, ZRP 1979, S. 220, der dies als Aufgabe des Erfordernisses einer unmittelbar aus sich selbst heraus verständlichen zustimmenden Kundgebung begreift und – ähnlich wie *Geppert*, JK 83, StGB § 111/1 – auf die Gefahr hinweist, dass dadurch „ein und dieselbe Erklärung je nachdem, ob sie von einem Sympathisanten oder einem Gegner der Gewalttäter abgegeben wird, bald als strafbares Billigen bald aber als straflose Schilderung der dargestellten Gewalttaten erscheint".

185 Demgemäß bewertet *Rudolphi*, ZRP 1979 die Entscheidung BGH, Urt. v. 9.8.1977 – 1 StR 74/77 = NJW 1978, S. 58, auch unter zwei Gesichtspunkten: Zunächst auf S. 219 hinsichtlich der Auswirkungen auf die Handhabung des Kriteriums der Identifikation, dann auf S. 220 hinsichtlich des Abstellens auf die „Form der Darstellung" und die Bedeutung für die Auslegung des Tatbestandsmerkmals der Billigung. Selbst LK^{11}-*Hanack* § 140 Rdn. 26 sieht dies ähnlich, indem er in Rdn. 26 unter der Überschrift „Billigung durch Tatbeteiligte" abermals die „Form der Darstellung" erörtert, hier aber – anders als in Rdn. 22 und Rdn. 23 nicht mit Blick auf die Strafbarkeit Dritter – im Rahmen der Auslegung des Begriffs der Billigung und damit im Hinblick auf die Strafbarkeit des Verfassers der Äußerung selbst.

186 BGH, Urt. v. 9.8.1977 – 1 StR 74/77 = NJW 1978, S. 58 (59), und zwar dort unter Punkt 4 und Punkt 5.

187 *Rudolphi*, ZRP 1979, S. 219.

will auch das OLG Braunschweig in seiner nur knapp ein Jahr nach dem „*Bommi-Baumann*-Urteil" des BGH ergangenen Entscheidung die Identifikation einer Herausgeberin und verantwortlichen Redakteurin mit dem von ihr veröffentlichen, die Ermordung *Buback's* billigenden Artikel erkennen:

> „In der von ihr herausgegebenen Schrift hat sie durch nichts zu erkennen gegeben, dass nicht sie die Verfasserin des Artikels sei. Sie hat sich demnach die dem Artikel zu entnehmenden Erklärungen zu eigen gemacht, so dass die Aussagen des Artikels ihre eigenen Kundgebungen sind. Da sie auch sonst in dem herausgegebenen Flugblatt nicht zum Ausdruck brachte, dass sie sich von der in dem Artikel erwähnten Tat distanziere, ist ihre kundgegebene Billigung der Ermordung *Bubacks* nicht zweifelhaft."[188]

Als Konsequenz dieser Rechtsprechung würde dem publizierenden Verleger bzw. Redakteur eine Pflicht zur Distanzierung auferlegt werden[189]. Das hätte zur Folge, dass eine Zitierung der inkriminierten Äußerung ausschließlich unter Hinzufügung einer deutlichen Vorbehaltserklärung straflos möglich wäre. Kritische Stellungnahmen im Schrifttum weisen darauf hin, dass dies eine Missdeutung des Tatbestandsmerkmals der eigenen Billigung darstelle, welches ohne strenge Anwendung des Kriteriums vom Zu-Eigen-Machen der fremden Äußerung als ein „ohne Distanzierung erfolgendes Verbreiten fremder Billigung" wortlautüberschreitend und damit falsch ausgelegt wäre[190]. Im Ergebnis liefe das darauf hinaus, aus dem Äußerungsdelikt § 140 Nr. 2 StGB ein schlichtes Verbreitungsdelikt zu machen[191].

Allerdings hat sich dieses durch das „*Baumann*-Urteil" verschärfte Problem später wieder relativiert. 1990 hat der 3. Strafsenat ausdrücklich erklärt, dass bei Äußerungsdelikten wie § 140 StGB die Tatsache der Veröffentlichung einer fremden Äußerung ohne Nachweis einer entsprechenden Identifizierung gerade nicht ausreicht, um eine täterschaftliche Strafbarkeit anzunehmen[192]. Damit bleibt es auch hier bei der Anwendung der schon mehrmals erwähnten Indizien für eine Identifikation wie beispielsweise dem redaktionellen und journalistischen Zusammenhang[193].

---

188 OLG Braunschweig, Urt. v. 22.5.1978 – Ss (S) 43/78 = NJW 1978, S. 2044 (2046). Dieses Zitat ist bereits im 1. Kapitel im Rahmen des 3. Beispielsfalles wiedergegeben worden.

189 Dies beanstandet auch LK[11]-*Hanack* § 140 Rdn. 23.

190 LK[11]-*Hanack* § 140 Rdn. 23 und Rdn. 24; *Rudolphi*, ZRP 1979, S. 219 f.

191 *Rudolphi*, ZRP 1979, S. 220.

192 BGH, Beschl. v. 20.2.1990 – 3 StR 278/89 = BGHSt 36, 363 (371). Sofern diese Entscheidung anfangs (die in NJW 1990, S. 2828 (2829) abgedruckte Passage ist in BGHSt 36, 363 nicht enthalten) zustimmend auf die Ausführungen von BGH, Urt. v. 9.8.1977 – 1 StR 74/77 = NJW 1978, S. 58 verweist, geschieht dies lediglich im Rahmen der Erläuterung des Tatbestandsmerkmals der Billigung, während sich die Hinweise auf S. 371 nur noch auf die erforderliche Identifikation beziehen. Ebenso zur Erforderlichkeit eines Zu-Eigen-Machens *Sch/Sch*[26]-*Cramer/Sternberg-Lieben* § 140 Rdn. 5.

193 BGH, Beschl. v. 20.2.1990 – 3 StR 278/89 = BGHSt 36, 363 (371).

5. *Die Auslegung der Beleidigungsdelikte*

Das Merkmal der Identifikation spielt ebenfalls im Rahmen der §§ 185 ff. StGB eine entscheidende Rolle, wird doch unter Beleidigung i.S.v. § 185 StGB die Kundgabe eigener Missachtung oder Nichtachtung verstanden[194]. Damit ist die Identifikation mit dem Inhalt der ehrverletzenden Äußerung von vornherein zwangsläufig Teil des objektiven Tatbestandes. Ebenso werden die §§ 186, 187 StGB hinsichtlich des Merkmals des „Behauptens" ausgelegt. Für ein solches ist erforderlich, dass der Täter etwas als nach seiner Überzeugung geschehen oder vorhanden darstellt, weshalb auch die Weitergabe fremder Äußerungen problemlos den Tatbestand erfüllt, wenn der Täter sich diese zu Eigen gemacht hat[195]. Bezüglich des Nachweises der Identifikation wird darauf hingewiesen, dass dabei auch Aussagen zu berücksichtigen sind, die „zwischen den Zeilen" stehen[196]. Genau gegenteilig verhält es sich bei der Tatbestandsalternative des „Verbreitens" gem. §§ 186, 187 StGB, welche sich dadurch auszeichnet, dass der Täter die ehrenrührige Tatsache als Gegenstand fremden Wissens weitergibt und sie sich gerade nicht zu Eigen macht[197].

a) Auslegung von § 185 StGB als Pflichtdelikt?

Allerdings unterscheidet sich die Auslegung der Beleidigungsdelikte und dabei speziell des § 185 StGB insofern deutlich von den anderen äußerungsbezogenen Delikten, als das Erfordernis der Identifikation hier weniger im Fokus einer eher semantischen Betrachtung liegt – Heranziehung von auch außerhalb der Erklärung liegenden Umständen versus der Notwendigkeit einer eindeutig unmittelbar aus sich selbst heraus erkennbaren Aussage – sondern vielmehr im Wege einer eingehenden dogmatischen Untersuchung der Rechtsnatur dieser Delikte behandelt wird. Gerade im Hinblick auf den hier zu untersuchenden Aspekt der Verantwortlichkeit für fremde schriftliche Äußerungen dient im Schrifttum dabei ein bestimmtes Fallbeispiel seit nunmehr fast 100 Jahren als Anlass für weitergehende Überlegungen, ohne dass sich bislang eine gefestigte „herrschende Meinung" herausbilden konnte[198]. Dieser in seiner Grundkonstellation immer gleiche Ausgangsfall sieht vor, dass der Verfasser A einen beleidigenden Brief an den mit ihm zerstrittenen Z schreibt. Während eines Besuchs des be-

---

194 *Sch/Sch*^{26}*-Lenckner* § 185 Rdn. 1.

195 *Sch/Sch*^{26}*-Lenckner* § 186 Rdn. 7; *Soehring*, Presserecht (2000), S. 325 Rdn. 16.4; *Geppert*, Jura 1983, S. 580 f.

196 Nach *Geppert*, Jura 1983, S. 581 „muß der Richter also auch hier ‚zwischen den Zeilen' lesen und darf nicht an äußeren Formulierungen ‚kleben' bleiben".

197 *Sch/Sch*^{26}*-Lenckner* § 186 Rdn. 8; LK^{10}-*Herdegen* § 186 Rdn. 8; *Geppert*, Jura 1983, S. 581.

198 Auch *Roxin* weist darauf hin, dass die diesbezüglichen Schwierigkeiten – von einigen beiläufigen Erwähnungen in monographischen Arbeiten abgesehen – noch immer nicht hinreichend gewürdigt worden sind. Siehe *Roxin*, Täterschaft und Tatherrschaft (2000), S. 388.

freundeten B bei A gerät der Brief in die Hände B's, der ihn sogleich liest und anschließend von A gebeten wird, den Brief auf dem Heimweg zur Post zu bringen. B kommt der Bitte nach, sodass der Brief an Z zugestellt und von diesem erbost zur Kenntnis genommen wird[199]. Die rechtliche Beurteilung läuft auf die Frage hinaus, ob A Täter und B Gehilfe oder umgekehrt B Täter und A Anstifter ist oder A und B als Mittäter strafbar sind.

Als Erster hat sich *Wuttig* im Jahr 1902 um eine Antwort bemüht, die dahingehend ausfiel, dass A Täter einer Beleidigung sei, zu deren Begehung er sich eines „dolosen Werkzeuges" bedient[200]. Der Vorsatz dieser Mittelsperson würde aber die Täterschaft nur dann ausschließen, wenn sie auch sonst alle weiteren Täterschaftsmerkmale aufweisen würde. Welche das im Fall des § 185 StGB sind, sagt *Wuttig* jedoch nicht. Etwas genauer – aber mit gleichem Ergebnis – geht wenig später *Flegenheimer* den Tatbestandsvoraussetzungen der Beleidigung nach und stellt fest, dass diese bereits mit Kenntnisnahme des B vom beleidigenden Inhalt des Briefes vollendet sei, sodass er sich durch die Weitergabe – sofern er sich die fremden Äußerungen nicht zu Eigen macht – nur wegen Beihilfe strafbar machen kann[201]. Wieder anders begründet kommt auch *Kern* zum selben Resultat: Aufgrund der Rechtsnatur der Beleidigung als Äußerungsdelikt könne als Täter nur angesehen werden, wer die inkriminierte Äußerung als eigene Gedankenerklärung abgegeben hat, nicht aber, wer lediglich die Kundgabe einer fremden Äußerung bewirkt[202]. Ähnlich versucht auch *Rosenfeld* die täterschaftliche Strafbarkeit des A zu rechtfertigen, indem er § 185 StGB als Delikt mit „subjektiv gefärbter Ausführungshandlung" begreift[203]. Derartige Delikte würden sich dadurch auszeichnen, dass sie eine „innerliche Eigenhändigkeit" erfordern, also der objektive Tatbestand nur bejaht werden könne, wenn eine „subjektive gefärbte" äußere Handlung vorliegt. Im Fall der Beleidigung würde dies bedeuten, dass die Kundgabe von Missachtung notwendig die

199 So bereits das Fallbeispiel von *Wuttig*, Fahrlässige Teilnahme am Verbrechen (1902), S. 52, welches unverändert auch heute noch immer kontrovers behandelt wird, vgl. *Roxin*, Täterschaft und Tatherrschaft (2000), S. 388 und *Uebbert*, Die strafrechtliche Haftung des verantwortlichen Redakteurs (1995), S. 50 Fall 5 Variante a).

200 *Wuttig*, Fahrlässige Teilnahme am Verbrechen (1902), S. 52.

201 *Flegenheimer*, Das Problem des „dolosen Werkzeugs" (1913), S. 62 f. Selbst wenn die Möglichkeit der Beihilfe nach vollendeter Haupttat zum Teil bestritten wird, so wird man sie jedenfalls in den Fällen anerkennen müssen, in denen die Hilfeleistung den Angriff auf das geschützte Rechtsgut aufrechterhält, vgl. zum Meinungsstand *Sch/Sch*[26]*-Cramer/Heine* § 27 Rdn. 17. *Flegenheimer* selbst spricht a.a.O. ausdrücklich von einer „Perpetuierung und Verstärkung" der Beleidigung infolge der Weitergabe.

202 *Kern*, Die Äußerungsdelikte (1919), S. 49.

203 *Rosenfeld*, FG *Frank* II (1930), S. 170 f. *Rosenfeld* grenzt sich allerdings deutlich von *Kern's* Auffassung ab, indem er betont, dass es sich bei Äußerungsdelikten und Delikten mit subjektiv gefärbter Ausführungshandlung um zwei zu trennende Deliktsgattungen handelt, vgl. S. 170 Fn. 2.

Existenz tatsächlicher Missachtung in Gestalt einer „affektiven Gesinnungsrichtung" als motivierender Kraft der Äußerung voraussetzt.

Diese unterschiedlichen Ansätze zu widerlegen hat namentlich *Roxin* unternommen. Während er *Wuttig* grundsätzliche Bedenken hinsichtlich der Rechtsfigur des dolosen Werkzeugs entgegenhält und *Flegenheimer* die rechtliche Fehlerhaftigkeit seiner Annahme nachweist, wonach die Beleidigung bereits mit Kenntnisnahme eines Dritten – der jedoch Teilnehmer ist – vollendet sei, lehnt er die Meinung *Rosenfeld's* aufgrund der Irrelevanz der inneren Haltung des sich Äußernden zu Recht als „zu psychologisch" ab[204]. *Kern* gibt er zwar bezüglich § 185 StGB Recht, jedoch bestreitet *Roxin*, dass sich dessen Aussagen tatsächlich aus dem Begriff der „Äußerungsdelikte" ableiten lassen. Immerhin werde auch der Betrug von *Kern* als Äußerungsdelikt bezeichnet[205], obwohl es unverständlich sei, warum dort nur der geistige Träger der Täuschungserklärung als Täter in Betracht kommen soll[206].

Sodann entwickelt *Roxin* einen eigenen, sehr differenzierten Erklärungsversuch. Seinen Ausgangspunkt stellt die Tatherrschaftslehre dar, die in obigem Beispielsfall zu dem allgemein als unangemessen empfundenen Ergebnis führt, dass der die Tatherrschaft über die Ausführungshandlung besitzende B Täter und der Verfasser des Briefes A dagegen Anstifter ist[207]. Allerdings ist diese Lehre von der Tatherrschaft nur anwendbar auf die von *Roxin* als „Herrschaftsdelikte" bezeichneten Tatbestände. Die Beleidigung jedoch gehöre gerade nicht dazu. Vielmehr sei die Beleidigung „subjektgebunden", also immer nur im Hinblick auf die Person, welche jeweils die Missachtung ausdrückt, zu beurteilen[208]. Dies erkläre sich daraus, dass eine Beleidigung den Achtungsanspruch des Adressaten verletzt. Dieser Achtungsanspruch bestehe aber im Verhältnis eines einzelnen Menschen zu jedem anderen Menschen. Es existiert demnach ein Achtungsanspruch Z gegen A sowie ein weiterer Anspruch in der Beziehung zwischen Z und B und so weiter. Täter einer Beleidigung ist nun nur derjenige, dessen Pflicht zur Wahrung dieses Achtungsanspruchs verletzt wird. Für den Beispielsfall bedeutet dies, dass letztendlich allein im Verhältnis zwischen A und Z eine Pflichtverletzung vorliegt. Die Tatsache, dass B den Akt der Kundgabe – die Ausführungshandlung – beherrscht hat, vermag an diesem Ergebnis nichts zu ändern, da vorliegend der geistige Sinngehalt der Handlung einzig und allein in der Negierung des Achtungsanspruchs von Z gegenüber A besteht. Darauf allein aber kommt es nach *Roxin* gerade an, da dieser Achtungsanspruch mangels sinnlicher Wahrnehmbarkeit oder körperlicher Gestalt nur als soziale

---

204 *Roxin*, Täterschaft und Tatherrschaft (2000), S. 389 f.

205 So tatsächlich *Kern*, Die Äußerungsdelikte (1919), S. 11.

206 *Roxin*, Täterschaft und Tatherrschaft (2000), S. 390.

207 *Roxin*, Täterschaft und Tatherrschaft (2000), S. 388.

208 *Roxin*, Täterschaft und Tatherrschaft (2000), S. 390.

Realität denkbar ist und demzufolge auch nicht durch äußere Einwirkungen in Form körperlicher Vorgänge verletzt werden kann, sondern ausschließlich durch Handlungen, deren gedanklicher Inbegriff gleichfalls der Sphäre sozialer Bedeutungen angehört und eine Negierung eben dieses Achtungsanspruchs beinhaltet[209]. Aufgrund dieser täterschaftlichen Struktur handele es sich bei der Beleidigung um ein Pflichtdelikt. Diese Pflichtdelikte stellen nach *Roxin's* Terminologie eine neben den Herrschaftsdelikten existierende weitere Gruppe von Delikten dar, die ebensowenig wie die sog. Sonderdelikte der herkömmlichen Abgrenzung von Täterschaft und Teilnahme folgen[210]. Während es sich bei den Sonderdelikten um Delikte handelt, bei denen a priori als Täter nur eine Person in Frage kommt, welche die tatbestandlich vorausgesetzte Subjektseigenschaft besitzt, so zeichnen sich die ihnen oftmals an die Seite gestellten eigenhändigen Delikte durch einen spezifischen Verhaltensunwert aus, der für die Annahme einer täterschaftlichen Begehung die persönliche Vornahme der Ausführungshandlung verlangt[211]. In beiden Konstellationen ist der Täterkreis durch die Merkmale der Subjektsqualität bzw. der Eigenhändigkeit beschränkt. Demgegenüber bezeichnet *Roxin* die verbleibenden Allgemeindelikte als Herrschaftsdelikte, bei denen sich die Abgrenzung von Täterschaft und Teilnahme nach der von ihm vertretenen Tatherrschaftslehre vollzieht. Besagte Pflichtdelikte dagegen sollen keiner der genannten Gruppen angehören. Zur Umschreibung dieser Delikte geht *Roxin* von der Tatsache aus, dass selbst bei den Sonderdelikten der Intraneus niemals allein kraft seiner Subjektsqualität Täter ist, sondern zusätzlich immer noch auch eine ihm speziell obliegende Pflicht verletzen muss. Diese Erkenntnis, dass das täterschaftsbegründende Merkmal in der Verletzung einer außerstrafrechtlichen Sonderpflicht besteht, sei keineswegs nur auf den Bereich der Sonderdelikte begrenzt[212]. Vielmehr sei gerade der Tatbestand § 185 StGB ein Beispiel für ein solches Pflichtdelikt, da der geschützte Achtungsanspruch eine derartige dem Delikt der Beleidigung logisch vorgelagerte Pflicht darstellen würde, welche nur vom jeweiligen Anspruchsverpflichteten verletzt werden kann, der darüber hinaus aber keine weiteren besonderen Subjektseigenschaften aufweisen muss.

An diese Ausführungen *Roxin's* knüpft *Herzberg* in mehreren Untersuchungen an, bei denen er sich dem Thema aus sehr unterschiedlichen Perspektiven – zumeist aber ausgehend vom Beispiel des Beleidigungstatbestandes – nähert, nämlich einerseits der täterschaftlichen Deliktsbegehung im Wege mittelbarer

---

209 *Roxin*, Täterschaft und Tatherrschaft (2000), S. 390.

210 *Roxin*, Täterschaft und Tatherrschaft (2000), S. 352 ff. und S. 695 ff.

211 Dazu allgemein *Wessels/Beulke*, Strafrecht AT (2002), S. 9 Rdn. 38 ff. und S. 168 Rdn. 519 ff.; *Sch/Sch*[26]*-Lenckner* Vorbem. §§ 13 ff. Rdn. 131 f.

212 *Roxin* bezweifelt folglich, dass dem Begriff des Sonderdelikts neben den so definierten Pflichtdelikten überhaupt noch ein selbstständiger Erkenntniswert zukommt, vgl. *ders.*, Täterschaft und Tatherrschaft (2000), S. 391.

Täterschaft[213] und andererseits der Anwendbarkeit der Garantenlehre bei unechten Unterlassungsdelikten[214]. *Herzberg* zufolge handelt es sich bei der Beleidigung zum einen um ein Delikt, welches nicht in mittelbarer Täterschaft begangen werden könne[215]. § 185 StGB sei zwar sicherlich kein eigenhändiges Delikt, aber ebenso wie die Sonderdelikte enthalte dieser Tatbestand „das Moment der höchstpersönlichen Pflichtverletzung", welches *Herzberg* unter Hinweis auf *Roxin* in der Kundgabe eigener Missachtung sieht[216]. Dies allein wäre jedoch noch kein Grund, die Möglichkeit einer mittelbaren Täterschaft abzulehnen, da auch Sonderdelikte mittels eines menschlichen Werkzeugs begangen werden können. Den maßgeblichen Grund dafür sieht *Herzberg* in dem Umstand, dass der deliktische Schwerpunkt regelmäßig nicht nur in dieser höchstpersönlichen Pflichtverletzung liegt, sondern zusätzlich noch in der „Schaffung handgreiflicher äußerer Fakten", was ebenso durch Außenstehende erfolgen kann[217]. Bei der Beleidigung fehle nun dieser zweite Aspekt, sodass sie sich in der höchstpersönlichen Pflichtverletzung erschöpft. Zwar sei zur Vollendung immer auch erforderlich, dass die Missachtung einer anderen Person gegenüber kundgegeben wird, aber selbst die Ausführung dieses Vorgangs der Kenntnisverschaffung durch ein menschliches Werkzeug mache den Verfasser der beleidigenden Äußerung nicht zum mittelbaren Täter, da der in seinem Achtungsanspruch verletzte Adressat die Person des Erklärungsüberbringers als außerhalb der Deliktsverwirklichung stehend „überspringt"[218].

213 *Herzberg*, ZStW 82 (1970), S. 939 ff. Ähnlich *ders.*, Täterschaft und Teilnahme (1977), S. 31 ff., wenngleich *Herzberg* dort die Aussagen der Pflichtdeliktslehre *Roxin's* unabhängig von den Besonderheiten des Beleidigungstatbestandes aufgreift. Vielmehr ordnet *Herzberg* die Darstellung *Roxin's* ein in den systematischen Kontext des von der mittelbaren Täterschaft her bekannten Problems eines qualifikationslosen Tatmittlers. Da diese Rechtsfigur für gewöhnlich zur Umschreibung von Strafbarkeitslücken bei einer Tatbegehung durch einen die Tatherrschaft besitzenden Extraneus nach entsprechender Veranlassung durch den die jeweilige Sonderpflicht aufweisenden Intraneus benutzt wird, erörtert sie *Herzberg* nicht anhand der hier maßgeblichen §§ 185 ff. StGB, sondern am Beispiel der §§ 266, 288 StGB (was im Hinblick auf § 288 StGB fragwürdig ist, vgl. *ders.*, a.a.O., S. 33 f. und *Geppert*, Jura 1987, S. 431).

214 *Herzberg*, Die Unterlassung im Strafrecht und das Garantenprinzip (1972), S. 82 ff.

215 Damit widerspricht *Herzberg* zwar einer ausdrücklich anders lautenden Bemerkung *Roxin's*, allerdings tut er dies nicht aufgrund einer unterschiedlichen dogmatischen Konzeption. Vielmehr sieht er es lediglich als eine „sinnvolle, sachangemessene Begriffsbildung" an, einen ahnungslosen Boten nicht als Werkzeug einer in mittelbarer Täterschaft ausgeführten Beleidigung zu bezeichnen, da dieser gänzlich außerhalb des durch die höchstpersönliche Pflichtverletzung geprägten deliktischen Geschehens steht. Vgl. einerseits *Herzberg*, ZStW 82 (1970), S. 942 und andererseits *Roxin*, Täterschaft und Tatherrschaft (2000), S. 391 f.

216 *Herzberg*, ZStW 82 (1970), S. 941.

217 *Herzberg*, ZStW 82 (1970), S. 939 f.

218 *Herzberg*, ZStW 82 (1970), S. 942.

Zum anderen sei die Beleidigung ein Delikt, auf das die Garantenlehre unanwendbar sei[219]. Dies leitet *Herzberg* aus dem von ihm geprägten Begriff der sog. verhaltensgebundenen Delikte ab, die sich durch ihr Anknüpfen an ein „ausdrucksvolles menschliches Verhalten" auszeichnen[220]. Auch die Beleidigung gehöre zu diesen Tatbeständen, da ihr deliktischer Schwerpunkt nicht in der bloßen Kenntnisverursachung irgendeiner Missachtung liege, sondern in der Verletzung des Achtungsanspruchs aufgrund der Äußerung gerade eigener Missachtung[221]. Folglich komme es weniger auf die sinnlich wahrnehmbare Kundgabehandlung an, als vielmehr auf den nur intellektuell erfassbaren Kundgabeinhalt[222]. Damit aber könne auch eine Garantenpflicht zur Verhinderung des Bekanntwerdens von Missachtung – im Sinne irgendeiner Missachtung – keine Rolle spielen, da die Verletzung einer solchen Pflicht nicht gleichzusetzen sei mit dem Ausdruck eigener Missachtung[223]. *Herzberg* weist in diesem Zusammenhang allerdings auch darauf hin, dass oftmals in Fällen der Beleidigung durch Unterlassen die vorgenannte Problematik mit keinem Wort erwähnt wird, da anstatt die Frage nach einer dem Beleidigungstatbestand vorgelagerten Rechtspflicht oder Garantenstellung zu stellen, die Tatbestandsmäßigkeit des Unterlassens eher „instinktiv" bejaht wird[224]. Dies ist seines Erachtens aber dann vollkommen zutreffend, wenn allein entscheidungserheblich ist, ob die Verkehrssitte ein Tun erwarten lässt, sodass schon die bloße Passivität zur Beleidigung des Opfers eingesetzt werden kann[225].

---

219 Diese Ausführungen *Herzberg's* zur Unterlassungsproblematik sind nahe liegend, da sich im obigen Ausgangsfall bei bloß geringfügiger Veränderung des Sachverhalts hinsichtlich der Person des Verfassers A schnell die Frage nach einer Unterlassungstäterschaft stellen kann. Dazu hätte nur B den Brief eigenmächtig – jedoch von A insgeheim bemerkt – an sich nehmen und dem Z übergeben müssen.

220 *Herzberg*, Die Unterlassung im Strafrecht und das Garantenprinzip (1972), S. 70.

221 *Herzberg*, Die Unterlassung im Strafrecht und das Garantenprinzip (1972), S. 83.

222 *Herzberg*, Die Unterlassung im Strafrecht und das Garantenprinzip (1972), S. 83 f.

223 *Herzberg*, Die Unterlassung im Strafrecht und das Garantenprinzip (1972), S. 84, und S. 87. Allgemein zur Rolle von Garantenpflichten im Anwendungsbereich der Pflichtdelikte – jenseits der Beleidigung – und zur diesbezüglichen Abgrenzung von Tun und Unterlassen bemerkt *Herzberg*, dass aufgrund der zentralen Bedeutung der persönlichen Pflichtverletzung die Unterschiede im äußeren Tathergang nivelliert werden und die Frage der Tatherrschaft somit in den Hintergrund tritt, da in Unterlassungsfällen gleichermaßen wie in Begehungsfällen nur Träger der außerstrafrechtlichen sozialen Sonderverantwortlichkeit als Täter in Betracht kommen. Vgl. *ders.*, Täterschaft und Teilnahme (1977), S. 94.

224 *Herzberg*, Die Unterlassung im Strafrecht und das Garantenprinzip (1972), S. 85.

225 Im Anschluss an diese Passage wiederholt und konkretisiert *Herzberg* seine Ansicht abermals: „Der wahre Grund liegt darin, dass Höflichkeit, Anstand und Sitte gebieten, das Bekanntwerden eigener abfälliger Äußerungen auch dann zu verhindern, wenn der reine Zufall anderen die Kenntnisnahme ermöglicht, und dass deshalb im menschlichen Zusammenleben dem Unterlassenden seine Untätigkeit ohne weiteres als beleidigendes Verhal-

b) Auslegung der §§ 186, 187 StGB als Äußerungsdelikte?

Ähnlich wie die in diesem Kapitel zuvor beschriebenen Delikte werden auch die §§ 185 ff. StGB als Äußerungsdelikte bezeichnet[226]. Die rechtliche Bedeutung dieser Qualifizierung variiert allerdings, da der Aussagegehalt der Bezeichnung als „Äußerungsdelikt" gerade im Bereich der Beleidigungsdelikte sehr stark von den jeweiligen Prämissen desjenigen abhängt, der sie verwendet. So ist nicht einmal die Beschreibung der Verbreitungsalternative der §§ 186, 187 StGB unumstritten. Wie im 2. Kapitel[227] bereits erwähnt, zählt *Uebbert* auch die Begehungsform des Verbreitens von Tatsachen zur Gruppe der von ihm als „persönliche Äußerungsdelikte" benannten Tatbestände[228]. Die Verwendung dieses Begriffs erfolgt dabei synonym mit den Bezeichnungen als Pflichtdelikt oder eigenhändigem Delikt und damit unter ausdrücklicher Anlehnung an die Darstellungen von *Roxin* und *Herzberg*. Ausgehend von diesem Ansatz kommt *Uebbert* konsequenterweise – wenngleich lediglich folgerichtig – zu dem Ergebnis, dass auch die Tatbestandsalternative des „Verbreitens" nur dann in täterschaftlicher Verwirklichung vorliegen könne, wenn sich der „Verbeiter" mit der fremden Äußerung identifiziert, er sie sich also zu Eigen macht. Dass sich *Uebbert* damit zu allem in Widerspruch setzt, was bislang im Rahmen der §§ 186, 187 StGB als anerkannt galt, wird von ihm nicht bemerkt. Auch der von ihm angeführte *Roxin* betont, dass es in der Verbreitungsalternative keineswegs darauf ankommt, wer als geistiger Träger der Kundgabe in Erscheinung tritt, sondern allein darauf, wer ihre Verbreitung beherrscht[229]. Täter ist folglich jeder, der sich an der Weitergabe der ehrverletzenden Äußerung mit Tatherrschaft beteiligt. Ebenso unmissverständlich schildert dies auch *Herzberg* mit dem Hinweis, dass die §§ 186, 187 StGB nicht höchstpersönlicher Natur sind, sodass

---

ten zugerechnet wird." So *Herzberg*, Die Unterlassung im Strafrecht und das Garantenprinzip (1972), S. 86 f.

226 Beispielsweise von LG Berlin, Urt. v. 7.11.1978 – (512) 1 P KLs 2/78 (57/78) = JR 1979, S. 120 (121) bezüglich § 189 StGB; *Sch/Sch*[26]*-Lenckner* § 186 Rdn. 7 und Rdn. 8; *Roxin*, Täterschaft und Tatherrschaft (2000), S. 388; *Uebbert*, Die strafrechtliche Haftung des verantwortlichen Redakteurs (1995), S. 47 f.; LK[10]*-Herdegen* § 185 Rdn. 10; *Otto*, JK 85, StGB §§ 185 ff./2; *Geppert*, Jura 1983, S. 533; *Geilen*, NJW 1976, S. 281; *Kern*, Die Äußerungsdelikte (1919), S. 10 f.

227 Bei I. 2. a.E. (S. 47).

228 So *Uebbert*, Die strafrechtliche Haftung des verantwortlichen Redakteurs (1995), S. 60. In Variante c) von *Uebbert's* Fall 5 (dort S. 50) ist der Verfasser eines Artikels wegen „Verbreitens" gem. § 186 StGB strafbar. Der veröffentlichende Redakteur ist nun – so *Uebbert* – nur dann nach § 186 StGB (in der Verbreitungsalternative) strafbar, wenn er sich zu dem Inhalt des Artikels des Verfassers bekennt, er sich dessen Äußerungen also zu Eigen gemacht hat, wofür die bloße Verursachung des Kundgabeerfolgs nicht genüge. Denn bei diesem Tatbestand handele es sich um ein persönliches Äußerungsdelikt.

229 *Roxin*, Täterschaft und Tatherrschaft (2000), S. 392.

es ausreicht, wenn man herabwürdigende Tatsachen neutral „verbreitet", ohne dass man damit zugleich seine persönliche Missachtung ausdrücken muss[230].

Uebbert's Ausführungen könnten nur dann Richtigkeit beanspruchen, wenn die seiner Ansicht nach tatbestandlich notwendige persönliche Stellungnahme des Täters in dem Umstand begründet liegt, dass er der geistige Träger einer Aussage ist, wonach er die jeweilige ehrverletzende Tatsache als Gegenstand fremden Wissens und fremder Überzeugung mitteilt, er sie sich aber nicht zu Eigen machen möchte. Dazu müsste *Uebbert* die eigene Gedankenerklärung des Täters zwangsläufig in dem Umstand sehen, dass er sich vom Wahrheitsgehalt der Äußerung unter Hinweis auf die Überzeugung eines Dritten distanziert, worin gerade der Unterschied zur Begehungsform des „Behauptens" liegen würde. Allerdings wäre eine solche Auslegung kaum zu vertreten, da dabei unberücksichtigt bliebe, dass sich der Unrechtsgehalt der §§ 186, 187 StGB nicht in dieser Aussage über die Urheberschaft erschöpft, sondern vielmehr die Herabwürdigung infolge öffentlich kundgegebener ehrenrühriger Tatsachen zum Gegenstand hat. Und diese Kundgabe wiederum kann in zwei Formen erfolgen: Zum einen unter Präsentation der eigenen Person als geistigem Träger der Aussage, zum anderen in der bloßen Weitergabe fremder Behauptungen. Diese Abgrenzung entspricht aber exakt der herkömmlichen Trennung zwischen Verbreitungs- und persönlichen Äußerungsdelikten. So vermögen auch die Hinweise *Uebbert's*[231] auf *Kern*[232] und *Lenckner*[233] seine Ausführungen nicht zu stützen. Ersterer ist ein klassischer Zirkelschluss in Form eines próton pséudos, da er von einer – offensichtlich – falschen Prämisse ausgeht. In der zitierten Passage erörtert *Kern* lediglich die Abgrenzung von Täterschaft und Teilnahme anhand des Merkmals des Zu-Eigen-Machens, allerdings weder im Zusammenhang mit den Beleidigungsdelikten im Allgemeinen, noch mit dem Verbreiten von Tatsachen gem. §§ 186, 187 StGB im Besonderen. Während sich *Kern* an besagter Stelle also überhaupt nicht mit der Begehungsform des „Verbreitens" beschäftigt, qualifiziert *Lenckner* zwar auch diese Alternative des § 186 StGB als „Äußerungsdelikt", jedoch allein deshalb, um das Schaffen einer kompromittierenden Sachlage als nicht tatbestandsmäßig ansehen zu können[234]. So ist die oft gebrauchte Beschreibung der Beleidigungsdelikte als Äußerungsdelikte nur in dem Sinn zu verstehen, dass damit die Notwendigkeit einer Kommunikation in Gestalt der Äußerung eines gedanklichen Inhalts und ihrer Rezeption beim Empfänger gemeint sein soll[235]. Dass auch ein Verbreiten in Verbindung mit

---

230 *Herzberg*, ZStW 82 (1970), S. 943.

231 *Uebbert*, Die strafrechtliche Haftung des verantwortlichen Redakteurs (1995), S. 59 f.

232 *Kern*, Die Äußerungsdelikte (1919), S. 49 f.

233 *Sch/Sch*[26]*-Lenckner* § 186 Rdn. 8.

234 In eben diesem Sinne auch *Otto*, JK 85, StGB §§ 185 ff./2.

235 So auch die Verwendung dieses Begriffs bei LK[10]*-Herdegen* § 185 Rdn. 10.

Äußerungen erfolgt, steht aber der üblichen Abgrenzung keineswegs entgegen[236].

Auf die fehlende einheitliche Handhabung der Terminologien im Bereich der sog. Kommunikationsdelikte – insbesondere was die Bezeichnung als „Äußerungsdelikt" angeht – wurde im 2. Kapitel[237] bereits hingewiesen. Am zuvor angeführten Beispiel *Uebbert's* wird jedoch die Gefahr einer vorschnellen Verwendung dieser Begrifflichkeiten in Verbindung mit wie selbstverständlich damit einhergehenden rechtlichen Schlussfolgerungen deutlich. Diesbezüglich ist festzustellen, dass die Bezeichnung der §§ 185 ff. StGB als Äußerungsdelikte überwiegend gewählt wird, um ihre Rechtsnatur als Kundgabedelikte zu umschreiben, welche notwendig voraussetzen, dass die Missachtung oder Nichtachtung eines anderen nach außen kundgegeben wird[238]. Zwar wird vereinzelt auch der Begriff des Äußerungsdelikts gewählt, um auf die Voraussetzung der Identifikation mit weitergegebenen Fremd-Äußerungen hinzuweisen. Dann allerdings geschieht dies bei genauer Differenzierung zwischen den zwei Tatbestandsalternativen der §§ 186, 187 StGB und einer Anwendung dieses Erfordernisses lediglich auf die Begehungsform des „Behauptens"[239].

Zieht man zudem die oben dargestellten Ausführungen zu § 185 StGB heran, scheint es schwierig, überhaupt verallgemeinerungsfähige Aussagen über die Rechtsnatur der Äußerungsdelikte vornehmen zu können. Die Darstellungen von *Wuttig*, *Flegenheimer* und *Rosenfeld* dürften als durch *Roxin* überzeugend widerlegt anzusehen sein. Im Hinblick auf *Kern's* Ansicht, die Lösung des geschilderten Ausgangsfalles über den Begriff der Äußerungsdelikte herbeizuführen, kann das gleiche allerdings nicht festgestellt werden, da sich *Roxin's* Argumentation diesbezüglich darauf beschränkt, auf den Unterschied zwischen

---

236 Dementsprechend befindet sich auch das soeben Ausgeführte in völliger Übereinstimmung mit *Roxin*, Täterschaft und Tatherrschaft (2000), S. 392. Dort betont *Roxin* diesen Unterschied zwischen dem „Verbreiten" als bloßer Weitergabe und dem „Behaupten" als subjektgebundener persönlicher Äußerung, weshalb letzteres zur Gruppe der Pflichtdelikte zähle. Dies überrascht um so mehr, als *Uebbert*, der seinen Ausführungen die Abgrenzungsvorschläge *Roxin's* ausdrücklich zugrunde legt, in diesem Punkt seine abweichende Ansicht nicht einmal für kennzeichnungsbedürftig hält. Eine identische Abgrenzung vertritt *Altenhain*, CR 1997, S. 496 Fn. 94. Ebenso differenziert *Herzberg*, Die Unterlassung im Strafrecht und das Garantenprinzip (1972), S. 88 sowie *ders.*, ZStW 82 (1970), S. 943 zwischen der Alternative des Verbreitens und dem „verhaltensgebundenen" bzw. „eigenhändigen" Behaupten. Anders als *Roxin* zieht *Herzberg* daraus indes Konsequenzen für die §§ 186, 187 StGB im Ganzen, da seiner Ansicht nach die Begehungsform des Behauptens demgegenüber keine selbstständige Bedeutung mehr hat.

237 Dort unter I. 1. (S. 40).

238 So die ausdrückliche Verwendung dieses Begriffs bei *Otto*, JK 85, StGB §§ 185 ff./2; *Geppert*, Jura 1983, S. 533; *Kern*, Die Äußerungsdelikte (1919), S. 9 ff.

239 Z.B. bei *Altenhain*, CR 1997, S. 496; *Geilen*, NJW 1976, S. 281.

Beleidigung und Betrug – den *Kern* zu den Äußerungsdelikten zählt – hinzuweisen und infolgedessen *Kern's* Ansatz als inhaltslosen Begründungsversuch zu verwerfen, da für Beleidigung wie Betrug ersichtlich andere Maßstäbe bei der Beurteilung von Täterschaft und Teilnahme gelten müssen. *Roxin* hat nun sicherlich Recht mit seiner Ansicht, dass der Tatbestand des Betrugs den Regeln der Herrschaftsdelikte folgt. Allerdings lässt sich daraus nicht zwingend ableiten, dass sich *Kern's* Lösung des Beteiligungsproblems – zumal *Roxin* dieser im Ergebnis für die Beleidigung zustimmt – nicht aus dem Wesen der Beleidigung als Äußerungsdelikt ergeben kann, da ebenso ein Fehler *Kern's* bei der Auslegung und Einordnung des Betrugstatbestandes möglich und wahrscheinlich ist. Sollte Letzteres der Fall sein, wäre damit allenfalls eine Aussage über die den Äußerungsdelikten zugehörigen Tatbestände verbunden, keinesfalls aber etwas über die Konsequenzen hinsichtlich der Beleidigung und des Verständnisses der Äußerungsdelikte selbst gesagt. Im Übrigen beruhen *Roxin's* und *Herzberg's* Ausführungen zu speziell auf den besonderen Umständen, unter denen eine Verletzung des als soziale Realität empfundenen Achtungsanspruchs erfolgt, als dass sie unmittelbar übertragbar wären auf die oben als Äußerungsdelikte bezeichneten zahlreichen Drohungs-, Aufforderungs- oder Billigungstatbestände[240].

III. Zusammenfassung

Betrachtet man diese Zusammenstellung von deliktsspezifischen Aussagen, so kann zunächst festgehalten werden, dass Anlass einer Verwendung der einleitend genannten einschränkenden Merkmale durchgehend die strafrechtliche Beurteilung von fremden Äußerungen war. Unergiebig ist allerdings das Resultat hinsichtlich der Frage nach der jeweiligen Begründung der einschränkenden Auslegung. Die Erwähnung von Art. 5 Abs. 1 GG und der verfassungsrechtlich gewährleisteten Meinungs- und Pressefreiheit ist in der regelmäßig vorliegenden Kürze mehr Behauptung als Rechtfertigung und der bei den äußerungsbezogenen Delikten durchweg erfolgende Hinweis auf deren Rechtsnatur als Äußerungsdelikt bzw. ihre „Subjektsgebundenheit" ist so zweifelhaft wie seine Behandlung als Prämisse anstatt als These. Schließlich wird bei §§ 129, 129a StGB und § 20 Abs. 1 Nr. 4 VereinsG betont, dass die Verwendung von – überdies fremden – Texten die harmloseste Form des Tatbestandsverwirklichung darstelle, sofern es um eine werbende oder unterstützende Tätigkeit gehe. Daher sei eine einschränkende Anwendung geboten. Dieser Gedanke findet sich zwar außerdem bei der Auslegung des § 93 StGB (a.F.) wieder, welcher ebenso mit dem Ziel der Erfassung ausschließlich der vom Unrechtsgehalt her schwereren

240 Lediglich auf die Delikte mit dem Tatbestandsmerkmal des „Beschimpfens" sind diese Erwägungen direkt anwendbar, so *Roxin*, Täterschaft und Tatherrschaft (2000), S. 392 und auch *Herzberg*, Die Unterlassung im Strafrecht und das Garantenprinzip (1972), S. 87, beide unter ausdrücklicher Ausklammerung der §§ 186, 187 StGB.

Begehungsweisen restriktiv ausgelegt wurde. Jedoch ist auch diese Begründung nicht geeignet, um ein übergreifendes Prinzip zu formulieren, da sie ersichtlich nicht auf die äußerungsbezogenen Delikte übertragbar ist, deren rechtsgutsverletzende Wirkung durch die textliche Perpetuierung der Äußerung eher noch gesteigert wird.

Hinsichtlich des Inhalts der Restriktionsbemühungen kann dagegen eine weitgehende Übereinstimmung erkannt werden. Im Rahmen der §§ 129, 129a StGB wird im Fall der Tatbegehung mittels eigener Texte deren eindeutig erkennbare Zielrichtung bezüglich der jeweiligen Vereinigungstätigkeit verlangt sowie deren objektive Eignung, von den Adressaten als Werbung oder Unterstützung aufgefasst zu werden. Sollte es sich darüber hinaus um fremde Texte handeln, tritt die Voraussetzung der Identifikation hinzu. Bei § 20 Abs. 1 Nr. 4 VereinsG verhält es sich bezüglich des Tatbestandsmerkmals des Zuwiderhandelns ebenso. Auch das „Werben", „Unterstützen" bzw. „Zuwiderhandeln" i.S.d. §§ 42, 47 BVerfGG (a.F.), §§ 90a, 90b StGB (i.d.F. v. 1964) wurde mit dem anhand objektiver Indizien nachzuweisenden Merkmal des Vereinigungsbezuges einschränkend ausgelegt. Eine entsprechende Vorgehensweise wurde zwar ebenfalls mit Blick auf § 93 StGB (a.F.) vorgeschlagen, jedoch hat sich eine solche organisationsbezogene Auslegung dort nicht durchgesetzt. Vielmehr wurde die unmittelbar im Schriftinhalt verkörperte eindeutig erkennbare verfassungsfeindliche Zielrichtung das maßgebliche Kriterium zur Bestimmung einer „verfassungsfeindlichen Schrift". Während also die objektive Eignung als ungeschriebene Anforderung nur im Rahmen der §§ 129, 129a StGB, § 20 Abs. 1 Nr. 4 VereinsG als ergänzende Voraussetzung betont wird, da beispielsweise die §§ 130 Abs. 1, 140 Nr. 2 StGB die Eignung ohnehin als selbstständiges Tatbestandsmerkmal aufweisen und die §§ 86, 90a Abs. 1, 90b Abs. 1, 111 Abs. 1, 130 Abs. 2, 140 Nr. 2 StGB von vornherein an die Tatbegehung mittels Schriften anknüpfen, so findet sich der Gedanke der besonderen Zielrichtung eines Textes in der Auslegung nahezu aller erörterten Vorschriften wieder. Bei den restlichen Delikten, deren gemeinsamer Anknüpfungspunkt in der Kundgabe einer Äußerung liegt, bildet schließlich im Fall der Verwendung fremder Äußerungen das Erfordernis der Identifikation das alleinige einschränkende Kriterium.

Gerade die Kombination der letzten beiden Gesichtspunkte scheint dabei die spezifischen Besonderheiten bei der Verwendung fremder Texte im Rahmen von Delikten, deren Unrechtsgehalt sich in der Äußerung inkriminierter Inhalte erschöpft, am besten wiederzuspiegeln. Gemeint ist damit zuvörderst das einem jeden Text innewohnende Spektrum sprachlicher Deutungsmöglichkeiten, welches eine der rechtlichen Subsumtion vorgelagerte Sinnermittlung notwendig macht. Diese Eigenschaft der Auslegungsfähigkeit wie Auslegungsbedürftigkeit ist bei schriftlich fixierten Texten regelmäßig in noch größerem Maße anzunehmen, als bei mündlichen Äußerungen, die meistens in engerer und damit offensichtlicherer Beziehung zur Person des Kommunikators, seinen Motiven und dem Kontext ihres konkreten Gebrauchs stehen. Unabhängig davon, ob die Voraussetzung einer eindeutigen Zielrichtung des Textes namentlich genannt wird oder aber der beispielsweise verfassungsfeindliche, auffordernde bzw. billigende Charakter eines Textes nur anhand von Umständen begründet wird, die sich unmittelbar aus dem Text selbst ergeben, so ist der Sache nach eben dieses Erfordernis der Textdeutung angesprochen. Das Merkmal der Identifikation schließlich betrifft die Besonderheit, dass eine als Text gefasste Äußerung eine Art von Verdinglichung erfährt, sodass sie sinnbildlich durch mehrere Hände gehen kann, bevor sie zur Deliktsverwirklichung verwendet wird. Das Erfordernis der Identifikation stellt dann das Zurechnungskriterium im Fall des Gebrauchs fremder Texte dar.

Neben diesen vergleichbaren inhaltlichen Ansätzen ist des Weiteren noch ein Problem bei deren Veranschaulichung deutlich geworden. Dieses besteht in der scheinbar schwer zu beantwortenden Frage nach dem Beurteilungsspielraum für die Auswahl der Kriterien, mit welchen die genannten Merkmale zu begründen sind. Die diesbezüglich festzustellenden Unsicherheiten und die daraus resultierende Variationsbreite an beachtlichen Indizien stehen in auffälligem Gegensatz zu dem Konsens, der hinsichtlich der Existenz der mittels dieser Indizien nachzuweisenden Voraussetzungen vorzuliegen scheint. Mit Blick auf den Charakter des Textes, seine eindeutige Ausrichtung bzw. Zielrichtung wird zwar betont, dass diese Punkte im Text ihren Niederschlag gefunden haben müssen, sodass sie sich unmittelbar aus diesem selbst ergeben. Jedoch ist damit nicht zugleich der Grad der Wahrnehmbarkeit beschrieben, da sich die entsprechende Zielrichtung auch in Aussagen „zwischen den Zeilen" finden lassen soll und damit das scheinbar nachprüfbare und überzeugende Ergebnisse gewährleistende Kriterium der eindeutigen Erkennbarkeit gleich wieder in einen Bereich gerückt wird, in dem unbestreitbare Aussagen mangels einzig zutreffender Deutungen nicht zu gewinnen sind. Damit einher gehen auch die Vorschläge, den Nachweis dieser nicht ausdrücklich im Text enthaltenen Erklärungen über den Rückgriff auf allgemeinkundige Tatsachen zu führen. Bezüglich des Merkmals der Identifikation stellt sich die Situation nicht anders dar. Auch hier reicht die Palette tauglicher Indizien von sog. objektiven Umständen, die sich „ohne Deuteln" anhand des Textes aufzeigen lassen müssen, hin bis zu Ansätzen, denen zufolge auch außerhalb der inkriminierten Äußerung liegende Umstände zu berücksichtigen sind. Wenn in diesem Rahmen neben dem Stil und der Aufmachung des Textes auch die Persönlichkeit, Vorgeschichte oder Denkweise des Kommunikators sowie der Vorstellungshorizont des Rezipienten genannt werden, so wird die Regellosigkeit der Handhabung des an sich be- und anerkannten Erfordernisses der Identifikation offenbar, ohne dass sich bislang eine überzeugende Begründung der Berücksichtigung bestimmter Indizien ergeben hat.

Ob es eine solche Begründung gibt und die Anwendung der genannten einschränkenden Merkmale überhaupt deliktsübergreifenden Grundsätzen zugänglich ist, wird im nachfolgenden Kapitel zu untersuchen sein. Hier genügt es bisweilen festzuhalten, dass die im 1. Kapitel beschriebenen Besonderheiten bei der Beurteilung der Strafbarkeit infolge einer Zurechnung fremder Texte keinen zufälligen, sondern vielmehr einen repräsentativen Befund darstellen und sich der Gebrauch der Merkmale Eignung, Zielrichtung und Identifikation tatsächlich als ein normübergreifendes Phänomen erwiesen hat, welches nicht zwingend an die Auslegung ganz bestimmter einzelner Delikte gebunden ist. Im Folgenden wird es von entscheidender Bedeutung sein, inwiefern dieses Phänomen zugleich Ausdruck eines normübergreifenden Prinzips ist.

4. Kapitel

Verifikation der tatbestandseinschränkenden Merkmale im Hinblick auf dogmatische Berechtigung und allgemeingültigen Aussagegehalt

Das vorangehende Kapitel hat deutlich gemacht, dass sich die bei der Verwendung fremder Texte ergebenden Schwierigkeiten bei der Beurteilung einer täterschaftlichen Strafbarkeit im Wesentlichen auf ein „Deutungsproblem" sowie ein „Zurechnungsproblem" reduzieren lassen. Wenn nun die zuvor gesammelten Erkenntnisse aus der einzeldeliktsspezifischen Betrachtung der unterschiedlichen Formen einer eingeschränkten Strafbarkeit auf ihre dogmatische Berechtigung untersucht – und damit dem Verdacht einer allzu freien Rechtsfortbildung entzogen – werden sollen, lassen sich sogleich einige augenfällige Fragen formulieren. Zunächst ist Skepsis anzumelden bezüglich des vom BGH angeführten Merkmals der objektiven Eignung. Trotz wiederholter Hervorhebung dieses Kriteriums wurde es weder in den im 1. Kapitel geschilderten Beispielsfällen noch im Rahmen der an Einzeltatbeständen ausgerichteten Untersuchung im 3. Kapitel wirklich relevant. Dem ersten Eindruck nach trägt dieser Gesichtspunkt also nichts zur Klärung der zwei genannten Probleme bei. Vielmehr scheint es selbstverständlich, dass in einer Konstellation, in welcher das die Strafbarkeit begründende Verhalten allein in der Verwendung eines Textes erblickt werden soll, dieser Text auch geeignet sein muss, als die Voraussetzungen der jeweiligen Tatbestandsmerkmale erfüllend aufgefasst werden zu können. Dass gleichwohl auch in diesem Sinne ungeeignete Texte zur Deliktsverwirklichung verwendet werden können, steht außer Zweifel, allerdings handelt es sich dann um eine an das sonstige Verhalten des Täters – und nicht mehr ausschließlich an die Äußerung – anknüpfende Strafbarkeit. Mit anderen Worten: In diesem Fall hängt es davon ab, was der Täter aus dem objektiv ungeeigneten Text „macht". Eine weitere Frage betrifft den Grund für das Zustandekommen der schon mehrfach erwähnten äußerst unterschiedlichen „Indizien" zum Nachweis der tatbestandseinschränkenden Merkmale und die Suche nach einer deliktsübergreifenden Antwort. Damit zusammenhängend muss vor allem die Bedeutung des Presserechts für dieses Problem geklärt werden, weil die deutliche Mehrheit der Fälle, in denen es um eine strafrechtliche Verantwortlichkeit für fremde Texte geht, zugleich in den Anwendungsbereich der Landespressegesetze fällt. Angesichts der Beobachtungen im 1. und 3. Kapitel kann der Einfluss presserechtlicher Vorgaben – sei es die Stellung als verantwortlicher Redakteur oder aber die Geltung der Vermutungsregeln in § 11 Bay. LPG bzw. Hess. LPG – auf den Nachweis der Identifikation mit fremden Äußerungen nicht in Abrede gestellt werden. Die dritte Frage schließlich, welche der folgenden Betrachtung vorangestellt werden kann, gilt dem Verhältnis zwischen den Merkmalen der erkennbaren Zielrichtung einerseits und dem Zu-Eigen-

Machen einer fremden Äußerung andererseits. Damit ist insbesondere deren Trennbarkeit gemeint, da es nicht zweifelsfrei ist, ob man die Zielrichtung eines Textes überhaupt unabhängig von der dahinterstehenden, sich äußernden Person beurteilen kann. Ferner ist unklar, worin der Unterschied zwischen den zu diesem Zweck heranzuziehenden Indizien besteht.

I. Die objektive Eignung eines Textes

1. Verständnis in Rechtsprechung und Schrifttum

Als Erstes soll das Merkmal der objektiven Eignung genauer auf seine dogmatische Rechtfertigung hin untersucht werden. 1984 debütierte dieses Kriterium in der Rechtsprechung des BGH, jedoch ohne einer näheren Begründung oder systematischen Herleitung für bedürftig erachtet worden zu sein[1]. Ergiebiger sind in dieser Hinsicht die der besagten Entscheidung vorausgegangenen Ausführungen von *Rebmann* und *Giehring*, die sich bereits mit diesem Merkmal beschäftigt haben. In beiden Darstellungen ging es ausschließlich um Restriktionsvorschläge für eine einschränkende Auslegung der §§ 129, 129a StGB. Um diesbezüglich die Strafbarkeit wegen Sympathiewerbung auf ein aus rechtsstaatlicher Sicht verhältnismäßiges Maß zurückzuführen, schlug *Rebmann* 1981 unter anderem vor, bei schriftlichen Werbeaktivitäten vorauszusetzen, dass der Text objektiv geeignet sein müsse, von dem durch ihn angesprochenen Adressatenkreis als Propaganda für eine bestimmte Vereinigung aufgefasst zu werden[2]. Dieses Kriterium wurde von *Rebmann* „in Anlehnung an die Rechtsprechung des BGH" hergeleitet, womit er Bezug nahm auf die Entscheidungen des 3. Senats zu § 93 StGB (a.F.)[3]. Von diesem Ausgangspunkt aus konkretisierte er seinen Restriktionsvorschlag dahingehend, dass sich die objektive Eignung notwendig auf die Werbung für eine bestimmte, tatsächlich existierende Vereinigung beziehen müsse[4]. Dabei sei es unschädlich, wenn das Werbeziel nicht ausdrücklich genannt werde, sodass auch die sog. Kennzeichenwerbung – die Wiedergabe von Symbolen oder Namenskürzeln einer Vereinigung – tatbestandsmäßig sei. Ferner müsse im Verhalten des Täters, d.h. in der Publikation des jeweiligen Textes, objektiv eine Werbung für eine terroristische Vereinigung gesehen werden können. Da es sich beim Werben um ein abstraktes Gefährdungsdelikt handele, sei dies unter Zugrundelegung der Sicht eines Durch-

---

1 Zu dieser Entscheidung BGH, Urt. v. 25.7.1984 – 3 StR 62/84 = BGHSt 33, 16 und den ihr (wenngleich unerwähnt) zugrunde liegenden Erwägungen von *Rebmann*, NStZ 1981, S. 457 ff. und *Giehring*, StV 1983, S. 296 ff., vgl. bereits die Ausführungen im 3. Kapitel unter I. 1. (S. 85).

2 *Rebmann*, NStZ 1981, S. 459.

3 *Rebmann*, NStZ 1981, S. 459 mit Fn. 19.

4 *Rebmann*, NStZ 1981, S. 460.

schnittsadressaten aus dem Personenkreis, an den der Täter sich wendet, zu beantworten[5]. Auf den Verständnishorizont eines besonders informierten Empfängers komme es folglich gerade nicht an.

Neben *Rebmann* hat sich außerdem vor allem auch *Giehring* mit dem Merkmal der objektiven Eignung im Rahmen einer umfassenden Untersuchung der Strafwürdigkeit propagandistischer Sympathiewerbung beschäftigt. Dabei konnte *Giehring* bereits auf die zwei Jahre zuvor veröffentlichte Abhandlung *Rebmann's* zurückgreifen. In Übereinstimmung mit *Rebmann* fordert er, dass die in Frage stehende Äußerung zumindest aus Sicht des Durchschnittsadressaten eine Zustimmung zur Tätigkeit der jeweiligen Vereinigung erkennen lassen müsse[6]. Anders als dieser begründet *Giehring* jedoch das Erfordernis der objektiven Eignung des zu beurteilenden Textes im Wege einer dogmatischen Deduktion unter Berücksichtigung des geschützten Rechtsguts sowie der Strafwürdigkeit des inkriminierten Verhaltens. Den Ausgangspunkt bildet die Feststellung, dass ein Werben i.S.d. §§ 129, 129a StGB keinen nachweisbaren Werbungseffekt voraussetze, sondern vielmehr die abstrakte Gefährlichkeit des Verhaltens genüge[7]. Von diesem unbestrittenen Gedanken ausgehend setzt *Giehring* das Merkmal der objektiven Eignung von vornherein in Bezug zum Schutzobjekt der öffentlichen Sicherheit und Ordnung[8]. Diese Verknüpfung findet sich zwar dergestalt ausdrücklich nicht bei *Rebmann*, allerdings stimmt sie im Ergebnis mit seinen Ausführungen überein, da ein Text, welcher objektiv nicht geeignet ist, von den Adressaten überhaupt als Werbung bzw. als Werbung für eine bestimmte Vereinigung begriffen zu werden, zwangsläufig auch nicht geeignet ist, das tatbestandlich geschützte Rechtsgut – unabhängig von seiner konkreten Bestimmung – zu gefährden[9]. Beachtenswert sind in dieser Hinsicht die Bemerkungen *Giehring's*, die dieser bei der Suche nach einer dogmatischen Begründung für ein in dieser Art verstandenes Merkmal der objektiven Eignung macht. Als Erstes schlägt er vor, diese Einschränkung als Anwendungsfall des sog. Geringfügigkeitsprinzips zu begreifen. Wenn der An-

---

5 *Rebmann*, NStZ 1981, S. 460.

6 So *Giehring*, StV 1983, S. 307, in ausdrücklicher Anlehnung an *Rebmann*.

7 *Giehring*, StV 1983, S. 299.

8 *Giehring*, StV 1983, S. 299 und S. 307. Allerdings tut dies *Giehring* nur im Rahmen der Wiedergabe des Vorschlags von *Rebmann*. Er selbst teilt dessen Standpunkt hinsichtlich des geschützten Rechtsguts keineswegs, wie er auf S. 307 unmissverständlich zu verstehen gibt. Da er den materiellen Gehalt dieses Merkmals jedoch ebenso aus anderen Erwägungen herleiten kann, kommt dieser Meinungsverschiedenheit – so *Giehring* selbst – keine weitere Bedeutung zu.

9 Bezeichnenderweise verweist *Giehring*, StV 1983, S. 299 Fn. 35, auf eine Passage in den Ausführungen *Rebmann's* (S. 461), welche sich – zumindest *Rebmann's* Gliederung nach – nicht mehr mit dem Merkmal der objektiven Eignung beschäftigt, sondern mit den Anforderungen an die Form der werbenden Tätigkeit.

lass für die Anwendung eines solchen restriktiven Kriteriums tatsächlich die Begrenzung der §§ 129, 129a StGB auf ein unter Verhältnismäßigkeitsgesichtspunkten verfassungsgemäßes Maß ist, so sollen damit „offensichtlich Bagatellverstöße ausgeschieden werden"[10]. Ferner weist *Giehring* auf die Zugehörigkeit der Tatbestandsalternative des Werbens zu den unechten Unternehmensdelikten hin[11]. Mit einer solchen Qualifizierung ließe sich – wenn auch nicht unumstritten – die Tauglichkeit der Tathandlung zur Herbeiführung des intendierten Erfolges zur Strafbarkeitsvoraussetzung machen. Schließlich stellt er einen systematischen Zusammenhang her zu einer Reihe von anderen Straftatbeständen, die von ihm als Äußerungsdelikte bezeichnet werden[12]. Dabei handelt es sich einerseits um die §§ 126, 130, 140 StGB, welche ausdrücklich das Merkmal der Eignung zur Störung des öffentlichen Friedens in ihrem Tatbestand enthalten. Andererseits nennt *Giehring* die §§ 88a, 130a StGB (beide a.F.), bei denen die Eignung noch genauer auf den jeweils beabsichtigten Erfolg bezogen war. Allerdings bezweifelt er selbst die Effektivität einer solchen „allgemeinen Eignungsklausel" zur Einschränkung des Tatbestandes[13].

2. *Kritische Würdigung*

a) **Rebmann's Begründung**

Bei Beantwortung der Frage, ob die angeführten Begründungen die Existenz eines einschränkenden Merkmals der objektiven Eignung zu rechtfertigen im Stande sind, stellen sich Zweifel bereits hinsichtlich der von *Rebmann* zur Herleitung dieses Gedankens zitierten Gerichtsentscheidungen ein. Geht man dessen Hinweisen nach, so stellt sich schnell heraus, dass 1981 zumindest bezüglich des Kriteriums der objektiven Eignung keine „Rechtsprechung des BGH" im Sinne einer gefestigten Spruchpraxis bestand. Auch in den angeführten Entscheidungen zu § 93 StGB (a.F.) wurde diesem Gesichtspunkt keine besondere Aufmerksamkeit gewidmet. Das von *Rebmann* zitierte Urteil vom 8.5.1964 betont lediglich, dass eine verfassungsfeindliche Schrift im Sinne dieser Vorschrift unmittelbar aus sich selbst heraus deutlich erkennbar verfassungsfeindlich sein muss[14]. Dieser Gedanke entspricht aber eher dem Kriterium der ein-

10 *Giehring*, StV 1983, S. 299 und S. 307.

11 *Giehring*, StV 1983, S. 299.

12 *Giehring*, StV 1983, S. 299.

13 *Giehring*, StV 1983, S. 307.

14 BGH, Urt. v. 8.5.1964 – 3 StR 9/64. Diese Entscheidung ist in BGHSt 19, 308, nur teilweise abgedruckt, weshalb *Rebmann* in Fn. 19 die maßgeblichen Ausführungen zitiert. Die daneben von ihm genannte Entscheidung BGH, Urt. v. 3.5.1978 – 3 StR 91/78 (S) = BGHSt 28, 26, führt in diesem Zusammenhang nicht weiter, da sie sich lediglich allgemein mit der Einbeziehung der Sympathiewerbung in den Tatbestand des § 129 StGB beschäftigt.

deutig erkennbaren Zielrichtung. Vergleicht man das Urteil mit der kurz zuvor ergangenen Entscheidung BGHSt 19, 245 so wird diese Vermutung zur Gewissheit. Dort beginnt der 3. Strafsenat die Urteilsbegründung, indem er bemerkt, § 93 StGB (a.F.) setze voraus, dass durch den Inhalt der jeweiligen Schrift verfassungsfeindliche Bestrebungen herbeigeführt oder gefördert werden müssen. Sodann stellt er klar:

> „Die Schrift muss also eine verfassungsfeindliche Zielsetzung aufweisen, es genügt nicht, dass sie lediglich geeignet ist, verfassungsfeindliche Bestrebungen zu fördern.“[15]

Dem Merkmal der objektiven Eignung unter Hinweis auf die Rechtsprechung des BGH zu § 93 StGB (a.F.) eine eigenständige Funktion zusprechen zu wollen, dürfte angesichts dieser Nachweise auch bei entgegenkommendester Deutung schwer fallen.

b) Materielle Bedeutung der objektiven Eignung

Auch wenn der dogmatische Ursprung somit fraglich ist, würde diesbezüglicher Kritik freilich geringes Gewicht beizumessen sein, sofern das materielle Verständnis sowie die Anwendung der einschränkenden Voraussetzung einer objektiven Eignung dieses Merkmal durch praktikable Ergebnisse legitimiert. Im Rahmen der Betrachtung der inhaltlichen Handhabung muss sich also die berechtigte Frage nach der eigenständigen Bedeutung dieses Kriteriums jenseits der bereits durch Tatbestandsauslegung gewonnenen und als anerkannt zu bezeichnenden Erkenntnisse stellen. Deren Ausgangspunkt ist die gängige und insoweit auch unbestrittene Definition des Begriffs der Werbung als einer auf Stärkung der Vereinigung mit den Mitteln der Propaganda gerichteten Tätigkeit[16]. Diesbezüglich ist es aber – angesichts des eindeutigen Wortlauts der §§ 129 Abs. 1, 129a Abs. 3 StGB kaum begründungsbedürftig – anerkannt, dass sich die werbende Tätigkeit auf eine bestimmte Vereinigung beziehen muss[17]. Außerdem wird einhellig betont, dass die Form der Werbung irrelevant sei, also eine offene, versteckte, mündliche oder schriftliche Werbung hinsichtlich ihrer Tatbestandsmäßigkeit allein nach ihrer die Vereinigungstätigkeit befürwortenden Ziel- und Zweckrichtung beurteilt werde[18]. Schließlich ist auch der Hinweis

---

15 BGH, Urt. v. 28.2.1964 – 3 StR 40/63 = BGHSt 19, 245 (247). Ebenso die Bestätigung dieser Rechtsprechung und Übernahme in die Auslegung des § 86 StGB durch BGH, Urt. v. 23.7.1969 – 3 StR 326/68 = BGHSt 23, 64 (75).

16 Dazu bereits im 3. Kapitel unter I. 2. a) (S. 89). Diese Definition ist insofern unbestritten, als dass sie die problematische Frage nach der Einbeziehung der Sympathiewerbung offen lässt.

17 LK[11]-*v. Bubnoff* § 129 Rdn. 53.

18 SK-BT[54]-*Rudolphi* § 129 Rdn. 18; *Sch/Sch[26]-Lenckner* § 129 Rdn. 14a; LK[11]-*v. Bubnoff* § 129 Rdn. 48 und Rdn. 53.

auf die Rechtsnatur der §§ 129, 129a StGB als abstrakte Gefährdungsdelikte verbreitet. In dieser Hinsicht existiert allerdings ein Streit, den man in groben Zügen mit den Standpunkten des abstrakten Gefährdungsdelikts einerseits und der Vorverlagerung des Strafrechtsschutzes von konkreten Rechtsgütern andererseits beschreiben kann. Dabei rekurriert das überwiegende Schrifttum sowie der BGH zur Umschreibung des tatbestandlich geschützten Rechtsguts auf den Gedanken des abstrakten Gefährdungsdelikts, sodass die §§ 129, 129a StGB dem von organisierten kriminellen bzw. terroristischen Vereinigungen ausgehenden erhöhten Gefährdungspotenzial für die öffentliche Sicherheit und Ordnung Rechnung tragen[19]. Demgegenüber beschränkt eine andere Ansicht den Schutzzweck auf die – ohnehin – im Besonderen Teil des StGB genannten Rechtsgüter, deren Sicherung durch die über diese Tatbestände erreichte Vorverlagerung des Strafschutzes in das Vorbereitungsstadium hinein effektiviert würde[20]. Diese Meinungsverschiedenheit kann jedoch hier dahinstehen, da sie nicht die Qualifikation dieser Tatbestände als abstrakte Gefährdungsdelikte zum Gegenstand hat, sondern lediglich die zutreffende Bestimmung der geschützten Rechtsgüter. Darüber hinaus ist im vorliegenden Zusammenhang einzig bedeutend, dass es sich dabei gerade nicht um einen Streit über die Bestimmung der Grenzen einer einschränkenden Auslegung anlässlich der Erstreckung des Tatbestands auf werbende Tätigkeiten mittels schriftlicher Äußerungen handelt. Vielmehr sind sämtliche obige Aussagen bereits zu dem als hinreichend gesichert zu bezeichnenden Kreis von Auslegungsergebnissen zu rechnen, welchen Rechtsprechung wie Schrifttum unmittelbar aus dem objektiven Unrechtstatbestand der §§ 129, 129a StGB ableiten. Vor allem geschieht dies – und darauf kommt es hier an – im Rahmen einer generellen Kommentierung dieser Delikte. Von den speziell auf die Verwendung von Texten zugeschnittenen Problemen und Anforderungen bei der Anwendung dieser Vorschriften ist diesbezüglich noch keine Rede. In Anbetracht dessen muss eine Antwort auf die Frage, worin dann aber der Sinn – geschweige denn der dogmatische Ursprung – eines solchen Merkmals zum Zwecke der „einschränkenden" Auslegung gesehen werden kann, wenn sich dessen wesentliche Aspekte ohnehin zwanglos in die schon bekannten Auslegungskriterien einreihen lassen, vorerst noch auf sich warten lassen.

Dieser Befund ist nun nicht allein auf den Vorschlag *Rebmann's* bezogen, sondern des Weiteren auf all jene Darstellungen übertragbar, die einmütig das Kriterium der „objektiven Eignung" zur Realisierung einer einschränkenden Aus-

---

19 BGH, Urt. v. 22.2.1995 – 3 StR 583/94 = BGHSt 41, 47 (51) mit zustimmender Anmerkung von *Schittenhelm*, NStZ 1995, S. 343; *Sch/Sch*[26]*-Lenckner* § 129 Rdn. 1; *Geppert*, JK 96, StGB § 129/5; LK[11]*-v. Bubnoff* § 129 Rdn. 2 f.

20 SK-BT[54]*-Rudolphi* § 129 Rdn. 2; *Maurach/F.-C. Schroeder/Maiwald*, Strafrecht BT – Teilbd. 2 (1999), S. 401 Rdn. 3; *Giehring*, StV 1983, S. 302 f.; *Ostendorf*, JA 1980, S. 500; *ders.*, JZ 1979, S. 252 f.; *Rudolphi*, Jura 1980, S. 259; *ders.*, ZRP 1979, S. 218 f.; *ders.*, JR 1979, S. 35 f.; *ders.*, FS *Bruns* (1978), S. 317 f.

legung empfehlen. Dazu gehört beispielsweise auch die sehr ausführliche Kommentierung der §§ 129, 129a StGB durch *v. Bubnoff*. Dieser geht dabei speziell auf die Verwirklichung der Tatbestandsalternative des Werbens durch Verwendung von Texten und Druckschriften ein[21]. Diesbezüglich hält er – unter Hinweis auf *Rebmann* – die Anwendung von „einschränkenden Auslegungskriterien" für notwendig und schlägt in dieser Hinsicht vor:

> „Texte müssen objektiv geeignet sein, von den im Einzelfall angesprochenen Adressaten als Werbung für die Organisation oder die Ziele einer bestimmten Vereinigung als solcher bzw. als Unterstützung aufgefaßt zu werden."[22]

Dabei komme es entscheidend auf „das Sinnverständnis des verständigen Durchschnittsadressaten" an[23]. Allerdings lassen sich exakt die gleichen Gedanken bereits in *v. Bubnoff's* vorangehenden Ausführungen finden, ohne dass dort eine besondere Beziehung zur Tatbegehung durch Texte hergestellt oder die Notwendigkeit einer einschränkenden Auslegung auch nur erwähnt würde[24]. Begreift man die objektive Eignung eher als in Beziehung stehend zu dem Erfordernis der Bezeichnung einer konkreten, bestimmten Vereinigung, für die geworben wird, so gilt dieses Erfordernis aufgrund der Organisationsbezogenheit des § 129 StGB sowieso für alle Tatbestandsalternativen[25]. In diesem Zusammenhang weist *v. Bubnoff* ausdrücklich darauf hin, dass dieser Vereinigungsbezug vom Empfängerhorizont eines Durchschnittsadressaten her zu begründen ist. Freilich ließe sich die objektive Eignung ebenso gut in Beziehung setzen zu den Anforderungen an den jeweiligen Text selbst[26]. Ob jedoch die Voraussetzung, dass ein Text, durch dessen Verwendung eine Person das Tatbestandsmerkmal des Werbens erfüllt, geeignet zu sein hat, vom Adressaten des Textes als Werbung aufgefasst werden zu können, tatsächlich eine restriktivere Tatbestandsanwendung bedingt, ist fraglich. Wenn bereits das Werben dahingehend definiert wird, dass damit eine mit den Mitteln der Propaganda betriebene Tätigkeit gemeint ist, die ersichtlich auf Erzeugung der Bereitschaft zur Förderung der Vereinigung gerichtet ist[27], so sind mehrdeutige Äußerungen ohne ernsthaft werbenden Charakter schon qua definitionem nicht tatbestandlich. Einer einschränkenden Auslegung bedarf es dazu nicht[28]. Damit aber erscheint das

21 LK[11]-*v. Bubnoff* § 129 Rdn. 54 bis 57.

22 LK[11]-*v. Bubnoff* § 129 Rdn. 54.

23 LK[11]-*v. Bubnoff* § 129 Rdn. 55.

24 LK[11]-*v. Bubnoff* § 129 Rdn. 49 bis 53.

25 Vgl. dazu LK[11]-*v. Bubnoff* § 129 Rdn. 1 und Rdn. 53.

26 In diese Richtung geht wohl auch eher LK[11]-*v. Bubnoff* § 129 Rdn. 55.

27 So selbst LK[11]-*v. Bubnoff* § 129 Rdn. 49.

28 Auch *Sch/Sch*[26]*-Lenckner* § 129 Rdn. 14b erwähnt unter Bezugnahme auf *Rebmann* und BGH, Urt. v. 25.7.1984 – 3 StR 62/84 = BGHSt 33, 16, das Erfordernis der objektiven Eignung des Textes, äußert sich diesbezüglich aber eher skeptisch über die Tauglichkeit dieses Merkmals zur restriktiveren Tatbestandsanwendung.

Merkmal der objektiven Eignung von seinem Sinngehalt her tautologisch und für den Zweck einer besonders restriktiven Tatbestandsanwendung nutzlos.

c) Hinweis auf das Geringfügigkeitsprinzip

Einzig die Begründungsvorschläge *Giehring's* scheinen damit in dogmatischer Hinsicht zur Rechtfertigung noch tauglich. Das von ihm als erstes erwähnte Geringfügigkeitsprinzip ist systematisch auf der Ebene des objektiven Tatbestands anzusiedeln, wo es zusammen mit anderen Prinzipien als mögliches Korrektiv zur Tatbestandseinschränkung diskutiert wird[29]. An die gemeinrechtliche Parömie „minima non curat praetor" anknüpfend sollen auf diesem Wege unbedeutende, sozial adäquate Rechtsgutsbeeinträchtigungen aus dem tatbestandlichen Anwendungsbereich einer Strafvorschrift ausgeschieden werden, obwohl mit Blick allein auf den Wortlaut der jeweiligen Norm ein an sich tatbestandsmäßiges Verhalten vorliegt[30]. Bereits in dieser Formulierung klingen Anleihen an den Gedanken der Sozialadäquanz[31] an, die ebenso als Mittel zur Einschränkung zu weit gefasster Tatbestände verwendet wird und sich vom Gedanken der Geringfügigkeit nur schwer abgrenzen lässt[32]. Bislang nicht völlig geklärt ist allerdings der

---

29 *Sch/Sch*[26]*-Lenckner* Vorbem. §§ 13 ff. Rdn. 68 ff.; *Roxin*, AT Bd. 1 (1997), S. 243 Rdn. 40; *Ostendorf*, GA 1982, S. 343 f.

30 Besondere Bedeutung hat das Geringfügigkeitsprinzip erlangt im Rahmen der Auslegung der Verwerflichkeitsklausel des § 240 Abs. 2 StGB, vgl. *Krey*, Strafrecht BT – Bd. 1 (2002), S. 166 Rdn. 364 ff.; *ders.*, JuS 1974, S. 423 f.; *Roxin*, JuS 1964, S. 376 f. Zwar wird es dort zur Begründung der Rechtswidrigkeit der Nötigung herangezogen, jedoch ergibt sich insofern kein Unterschied zur soeben dargestellten Einordnung in den Bereich einer korrigierenden, einschränkenden Tatbestandsauslegung, wenn man das – seiner systematischen Stellung nach umstrittene – Verwerflichkeitserfordernis nicht als ein spezielles Rechtswidrigkeitsmerkmal begreift, sondern als Ergänzung des Tatbestands. In letzterer Weise *Sch/Sch*[26]*-Eser* § 240 Rdn. 16; anderer Ansicht sind BGH, Beschl. v. 18.3.1952 – GSSt 2/51 = BGHSt 2, 194 (196); *Krey*, Strafrecht BT – Bd. 1 (2002), S. 163 Rdn. 356; *Wessels/Hettinger*, Strafrecht BT/1 (2002), S. 109 Rdn. 421 ff. BVerfG, Urt. v. 11.11.1986 – 1 BvR 713/83, 921, 1190/84 und 333, 248, 306, 497/85 = BVerfGE 73, 206 (238 f.), spricht von einem „tatbestandsregulierenden Korrektiv", was jedenfalls den hier relevanten Zusammenhang zutreffend bezeichnet.

31 Der Gedanke geht zurück auf *Welzel*, ZStW 58 (1938), S. 516 ff., der diese Lehre von der Sozialadäquanz maßgeblich entwickelt hat. Aus neuerer Zeit ist diesbezüglich die umfassende Darstellung von *Wolski*, Soziale Adäquanz (1990) zu erwähnen. Auch die Sozialadäquanz wird nach ganz überwiegender Ansicht auf der Ebene des Tatbestands verortet, vgl. *Wolski*, Soziale Adäquanz (1990), S. 119 ff.; *Roxin*, FS *Klug*, Bd. II (1983), S. 304 ff. Ebenso bereits *Welzel*, Das Deutsche Strafrecht (1969), S. 55 ff.

32 Ebenso *Sch/Sch*[26]*-Lenckner* Vorbem. §§ 13 ff. Rdn. 70a. *Roxin*, AT Bd. 1 (1997), S. 240 Rdn. 33 ff.; *ders.*, FS *Klug*, Bd. II (1983), S. 310 ff. behandelt von vornherein das Geringfügigkeitsprinzip gemeinsam mit dem Gedanken des erlaubten Risikos als Untergruppe der Lehre von der Sozialadäquanz. Auch *Sommer*, Das fehlende Erfolgsunrecht (1987), S. 105 bezeichnet die „Fallgruppe der unerheblichen Beeinträchtigungen" als „Teilprob-

dogmatische Ursprung des Geringfügigkeitsprinzips, obgleich eben dieser von entscheidender Bedeutung für dessen Allgemeingültigkeit ist. In Betracht kommt zum einen – so wie es auch von *Giehring* dargestellt wird – die Herleitung aus dem rechtsstaatlichen und damit verfassungsrechtlich gewährleisteten Grundsatz der Verhältnismäßigkeit[33]. Überwiegend wird jedoch das Geringfügigkeitsprinzip lediglich als Ausprägung einer teleologischen Tatbestandsauslegung angesehen[34]. Ebenso wie der Gedanke der Sozialadäquanz habe es keine eigenständige Funktion, sondern könne eine gewisse Bedeutung nur als Behelfskriterium im Rahmen der ohnehin anerkannten und praktizierten Auslegungsregeln entfalten, namentlich einer am Schutzzweck orientierten teleologischen Auslegung[35]. Damit wird aber auch seine Existenz als selbstständiges Rechtsprinzip und deliktsübergreifendes Tatbestandskorrektiv jenseits der spezifisch einzeldeliktischen Auslegungsergebnisse negiert.

Für den vorliegenden Zusammenhang folgt daraus, dass das Merkmal der objektiven Eignung somit höchstens als Konkretisierung des Geringfügigkeitsgedankens Bestand haben könnte. Folgt man diesbezüglich der überwiegenden Ansicht, so steht zumindest fest, dass damit bestenfalls das Ergebnis einer einschränkenden Auslegung eines konkreten einzelnen Deliktstatbestandes formuliert sein kann. Die Begründung eines für mehrere Strafvorschriften (allge-

---

lematik des sozialadäquaten Verhaltens". *Ostendorf*, GA 1982, S. 344 dagegen schlägt vor, die Sozialadäquanz auf die Beurteilung der „Angriffsintensität" – also des Handlungsunrechts – zu beschränken und das Geringfügigkeitsprinzip nur auf die „Verletzungsintensität" – also das Erfolgsunrecht – anzuwenden.

33 *Giehring*, StV 1983, S. 307, nennt das Geringfügigkeitsprinzip zum Ausschluss von Bagatellverstößen im Anschluss an die von ihm auf S. 305 aus Verhältnismäßigkeitsgesichtspunkten als notwendig geforderte restriktive Auslegung; ebenso beruft sich *Rebmann*, NStZ 1981, S. 459, auf den Verhältnismäßigkeitsgrundsatz. Auch das OLG Hamm, Urt. v. 16.7.1980 – 6 Ss 40/80 = NJW 1980, S. 2537, begründet das Geringfügigkeitsprinzip unter Hinweis auf den Grundsatz der Verhältnismäßigkeit und erhebt es damit in den Rang einer deliktsübergreifenden tatbestandlichen Restriktionsmaxime.

34 *Sch/Sch²⁶-Lenckner* Vorbem. §§ 13 ff. Rdn. 70a; *Roxin*, AT Bd. 1 (1997), S. 244 Rdn. 41; *Ostendorf*, GA 1982, S. 344 f.

35 *Sch/Sch²⁶-Lenckner* Vorbem. §§ 13 ff. Rdn. 70 und Rdn. 70a; *Roxin*, AT Bd. 1 (1997), S. 243 Rdn. 40 bis 42; *Ostendorf*, GA 1982, S. 345. Die deutlichste Ablehnung gegenüber dem Versuch, die einschränkenden Merkmale im Rahmen der §§ 129, 129a StGB auf den Gedanken der Verhältnismäßigkeit zu stützen, findet sich in der Besprechung von BGH, Urt. v. 25.7.1984 – 3 StR 62/84 = BGHSt 33, 16 durch *Bruns*, NStZ 1985, S. 22 ff., dort insbesondere S. 24: „Der – heute allgemein so beliebte – Rückgriff auf den Verhältnismäßigkeitsgrundsatz [...] war m.E. gar nicht nötig, direkt überflüssig. Ich halte ihn sogar für methodisch bedenklich. Denn er gehört zu den zahlreichen Bestrebungen, bei Anwendung normaler Gesetzesbestimmungen voreilig das Verfassungsrecht heranzuziehen und mit seiner Hilfe den Geltungsbereich der einfachen Norm, auch bei festen Konturen, so aufzuweichen, dass bei der anschließenden Güterabwägung jeder zu dem Ergebnis gelangen kann, das ihm persönlich (rechtspolitisch!) gefällt."

mein-)gültigen Restriktionsmerkmals aber lässt sich so mangels Allgemeingültigkeit des zugrunde liegenden Restriktionsprinzips nicht erreichen.

d) Qualifizierung als unechtes Unternehmensdelikt

Neben dem Geringfügigkeitsprinzip führt *Giehring* noch die Möglichkeit einer Qualifizierung der Werbungsalternative der §§ 129, 129a StGB als unechtes Unternehmensdelikt an, da mit einer solchen Einordnung die Eignung zur Herbeiführung des Erfolges als Voraussetzung für eine tatbestandsmäßige Handlung einhergehe. Tatsächlich ist eine entsprechende Beschreibung der Begehungsform des Werbens vereinzelt im Schrifttum zu finden[36]. Inhaltlich ist damit eine Gruppe von Delikten angesprochen, die den in § 11 Abs. 1 Nr. 6 StGB geregelten Unternehmensdelikten verwandt ist. Letztere werden aufgrund ihrer ausdrücklichen Normierung als echte Unternehmensdelikte bezeichnet und sind im Besonderen Teil des StGB durch die Verwendung der Formulierung des „Unternehmens" zur Beschreibung des tatbestandlichen Verhaltens unschwer zu erkennen[37]. Die Bedeutung dieser unbestrittenen Rechtsfigur liegt in den Konsequenzen, welche die durch § 11 Abs. 1 Nr. 6 StGB bewirkte Gleichstellung von Vollendung und Versuch mit sich bringt[38]. Dies ist zum einen die Bewertung eines „materiell" einen Versuch darstellenden Verhaltens als Tatvollendung, und zwar unabhängig davon, ob es sich bei dem jeweiligen Delikt um ein Verbrechen oder Vergehen handelt und damit aus Sicht der §§ 12, 23 Abs. 1 StGB überhaupt eine Versuchsstrafbarkeit besteht. Zum anderen wird die maßgebliche Funktion der echten Unternehmenstatbestände im Ausschluss der fakultativen Strafmilderungsmöglichkeit gem. § 23 Abs. 2 StGB gesehen. Ferner führt § 11 StGB dazu, dass ein strafbefreiender Rücktritt nach § 24 StGB nicht in Betracht kommt, da – zumindest „formell" – ein vollendetes Delikt vorliegt.

Bei den hier angesprochenen unechten Unternehmensdelikten dagegen handelt es sich um Strafvorschriften, die zwar tatbestandlich nicht den Begriff des „Unternehmens" aufweisen, ansonsten aber von ihrer Struktur her den echten Unternehmensdelikten ähnlich sind, weil

---

36 Beispielsweise bei SK-BT[54]-*Rudolphi* § 129 Rdn. 20; LK[11]-*v. Bubnoff* § 129 Rdn. 63 und Rdn. 72. Ebenso der Sache nach *Sch/Sch*[26]-*Lenckner* § 129 Rdn. 18 mit der Aussage, dass die Begehungsformen des Werbens und Unterstützens bereits Versuchshandlungen erfassen. Entschieden gegen eine solche Einordnung ist *Ostendorf*, JA 1980, S. 502, da die sich auf diese Weise ergebende Versuchsstrafbarkeit einen Verstoß gegen Art. 103 Abs. 2 GG darstellen würde.

37 *Sch/Sch*[26]-*Eser* § 11 Rdn. 52; *Sowada*, GA 1988, S. 196.

38 Dazu im einzelnen *Sch/Sch*[26]-*Eser* § 11 Rdn. 53 bis 55; *Sowada*, GA 1988, S. 196 ff.; LK[10]-*Tröndle* § 11 Rdn. 75 bis 77; *H. Schröder*, FS *Kern* (1968), S. 459 ff.

„der Gesetzgeber die Betätigung einer bestimmten Tendenz des Täters unter Strafe stellt, ohne dass diese einen tatsächlichen Erfolg gehabt zu haben braucht“[39] bzw. „das Gesetz eine objektiv ambivalente Handlung deswegen unter Strafe stellt, weil der Täter mit ihr bestimmte deliktische Absichten verfolgt“[40].

Nimmt bei einem solchen unechten Unternehmensdelikte der Täter die jeweilige tatbestandlich umschriebene Handlung mit entsprechender Erfolgstendenz vor, ist demzufolge bereits in diesem Augenblick das Delikt unabhängig vom Eintritt eines weiteren, darüber hinausgehenden Erfolgs vollendet. Da auf diese Weise die Strafbarkeit aufgrund der gebotenen Nichtanwendung der Versuchsvorschriften erweitert wird, besteht das Hauptproblem in dem daraus resultierenden Konflikt mit Art. 103 Abs. 2 GG[41]. Insbesondere die Erstreckung auf Konstellationen, die „materiell“ einem untauglichen Versuch entsprechen, ist in dieser Hinsicht problematisch und umstritten. Als mögliche Lösung wird diesbezüglich diskutiert, zwischen der Untauglichkeit der Handlung als solcher und dem Fehlen sonstiger, vom Täter irrig angenommener Tatumstände – insbesondere der Untauglichkeit des Handlungsobjekts – zu differenzieren. Die Vollendungsstrafbarkeit soll dabei nach verbreiteter Ansicht nur im zuerst genannten Fall eintreten, also bei handlungsbezogener Ungeeignetheit[42]. Als Begründung wird regelmäßig darauf hingewiesen, dass die Einordnung eines Delikts als unechtes Unternehmensdelikt einzig auf einer bestimmten – nämlich gerade erfolgsunabhängigen, finalen – Handlungsbeschreibung basiert. Dann aber ließen sich strukturelle Parallelen zu § 11 Abs. 1 Nr. 6 StGB auch nur bezüglich der Tatbestandshandlung rechtfertigen[43]. Allein mit Blick auf diese Aussagen ist die von *Giehring* vorausgesetzte Tauglichkeit – scil. objektive Eignung – der Handlung zur Erfolgsherbeiführung unverständlich. Jedoch spricht *Giehring* selbst diesbezüglich ausdrücklich von einer „umstrittenen Konzeption dieser Deliktsgruppe“ und verweist auf entsprechende Äußerungen *Rudolphi's*[44]. Bei diesen aber handelt es sich gerade um eine nicht sonderlich verbreitete Auffassung von der Übertragung der Versuchsgrundsätze auf die unechten Unternehmensdelikte[45]. Damit ist bereits das Merkmal der Geeignetheit der Tathandlung

---

39 So schon *H. Schröder*, FS *Kern* (1968), S. 464.

40 So *Sch/Sch*^{26}*-Eser* § 11 Rdn. 52.

41 *Sch/Sch*^{26}*-Eser* § 11 Rdn. 53 f.; *Sowada*, GA 1988, S. 199; *Ostendorf*, JA 1980, S. 502; *H. Schröder*, FS *Kern* (1968), S. 465.

42 So *Sch/Sch*^{26}*-Eser* § 11 Rdn. 54; *Jescheck/Weigend*, AT (1996), S. 526 f.; *Sowada*, GA 1988, S. 207; *H. Schröder*, FS *Kern* (1968), S. 465 f.

43 *Sch/Sch*^{26}*-Eser* § 11 Rdn. 54; *H. Schröder*, FS *Kern* (1968), S. 465.

44 *Giehring*, StV 1983, S. 299 Fn. 38, nimmt Bezug auf SK-AT^{36}-*Rudolphi* § 11 Rdn. 46. Dort schlägt *Rudolphi* vor, für eine Vollendungsstrafbarkeit bei unechten Unternehmensdelikten nicht nur die Tauglichkeit des Handlungsobjekts sowie der sonstigen Tatumstände zu verlangen, sondern außerdem noch die Eignung der Handlung zur Herbeiführung des Erfolges.

45 Siehe dazu *Sch/Sch*^{26}*-Eser* § 11 Rdn. 54. Allerdings bemerkt *Sowada*, GA 1988, S. 207 f., zutreffend, dass selbst die wohl überwiegende Ansicht bei der von ihr postulierten Unbe-

selbst keineswegs als zum gesicherten Auslegungsprogramm dieser Delikte gehörend zu verstehen.

Allerdings bestehen neben diesen Zweifeln an der Berechtigung des besagten Merkmals noch grundsätzliche Bedenken an der Aussagekraft der Zugehörigkeit einer Strafvorschrift zu dieser Deliktsgruppe überhaupt. Denn ob und inwieweit eine Gleichstellung mit den echten Unternehmensdelikten nach § 11 Abs. 1 Nr. 6 StGB erfolgt, wird überwiegend deliktsspezifisch beantwortet[46]. Genauso wie das Geringfügigkeitsprinzip nur eine Variante der teleologischen Auslegung ist, so wird auch die Qualifizierung eines Delikts als unechtes Unternehmensdelikt lediglich als das Ergebnis einer Tatbestandsinterpretation begriffen. Insbesondere von *Sowada* wird diese Erkenntnis nachdrücklich formuliert:

> „Es ist somit festzuhalten, dass der Begriff des unechten Unternehmensdelikts keine dogmatischen Ableitungen gestattet. Er ist vielmehr ein bloßes Etikett, welches zum Ausdruck bringen soll, dass bei den mit diesem Terminus belegten Tatbeständen ein materiell dem Versuch zuzuordnender Bereich formeller Bestandteil der vollendeten Tatbegehung ist. Dass dies so ist und welche Versuchsformen einbezogen sind, ergibt sich nicht aus dem – ausschließlich klassifikatorische Funktionen erfüllenden – Begriff des unechten Unternehmensdelikts, sondern aufgrund einer sorgfältigen Analyse des betreffenden Deliktstatbestandes.“[47]

---

achtlichkeit einer handlungsbezogenen Untauglichkeit nicht konsequent ist. Das beste Beispiel dafür ist § 257 StGB, dessen Charakterisierung als unechtes Unternehmensdelikt zwar verbreitet ist (so beispielsweise *Sch/Sch*[26]*-Eser* § 11 Rdn. 52; SK-AT[36]-*Rudolphi* § 11 Rdn. 44; LK[10]-*Tröndle* § 11 Rdn. 79), bei dem es andererseits aber mittlerweile üblich ist, die objektive Eignung des „Hilfeleistens“ zur Restitutionsvereitelung zu verlangen, vgl. BGH, Urt. v. 30.4.1953 – 3 StR 364/52 = BGHSt 4, 221 (224 f.); SK-BT[54]-*Samson* § 257 Rdn. 15 ff.; *Sch/Sch*[26]*-Stree* § 257 Rdn. 15; *Geppert*, Jura 1980, S. 274 f. sowie die ausführliche Darstellung von *Vogler*, FS *Dreher* (1977), S. 405 ff. Instruktives Beispiel ist die Kommentierung von *Sch/Sch*[26]*-Eser* § 11 Rdn. 54, wo die Strafbarkeit nach § 257 StGB aufgrund der Rechtsnatur als unechtes Unternehmensdelikt bei untauglicher Begünstigungshandlung bejaht wird, während *Sch/Sch*[26]*-Stree* § 257 Rdn. 27 für eine Vollendungsstrafbarkeit die Vornahme einer objektiv erfolgsgeeigneten Handlung verlangt. Die damit stillschweigend akzeptierte Abweichung von den weithin im Rahmen der unechten Unternehmensdelikte anerkannten Grundsätzen wird jedoch nur selten problematisiert.

46 So hat bereits *H. Schröder*, FS *Kern* (1968), S. 464 ff., seine Aussagen auf eine Tatbestandsinterpretation insbesondere der §§ 113, 257, 292 StGB gestützt. Ebenso machen es *Maurach/Gössel/Zipf*, Strafrecht AT – Teilbd. 2 (1989), S. 30 Rdn. 83 ff., allerdings aufgrund einer Zuordnung der unechten Unternehmensdelikte unter die Gruppe der schlichten Tätigkeitsdelikte, bei denen wiederum die Versuchsstrafbarkeit durch eingehende Tatbestandsanalyse zu ermitteln sei, vgl. Rdn. 94 und Rdn. 84. Überzeugende Argumente gegen diese Betrachtungsweise werden geltend gemacht von *Sowada*, GA 1988, S. 209 f.

47 *Sowada*, GA 1988, S. 206. Ganz ähnlich hat es auch *Vogler*, FS *Dreher* (1977), S. 405 f., hinsichtlich der Begünstigung dargestellt: „Die Meinungsverschiedenheiten darüber, was unter ‚Hilfeleisten‘ i.S.d. § 257 StGB zu verstehen ist, bestehen denn auch fort, wie ein Blick in die Literatur zeigt. [...] Die Einordnung des § 257 StGB in die Gruppe der un-

Damit jedoch kann auch dieser Ansatz nicht zur Rechtfertigung eines einzeldeliktsübergreifenden Merkmals der objektiven Eignung führen. Selbst wenn es sich bei der Werbungsalternative der §§ 129, 129a StGB tatsächlich um eine Tatbestandsumschreibung handelt, die aus materieller Sicht Versuchsformen beinhaltet, so ist noch nicht einmal dann ein Zusammenhang hergestellt gerade mit der Verwendung fremder Texte, aus deren Anlass Rechtsprechung wie Schrifttum zu diesem einschränkenden Kriterium greifen.

e) Vergleich mit anderen Eignungsmerkmalen

Als dritten und letzten Vorschlag für eine dogmatische Rechtfertigung der einschränkenden Auslegung des Werbungsbegriffs durch Verschärfung der Anforderungen an den Inhalt der schriftlichen Äußerung mittels der Voraussetzung der objektiven Eignung lenkt *Giehring* den Blick auf eine Reihe anderer Tatbestände, die er als Äußerungsdelikte bezeichnet[48]. Dabei handelt es sich zum einen um die §§ 126, 130, 140 Nr. 2 StGB, bei denen die Eignung zur Störung des öffentlichen Friedens als Tatbestandsmerkmal formuliert ist. Zum anderen führt *Giehring* die §§ 88a und 130a StGB (jeweils a.F.) an, welche die Eignung von Schriften zur Förderung der Bereitschaft anderer zur Begehung von Straftaten vorausgesetzt haben[49]. Im Rückschluss auf §§ 129, 129a StGB erwähnt er daraufhin die Möglichkeit, deren Tatbestände um ein solches „allgemeines Eignungsmerkmal" zu ergänzen, sodass bei der Verwendung von schriftlichen Äußerungen die Eignung des Textes zur Förderung der Bereitschaft anderer, Mitglied oder Anhänger der Vereinigung zu werden, vorliegen müsse[50].

Der Wortlaut der §§ 129, 129a StGB enthält allerdings kein objektives Tatbestandsmerkmal, das als Grundlage einer solchen Interpretation in Betracht kommen könnte. Demzufolge kann mit diesem Vorschlag nur eine teleologische Reduktion gemeint sein[51], bei der den genannten Vorschriften das einschrän-

---

echten Unternehmensdelikte liefert dafür keine tragfähige Begründung, weil sie voraussetzt, was es zu beweisen gilt."

48 *Giehring*, StV 1983, S. 299.

49 Die §§ 88a, 130a StGB (a.F.) wurden in das StGB eingefügt durch das 14. StrÄndG v. 22.4.1976, BGBl. I S. 1056 und aufgehoben durch das 19. StrÄndG v. 7.8.1981, BGBl. I S. 808.

50 *Giehring*, StV 1983, S. 307.

51 Keinesfalls handelt es sich um eine „Rechtsanalogie" – also die Verwendung eines gemeinsamen Rechtsgedankens mehrerer Vorschriften im Unterschied zur Gesetzesanalogie als der Anwendung einer einzelnen, wörtlich nicht passenden Vorschrift – zu den §§ 126, 130, 140 Nr. 2 StGB, da es vorliegend nicht um die Übertragung ihrer Rechtsfolgen geht. Auch läge die Rechtfertigung einer Analogie in Form des Gerechtigkeitsgebots einer gleichen Behandlung gleichartiger Fälle ersichtlich nicht vor, da die zitierten Straftatbestände das Merkmal der Eignung unabhängig von der Verwendung gerade schriftlicher Äußerungen enthalten. *Hoyer* lässt es im Rahmen seiner eingehenden Untersuchung der

kende Merkmal der Eignung entnommen wird, um auf diese Weise die im Rahmen der §§ 129, 129a StGB im Fall der Verwendung schriftlicher Äußerungen sich als notwendig herausgestellten Differenzierungen zu erreichen. Diese Differenzierungen können bei einer teleologischen Reduktion aufgrund der ratio der einzuschränkenden Norm selbst, dem vorrangigen Zweck anderer Normen oder einem für bestimmte Fallgruppen vorrangigen, dem Gesetz immanenten Prinzip geboten sein[52]. Worin ein solches Prinzip gesehen werden könnte, wird von *Giehring* jedoch nicht explizit beantwortet. Die zuvor erwähnte Möglichkeit der dogmatischen Einordnung als unechtes Unternehmensdelikt scheidet angesichts der hier vorgetragenen Zweifel an der Aussagekraft einer solchen Qualifizierung aus. Auch das Geringfügigkeitsprinzip – versteht man es im Anschluss an obige Ausführungen nicht als deliktsübergreifendes allgemeingültiges Rechtsprinzip sondern lediglich als teleologisches Auslegungskriterium – stellt keine überzeugende Begründung dar, um eine derartige Reduktionsmaxime zu rechtfertigen. Allerdings kann Anlass einer teleologischen Reduktion neben der Verwirklichung gesetzesimmanenter Prinzipien ebenso noch die Beseitigung von Auslegungswidersprüchen zwischen Wortlaut und ratio einer einzigen Norm sein. Vorliegend wäre damit das an sich objektiv tatbestandliche Werben durch die Verwendung schriftlicher Äußerungen gemeint, das in Widerspruch geraten könnte mit dem Normzweck. Insofern wären das Geringfügigkeitsprinzip und das Erfordernis der objektiven Eignung als dessen deliktsspezifischer Konkretisierung ein durchaus plausibler Ansatz[53]. Die von *Giehring* zitierten Vorschriften wären dann der Ausgangspunkt für die Formulierung der Merkmale des sinngemäß geforderten Ausnahmetatbestandes, der die hinzuzufügende Einschränkung überhaupt erst bewirkt. Als derartigem „bloßen" Argumentationsmuster zur Merkmalsfindung im Rahmen einer teleologischen Reduktion ließe sich diesem Gedanken sogar eine Übertragbarkeit

---

Eignungsdelikte ausdrücklich offen, ob die zu ihnen entwickelten Grundsätze auf Delikte übertragbar sind, die das Tatbestandsmerkmal „geeignet" nicht explizit aufweisen, selbst wenn sie in Literatur oder Rechtsprechung dahingehend ausgelegt werden, siehe *ders.*, Die Eignungsdelikte (1987), S. 199 ff. Zur den Voraussetzungen einer Analogiebildung vgl. *Gast*, Juristische Rhetorik (1997), S. 223 Rdn. 324 ff.; *Larenz/Canaris*, Methodenlehre der Rechtswissenschaft (1995), S. 202 ff.

52 Zu den Voraussetzungen einer teleologischen Reduktion vgl. *Larenz/Canaris*, Methodenlehre der Rechtswissenschaft (1995), S. 211, und *Brandenburg*, Die teleologische Reduktion (1983), S. 54, sowie die Ausführungen im 1. Kapitel unter II. (S. 36).

53 Während anfangs *Roxin*, FS *Klug*, Bd. II (1983), S. 312 das Geringfügigkeitsprinzip noch als – wohlgemerkt deliktsspezifische und nicht allgemeingültige – teleologische Reduktion bewertet hat, so lässt er diese Einschätzung und das Verhältnis zur ebenfalls in Betracht zu ziehenden einschränkenden Auslegung mittlerweile offen, vgl. *ders.*, AT Bd. 1 (1997), S. 244 Rdn. 41 Fn. 80. *Jescheck/Weigend*, AT (1996), S. 252 f., weisen darauf hin, dass die Anwendung des Gedankens der sozialen Adäquanz in Form der teleologischen Reduktion unnötig ist, wenn bereits die anerkannten Auslegungsregeln zum gleichen Ergebnis führen.

auch auf die Einschränkung anderer Vorschriften zusprechen, welche die deliktsspezifische Reduktionsbegründung aufgrund ihrer Anbindung an konkrete Auslegungsergebnisse nicht haben kann[54]. Einzig: Der Rückgriff auf die §§ 126, 130, 140, 88a (a.F.), 130a (a.F.) StGB wäre bei dieser Interpretation von *Giehring's* Vorschlag unverständlich und dem Vorwurf der Willkür ausgesetzt. Es besteht kein rechtfertigender Zusammenhang zwischen dem Geringfügigkeitsprinzip und besagten Straftatbeständen, sodass die Verwendung Letzterer zur subsumtionsfähigen Konkretisierung dieses Prinzips beliebig erscheinen muss. Ein sachlicher Grund, warum ausgerechnet diese Vorschriften und gerade deren Tatbestandsmerkmal der Eignung zur Reduktion des Tatbestands der §§ 129, 129a StGB speziell in den Fällen der Verwendung schriftlicher Äußerungen herangezogen werden sollten, ist nicht ersichtlich. Auch der Hinweis auf die Rechtsnatur als „Äußerungsdelikte" – als welches von *Giehring* auch die Tatmodalität des Werbens bezeichnet wird[55] – kommt nicht als sachlicher Grund in diesem Sinne in Betracht, da sonst dem Geringfügigkeitsprinzip doch wieder deliktsübergreifender Charakter zugestanden werden würde.

Schließlich könnte diese gemeinsame Einordnung als Äußerungsdelikte aber noch derart verstanden werden, dass damit auf einen zwischen diesen Vorschriften drohenden Widerspruch aufmerksam gemacht werden soll, der sich nur durch teleologische Reduktion der §§ 129, 129a StGB auf eine eben diesen Delikten entsprechende Weise – mittels der Verwendung des Merkmals der objektiven Eignung als einschränkender Voraussetzung – verhindern lässt. Der dogmatischen Tragfähigkeit dieses Gedankens soll an dieser Stelle jedoch noch nicht weiter nachgegangen werden, da *Giehring* selbst nach näherer Betrach-

---

54 Versteht man das Verfahren der teleologischen Reduktion als einen Akt der Merkmalsergänzung durch Hinzufügung neuer einschränkender Tatbestandsmerkmale – vgl. *Brandenburg*, Die teleologische Reduktion (1983), S. 54 – so ist dem zwangsläufig das Auffinden passender Merkmale vorgeschaltet. Diesem Vorgang der Merkmalsfindung – bzw. Merkmalserfindung – wird in der Literatur nur wenig Aufmerksamkeit geschenkt. Dies liegt daran, dass in den meisten Fällen die teleologische Untersuchung, die zur Auffindung der verdeckten Lücke (so die Bezeichnung von *Larenz/Canaris*, Methodenlehre der Rechtswissenschaft (1995), S. 198 und S. 210, für die Konstellation der wortgemäß anwendbaren Norm, die einer sinngemäßen Einschränkung bedarf) geführt hat, selbst bereits den Ausnahmetatbestand ergeben haben wird, auf den die Regel dann schlichtweg nicht angewendet wird. Schwieriger gelagert sind indes Situationen wie die Vorliegende, in denen die teleologische Reduktion (hier ggf. aufgrund der Verwendung schriftlicher Äußerungen) nicht zu einer gänzlichen Nicht-Anwendung der Vorschrift (hier der §§ 129, 129a StGB) führt, sondern „nur" zu ihrer zurückhaltenden Anwendung (hier bei Vorliegen besonderer, geringfügige Fälle ausschließender Umstände). In dieser Variante ergibt die teleologisch begründete Rechtfertigung einer Reduktion nicht zwangsläufig zugleich auch einen subsumtionsfähigen einschränkenden Zusatz, um den der Wortlaut der Norm ergänzt wird.

55 *Giehring*, StV 1983, S. 309.

tung ein solches „allgemeines Eignungsmerkmal" als „wenig sinnvoll" ablehnt[56]. Bezüglich der §§ 126, 130, 140 Nr. 2 StGB ist bereits das Vorliegen einer mit §§ 129, 129a StGB kollidierenden Auslegung fraglich, da diese Vorschriften die Eignung ausdrücklich mit der Störung des öffentlichen Friedens in Verbindung setzen, der von *Giehring* jedoch erklärterweise gerade nicht zu den durch die §§ 129, 129a StGB geschützten Rechtsgütern zählt[57]. Hinsichtlich der §§ 88a, 130a StGB (a.F.) erfolgt die Ablehnung aus Gründen, die in auffälliger Weise auf das gleiche Ergebnis hinauslaufen, das bereits oben bei der Erörterung der materiellen Bedeutung des Merkmals der objektiven Eignung festgestellt wurde: Die scheinbare Nutzlosigkeit dieses Merkmals für den Zweck einer über die herkömmliche Tatbestandsauslegung hinausgehenden einschränkenden Anwendung. Beide Vorschriften pönalisierten das Verbreiten, öffentliche Ausstellen und Herstellen von Schriften, welche die Befürwortung von Straftaten – so in § 88a StGB (a.F.) – oder die Anleitung zu solchen – so in § 130a StGB (a.F.) – enthielten sowie dazu bestimmt und geeignet waren, die Bereitschaft anderer zur Begehung derartiger Taten zu fördern. Von der Übertragung einer solchen Eignungsklausel auf die §§ 129, 129a StGB hält *Giehring* wenig, da dieses Merkmal schon im Rahmen der Auslegung der §§ 88a, 130a StGB (a.F.) keine nennenswerte Bedeutung gehabt hat, sondern regelmäßig bejaht wurde, sofern eine Befürwortung von Gewalttaten vorlag[58]. Letzteres war aber ohnehin ein von der Eignung verschiedenes, eigenes Tatbestandsmerkmal. *Giehring's* Hinweis auf die damalige Handhabung der Vorschriften stützt diesen Befund. So wurde beispielsweise das tatbestandliche Befürworten dann angenommen, wenn eine Straftat als begrüßenswert beschrieben wird[59]. Die Eignung, bei anderen Personen eine entsprechende Bereitschaft zu fördern, sollte hingegen bereits vorliegen, sobald die bloße Möglichkeit besteht, dass bei anderen die Neigung zur Nachahmung geweckt wird[60]. Es sind nun aber schwerlich Fälle denkbar, in denen eine solche Möglichkeit zu verneinen ist, obwohl Straftaten begrüßt – also befürwortet – werden. Eine selbstständige Funktion und damit einen gegenüber den anderen Tatbestandsmerkmalen weitergehenden Aussagegehalt kann der tatbestandlich vorausgesetzten Eignung aus diesem Grund allenfalls in Ausnahmekonstellationen zukommen[61]. Ausgerechnet dieses Merkmal

56 *Giehring*, StV 1983, S. 307.

57 So *Giehring*, StV 1983, S. 307 und ausführlich S. 302.

58 *Giehring*, StV 1983, S. 307.

59 So *Sch/Sch*[19]*-Stree* § 88a Rdn. 4, wo u.a. auch darauf hingewiesen wurde, dass es dafür weniger auf den Wortlaut als auf den Sinn der jeweiligen Schrift ankommt. Dieser aber könne auch im Wege ergänzender Auslegung mittels allgemeinkundiger Tatsachen oder einem Lesen „zwischen den Zeilen" ermittelt werden.

60 *Sch/Sch*[19]*-Stree* § 88a Rdn. 8.

61 Auch bezüglich der §§ 126, 130, 140 Nr. 2, 166 StGB wird die Frage gestellt, ob deren Eignungsklausel überflüssig sein könnte, vgl. *Sch/Sch*[26]*-Lenckner* § 126 Rdn. 9; *Fischer*, GA

zum einzeldeliktsübergreifenden Charakteristikum der Äußerungsdelikte zu machen, bietet sich folglich gerade nicht an.

3. *Ergebnis*

Nach alledem kann festgehalten werden, dass es sich bei dem Merkmal der objektiven Eignung eines inkriminierten Textes um ein unzureichend begründetes Korrektiv zur einschränkenden Tatbestandsanwendung handelt. Die – ohnehin wenigen – Hinweise auf seinen rechtlichen Ursprung haben sich als nicht tragfähig erwiesen, um es auf eine dogmatisch überzeugende Grundlage zurückzuführen und damit seine Funktion als allgemeingültiges Restriktionskriterium zu erklären. Für die daher nur noch in Betracht kommende Rolle im Rahmen einer teleologischen Interpretation einzelner Strafvorschriften lassen sich generelle Aussagen über die Beziehung dieses Merkmals zur Tatbegehung gerade mittels fremder Texte aufgrund der vom Schutzzweck der jeweiligen Norm abhängigen Erwägungen nicht anstellen.

Davon abgesehen kann aber auch das inhaltliche Verständnis dieses Kriteriums nicht von seiner Unentbehrlichkeit für die Verwirklichung einer restriktiveren Tatbestandsauslegung überzeugen[62]. Sämtliche einschränkenden Ansätze, die zu seiner Konkretisierung vorgeschlagen werden, lassen sich problemlos auch im Rahmen einer gewöhnlichen Tatbestandsinterpretation anbringen. Ein Grund, gerade die objektive Eignung des Textes in einer bestimmten Weise von seinem Adressatenkreis aufgefasst zu werden, als Auslegungsgrundsatz zu postulieren, ist nicht ersichtlich.

II. Die Zielrichtung eines Textes

Das zweite Merkmal, das zum Zweck einer einschränkenden Auslegung verwendet wird, ist das der eindeutig erkennbaren Zielrichtung. Insbesondere anlässlich der §§ 129, 129a StGB hat der BGH wiederholt darauf hingewiesen, dass im Fall der Verwendung von Texten die entsprechende Zielrichtung in Gestalt des werbenden bzw. unterstützenden Charakters zugunsten einer be-

---

1989, S. 454 f.; *Stree*, NJW 1976, S. 1178. Insbesondere *Fischer* lehnt die Eignungsformel deutlich ab, da sie „zu der ihr zugeschriebenen Restriktion nicht in der Lage" sei und demzufolge „weitgehend funktionslos und daher überflüssig" ist, vgl. *ders.*, GA 1989, S. 455.

62 Auch *Fürst*, Grundlagen und Grenzen der §§ 129, 129a StGB (1989), S. 118 Fn. 4, stellt fest, dass die Entscheidung BGH, Urt. v. 25.7.1984 – 3 StR 62/84 = BGHSt 33, 16, keineswegs zu einer einheitlichen Anwendung der Tatbestandsalternative des Werbens geführt hat. Vielmehr weichen die Instanzgerichte auch weiterhin bei Argumentation und Ergebnis deutlich voneinander ab, indem teilweise publizierte Texte prinzipiell als sozialadäquat und damit nicht tatbestandsmäßig angesehen werden, teilweise aber auch die objektive Eignung infolge einer unterschiedlich starken Berücksichtigung des Vorverständnisses der Adressaten mal bejaht, mal verneint wird.

stimmten Vereinigung eindeutig erkennbar sein müsse[63]. Nachdem soeben bereits die Funktion des Merkmals der objektiven Eignung skeptisch beurteilt wurde, soll die Verifikation dieses Kriteriums der eindeutig erkennbaren Zielrichtung mit zwei Fragen eingeleitet werden, welche die Problematik dieses Merkmals in der Konstellation der Verwendung fremder Texte deutlich machen. Als Erstes ist abermals auf die Indizien zurückzukommen, die zum Nachweis der Zielrichtung gebraucht werden. Muss es sich diesbezüglich wirklich zwingend um Umstände handeln, die in dem Text, d.h. der Schrift selbst, körperlich festgehalten und damit zumindest in Ansätzen erkennbar vorhanden sind, oder können auch Umstände außerhalb der Schrift wie beispielsweise die Person des Verfassers und damit die Herkunft des Textes eine Rolle spielen? Und wie kann es sein, dass in der Rechtsprechung des BGH – wohlgemerkt allein des 3. Senats – zu dieser Frage Standpunkte eingenommen werden, die ohne einer näheren Begründung für bedürftig erachtet zu werden, widersprüchlicher offenbar kaum sein können, was folgende – aus dem 1. Kapitel teilweise schon bekannten – Beispiele belegen. Einerseits:

> „Der Inhalt der Schrift muss eine solche verfassungsfeindliche Zielrichtung wenigstens in Ansatzpunkten erkennen lassen, die der ergänzenden Auslegung durch allgemeinkundige Tatsachen zugänglich sind. Dagegen kann es nicht genügen, wenn aus der Schrift nichts weiter als *ihre Herkunft von einer verfassungsfeindlichen Vereinigung* [Hervorhebung nicht im Original, M.G.] und die daraus nahezu zwangsläufig folgende Zweckbestimmung zu entnehmen ist, den Bestrebungen einer solchen Vereinigung zu dienen."[64]

Und andererseits:

> „Die propagandistische Ausrichtung der veröffentlichten Beiträge zugunsten der PKK/ERNK liegt schon angesichts *der Herkunft der Texte* [Hervorhebung nicht im Original, M.G.] auf der Hand."[65]

Als Zweites legen insbesondere einige im vorangegangenen Kapitel angestellte Beobachtungen die Frage nahe, worin der Unterschied zwischen den Merkmalen der eindeutig erkennbaren Zielrichtung zum einen und der Identifikation mit dem fremden Text zum anderen besteht. Weichen die Umstände, mit denen man

---

63 So bereits im 3. Kapitel unter I. 1. (S. 85) mit dem Hinweis auf BGH, Urt. v. 9.4.1997 – 3 StR 387/96 = BGHSt 43, 41 (44); BGH, Urt. v. 9.4.1997 – 3 StR 584/96 = NStZ-RR 1997, S. 282; BGH, Beschl. v. 4.8.1995 – 2 BJs 183/91-3 StB 31/95 = NJW 1995, S. 3395; BGH, Beschl. v. 24.8.1987 – 1 BJs 167/86-4 StB 18/87 = NJW 1988, S. 1677; BGH, Urt. v. 25.7.1984 – 3 StR 62/84 = BGHSt 33, 16 (18 f.). Ebenso im Anschluss an den BGH auch BayObLG, Beschl. v. 23.10.1995 – 3 St 3/95 a, b = NStZ-RR 1996, S. 135; BayObLG, Beschl. v. 20.3.1995 – 3 St 13/94 = NStZ-RR 1996, S. 7 (8); OLG Düsseldorf, Beschl. v. 12.6.1989 – OGs 13/89 = NStZ 1990, S. 145 (146); KG, Beschl. v. 1.12.1989 – ER 30/9 = StV 1990, S. 210; OLG Schleswig, Beschl. v. 30.10.1987 – 2 OJs 11/87 = NJW 1988, S. 352.

64 BGH, Urt. v. 11.12.1958 – 3 StR 35/58 = BGHSt 12, 174 (175).

65 BGH, Urt. v. 9.4.1997 – 3 StR 387/96 = BGHSt 43, 41 (46).

beide Merkmale nachzuweisen pflegt, voneinander ab? Lassen sich die beiden Gesichtspunkte inhaltlich überhaupt voneinander trennen? Zumindest die im 3. Kapitel dargestellte Rechtsprechung des OLG Köln zu § 90a StGB[66] sowie die Kommentierung von *Hanack* zu § 140 StGB[67] haben gezeigt, dass zwischen der Auslegung von Merkmalen des gesetzlichen Tatbestandes – der verunglimpfenden bzw. billigenden Zielrichtung eines Textes – und den Anforderungen an den Nachweis einer Identifikation nicht immer exakt unterschieden wird. Allein diese beiden Fragen dürften Grund genug sein, auch der Bedeutung des Merkmals der Zielrichtung eines Textes zunächst mit Vorbehalt zu begegnen.

1. Inhalt der Zielrichtung

Sofern die Rechtsprechung hinsichtlich der §§ 129, 129a StGB verlangt, dass zur Tatbegehung verwendete Texte eine eindeutig erkennbare werbende bzw. unterstützende Zielrichtung zugunsten einer konkreten kriminellen bzw. terroristischen Vereinigung aufweisen müssen, soll der damit angesprochene Organisationsbezug nicht bereits bei jedwedem Hinweis auf eine derartige Organisation zu bejahen sein, sondern nur bei einem unmissverständlichem Eintreten zugunsten einer bestimmten Vereinigung, wofür die Verteidigung der Interessen einzelner Personen – selbst wenn es sich um Mitglieder handelt – regelmäßig nicht ausreicht[68]. Gerade bei den §§ 129, 129a StGB handelt es sich nun um sog. Organisationsdelikte. Mit dieser Bezeichnung werden üblicherweise Delikte bezeichnet, welche das Tätigwerden zum Vorteil einer Vereinigung pönalisieren. Wird dabei eine Tatbestandsstruktur gewählt, welche den verbotenen Zweck der Vereinigung – zumeist die Begehung bestimmter Straftaten – zum Anknüpfungspunkt für die Beschreibung des tatbestandlichen Verhaltens macht, so muss die Tatbestandshandlung zwangsläufig besagten Organisationsbezug aufweisen, um den spezifischen Unrechtsgehalt dieser Delikte zu verwirklichen[69]. Den derart verstandenen Organisationsdelikten werden regelmäßig

---

66 OLG Köln, Urt. v. 2.4.1979 – 3 Ss 24-26/79 = NJW 1979, S. 1562.

67 LK[11]-*Hanack* § 140 Rdn. 22 f.

68 BGH, Urt. v. 9.4.1997 – 3 StR 387/96 = BGHSt 43, 41 (44); BGH, Urt. v. 9.4.1997 – 3 StR 584/96 = NStZ-RR 1997, S. 282; BGH, Beschl. v. 4.8.1995 – 2 BJs 183/91-3 StB 31/95 = NJW 1995, S. 3395; BGH, Beschl. v. 24.8.1987 – 1 BJs 167/86-4 StB 18/87 = NJW 1988, S. 1677; BGH, Urt. v. 25.7.1984 – 3 StR 62/84 = BGHSt 33, 16 (18 f.); BayObLG, Beschl. v. 23.10.1995 – 3 St 3/95 a, b = NStZ-RR 1996, S. 135; BayObLG, Beschl. v. 20.3.1995 – 3 St 13/94 = NStZ-RR 1996, S. 7 (8); OLG Düsseldorf, Beschl. v. 12.6.1989 – OGs 13/89 = NStZ 1990, S. 145 (146); KG, Beschl. v. 1.12.1989 – ER 30/9 = StV 1990, S. 210; OLG Schleswig, Beschl. v. 30.10.1987 – 2 OJs 11/87 = NJW 1988, S. 352.

69 BGH, Beschl. v. 24.8.1987 – 1 BJs 167/86-4 StB 18/87 = NJW 1988, S. 1677 (1678); BGH, Urt. v. 25.7.1984 – 3 StR 62/84 = BGHSt 33, 16 (17); LK[11]-*v. Bubnoff* § 129 Rdn. 1; *Bruns*, NStZ 1985, S. 23; *Geppert*, JK 81, StGB § 129/3; *Ostendorf*, JA 1980,

die sog. Ungehorsamsdelikte gegenübergestellt, die auf einer durch das Bundesverfassungsgericht festgestellten Verfassungswidrigkeit oder einem administrativen Verbot der Organisation bzw. der entsprechenden Betätigung aufbauen[70]. Anstatt auf die Ziele der Organisation zu schauen, wird der Verstoß und damit der Ungehorsam gegen die Verbotsentscheidung zur maßgeblichen Grundlage des Strafbarkeitsurteils gemacht, wobei sich dieses Urteil auf die Feststellung eines derartigen Ungehorsams zu beschränken hat, da die Würdigung der zugrunde liegenden Erwägungen über den missbilligten Vereinigungszweck der für den Ausspruch des Verbots zuständigen Stelle vorbehalten bleiben muss[71].

Nachdem das Vereinsgesetz von 1964[72] zahlreiche Organisationsdelikte zu Ungehorsamstatbeständen umgewandelt hat, sind die bekanntesten noch geltenden Beispiele für diese Gruppe von Delikten in den §§ 84 ff. StGB sowie § 20 Abs. 1 Nr. 4 VereinsG zu finden. Unabhängig von der unterschiedlichen Tatbestandsstruktur, die daraus resultiert, dass sich Ungehorsamsdelikte auf eine bestimmte Tätigkeit – nämlich das Verhalten, durch das gegen das bestehende

---

S. 502; *ders.*, JZ 1979, S. 253; *Rudolphi*, JR 1979, S. 35; *ders.*, FS *Bruns* (1978), S. 329 f.; *Roggemann*, JR 1966, S. 245 f.; *Wagner*, MDR 1966, S. 186.

70 So bereits der Sache nach *Heinemann/Posser*, NJW 1959, S. 123 f., und *Willms*, NJW 1957, S. 565. Die Terminologie im Bereich der „Organisationsdelikte" ist jedoch unterschiedlicher als deren materielles Verständnis, über welches weitgehend Einigkeit besteht. Während beispielsweise *Maurach/F.-C. Schroeder/Maiwald*, Strafrecht BT – Teilbd. 2 (1999), S. 328 Rdn. 15, die „Ungehorsamstatbestände" als eine dem „Verbots- bzw. Feststellungsprinzip" folgende Untergruppe der Organisationsdelikte behandeln, spricht BGH, Urt. v. 23.7.1969 – 3 StR 326/68 = BGHSt 23, 64 (70), hinsichtlich § 86 StGB von einem „mittelbaren Organisationsdelikt". BGH, Beschl. v. 19.11.1997 – 3 StR 574/97 = BGHSt 43, 312 (314 f.), sowie *Schmidt*, NStZ 2000, S. 360 f., zitieren die §§ 84, 85 StGB als Organisationsdelikte, um sie vom Ungehorsamstatbestand des § 20 Abs. 1 Nr. 4 VereinsG abzugrenzen. Demgegenüber bezeichnet *Sch/Sch[26]-Stree/Sternberg-Lieben* § 84 Rdn. 2 die §§ 84, 85 StGB als Ungehorsamstatbestände. *Roggemann*, JR 1966, S. 245, benutzt die Bezeichnung der „Organisationsdelikte i.w.S." und *Wagner*, MDR 1966, S. 185 f., begreift die Ungehorsamsdelikte scheinbar als spezielle Ausprägung der Organisationsdelikte (sodass er § 90a StGB je nach Zusammenhang unterschiedlich qualifiziert). *Werle*, JR 1979, S. 95 f., versteht die Konzeption eines Tatbestandes in Form eines Organisationsdeliktes als bloße Konsequenz seines Unrechtsgehalts als Ungehorsamsdelikt, sodass er – insofern folgerichtig – die Einordnung des § 129 StGB als Organisationsdelikt ablehnt. Bei *Löffler/Ricker*, Handbuch des Presserechts (2000), S. 434 Rdn. 20 ff., schließlich werden die §§ 84, 85, 86, 86a, 129, 129a StGB insgesamt als „die sog. Organisationsdelikte" bezeichnet.

71 BGH, Urt. v. 26.8.1998 – 3 StR 259/98 = NStZ 1999, S. 38; BGH, Beschl. v. 19.11.1997 – 3 StR 574/97 = BGHSt 43, 312 (314); BGH, Urt. v. 22.2.1995 – 3 StR 583/94 = BGHSt 41, 47 (54 f.); *Sch/Sch[26]-Stree/Sternberg-Lieben* § 84 Rdn. 2; *Maurach/F.-C. Schroeder/Maiwald*, Strafrecht BT – Teilbd. 2 (1999), S. 328 Rdn. 15; *Werle*, JR 1979, S. 95 f.; *Wagner*, MDR 1966, S. 18 ff., S. 185 ff. und S. 287 ff.; *Lüttger*, GA 1960, S. 54 f.

72 BGBl. I S. 593.

Verbot verstoßen wird – beziehen, während Organisationsdelikte den zu fördernden Zweck der Vereinigung zum Anknüpfungspunkt machen, weisen die Anforderungen an die Tathandlung im Wesentlichen identische Züge auf. Diesbezüglich wird betont, dass trotz dieser verschiedenen Bezugspunkte eine divergierende Auslegung nicht zu rechtfertigen sei, weshalb auf den Nachweis eines messbaren Nutzens des jeweiligen tatbestandlichen Verhaltens verzichtet wird[73]. Außerdem ist in beiden Fällen gleichermaßen eine organisationsbezogene Betätigung zu verlangen[74]. Insofern ist der ausdrückliche Verweis auf die Auslegung der §§ 129, 129a StGB im Rahmen des § 20 Abs. 1 Nr. 4 VereinsG durch den BGH einleuchtend. Ebenso fügt sich der Vorschlag, den § 93 StGB (a.F.) unter Hinzufügung der Voraussetzung des Organisationsbezuges einschränkend anzuwenden, in dieses Bild ein. Allerdings steht damit auch zugleich fest, dass das Merkmal der Organisationsbezogenheit als Inhalt der feststellungsbedürftigen Zielrichtung eine spezifische Ausprägung der Deliktsnatur der Organisations- und Ungehorsamsstraftatbestände ist. Ein Zusammenhang mit der Verwendung schriftlicher Äußerungen besteht nicht, vielmehr ist die entsprechende Zielrichtung am jeweiligen Tatbestand zu orientieren. Dieser Befund wird bestätigt durch einen Blick in die Kommentierungen anderer im vorangegangenen Kapitel behandelten Straftatbestände, die nicht im Zusammenhang mit organisierten Zusammenschlüssen von Personen stehen, bei denen aber gleichwohl im Fall der Verwendung von Texten eine auf den jeweiligen Tatbestand bezogene – also z.B. volksverhetzende oder gewaltverherrlichende – Zielrichtung der schriftlichen Erklärung verlangt wird[75].

---

73 So nachdrücklich BGH, Urt. v. 24.1.1996 – 3 StR 530/95 = BGHSt 42, 30 (37). Lediglich bei den §§ 84, 85 StGB muss etwas anderes gelten, da deren Absatz 2 einen organisationsbezogenen Erfolg verlangt, worauf zu Recht BGH, Beschl. v. 19.11.1997 – 3 StR 574/97 = BGHSt 43, 312 (314 f.), hinweist.

74 Anderer Ansicht hinsichtlich § 129 StGB ist *Werle*, JR 1979, S. 96. Dies folgt jedoch aus dem von ihm vertretenen Verständnis der Organisationsdelikte und entspricht in keiner Weise der heute vorherrschenden Auffassung, wonach sämtliche Tatbestandsalternativen nur organisationsbezogene Betätigungen erfassen, dazu LK[11]-*v. Bubnoff* § 129 Rdn. 1. Diese können dann durchaus unterschiedlichen Anforderungen genügen müssen. Z.B. beschränken die §§ 84, 85 StGB die Unterstützung auf den organisatorischen Zusammenhalt, während in §§ 129, 129a StGB jegliche Unterstützung genügt, was *Sch/Sch*[26]-*Lenckner* § 129 Rdn. 15 bemerkt. Allerdings muss auch in letzterem Fall ein Bezug gerade zu der Vereinigung vorliegen (so selbst *Sch/Sch*[26]-*Lenckner* § 129 Rdn. 15a a.E.), wobei zwischen Stärkung des Zusammenhalts und „bloßem" Eintreten für die inkriminierten Ziele ohnehin nicht exakt unterschieden werden kann, vgl. LK[11]-*Laufhütte* § 84 Rdn. 10.

75 So beispielsweise *Sch/Sch*[26]-*Lenckner* § 130 Rdn. 14 und § 131 Rdn. 10; *Tröndle/Fischer*[50] § 130 Rdn. 12 und § 131 Rdn. 7; LK[11]-*v. Bubnoff* § 130 Rdn. 38 und § 131 Rdn. 26.

2. *Nachweis der Zielrichtung*

a) Bezugspunkt der Zielrichtung

Der Nachweis dieser Zielrichtung erfolgt vor allem anhand der Aufbereitung des inkriminierten Textes selbst, d.h. insbesondere unter Berücksichtigung etwaiger Hervorhebungen und anmerkender Erläuterungen sowie des gesamten journalistischen Zusammenhangs, in dem sich der Text befindet[76]. Insoweit besteht Einigkeit. Schwieriger und umstrittener sind dagegen die Fragen, mit welcher Deutlichkeit sich diese Zielrichtung unmitttelbar aus dem Text ergeben muss und ob auch Umstände in die Beurteilung mit einbezogen werden können, für die der Text selbst keinen Anhaltspunkt enthält. Hinsichtlich der zu verlangenen Deutlichkeit hat das 3. Kapitel ergeben, dass es überwiegend für ausreichend angesehen wird, wenn die Zielrichtung des Textes – d.h. seine Tendenz – zumindest in Ansätzen unmittelbar im Wortlaut der schriftlichen Äußerung enthalten ist. Dafür sollen Aussagen „zwischen den Zeilen“ genügen, mittels derer dann im Wege einer ergänzenden Auslegung unter Heranziehung allgemeinkundiger Tatsachen auf die notwendige Zielrichtung geschlossen werden kann.

Eng mit dem Nachweis der Zielrichtung hängt ein weiterer Punkt zusammen, nämlich die Frage, worauf genau sich diese Zielrichtung bezieht. Bislang wurde in obigen Ausführungen davon ausgegangen, dass es sich dabei um den inkriminierten Text selbst handelt. Gerade im Hinblick auf die Voraussetzung der eindeutig erkennbaren Zielrichtung ist jedoch fraglich, ob diese tatsächlich auf die Eigenschaft allein des veröffentlichten Textes zu beziehen ist und die ferner erforderliche Identifikation sodann ausschließlich anhand der äußeren Umstände der Wiedergabe begründet werden kann, oder ob der Gedanke der Zielrichtung vielmehr auf den Eindruck anzuwenden ist, den der Publizierende mit der Verwendung eines für ihn fremden Textes hervorruft. Der BGH hat dies in seinen einschlägigen Entscheidungen nicht ausdrücklich erörtert, seine Formulierungsweise lässt aber darauf schließen, dass das Kriterium der Zielrichtung einzig dazu dient, die strafrechtliche Relevanz des jeweiligen Textes für sich gesehen zu begründen, um dann das Zu-Eigen-Machen dieser fremden Äußerung davon abhängig zu machen, wie der Akt der Wiedergabe beschaffen ist[77]. Dabei ist es bezeichnend, dass zur Beantwortung auf die Formulierungsweise des Gerichts abgestellt werden muss, da es gerade in den Fällen, in denen es um die Verwendung fremder Texte ging und demzufolge neben dem Merkmal der Zielrichtung auch das Merkmal der Identifikation zu prüfen war, an weiteren

---

76 Dazu statt vieler: BGH Urt. v. 9.4.1997 – 3 StR 387/96 = BGHSt 43, 41 (44).

77 BGH, Urt. v. 9.4.1997 – 3 StR 387/96 = BGHSt 43, 41 (44); BGH, Urt. v. 9.4.1997 – 3 StR 584/96 = NStZ-RR 1997, S. 282: „Im [...] Fall der Verbreitung fremder Texte muss hinzukommen, dass die Wiedergabe der die Vereinstätigkeit eindeutig unterstützenden (Dritt-)Aussagen vom angesprochenen Leserkreis als eine sich die unterstützende Tendenz zu eigen machende Meinungsäußerung der Publizierenden zu verstehen ist.“

Ausführungen zur eindeutig erkennbaren Zielrichtung sowie an einer Subsumtion im eigentlichen Sinne mangelt. So macht der 3. Strafsenat zwar erst wiederholt deutlich, dass sich aus der eindeutigen inkriminierten Zielrichtung eines Textes auf die Identifikation schließen lässt[78]. Daraufhin wird allerdings dieser erste Aspekt nur noch oberflächlich geprüft, indem die entsprechende Zielrichtung der publizierten fremden Texte aufgrund ihrer Herkunft von verbotenen Organisationen als „auf der Hand liegend" angenommen wird[79]. Interessanter als die Kürze dieser Prüfung ist das Objekt der Betrachtung. Jedesmal wird – zumindest zunächst – auf die Ausrichtung des von den Angeklagten verwendeten fremden Textes abgestellt[80]. Dabei hat der BGH selbst bereits anlässlich der Auslegung des § 93 StGB (a.F.) nachdrücklich darauf hingewiesen, dass in den Fällen, in denen eine Schrift eine fremde strafbare Äußerung wiedergibt, diese nicht ohne weiteres als Inhalt der Schrift angesehen werden kann, sondern nur bei entsprechender nachweisbarer Übernahme. Wenn es aber letztendlich nur auf die Zielrichtung des gesamten publizierten Textes ankommt, so ist die Feststellung der Ausrichtung des wiedergegebenen Textes dafür nicht von unmittelbarem Interesse. Etwas anderes würde nur gelten, sofern es einen Grundsatz dergestalt gäbe, dass die Übernahme der fremden Äußerung um so eher zu bejahen ist, je offensichtlicher sie einen eindeutig strafbaren Inhalt besitzt[81]. Da diese Frage selbst aber umstritten ist und der BGH mit keinem Wort auf die in dieser Hinsicht bestehenden Zweifel eingeht, kann nicht davon ausgegangen werden, dass die besagten Passagen derart zu verstehen sind.

Deutlicher sind die in gleichem Zusammenhang angesiedelten Ausführungen der bereits zehn Jahre zuvor ergangenen Entscheidung des OLG Schleswig[82]. Dieses hat die Prüfung der erkennbaren Zielrichtung ausdrücklich nicht auf den fremden veröffentlichten Text bezogen, sondern auf das gesamte publizierte

78 BGH, Urt. v. 9.4.1997 – 3 StR 387/96 = BGHSt 43, 41 (44); BGH, Urt. v. 9.4.1997 – 3 StR 584/96 = NStZ-RR 1997, S. 282 (283).

79 So wortwörtlich BGH, Urt. v. 9.4.1997 – 3 StR 387/96 = BGHSt 43, 41 (46) und BGH, Urt. v. 9.4.1997 – 3 StR 584/96 = NStZ-RR 1997, S. 282 (283). Dass dieses Abstellen auf die Herkunft des Textes für sich gesehen bereits problematisch ist, wurde eingangs schon erwähnt.

80 In BGH, Urt. v. 9.4.1997 – 3 StR 584/96 = NStZ-RR 1997, S. 282 (283), bleibt es auch dabei. BGH, Urt. v. 9.4.1997 – 3 StR 387/96 = BGHSt 43, 41 (46), dagegen geht dann von der eindeutig propagandistischen Zielrichtung des fremden Textes auf die Feststellung der mit der Veröffentlichung verfolgten propagandistischen Zielsetzung über.

81 In diese Richtung gehen die Ausführungen von *F.-C. Schroeder*, JR 1979, S. 93, und die Urteile BGH, Urt. v. 28.2.1964 – 3 StR 40/63 = BGHSt 19, 245 (251), und OLG Koblenz, Urt. v. 24.5.1984 – 1 Ss 132/84 = StV 1985, S. 15 (16). Anderer Ansicht diesbezüglich ist *Giehring*, StV 1985, S. 34, der davor warnt, dem Inhalt des fremden Textes eine zu große Bedeutung für die Frage der Identifikation beizumessen.

82 OLG Schleswig, Beschl. v. 30.10.1987 – 2 OJs 11/87 = NJW 1988, S. 352.

Werk des angeklagten Herausgebers[83]. Das OLG Schleswig sowie kurz darauf auch das KG betonen, dass es im Rahmen der §§ 129, 129a StGB maßgeblich darauf ankommt, ob der Publizierende selbst eindeutig wirbt oder unterstützt und nicht dagegen auf die werbende oder unterstützende Zielrichtung der veröffentlichten fremden Texte als solche[84]. Werben wie Unterstützen seien schon für sich zielgerichtete Tätigkeiten, sodass sich gerade der Akt der Veröffentlichung unter Berücksichtigung aller seiner Begleitumstände durch eine derartige Eignung und Zielrichtung auszeichnen müsse[85]. Würde die Publikation nämlich aus sozialadäquaten Gründen erfolgen, so führte dies selbst bei eindeutig werbendem oder unterstützendem Charakter des zitierten fremden Textes dennoch nicht zur Strafbarkeit[86]. Diesbezüglich weist das OLG darauf hin, dass diese Auslegung auch der Rechtslage bei § 86 StGB entspricht. Zwar existiert im Zusammenhang mit den §§ 129, 129a StGB keine dem § 86 Abs. 3 StGB entsprechende Vorschrift, allerdings nur deshalb nicht, weil es sich bei diesen Delikten nicht um Verbreitungs- sondern vielmehr um Äußerungsdelikte handelt[87]. Diese Tatbestände verbieten demgemäß von vornherein nur bestimmte Handlungen mit eindeutig propagandistischer Tendenz und nicht etwa – wie § 86 StGB – jegliches Verbreiten, sodass sie einer solchen sog. Sozialadäquanzklausel nicht bedürfen[88].

Diese Auffassung insbesondere des OLG Schleswig ist – dies wird im Folgenden dargelegt – zutreffend. Daraus ergeben sich zwangsläufig Konsequenzen für die Beantwortung der oben angesprochenen Frage, ob auch Umstände Berücksichtigung finden können, die im Wortlaut des inkriminierten Textes nicht erwähnt sind. Ferner wird der Unterschied zwischen den Merkmalen der eindeutigen Zielrichtung einerseits und der Identifikation andererseits nivelliert. Denn wenn es weniger auf die Zielrichtung des fremden Textes ankommt als vielmehr auf die Zielrichtung des gesamten Textes, welcher dem Publizierenden als Einheit zugerechnet wird, so spielen die fremden Äußerungen von vornherein nur eine Rolle, sofern sie als Äußerung des Publizierenden aufgefasst werden können. Damit stellt sich die Frage der Identifikation mit dem fremden Text

83 OLG Schleswig, Beschl. v. 30.10.1987 – 2 OJs 11/87 = NJW 1988, S. 352: „Im vorliegenden Fall ist mithin zu fragen, ob dem Druckerzeugnis insgesamt – unter Berücksichtigung seines gesamten Inhalts – eine eindeutig werbende oder unterstützende Zielrichtung *des Herausgebers* zu entnehmen ist.“

84 KG, Beschl. v. 1.12.1989 – ER 30/9 = StV 1990, S. 210; OLG Schleswig, Beschl. v. 30.10.1987 – 2 OJs 11/87 = NJW 1988, S. 352. Ähnlich auch OLG Düsseldorf, Beschl. v. 12.6.1989 – OGs 13/89 = NStZ 1990, S. 145 (146).

85 So OLG Schleswig, Beschl. v. 30.10.1987 – 2 OJs 11/87 = NJW 1988, S. 352.

86 KG, Beschl. v. 1.12.1989 – ER 30/9 = StV 1990, S. 210; OLG Schleswig, Beschl. v. 30.10.1987 – 2 OJs 11/87 = NJW 1988, S. 352.

87 OLG Schleswig, Beschl. v. 30.10.1987 – 2 OJs 11/87 = NJW 1988, S. 352.

88 OLG Schleswig, Beschl. v. 30.10.1987 – 2 OJs 11/87 = NJW 1988, S. 352.

aber unvermeidlich noch bevor man überhaupt die inhaltliche Zielrichtung des Gesamttextes beurteilen kann[89].

b) Orientierung an § 93 StGB (a.F.)

Der wesentliche Grund für die teilweise unklare und vereinzelt auch widersprüchliche Spruchpraxis der Strafgerichte zum Merkmal der Zielrichtung ist der Umstand, dass der dogmatische Ursprung dieser einschränkenden Anforderung in den Fällen einer Tatbegehung durch die Verwendung von Texten in der Rechtsprechung niemals deutlich herausgearbeitet wurde. Beispielhaft lässt sich dies belegen anhand der schon zu Beginn dieses Kapitels erwähnten Entscheidung des BGH aus dem Jahr 1984. Neben dem Merkmal der objektiven Eignung wird dort auch das Erfordernis einer eindeutig erkennbaren Zielrichtung zum Zweck einer einschränkenden Auslegung von § 129a StGB gebraucht. Dies geschieht jedoch ohne einen einzigen Nachweis einer Belegfundstelle[90]. Auch in allen darauf ergangenen Entscheidungen des BGH wird allenfalls das Urteil von 1984 – sowie die jeweils späteren Entscheidungen – als Nachweis zitiert, eine weitere Begründung oder Herleitung dieses Merkmals bleibt allerdings aus[91]. Wie die folgenden Ausführungen zeigen werden, lässt sich eine solche dogmatische Rückführung gleichwohl vornehmen, denn der BGH konnte 1984 mit der Aufstellung des Erfordernisses einer eindeutig erkennbaren Zielrichtung an seine ständige Rechtsprechung zu § 93 StGB (a.F.) anknüpfen. Die im Rahmen der Auslegung dieser Vorschrift aufgestellten Grundsätze sollten in der Folgezeit auch für andere Tatbestände Bedeutung erlangen, sofern zur Tatbestandsverwirklichung Texte verwendet wurden.

Bevor dies näher dargestellt wird, sollen zwei kurze Hinweise vorab die unmittelbare Verknüpfung von § 93 StGB (a.F.) mit der einschränkenden Auslegung im Fall der Verwendung von schriftlichen Äußerungen auch bei anderen Delikten, insbesondere den §§ 129, 129a StGB, belegen[92]. Zum einen konnte der

---

89 So hat auch das OLG Schleswig dem Inhalt der fremden Äußerung nur insofern Bedeutung beigemessen, als dass die Textbeiträge des Herausgebers zweifellos keine strafbare Zielrichtung hatten, sodass es entscheidend auf die fremden Textpassagen ankam. Nachdem auch deren strafrechtliche Irrelevanz festgestellt wurde, musste die Frage nach der Identifikation nicht mehr beantwortet werden. All diese Ausführungen stellte das OLG allerdings im Rahmen der Ermittlung der Zielrichtung des vom angeklagten Herausgeber veröffentlichten Gesamttextes an.

90 Vgl. BGH, Urt. v. 25.7.1984 – 3 StR 62/84 = BGHSt 33, 16 (18).

91 In dieser zeitlichen Abfolge: BGH, Beschl. v. 24.8.1987 – 1 BJs 167/86-4 StB 18/87 = NJW 1988, S. 1677 (1678); dann BGH, Beschl. v. 4.8.1995 – 2 BJs 183/91-3 StB 31/95 = NJW 1995, S. 3395; dann BGH, Urt. v. 9.4.1997 – 3 StR 584/96 = NStZ-RR 1997, S. 282; schließlich BGH, Urt. v. 9.4.1997 – 3 StR 387/96 = BGHSt 43, 41 (44).

92 Ebenso *Grünwald*, zitiert bei *Ahrens/Mückenberger*, KJ 1978, S. 297, zur unbesehenen Verknüpfung von § 93 StGB (a.F.) und §§ 90a, 130 und 140 StGB.

BGH 1984 bereits auf den Ausführungen *Rebmann's* von 1981 aufbauen[93], die oben anlässlich des Merkmals der objektiven Eignung schon erläutert wurden[94]. Auch wenn dort die Begründung *Rebmann's*, die einschränkende Anwendung des § 129a StGB „in Anlehnung an die Rechtsprechung des BGH" erreichen zu wollen, hinsichtlich der Voraussetzung der objektiven Eignung deutlich abgelehnt wurde, so ist dieser Hinweis im Hinblick auf das Erfordernis der eindeutig erkennbaren Zielrichtung dennoch berechtigt und richtig. In diesem Zusammenhang ist es zutreffend, wenn *Rebmann* das oben erwähnte Urteil vom 8.5.1964 zitiert mit der Aussage, dass eine verfassungsfeindliche Schrift unmittelbar aus sich selbst heraus deutlich erkennbar verfassungsfeindlich sein muss[95]. Eben dabei handelt es sich nun aber um die besagte Rechtsprechung zu § 93 StGB (a.F.). Zum anderen wurde bereits erwähnt, dass die Anwendung der Auslegungsgrundsätze des § 93 StGB (a.F.) auf andere Vorschriften – namentlich §§ 129, 129a StGB – vom BGH nicht ausdrücklich kenntlich gemacht wird und sich insofern in seiner Judikatur nur unausgesprochen wiederspiegelt. Daher soll der Nachweis dieses Umstandes im Folgenden geführt werden. Jedoch hat immerhin schon einmal bereits 1982 das OLG Frankfurt exakt diesen Zusammenhang explizit hergestellt, und zwar mit einer Bemerkung, wie sie sich ebenso auch in der Judikatur des BGH finden lassen könnte:

> „Ob eine propagandistische Erklärung nach ihrem objektiven Gesamtinhalt für eine bestimmte terroristische Vereinigung wirbt, richtet sich nach dem Urteil eines einsichtigen bzw. verständigen Durchschnittslesers (-hörers, -betrachters). Es genügt allerdings, dass die Erklärung für eine solche Zielrichtung wenigstens Anhaltspunkte aufweist, die durch allgemeinkundige Tatsachen ergänzt werden können; auch sind Gedanken zu berücksichtigen, die für den verständigen Adressaten erkennbar zwischen den Zeilen stehen. Hierbei geht der Senat von der vergleichbare Fälle betreffenden Rechtsprechung des Bundesgerichtshofes zu § 93 StGB a.F. aus."[96]

§ 93 StGB (a.F.) setzte tatbestandlich das Verbreiten von Schriften voraus, durch deren Inhalt Bestrebungen herbeigeführt oder gefördert werden sollten, die auf bestimmte verfassungsfeindliche Ziele gerichtet waren[97]. Auf der eingehenden Auslegung aufbauend, welche diese Vorschrift in Rechtsprechung wie Schrifttum erfahren hat und die hier im 3. Kapitel dargestellt wurde, hat der BGH durchweg betont, dass sich die verfassungsfeindliche Zielrichtung der tatbestandlichen Schrift eindeutig erkennbar aus ihrem Inhalt selbst ergeben muss. Allerdings hat es der BGH für eine derartige Verkörperung im Schriftinhalt als

---

93 *Rebmann*, NStZ 1981, S. 457 ff.

94 In diesem Kapitel unter I. 1. (S. 140) und I. 2. a) (S. 142).

95 BGH, Urt. v. 8.5.1964 – 3 StR 9/64 = BGHSt 19, 308, zitiert von *Rebmann*, NStZ 1981, S. 459 Fn. 19.

96 OLG Frankfurt, Beschl. v. 13.8.1982 – OJs 48/81, S. 7 (nicht veröffentlicht).

97 Siehe hierzu und zum Folgenden bereits die Ausführungen im 3. Kapitel unter I. 4. (S. 105) m.w.N.

ausreichend angesehen, wenn die Schrift – und sei es auch nur „zwischen den Zeilen" – wenigstens Anhaltspunkte für diese verfassungsfeindliche Zielrichtung enthält, die dann der Ergänzung durch allgemeinkundige Tatsachen fähig sind. Eine Berücksichtigung von Umständen außerhalb des Wortlauts der Schrift wurde vom BGH ebenso abgelehnt wie eine Beachtung von nicht in der Schrift selbst verkörperten Absichten ihrer Verfasser oder Verbreiter. Dementsprechend wurde vom BGH hervorgehoben, dass ohne einen eindeutig verfassungsfeindlichen Inhalt der Schrift § 93 StGB (a.F.) selbst bei verfassungsfeindlichen Absichten des Verbreiters nicht anwendbar ist, während eine Schrift mit verfassungsfeindlichem Inhalt auch dann tatbestandsmäßig bleibt, wenn eine entsprechende Absicht ihres Verwenders fehlen sollte[98]. Aus eben diesem Grund hat es der BGH gleichfalls abgelehnt, die verfassungsfeindliche Zielrichtung einer Schrift lediglich daran festmachen zu wollen, dass sie von einer verfassungsfeindlichen Vereinigung stammt und sich eine entsprechende Zweckbestimmung in Ansehung dieser Herkunft damit fast zwangsläufig ergeben müsste[99]. Zwar hat der BGH derartige Schriften als durchaus gefährliche Agitationen angesehen, jedoch sah er sich aufgrund des seiner Auffassung nach eindeutigen Wortlauts, der auf den verfassungsfeindlichen Inhalt einer Schrift abstellt, daran gehindert, dieser Strafbedürftigkeit durch Anwendung von § 93 StGB (a.F.) Rechnung zu tragen[100].

Betrachtet man nun abermals die aktuelle Rechtsprechung des 3. Strafsenats zum Merkmal der eindeutig erkennbaren Zielrichtung in Fällen, in denen es um die Strafbarkeit aufgrund der Verwendung fremder Texte geht, so drängt sich der Eindruck auf, dass einerseits zahlreiche Erkenntnisse und Grundsätze aus der Auslegung des § 93 StGB (a.F.) hier einen neuen Geltungsbereich erhalten haben, dass andererseits aber auch die Beweggründe, die im Rahmen von § 93 StGB (a.F.) zu dieser Auslegung geführt haben, nicht genügend beachtet wurden. So wird die scheinbar widersprüchliche Rechtsprechung des BGH zur Berücksichtigung der Herkunft eines Textes, welche als offene erste Frage der Untersuchung des Merkmals der Zielrichtung vorangestellt wurde, nachvollziehbar. Während es dem BGH bei § 93 StGB (a.F.) aufgrund dessen tatbestandlicher Fassung aus den zuvor genannten Gründen nicht möglich war, die Zielrichtung einer Schrift mit deren Herkunft zu begründen, so war dies bei den §§ 129, 129a StGB problemlos machbar, da sich aus deren Wortlaut keine vergleichbare Sperrwirkung ergibt[101]. Vielmehr kann dort der Gedanke der Ge-

98 BGH, Urt. v. 13.5.1960 – 3 StR 4/60 = BGHSt 14, 293 (294 f.).

99 BGH, Urt. v. 11.12.1958 – 3 StR 35/58 = BGHSt 12, 174 (175). Zustimmend *Willms*, JZ 1958, S. 603.

100 BGH, Urt. v. 11.12.1958 – 3 StR 35/58 = BGHSt 12, 174 (175).

101 So der oben zu Beginn zitierte BGH, Urt. v. 9.4.1997 – 3 StR 387/96 = BGHSt 43, 41 (46); in gleicher Weise auch BGH, Urt. v. 9.4.1997 – 3 StR 584/96 = NStZ-RR 1997, S. 282 (283). Auch das BVerfG hat – darauf wurde oben im 3. Kapitel unter I. 3. a.E. (S. 104) hin-

fährlichkeit solcher Texte ohne Weiteres berücksichtigt werden und zu einer Strafbarkeit gemäß diesen Vorschriften führen. Dies wurde im 3. Kapitel[102] bei der deliktsspezifischen Begründung der restriktiven Auslegung der §§ 129, 129a StGB, § 20 Abs. 1 Nr. 4 VereinsG deutlich, wo sich ausgerechnet Strafbedürftigkeitserwägungen im Hinblick auf die regelmäßig im Wege der Textverbreitung erfolgende Sympathiewerbung als der wesentliche Grund für die Heranziehung einschränkender Kriterien erwiesen haben. Ebenso wie sich hier bei genauerer Prüfung herausgestellt hat, dass trotz des wörtlich gleichlautenden Merkmals der Zielrichtung die letztendliche Anwendung dieser einschränkenden Voraussetzung entscheidend von den Vorgaben des jeweiligen Tatbestandes abhängt, so beruhen insgesamt alle Ausführungen, mit denen der Grundsatz der Verkörperung der Zielrichtung im Schriftinhalt begründet wurde, auf den speziellen Umständen bei § 93 StGB (a.F.). Das gilt sogar für die Erklärung von *Willms*, wonach dies auf den Einfluss von Art. 5 GG zurückzuführen sei, der eine Einschränkung des Tatbestandes im Wege der verfassungskonformen Auslegung verlangen würde. Zwar könnte dieser Hinweis auf die Rolle des Verfassungsrechts gerade in Anbetracht der in der Rechtsprechung gebräuchlichen häufigen Bezugnahme auf Art. 5 GG – exemplarisch haben das die Beispielsfälle des 1. Kapitels veranschaulicht[103] – auf den ersten Blick als deliktsübergreifende Begründung des Merkmals einer in der Schrift verkörperten Zielrichtung erscheinen. Dabei würde jedoch übersehen, dass auch *Willms* die Notwendigkeit einer verfassungskonformen Auslegung mit der speziellen Tatbestandsfassung gerade des § 93 StGB (a.F.) begründet hat, die bei unzutreffender Auslegung im Sinne eines unzulässigen Gesinnungsstrafrechts für die Tatbestandsverwirklichung lediglich verlangen könnte, dass der Hersteller einer Schrift mit verfassungsfeindlicher Zielsetzung handelt. Einen auch nur annähernd vergleichbar missverständlichen Wortlaut besitzt allerdings keine der anderen Vorschriften, auf die heute das Merkmal der Zielrichtung ebenfalls angewendet wird. Insbesondere bei den §§ 129, 129a StGB liegt kein entsprechender Anlass für eine verfassungskonforme Auslegung vor. So hat auch die zur Begründung ihrer einschränkenden Anwendung oftmals erfolgende Heranziehung von Art. 5 GG regelmäßig nur die Bedeutung eines Hinweises auf die sog. Wechselwirkungslehre[104]. Sofern daneben in der Konstellation einer Strafbarkeit wegen der Verwendung fremder Texte Art. 5 GG doch einmal in eben diesem Sinn zur Ablehnung von Auslegungsmöglichkeiten, die einem Gesinnungs-

---

gewiesen – bei Prüfung der tatbestandlichen Zuwiderhandlung gem. §§ 42, 47 BVerfGG aufgrund eigener Äußerungen zugunsten der KPD in einem Flugblatt ebenfalls die aus dem Flugblatt selbst nicht ersichtliche frühere persönliche Parteizugehörigkeit des Angeklagten berücksichtigt, vgl. BVerfG, Beschl. v. 14.1.1969 – 1 BvR 553/64.

102 Dort unter I. 2. a) (S. 89).

103 1., 3. (bei AG Frankfurt), 6. und 7. Beispielsfall.

104 Dazu schon oben im 3. Kapitel unter I. 2. (S. 89).

strafrecht nahe kommen würden, gebraucht wird, geschieht dies ausnahmslos allein im Hinblick auf das einschränkende Erfordernis der Identifikation mit fremden Texten und die Anforderungen an dessen Nachweis[105]. Als Resultat einer verfassungskonformen Auslegung kommt der Grundsatz einer Verkörperung gerade der Zielrichtung im Schriftinhalt somit nur bei § 93 StGB (a.F.) in Betracht.

Dieser Unterschied bereits im Wortlaut, d.h. der Umstand, dass § 93 StGB (a.F.) tatbestandlich Schriften voraussetzte, deren Inhalt eine inkriminierte Zielrichtung aufweisen musste, sowie die Tatsache, dass die ständige Rechtsprechung und Auslegungspraxis zu dieser Vorschrift auf diesem Umstand beruhte, wurde bei der Anwendung der zu § 93 StGB (a.F.) entwickelten Grundsätze im Rahmen anderer Tatbestände nicht ausreichend bedacht. So ist abermals dem OLG Schleswig zuzustimmen, wenn es betont, dass es nicht auf die erkennbare Zielrichtung des Textes – genauer: des zunächst fremden Textes, dessen sich der Veröffentlicher bedient, und welcher im Fall einer nachzuweisenden Identifikation als eigener Text anzusehen ist – ankommt, sondern auf die Zielrichtung des Verhaltens des Veröffentlichers[106]. Schließlich verlangen die §§ 129, 129a StGB tatbestandlich gerade nicht eine Schrift mit einer bestimmten Zielrichtung. Stattdessen muss sich vielmehr die Tatbestandshandlung selbst – das Werben bzw. Unterstützen – durch eben eine solche Zielgerichtetheit auszeichnen, da Werben und Unterstützen zielgerichtete Tätigkeiten sind[107]. Diese Erkenntnis, dass es bei Delikten, die von ihrem Tatbestand her nicht zwingend an Schriften mit einem bestimmten Inhalt anknüpfen, die aber dennoch – auch – durch die Verwendung von Schriften begangen werden können, auf die Würdigung nicht nur des Schriftinhalts ankommt, sondern eben des gesamten erkennbaren tatbestandsrelevanten Verhaltens und somit auch solcher Umstände, die im Text der Schrift nicht ausdrücklich erwähnt – d.h. verkörpert – sind, lässt sich noch durch eine andere Erwägung untermauern. Gemeint ist die Nutzbarmachung des Grundgedankens der sog. Sozialadäquanzklauseln.

---

105 So bei LK[11]-*Hanack* § 140 Rdn. 23; *Geppert*, JK 83, StGB § 111/1; *Mückenberger*, KJ 1979, S. 319 f.; *Rudolphi*, ZRP 1979, S. 219 f. Eine Stellungnahme zu diesen Ansichten erfolgt im 5. Kapitel unter III. 2. (S. 223), nachdem das Merkmal der Identifikation einer eingehenden Untersuchung unterzogen wurde.

106 OLG Schleswig, Beschl. v. 30.10.1987 – 2 OJs 11/87 = NJW 1988, S. 352.

107 So BGH, Beschl. v. 20.2.1990 – 3 StR 278/89 = NJW 1990, S. 2828 (2830); BGH, Beschl. v. 24.8.1987 – 1 BJs 13/87-5 StB 20/87 = NJW 1988, S. 1679; BayObLG, Beschl. v. 20.3.1995 – 3 St 13/94 = NStZ-RR 1996, S. 7 (8); SK-BT[54]-*Rudolphi* § 129 Rdn. 19; *Sch/Sch*[26]-*Lenckner* § 129 Rdn. 16; LK[11]-*v. Bubnoff* § 129 Rdn. 70.

3. *Zielrichtung und Sozialadäquanzklauseln*

Als Sozialadäquanzklauseln werden üblicherweise die §§ 86 Abs. 3, 86a Abs. 3, 130 Abs. 5, 130a Abs. 3 StGB bezeichnet sowie die vergleichbare Regelung des sog. Berichterstatterprivilegs in § 131 Abs. 3 StGB[108]. Im vorliegenden Zusammenhang haben bislang jeweils einmal das OLG Schleswig sowie der BGH auf diese Vorschriften Bezug genommen, und zwar auf eine Weise, welche kennzeichnend ist für die hier in Rede stehende Problematik. Das OLG Schleswig hat seine soeben erwähnte Aussage, dass Werben und Unterstützen zielgerichtete Tätigkeiten seien, mit der Schlussfolgerung verbunden, dass demnach Schriften, die zwar fremde inkriminierte Texte enthalten, die jedoch aus sozialadäquaten Gründen veröffentlicht werden, nicht tatbestandsmäßig seien. Diese Auslegung stehe im Einklang mit den Erkenntnissen zu § 86 Abs. 3 StGB, welcher nur deswegen bei den §§ 129, 129a StGB keine Entsprechung gefunden habe, weil diese Tatbestände als Äußerungsdelikte a priori ausschließlich Handlungen mit eindeutig propagandistischer Tendenz erfassen[109]. Mit anderen Worten: Wo bei § 86 StGB die Sozialadäquanzklausel in Absatz 3 deswegen notwendig ist, weil § 86 Abs. 1 StGB ausnahmslos das Verbreiten von Schriften mit einem bestimmten Inhalt unter Strafe stellt, da kann bei §§ 129, 129a StGB eine Gesamtbetrachtung nicht nur der Schrift sondern auch der Person des Verbreiters sowie seiner Beweggründe bereits im Rahmen der Auslegung des Tatbestandes erfolgen, nämlich anhand der Merkmale des Werbens bzw. Unterstützens, welche selbst schon die Frage nach der Zielrichtung der Handlung aufwerfen. Auch der BGH hat in seiner zuvor mehrfach erwähnten Entscheidung vom 9.4.1997, die im 1. Kapitel als 7. Beispielsfall wiedergegeben wurde, auf die §§ 86 Abs. 3, 130 Abs. 5, 130a Abs. 3 StGB Bezug genommen[110]. Dieser knappe Hinweis, der lediglich in der Zitierung der genannten Vorschriften besteht, war vom 3. Senat als Bestätigung seiner vorangehenden Bemerkung gedacht, wonach es für die Tatbestandserfüllung – im konkreten Fall ging es um § 20 Abs. 1 Nr. 4 VereinsG – nicht genügt, wenn die Wiedergabe fremder Texte im Zusammenhang mit distanzierter, kritischer Berichterstattung steht oder Teil einer bewertungsfreien und der Information über das Zeitgeschehen dienenden Dokumentation ist[111].

Diese Anmerkungen zum einen seitens des OLG Schleswig und zum anderen seitens des BGH rechtfertigen es, näher auf die §§ 86 Abs. 3, 86a Abs. 3, 130

---

108 Vgl. dazu *Stree*, NJW 1976, S. 1178.

109 OLG Schleswig, Beschl. v. 30.10.1987 – 2 OJs 11/87 = NJW 1988, S. 352.

110 BGH, Urt. v. 9.4.1997 – 3 StR 387/96 = BGHSt 43, 41 (45).

111 Vgl. BGH, Urt. v. 9.4.1997 – 3 StR 387/96 = BGHSt 43, 41 (45). Ebenso BGH, Urt. v. 9.4. 1997 – 3 StR 584/96 = NStZ-RR 1997, S. 282 (283). Es handelt sich dabei jeweils um identische Textbausteine. In beiden Fällen erging der Hinweis „vgl. auch §§ 86 Abs. 3, 130 Abs. 5, 130a Abs. 3 StGB" im Rahmen von Ausführungen zu § 20 Abs. 1 Nr. 4 VereinsG.

Abs. 5, 130a Abs. 3, 131 Abs. 3 StGB einzugehen. Dies geschieht allerdings – aus mehreren Gründen – ausdrücklich nicht in dem Sinn, dem in den Sozialadäquanzklauseln ausgedrückten Gedanken der Sozialadäquanz die Bedeutung beimessen zu wollen, möglicherweise schlechthin als Rechtfertigung und Erklärung des Kriteriums der eindeutig erkennbaren Zielrichtung zu fungieren. Zum Ersten wollten nicht einmal die beiden Gerichte die Bezugnahme auf die Sozialadäquanzklauseln derart verstanden wissen. So hat es der BGH selbst bei einem „vergleichenden" Hinweis auf diese Regelungen belassen, was auf den Umstand zurückzuführen sein wird, dass dies innerhalb der Prüfung von § 20 Abs. 1 Nr. 4 VereinsG geschah. Bei den Sozialadäquanzklauseln sowie dem Berichterstatterprivileg handelt es sich jedoch um Ausnahmevorschriften – nämlich Ausnahmen von der in den jeweils vorstehenden Absätzen der §§ 86, 86a, 130, 130a, 131 StGB normierten grundsätzlichen Strafbarkeit –, sodass sich ihre analoge Anwendung auf andere Vorschriften infolge der fehlenden Analogiefähigkeit von Sonderregelungen ohnehin verbietet[112]. Zum Zweiten wurde der Sozialadäquanzgedanke schon oben im Zuge der Verifikation des Merkmals der objektiven Eignung in Verbindung mit dem Geringfügigkeitsprinzip behandelt[113]. Dort hat sich auch gezeigt, dass es sich bei ihm richtigerweise nicht um ein eigenständiges Rechtsprinzip oder deliktsübergreifendes Restriktionsprinzip handelt, sondern lediglich um eine zu beachtende Auslegungsregel im Rahmen einer am Schutzzweck ausgerichteten teleologischen Tatbestandsauslegung. Und zum Dritten erscheint es zweifelhaft, ob diese Vorschriften selbst überhaupt geeignet sind, die hier bisher aufgeworfenen Fragen zu beantworten. Denn im Schrifttum werden einhellig die mit ihnen einhergehenden Unklarheiten sowie demzufolge ihre äußerst geringe Bedeutung betont[114]. Kritisiert wird dabei vor allem, dass es nicht nachvollziehbar ist, wie Schriften, die an sich tatbestandlich im Sinne dieser Delikte sind, überhaupt jemals sozial adäquaten Zwecken dienen und damit ein Anwendungsfall der Sozialadäquanzklausel sein können[115]. So wird eine Schrift, welche beispielsweise die staatsbürgerliche Aufklärung bezweckt, regelmäßig schon nicht vom Tatbestand erfasst werden. Umgekehrt wird es nur selten denkbar sein, dass eine z.B. zum Hass aufstachelnde und damit tatbe-

112 Dazu *Gast*, Juristische Rhetorik (1997), S. 228 Rdn. 333. § 1 StGB und Art. 103 Abs. 2 GG dagegen würden der Anwendung dieser den Täter privilegierenden Normen nicht entgegenstehen.

113 In diesem Kapitel unter I. 2. c) (S. 146).

114 Äußerst kritisch bemerkt *Bertram* zu § 86 Abs. 3 StGB, „diese Beschränkung (wie man sagt: auf soziale Inadäquanz) ist weder vernünftig objektivierbar noch rechtsstaatlich, sondern höchst subjektiv und fast beliebig", vgl. *Bertram*, NJW 2002, S. 112. Bedenken gegenüber der Sozialadäquanzklausel des § 130a Abs. 3 StGB äußern *Demski/Ostendorf*, StV 1989, S. 38; bezüglich §§ 86 Abs. 3, 130 Abs. 5 StGB ebenfalls *Popp*, JR 1998, S. 82.

115 *Sch/Sch*[26]*-Lenckner* § 130 Rdn. 25 und § 131 Rdn. 16; *Tröndle/Fischer*[50] § 86 Rdn. 11; LK[11]-*v. Bubnoff* § 130 Rdn. 53 und § 131 Rdn. 35.

chelnde und damit tatbestandsmäßige Schrift zugleich als sozial adäquat angesehen werden kann. Außerdem muss bei den Schriftenverbreitungsdelikten, die eine solche Sozialadäquanzklausel besitzen, die Schrift selbst bereits immer eine inkriminierte – z.B. propagandistische, gewaltverherrlichende, straftatanleitende oder volksverhetzende – Zielrichtung aufweisen, was es aber als ausgeschlossen erscheinen lässt, dass sie gleichzeitig noch eine andere, nämlich sozialadäquate Zielrichtung enthalten kann[116]. Aus diesem Grund wird überwiegend darauf hingewiesen, dass entweder eine Schrift infolge ihrer erkennbaren adäquaten Zielsetzung von vornherein keinen strafbaren Inhalt enthält oder aber die Verbreitung einer Schrift mit strafbarem Inhalt auch durch eine Sozialadäquanzklausel nur ganz vereinzelt erlaubt sein wird. In jedem Fall ist der Anwendungsbereich der §§ 86 Abs. 3, 86a Abs. 3, 130 Abs. 5, 130a Abs. 3, 131 Abs. 3 StGB sehr eingeschränkt und diese Vorschriften daher im Fall der Verbreitung von Schriften nahezu bedeutungslos[117].

Dass der BGH 1997 dennoch auf diese Sozialadäquanzklauseln Bezug genommen hat, um zu begründen, dass die in eine kritische, distanzierte und der Information dienende Berichterstattung eingebettete Wiedergabe fremder inkriminierter Texte nicht tatbestandsmäßig ist, verdeutlicht, dass eine unbesehene Übertragung der zu § 93 StGB (a.F.) entwickelten Auslegungsgrundsätze auf Vorschriften wie beispielsweise §§ 129, 129a StGB, § 20 Abs. 1 Nr. 4 VereinsG nicht statthaft ist. Denn wo der Gedanke des § 86 Abs. 3 StGB – ohne dass eine vergleichbare Norm existiert – Anwendung finden soll, d.h. die Tatbestandsmäßigkeit einer Schrift dann entfällt, wenn diese bestimmten sozial adäquaten Zwecken „dient“, dort kann unmöglich an dem Grundsatz festgehalten werden, dass eine Schrift ausschließlich durch ihren Inhalt wirkt, dass die Zielrichtung einer Schrift einzig und allein anhand von Umständen begründet werden darf, die in der Schrift selbst verkörpert sind und dass die Absicht ihres Verbreiters, sie zu bestimmten Zwecken zu verwenden, keinen Einfluss auf den Nachweis der Zielrichtung hat. Bei § 93 StGB (a.F.) konnten letztere Grundsätze Geltung beanspruchen, da diese Vorschrift als Schriftenverbreitungsdelikt ein absolutes Verbreitungsverbot für Schriften mit einem bestimmten inkriminierten Inhalt vorsah, ohne dass eine Sozialadäquanzklausel anwendbar gewesen wäre. Bei den §§ 86, 86a, 130 Abs. 2, 130a, 131 StGB handelt es sich ebenfalls um Verbreitungsdelikte. Insofern war es nahe liegend, diese Tatbestände an der Judikatur zu § 93 StGB (a.F.) zu orientieren, wonach die tatbestandliche Zielrichtung in der Schrift selbst verkörpert sein muss und diese daher zumindest entsprechende Anhaltspunkte enthalten muss. So wird auch im Schrifttum dar-

---

116 LK[11]-*v. Bubnoff* § 130 Rdn. 53.

117 So *Sch/Sch*[26]*-Lenckner* § 130 Rdn. 25 und § 130a Rdn. 10 sowie § 131 Rdn. 15/16; *Tröndle/Fischer*[50] § 86 Rdn. 11 und § 130a Rdn. 11 sowie § 131 Rdn. 14; LK[11]*-Laufhütte* § 86 Rdn. 19; LK[11]-*v. Bubnoff* § 130 Rdn. 53 und § 130a Rdn. 33 sowie § 131 Rdn. 35.

auf hingewiesen, dass mit der in diesen Vorschriften normierten ausdrücklichen Hervorhebung des Inhalts der Schrift als der maßgeblichen Erkenntnisquelle für die Bestimmung ihrer Tendenz der Gesetzgeber die Rechtsprechung des BGH zu § 93 StGB (a.F.) bewusst gesetzlich verankert hat[118]. Damit erklärt sich auch, dass die Kommentierungen zu diesen Tatbeständen in völligem Einklang stehen mit der oben dargestellten Auslegung von § 93 StGB (a.F.), indem z.B. zum einen betont wird, dass sich die nachzuweisende Zielrichtung in der Schrift selbst als objektive Tendenz finden lassen muss und Umstände außerhalb der Schrift, die in dieser keinen Niederschlag gefunden haben, außer Betracht zu bleiben haben, zum anderen aber eingeräumt wird, dass es genügt, wenn diese Zielrichtung der Schrift lediglich „zwischen den Zeilen" zum Ausdruck kommt oder sich im Wege der ergänzenden Auslegung mittels allgemeinkundiger Tatsachen ergibt[119]. Der Unterschied zu § 93 StGB (a.F.) besteht freilich darin, dass die §§ 86, 86a, 130 Abs. 2, 130a, 131 StGB aufgrund ihrer Sozialadäquanzklausel bzw. des Berichterstatterprivilegs kein absolutes Verbreitungsverbot aufstellen. Dabei funktionieren Sozialadäquanzklausel und Berichterstatterprivileg derart, dass sie einen Tatbestandsausschluss[120] in solchen Fällen bewirken, in denen an sich tatbestandsmäßige Schriften sozial adäquaten Zwecken dienen. Soll dieser Gedanke auch im Rahmen von Vorschriften wie den §§ 129, 129a StGB, § 20 Abs. 1 Nr. 4 VereinsG angewendet werden, die keine ausdrückliche Sozialadäquanzklausel enthalten, so muss dies zwangsläufig von vornherein bei der Tatbestandsauslegung geschehen[121]. Dann aber ergibt es sich von selbst, dass bei

---

118 LK[11]-*Laufhütte* § 86 Rdn. 4.

119 *Sch/Sch*[26]*-Stree/Sternberg-Lieben* § 86 Rdn. 6; *Sch/Sch*[26]*-Lenckner* § 130 Rdn. 14 und § 130a Rdn. 5 sowie § 131 Rdn. 10; *Tröndle/Fischer*[50] § 86 Rdn. 5 und § 130 Rdn. 12 und § 130a Rdn. 7 sowie § 131 Rdn. 7; LK[11]-*v. Bubnoff* § 130 Rdn. 38 und § 130a Rdn. 14 f. sowie § 131 Rdn. 26. Nur im älteren Schrifttum zu § 88a StGB (i.d.F. v. 1976) als der Vorgängervorschrift des heutigen § 130a StGB wurde vereinzelt die Ansicht vertreten, dass der Grundsatz der Verkörperung im Schriftinhalt nicht sachgemäß sei und es deshalb nicht erforderlich wäre, dass sich die Zielrichtung aus dem Inhalt der Schrift selbst ergibt. Siehe dazu *Stree*, NJW 1976, S. 1178 und *Blei*, JA 1975, S. 32.

120 So *Sch/Sch*[26]*-Stree/Sternberg-Lieben* § 86 Rdn. 17 und § 86a Rdn. 10; *Sch/Sch*[26]*-Lenckner* § 130 Rdn. 25 und § 131 Rdn. 15/16; *Tröndle/Fischer*[50] § 86 Rdn. 12 und § 86a Rdn. 12 und § 130a Rdn. 11 sowie § 131 Rdn. 14; LK[11]-*Laufhütte* § 86 Rdn. 19; LK[11]-*v. Bubnoff* § 130 Rdn. 53 und § 130a Rdn. 33 sowie § 131 Rdn. 35.

121 Dies geschieht wie erwähnt üblicherweise mit kurzem Verweis auf Art. 5 GG, vgl. BGH, Beschl. v. 20.2.1990 – 3 StR 278/89 = BGHSt 36, 363 (371 f.); BGH, Urt. v. 25.7.1984 – 3 StR 62/84 = BGHSt 33, 16 (18). Der Aussagegehalt ist dabei identisch, denn ebenso wie die Beachtung der sog. Wechselwirkungslehre i.S.d. Art. 5 GG im Rahmen der Auslegung eines jeden Straftatbestandes vor dem Hintergrund einer verfassungskonformen Auslegung eine an sich nicht besonders erwähnenswerte Selbstverständlichkeit ist, so werden auch die Sozialadäquanzklauseln als schlichte Ausprägung eben dieser Wechselwirkungslehre angesehen, deren einfachgesetzlicher Verankerung es an sich nicht bedurft hätte, vgl. LK[11]-*Laufhütte* § 86 Rdn. 19.

Bestimmung der tatbestandlichen Zielrichtung einer zur Tatbestandsverwirklichung verwendeten Schrift sogleich auch Umstände außerhalb des eigentlichen Schriftinhalts – beispielsweise die Verwendungsabsicht – mitberücksichtigt werden müssen und der Satz, dass eine veröffentlichte Schrift ein „Eigenleben" führe und ausschließlich durch den in ihr verkörperten Inhalt wirke, der allein maßgeblich sei für die Bestimmung ihrer Tendenz bzw. Zielrichtung, keine Gültigkeit besitzt. Genau dies entspricht der Vorgehensweise des OLG Schleswig, den Nachweis der Zielrichtung auf die Tatbestandshandlung insgesamt und nicht allein den Text der Schrift als solchen zu beziehen sowie etwaige sozialadäquate Motive für die Veröffentlichung mit der Begründung, die §§ 129, 129a StGB würden Handlungen mit eindeutig propagandistischer Tendenz voraussetzen, gleich im Rahmen der Tatbestandsprüfung zu beachten.

Darüber hinaus war der vergleichende Hinweis des BGH noch aus einem anderen Grund nicht stimmig. Dass im Schrifttum hinsichtlich der §§ 129, 129a StGB darauf hingewiesen wird, dass es sich bei der Tathandlung des Werbens um ein persönliches Äußerungsdelikt handelt und demzufolge die Wiedergabe einer fremden Äußerung nur bei damit einhergehender Identifikation tatbestandsmäßig ist[122], wurde bereits im 2. Kapitel ausgeführt[123]. Ebenso wurde dort bemerkt, dass auch § 20 Abs. 1 Nr. 4 VereinsG unter Bezugnahme auf diese Auslegung der persönlichen Äußerungsdelikte angewendet wird[124]. Die §§ 86, 86a, 130 Abs. 2, 130a, 131 StGB dagegen wurden als Verbreitungsdelikte gekennzeichnet. Für diese Delikte ist es gerade charakteristisch, dass es auf ein irgendwie geartetes Bekenntnis des Täters zum Inhalt der von ihm verbreiteten Schrift nicht ankommt, da ausschließlich der Inhalt der Schrift – d.h. die Gefährlichkeit der Schrift als solche – relevant ist[125]. Daher ist es in diesem Zusammenhang unstreitig, dass Umstände außerhalb der Schrift keinen Einfluss auf die Strafwürdigkeit erlangen können, weil eben dies der Eigenart eines Verbreitungsdeliktes entspricht[126]. Soll dann ausnahmsweise doch einmal das Gegenteil der Fall sein und Begleitumständen, die in der Schrift keinen Niederschlag gefunden haben, sowie Vorstellungen und Absichten des Verbreiters oder Verfassers Beachtlichkeit zukommen können, muss dies ausdrücklich gesetzlich angeordnet sein. Genau das ist in §§ 86 Abs. 3, 86a Abs. 3, 130 Abs. 5, 130a Abs. 3, 131 Abs. 3 StGB mit der Sozialadäquanzklausel bzw. dem Berichterstatterprivileg geschehen. Bei Äußerungsdelikten dagegen stellt sich die Situation völlig anders dar, weil diese Delikte zwar auch durch das Verbreiten von Schriften begangen werden können, daneben aber – und das ist entscheidend – eine Identi-

---

122 Siehe *Sch/Sch*[26]*-Lenckner* § 129 Rdn. 14a; LK[11]-*v. Bubnoff* § 129 Rdn. 57.

123 Dort unter I. 4. (S. 49).

124 Siehe BGH, Urt. v. 9.4.1997 – 3 StR 387/96 = BGHSt 43, 41 (43 f.).

125 LK[11]-*v. Bubnoff* § 130a Rdn. 7.

126 LK[11]-*v. Bubnoff* § 130 Rdn. 38; *Franke*, GA 1984, S. 455.

fikation mit dem Geäußerten erkennbar sein muss. Und für deren Nachweis gibt es keine Veranlassung, am Prinzip der Verkörperung im Schriftinhalt festzuhalten. Anschaulich wird dies z.B. in § 130 Abs. 1 StGB, der im Gegensatz zu § 130 Abs. 2 StGB nicht ein Verbreitungsdelikt sondern ein persönliches Äußerungsdelikt ist und auf den die Sozialadäquanzklausel des Absatzes 5 somit keine Anwendung findet. Insoweit kann dem BGH[127] seine eigene Beanstandung, die er 1990 gegenüber dem KG geäußert hat, hier selbst vorgehalten werden, nämlich verkannt zu haben, dass Äußerungsdelikte und nicht Verbreitungsdelikte zu prüfen waren[128].

4. *Ergebnis*

Es hat sich gezeigt, dass das Merkmal der eindeutig erkennbaren Zielrichtung einer Schrift anlässlich solcher Fälle, in denen die Verwendung fremder Texte zur Tatbegehung strafrechtlich zu beurteilen war, nicht neu geschaffen wurde, sondern – wenn auch teilweise unausgesprochen – in Übernahme der ständigen Rechtsprechung und herrschenden Auslegung zu anderen Vorschriften auf diese Problematik übertragen wurde. Dabei handelte es sich insbesondere um § 93 StGB (a.F.), also eine Vorschrift, welche im Tatbestand selbst das Merkmal der „Schrift" enthielt, die eine bestimmte Zielrichtung aufweisen musste. Zu dieser Norm wurde aufgrund ihrer tatbestandlichen Fassung einhellig die Ansicht vertreten, dass die inkriminierte Zielrichtung ausschließlich anhand des Inhalts eben dieser tatbestandlichen Schrift nachgewiesen werden darf. Diese Auslegung ist jedoch nicht unbesehen übertragbar auf Vorschriften – beispielsweise die §§ 129, 129a StGB, § 20 Abs. 1 Nr. 4 VereinsG – die das Merkmal der Schrift überhaupt nicht im Tatbestand enthalten. Bei solchen Delikten muss das tatbestandliche Verhalten die entsprechende inkriminierte Zielrichtung besitzen. Besteht dieses Verhalten – d.h. die Tatbestandshandlung – in der Verwendung von fremden Texten, wodurch der tatbestandliche Erfolg herbeigeführt wird, muss somit gleichfalls diese Textverwendung auf ihre Zielrichtung hin untersucht werden. Dabei ist dann aber das gesamte Verhalten des Täters und damit auch Umstände außerhalb des Inhalts der Schrift zu berücksichtigen. Dies stellt den maßgeblichen Unterschied zur Situation bei Schriftenverbreitungsdelikten dar, wo nur beachtlich ist, was in der Schrift verkörpert zum Ausdruck gekommen ist.

Ferner hat der BGH selbst zu § 93 StGB (a.F.) sowie zur Nachfolgevorschrift § 86 StGB ausgeführt, dass in den Fällen, in denen eine Schrift auch fremde Texte wiedergibt, diese fremden Äußerungen nicht automatisch als der Inhalt auch dieser Schrift angesehen werden können, sondern nur, wenn erkennbar ist,

---

127 Gemeint sind BGH, Urt. v. 9.4.1997 – 3 StR 387/96 = BGHSt 43, 41 (45) und BGH, Urt. v. 9.4.1997 – 3 StR 584/96 = NStZ-RR 1997, S. 282 (283) mit ihrem Hinweis auf die Sozialadäquanzklauseln.

128 So BGH, Beschl. v. 20.2.1990 – 3 StR 278/89 = BGHSt 36, 363 (370).

dass mit der Wiedergabe der fremden Texte auch deren inkriminierte Zielrichtung übernommen werden sollte[129]. Denn mit einer Wiedergabe an sich strafbarer Äußerungen kann durchaus auch das Gegenteil bezweckt sein. Demzufolge kann in Konstellationen, in denen fremde Texte verwendet werden, die Zielrichtung einer Schrift erst dann festgestellt werden, wenn zuvor die Frage geklärt worden ist, ob sich der die fremden Äußerungen verwendende Täter diese zu Eigen gemacht hat. Diese Erkenntnis ist keinesfalls auf den Bereich der Schriftenverbreitungsdelikte beschränkt, sie gilt aber gerade auch für diese. Selbst wenn Verbreitungsdelikte üblicherweise dahingehend beschrieben werden, dass ein Bekenntnis des Täters zum verbreiteten Schriftinhalt nicht notwendig ist, da es nur auf die Gefährlichkeit der Schrift selbst ankommt, so geht es in diesen Fällen jedoch darum, zunächst überhaupt den Inhalt der Schrift zu ermitteln. So wird selbst bei Deliktstatbeständen, die durch eine Sozialadäquanzklausel ergänzt werden, darauf hingewiesen, dass mit Zitaten fremder Texte versehene distanzierte Berichte von vornherein nicht tatbestandsmäßig seien, ohne dass sich dies erst durch eine Anwendung der Sozialadäquanzklausel ergeben würde[130]. Der Unterschied besteht jedoch abermals darin, dass im Fall von Schriftenverbreitungsdelikten diese mit der Wiedergabe möglicherweise verbundene Übernahme der Zielrichtung wiederum nur anhand von Umständen zu begründen ist, die aus der Schrift selbst hervorgehen[131]. Im Fall von Äußerungsdelikten besteht diese Beschränkung nicht.

Dies entspricht der Beobachtung, dass hinsichtlich der Kriterien, welche von Rechtsprechung wie Literatur regelmäßig herangezogen werden, um die Zielrichtung des Textes bzw. die Identifikation seines Verwenders mit den in ihm enthaltenen Äußerungen Dritter zu begründen, keine erkennbare Unterscheidung danach erfolgt, welches dieser beiden Merkmale nachgewiesen werden soll. Die Differenzierung in verschiedene Ansichten vollzieht sich nicht in Anbetracht des jeweiligen Merkmals „Zielrichtung" oder „Identifikation", sondern vielmehr zwischen einerseits der eher strengen Grundhaltung, lediglich Umstände beachten zu dürfen, die unmittelbar ihren Niederschlag im inkriminierten Text selbst gefunden haben und andererseits der großzügigeren Ausgangsposition, welche auch die Person und Persönlichkeit des Kommunikators, die Kommunikationssituation sowie die bei den Äußerungsempfängern vorliegenden Gegebenheiten berücksichtigt. Insgesamt wird damit die vom BGH aufgestellte Trias von restriktiven Merkmalen fraglich. Von dem oben dargelegten fehlenden Erkenntniswert des Kriteriums der objektiven Eignung abgesehen, ist die Handhabung des Merkmals der Identifikation als eines – nach Bejahung von

---

129 So zu § 93 StGB (a.F.) BGH, Urt. v. 28.2.1964 – 3 StR 40/63 = BGHSt 19, 245 (250) und zu § 86 StGB BGH, Urt. v. 23.7.1969 – 3 StR 326/68 = BGHSt 23, 64 (74 f.).

130 *Sch/Sch*[26]*-Lenckner* § 130 Rdn. 14.

131 BGH, Urt. v. 28.2.1964 – 3 StR 40/63 = BGHSt 19, 245 (251).

objektiver Eignung und erkennbarer Zielrichtung des Textes – additiv hinzutretenden Merkmals nicht durchführbar. Exemplarisch kann das an den im 3. Kapitel beschriebenen Ausführungen des OLG Köln[132] sowie der Kommentierung von *Hanack*[133] belegt werden, wo eine Trennung zwischen dem Nachweis der verunglimpfenden bzw. billigenden Zielrichtung des tatbestandlichen Verhaltens und der Identifikation mit dem jeweils benutzten fremden Text nicht mehr feststellbar war. Da für die Deutung sprachlicher Äußerungen die Äußerungssituation sowie die Person von Äußerungsveranlasser und Äußerungsadressat eine wesentliche Rolle spielen, ist die Auslegung einer Äußerung unmöglich, wenn nicht sogleich eine bestimmte Person als ihr präsumtiver Urheber in die Beurteilung mit einbezogen wird. Dann aber ist die Frage, ob sich der Äußernde einen fremden Text zu Eigen gemacht hat, logisch noch vor der Ermittlung der inhaltlichen Zielrichtung zu beantworten. Während in diesem Zusammenhang dem Merkmal der Identifikation entscheidende Bedeutung beizukommen scheint, ist die Benennung der Zielrichtung des letztendlich veröffentlichten Textes vielmehr das Ergebnis der Untersuchung, ob sich dessen Verfasser die fremden – und allein einen inkriminierten Inhalt aufweisenden – Textbeiträge zu Eigen gemacht hat.

III. Die Identifikation mit dem fremden Text

Das Erfordernis der Identifikation mit dem Inhalt eines verwendeten fremden Textes wird als Voraussetzung einer täterschaftlichen Strafbarkeit von Rechtsprechung wie Literatur regelmäßig mit dem Hinweis auf die Rechtsnatur der jeweiligen Strafvorschrift als Äußerungsdelikt erklärt. Zumeist wird dabei aus der – im Allgemeinen eher behaupteten anstatt begründeten – Eigenschaft als Äußerungsdelikt auf die Notwendigkeit des Zu-Eigen-Machens einer fremden Äußerung geschlossen[134]. Vereinzelt lassen sich jedoch auch Ausführungen finden, in denen die restriktive Anwendung eines Tatbestandes mittels des Merkmals der Identifikation weniger als Konsequenz der Rechtsnatur als Äußerungsdelikt dargestellt wird, sondern umgekehrt eben diese Qualifizierung als Äußerungsdelikt vielmehr das Ergebnis einer Tatbestandsanalyse zu sein scheint, wonach das jeweilige Delikt täterschaftlich die Kundgabe einer eigenen Meinung und demzufolge die Identifikation mit der fremden Äußerung voraus-

132 OLG Köln, Urt. v. 2.4.1979 – 3 Ss 24-26/79 = NJW 1979, S. 1562, besprochen im 3. Kapitel unter II. 1. (S. 113).

133 LK[11]-*Hanack* § 140 Rdn. 22 f., besprochen im 3. Kapitel unter II. 4. (S. 122).

134 So beispielsweise BGH, Beschl. v. 20.2.1990 – 3 StR 278/89 = BGHSt 36, 363 (370); LG Berlin, Urt. v. 7.11.1978 – (512) 1 P KLs 2/78 (57/78) = JR 1979, S. 120 (121); *Giehring*, StV 1985, S. 34; *ders.*, StV 1983, S. 309; *Franke*, GA 1984, S. 462; *Bemmann*, Meinungsfreiheit und Strafrecht (1981), S. 14; *Grünwald*, zitiert bei *Ahrens/Mückenberger*, KJ 1978, S. 297; *Geilen*, NJW 1976, S. 281.

setzt[135]. Unverkennbar sind die Unsicherheiten im Umgang mit den genannten Begriffen schließlich, wenn beispielsweise festgestellt wird, dass nur diejenigen Äußerungsdelikte, die eine eigene Zustimmung zum Inhalt der Äußerung voraussetzen, bei fremden Äußerungen ein Zu-Eigen-Machen verlangen[136]. Dass es demnach auch Äußerungsdelikte geben müsste, welche die Kundgabe einer eigenen Meinung nicht vorsehen, erstaunt vor dem Hintergrund des bisher Ausgeführten.

Auf die mangelnde Systematik und fehlende einheitliche Terminologie im Bereich der sog. Kommunikationsdelikte wurde oben bereits hingewiesen[137]. Während es dort jedoch dabei belassen werden konnte, ist nun eine nähere Betrachtung der dogmatischen Hintergründe dieser Delikte geboten, da sich das Merkmal der Identifikation als die entscheidende Voraussetzung der Täterschaft bei der Verwendung fremder inkriminierter Texte herausgestellt hat und seine einzige rechtliche Begründung sowie Herleitung in dem Hinweis auf die Eigenart der Äußerungsdelikte liegt.

1. Existierende Versuche einer Systematisierung der Äußerungsdelikte

Erstmals monographisch befasste sich *Kern* in seiner schon erwähnten Untersuchung mit den Delikten, die im Umfeld von Äußerungen angesiedelt sind und mit diesen einhergehen. *Kern* verstand unter einer Äußerung eine Kundgebung mit gedanklichem Inhalt und kam darüber zu seiner für das Strafrecht geltenden Definition der Äußerungsdelikte als Delikte, die durch Kundgebung mit Gedankeninhalt begangen werden[138]. Als Beispiele dafür nannte er die Beschimpfungs-, Aufforderungs-, Bedrohungs-, Täuschungs- und Mitteilungsdelikte[139]. Diese Äußerungsdelikte grenzte er ab von den – von ihm so bezeichneten – Tathandlungen, womit er in einem Ausschließlichkeitsverständnis alle Delikte meinte, die nicht Äußerungsdelikte sind[140]. Das wesentliche Unterscheidungs-

135 In diese Richtung gehen die Erwägungen des OLG Schleswig, Beschl. v. 30.10.1987 – 2 OJs 11/87 = NJW 1988, S. 352, sowie von *Rudolphi*, ZRP 1979, S. 220. Während das OLG die Notwendigkeit einer Identifikation einer teleologischen Betrachtung entnimmt und § 129a StGB anschließend als Äußerungsdelikt bezeichnet, stützt *Rudolphi* seine Ansicht auf den Wortlaut von § 140 StGB.

136 So ausdrücklich LK[11]-*Hanack* § 140 Rdn. 24. Auch *Moritz*, in: *Loewenheim/F. Koch*, Praxis des Online-Rechts (1998), S. 506 bezeichnet das Verbreiten von pornographischem Material und verfassungswidriger Propaganda als Äußerungsdelikte.

137 Im 2. Kapitel unter I. 1. (S. 40).

138 *Kern*, Die Äußerungsdelikte (1919), S. 9. Einige der Aussagen *Kern's* haben ihre Grundlage in der Untersuchung von *Oetker*, GA 26 (1878), S. 249 ff., insbesondere S. 265 ff., der sich jedoch weniger mit Äußerungsdelikten als vielmehr mit der „Lehre von den Preßvergehen" – also aus heutiger Sicht: mit Presse-Inhaltsdelikten – beschäftigt hat.

139 *Kern*, Die Äußerungsdelikte (1919), S. 10 ff.

140 *Kern*, Die Äußerungsdelikte (1919), S. 12.

merkmal der Äußerungsdelikte sei nicht die bloße psychische Einwirkung auf einen anderen, die sie zwar problemlos bewirken, welche aber auch durch schlichte Tathandlungen zu erreichen sei. Maßgeblich sei vielmehr die den Äußerungen eigentümliche Zielrichtung, unmittelbar die Psyche des Adressaten oder Destinärs zu beeinflussen, was eben nur aufgrund des jeweiligen Erklärungsinhaltes, d.h. nur durch eine Gedankenäußerung möglich sei[141]. Folglich kam *Kern* zu der für seine Arbeit den Ausgangspunkt bildenden Feststellung, dass sämtliche Äußerungsdelikte durch Gedankenäußerungen verwirklicht werden, somit „Sinndelikte" seien, daher also einen strafrechtlich relevanten objektiven Sinn besitzen müssten, was wiederum die generelle Auslegungsbedürftigkeit dieser Delikte begründe[142]. Speziell mit Blick auf solche Delikte, die die Verbreitung von Schriften unter Strafdrohung stellen, unterschied *Kern* außerdem zwischen den Fällen, in denen einerseits der Täter eine bestimmte Tat gerade durch das Verbreiten von Schriften begeht, was sich dabei aber nur als eine besondere Form einer auch in anderen Modalitäten denkbaren strafbaren Äußerung darstellt, und andererseits solchen Fällen, in welchen der Täter lediglich Gedankenäußerungen verbreitet, ohne dass es eine Rolle spielt, ob es seine eigenen sind oder er sich in irgendeiner Weise zu ihnen bekennt[143]. Während es sich bei der ersten Konstellation um Äußerungsdelikte handeln soll, seien die zweitgenannten Delikte Fälle reiner Kolportage, d.h. bloßer Verbreitung, und damit – ausgehend von *Kern's* strengem alternativen Verständnis von Äußerungs- und Nichtäußerungsdelikten – eine Untergruppe der Tathandlungen.

Nur ein Jahr später stellte *Kitzinger* in seiner Kommentierung des Reichspressegesetzes eine ähnliche Verwendung dieser Begrifflichkeiten vor. Ausgehend vom seinem Anliegen, die für seine Arbeit allein interessierenden Pressedelikte zu systematisieren, kam er zu dem Ergebnis, dass sich diese auf zwei verschiedene Weisen verwirklichen lassen. Zum einen durch das bloße Verbreiten von Schriften eines bestimmten Inhalts, zum anderen durch die Äußerung und Kundgebung von Gedanken[144]. Die der zuletzt genannten Begehungsweise zugehörigen Delikte bezeichnete er als persönliche Äußerungsdelikte[145].

Kurz darauf stellte *Mannheim* wiederum in einer Abhandlung zum Presserecht und folglich ausgehend vom gleichen Zweck wie *Kitzinger* – nämlich eine Strukturisierung primär der Pressedelikte zu erreichen – eine nahezu identische Einteilung vor. Danach kämen als Pressedelikte zum einen die persönlichen Äußerungsdelikte in Betracht, zum anderen aber auch die von *Kern* als bloße

141 *Kern*, Die Äußerungsdelikte (1919), S. 12.

142 *Kern*, Die Äußerungsdelikte (1919), S. 1 und S. 68 f.

143 *Kern*, Die Äußerungsdelikte (1919), S. 37.

144 *Kitzinger*, Das Reichsgesetz über die Presse (1920), S. 124.

145 *Kitzinger*, Das Reichsgesetz über die Presse (1920), S. 125.

Kolportage bezeichneten Fälle der Verbreitung fremder Gedanken[146]. Mit letzterer Zuordnung bestritt *Mannheim* ausdrücklich eine Aussage *Kern's*, die dieser am Ende seiner Betrachtung der Äußerungsdelikte machte, wonach Pressedelikte automatisch immer zugleich Äußerungsdelikte sein müssten und jedenfalls nicht durch bloße Verbreitungshandlungen begehbar seien, womit sämtliche den Tathandlungen angehörenden Delikte niemals ein Pressedelikt darstellen könnten[147]. Die von *Mannheim* als persönliche Äußerungsdelikte angesehenen Delikte sollten sich dadurch auszeichnen, dass es sich bei dem Inhalt der geistigen Mitteilung gerade um Gedanken desjenigen handelt, der die Äußerung bewirkt[148]. Bei der zweiten Gruppe möglicher Pressedelikte sei dies dagegen entbehrlich, eine Kundgebung eigener Gedanken sei nicht tatbestandliche Voraussetzung, sondern es komme allein darauf an, ob der Täter bestimmte Gedankeninhalte verbreitet[149].

In neuerer Zeit ist es erstmalig wieder *Franke*, der ausführlicher zur Struktur der Äußerungsdelikte Stellung nimmt, auch wenn dies vor allem aus der Sicht der Delikte geschieht, die die Verbreitung von Schriften pönalisieren. Diese sog. Schriftenverbreitungsdelikte, welche allesamt die Weitergabe verkörperter Gedankeninhalte zum Regelungsgegenstand haben, bezeichnet er als publikumsbezogene Äußerungsdelikte oder gleichbedeutend als Meinungsdelikte, denen er die sonstigen Äußerungsdelikte, die keinen Bezug zu einem größeren Adressatenkreis aufweisen, gegenüberstellt[150]. Diese publikumsbezogenen Äußerungsdelikte nun unterteilt *Franke* in zwei verschiedene Gruppen, welche der Sache nach den Unterfällen gleichen, in welche bereits *Kern* die Delikte, die sich durch Verbreiten von Schriften verwirklichen lassen, einteilte, und in welche *Kitzinger* und *Mannheim* die von ihnen erörterten Pressedelikte untergliederten. Dies seien auf der einen Seite die höchstpersönlichen Äußerungsdelikte, die sich durch ein irgendwie geartetes Bekenntnis zum Inhalt der Äußerung charakterisieren lassen, und auf der anderen Seite die schlichten Äußerungsverbreitungsdelikte[151]. Letztere verlangen ein Verbreiten in Kenntnis des missbilligten Inhalts der Schrift, welches sich nun gerade nicht als Äußerungshandlung darstellt, sondern eine bloße Tathandlung ist. Wegen der insofern begrifflichen Überschneidung mit *Kern* macht *Franke* jedoch ausdrücklich darauf aufmerksam, dass auch diese Konstellationen schlichter Tathandlungen zur Obergruppe der Äußerungsdelikte gehören, und keineswegs als Fälle „reiner Kolportage" von diesen abzugrenzen seien[152].

---

146 *Mannheim*, Pressrecht (1927), S. 33.

147 So *Kern*, Die Äußerungsdelikte (1919), S. 58.

148 *Mannheim*, Pressrecht (1927), S. 38.

149 *Mannheim*, Pressrecht (1927), S. 38 f.

150 *Franke*, GA 1984, S. 462.

151 *Franke*, GA 1984, S. 462 und S. 471.

152 *Franke*, GA 1984, S. 462.

Wiederum im Rahmen einer presserechtlichen Fragestellung kommt *Uebbert* in seiner Untersuchung zu einer Einteilung der Äußerungsdelikte, welche er als die praktisch wichtigste – aber damit abweichend von *Kern* auch zugleich nicht mehr als einzige – Gruppe von Presse-Inhaltsdelikten bezeichnet[153]. Er unterscheidet dabei die persönlichen Äußerungsdelikte, die eine Strafbarkeit wegen einer eigenen persönlichen Äußerung begründen und als Tathandlung eine Äußerung in Gestalt der Abgabe einer eigenen Gedankenerklärung verlangen, von den Verbreitungsdelikten, deren Tathandlung das Verbreiten eines Druckwerks in Kenntnis dessen Inhalts sei[154].

Eine identische Einteilung verwendet jüngst *Altenhain*, allerdings in mehreren Abhandlungen, die nicht das Pressestrafrecht, sondern das Online-Recht sowie die Verantwortlichkeit nach TDG und MDStV zum Thema haben. *Altenhain* benutzt dort den – hier übernommenen – Begriff der Kommunikationsdelikte, um solche Tatbestände zu beschreiben, die die Äußerung oder Weitergabe von missbilligten Inhalten unter Strafe stellen[155]. Insofern gleicht diese Bezeichnung inhaltlich den von *Franke* als publikumsbezogene Äußerungsdelikte und von *Uebbert* nur als Äußerungsdelikte vorgeschlagenen Termini. Als Unterfälle dieser Deliktsgattung behandelt auch er sodann zum einen die Verbreitungsdelikte und zum anderen die Äußerungsdelikte, welche vom Täter ein Bekenntnis zu dem missbilligten Inhalt verlangen[156].

2. *Nachweis der Identifikation*

Wenn danach besagte Äußerungsdelikte unbestritten die Strafbarkeit an eine eigene, persönliche Äußerung des Täters knüpfen, so kann eine Erklärung, die ursprünglich nicht von diesem Täter stammt, nur unter der Voraussetzung die Täterschaft begründen, dass sie erkennbar zur eigenen Äußerung gemacht wurde, sich der Täter also mit ihr identifiziert. Obwohl sich das soeben angeführte Schrifttum über diese Erkenntnis einig ist, werden die Anforderungen, die an den Vorgang der Identifikation zu stellen sind, nur selten näher beschrieben. *Kern* selbst beispielsweise ist in seiner Arbeit lediglich kurz auf diese Frage eingegangen. Anlässlich der Aufzählung der Punkte, deren Ermittlung die Auslegungstätigkeit dient, nennt er neben dem Objekt sowie dem Destinär der Äußerung auch den Umstand, ob die Wiederholung einer fremden Äußerung eine selbstständige strafbare Handlung darstellt[157]. Dies nimmt *Kern* nur an, sofern sich der Wiederholende die Äußerung zu Eigen gemacht hat, wobei diese Beurteilung – ebenso wie die Deutung des Äußerungsinhaltes – keine Rechtsfrage sei, sondern eine

---

153 *Uebbert*, Die strafrechtliche Haftung des verantwortlichen Redakteurs (1995), S. 47.

154 *Uebbert*, Die strafrechtliche Haftung des verantwortlichen Redakteurs (1995), S. 47 f.

155 *Altenhain*, AfP 1998, S. 458; *ders.*, CR 1997, S. 485.

156 *Altenhain*, AfP 1998, S. 485; *ders.*, CR 1997, S. 486 und S. 496.

157 *Kern*, Die Äußerungsdelikte (1919), S. 74.

Auslegungsfrage, also weder im Wege der Untersuchung der Rechtslage noch der Beweisaufnahme geschieht[158]. Was genau er allerdings unter einem solchen Zu-Eigen-Machen versteht, beantwortet *Kern* nicht.

Die einzige Ausnahme in dieser Hinsicht ist die Untersuchung von *Uebbert* über die Strafbarkeit des verantwortlichen Redakteurs im Sinne der Landespressegesetze, wo die bislang vertretenen verschiedenen Auffassungen bezüglich der Frage der Identifikation ausführlich gegenübergestellt und zusammengefasst werden[159]. Zu diesem Zweck unterteilt *Uebbert* zunächst die in Betracht kommenden Ansichten in eine „weite" und eine „enge" Gruppe. Die Erstgenannte zeichnet sich dadurch aus, dass in der Regel bereits die Entscheidung zur Publikation als sicheres und ausreichendes Indiz für die Identifikation angesehen wird, während die engeren Auffassungen zusätzliche besondere Umstände für den Nachweis der Identifikation verlangen.

a) „Weite" Auffassungen mit geringeren Anforderungen

Innerhalb der „weiten" Gruppe unterteilt *Uebbert* die existierenden Meinungen noch einmal in vier unterschiedliche Ansätze, welche alle im Ergebnis nur geringe Anforderungen an das Zu-Eigen-Machen der fremden Äußerung stellen. Danach reicht die Bandbreite von der weitesten Auffassung, derzufolge eine Identifikation bei dem die Veröffentlichung betreibenden Redakteur schlechthin immer anzunehmen sei, über vermittelnde Standpunkte, die eine Widerlegung dieser Regelvermutung – z.B. durch eine distanzierende Vorbehaltserklärung seitens des Redakteurs – im Einzelfall erlauben oder eine Täterschaft bei namentlicher Kenntnis des ursprünglichen Verfassers ausschließen, bis hin zu Ansichten, welche zwar einen gesonderten Nachweis der Identifikation verlangen, sich jedoch dabei mit minimalen Anforderungen begnügen[160].

In detaillierteren Ausführungen widmet sich *Uebbert* sodann allerdings weniger diesen Ergebnissen der „weiten" Meinungen und deren Konsequenzen, als vielmehr den von ihnen angeführten materiellen Begründungsversuchen, welche er wiederum in vier Grundgedanken einteilt. Diesbezüglich erwähnt er zunächst die Rechtsprechung des Reichsgerichts sowie das Schrifttum aus der Zeit des Reichspressegesetzes, welche die Täterschaft des verantwortlichen Redakteurs infolge der Täterschaftsvermutung des § 20 Abs. 2 RPG als gegeben ansahen[161]. Die Unrichtigkeit dieser Vorgehensweise, die auch nach aktu-

---

158 *Kern*, Die Äußerungsdelikte (1919), S. 74 und S. 81 ff.

159 *Uebbert*, Die strafrechtliche Haftung des verantwortlichen Redakteurs (1995), S. 61 ff. Die folgende Darstellung orientiert sich an diesen Ausführungen *Uebbert's*.

160 *Uebbert*, Die strafrechtliche Haftung des verantwortlichen Redakteurs (1995), S. 62 f.

161 Siehe RG, Urt. v. 23.3.1906 – II 44/06 = RGSt 39, 313 (315); RG, Urt. v. 13.4.1885 – Rep. 679/85 = RGSt 12, 294 (295); RG, Urt. v. 15.11.1883 – Rep. 1828/83 = RGSt 9, 186 (186 f.); *Kitzinger*, Das Reichsgesetz über die Presse (1920), S. 145; *Kern*, Die Äuße-

eller Rechtslage auf die Bundesländer Bayern und Hessen übertragbar sein könnte aufgrund der in den dortigen Landespressegesetzen enthaltenen vergleichbaren Bestimmungen[162], wird von *Uebbert* angesichts der Ausrichtung seiner Arbeit auf das Landespressegesetz von Nordrhein-Westfalen mit dem Hinweis auf die verfassungsrechtlichen Zweifel wegen möglichen Verstoßes gegen das Schuldprinzip sowie der Funktion dieser Vorschriften als bloße prozessuale Beweisregeln nur kurz behauptet[163].

Als Zweites geht er näher auf eine Entscheidung des LG Göttingen ein, in der ein verantwortlicher Redakteur allein wegen seiner presserechtlichen Sonderpflicht, das Druckwerk von strafbaren Inhalten freizuhalten, als Täter angesehen wurde, ohne dass eine Vorbehaltserklärung[164] seinerseits dies zu ändern vermochte[165]. Diese Rechtsprechung wird von *Uebbert* aus zwei Gründen scharf kritisiert. Zum einen könnten derartige Vorbehalte lediglich an der presserechtlichen Sonderhaftung nichts ändern, hinsichtlich der Frage der Identifikation jedoch seien sie ein effektives Mittel, um den Anschein eines Zu-Eigen-Machens deutlich erkennbar auszuschließen[166]. Zum anderen ist die Heranziehung der presserechtlichen Sonderpflicht als Argument für die Annahme einer Identifikation seines Erachtens ohnehin verfehlt, da diese nicht identisch sei mit der persönlichen Pflicht, die der Täter eines Äußerungsdeliktes verletzt[167]. Diese Feststellung wird von *Uebbert* mit dem Beispiel des Beleidigungstatbestandes § 185 StGB begründet, bei welchem es sich nicht um ein Erfolgsdelikt

---

rungsdelikte (1919), S. 65. Ebenso der von *Uebbert* nicht genannte *Mannheim*, Pressrecht (1927), S. 60 ff.

162 Vgl. dazu den Exkurs zu § 11 Abs. 2 Bay. LPG und § 11 Abs. 1 Hess. LPG im 3. Kapitel unter II. 3. (S. 118).

163 *Uebbert*, Die strafrechtliche Haftung des verantwortlichen Redakteurs (1995), S. 64 Fn. 155. Zur herrschenden Auslegung dieser Vorschriften als schlichte Beweisregel siehe abermals: BGH, Urt. v. 9.4.1997 – 3 StR 387/96 = BGHSt 43, 41 (50); BayObLG, Urt. v. 27.7.1982 – 4 St 41/82 = NStZ 1983, S. 126 (127); ferner *Groß*, Presserecht (1999), S. 353 Rdn. 661; *ders.*, AfP 1998, S. 361; *Löffler*[4]*-Kühl* § 20 LPG Rdn. 163 und Rdn. 166; LK[11]-*v. Bubnoff* § 111 Rdn. 10b; *Geppert*, JK 83, StGB § 111/1; *Franke*, JZ 1982, S. 581.

164 Im konkreten Fall handelte es sich um eine Erklärung der Redaktion „in eigener Sache", wonach die veröffentlichten Artikel „die ungeschminkte Meinung des Verfassers wiedergäben und in deren Eigenverantwortung erschienen", vgl. LG Göttingen, Urt. v. 5.4.1978 – 3 KLs 17/77 = NJW 1979, S. 1558 (1559). Zahlreiche weitere Beispiele für derartige Vorbehaltserklärungen – insbesondere im Hinblick auf die Praxis ausländischer Zeitungen und Zeitschriften – werden zitiert von *Schwinge*, FS *Hippel* (1967), S. 489 f.

165 LG Göttingen, Urt. v. 5.4.1978 – 3 KLs 17/77 = NJW 1979, S. 1558 (1561), im 1. Kapitel als 3. Beispielsfall wiedergegeben. Ähnlich auch *Löffler*[4]*-Kühl* § 20 LPG Rdn. 86, wo die „grundsätzliche" Täterschaft der verantwortlichen Redakteurs mit seiner presserechtlichen Sonderpflicht begründet wird.

166 *Uebbert*, Die strafrechtliche Haftung des verantwortlichen Redakteurs (1995), S. 66.

167 *Uebbert*, Die strafrechtliche Haftung des verantwortlichen Redakteurs (1995), S. 67 f.

handeln würde, sondern um ein Pflichtdelikt und damit ein persönliches Äußerungsdelikt[168].

Der dritte materielle Begründungsversuch der „weiten“ Meinungen wird von *Uebbert* in der von der Rechtsprechung überwiegend angewendeten sog. subjektiven Theorie – in Anlehnung an die Bezeichnung des Täter- und Teilnehmerwillens als animus auctoris und animus socii auch als „Animus-Formel“ bekannt[169] – gesehen, wonach die Täterschaft des Redakteurs „prima facie“ anzunehmen sei, da er die Veröffentlichung des fremden Textes verfügt habe und damit die Tat als eigene wolle[170]. Dieser Ansatz wird von ihm ebenso abgelehnt, weil er der Rechtsnatur der Äußerungsdelikte nicht gerecht werde, bei denen sich die Abgrenzung von Täterschaft und Teilnahme nicht nach den herkömmlichen Abgrenzungstheorien – subjektive Theorie bzw. Tatherrschaftslehre – vollziehe, da diese nur eine Antwort auf die Frage geben können, wem die tatbestandliche Ausführungshandlung zugerechnet werden kann[171]. Mit der zentralen Frage, wessen Äußerung durch eben diese Kundgabehandlung vermittelt wird, habe dies jedoch nichts zu tun.

Als Viertes und Letztes geht *Uebbert* auf die vor allem von *Schroeder* vertretene Ansicht ein, derzufolge die Identifikation mit dem fremden Text bereits aus der Veröffentlichungsverfügung hergeleitet werden könne. Wer in solcher Weise die Publikation betreibe, tue dies regelmäßig – abgesehen von den Fällen ausdrücklicher Distanzierung oder erkennbarer Dokumentationsabsicht – weil er diesen Text auch inhaltlich befürwortet[172]. Auch gegen diese Sichtweise erhebt *Uebbert* Einwände. Zunächst trägt er Zweifel in tatsächlicher Hinsicht vor, da ein Redakteur normalerweise einen fremden Text veröffentlicht, weil er ihn für strafechtlich irrelevant hält, nicht aber, weil er ihn sich zu Eigen machen will. Ferner weist er auf die rechtliche Fehlerhaftigkeit dieser Ansicht hin, da eine „innerliche Bejahung“ der fremden Äußerung keinesfalls genüge, sondern der objektive Tatbestand der Äußerungsdelikte eine objektiv manifestierte Identifikation des Täters voraussetzt, die bei einer bloßen Veröffentlichungsverfügung ohne weitergehende Indizien nicht vorliege[173].

---

168 Eine Stellungnahme zu dieser sowie den anderen hier wiedergegebenen Ansichten *Uebbert's* erfolgt im 5. Kapitel unter III. 1. (S. 216).

169 Zur Entwicklung der Rechtsprechung in dieser Hinsicht vgl. *Sch/Sch*[26]*-Cramer/Heine* Vorbem §§ 25 ff. Rdn. 56 ff. und *Tröndle/Fischer*[50] Vor § 25 Rdn. 2 und Rdn. 2a.

170 Siehe OLG Braunschweig, Urt. v. 22.5.1978 – Ss (S) 43/78 = NJW 1978, S. 2044 (2046); LG Göttingen, Urt. v. 5.4.1978 – 3 KLs 17/77 = NJW 1979, S. 1558 (1561); *Löffler*[4]*-Kühl* § 20 LPG Rdn. 81 f.; *Franke*, JZ 1982, S. 581.

171 *Uebbert*, Die strafrechtliche Haftung des verantwortlichen Redakteurs (1995), S. 69.

172 *F.-C. Schroeder*, JR 1979, S. 93. Ebenso OLG Braunschweig, Urt. v. 22.5.1978 – Ss (S) 43/78 = NJW 1978, S. 2044 (2046), siehe dazu das Zitat im 3. Kapitel unter II. 4. (S. 124).

173 *Uebbert*, Die strafrechtliche Haftung des verantwortlichen Redakteurs (1995), S. 72 f.

b) „Enge“ Auffassungen mit strengeren Anforderungen

Nachdem *Uebbert* derart ausführlich diese Gruppe von Ansichten mit geringeren Anforderungen dargestellt und ausnahmslos als nicht vertretbar abgelehnt hat, widmet er sich den „engeren“ Auffassungen, die ihm aus diesem Grund allein geeignet erscheinen, die Frage nach den an das Zu-Eigen-Machen zu stellenden Anforderungen sachgerecht zu beantworten. Die Antwort darauf – so sie denn gegeben wird – fällt jedoch erstaunlich gehaltlos aus. *Uebbert* beginnt mit der wiederholten Feststellung, dass persönliche Äußerungsdelikte eine persönliche Äußerung des Täters erfordern, sodass bei Publikation fremder Texte zusätzliche Umstände vorliegen müssen, anhand derer sich die Identifikation des Täters mit der fremden Äußerung nachweisen lässt[174]. Sodann erklärt er, obwohl er zuvor bereits die Ansicht *Schroeder's* ohnehin als verfehlt abgelehnt hat, die schlichte Veröffentlichungsverfügung als nicht ausreichend in diesem Sinn. Daraufhin spricht *Uebbert* die auch in dieser Untersuchung bereits mehrmals erwähnte Frage an, ob sich diese zusätzlichen Umstände ggf. auch „zwischen den Zeilen“ finden lassen können. Dieser Aspekt wird von ihm jedoch lediglich mit dem Hinweis bedacht, dass dies in besonderen Ausnahmefällen so sein kann, allerdings nicht als Regel aufgestellt werden dürfe, weshalb auch im Hinblick auf Art. 5 Abs. 1 GG ein „flüchtiger Leser“ kein geeigneter Beurteilungsmaßstab sei[175]. *Uebbert* bemerkt jedoch mit keinem Wort, dass seine Ansicht in deutlichem Widerspruch steht zur ganz überwiegenden Rechtsprechung und Literatur im Presse- wie Strafrecht. Dort ist anerkannt, dass Aussagen auch verdeckt „zwischen den Zeilen“ eines Textes stehen können[176]. Dies ist insbesondere dann der Fall, wenn der Verfasser eines Textes durch das Zusammenfügen mehrerer offener und als solche durchaus zutreffender Behauptungen dem Leser eine weitere Mitteilung als unausweichliche Schlussfolgerung nahe legt[177]. Wenn sich aus seiner Ablehnung einer Begründung der Identifikation mittels „zwischen den Zeilen“ stehender Tatsachen überhaupt etwas folgern ließe, dann doch lediglich, dass damit an sich gerade der Verständnishorizont des oberflächlicheren Lesers berücksichtigt werden soll, da von einem sorgfältigen Leser derartig versteckte Hinweise auf ein Zu-Eigen-Machen eher erkannt werden dürften. Am meisten überrascht an dieser petitio principii aber ihre Grundlosigkeit, da die inhaltliche Erkenntnis völlig unbestrit-

---

174 *Uebbert*, Die strafrechtliche Haftung des verantwortlichen Redakteurs (1995), S. 73.

175 *Uebbert*, Die strafrechtliche Haftung des verantwortlichen Redakteurs (1995), S. 74.

176 Dazu ausführlich *Soehring*, Presserecht (2000), S. 327 Rdn. 16.7 und S. 351 Rdn. 16.44 ff. sowie *Löffler*[4]*-Steffen* § 6 LPG Rdn. 92. Ferner BGH, Urt. v. 23.7.1969 – 3 StR 326/68 = BGHSt 23, 64 (73); BGH, Urt. v. 28.2.1964 – 3 StR 40/63 = BGHSt 19, 245 (249); BGH, Urt. v. 21.4.1961 – 3 StR 55/60 = BGHSt 16, 49 (53); *Sch/Sch*[26]*-Stree/Sternberg-Lieben* § 86 Rdn. 6; *Sch/Sch*[26]*-Lenckner* § 130 Rdn. 14 und § 130a Rdn. 5 sowie § 131 Rdn. 10; *Tröndle/Fischer*[50] § 86 Rdn. 3 und § 130 Rdn. 12 und § 130a Rdn. 6 sowie § 131 Rdn. 10; LK[11]*-v. Bubnoff* § 130a Rdn. 15 und § 131 Rdn. 26.

177 *Soehring*, Presserecht (2000), S. 352 Rdn. 16.44b.

ten ist. Vielmehr lässt sie sich auf eine gefestigte Rechtsprechung des BGH sowie des BVerfG stützen, die von *Uebbert* freilich mit keinem Wort erwähnt wird. Der BGH hat schon früh anlässlich von § 93 StGB (a.F.) dargelegt, dass sich die Frage nach dem verfassungsfeindlichen Inhalt einer Druckschrift aus der Sicht eines einsichtigen und verständigen Durchschnittslesers beantwortet[178]. Auch im Presserecht ist anerkannt, dass der Durchschnittsleser den Maßstab bei der Ermittlung eines möglicherweise inkriminierten Erklärungsinhalts bildet[179]. So kommt es z.B. auf die Anschauungen und Redewendungen des Adressatenkreises an[180]. Ebenso sind sämtliche erkennbaren Umstände zu beachten, unter denen die Äußerung erfolgt ist, sowie der Kontext, in welchem sie steht[181]. Dabei dient der Durchschnittsleser der jeweils angesprochenen Leserschaft als Maßstab. Der „flüchtige Zeitungsleser", den die Rechtsprechung anfangs für maßgeblich hielt und der auch heute noch im Wettbewerbsrecht eine Rolle spielt[182], ist einer zunehmend differenzierteren Betrachtung gewichen, im Hinblick auf Massenmedien und damit auch Presseerzeugnissen beispielsweise dem „unbefangenen Zeitungsleser"[183], wobei im Rahmen dieser Beurteilung zu berücksichtigen ist, ob sich der

178 So BGH, Urt. v. 23.7.1969 – 3 StR 326/68 = BGHSt 23, 64 (73); BGH, Urt. v. 28.2.1964 – 3 StR 40/63 = BGHSt 19, 245 (249); BGH, Urt. v. 21.4.1961 – 3 StR 55/60 = BGHSt 16, 49 (53); BGH, Urt. v. 13.5.1960 – 3 StR 4/60 = BGHSt 14, 293 (296); BGH, Urt. v. 28.2.1959 – 1 St E 1/59 = BGHSt 13, 32 (34); BGH, Urt. v. 23.11.1955 – 6 StR 26/55 = BGHSt 8, 245 (247). Insbesondere in BGHSt 14, 293 (295 ff.), wird eingehend begründet, warum es sich bei § 93 StGB (a.F.) gerade um einen „verständigen Durchschnittsleser" handeln muss und es nicht etwa auf den tatsächlichen Adressatenkreis oder den „gebildeten Durchschnittsleser" ankommt.

179 *Löffler*[4]*-Steffen* § 6 LPG Rdn. 90 und Rdn. 172.

180 *Löffler*[4]*-Steffen* § 6 LPG Rdn. 90.

181 *Löffler*[4]*-Steffen* § 6 LPG Rdn. 90.

182 Dazu *Soehring*, Presserecht (2000), S. 293 Rdn. 14.4.

183 BGH, Urt. v. 25.7.1984 – 3 StR 62/84 = BGHSt 33, 16 (19): „Durchschnittsadressaten"; BGH, Urt. v. 23.7.1969 – 3 StR 326/68 = BGHSt 23, 64 (73): „verständige Durchschnittsleser"; BGH, Urt. v. 28.2.1964 – 3 StR 40/63 = BGHSt 19, 245 (249): „einsichtigen Durchschnittsleser"; BGH, Urt. v. 21.4.1961 – 3 StR 55/60 = BGHSt 16, 49 (53): „verständigen Durchschnittsleser"; BGH, Urt. v. 13.5.1960 – 3 StR 4/60 = BGHSt 14, 293 (296): „verständigen Durchschnittsleser"; BGH, Urt. v. 28.2.1959 – 1 St E 1/59 = BGHSt 13, 32 (34): „verständigen Durchschnittsleser"; BGH, Urt. v. 23.11.1955 – 6 StR 26/55 = BGHSt 8, 245 (247): „einsichtigen Leser"; BGH, Urt. v. 7.1.1955 – 6 StR 185/54 = BGHSt 7, 110 (111): „unbefangener Dritter"; BGH, Urt. v. 14.10.1952 – 2 StR 339/52 = BGHSt 3, 346 (347): „unbefangener und unverbildeter Leser" (sic!); KG, Urt. v. 29.6.2001 – (3) 1 Ss 388/00 (115/00) = NJW 2001, S. 2896: „unvoreingenommener Durchschnittsleser"; BayObLG, Beschl. v. 23.10.1995 – 3 St 3/95 a, b = NStZ-RR 1996, S. 135: „Durchschnittsadressaten"; OLG Düsseldorf, Beschl. v. 12.6.1989 – OGs 13/89 = NStZ 1990, S. 145 (146): „Durchschnittsadressaten". Vgl. zum Ganzen *Damm/Rehbock*, Widerruf, Unterlassung und Schadensersatz in Presse und Rundfunk (2001), S. 123 Rdn. 274 ff.; *Soehring*, Presserecht (2000), S. 293 Rdn. 14.4; *Soehring/Seel-*

Text nach seinem Charakter an einen ganz speziellen, interessierten und demzufolge auch einschlägig vorinformierten Leserkreis wendet[184]. Auch das BVerfG stellt in ständiger Rechtsprechung bei der Auslegung von in den Schutzbereich des Art. 5 Abs. 1 GG fallenden Äußerungen auf die Wahrnehmung eines unbefangenen und verständigen Publikums ab, da es nicht auf den Sinn ankommt, den der Äußernde der Erklärung beilegen wollte, sondern auf den in der Aussage objektivierten Sinn[185].

Schließlich kündigt *Uebbert* an, aufgrund dieser Vorgaben die Anforderungen an die Erkennbarkeit des Zu-Eigen-Machens festzulegen. Anstatt dies näher zu erläutern, formuliert es sofort das Ergebnis: Von einer Identifikation könne nur ausgegangen werden, wenn der Redakteur seine Zustimmung in einer eigenen zusätzlichen Erklärung zu erkennen gibt[186]. Angesichts der danach praktisch so gut wie ausgeschlossenen Täterschaft wendet sich *Uebbert* daraufhin der Strafbarkeit des Redakteurs unter dem Aspekt der Beihilfe zu, schließt aber auch diese wegen ihrer Akzessorietät weitgehend aus, da es regelmäßig bereits an einer vorsätzlichen Haupttat seitens des Verfassers – der meistens von einem anderen Kausalverlauf ausgehen wird – fehle[187]. Demzufolge kommt er zu dem abschließenden Ergebnis, dass ein wirksamer Schutz gegen die Begehung von persönlichen Äußerungsdelikten in den Fällen der Verwendung fremder Texte nicht bestehe. Dass diese Behauptung in keiner Weise der Judikatur der Strafgerichte entspricht, dürfte mittlerweile deutlich geworden sein[188].

---

mann-Eggebert, NJW 2000, S. 2468; *Wittig*, GA 2000, S. 269; *Löffler*[4]*-Steffen* § 6 LPG Rdn. 90 und Rdn. 172.

184 *Löffler*[4]*-Steffen* § 6 LPG Rdn. 90 und Rdn. 172.

185 Beispielhaft BVerfG, Beschl. v. 10.10.1995 – 1 BvR 1476/91, 1 BvR 1980/91, 1 BvR 102/92 und 1 BvR 221/92 = BVerfGE 93, 266 (295): „Maßgeblich ist daher weder die subjektive Absicht des sich Äußernden noch das subjektive Verständnis der von der Äußerung Betroffenen, sondern der Sinn, den sie nach dem Verständnis eines unvoreingenommenen und verständigen Publikums hat." Ebenso BVerfG, Beschl. v. 26.6.1990 – 1 BvR 1165/89 = BVerfGE 82, 272 (280 f.); BVerfG, Beschl. v. 19.4.1990 – 1 BvR 40, 42/86 = BVerfGE 82, 43 (51 ff.); BGH, Urt. v. 18.2.1964 – 1 StR 572/63 = BGHSt 19, 235 (237). Zusammenfassend zu dieser Rechtsprechung des BVerfG siehe *Maunz/Dürig*[40]*-Herzog* Art. 5 Abs. I, II Rdn. 80a ff.; *Seyfarth*, NJW 1999, S. 1288; *Seitz*, NJW 1996, S. 1519.

186 *Uebbert*, Die strafrechtliche Haftung des verantwortlichen Redakteurs (1995), S. 75.

187 *Uebbert*, Die strafrechtliche Haftung des verantwortlichen Redakteurs (1995), S. 76 ff.

188 Aus spezifisch presserechtlicher Sicht ziehen auch *Damm/Rehbock*, Widerruf, Unterlassung und Schadensersatz in Presse und Rundfunk (2001), S. 217 Rdn. 487 ff. das Fazit, dass von einem Zu-Eigen-Machen auszugehen sei, wenn keine ausdrückliche und ernsthafte Distanzierung vorliegt und dass somit kaum redaktionelle Bereiche bleiben, in denen nicht von einem Zu-Eigen-Machen ausgegangen werden kann. An dieser Stelle darf die Vermutung erlaubt sein, dass *Uebbert* zu seinem drastischen und durch seine vorangehenden Ausführungen auch nicht zwingend veranlassten Ergebnis nur kommt, um die Relevanz des Hauptthemas seiner Arbeit – der Strafbarkeit des verantwortlichen Redakteurs gemäß

3. *Ergebnis*

Da sich nach alledem bestätigt hat, dass das Erfordernis der Identifikation die maßgebliche Voraussetzung einer täterschaftlichen Strafbarkeit bei Verwendung fremder Texte darstellt, sich gleichzeitig aber die rechtliche Diskussion im Hinblick auf dessen Handhabung, die Anforderungen, die an den Nachweis zu stellen sind sowie den Zusammenhang mit der Einordnung bestimmter Straftatbestände als persönliche Äußerungsdelikte eher durch die Vielzahl an existierenden Auffassungen als durch auch nur annähernd gesicherte Erkenntisse auszeichnet, kann Klarheit nur durch eine eigenständige Untersuchung gewonnen werden.

---

der presserechtlichen Sonderhaftung – hervorzuheben. Diese Sonderhaftung ist nämlich gerade tatbestandlich subsidiär ausgestaltet, dazu *Löffler*[4]*-Kühl* § 20 LPG Rdn. 150.

Teil 3

Konzept eines Systems zur Erklärung und Bewältigung der strafrechtlichen Verantwortlichkeit für fremde Texte

5. Kapitel

Die Identifikation mit fremden Texten – Typenbildendes Merkmal der Äußerungsdelikte

I. Logische Vorgaben

Im Folgenden soll in Ansehung der im vorstehenden Kapitel benannten Unzulänglichkeiten versucht werden, vor dem Hintergrund einer deliktsübergreifenden Begründung der eingeschränkten täterschaftlichen Strafbarkeit im Fall der Verwendung fremder Texte eine befriedigende Lösung hinsichtlich der mit dem Merkmal der Identifikation zusammenhängenden Probleme zu entwickeln. Zu diesem Zweck erscheint es nicht ratsam, sogleich mit einem eigenen Vorschlag in die Diskussion um die an den Nachweis der Identifikation zu stellenden Anforderungen einzutreten, da nicht ersichtlich ist, woraus die gegenüber den zahlreichen existierenden Meinungen erhöhte Richtigkeitsgewähr folgen sollte. Vielmehr ist zunächst der augenscheinliche und folgenschwere Mangel sämtlicher im 4. Kapitel dargestellter Ansichten aufzugreifen. Dieser besteht darin, dass bislang von keiner Seite der Versuch unternommen wurde, das Verhältnis zwischen der bei Äußerungsdelikten notwendigen Kundgabe einer persönlichen Äußerung und der Identifikation mit fremden Texten, die es mittels besagter divergierender Indizien nachzuweisen gilt, materiell zu beschreiben. Ohne eine exakte Definition dieser maßgeblichen Tätervoraussetzung müssen Aussagen über die zur Begründung geeigneten Indizien aber zwangsläufig beliebig bleiben. Vor allem muss die strittige Abwägung zwischen den verschiedenen Meinungen am eigentlichen Problemkern vorbeigehen, da eine Argumentation, die sich ausschließlich am Kriterium der Identifikation sowie der Eignung der jeweiligen Indizien zum Nachweis eben dieser Identifikation orientiert, mangels näherer Erläuterung der vorausgesetzten Prämisse über bloße Scheinbegründungen nicht hinauskommen kann. Denn Argumente dienen gerade dem Zweck, Thesen einer Prämisse unterzuordnen, weshalb der Vorgang der Argumentation sich auf eben diese Prämisse auszurichten hat[1]. Besteht die Prämisse vorliegend in der Aussage, dass die täterschaftliche Strafbarkeit aufgrund der Verwendung fremder Texte von der Identifikation mit den fremden Äußerungen abhängt, so sind

1 *Gast*, Juristische Rhetorik (1997), S. 59 Rdn. 82 ff.; *Bund*, Juristische Logik und Argumentation (1983), S. 157.

die soeben dargestellten „engen“ und „weiten“ Auffassungen die entsprechenden Thesen. Um eine überzeugende und konsequente Argumentation überhaupt erst zu ermöglichen, müsste zunächst die Prämisse näher dargelegt werden, da etwaige Übereinstimmungen zwischen These und Prämisse nur nach eingehender Konkretisierung der begrifflichen Prämissenmerkmale festgestellt werden können. Demgemäss wäre von dem entscheidenden Argument zu verlangen, dass es aus dieser Prämisse – im Hinblick auf eben ausschließlich diese Prämisse – gewonnen wurde[2]. Mit anderen Worten: Ohne Beantwortung der Frage, was „Identifikation“ eigentlich bedeutet, macht die Suche nach tauglichen Indizien zum Nachweis derselben keinen Sinn.

Ein offensichtliches Beispiel für die methodische Unzulänglichkeit der bestehenden Ansichten ist die zuvor herangezogene Untersuchung von *Uebbert*[3]. Seine Entscheidung zugunsten der Meinungen mit strengeren Anforderungen an den Nachweis der Identifikation wird von ihm ausschließlich negativ begründet, indem er die Ansichten der „weiten“ Gruppe ablehnt. Ein positives Argument für sein Ergebnis, wonach regelmäßig eine eigene zustimmende Erklärung des Redakteurs erforderlich sei, wird von ihm ebenso wenig angeführt wie eine Erläuterung, welche Ausnahmen von dieser „Regel“ denkbar sind. Was auf den ersten Blick noch als eine apagogische Beweisführung durch Ablehnung der gegenteiligen Standpunkte erscheinen könnte, stellt sich jedoch als Zirkelschluss heraus. Während das korrekt verwendete argumentum ad absurdum auf einer positiven Prämisse aufbaut, so beschränkt sich die zirkuläre Litotes allein auf die Verneinung anderer Lösungen[4]. Der Fehler dabei liegt in der weiterhin unbewiesenen Behauptung, tatsächlich alle in Frage kommenden Thesen genannt zu haben[5]. Wie aber sollte das möglich sein, wenn noch nicht einmal geklärt wurde, was genau unter der Prämisse zu verstehen ist?

Dem hier behaupteten gänzlichen Fehlen einer Konkretisierung der Prämisse könnte allerdings entgegengehalten werden, dass oftmals das Kriterium der Identifikation mit dem „Zu-Eigen-Machen“ eines fremden Textes umschrieben wird, wobei es sich um eine Definition handeln könnte. Indes wäre eine solche Schlagwortdefinition als definitio ad verbum nicht sehr aussagekräftig[6]. Des Weiteren wäre sie auf formaler Ebene dem Vorwurf des sog. infiniten Regresses[7] ausge-

---

2 *Gast*, Juristische Rhetorik (1997), S. 60 Rdn. 83.

3 Vgl. dazu die Ausführungen im 4. Kapitel unter III. 2. (S. 179).

4 *Schneider*, Logik für Juristen (1999), S. 180 ff.; *Gast*, Juristische Rhetorik (1997), S. 232 Rdn. 339; *Klug*, Juristische Logik (1982), S. 151 f.

5 *Schneider*, Logik für Juristen (1999), S. 182; *Gast*, Juristische Rhetorik (1997), S. 220 Rdn. 321.

6 So *Gast*, Juristische Rhetorik (1997), S. 355 Rdn. 493.

7 Dazu *Schneider*, Logik für Juristen (1999), S. 48; *Gast*, Juristische Rhetorik (1997), S. 352 Rdn. 489; *Bund*, Juristische Logik und Argumentation (1983), S. 28.

setzt, da der Begriff des Zu-Eigen-Machens seinerseits wiederum der Erklärung bedarf, infolgedessen für eine Definition also nichts gewonnen wäre.

Wenn vorliegend die präsumtive Problemlösung demnach in einer sorgfältigen Bestimmung des Begriffs der Identifikation gesehen wird, ist aus diesem Grund besonderes Augenmerk auf die dabei anzuwendende methodologische Vorgehensweise zu richten. Um von Anfang an möglichst wenig Ansatz für Kritik zu bieten, empfiehlt es sich, diese Vorgehensweise zunächst – solange sich keine in eine andere Richtung weisenden Anhaltspunkte ergeben – an den weithin unbestrittenen Erkenntnissen der traditionellen Logik zu orientieren[8]. Danach wird die klassische Definitionslehre vor allem durch den anerkannten Grundsatz geprägt, dass „per genus proximum et differentiam specificam" definiert werden muss[9]. Eine Definition besteht dabei aus zwei Bestandteilen, dem sog. Definiendum auf der einen Seite und dem sog. Definiens auf der anderen Seite. Während mit dem Definiendum das erläuterungsbedürftige Begriffsmerkmal – das zu definierende Wort – gemeint ist, stellt das Definiens die erläuternde – definierende – Reihung anderer Wörter dar. Das Definiendum muss nun einem System gattungsmäßig vorgegebener – also abstrakter – Begriffe zugeordnet werden, wobei das „genus proximum" die nächsthöhere Gattung bezeichnet, der das Definiendum selbst wiederum angehört[10]. Die „differentia specifica" schließlich sind die besonderen Merkmale – die Artunterschiede – gerade dieses Definiendums im Verhältnis zu allen anderen Gegenständen, die ebenso unter die gleiche Gattung fallen. Damit ist unter Definieren eine Tätigkeit zu verstehen, mit der die Gattung eines Gegenstandes aufgezeigt wird, um daraufhin gerade die artbildenden Unterschiede und Eigenschaften hervorzuheben[11].

Mit Blick auf die gerade beschriebene Prämisse handelt es sich hier bei dem Begriff Identifikation um das Definiendum. Im Rahmen einer grammatischen Auslegung dieses Begriffs läge der Ausgangspunkt einer analytischen Definiti-

---

8 Zur „traditionellen" Logik in Abgrenzung zur „modernen" bzw. „formalen" Logik siehe die Nachweise bei *Kaufmann*, Das Verfahren der Rechtsgewinnung (1999), S. 43 f.; *Gast*, Juristische Rhetorik (1997), S. 194 Fn. 19; *Bund*, Juristische Logik und Argumentation (1983), S. 11 ff. und S. 63 ff.; ferner auch die unmissverständlichen Stellungnahmen von *Schneider*, Logik für Juristen (1999), Vorwort S. VI und *Gast*, Juristische Rhetorik (1997), S. 195 Rdn. 280.

9 *Haft*, Juristische Rhetorik (1999), S. 63 ff.; *Schneider*, Logik für Juristen (1999), S. 42 f.; *Gast*, Juristische Rhetorik (1997), S. 142 Rdn. 195; *Bund*, Juristische Logik und Argumentation (1983), S. 22; *Klug*, Juristische Logik (1982), S. 89.

10 *Schneider*, Logik für Juristen (1999), S. 33 und S. 43 f.; *Gast*, Juristische Rhetorik (1997), S. 142 Rdn. 195; *Bund*, Juristische Logik und Argumentation (1983), S. 22; *Klug*, Juristische Logik (1982), S. 89.

11 *Schneider*, Logik für Juristen (1999), S. 42 f.

on nun zunächst im gebräuchlichen Wortsinn[12]. Nach allgemeinem Sprachgebrauch ist unter Identifikation der Prozess des gefühlsmäßigen Hineinversetzens in einen anderen Menschen und die Übernahme wesentlicher Eigenschaften und Verhaltensweisen in das eigene Ich zu verstehen[13]. Betrachtet man die Struktur dieses Definiens näher, so unterscheidet sich die Identifikation von anderen Prozessen insofern, als dass sie sich auf das gefühlsmäßige Hineinversetzen in andere Menschen und die Übernahme ihrer Eigenschaften und Verhaltensweisen bezieht. Schon diese „differentia specifica" machen deutlich, dass das täterschaftskonstituierende Merkmal der Identifikation, so wie es in Rechtsprechung und Schrifttum gebraucht wird, dem herkömmlichen Wortsinn nicht folgt und auch nicht folgen darf. Die strafrechtliche Bedeutung ist weitaus weniger subjektiv und nicht derart gefühlsbetont sowie unabhängig von persönlichen Gesinnungen[14]. Ob sich der die fremde Äußerung publizierende potenzielle Täter in den Verfasser „gefühlsmäßig hineinversetzt hat" oder nur dessen Aussagen ansprechend fand oder gar den Verfasser überhaupt nicht persönlich kannte, ist für die Zurechnung des fremden Textes belanglos. Auch ist mit diesem einschränkenden Merkmal nicht der Vorgang der Annäherung zwischen Verfasser und Täter angesprochen, sondern der Eindruck, der durch die Verwendung der fremden Äußerung beim Adressaten erzeugt wird. Bei der Identifikation, so wie sie als restriktives Kriterium verwendet wird, ist also in der Regel nicht der dynamische, rein innerliche Vorgang eines „Hineinversetzens" gemeint. Vielmehr wird darunter eher das Ergebnis dieses Vorgangs in Form einer feststehenden, objektiv erkennbaren Manifestation verstanden. Eine Definition, die sich an dieser grammatischen Auslegung als Ausgangspunkt orientiert und sich sodann von diesem Wortsinn aus über eine systematische, historische und teleologische Auslegung zum gesicherten Rechtssinn hin vorarbeitet, kommt daher hinsichtlich des tatbestandsergänzenden Merkmals der Identifikation nicht in Frage. Stattdessen müsste die Definition weniger analytisch als vielmehr „synthetisch" zu bilden sein, indem der gebräuchliche – und für vorliegende Zwecke ersichtlich unergiebige – Wortsinn modifiziert und ergänzt wird[15]. Daraus folgen zugleich Konsequenzen hinsichtlich ihrer Verifikation, da

---

12 Aus diesem Grund ist in diesem Zusammenhang auch oft von „lexikalischen" Definitionen die Rede, da ausschließlich auf einen bereits bestehenden Sprachgebrauch Bezug genommen wird. So beispielsweise bei *Klug*, Juristische Logik (1982), S. 103.

13 Der Grosse Brockhaus, Fünfter Band, S. 470.

14 Obgleich dieser Sprachgebrauch deutlich macht, warum der auf das Vorliegen einer Identifikation abstellenden Rechtsprechung oftmals der Vorwurf einer Praktizierung unzulässigen „Gesinnungsstrafrechts" gemacht wird, so beispielsweise ausdrücklich von *Croissier*, DuR 1981, S. 344; *Rudolphi*, ZRP 1979, S. 219 f.; *Tscherch*, Ästhetik und Kommunikation 1978, S. 110 f. Ähnlich auch LK[11]-*Hanack* § 140 Rdn. 23 ff.

15 Die Unterschiede zwischen analytischen und synthetischen Definitionen als den beiden Erscheinungsformen semantischer Definitionen werden eingehend dargestellt von *Gast*,

sich eine synthetische Definition – die unter Vermeidung formaler Fehler gebildet wurde – ausschließlich an ihrer Zweckmäßigkeit messen lassen muss, ihr Definiendum sachgerecht zu beschreiben[16]. Dazu sind als Erstes die Erwartungen exakt zu bezeichnen, die an das Definiens gestellt werden, d.h., es müssen die denkbaren Lebenssachverhalte gekennzeichnet werden, die mittels des Merkmals der Identifikation als strafwürdiges Verhalten qualifiziert werden sollen. Kurzum: Einer zweckdienlichen Definition hat die Benennung besagter Zwecke voranzugehen.

II. Äußerungsdelikt und Identifikation – Grundlagen zur Lösung

Da nach dem Bisherigen das Erfordernis einer Identifikation mit dem Inhalt verwendeter fremder Texte als zentrale Voraussetzung einer täterschaftlichen Strafbarkeit auf die Eigenart der Äußerungsdelikte zurückzugehen scheint, wird allein eine abermalige Betrachtung dieser Delikte beantworten können, wie dieses Merkmal zu verstehen und zu handhaben ist, um die Zurechnung von fremden Äußerungen rechtlich nachzuvollziehen. Dies hat zunächst vor dem zuvor beschriebenen Hintergrund zu geschehen, taugliche Merkmale für die Bildung einer Definition der Identifikation sowie der zu ihrem Nachweis geeigneten Umstände zu gewinnen. Dazu wird ein weiteres Mal der Begriff des Äußerungsdelikts aufgegriffen, um ihn einer mit einem Erkenntnisgewinn verbundenen Konkretisierung und endgültigen Klärung zuzuführen.

1. Eigener Ansatz zur Systematisierung der Äußerungsdelikte

a) Abstrakt-begriffliches Verständnis der Äußerungsdelikte

Als diesbezüglicher Ausgangspunkt soll der zu Beginn des 2. Kapitels aus Anlass der Beschreibung der Verbreitungsdelikte erwähnte Hinweis dienen, dass sich die übliche Erscheinungsform der Verbreitungshandlung dadurch auszeichnet, ohne eine persönliche Stellungnahme des sich Äußernden zu dem von ihm verbreiteten Erklärungsinhalt stattzufinden[17]. Wenn danach ein – lediglich – typisches Charakteristikum der Verbreitungshandlung ist, dass sie ohne eine wie auch immer beschaffene persönliche Äußerung des Erklärenden stattfindet, so beinhaltet das gleichzeitig, dass dies keine notwendige Bedingung darstellt. Denn selbst in den Fällen der Weitergabe erkennbar eigener Äußerungen kann dies höchstens eine Rolle spielen für eventuell parallel – nicht aber alternativ – verwirklichte persönliche Äußerungsdelikte, ohne aber etwas an der Strafbar-

---

Juristische Rhetorik (1997), S. 147 Rdn. 201 ff., sowie *Klug*, Juristische Logik (1982), S. 99 ff.

16 *Gast*, Juristische Rhetorik (1997), S. 150 Rdn. 205; *Klug*, Juristische Logik (1982), S. 103.

17 Siehe 2. Kapitel unter I. 2. (S. 43).

keit schon aufgrund der Verbreitung inkriminierter Inhalte zu ändern[18]. Diese grundsätzlich mögliche Parallelität sowie der Umstand, dass auch den Verbreitungsdelikten ein durch Äußerungen erfolgendes Einwirken auf den Willensbildungsprozess des Adressaten nicht gänzlich fremd ist, hat zur Folge gehabt, dass die – wie hier – gewählte Terminologie der „Äußerungsdelikte", denen in bewusster Abgrenzung die „Verbreitungsdelikte" gegenübergestellt werden, nicht ohne Kritik blieb. Vor allem die von *Kern* getroffene Feststellung, bei der letztgenannten Gruppe von Delikten handele es sich um „Fälle der reinen Kolportage"[19], also der bloßen Verbreitung, wird vereinzelt bestritten[20]. Diese Kritik darf indes bezweifelt werden, da beispielsweise auch die einschüchternde Wirkung einer Körperverletzung diese nicht zu einem Delikt gegen die Willensbildungs- und Willensbetätigungsfreiheit macht. Vor allen Dingen beruht diese Beanstandung scheinbar von vornherein auf einem bestimmten methodischen Ansatz, um diese Delikte in einem System – also einer Übersicht ermöglichenden geordneten Weise – darzustellen.

Kritisiert man die obige Teilung in zwei Deliktsgruppen aus den genannten Gründen, so ist dies nur möglich, wenn man seine Begriffsbildung auf ein den Regeln formaler Logik folgendem System abstrakt-allgemeiner Begriffe aufgebaut hat[21]. Ein solcher Ansatz nämlich würde aus den Tatbeständen, die den Gegenstand einer Regelung ausmachen, bestimmte Begriffe herausnehmen, hier z.B. das Merkmal der Verbreitung auf der einen Seite und das Merkmal der persönlichen Äußerung auf der anderen Seite. Aus diesen Attributen würden sodann durch Verallgemeinerung Gattungsbegriffe mit unterschiedlicher Abs-

18 So die völlig richtige Feststellung von *Franke*, GA 1984, S. 462, der damit jedoch die Fehlerhaftigkeit von *Kern's* Aussage belegen will, wonach es sich bei diesen Delikten um sog. Kolportagedelikte handelt.

19 *Kern*, Die Äußerungsdelikte (1919), S. 37.

20 So von *Franke*, GA 1984, S. 462 und *Mannheim*, Pressrecht (1927), S. 33 und S. 38 f. Letzterer zielt mit seiner Kritik allerdings auf die von *Kern* an anderer Stelle (S. 58) gemachte Aussage, dass nur Äußerungsdelikte, nicht aber auch die von ihm als Tathandlungen bezeichneten Verbreitungsdelikte als mögliche Pressedelikte im Sinne der Landespressegesetze in Betracht kommen. Von der inhaltlichen Berechtigung dieser Kritik abgesehen (dazu *Löffler*[4]*-Kühl* § 20 LPG Rdn. 55) stellt dies mit Blick auf die hier angesprochene Terminologie eine lediglich formal-begriffliche Unstimmigkeit dar, da es *Mannheim* dabei überhaupt nicht um die Qualifizierung als Äußerungsdelikt der Sache nach geht, sondern einzig um die daraus angeblich folgende Konsequenz für den Gegenstand der Pressedelikte. Die Existenz einer derartigen Fallgruppe, wie sie die Verbreitungsdelikte darstellen sollen, wird von *Mannheim* selbst demzufolge auch als unstreitig angenommen, vgl. *Mannheim*, Pressrecht (1927), S. 38 f.

21 Zu dieser Möglichkeit der juristischen Systembildung ausführlich *Larenz/Canaris*, Methodenlehre der Rechtswissenschaft (1995), S. 263 ff.; ferner *Pawlowski*, Einführung in die Juristische Methodenlehre (2000), S. 102 Rdn. 193.

traktionshöhe[22]. Auf jeden Fall wäre zwangsläufige Folge ein strenges Verhältnis im Sinne eines „entweder-oder" zwischen den so erkannten Gruppen[23]. Denn diese Form der Systembildung zeichnet sich durch ihren Anspruch auf Vollständigkeit aus und um dies zu erreichen ist es unumgänglich, dass die Oberbegriffe – also die Begriffe der höchsten Abstraktionsstufe – nur zwei ableitbare Begriffe zulassen, die dann wiederum notwendigerweise im Verhältnis eines kontradiktorischen Gegensatzes zueinander stehen müssen[24]. Hier wären dies die aus dem Begriff der Kommunikationsdelikte hergeleiteten Bezeichnungen als Verbreitungsdelikte und als persönliche Äußerungsdelikte. Das Einhergehen der Verwirklichung Ersterer mit Begehungsformen der zuletzt Genannten muss dem Grundgedanken dieses Systems ersichtlich zuwiderlaufen und eine Kritik an den somit offenbar doch nicht entgegengesetzten – und damit als abstrakte Oberbegriffe untauglichen – abgeleiteten Begriffen herausfordern. Der entscheidende Fehler dieser Kritik ist indes, dass sie stillschweigend von einem scheinbar unbestrittenen methodischen Ansatz ausgeht, der so bislang im Schrifttum noch nicht deutlich gemacht wurde. Ob es ihn dort als bewusst vertreten überhaupt gibt, darf vielmehr in Frage gestellt werden. Wahrscheinlicher ist, dass aus Gründen einer vermeintlich logischeren Darstellungsweise vorschnell auf die Denkweise dieses abstrakt-begrifflichen Systems zurückgegriffen wird, ohne dass die daraus resultierende Übernahme eines bestimmten methodologischen Ansatzes sowie aller seiner Konsequenzen bemerkt würde[25]. Insoweit sei darauf hingewiesen, dass auch andere Wege der Systembildung existieren, insbesondere die Denkform in sog. Typen[26]. Dabei werden zwar auch bestimmte Eigenschaften der zu beschreibenden Gruppe hervorgehoben. Dies geschieht aber nicht, um sie zu isolierten Merkmalen zu machen, mit deren Hilfe immer abs-

---

22 *Pawlowski*, Einführung in die Juristische Methodenlehre (2000), S. 82 Rdn. 156; *Larenz/Canaris*, Methodenlehre der Rechtswissenschaft (1995), S. 264; *Bydlinski*, Juristische Methodenlehre und Rechtsbegriff (1991), S. 110.

23 So *Kaufmann*, Analogie und „Natur der Sache" (1982), S. 48. Eine Reihe von Beispielen für solche juristischen Begriffe gibt *Leenen*, Typus und Rechtsfindung (1971), S. 41.

24 *Larenz/Canaris*, Methodenlehre der Rechtswissenschaft (1995), S. 283 f.

25 Zutreffend bemerken *Larenz/Canaris*, Methodenlehre der Rechtswissenschaft (1995), S. 265, dass Juristen oft den Gedanken der Bildung eines Systems automatisch mit der Verwendung abstrakt-allgemeiner Oberbegriffe gleichsetzen. Diese Faszination eines Vollständigkeit und Widerspruchslosigkeit gewährleistenden sowie logische Gedankenoperationen ermöglichenden Systems hält auch noch in Zeiten unvermindert an, in denen die Begriffsjurisprudenz als methodischer Ursprung dieser Verfahrensweise längst jegliche Aktualität verloren hat. In die gleiche Richtung geht auch die Warnung von *Roxin*, AT Bd. 1 (1997), S. 165 Rdn. 45 ff., vor auf zu abstrakten Begriffen aufbauenden Systemkonstruktionen.

26 Ausführlich dazu wiederum *Pawlowski*, Einführung in die Juristische Methodenlehre (2000), S. 120 Rdn. 225 ff.; *ders.*, Methodenlehre für Juristen (1999), S. 77 Rdn. 146 ff.; *Larenz/Canaris*, Methodenlehre der Rechtswissenschaft (1995), S. 36 ff. und S. 290 ff.; *Bydlinski*, Juristische Methodenlehre und Rechtsbegriff (1991), S. 543 ff.

traktere Begriffe gewonnen werden sollen, sondern um mit ihnen und ihrer Verbindung untereinander eben diesen jeweiligen Typus als eine Art Leitbild – als „Merkmal-Ganzes“ – zu charakterisieren[27]. Dass als Konsequenz in manchen Fällen durchaus einige Elemente fehlen oder sich mit solchen eines anderen Typus' überschneiden können, zieht die Zugehörigkeit zu einem Leitbild gerade nicht in Frage, da genau diese fließenden Übergänge das Wesen dieser Form der Systembildung ausmachen[28]. Möglicherweise – was sogleich geprüft wird – ist dieser Ansatz geeignet, das Wesen der Äußerungsdelikte sachgerecht und dogmatisch einwandfrei zu erklären.

Entscheidend werden die Unterschiede zwischen diesen systematischen Vorgehensweisen grundsätzlich jedoch erst dann, wenn die Zuordnung zu einer der Gruppen der Verbreitungs- bzw. Äußerungsdelikte nicht nur der bloßen Übersichtlichkeit dient, sondern darüber hinaus die Begründung für eine bestimmte Grundhaltung bei deren Auslegung ersetzen soll. Allerdings ist genau das seit jeher im Schrifttum der Fall, wo beispielsweise aus der Qualifizierung als Kommunikationsdelikt – als Oberbegriff für Verbreitungs- wie Äußerungsdelikte – die Konsequenz gezogen wird, es müsse sich regelmäßig um ein Tätigkeitsdelikt oder abstraktes Gefährdungsdelikt handeln, woraus dann wiederum Schlussfolgerungen bezüglich des Vollendungszeitpunktes und der generellen Möglichkeit der Begehung durch Unterlassen angestellt werden[29]. Bei einem derartigen Vorgehen, welches eine dogmatisch nachvollziehbare Begründung und Erklärung der vorgenommenen Einteilung vermissen lässt, erstaunt es schließlich nicht, wenn trotz ähnlicher Systembildung von anderen Autoren exakt entgegengesetzte Ergebnisse gewonnen bzw. behauptet werden[30]. In gleicher Weise werden auch die Anforderungen, die an eine täterschaftliche Deliktsverwirklichung zu stellen sind, maßgeblich auf die Einordnung des jeweiligen Delikts in eine der beschriebenen Gruppen zurückgeführt[31].

---

27 *Pawlowski*, Einführung in die Juristische Methodenlehre (2000), S. 104 Rdn. 197 und S. 120 Rdn. 225b; *ders.*, Methodenlehre für Juristen (1999), S. 78 Rdn. 147; *Larenz/Canaris*, Methodenlehre der Rechtswissenschaft (1995), S. 291.

28 *Larenz/Canaris*, Methodenlehre der Rechtswissenschaft (1995), S. 298 f.; *Bydlinski*, Juristische Methodenlehre und Rechtsbegriff (1991), S. 544; *Kaufmann*, Analogie und „Natur der Sache“ (1982), S. 47.

29 So bei *Altenhain*, CR 1997, S. 487 mit Fn. 9, sowie *Franke*, GA 1984, S. 462 und S. 464 ff.

30 Beispielsweise von *Kern*, Die Äußerungsdelikte (1919), S. 5, S. 23 ff., S. 30 und S. 37, dessen Ausführungen in offenkundigem Widerspruch zu den Aussagen von *Franke* und *Altenhain* stehen.

31 So ausdrücklich als einzige Begründung bei *Mannheim*, Pressrecht (1927), S. 39 f.; *Kitzinger*, Das Reichsgesetz über die Presse (1920), S. 124 ff.; *Kern*, Die Äußerungsdelikte (1919), S. 65.

Dieser sich bei einer Durchsicht der Literatur einstellende regelwidrige Befund stützt bei genauerer Betrachtung die oben angestellte Vermutung bezüglich der im Schrifttum stillschweigend benutzten Methode der Systembildung. Schließlich gründet sich die Kritik an den soeben beschriebenen Aussagen darauf, dass aus der Gesamtheit der zu systematisierenden Normen durch Abstraktion bestimmte Systembegriffe gewonnen werden, die für sich jedoch, zieht man sie zur Argumentation heran, nicht mehr hergeben als bloße Scheinbegründungen, da sie selbst auf keinerlei dogmatischen Erkenntnissen beruhen. Exakt diesen Vorwurf umschreibt man klassisch mit dem Stichwort der unzulässigen Inversionsmethode, welche wiederum maßgeblich zur Abkehr von der Begriffsjurisprudenz und eben gerade auch ihrem abstrakt-begrifflichen System beigetragen hat[32]. Genau den gleichen Fehler macht nun auch *Uebbert* bei seiner – im 3. Kapitel ausführlich erläuterten – Darstellung der Äußerungsdelikte, indem er die Verbreitungsalternative der §§ 186, 187 StGB als persönliches Äußerungsdelikt qualifiziert[33], nur weil der Verbreitungsbegriff nicht mit dem der Schriftenverbreitungsdelikte – die von ihm mit den Verbreitungsdelikten gleichgesetzt werden – übereinstimmt und es sich daher scheinbar zwangsläufig nur um ein Äußerungsdelikt handeln kann[34]. Der von ihm angeführte Unterschied zu den Schriftenverbreitungsdelikten ist darüber hinaus zweifelhaft, da die voneinander abweichende Definition des „Verbreitens" – einmal unter Bezugnahme auf die Gewahrsamsübertragung, einmal mit Blick auf den Inhalt der Kundgabehandlung – in der Natur der Sache liegt. Zwar mag die Verwendung restriktiver Merkmale in Fällen der Weitergabe fremder Texte durchaus ein sachgerechtes Mittel sein. Dessen Rechtfertigung kann jedoch keinesfalls lediglich darin gesehen werden, die jeweiligen Delikte – quasi je nach Bedarf – als persönliche Äußerungsdelikte einzuordnen, so wie dies oftmals gemacht wird.

b) Typologisches Verständnis der Äußerungsdelikte

Die soeben angesprochene und nunmehr näher zu betrachtende Systembildung in Form von Typen wird in den verschiedensten Wissenschaften benutzt, um ein Ordnungssystem zu erhalten, welches als Alternative zur Darstellungsweise in abstrakt-allgemeinen Begriffen dienen kann[35]. Üblicherweise liegt der Aus-

32 Freilich weist *Leenen* darauf hin, dass auch die typologische Denkform nicht vor dieser fehlerhaften Schlussfolgerung gefeit ist, da es letztlich Wertungen sind, die zu einer bestimmten Gesetzesfassung geführt haben, weshalb mit dem bloßen Nachweis des Systems, dem das Gesetz folgt, noch keine Erkenntnisse zu erlangen sind. Siehe *ders.*, Typus und Rechtsfindung (1971), S. 176 f.

33 Vgl. dazu die Besprechung von *Uebbert's* Ansicht im 3. Kapitel unter II. 5. b) (S. 132).

34 So *Uebbert*, Die strafrechtliche Haftung des verantwortlichen Redakteurs (1995), S. 60.

35 Einen guten Überblick über Einfluss und Verwendung dieser Denkform geben die in den Jahren 1951 und 1952 erschienenen Bände 4 und 5 der Zeitschrift Studium Generale, die eine Sammlung von Aufsätzen aus den verschiedensten Wissenschaftszweigen enthalten.

gangspunkt einer Bestimmung von Begrifflichkeiten in der Frage, ob die für diese Beschreibung in Betracht kommenden kennzeichnenden Merkmale notwendig oder lediglich hinreichend sind, um den jeweiligen Begriff von anderen abzugrenzen[36]. Werden dabei zur Darstellung des Begriffinhalts unverzichtbare Merkmale festgelegt, so hat man es mit der Definition eines Gattungsbegriffs zu tun und nicht mit einem Typus[37]. Letzterer zeichnet sich demgegenüber gerade dadurch aus, dass zu seiner Beschreibung lediglich ganz bestimmte Merkmalskombinationen hervorgehoben werden. Diese typenbildenden Merkmale nun sind regelmäßig „abstufbar" und kennzeichnen den Typus mal mehr, mal weniger genau, wobei ihnen jedenfalls immer gemein ist, dass sie niemals unverzichtbar sind[38]. An die Stelle des den Begriff kennzeichnenden scharfen „entweder-oder" tritt bei einem Typus dementsprechend ein vergleichendes „mehr-oder-minder"[39]. Daraus ergibt sich, dass typenbildende Merkmale mit zunehmender Bedeutung und Kennzeichnungskraft – also anwachsender Unverzichtbarkeit – dem abstrakten Begriff immer näher kommen. Besagte „Abstufbarkeit" der Merkmale – die sogar bis zu ihrem vollständigen Fehlen in Einzelfällen gehen kann, ohne dass dies die Zugehörigkeit zum Typus negiert – ist es also, die den Typusbegriff charakterisiert und die Bezeichnung von der „Offenheit des Typus" erklärt. Infolge dieser Eigenschaft entziehen sich Typusbegriffe einer eindeutigen Definition, sodass sie sich nur im Komparativ, d.h. im Hinblick auf ihre vergleichsweise Stellung in der jeweiligen Abstufungsreihe, beschreiben lassen[40].

Die Typusbildung in der Rechtswissenschaft ist insbesondere von *Leenen* eingehend untersucht worden. Da sich juristische Begriffe wegen ihrer Sprachlichkeit, Werthaftigkeit und ihrem Wirklichkeitsbezug oftmals unscharf präsentieren, hält *Leenen* Rechtsbegriffe generell für deutungsbedürftig und unterteilt diese noch einmal in geschlossene und offene Rechtsbegriffe[41]. Während es sich bei Ersteren um Begriffe handelt, die dem abstrakt-begrifflichen Systemdenken folgen, sind mit den Zweitgenannten die wertausfüllungsbedürftigen Typusbegriffe gemeint. Dabei ist zu beachten, dass ein Gesetz, welches einem System

---

Weitere ausführliche Nachweise finden sich bei *Engisch*, Die Idee der Konkretisierung in Recht und Rechtswissenschaft unserer Zeit (1968), S. 237 Fn. 2 bis 5.

36 *Leenen*, Typus und Rechtsfindung (1971), S. 50.

37 *Leenen*, Typus und Rechtsfindung (1971), S. 53.

38 So *Leenen*, Typus und Rechtsfindung (1971), S. 54. Ähnlich *Engisch*, Die Idee der Konkretisierung in Recht und Rechtswissenschaft unserer Zeit (1968), S. 241.

39 Treffend *Kaufmann*, Analogie und „Natur der Sache" (1982), S. 48.

40 *Leenen*, Typus und Rechtsfindung (1971), S. 34 f. und S. 40; *Engisch*, Die Idee der Konkretisierung in Recht und Rechtswissenschaft unserer Zeit (1968), S. 261; *Heyde*, Studium Generale 1952, S. 244 f. *Kaufmann*, Analogie und „Natur der Sache" (1982), S. 47 kennzeichnet daher den Typus als „nicht definierbar, sondern nur explizierbar".

41 *Leenen*, Typus und Rechtsfindung (1971), S. 32 f.

abstrakter Begriffsdefinitionen folgt, eine von Wertungsfragen weitgehend losgelöste Subsumtion erlaubt, weil eine begriffliche Definition unter den zahlreichen Charakteristika eines Typus eine auf ein oder wenige Merkmale reduzierte Auswahl getroffen hat[42]. Die Frage dagegen, ob ein Lebenssachverhalt einem bestimmten Typus zuzuordnen ist, setzt zwangsläufig eine Wertung unter Berücksichtigung der die Typusbildung beherrschenden Wertungsgesichtspunkte voraus[43]. Damit aber verliert der Wortlaut einer Norm ebenso an Bedeutung für den Vorgang der richterlichen Gesetzesanwendung wie auch der „mögliche Wortsinn" keine sinnvolle Auslegungsgrenze mehr darstellen kann im Rahmen einer typologischen Denkform[44]. Dies ist insofern für den vorliegenden Zusammenhang von größter Bedeutung, als dass mit dieser Begründung die Zulässigkeit der Verwendung von Typenbegriffen im Strafrecht überwiegend verneint wird. Das Strafrecht sei aufgrund des in Art. 103 Abs. 2 GG und § 1 StGB normierten Grundsatzes des „nullum crimen, nulla poena sine lege" das Rechtsgebiet, in dem für Generalklauseln und wertausfüllungsbedürftige Begriffe am wenigsten Platz sei. Dann aber müsse das Gleiche auch hinsichtlich der Verwendung von Typen gelten[45]. Demzufolge seien ausschließlich Begriffe im abstrakt-allgemeinen Sinn geeignet, die strikte Bindung des Strafrichters an das Gesetz unter Ausschluss eigener Wertungen und damit die Wahrung dieses Grundsatzes sicherzustellen[46]. Eine Typenbildung mag zwar wegen ihrer für den Bürger größeren Anschaulichkeit eine unter pädagogischen Aspekten wirkungsvolle Maßnahme zur Tatverhütung sein, angesichts des vorrangigen Postulats der strafkompetenzbeschränkenden Wirkung von Strafgesetzen könne diesem Aspekt jedoch keine entscheidende Bedeutung zukommen[47]. Diese auf

---

42 *Leenen*, Typus und Rechtsfindung (1971), S. 96 f.

43 *Leenen*, Typus und Rechtsfindung (1971), S. 97.

44 So *Leenen*, Typus und Rechtsfindung (1971), S. 173: „Denn für den Typus hat jeder Zug nur indizielle Bedeutung [...] solange nur auf Grund des Ausprägungsgrades der übrigen Züge das ‚Gesamtbild' unter dem konstitutiven Wertaspekt gewahrt bleibt. Wenn aber jeder Zug sogar verzichtbar ist, kann der mögliche Wortsinn des zu seiner Kennzeichnung verwandten Ausdrucks keine Grenze der typgemäßen Rechtsfindung bilden."

45 *Leenen*, Typus und Rechtsfindung (1971), S. 98 ff.; *Lemmel*, Unbestimmte Strafbarkeitsvoraussetzungen (1970), S. 173 f. *Engisch*, Die Idee der Konkretisierung in Recht und Rechtswissenschaft unserer Zeit (1968), S. 270 ff., bezeichnet zwar gleichwohl die Straftatbestände als „Typen", geht dabei aber von einer anderen Bedeutung dieses Terminus aus, siehe dazu auch die Bemerkung von *Leenen*, Typus und Rechtsfindung (1971), S. 99 Fn. 18.

46 So im Ergebnis *Leenen*, Typus und Rechtsfindung (1971), S. 100 f.; *Lemmel*, Unbestimmte Strafbarkeitsvoraussetzungen (1970), S. 174.

47 *Lemmel*, Unbestimmte Strafbarkeitsvoraussetzungen (1970), S. 173 f. Es stellt keinen Widerspruch dazu dar, dass sich *Lemmel* ab S. 193 ff. mit dem Problem der „mangelnden Typenbildung bei der Strafgesetzgebung" beschäftigt, da nach seiner Konzeption die sozialpädagogische Aufgabe von Art. 103 Abs. 2 GG gerade darin besteht, dem Bürger die gesetzgeberischen Wertungen bezüglich der Beurteilung von strafwürdigem Verhalten

den ersten Blick überzeugende Ansicht muss indes nicht von vornherein weiteren Überlegungen im Hinblick auf eine Qualifizierung der Äußerungsdelikte als Deliktstypus ein Ende setzen. Eine solche Folgerung wäre voreilig, da zum einen die Verwendung von Typenbegriffen im Strafrecht nicht unbedingt einen Verstoß gegen den „nullum crimen"-Grundsatz darstellen muss. So wird bereits an der praktisch undurchführbaren Abgrenzung zwischen angeblich erlaubter erweiternder Auslegung und verbotener Analogie deutlich, dass das strafrechtliche Analogieverbot nicht derart absolut und trennscharf verstanden werden kann, wie es oftmals der Fall ist[48]. In diesem Sinne hat *Kaufmann* schon früh dargelegt, dass das Analogieverbot vielmehr einen in einem formellen Strafgesetz möglichst vollständig beschriebenen Typus der strafbaren Handlung verlangt[49]. Deshalb könne der mögliche Wortlaut – der aus den oben genannten Gründen kaum jemals eindeutig sein wird – die Grenze der Analogie nicht markieren, sondern statt dessen der dem gesetzlichen Tatbestand zugrunde liegende Unrechtstypus[50]. Zum anderen geht es in diesem Zusammenhang auch nicht um strafbegründende oder strafschärfende Merkmale, auf welche sich Art. 103 Abs. 2 GG bezieht[51], sondern um den Versuch, die Rechtsnatur der Deliktsgruppe der Äußerungsdelikte auf systemgerechte und mit einem Erkenntnisgewinn verbundene Weise zu erklären. Die grundrechtsgleiche Garantiefunktion dieser Norm als Schutzprinzip ausschließlich zugunsten des Täters ist damit nicht berührt, da die Qualifizierung als Äußerungsdelikt allenfalls die Notwendigkeit eines Nachweises der Kundgabe einer persönlichen Äußerung bzw. einer Identifikation mit fremden Äußerungen zur Folge hat, aber keinesfalls eine den Gesetzeswortlaut zu Lasten des Täters ausweitende strafbegründende oder strafverschärfende Schlechterstellung.

Nachdem sich diese ersten Bedenken als unbegründet erwiesen haben, kann der eigene Ansatz zur Systematisierung der Äußerungsdelikte fortgeführt werden. Da die Richtigkeit dieses Ansatzes bislang lediglich durch das Anführen von Unstimmigkeiten, die mit einem abstrakt-begrifflichen Verständnis einhergehen, nahe gelegt wurde, muss nun eine Begründung gegeben werden, um die ei-

---

mittels strafrechtlicher Typen verständlich zu machen. Diese Aufgabe aber hat der Gesetzgeber im Rahmen eines begrifflich gefassten Gesetzes zu bewältigen. Dass dies auch in einem am abstrakt-begrifflichen System orientierten Gesetz notwendig ist, belegt *Lemmel* am Beispiel normativer Tatbestandsmerkmale, die nur mit Blick auf die ihnen zugrunde liegenden gesetzgeberischen Wertungen verstanden werden können.

48 Dazu ausführlich *Kaufmann*, Analogie und „Natur der Sache" (1982), S. 4 ff. und S. 52 ff., der auf S. 53 betont, „daß es ein solches striktes Analogieverbot im Strafrecht überhaupt noch nie gegeben hat – es fristet sein Dasein ausschließlich in Kommentaren und Lehrbüchern".

49 *Kaufmann*, Analogie und „Natur der Sache" (1982), S. 52 und S. 66.

50 So *Kaufmann*, Analogie und „Natur der Sache" (1982), S. 4 f. und S. 52.

51 *Sch/Sch*[26]*-Eser* § 1 Rdn. 7; *Roxin*, AT Bd. 1 (1997), S. 95 Rdn. 1 ff.

gene Lösung nicht selbst dem eingangs erhobenen Vorwurf einer zirkulären Litotes auszusetzen. Aus diesem Grund ist als nächstes das Verfahren der Typenbildung genauer zu beleuchten und auf die Äußerungsdelikte anzuwenden. Das wesentliche Problem bei der Bildung eines Typus' liegt darin, dass er keine unverzichtbaren, festen Merkmale besitzt, sondern aus einem Komplex verschiedener, abdingbarer Züge besteht. Daher wird zur Erfassung eines Typus oftmals vorgeschlagen, die Vorschriften, die seinen Gegenstand ausmachen, auf das in ihrer Zusammenschau sichtbar werdende „Gesamtbild" oder „Leitbild" hin zu untersuchen[52]. Es geht also darum, die durch das Gesetz vorgegebenen – abgestuften – Erscheinungen unter einem bestimmten, als bedeutsam empfundenen Aspekt zu betrachten. Dieser stellt in der vorliegenden Arbeit die Problematik der Verantwortlichkeit für fremde schriftliche Äußerungen dar. Dementsprechend müssten nun die Äußerungsdelikte unter diesem Blickwinkel daraufhin untersucht werden, welche Erscheinungen als rechtlich gleichwertig zusammengefasst werden können und worin genau der die unterschiedlichen Erscheinungen vereinigende Vergleichsmaßstab besteht. Als Ergebnis einer solchen Betrachtung müsste sich dann entweder der Wertungsgesichtspunkt ergeben, der als gesetzgeberische Wertvorstellung dem hier erkannten Typus zugrunde liegt und seine verschiedenen Züge als gemeinsamer Bezugspunkt sinnvoll zusammenfasst, oder aber die Vermutung eines typologischen Verständnisses der Äußerungsdelikte würde als unzutreffend widerlegt werden.

2. *Sonderpflichten und soziale Rollen – Auf- und Entdeckung typologischer Argumentation*

Eine pauschale Gesamtschau der §§ 42, 47 BVerfGG (a.F.), §§ 90a, 90b, 93 StGB (a.F.), §§ 86, 90 ff., 111, 129, 129a, 130, 140, 185 ff. StGB, § 20 VereinsG dürfte sich als nicht besonders aussagekräftig erweisen und kaum ein „Leitbild" in obigem Sinn erkennen lassen. Allerdings kann ein Anhaltspunkt für die Existenz eines solchen einigenden Vergleichsmaßstabes und leitenden Wertungsgesichtspunktes auf eine Reihe von Bemerkungen gestützt werden, die im Zusammenhang mit dem Thema Äußerungsdelikte in der Literatur zu finden sind und im 3. Kapitel auch bereits beschrieben wurden. Betrachtet man diese Ausführungen unter dem Blickwinkel eines typologischen Verständnisses der Äußerungsdelikte, so können sie als erster Beweis für die Richtigkeit der eingeschlagenen Lösung angesehen werden.

Als bekannt – da oben bereits erwähnt – vorausgesetzt werden darf zum einen die Ansicht von *Schroeder*[53] sowie zum anderen die Entscheidung des OLG

---

52 Derart *Larenz/Canaris*, Methodenlehre der Rechtswissenschaft (1995), S. 298; *Leenen*, Typus und Rechtsfindung (1971), S. 42.

53 Vgl. dazu die Ausführungen im 3. Kapitel unter II. 1. (S. 113).

Koblenz[54], welche dennoch an dieser Stelle abermals aufgrund ihrer Einschlägigkeit zitiert werden:

> „Insofern ist es kein Gesinnungsstrafrecht, sondern nur die gebotene Zurücknahme einer im Sozialleben allgemein so verstandenen Erklärung, wenn nicht von dem Nachveröffentlicher positiv und aufgrund zusätzlicher Umstände eine Identifikation, sondern umgekehrt eine eindeutige Distanzierung verlangt wird, die sich freilich auch aus den Umständen ergeben kann."[55]

Der missverständliche Aspekt an dieser Formulierung *Schroeder's* ist dabei, dass auf den ersten Blick nicht eindeutig ist, was genau mit „einer im Sozialleben allgemein so verstandenen Erklärung" gemeint ist. *Schroeder* selbst bezieht sich damit auf den Fall, dass ein inkriminierter Text in einer Presseveröffentlichung wiedergegeben wird, ohne dass dies in Form „einer anderen Zwecken dienenden Dokumentation geschieht", konkretisiert dies dann aber nicht näher[56]. Jedoch hat das OLG Koblenz mit der im 5. Beispielsfall des 1. Kapitels beschriebenen Entscheidung zur „Soldaten sind Mörder"-Collage diese Formulierung wortwörtlich aufgegriffen und in einer unzutreffenden Weise verwendet. Während *Schroeder* nämlich davon ausgeht, dass die Wiedergabe eines fremden Textes von der Allgemeinheit unter bestimmten Voraussetzungen – namentlich im Rahmen sozialtypischen Verhaltens, was noch genauer zu erläutern sein wird – grundsätzlich als Übernahme eben dieser fremden Äußerung angesehen werden kann, verwendet das OLG diese Sichtweise zur Beurteilung der wiedergegebenen Äußerung selbst:

> „Wer auf diese Weise einen fremden beschimpfenden oder böswillig verächtlich machenden Text einem unbestimmten Personenkreis zugänglich macht, tut dies in aller Regel, weil er die darin enthaltene Aussagen innerlich bejaht. Er macht sich die im Sozialleben allgemein so verstandene Äußerung zu eigen, wenn er sich nicht eindeutig von ihr distanziert."[57]

Das Missverständnis, auf denen die gerichtlichen Ausführungen beruhen, ist offenbar: Das allgemeine, sozialtypische Verständnis soll sich auf die fremde Äußerung an sich beziehen, in diesem Fall also auf den Satz „Soldaten sind alle bezahlte Mörder". Hat diese Äußerung einen im Sozialleben allgemein als solchen verstandenen inkriminierten Inhalt, so sei das Zu-Eigen-Machen die automatische Schlussfolgerung ihrer unkommentierten Wiedergabe[58]. In letzter

---

54 Wiedergegeben im 3. Kapitel unter II. 2. (S. 89).

55 *F.-C. Schroeder*, JR 1979, S. 93.

56 So *F.-C. Schroeder*, JR 1979, S. 93.

57 OLG Koblenz, Urt. v. 24.5.1984 – 1 Ss 132/84 = StV 1985, S. 15 (16) unter ausdrücklicher Bezugnahme auf *Schroeder*.

58 Genau das ist auch der Kern der Kritik von *Giehring*, StV 1985, S. 34, der jedoch das OLG Koblenz in einem Zug nennt mit *Schroeder*. Dabei liegt der wesentliche Unterschied zwischen beiden im Detail. Während das Gericht maßgeblich auf den Inhalt der strafbaren Primäräußerung abstellt, widmet sich *Schroeder* aus Anlass der Beurteilung

Konsequenz würde das bedeuten, dass der Grad der Eindeutigkeit, mit welchem sich der strafbare Inhalt aus dem fremden Text ergibt, über die Anforderungen an den Nachweis der Identifikation entscheidet. Die Unrichtigkeit einer solchen Annahme wurde jedoch schon im 4. Kapitel im Rahmen der Ausführungen zum Merkmal der eindeutig erkennbaren Zielrichtung dargelegt, wo begründet wurde, dass zwischen dem Inhalt eines Textes, der fremde Äußerungen enthält und dem Inhalt dieser wiedergegebenen fremden Äußerungen selbst differenziert werden muss[59].

Eine von ihrem Ausgangspunkt her – nämlich der Verknüpfung des Nachweises der Identifikation mit den durch die Art und Weise der Wiedergabe beim Erklärungsempfänger entstandenen Erwartungen – ähnliche Aussage stammt aus der älteren und ebenfalls zuvor im 3. Kapitel[60] genannten Abhandlung von *Rosenfeld*:

> „Das Entscheidende ist, dass der Postbote, der Erzähler und in unserem Ausgangsfall der B nicht eigene Mißachtung kundgibt und auch nicht Handlungen vornimmt, die nach außen hin den Eindruck erwecken, als mißachte der kundgebende B den Briefadressaten Z."[61]

Ebenso *Herzberg* in seiner dort zusammengefassten Untersuchung:

> „Der in seinem Achtungsanspruch Verletzte überspringt sozusagen den Erklärungsüberbringer, weil er das Gelesene sofort als die höchstpersönliche Bosheit des Schreibers versteht. Es wäre keine sinnvolle Begriffsbildung, wollte man trotzdem sagen, Briefeschreiber beleidigten in mittelbarer Täterschaft. [...] Denn eine höchstpersönliche Pflichtverletzung, die allein oder ganz überwiegend der Sphäre der nur wertend erfahrbaren sozialen Bedeutungen angehört, kann nie durch die Handlung eines anderen verkörpert werden [...]."[62]

Oder noch pointierter an anderer Stelle:

> „Briefträger beleidigen nicht."[63]

Und *Roxin* kommt im Rahmen seiner Monographie zur Täterschaft und Tatherrschaft zu dem Ergebnis:

---

der Strafbarkeit der Wiedergabe des „*Buback*-Nachrufs" eingehend dem – der Wiedergabe vorangestellten – Geleitwort der Rechtsanwälte und Hochschullehrer und stützt seine Aussagen dabei auf sorgfältig zitierte, konkrete – und seines Erachtens die Identifikation eindeutig beinhaltende – Passagen desselben. Beachtet man diesen Zusammenhang, so sind gerade diese einzelnen Sätze des Geleitworts mit der „im Sozialleben allgemein so verstandenen Erklärung" gemeint, von der eingangs die Rede war.

59 Siehe dazu die Ausführungen im 4. Kapitel unter II., dort insbesondere bei 2. a) (S. 160).

60 Dort unter II. 5. a) (S. 126).

61 *Rosenfeld*, FG *Frank* II (1930), S. 163.

62 *Herzberg*, ZStW 82 (1970), S. 942.

63 *Herzberg*, Die Unterlassung im Strafrecht und das Garantenprinzip (1972), S. 83.

„Es steht außer Zweifel, dass diese Deutung der Beleidigung als Pflichtdelikt auch mit der natürlichen Auffassung übereinstimmt, die nur den als Täter des Delikts ansieht, dessen Mißachtung verlautbart wird.“[64]

Diesen Aspekt des Pflichtdelikts weiter konkretisierend, stellt *Roxin* ferner fest:

„Denn das Tätermerkmal der Pflichtdelikte bezeichnet mehr als ein Element des konkreten Tatgeschehens. Es zeigt den Täter in einer sozialen Rolle mit erhöhten Anforderungen, die an den Extraneus nicht gestellt werden [...].“[65]

Besonders deutlich wird der personale Bezug der Äußerungsdelikte – ihre „Subjektgebundenheit“ – und die Verbindung zwischen der Rolle – dem „Status“ – des sich Äußernden und dem dadurch beeinflussten Verständnis des Rezipienten von *Giehring* auf den Punkt gebracht, der zum Merkmal der Identifikation meint:

„Dieses Erfordernis beruht auf der Einschätzung, dass die Person des Wertenden, also der Status und die Glaubwürdigkeit des Kommunikators für den Erfolg persuasiver Kommunikation eine bedeutsame Rolle spielen und daher strafrechtlich relevant sein sollen.“[66]

Der gemeinsame Grundgedanke aller dieser Ausführungen zur strafrechtlichen Beurteilung liegt darin, dass von den unterschiedlichen Erwartungen, die an Personen in verschiedenen sozialen Rollen gestellt werden, Rückschlüsse auf deren – sich identifizierende oder neutrale – Haltung zu den von Ihnen weitergegebenen fremden Äußerungen gezogen werden. Eine im Sozialleben so oder anders verstandene Erklärung, die Erweckung eines Eindrucks nach außen hin durch Vornahme bestimmter Handlungen, Pflichtverletzungen in einer Sphäre nur wertend erfahrbarer sozialer Bedeutungen, die natürliche Auffassung und die soziale Rolle des Täters; was man zunächst für inhaltsarme Phrasen halten könnte, ist in allen Beispielen bei genauerer Betrachtung Ausdruck des Bestrebens, die vom Rechtsgefühl her als richtig erkannte Lösung unter Einbeziehung der durch die Lehre von den Äußerungsdelikten vorgegebenen Argumentationsmuster sachgerecht zu begründen. Analysiert man diese Argumentationen vom Standpunkt des Verständnisses der Äußerungsdelikte als Typus aus, bestätigt sie die hier vertretene Annahme. Denn in allen Fällen handelt es sich um unverkennbar typologische Argumentation. Bei allen Kriterien, die eben noch mehr oder weniger inhaltslos erschienen, handelt es sich eindeutig um die Nutzbarmachung von ausfüllungsbedürftigen Wertungsmaßstäben. *Larenz/Canaris* weisen explizit darauf hin, dass der Gebrauch derartiger konkretisierungsbedürftiger Wertungen, die man oftmals vorschnell als „pseudonormative Leerformeln“ zu desavouieren geneigt ist, ein charakteristisches Erkennungs-

64 *Roxin*, Täterschaft und Tatherrschaft (2000), S. 391.

65 LK[11]-*Roxin* § 28 Rdn. 54.

66 *Giehring*, StV 1985, S. 34.

zeichen typologischer Argumentation ist[67]. Solche Maßstäbe sind keineswegs inhaltsarm, sondern enthalten – so wie dies auch hier angenommen wird – einen spezifischen Rechtsgedanken, der zwar einer begrifflichen Definition nicht zugänglich ist, dafür aber anhand von allgemein akzeptierten Beispielen – hier der Rückgriff auf das Sozialleben bzw. die natürliche Auffassung bzw. die soziale Rolle als Grundlage für das Verständnis von Erklärungen – verdeutlicht werden kann. Der Grund dafür, dass der zugrunde liegende Rechtsgedanke meistens nur schwer zu erkennen ist, liegt darin, dass typologische Argumentation kaum jemals als solche kenntlich gemacht wird, sondern – wie in obigen Beispielen – als begriffliche Subsumtion ausgegeben wird, die einer genaueren Prüfung somit zwangsläufig nicht standhalten kann[68]. Was folglich auf den ersten Blick als Scheinbegründung daherkommt, könnte durchaus überzeugend sein, wenn es nur von vornherein methodisch korrekt bezeichnet werden würde. Trotz dieser auffälligen Gemeinsamkeiten in der Argumentation, die sich konsequent und folgerichtig nur im Rahmen einer Typenbeschreibung vertreten lässt, wird dieser Ansatz zur Systematisierung der Äußerungsdelikte freilich bislang mit keinem Wort in Rechtsprechung oder Literatur kenntlich gemacht.

Die hier aufgestellte Annahme, dass die je nach sozialer Rolle der sich äußernden Person divergierenden Erwartungen die Bedingungen des Nachweises der Identifikation mit fremden Äußerungen festlegen, wird durch einen Blick auf die im 1. Kapitel beschriebenen Beispielsfälle bestätigt. Spielt es etwa für die Wirkung des sog. „*Buback*-Nachrufs" auf einen unbefangenen Leser keine Rolle, ob dieser Artikel – der erstmalig in einer Studentenzeitung erschienen ist – durch eine Gruppe von Rechtsanwälten und Hochschullehrern zu ausdrücklich dokumentarischen Zwecken wiedergegeben wird oder aber im Rahmen einer pressemäßigen Veröffentlichung[69]? Wird der Eindruck eines Lesers nicht auch dadurch beeinflusst, dass im Fall der Zeitschriften „INFO-BUG", „radikal" und „Biji, Informationen aus Kurdistan" gezielt ein bestimmter Leserkreis angesprochen wird bzw. nur aufgrund konspirativer Vertriebssysteme überhaupt in den Besitz dieser Schriften kommen kann[70]? Muss es sich nicht auf das Vorverständnis dieses Lesers, mit dem er den Artikeln begegnet, auswirken, wenn er davon Kenntnis hat, dass die Redakteure unentgeltlich – und damit scheinbar altruistisch – ihre Arbeitskraft bzw. die Drucker ihre Werkstatt und Materialien zum Selbstkostenpreis zur Verfügung gestellt haben? Und welche Schlussfolgerung wird dieser Leser wohl aus dem Umstand ziehen, dass ein inkriminierter Text Eingang in ein Druckwerk der periodischen Presse finden konnte, obgleich dort in Gestalt des verantwortlichen Redakteurs eine Person existiert, deren al-

---

67 *Larenz/Canaris*, Methodenlehre der Rechtswissenschaft (1995), S. 44.

68 So *Larenz/Canaris*, Methodenlehre der Rechtswissenschaft (1995), S. 44 f.

69 3. Beispielsfall.

70 4., 6. und 7. Beispielsfall.

leinige Aufgabe ausgerechnet die Kontrolle der Druckwerke auf strafbare Inhalte ist? Wenn oben angekündigt wurde, die Äußerungsdelikte auf den sie vereinigenden Vergleichsmaßstab hin zu untersuchen, um so den zugrunde liegenden Wertungsgesichtspunkt zu ermitteln, dann könnte der Umstand, dass die Inhaber presserechtlicher Berufspflichten ausdrücklich kraft Gesetzes hinsichtlich des Umgangs mit fremden Äußerungen für verantwortlich erklärt werden, ein Aspekt von Bedeutung sein, welcher derartige Fälle von anderen Konstellationen – ohne presserechtlichen Bezug – unterscheidet. Will man mit dem Merkmal der Identifikation diesen vielgestaltigen Lebenssachverhalten gerecht werden, so muss jedenfalls die rollen- und erwartungsabhängige Sicht des Rezipienten zwangsläufig stärker in den Vordergrund gerückt werden. Dass damit ein zunehmendes Maß an Rechtsunsicherheit verbunden ist, kann nicht angenommen werden, solange auch die Erkennbarkeit dieses Rezipientenhorizonts für den sich Äußernden berücksichtigt wird, was automatisch der Fall ist, wenn der maßgebliche Anknüpfungspunkt in der eigenen sozialen Rolle erblickt wird. Dann aber ist es eine schwerlich zu bestreitende Tatsache, dass im Bereich des Privat- wie Berufslebens Tätigkeiten und Verhaltensweisen existieren, die mehr als andere von vornherein „gefahrgeneigt" sind hinsichtlich der Erweckung einer bestimmten Vorstellung beim Erklärungsempfänger von der Intention des Erklärenden[71]. Anhand der presserechtlichen Sonderpflichten von verantwortlichem Redakteur bzw. Verleger wird dies noch näher dazulegen sein. Sind nun diese Umstände der sich äußernden Person bekannt, so kann von ihr grundsätzlich erwartet werden, dem Entstehen eines gewissen – als unerwünscht oder sogar in strafrechtlicher Hinsicht als unbedingt zu vermeidend empfundenen – Eindrucks beim Rezipienten entgegenzuwirken.

Sofern diese im Folgenden noch zu präzisierenden Feststellungen zunächst als noch nicht sehr fest umrissen erscheinen, stellt das die Richtigkeit des Ansatzes nicht in Frage. Denn an dieser Stelle sollte vorerst nur der Nachweis geführt werden, wie sehr sich bereits die herrschenden Begründungsversuche durch – als Subsumtion deklarierte – typologische Argumentationen auszeichnen. Außerdem ist, wie oben schon beschrieben, die mangelnde Subsumtionsfähigkeit gerade eine wesensgemäße Eigenschaft einer Typenbeschreibung. Demzufolge entspricht es der hier gewählten methodischen Vorgehensweise, dass die zentralen Merkmale der Äußerungsdelikte in Gestalt der „persönlichen Äußerung" bzw. der „Identifikation mit fremden Äußerungen" eben keinen ohne Weiteres subsumierbaren, exakten Maßstab darstellen, sondern eher einen „gleitenden" Maßstab bilden. Diese Erkenntnis zog sich bereits durch die gesamte an Rechtsprechung und Schrifttum orientierte deliktsspezifische Betrachtung der täter-

---

71 Dieser eigentlich dem Arbeitsrecht entlehnte Begriff der „gefahrgeneigten Tätigkeit" wird im Zusammenhang mit Pressetätigkeit auch von *Soehring*, Presserecht (2000), S. 14 Rdn. 2.14, S. 228 Rdn. 12.12 und S. 313 Rdn. 15.3 verwendet.

schaftlichen Deliktsverwirklichung aufgrund der Verwendung fremder Texte im 3. Kapitel. Viele der dort angestellten Beobachtungen fügen sich minuziös ein in das Bild eines typologischen Verständnisses der Äußerungsdelikte. Denn die Feststellung, dass sich das Kriterium der persönlichen Äußerung bzw. Identifikation im Einzelfall nicht einfach im Wege der Subsumtion ermitteln lässt, sondern eine Wertung anhand eher gleitender Maßstäbe verlangt, konnte zu allen untersuchten Tatbeständen getroffen werden. Wenn die dort erörterten Delikte eine Gemeinsamkeit im Fall der Verwendung fremder Texte aufwiesen, dann die, dass Rechtsprechung wie Literatur durchweg darauf hingewiesen haben, dass hinsichtlich des Nachweises der Identifikation und damit des Vorliegens einer persönlichen Äußerung des fremde Texte weitergebenden Täters ein denkbar großer Beurteilungsspielraum gegeben ist. Was im Einzelfall noch eine „Identifikation mit fremden Texten“ darstellt, ließ sich in keinem Fall mittels Subsumtion klären, sondern nur durch ein wertendes Urteil, das wiederum über bestimmte soziale Erfahrungen vermittelt wurde[72]. Dies äußerte sich insbesondere darin, dass als entscheidender Beurteilungsmaßstab für den Inhalt inkriminierter Äußerungen ausnahmslos die Sichtweise eines einsichtigen bzw. verständigen Durchschnittslesers oder -adressaten herhalten musste[73]. Der aus einem solchen Maßstab resultierende Beurteilungsspielraum ist signifikant für eine Typenbeschreibung, welche durch die Ermittlung einer Reihe von Gesichtspunkten veranschaulicht und in ihrer Anwendbarkeit erleichtert wird, die dadurch aber noch lange nicht durch Angabe feststehender Merkmale definiert und damit subsumierbar gemacht wird[74]. Dazu passt, dass trotz aller tatbestandlichen Unterschiede eben diese Gesichtspunkte zur Beurteilung der Frage der Identifikation durchgängig an den Umständen des Einzelfalles, d.h. der Art und Weise, auf welche die Wiedergabe der fremden Äußerung erfolgt ist, festgemacht wurden. Der Hinweis auf die wesentliche Bedeutung der Aufmachung des Textes, von Hervorhebungen, der optischen Gestaltung, der Einbettung in andere Beiträge, der Art der Zusammenstellung, des redaktionellen und journalistischen Zusammenhangs, der Äußerungsweise und Persönlichkeit des Erklärenden sowie des Vorstellungshorizonts des Erklärungsempfängers wurde über-

---

72 Auch dabei handelt es sich um ein weiteres Kennzeichen typologischer Argumentation, so *Larenz/Canaris*, Methodenlehre der Rechtswissenschaft (1995), S. 38 f.

73 Vgl. allein aus der Judikatur des BGH: BGH, Urt. v. 25.7.1984 – 3 StR 62/84 = BGHSt 33, 16 (19); BGH, Urt. v. 23.7.1969 – 3 StR 326/68 = BGHSt 23, 64 (73); BGH, Urt. v. 28.2.1964 – 3 StR 40/63 = BGHSt 19, 245 (249); BGH, Urt. v. 21.4.1961 – 3 StR 55/60 = BGHSt 16, 49 (53); BGH, Urt. v. 13.5.1960 – 3 StR 4/60 = BGHSt 14, 293 (296); BGH, Urt. v. 28.2.1959 – 1 St E 1/59 = BGHSt 13, 32 (34); BGH, Urt. v. 23.11.1955 – 6 StR 26/55 = BGHSt 8, 245 (247); BGH, Urt. v. 7.1.1955 – 6 StR 185/54 = BGHSt 7, 110 (111); BGH, Urt. v. 14.10.1952 – 2 StR 339/52 = BGHSt 3, 346 (347).

74 *Larenz/Canaris*, Methodenlehre der Rechtswissenschaft (1995), S. 39.

all gegeben[75]. Bei diesen Kriterien handelt es sich jedoch allenfalls um Entscheidungshilfen, um zu beurteilen, ob eine persönliche Äußerung bzw. Identifikation vorliegt, d.h. ob eine Erscheinung dem Typus zugeordnet werden kann oder nicht. Ein streng logisches Schlussverfahren ist dies nicht, ganz egal, wie es bezeichnet und gerechtfertigt wird. Vor allem findet sich in der Argumentation der Gerichte ebenso wie in den Darstellungen der Kommentarliteratur immer wieder der Verweis auf die speziellen Umständen der Wiedergabe und damit zwangsläufig die Umstände des konkreten einzelnen Falles[76]. Vor dem Hintergrund eines typologischen Verständnisses der Äußerungsdelikte erklärt sich diese Beobachtung nicht nur, sondern sie wird eine weitere Veranschaulichung dafür, wie sehr in diesem Zusammenhang typologische Argumentationsweisen bereits Eingang in die Strafrechtswissenschaft wie -praxis erhalten haben. Denn ein weiteres anerkanntes Erkennungsmerkmal – neben dem zuvor nachgewiesenen Gebrauch von ausfüllungsbedürftigen Wertungsmaßstäben – für eine an einem Typus orientierte Argumentation ist der wiederkehrende Hinweis auf eben diese „Umstände des Einzelfalles“[77]. Und genau solche Begründungen konnten im Rahmen der deliktsspezifischen Betrachtungen des 3. Kapitels in den Ausführungen von Rechtsprechung und Schrifttum zur strafrechtlichen Beurteilung der Verwendung fremder Texte vielfach entdeckt werden[78]. Deutlicher als mit der wiederholten Verwendung dieses Hinweises kann die Unmöglichkeit einer einfachen Subsumtion auf Grundlage abstrakt-begrifflicher Einzelmerkmale und das Erfordernis einer Bewertung in Ansehung bestimmter sozialer Erfahrungen kaum demonstriert werden.

---

75 Siehe BGH, Urt. v. 9.4.1997 – 3 StR 387/96 = BGHSt 43, 41 (44); BGH, Urt. v. 9.4.1997 – 3 StR 584/96 = NStZ-RR 1997, S. 282; OLG Köln, Urt. v. 2.4.1979 – 3 Ss 24-26/79 = NJW 1979, S. 1562; *Löffler*[4]*-Steffen* § 6 LPG Rdn. 90; LK[11]-*v. Bubnoff* § 129 Rdn. 57 und § 130 Rdn. 28; *Rebmann*, NStZ 1981, S. 462.

76 Z.B. bei BGH, Beschl. v. 20.2.1990 – 3 StR 278/89 = BGHSt 36, 363 (371); OLG Frankfurt, Beschl. v. 27.12.1982 – 2 Ss 554/82 = NJW 1983, S. 1207; OLG Köln, Urt. v. 2.4.1979 – 3 Ss 24-26/79 = NJW 1979, S. 1562; *Sch/Sch*[26]*-Lenckner* § 129 Rdn. 14c und § 130 Rdn. 5d; LK[11]-*v. Bubnoff* § 111 Rdn. 10a und § 130 Rdn. 28; *Giehring*, StV 1985, S. 34.

77 Deutlich *Larenz/Canaris*, Methodenlehre der Rechtswissenschaft (1995), S. 38.

78 Statt vieler: Nach dem OLG Köln, Urt. v. 2.4.1979 – 3 Ss 24-26/79 = NJW 1979, S. 1562, ist die Beurteilung, ob sich jemand eine fremde Äußerung zu Eigen gemacht hat „eine Tatfrage des Einzelfalls“. Nach LK[11]-*v. Bubnoff* § 130 Rdn. 28 ist diese Beurteilung „aufgrund einer Gesamtwürdigung aller die Besonderheiten des Einzelfalles kennzeichnenden Umstände zu treffen“. Und auch nach *Sch/Sch*[26]*-Lenckner* § 129 Rdn. 14c liegt die „Notwendigkeit einer umfassenden Gesamtwürdigung entsprechender Texte“ vor.

3. Logische Konsequenzen

Unter Wiederaufnahme der zu Beginn dieses Kapitels angestellten Überlegungen zum Zweck einer Definition des Begriffs der Identifikation kann die dort zunächst eingeschlagene Vorgehensweise nunmehr unter Einbeziehung der vorangegangenen Erkenntnisse korrigiert werden. Danach können Schlussfolgerungen hinsichtlich der an eine Identifikation mit fremden Äußerungen zu stellenden Anforderungen nicht im Wege der klassischen Definitionslehre gewonnen werden, weil es sich hierbei nicht um einen abstrakt-begrifflichen Terminus handelt, sondern um eine Typenbeschreibung. Eine Typenbeschreibung aber ist einer begrifflichen Definition ebenso wenig zugänglich wie die Zuordnung eines konkreten Sachverhalts zu einem Typus überhaupt über eine Definition erfolgt[79].

Ferner hat sich bei der Untersuchung der Vereinbarkeit eines typologischen Verständnisses der Äußerungsdelikte mit Art. 103 Abs. 2 GG gezeigt, dass der Normwortlaut aufgrund der am leitenden Wertungsgesichtspunkt orientierten Zuordnung zum Typus in einer dem Analogieverbot nicht widersprechenden Weise ergänzungsfähig ist[80]. Damit kann eine weitere Überlegung richtiggestellt werden, nämlich die im 1. Kapitel geäußerte Annahme, dass es sich bei der durch den 3. Senat des BGH vorgenommenen „einschränkenden Auslegung" – mittels der an einen inkriminierten Text anzulegenden drei Voraussetzungen der objektiven Eignung, eindeutig erkennbaren Zielrichtung und Identifikation – um eine teleologische Reduktion handelt[81]. Bereits im 4. Kapitel hat eine Überprüfung der durch den BGH verwendeten restriktiven Kriterien ergeben, dass es sich bei dem Erfordernis der objektiven Eignung des strafrechtlich relevanten Textes um ein dogmatisch nicht überzeugend begründetes Merkmal zum Zweck einer restriktiven Tatbestandsanwendung handelt, welches darüber hinaus auch inhaltlich entbehrlich war. Dabei wurde die gängige Rechtfertigung des Kriteriums der objektiven Eignung zwar teilweise mit Erwägungen falsifiziert, die auf einem Verständnis dieses Merkmals als Ausdruck einer teleologischen Reduktion aufbauten[82]. An den dort erzielten Ergebnissen ändert sich gleichwohl nichts, da sich die Voraussetzung der objektiven Eignung eines Textes vor dem Hintergrund eines typologischen Verständnisses der Äußerungsdelikte erst recht nicht erklären ließe. Denn als typenbildendes Merkmal

---

79 *Larenz/Canaris*, Methodenlehre der Rechtswissenschaft (1995), S. 42.

80 Zu dieser Eigenschaft siehe *Larenz/Canaris*, Methodenlehre der Rechtswissenschaft (1995), S. 44 und *Leenen*, Typus und Rechtsfindung (1971), S. 173. Vgl. zum Ganzen die Ausführungen in diesem Kapitel unter II. 1. b) (S. 195).

81 Vgl. im 1. Kapitel unter II. (S. 35).

82 So insbesondere im 4. Kapitel unter I. 2. e) (S. 151), wo das Erfordernis der objektiven Eignung unter dem Aspekt des Geringfügigkeitsprinzips auf seine Begründbarkeit überprüft wurde.

kommt sie zum einen mangels ihres abstufbaren, die verschiedenen Ausprägungsgrade des Typus kennzeichnenden Charakters – ein Text ist entweder objektiv geeignet oder er ist es nicht – und zum anderen aufgrund ihrer völligen Beziehungslosigkeit zum die Typenbildung leitenden Wertungsgesichtspunkt sichtlich nicht in Betracht. Daneben erwies sich das Merkmal der eindeutig erkennbaren Zielrichtung als praktisch nicht trennbar von der viel bedeutsameren Frage, ob sich der Täter den fremden Text zu Eigen gemacht hat, sodass die Feststellung der Zielrichtung damit zu einer bloßen Schlussfolgerung aus dem Nachweis der Identifikation geriet. Folglich hat sich schon im 4. Kapitel herausgestellt, dass allein das Erfordernis der Identifikation von entscheidender Bedeutung für die Beurteilung der strafrechtlichen Verantwortlichkeit für fremde Texte war. Bei diesem Merkmal handelt es sich nun aber nicht um eine im Verfahren der Merkmalsergänzung zum Zweck der Wortlautunterschreitung – also im Wege einer teleologischen Reduktion – hinzugefügte, sinngemäß geforderte Einschränkung, sondern um ein typenbildendes Merkmal, mit dessen Hilfe die Zuordnung eines Sachverhalts zum Typus der Äußerungsdelikte geprüft werden kann. Da der „mögliche Wortsinn" bei einem Typus keine sinnvolle Auslegungsgrenze darstellt[83], muss die im 1. Kapitel zutreffend als wortlautunterschreitende „restriktive Auslegung" beschriebene Rechtsprechung des BGH deshalb keineswegs zwangsläufig – so wie dies oben in Ermangelung methodischer Alternativen noch geschah – als teleologische Reduktion verstanden werden. Denn sämtliche dort angestellten Beobachtungen lassen sich nunmehr ohne weiteres auch als Konsequenz der hier vorgestellten Deutung der Äußerungsdelikte begreifen. Schließlich ist bei einem typologisch verstandenen Normkomplex auf Tatbestandsseite zu berücksichtigen, dass die dort normierten Merkmale gerade nicht abschließend den entsprechenden Anwendungsbereich festlegen, sondern lediglich Hinweisfunktion besitzen und somit der Ergänzung durch weitere charakteristische Züge fähig sind[84]. Außerdem ist auf Rechtsfolgenseite von Bedeutung, dass einer typologischen Denkform, die sich auf Wertungsgesichtspunkte stützt, eine enge Verbindung von Tatbestand und Rechtsfolge wesensimmanent ist. Deswegen ist eine im Hinblick auf die Rechtsfolgen vorgenommene Tatbestandskonkretisierung – beispielsweise in Form der Benennung restriktiver Merkmale – hier nicht mit einem methodologischen Mangel behaftet[85]. Und nicht notwendig ausschließlich als teleologische Reduktion anzusehen.

Anstatt im Wege einer vermeintlich logischen Subsumtion unter eine begriffliche Definition wird daher mittels der den Typus beschreibenden – also typen-

83 Wiederum *Leenen*, Typus und Rechtsfindung (1971), S. 173.

84 *Larenz/Canaris*, Methodenlehre der Rechtswissenschaft (1995), S. 44; *Leenen*, Typus und Rechtsfindung (1971), S. 179 ff.

85 *Leenen*, Typus und Rechtsfindung (1971), S. 181.

bildenden – Merkmale ein in strafrechtlicher Hinsicht zu beurteilender Sachverhalt daraufhin untersucht, ob er dem Typus der Äußerungsdelikte zugeordnet werden kann. Im Hinblick auf die für den Gegenstand dieser Arbeit allein relevanten Äußerungsdelikte wurden unter dem Aspekt der Verantwortlichkeit für fremde Texte die kennzeichnenden Merkmale bereits in der Kundgabe einer persönlichen Äußerung bzw. der Identifikation mit einer fremden Äußerung erkannt. Anhand der Beobachtung, dass diese Merkmale regelmäßig unter Heranziehung der sozialen Rolle der einen fremden Text veröffentlichenden Person bejaht oder verneint wurden und diese Beurteilung durch weitere dem Bereich der sozialen Erfahrungen zugehörige Erwägungen wie dem Abstellen auf den Verständnishorizont eines Durchschnittslesers oder die natürliche Auffassung über die einzelfallabhängigen Umstände der Textwiedergabe unterstützt wurde, konnte bereits ein Eindruck von der Abstufbarkeit solcher typenbildenden Merkmale gewonnen werden. Dabei wurde deutlich, dass objektiv ähnliche Verhaltensweisen jeweils in Abhängigkeit von der Rolle der agierenden Person sehr unterschiedlich rezipiert werden können, sodass die Verwendung fremder Texte trotz vergleichbarer Umstände der Wiedergabe bei manchen Personen schon als persönliche Äußerung begriffen werden konnte, obgleich bei anderen Publizierenden dieser Eindruck noch nicht vorlag. Ein solcher gleitender Beurteilungsmaßstab, für den einzelne Umstände nur den Rang von Indizien haben, ist kennzeichnend für ein typologisches Zuordnungsverfahren, bei dem unter Verwendung ordnender Formeln wie „schon" oder „noch dem Typus zuzurechnen" das Urteil über die Zuordnung als Ergebnis einer zusammenfassenden Gesamtbetrachtung vorgestellt wird[86]. Weil nun diese soeben als Indizien bezeichneten Umstände wie z.B. die redaktionelle Aufbereitung oder das Vorhandensein – bzw. gerade das Fehlen – einer dem fremden Text beipflichtenden Erklärung des Publizierenden selbst lediglich Entscheidungshilfen darstellen, ist es von größter Wichtigkeit, sich den Vergleichsmaßstab vor Augen zu halten, der allein beantworten kann, ob eine Erscheinung wertungsmäßige Gleichsinnigkeit mit dem Typus wahrt oder nicht. Im Zusammenhang mit den Äußerungsdelikten kann sich die Beurteilung eines Sachverhalts hinsichtlich seiner Zuordnung zum Erscheinungsbild dieses Typus nur daran orientieren, ob das inkriminierte Verhalten gerade in einer für diese Delikte namensgebenden persönlichen Äußerung besteht. Demnach könnte der konstitutive Wertungsgesichtspunkt darin zu sehen sein, dass Delikte, deren Unrechtsgehalt sich in der Äußerung eines missbilligten Inhalts erschöpft, den Schwerpunkt ihres strafrechtlich relevanten Verhaltens in einer Handlung besitzen, die grundsätzlich dem Schutzbereich von Art. 5 Abs. 1 S. 1 Hs. 1 GG unterfällt. Denn es handelt sich in den Fällen der Äußerungsdelikte gerade um Meinungsäußerungen, die das rechtlich zuläs-

86 *Larenz/Canaris*, Methodenlehre der Rechtswissenschaft (1995), S. 38; *Leenen*, Typus und Rechtsfindung (1971), S. 35.

sige Maß überschreiten. Insofern passt in diesen Kontext auch zum einen die geläufige Aussage, wonach der Anwendungsbereich der Äußerungsdelikte – als Beginn des Bereichs strafbaren Verhaltens – zugleich unmittelbar das Ende des Schutzbereichs von Art. 5 Abs. 1 GG markiert[87] und zum anderen die im Rahmen der Beispielsfälle des 1. Kapitels wiederholt beobachtete – wenngleich inhaltlich mitunter stark divergierende – Bezugnahme auf Art. 5 GG[88]. Bei den Äußerungsdelikten erschöpft sich der Unrechtsgehalt gerade in dieser dem Schutzbereich der Meinungsäußerungsfreiheit unterfallenden Handlung, worin der wesentliche Unterschied zu solchen Delikten besteht, die lediglich „auch" mit Äußerungen einhergehen. Denn dort erschöpft sich das tatbestandlich typisierte Unrecht eben nicht ausschließlich in der Äußerung als solcher.

Deutlich wird dieser Umstand in Anbetracht der im 3. Kapitel eingehend dargestellten Auslegung der dort untersuchten Normkomplexe. Bei den Delikten mit erkennbarem Äußerungsbezug ist es eine deren Auslegung durchweg bestimmende Gemeinsamkeit, dass die Kundgabe einer eigenen Meinung des Täters vorliegen muss. So setzen die Aufforderungs- und Billigungsdelikte der §§ 111, 130 Abs. 1 Nr. 1 und 140 Nr. 2 StGB die Kundgabe einer eine bestimmte Straftat eindeutig gutheißenden bzw. zu dieser auffordernden Erklärung des Täters voraus, die Beleidigungsdelikte der §§ 185 ff. StGB in Gestalt des § 185 StGB die Kundgabe eigener Missachtung und in Gestalt der §§ 186, 187 StGB die Kundgabe eigener Überzeugung des Täters. Bei den Verunglimpfungsdelikten der §§ 90 ff., 130 Abs. 1 Nr. 2 StGB verhält es sich in ihren subjektgebundenen Tatbestandsalternativen ebenso. In allen diesen Fällen ist die wesentliche Übereinstimmung darin zu erblicken, dass es sich um Delikte handelt, bei denen sich der Unrechtsgehalt in der Äußerung eines missbilligten Gedankeninhalts als solchem erschöpft. Insoweit lassen sich auch ohne weiteres die §§ 129, 129a StGB in der Begehungsform des Werbens dazu zählen, da unter Werben eine Tätigkeit verstanden wird, die in der Stärkung der jeweiligen Vereinigung mit den Mitteln der Propaganda besteht[89] und damit ebenfalls durch verbale oder nonverbale Äußerungen erfolgt. Aus diesem Grund ist die Qualifizierung dieser Delikte als sog. Äußerungsdelikte zutreffend, da eine andere Art der Tatbestandsverwirklichung als durch die Abgabe persönlicher Äußerungen nicht möglich ist. Bereits im Hinblick auf die §§ 129, 129a StGB in ihrer Tatbestandsalternative des Unterstützens verhält es sich allerdings anders. Unterstützen in diesem Sinn meint, dass ein Nichtmitglied den Fortbestand der jeweili-

---

87 So *Uebbert*, Die strafrechtliche Haftung des verantwortlichen Redakteurs (1995), S. 74. Ähnlich auch *Giehring*, StV 1985, S. 32. Zu den Gefahren in Form einer Einschüchterung der Bürger bei extensiver Handhabung des Strafbarkeitsbereichs siehe *Bemmann*, Meinungsfreiheit und Strafrecht (1981), S. 14 f.

88 So im 1., 3. (bei AG Frankfurt), 6. und 7. Beispielsfall.

89 Zum Werben und Unterstützen i.S.d. § 129, 129a StGB siehe wiederum die Ausführungen im 3. Kapitel unter I. 2. a) (S. 89) m.w.N.

gen Vereinigung oder die Verwirklichung ihrer Ziele durch organisationsbezogene Betätigungen fördert. Somit ist die Strafbarkeit ersichtlich nicht an die Kundgabe von Äußerungen egal welcher Art gekoppelt, da als entsprechende Förderungsakte auch Handlungen wie die Gewährung finanzieller Zuwendungen, die Lieferung von Werkzeugen und Materialien oder sogar die Mitwirkung an vereinigungstypischen Straftaten in Betracht kommen[90]. Ganz genauso verhält es sich bei § 20 Abs. 1 Nr. 4 VereinsG. Unter dem dort pönalisierten Zuwiderhandeln gegen ein vereinsrechtliches Betätigungsverbot versteht man jegliches Handeln im Auftrag der Vereinigung sowie ebenfalls förderliche Handlungen von außenstehenden Dritten und Nichtmitgliedern. Derartige Verbotszuwiderhandlungen können nun ebenso wie bei den §§ 129, 129a StGB auch in gänzlich äußerungsunabhängigen Handlungen bestehen. Gerade an diesem Beispiel wird abermals erkennbar, dass sich ein Typus durch seine Offenheit auszeichnet, also durch die Abstufbarkeit seiner typischen Züge, was sogar zu einer Zuordnung zum Typus trotz im Einzelfall fehlender typenbildender Merkmale führen kann. Denn in den letztgenannten Fällen der §§ 129, 129a StGB, § 20 VereinsG erschöpft sich das tatbestandlich typisierte Unrecht eben nicht ausschließlich in der Äußerung eines missbilligten Inhalts als solchem, sondern beispielsweise liegt bei einer Zuwiderhandlung gegen ein vereinsrechtliches Betätigungsverbot das Unrecht darin, dass entgegen einer entsprechenden Verbotsverfügung die verbotene Betätigung einer bestimmten Vereinigung durch Tätigkeiten aufrecht erhalten wird, die als Handeln des mit dem Verbot belegten Vereins selbst erscheinen[91]. Selbst in Fällen, bei denen das Zuwiderhandeln mit einer Äußerung einhergeht – z.B. bei der Kontaktanbahnung zur Vermittlung neuer Mitglieder oder der Abgabe von zur Fortsetzung der verbotenen Vereinstätigkeit hilfreichen Ratschlägen – verhält es sich so, dass das pönalisierte Unrecht nicht in der Äußerung an sich zu sehen ist, sondern sich in der Verbotszuwiderhandlung erschöpft. Davon zu unterscheiden sind jedoch Fallgestaltungen, in denen ausschließlich die Äußerung selbst die tatbestandliche Verbotszuwiderhandlung darstellt, welche damit also nicht in einem über diese Äußerung noch hinausgehenden und eben durch sie erst zu bewirkenden Erfolg liegt. Als Beispiel für einen solchen Sachverhalt kann der 7. Beispielsfall des 1. Kapitels angesehen werden, wo die unterstützende Handlung in der Veröffentlichung von Propagandamaterial zweier verbotener Vereinigungen bestand und demzufolge die Zuwiderhandlung gegen das vereinsrechtliche Betätigungsverbot gem. § 20 Abs. 1 Nr. 4 VereinsG einzig und allein in der über Presseerzeugnisse erfolgenden Verbreitung fremder Texte zu sehen war[92]. Bei den Delikten, die in derartigen Konstellationen allein infolge einer Äußerungshandlung

---

90 Vgl. die Aufzählung typischer Förderungsakte bei LK[11]-*v. Bubnoff* § 129 Rdn. 66.

91 Siehe dazu im 3. Kapitel unter I. 2. b) (S. 97).

92 Vgl. BGH, Urt. v. 9.4.1997 – 3 StR 387/96 = BGHSt 43, 41 = 7. Beispielsfall.

verwirklicht werden, handelt es sich dann tatsächlich um Äußerungsdelikte im hier vertretenen Sinn, da sich unter diesen Umständen ihr Unrechtsgehalt in der Äußerung inkriminierter Inhalt gänzlich erschöpft.

Infolgedessen ist eine streng kategorische Einteilung der Deliktstatbestände in Äußerungsdelikte einerseits und sonstige Delikte andererseits nicht möglich, da sich ein Delikt mal mehr, mal weniger als Äußerungsdelikt darstellen kann, je nachdem, wie sehr sich das tatbestandlich typisierte Unrecht tatsächlich im konkreten Fall in der Kundgabe einer persönlichen Äußerung erschöpft. Insoweit lässt sich das Bild von der Offenheit des Typus sowie die bezeichnende Darstellung im Komperativ auf die typenbildenden Merkmale genauso anwenden wie auf den Typus selbst. Denn ebenso wie ein Delikt mal mehr, mal weniger ein Äußerungsdelikt sein kann, so kann auch ein Verhalten mal mehr, mal weniger als Kundgabe einer persönlichen Äußerung verstanden werden. Mit Blick auf die zuvor erwähnten Normkomplexe kann damit festgestellt werden, dass es sich bei den Aufforderungs- und Billigungsdelikten der §§ 111, 130 Abs. 1 Nr. 1 und 140 Nr. 2 StGB, bei den Verunglimpfungsdelikten der §§ 90 ff., 130 Abs. 1 Nr. 2 StGB in ihren subjektgebundenen Tatbestandsalternativen sowie bei den §§ 129, 129a StGB in ihrer Tathandlungsalternative des Werbens durchweg um Äußerungsdelikte handelt, was die beschriebenen Probleme bei der Prüfung des Merkmals der Identifikation mit sich bringt. Von diesen Normkomplexen ausgehend nimmt die Zwangsläufigkeit stetig ab, bis es sich bei Delikten wie den §§ 129, 129a StGB in ihrer Tathandlungsalternative des Unterstützens oder § 20 Abs. 1 Nr. 4 VereinsG nur unter besonderen Umständen – und demzufolge nur noch in vereinzelten Fällen – um Äußerungsdelikte mit eben dieser Folge handelt, nämlich dann, wenn sie durch eine Äußerung begangen werden, welche unmittelbar selbst die förderliche organisationsbezogene Betätigung bzw. die Verbotszuwiderhandlung darstellt. Dass im Schrifttum scheinbar regellos dieselben Straftatbestände mal als Äußerungsdelikt bezeichnet werden und mal nicht, liegt demzufolge am Wesen des Typus und damit in der Natur der Sache.

4. *Typenbildung und Zuordnung zum Typus*

Benannt werden muss nun immer noch der erwähnte Wertungsgesichtspunkt, auf dem der Vorgang der Typenbildung an sich beruht[93]. Wiederum nach *Leenen* ist diesbezüglich zwischen verschiedenen Wertungsgesichtspunkten in Form von primären und sekundären Wertentscheidungen zu differenzieren[94]. Erstere kommen zustande, wenn unter sachlichen Gerechtigkeitsgedanken ein Bereich erfasst werden soll, der einer ständigen Korrektur am leitenden Wer-

---

93 *Leenen*, Typus und Rechtsfindung (1971), S. 42 ff. und S. 177 ff. *Leenen* spricht in diesem Zusammenhang von „Typgewinnung“, vgl. S. 178.

94 *Leenen*, Typus und Rechtsfindung (1971), S. 109.

tungsgesichtspunkt unterliegt, Letztere dagegen regelmäßig aufgrund von hinzutretenden und überlagernden Erwägungen in Anbetracht der Rechtssicherheit und Zweckmäßigkeit[95]. Werden beide Wertentscheidungen verfolgt, wird das Gesetz bzw. der entsprechende Normkomplex begrifflich zu verstehen sein. Wird dagegen lediglich eine Ausrichtung am sachlichen Gerechtigkeitsgedanken angestrebt, ist eine Typenbildung das sachgerechte Mittel[96]. Da sich die Deliktsgruppe der Äußerungsdelikte widerspruchsfrei und konsequent nur als Typus begreifen lässt, kann im vorliegenden Zusammenhang die eigentlich zuerst zu klärende Frage nach der typologischen respektive begrifflichen Fassung des jeweiligen Normkomplexes übersprungen werden. Aufgrund der oben in Ansehung der im Schrifttum existierenden Versuche zur Systematisierung der Äußerungsdelikte – und der dabei zu Tage getretenen Unstimmigkeiten und Unvereinbarkeiten – gewonnenen Erkenntnis, wonach ein abstrakt-begriffliches Verständnis der Äußerungsdelikte unzureichend sein muss, rückt die als nächstes zu beantwortende Frage nach der genaueren Bestimmung des Typus, auf den sich die Tatbestände beziehen, in den Vordergrund. Dabei kann es nicht auf den empirischen Typus ankommen, sondern nur auf den – an ihm zumeist orientierten – normativen Typus, der den Äußerungsdelikten als Bezugspunkt der primären Wertentscheidung dient[97]. Auch wenn Gesetze oft unter dem Gesichtspunkt einschlägiger empirischer Typen ausgelegt werden, um die in der Realität auftretenden Vorgänge sachgemäß erfassen zu können, so ist jedoch zu beachten, dass die eigentliche Auswahl und Benennung der für die Auslegung maßgeblichen Züge letztendlich doch durch normative Aspekte wie den Normzweck und die dahinter stehenden Rechtsgedanken beeinflusst wird[98]. Ein normativer Typ enthält daher einen bestimmten Wertungsgesichtspunkt, d.h. eine gesetzgeberische Wertvorstellung von dem, was sein soll. Darin besteht auch der Unterschied zum empirisch gebildeten Typ, der zwangsläufig nur beschreiben kann, was tatsächlich geschieht. Übertragen auf die Situation bei den Äußerungsdelikten bedeutet das, einerseits die auf sozialen Erfahrungen basierende Beurteilung eines bestimmten Sachverhalts auf das Vorliegen persönlicher Äu-

---

95 *Leenen*, Typus und Rechtsfindung (1971), S. 108 ff.

96 *Leenen*, Typus und Rechtsfindung (1971), S. 109 und S. 175.

97 Vgl. *Leenen*, Typus und Rechtsfindung (1971), S. 179.

98 *Larenz/Canaris*, Methodenlehre der Rechtswissenschaft (1995), S. 297 f.; *Kaufmann*, Analogie und „Natur der Sache“ (1982), S. 48. Ebenso *Leenen*, Typus und Rechtsfindung (1971), S. 84 ff., mit dem Hinweis, dass deswegen die Auslegung von typusbildenden Merkmalen nicht rein empirisch zu geschehen hat, sondern normativ in Orientierung an Wertungsgesichtspunkten. *Engisch* differenziert in vergleichbarer Weise zwischen Realtypus und Idealtypus, vgl. *ders.*, Die Idee der Konkretisierung in Recht und Rechtswissenschaft unserer Zeit (1968), S. 240 ff. und S. 252 ff.; ebenso *Heyde*, Studium Generale 1952, S. 239. *Pawlowski*, Methodenlehre für Juristen (1999), S. 79 Rdn. 150, und *Larenz/Canaris*, a.a.O., S. 294, sprechen aufgrund dieser beiden Elemente von einem „normativen Realtypus“.

ßerungen und andererseits die Frage, ob sich das strafrechtliche relevante Verhalten in einer Art. 5 Abs. 1 S. 1 Hs. 1 GG unterfallenden Handlung erschöpft, auseinanderzuhalten. Allein der letztgenannte Wertungsaspekt stellt den normativen Bezugspunkt und Vergleichsmaßstab dar, der die verschiedenen empirischen Erscheinungen zu einem „rechtlichen" Typus bündelt. Zwar muss unter Beachtung der besonderen Umstände des jeweiligen Falles entschieden werden, ob eine Tatbestandsverwirklichung „nur" mit einer persönlichen Äußerung einhergeht oder allein durch sie geschieht. Weil dabei das kennzeichnende Merkmal der „persönlichen Äußerung" in von vornherein nicht generell anzugebender Stärke vorliegen kann, wird es meistens zunächst das Erscheinungsbild der Deliktsbegehung insgesamt sein, welches eine Zuordnung zum Typus der Äußerungsdelikte nahe legt. Diese empirische Elemente enthaltende Betrachtung kann jedoch nicht die der Typenbildung zugrunde liegende normative Wertentscheidung darstellen. Damit ist es der zuerst genannte, auf eine grundrechtliche Gewährleistung rückführbare Wertungsgesichtspunkt, der die Zusammenfassung des für einen Typus charakteristischen „elastischen Merkmalsgefüges" bewirkt, indem er alle Erscheinungen, die als – schon oder noch – wertungsmäßig gleichgesinnt betrachtet werden können, dem jeweiligen Typus zuordnet[99].

Anhand dieser primären Wertentscheidung ist es auch unschwer möglich, den oben[100] bereits hervorgehobenen Eindruck zu verifizieren, dass sich die strafrechtliche Verantwortlichkeit von Trägern besonderer presserechtlicher Berufspflichten anders beurteilen lassen muss, als die Verwendung fremder Texte durch Personen, die nicht aufgrund gesetzlicher Anordnung explizit die Aufgabe besitzen, gerade die Veröffentlichung strafbarer Inhalte zu verhindern. Denn in derartigen Sachverhalten wird die Anwendung von Art. 5 Abs. 1 S. 1 Hs. 1 GG zumindest teilweise überlagert durch die Pressefreiheit des Art. 5 Abs. 1 S. 2 Alt. 1 GG, deren tatbestandlicher Schutzbereich nicht nur das Presseerzeugnis mitsamt seines Inhalts und seiner Gestaltung umfasst, sondern auch die bei der Herstellung der Presseprodukte beteiligten Personen[101]. Dabei ist die Anwendbarkeit dieses Grundrechts unabhängig davon gegeben, ob es sich um eigene Meinungbeiträge handelt oder Nachrichten und Berichterstattungen ohne persönliche Wertung von der Presse übermittelt werden[102]. Zwar ist zu der Grundrechtskonkurrenz zwischen Art. 5 Abs. 1 S. 1 Hs. 1 GG und Art. 5 Abs. 1 S. 2 Alt. 1 GG mittlerweile anerkannt, dass hinsichtlich des grundrechtlichen Schutzes des Inhalts sowie der Form einer Äußerung – und damit insbesondere

99 *Leenen*, Typus und Rechtsfindung (1971), S. 43 f.

100 In diesem Kapitel unter II. 2. (S. 203).

101 BK[101]-*Degenhart* Art. 5 Abs. 1 und 2 Rdn. 416 ff. und Rdn. 552; *Maunz/Dürig*[40]-*Herzog* Art. 5 Abs. I, II Rdn. 133 ff.; *v. Mangoldt/Klein*[4]-*Starck* Art. 5 Abs. 1, 2 Rdn. 62 ff.

102 BK[101]-*Degenhart* Art. 5 Abs. 1 und 2 Rdn. 416; *Maunz/Dürig*[40]-*Herzog* Art. 5 Abs. I, II Rdn. 134, jedoch vertritt *Herzog* diese Auslegung auch im Rahmen der Meinungsäußerungsfreiheit, vgl. Rdn. 51 ff.; *v. Mangoldt/Klein*[4]-*Starck* Art. 5 Abs. 1, 2 Rdn. 66.

der Zulässigkeit einer bestimmten Äußerung – die Meinungsfreiheit aus Satz 1 selbst dann vorrangig anzuwenden ist, wenn die Äußerung im Rahmen eines Presseerzeugnisses getätigt wurde[103]. Die gegenüber der Meinungsfreiheit speziellere Bedeutung der Pressefreiheit beginnt erst dort, wo es auf den Schutz des „Instituts der freien Presse" und der für ihre Funktionsfähigkeit notwendigen Tätigkeiten ankommt[104]. Eben dies ist der Fall, „wenn es um die im Pressewesen tätigen Personen in Ausübung ihrer Funktion" geht[105]. Genau darum handelt es sich aber bei der besonderen presserechtlichen Haftung des verantwortlichen Redakteurs bzw. Verlegers[106]. Werden diese Personen aus der presserechtlichen Sonderhaftung in Anspruch genommen, so ist demnach allein die Pressefreiheit einschlägig[107]. Auch wenn im Schrifttum einhellig die Bedeutung der vorgenannten Konkurrenzfrage aufgrund der ohnehin identischen Grundrechtsschranken in Art. 5 Abs. 2 GG als gering betrachtet wird[108], so muss sich die Verdrängung der Meinungsäußerungsfreiheit zugunsten der in diesen Fällen spezielleren Pressefreiheit gleichwohl auf die strafrechtliche Beurteilung auswirken, wenn der leitende Wertungsgesichtspunkt des Typus der Äußerungsdelikte derart in der Kongruenz von strafrechtlich relevantem und dem Schutzbereich von Art. 5 Abs. 1 S. 1 Hs. 1 GG unterfallendem Verhalten gesehen wird, wie dies zuvor getan wurde. Dieser Umstand müsste demnach in der Lage sein zu erklären, welche Fälle unter dem Aspekt der Verantwortlichkeit für fremde Texte als rechtlich gleichwertig zu behandeln sind und ab wann Sachverhalte bestimmte Eigenschaften aufweisen, die eine unterschiedliche strafrechtliche Würdigung rechtfertigen.

Diese hier vorerst nur umrissene Annahme, in der Verhaltenserwartung, die an Personen in ihrer Eigenschaft als Träger sozialer Rollen gestellt wird, die entscheidende Verbindung von Äußerungsdelikten und der Strafbarkeit wegen der Verwendung fremder Texte gefunden zu haben, wird im 6. Kapitel als Grundgedanke der eigenen Lösung weiter vertieft. Dort wird begründet werden, dass insbesondere die presserechtlichen Vorgegebenheiten in Gestalt der Sonderpflicht von verantwortlichem Redakteur bzw. Verleger zu einer rollenspezifischen Erwartung führen und damit die Anforderungen an den Nachweis der Identifikation in einer Weise beeinflussen, wie es in Konstellationen ohne presse-

---

103 Dazu BVerfG, Beschl. v. 9.10.1991 – 1 BvR 1555/88 = BVerfGE 85, 1 (11 f.); BK[101]-*Degenhart* Art. 5 Abs. 1 und 2 Rdn. 31, Rdn. 416 und Rdn. 932; *Maunz/Dürig*[40]-*Herzog* Art. 5 Abs. I, II Rdn. 154a.

104 BK[101]-*Degenhart* Art. 5 Abs. 1 und 2 Rdn. 30.

105 So BVerfG, Beschl. v. 9.10.1991 – 1 BvR 1555/88 = BVerfGE 85, 1 (12 f.).

106 BK[101]-*Degenhart* Art. 5 Abs. 1 und 2 Rdn. 32.

107 BK[101]-*Degenhart* Art. 5 Abs. 1 und 2 Rdn. 32 und Rdn. 552; *v. Mangoldt/Klein*[4]-*Starck* Art. 5 Abs. 1, 2 Rdn. 5.

108 BK[101]-*Degenhart* Art. 5 Abs. 1 und 2 Rdn. 932; *Maunz/Dürig*[40]-*Herzog* Art. 5 Abs. I, II Rdn. 154a a.E.

rechtlichen Bezug nicht der Fall ist und auch nicht der Fall sein kann. Diese Begründung wird an die soeben angestellten Überlegungen zu Art. 5 Abs. 1 S. 1 Hs. 1 GG als dem leitenden Wertungsgesichtspunkt der Äußerungsdelikte anknüpfen und darlegen, dass die Verwendung fremder Texte zum einen durch Personen, die dabei dem Schutzbereich der Meinungsfreiheit unterfallen und zum anderen durch Träger presserechtlicher Berufspflichten, auf welche die Pressefreiheit anwendbar ist, unter sachlichen Gerechtigkeitsgedanken unterschiedlich beurteilt werden muss. Dabei wird die strafrechtsdogmatische Umsetzung der in diesem Kapitel angestellten methodischen Überlegungen unter Zuhilfenahme von Ansätzen und Theorien geschehen, die in der Strafrechtswissenschaft – sei es zum Thema der Äußerungsdelikte, sei es zum Gedanken der Rollenerwartungen – bereits existieren und deren Verknüpfung sich im vorliegenden Zusammenhang geradezu aufdrängt. Ferner wird sich dort zeigen, dass ein richtig angewendetes – scil. typologisch verstandenes – Merkmal der Identifikation den Schlüssel darstellt, um die strafrechtliche Verantwortlichkeit für fremde Texte auf das „sowohl die Regel als auch die Ausnahme erklärende System" zurückzuführen, und so – in Anlehnung an das Zitat, mit dem diese Arbeit begonnen wurde – das „Sammelsurium" der im 3. und 4. Kapitel eingehend beschriebenen, zu einzelnen Tatbeständen entwickelten und sich teilweise auf das Deutlichste widersprechenden Ansichten und Auslegungsgrundsätze in eine schlüssige Ordnung zu bringen.

III. Stellungnahmen

Bevor dies geschieht, machen es die vorangegangenen Ausführungen allerdings notwendig, noch ein weiteres mal genauer auf die Arbeit von *Uebbert* sowie die vereinzelt im Schrifttum vertretenen – und bereits im 3. Kapitel sämtlich erwähnten – Ansichten einzugehen, denen zufolge das Merkmal der Identifikation mit fremden Texten entweder grundsätzlich abzulehnen oder aber auf eine Weise zu handhaben ist, die der hier vorgestellten Konzeption deutlich widerspricht. Eine abschließende Stellungnahme zu diesen der eigenen Lösung entgegenstehenden Meinungen ist bereits an dieser Stelle möglich.

1. Auseinandersetzung mit den Argumenten von Uebbert

Eine Auseinandersetzung vor allem mit *Uebbert* ist dadurch veranlasst, dass dieser die von ihm als „weite" Auffassungen bezeichneten Ansichten mit eher geringen Anforderungen an das Zu-Eigen-Machen ausnahmslos als rechtlich fehlerhaft ablehnt[109]. Nach den unmittelbar zuvor angestellten Überlegungen zur Vorbereitung der eigenen Lösung sollen aber gerade die Stellung als verantwortlicher Redakteur und die Tatsache, dass er trotz seiner in den Landes-

---

109 Vgl. die Darstellung im 4. Kapitel unter III. 2. a) (S. 180).

pressegesetzen normierten besonderen Berufspflicht, Druckwerke von strafbaren Inhalten freizuhalten, die Veröffentlichung verfügt hat bzw. diese nicht unterbunden hat, entscheidende Bedeutung für die Antwort auf die Frage nach den Anforderungen an den Nachweis einer Identifikation bekommen. Wäre die rechtliche Beachtung dieser Umstände tatsächlich derart verfehlt, wie *Uebbert* es darstellt, so müsste sich ihre Berücksichtigung als Ausgangspunkt für das eigene Konzept einer deliktsübergeifenden Lösung ebenso kategorisch verbieten wie ihre – von *Uebbert* scharf kritisierte – Heranziehung als selbstständige Begründung.

Hinsichtlich der presserechtlichen Sonderpflicht des verantwortlichen Redakteurs, ein Druckwerk von strafbaren Inhalten freizuhalten, ist *Uebbert* zunächst Recht zu geben im Hinblick auf seine Feststellung, dass eine Vorbehaltserklärung an der Sonderhaftung nichts zu ändern vermag, da es sonst ein Leichtes sei, diese zu unterlaufen[110]. Ebenso zutreffend ist seine Bemerkung, dass eine solche Vorbehaltserklärung als ausdrückliche Distanzierung die Annahme einer Identifikation grundsätzlich ausschließt[111]. Soweit *Uebbert* jedoch im Anschluss daran behauptet, dass die presserechtliche Sonderpflicht des verantwortlichen Redakteurs darüber hinaus generell ein ungeeignetes Kriterium zum Nachweis der täterschaftlichen Identifikation sei, ist ihm zu widersprechen. *Uebbert* meint diese Aussage unter Bezugnahme auf die von *Roxin* vorgenommene Einordnung des Beleidigungstatbestandes als sog. Pflichtdelikt begründen zu können[112]. Seine diesbezüglichen Ausführungen sind allerdings rechtlich schlichtweg nicht zutreffend. Neben einer bestenfalls missverständlichen Argumentation liegt dies auch daran, dass *Uebbert* die Pflichtdeliktslehre einzig und allein aus dem Blickwinkel der Konzeption würdigt, wie sie ihre Gestalt erstmals durch *Roxin* bekommen hat, obwohl z.B. *Jakobs* dessen ursprünglichen Entwurf mittlerweile längst maßgeblich weiterentwickelt hat[113]. Sofern *Uebbert* zu Beginn die „schlichten Erfolgsdelikte“ den besagten Pflichtdelikten gegenübergestellt und bei beiden Deliktsarten dem Innehaben einer Sonderpflicht entscheidende Bedeutung für die Annahme der Täterschaft beimisst, so ist bereits das irreführend, da auf diese Weise ein Rückschlüsse ermöglichender Dualismus suggeriert wird, der nicht existiert. Die herkömmliche Abgrenzung zwischen den verschiedenen Arten der Delikte des StGB erfolgt unter anderem anhand der Begriffspaare der Erfolgs- und Tätigkeitsdelikte sowie der Pflicht- und

---

110 *Uebbert*, Die strafrechtliche Haftung des verantwortlichen Redakteurs (1995), S. 66. Ebenso *Löffler[4]-Sedelmeier* § 9 LPG Rdn. 32.

111 So auch *Damm/Rehbock*, Widerruf, Unterlassung und Schadensersatz in Presse und Rundfunk (2001), S. 219 Rdn. 491.

112 Dazu *Uebbert*, Die strafrechtliche Haftung des verantwortlichen Redakteurs (1995), S. 66 ff.

113 Auf die Weiterentwicklung der Pflichtdeliktslehre *Roxin's* namentlich durch *Jakobs* und *Sánchez-Vera* wird im 6. Kapitel unter II. (S. 231) ausführlich eingegangen.

Herrschaftsdelikte. Dabei besitzt die Umschreibung als Pflicht- oder Herrschaftsdelikt aber nicht den geringsten Aussagegehalt hinsichtlich der Frage, ob der jeweilige Tatbestand voraussetzt, dass der Erfolg in einer von der Handlung des Täters getrennten Verletzungs- oder Gefährdungswirkung bestehen muss. Wenn *Uebbert* feststellt, dass „nach den obigen Ausführungen" die Beleidigungsdelikte als persönliche Äußerungsdelikte und nicht als schlichte Erfolgsdelikte zu qualifizieren seien[114], so entspricht dies nicht den Tatsachen. In besagten „obigen Ausführungen" hat sich *Uebbert* weder mit dem Verhältnis zwischen Äußerungsdelikten und Erfolgsdelikten beschäftigt, noch ist er überhaupt mit einem Wort auf die Rechtsnatur der Beleidigungsdelikte als Erfolgs- oder Tätigkeitsdelikte eingegangen.

Des Weiteren ist *Uebbert's* allgemeine Aussage, dass das Innehaben einer Sonderpflicht bei Pflichtdelikten wie Erfolgsdelikten gleichermaßen für die Frage der Täterschaft von Bedeutung ist, eine schwerlich in Abrede zu stellende Feststellung. Er verschweigt hierbei jedoch, dass der Begriff „Sonderpflicht" – den er unreflektiert pauschal verwendet – je nach Deliktsart für einen anderen Gedanken steht. Mit dieser sprachlichen Begriffsidentität erweckt *Uebbert* den Eindruck einer inhaltlichen Bedeutungsidentität und damit einer Übereinstimmung der genannten Deliktsarten in einer Hinsicht, in der überhaupt keine Vergleichbarkeit besteht. Insbesondere *Roxin*, an dessen Ausführungen zur Beleidigung als Pflichtdelikt *Uebbert* ausdrücklich anknüpft, benutzt den Begriff der „Sonderpflicht" nicht in gleicher Weise. Statt dessen betont *Roxin*, dass die Beleidigung mit Sicherheit nicht als Sonderdelikt angesehen werden kann und dass die täterschaftliche Struktur der Beleidigung gerade wegen der Besonderheit des Pflichtelements bisher nicht erkannt worden sei[115]. Ausgehend von diesem verfehlten Ausgangspunkt endet *Uebbert's* Gedankengang bei entsprechend wenig aussagekräftigen Ergebnissen: Weil die Pflicht zur Wahrung des sozialen Achtungsanspruchs die durch den Täter einer Beleidigung verletzte besondere Pflicht darstelle und diese Pflicht mit der presserechtlichen Sonderpflicht des verantwortlichen Redakteurs nichts zu tun habe, sei letztere für die Frage der täterschaftlichen Identifikation bedeutungslos. Diese aus *Uebbert's* Sicht entscheidende Feststellung ist falsch. Es wird der Eindruck erweckt, als könne nur aus der Verletzung der Pflicht zur Wahrung des sozialen Achtungsanspruchs ein Argument für die täterschaftliche Identifikation gewonnen werden. Dabei wird völlig übersehen, dass das Merkmal der Identifikation ausschließlich dazu dienen soll, die im Fall der Verwendung fremder Texte ggf. schwierige Frage zu beantworten, ob eine eigene Äußerung des Verwenders vorliegt. Würde man ernst machen mit der Vorgehensweise *Uebbert's*, so liefe das darauf hinaus, die Verletzung der Pflicht zur Wahrung des sozialen Ach-

114 So *Uebbert*, Die strafrechtliche Haftung des verantwortlichen Redakteurs (1995), S. 67.

115 *Roxin*, Täterschaft und Tatherrschaft (2000), S. 391.

tungsanspruchs allein mit eben dieser Verletzung der Pflicht zur Wahrung des sozialen Achtungsanspruchs begründen zu wollen. Ursache dieses circulus vitiosus ist die unzureichende Trennung zwischen Sonderdelikt und Pflichtdelikt, die sich durch seine gesamten Ausführungen zieht und die bei einer sorgfältigeren Aufarbeitung der Pflichtdeliktslehre hätte vermieden werden können. Wirft man einen Blick auf den syllogistischen Aufbau *Uebbert's* Argumentation, so wird der Fehler offenbar. Aus dem Obersatz „eine Sonderpflicht verletzt, wer den sozialen Achtungsanspruch eines anderen nicht beachtet" und dem Untersatz „wenn ein verantwortlicher Redakteur das Druckwerk nicht von strafbaren Inhalten freihält, verletzt er eine Sonderpflicht" soll der Schlusssatz „wenn ein verantwortlicher Redakteur das Druckwerk nicht von strafbaren Inhalten freihält, beachtet er nicht den sozialen Achtungsanspruch eines anderen" folgen. *Uebbert's* entscheidendes Argument besteht nun darin, diese Schlussfolgerung zu widerlegen, indem er darlegt, dass diese beiden Sonderpflichten gerade nicht in inhaltlicher Beziehung zueinander stehen und demzufolge aus ihrer Verknüpfung keine Aussagen gewonnen werden können. Dieses Argument entspringt allerdings weniger juristischer Methodik als vielmehr einer fehlerhaften Bildung der Vordersätze. Denn *Uebbert* verwendet eine quaternio terminorum, d.h. eine inkorrekte Gestaltung der Prämissen, bei der sich in Ober- und Untersatz nicht lediglich drei, sondern vier Elemente befinden. Der von ihm benutzte Begriff der „Sonderpflicht" ist in diesem Kontext nämlich zweideutig, er meint bezogen auf die presserechtliche Sonderhaftung etwas anderes als bezogen auf den Beleidigungstatbestand. Die „Sonderpflicht" des Obersatzes ist also nicht identisch mit der „Sonderpflicht" des Untersatzes. Dass ein aus vier Elementen bestehender Syllogismus zwangsläufig zu einer völlig unbegründeten conclusio führt, ist allerdings keine Erkenntnis, die von *Uebbert* derart aufwendig hätte dargelegt werden müssen, sondern – als logische Selbstverständlichkeit – ein Zirkelschluss, den er stattdessen von vornherein hätte vermeiden müssen.

Überhaupt kann aus der Vorgehensweise, zunächst unter dem Anschein methodischer Folgerichtigkeit eine – letztendlich unzutreffende – Behauptung aufzustellen, nur um diese dann sogleich als fehlerhaft nachweisen zu können, auf einen Mangel an Argumenten geschlossen werden. Vor allem bringt sich *Uebbert* selbst in diese Lage, da er anfangs das Problem des Zu-Eigen-Machens einer fremden Äußerung ausdrücklich als eine „tatsächliche Frage" bezeichnet, weshalb einer distanzierenden Vorbehaltserklärung für diese Frage auch große Bedeutung zukommen müsse, da sie die Annahme einer Identifikation regelmäßig ausschließe[116]. Warum sich *Uebbert* sodann von dieser Aussage wieder entfernt, indem er die Unbeachtlichkeit der presserechtlichen Sonderpflicht in oben beschriebener Weise zu begründen versucht, ist nicht nachvollziehbar. Insbesondere die sich nach seinen einleitenden Bemerkungen aufdrängende Frage bleibt

116 *Uebbert*, Die strafrechtliche Haftung des verantwortlichen Redakteurs (1995), S. 66.

unbeantwortet: Wenn es eine „tatsächliche Frage" ist, ob sich ein verantwortlicher Redakteur einen fremden, strafbare Inhalte enthaltenen Text zu Eigen gemacht hat, warum soll dann nicht die ihm – und anderen Personen gerade nicht – obliegende besondere Berufspflicht, das Druckwerk von strafbaren Inhalten freizuhalten, zu seinem Nachteil berücksichtigt werden können. Denn für ihn erhöht sich aufgrund dieser Sonderpflicht die Darlegungslast hinsichtlich der Frage, weshalb der inkriminierte Text Eingang in das Druckwerk finden konnte. Vom Standpunkt eines unbefangenen Lesers aus muss dies – sofern der jeweilige Redakteur nicht seine Beweggründe für die Veröffentlichung mitgeteilt hat – den Eindruck erwecken, der Redakteur habe sich trotz des bestehenden Risikos eines Rechtsverstoßes bewusst für die Einbeziehung des fremden Textes entschieden[117]. Selbst wenn aus der presserechtlichen Sonderpflicht für sich allein noch keine Aussage über eine Identifikation getroffen werden kann, in Verbindung mit dem Fehlen einer erklärenden Stellungnahme seitens des Redakteurs stellt sie jedoch einen Umstand dar, mit dem das Zu-Eigen-Machen begründet werden kann.

Auf die Möglichkeit einer derartigen direkten Schlussfolgerung von der Stellung als verantwortlicher Redakteur auf die entsprechende Identifikation mit publizierten fremden Äußerungen geht freilich auch *Uebbert* im Rahmen seiner Erörterung des dritten Begründungsversuchs der „weiten" Meinungen mit geringen Anforderungen an das Zu-Eigen-Machen ein. Seines Erachtens stellt es jedoch einen „methodischen Fehler" dar, auf Grundlage der Animus-Formel die Täterschaft des Redakteurs „prima facie" anzunehmen, weil damit von einem allgemeinen täterschaftsqualifizierenden Merkmal – dem Täterwillen – auf das Vorliegen eines speziellen und nur bei Äußerungsdelikten tatbestandsspezifischen Tätermerkmals – der Identifikation – geschlossen werden würde. Dass *Uebbert* mit dieser Behauptung Unrecht hat, da es im Grunde überhaupt nicht um eine Variante der subjektiven Theorie zum animus auctoris geht[118], kann hier vorerst nur festgehalten werden. Die Erklärung wird sich unmittelbar am Ende des 6. Kapitels aufgrund der dort dargelegten Ergebnisse ergeben, zusammen mit der zutreffenden Begründung für die Möglichkeit eines Prima-facie-Schlusses von der presserechtlichen Sonderpflicht auf die Identifkation.

117 Ein Beispiel für diese Sichtweise findet sich bei *Damm/Rehbock*, Widerruf, Unterlassung und Schadensersatz in Presse und Rundfunk (2001), S. 220 Rdn. 492: „Wird ein Leserbrief mit einem beleidigenden Inhalt veröffentlicht, muss unterstellt werden, dass die Redaktion sich mit diesem Leserbrief identifiziert."

118 Auch in der ganz überwiegenden Anzahl der Nachweise für diese Argumentation mittels eines Prima-facie-Schlusses wird auf die Animus-Formel überhaupt kein Bezug genommen. Vgl. dazu die Angaben in Fn. 165 bei *Uebbert*, Die strafrechtliche Haftung des verantwortlichen Redakteurs (1995), S. 69.

Ebenso ist *Uebbert* hinsichtlich seiner Kritik an der vierten „weiten" Ansicht, derzufolge eine Identifikation mit Blick auf die Veröffentlichungsverfügung begründet werden kann, zu widersprechen. *Uebbert's* erstem Argument, wonach schon tatsächlich nicht zwingend eine Veröffentlichungs-„verfügung" vorliegen müsse, sondern auch ein Untätigbleiben mit einer daraus resultierenden unterlassenen Verhinderung der Veröffentlichung denkbar sei[119], kann allenfalls in semantischer Hinsicht zugestimmt werden. Der wesentliche Gedanke dieser Ansicht knüpft entscheidend an die Entscheidung zur Veröffentlichung an. Ob diese Entscheidung im Wege aktiver Verfügung oder passiven Nicht-Aufhaltens umgesetzt wird, ist nicht maßgeblich. So ist es dann auch nicht erstaunlich, dass sich in keiner der von *Uebbert* angeführten Quellen die Formulierung „Veröffentlichungsverfügung" wiederfinden lässt[120]. *Uebbert's* zweites Argument ist der Hinweis „vom Tatsächlichen her", dass ein verantwortlicher Redakteur die Veröffentlichung fremder Texte deshalb verfüge oder verhindere, weil er sie in strafrechtlicher Hinsicht für risikolos oder problematisch hält. Seine Identifikation mit der fremden Äußerung spiele dabei regelmäßig keine Rolle[121]. Wie *Uebbert* zu diesen Erkenntnissen gekommen ist, führt er nicht aus. Bereits „vom Tatsächlichen her" sind sie allerdings eher zweifelhaft, da die strafrechtliche Relevanz lediglich als Grund in Betracht kommt, eine Veröffentlichung zu verhindern. Als letztendlich maßgeblicher Grund für eine Veröffentlichung dagegen wird die strafrechtliche Unverfänglichkeit eines Textes kaum Bedeutung erlangen, da mit dieser Beurteilung noch keine Entscheidung hinsichtlich der Auswahl unter mehreren eingereichten und gleichfalls rechtlich unbedenklichen Artikeln verbunden ist. Bei dieser Auswahl – die bei dem notwendig begrenzten Platz im Veröffentlichungsmedium die Regel darstellen dürfte – wird aber mit Rücksicht auf die Redaktionslinie sowie das vermutete Interesse der Leser auch der Inhalt des Beitrages eine Rolle spielen[122].

---

119 So *Uebbert*, Die strafrechtliche Haftung des verantwortlichen Redakteurs (1995), S. 71.

120 Abgesehen davon, dass *Uebbert* diese vierte Ansicht ohnehin nicht gerade großzügig mit Nachweisen belegt, stellen weder *F.-C. Schroeder*, JR 1979, S. 93, noch das OLG Braunschweig, Urt. v. 22.5.1978 – Ss (S) 43/78 = NJW 1978, S. 2044 (2046), oder das AG Bonn, Urt. v. 10.4.1978 – 200 Cs 90 Js 422/77-458/77 = KJ 1978, S. 288 (289), ausdrücklich auf eine „Veröffentlichungsverfügung" ab, vgl. die Nachweise in Fn. 169 und Fn. 170 bei *Uebbert*, Die strafrechtliche Haftung des verantwortlichen Redakteurs (1995), S. 71.

121 *Uebbert*, Die strafrechtliche Haftung des verantwortlichen Redakteurs (1995), S. 72.

122 Ebenso wie bei der Auswahl der zum Abdruck in Frage kommenden Beiträge wird der Einfluss des Redakteurs offenbar, wenn er Kürzungen vornimmt, vgl. dazu ausführlich *Schwinge*, FS *Hippel* (1967), S. 479 ff. Noch deutlicher tritt die Verantwortlichkeit des Redakteurs hervor, wenn man die Möglichkeit berücksichtigt, dass dieser aufgrund eigenen Entschlusses Schreiben von Dritten als Leserbriefe veröffentlichen kann, obwohl dies von den Verfassern so nicht beabsichtigt gewesen ist. Ein derartiger Fall lag wohl dem Urteil des OLG Hamburg, Urt. v. 28.4.1970 – 2 Ss 41/70 = NJW 1970, S. 1649, zugrunde.

Auch ein Blick auf die einschlägige Rechtsprechung spiegelt eine *Uebbert's* Behauptungen nicht entsprechende „tatsächliche“ Situation wieder, insbesondere hinsichtlich des von ihm verwendeten Beispiels der Leserbriefe. Gerade Leserbriefe sind *Uebbert's* Ansicht nach ein Musterfall der von ihm beschriebenen Konstellation, bei der die Veröffentlichung ausschließlich von strafrechtlichen Erwägungen abhängt, eine eigene Meinung des publizierenden Redakteurs jedoch keine Beachtung finden könne[123]. In einem Fall, der dem OLG Schleswig 1977 zur Revision vorgelegen hat, verhielt es sich freilich genau entgegengesetzt: Der Freispruch des angeklagten verantwortlichen Redakteurs, der einen volksverhetzenden Leserbrief veröffentlicht hat, wurde aufgehoben, weil er sich nach Auffassung des OLG den Inhalt des Leserbriefs – trotz Vorbehaltserklärung – mittels einer bekräftigenden Anmerkung zu Eigen gemacht hat[124]. Und zu einer Entscheidung des OLG Hamburg aus dem Jahr 1975, die sich mit der Strafbarkeit des Verfassers eines ebenfalls volksverhetzenden Leserbriefs beschäftigt[125], bemerkt *Geilen*, dass dabei die Strafbarkeit des Redakteurs, der durch die Publikation des Briefs die tatbestandlich entscheidende Multiplikatorwirkung überhaupt erst ermöglicht hat, nicht unberücksichtigt bleiben dürfe[126]. Des Weiteren geht ebenfalls *Spindler* davon aus, dass der Gesichtspunkt einer Übernahme fremder Äußerungen gerade bei der Veröffentlichung von Leserbriefen eine Rolle spielt[127]. Allein im Hinblick auf diese Beispiele kann es ohne eine eingehendere Begründung nicht zutreffend sein, einen Zusammenhang zwischen der Person des verantwortlichen Redakteurs sowie seiner speziellen presserechtlichen Pflichten und dem zur Veröffentlichung ausgewählten Text sowie seiner Wirkung auf den Verständnishorizont der Rezipienten schlichtweg zu verneinen, wie *Uebbert* dies tut.

---

123 Entgegengesetzter Ansicht sind z.B. *Damm/Rehbock*, Widerruf, Unterlassung und Schadensersatz in Presse und Rundfunk (2001), S. 219 Rdn. 492.

124 OLG Schleswig, Urt. v. 14.12.1977 – 1 Ss 706/77 = MDR 1978, S. 333 = 2. Beispielsfall im 1. Kapitel.

125 OLG Hamburg, Urt. v. 18.2.1975 – 2 Ss 299/74 = NJW 1975, S. 1088.

126 So *Geilen*, NJW 1976, S. 281. Ebenso weisen *Soehring*, Presserecht (2000), S. 333 Rdn. 16.19 und *Schwinge*, FS *Hippel* (1967), S. 489, auf die strafrechtliche Verantwortung der Redakteure hin. Abgesehen von diesen Einzelfällen aus der Judikatur, die einen anderen Eindruck vermitteln als *Uebbert's* Ausführungen, ist überdies das von ihm gewählte Beispiel des Leserbriefs in Anbetracht der hier vertretenen Ansicht bezüglich der Bedeutung des Erwartungshorizonts des Äußerungsempfängers unglücklich gewählt. Denn gerade auf der „Leserbriefseite“ ist vom Standpunkt und typischen Verständnis eines objektiven Dritten aus eben nicht die Äußerung einer eigenen Ansicht des Redakteurs zu erwarten. Dies gilt um so mehr, je zahlreicher Zeitungen und Zeitschriften auch deutlich kritische Leserbriefe veröffentlichen, selbst wenn dies nur zum Zweck der Hervorhebung der eigenen Unvoreingenommenheit geschieht.

127 *Spindler*, MMR 1999, S. 203 mit Fn. 38.

2. *Entkräftung der generellen Kritik am Merkmal der Identifikation*

Neben *Uebbert*, dessen Argumente gegen die Beachtlichkeit der presserechtlichen Sonderpflicht von verantwortlichem Redakteur bzw. Verleger in keiner Weise überzeugen können, lassen sich im Schrifttum noch weitere Ansichten finden, denen zufolge das sogar Merkmal der Identifikation an sich als grundsätzlich verfehlt abzulehnen ist. Eine Stellungnahme gerade auch zu diesen Meinungen kann folglich erst recht nicht unterbleiben.

Der gemeinsame Ausgangspunkt dieser generellen Kritik besteht in der Befürchtung, dass mit einem ungeschriebenen Kriterium der Identifikation sowie den bereits erwähnten „Indizien", mittels derer man das Zu-Eigen-Machen begründen will, verschiedene Veröffentlicher für identische Verhaltensweisen völlig entgegengesetzt bestraft werden könnten[128]. Im Endeffekt richte sich die Beurteilung der Strafbarkeit nach der vermuteten oder gar unterstellten Gesinnung der den fremden Text veröffentlichenden Person[129]. Auf diese Weise werde ein objektiv neutrales Verhalten einmal zu rechtmäßigem Handeln, ein anderes mal zu Unrecht, je nachdem, ob sich die Äußerung in den „bürgerlichen Medien" finden lässt oder eher der „linken Szene" zugeordnet werden kann[130]. Während auf der einen Seite eine rechtstreue Gesinnung und demzufolge billigenswerte Motivation hinter der Veröffentlichung wie selbstverständlich vermutet werden könne, würde auf der anderen Seite eine Pflicht zur Distanzierung geschaffen werden. Eine derartige Distanzierungspflicht als Voraussetzung einer straflosen Publizierung lasse sich jedoch mit der durch Art. 5 GG gewährleisteten Pressefreiheit nicht vereinbaren[131]. Schließlich sei ein solches Bestreben, vom konkreten Handlungs- und Erfolgsstrafrecht hin zu Tatbeständen zu gelangen, die lediglich abstrakt gefährliche Verhaltensweisen zum Inhalt haben und sich durch offene und vage Tatbestandsformulierungen auszeichnen, ein geradezu typisches Kennzeichen für politisches Strafrecht und die ihm innewohnenden Tendenz zur Subjektivierung, was im Ergebnis oft auf ein Gesinnungsstrafrecht hinauslaufe[132]. Des Weiteren wird vorgebracht, dass mit einer

---

128 *Rudolphi*, ZRP 1979, S. 220; *Grünwald*, zitiert bei *Ahrens/Mückenberger*, KJ 1978, S. 298; *Tscherch*, Ästhetik und Kommunikation 1978, S. 109 ff.

129 So *Croissier*, DuR 1981, S. 344 f.

130 *Grünwald*, zitiert bei *Ahrens/Mückenberger*, KJ 1978, S. 298; *Tscherch*, Ästhetik und Kommunikation 1978, S. 110.

131 LK[11]-*Hanack* § 140 Rdn. 23; *Kissel*, Aufrufe zum Ungehorsam und § 111 StGB (1996), S. 157 mit Fn. 574; *Rudolphi*, ZRP 1979, S. 220; *Mückenberger*, KJ 1979, S. 320.

132 *Berlit/Dreier*, in: *Sack/Steinert*, Analysen zum Terrorismus 4/2 – Protest und Reaktion (1984), S. 232 f. und S. 243 ff. mit Fn. 30; ebenso *Tscherch*, Ästhetik und Kommunikation 1978, S. 111. *Berlit/Dreier* sprechen in diesem Zusammenhang von einem „Trend" zur „Bestrebungsbestrafung", vgl. a.a.O., S. 245. Zur Entstehung von „politischem Strafrecht" und Krisengesetzen aus gesetzgeberischer Sicht vgl. *Amelung*, ZStW 92 (1980), S. 59 ff. Zur

derartigen Vorgehensweise aus Äußerungsdelikten letztendlich Verbreitungsdelikte gemacht werden würden[133].

Das zentrale Anliegen dieser Ansichten, die Gefahr eines Gesinnungsstrafrechts, die sich infolge der zu einzelnen Tatbeständen vertretenen Auslegungsgrundsätze eventuell realisieren könnte, deutlich zu verurteilen, ist zwar grundsätzlich zu befürworten, jedoch ist ihnen entgegenzuhalten, dass diese Grenze bislang noch nicht überschritten wurde. Außerdem muss ein Kriterium wie das der Identifikation, welches zu einer unterschiedlichen Strafbarkeit für gleichartiges Verhalten führt, nicht derart axiologisch ungereimt sein, wie dies von Seiten der Kritik behauptet wird. Die im folgenden Kapitel zu entwickelnde eigene Lösung, die das Kriterium der „sozialen Rolle" weiter im Hinblick gerade auf die solchen Rollen zugrunde liegenden besonderen Pflichten und – dieser Vorgriff sei an dieser Stelle erlaubt – daraus entstehenden Garantenstellungen untersuchen wird, macht das bereits mit diesem Ausgangspunkt deutlich. Denn dass ein identisches Verhalten mehrerer Täter im konkreten Fall aufgrund einer für einen Einzelnen von ihnen bereits vor der Tat infolge einer besonderen Pflichtenstellung entstandenen Garantenpflicht durchaus verschieden strafrechtlich gewürdigt werden kann, ist eine vertraute Erkenntnis der Garantenlehre. Und der Behauptung, dass es sich dabei jeweils um „objektiv neutrales Verhalten" handeln würde, wird aufgrund des hier vertretenen Standpunktes gerade widersprochen, da dort, wo an Personen in ihrer Eigenschaft als Träger sozialer Rollen gänzlich unterschiedliche Verhaltenserwartungen gestellt werden, die unkommentierte Veröffentlichung fremder Texte eben nicht gleich – nicht „objektiv neutral" – verstanden wird[134]. Mit Gesinnungsstrafrecht hat das ebenso wenig zu tun, wie die Inpflichtnahme des verantwortlichen Redakteurs, den Lesern den Grund der Veröffentlichung eines strafbare Inhalte enthaltenen fremden Textes mitzuteilen, nicht mit einer Distanzierungspflicht verwechselt werden darf[135]. Vor allem korrespondiert der Vorwurf, dass infolge einer solchen teilweisen Entschärfung der Anforderungen an den Nachweis der Identifikation aus Äußerungsdelikten Verbreitungsdelikte würden, mit dem hier dargelegten typologischen Verständnis der Äußerungsdelikte auf das Trefflichste. Denn wie eingangs[136] schon dargelegt wurde, macht es das Wesen eines Typus aus, dass

---

Bedeutung subjektiver Kriterien im Rahmen „politischen Strafrechts" siehe *Vormbaum*, ZStW 107 (1995), S. 734 ff., insbesondere S. 739 m.w.N.

133 *Rudolphi*, ZRP 1979, S. 220; *Grünwald*, zitiert bei *Ahrens/Mückenberger*, KJ 1978, S. 297.

134 Im Grunde wird dies von LK[11]-*Hanack* § 140 Rdn. 25 selbst zugestanden, indem er eine Handhabung des Merkmals der Identifikation auf eine Weise, die zu einer Pflicht zur Distanzierung führt, zwar grundsätzlich ablehnt, dann aber einräumt, dass etwas anderes gelten könne, wenn besondere presserechtliche Vorschriften für den verantwortlichen Redakteur oder andere im Pressebereich tätige Personen zur Anwendung kommen.

135 Ebenso *Geppert*, JK 83, StGB § 111/1.

136 In diesem Kapitel unter II. 1. a) (S. 191).

von den zur Beschreibung desselben hervorgehobenen Eigenschaften in manchen Fällen einige fehlen können oder sich gar mit Eigenschaften eines anderen Typus überschneiden können[137]. Der Zugehörigkeit zum Typus steht dies nicht entgegen, da derartige fließende Übergänge und gleitende Maßstäbe essentieller Bestandteil einer Typenbeschreibung sind. So erklärt es sich, dass eine personen- und rollenbezogene Bewertung das Verhalten bestimmter Personen in besonderen sozialen Rollen – beispielsweise des verantwortlichen Redakteurs – auf eine Weise beurteilt, wie dies bei anderen Personen nicht der Fall wäre und demnach ein Verhalten – z.B. das Veröffentlichen fremder Texte ohne eine zusätzliche eigene Anmerkung – als noch den typologisch verstandenen Merkmalen „persönliche Äußerung“ bzw. „Identifikation“ zugehörig ansieht, welches bei anderen Personen dagegen als bloße Verbreitung fremder Äußerungen qualifiziert werden würde. Trotz des Fehlens der für ein Äußerungsdelikt typischen Merkmale wie „zusätzliche eigene Erklärung“ oder „zustimmende Stellungnahme zum fremden Text“ und stattdessen des Vorliegens einer eher für ein Verbreitungsdelikt typischen Verbreitungshandlung – nämlich ohne eine persönliche Stellungnahme des sich Äußernden zu dem von ihm verbreiteten Erklärungsinhalt – widerspricht dies der Zugehörigkeit der Erscheinung zum Typus der Äußerungsdelikte nicht. Insofern beschreibt diese vermeintliche Kritik lediglich eine Begebenheit, die zuvor als Abstufbarkeit typenbildender Merkmale bezeichnet wurde und die infolgedessen in vollster Übereinstimmung mit dem hier vertretenen Ansatz steht.

Soweit ferner eine solche Pflicht zur Distanzierung kurzerhand als unvereinbar mit der Pressefreiheit zurückgewiesen wird, zeigt sich die Diskrepanz zwischen den das Merkmal der Identifikation generell ablehnenden Ansichten und der tatsächlichen Rechtslage im Presserecht, die dort unter sorgfältiger Beachtung der Vorgaben von Art. 5 Abs. 1 S. 2 Alt. 1 GG herausgearbeitet wurde, besonders deutlich. Dort ist nämlich hinsichtlich der sog. Verdachtsberichterstattung anerkannt und wird von den Gerichten in ständiger Rechtsprechung vertreten, dass sich die Medien von der durch sie verbreiteten Meldung distanzieren müssen[138]. Die Verdachtsberichterstattung wird zwar als grundsätzlich durch Art. 5 Abs. 1 GG geschützte Wahrnehmung der Pressefreiheit angesehen, aufgrund der mit ihr einhergehenden besonderen Gefahren – selbst bei späterer Widerlegung des Verdachts wird regelmäßig der Makel einer öffentlichen Verdächtigung nicht gänzlich beseitigt werden können – ist ihre Zulässigkeit jedoch an eine Reihe von Voraussetzungen geknüpft[139]. Unter anderem muss eine Kenn-

137 *Larenz/Canaris*, Methodenlehre der Rechtswissenschaft (1995), S. 298.

138 Dazu eingehend *Soehring*, Presserecht (2000), S. 330 Rdn. 16.15 und S. 335 Rdn. 16.23 ff.; ferner *Soehring/Seelmann-Eggebert*, NJW 2000, S. 2470.

139 Vgl. BK[101]-*Degenhart* Art. 5 Abs. 1 und 2 Rdn. 589 ff.; *Soehring*, Presserecht (2000), S. 336 Rdn. 16.24a ff.; *Soehring/Seelmann-Eggebert*, NJW 2000, S. 2470.

zeichnung vorhanden sein, dass es sich einstweilen um nicht mehr als einen Verdacht handelt, wobei die Rechtsprechung dafür eine deutliche Distanzierung vom Inhalt des Verdachts verlangt[140]. Diese zur Verdachtsberichterstattung entwickelten Anforderungen werden auch im Fall der Berichterstattung über Gerüchte oder hinsichtlich des Inhalts fremder Zitate angewendet[141]. Im letzteren Fall kommt es zu einer Zurechnung der fremden Zitate als eigene Äußerung, wenn eine gebotene Distanzierung unterlassen wurde[142]. Die Anforderungen an die Distanzierung hängen dabei von der Öffentlichkeitsrelevanz der fremden Äußerung ab, denn bei einem gänzlich fehlenden Informationswert für die interessierte Öffentlichkeit wird selbst eine Distanzierungserklärung nichts an der Haftung ändern können, da es aus der Sicht eines Durchschnittslesers gerade so erscheinen muss, als wenn „doch etwas dran sei", weil es sonst keinen beachtlichen Grund für die Berichterstattung geben würde[143]. Daraus folgt umgekehrt, dass bei einem deutlichen Informationsinteresse an die Form der Distanzierung keine überhöhten Anforderungen gestellt werden dürfen[144]. Vor diesem Hintergrund den Eindruck erwecken zu wollen, das Kriterium der Identifikation und die dadurch in bestimmten Fallgestaltungen – aufgrund von Verhaltenserwartungen, die bei den Rezipienten entstanden sind – zur Vermeidung der Strafbarkeit notwendige Erklärung einer Distanzierung wären in Ansehung der Bedeutung der Pressefreiheit schlichtweg nicht vertretbar, kann nicht überzeugen.

Dieses Urteil gilt auch für die harsche Kritik von *Mückenberger*, der die Auslagerung des Nachweises der Identifikation aus dem „Verantwortungsbereich des Wiedergebenden" zugunsten eines Abstellens auf den „Wahrnehmungshorizont eines beliebigen Durchschnittslesers" sowie die Berücksichtigung von Äußerungen zwischen den Zeilen als „gefährlichen Einbruch in den Bereich der Meinungs- und Pressefreiheit" ansieht[145]. Dass eine solche Auffassung weder mit der im 4. Kapitel beschriebenen strafrechtlichen Rechtsprechung zum „verständigen Durchschnittsadressaten" als Beurteilungsmaßstab bei der Würdigung inkriminierter Äußerungen zu vereinbaren ist, noch mit den durch das BVerfG entwickelten Grundsätzen zur Auslegung von in den Schutzbereich des Art. 5 Abs. 1 GG fallenden Äußerungen, bedarf nach den bisherigen Ausführungen

---

140 So BGH, Urt. v. 7.12.1999 – VI ZR 51/99 = NJW 2000, S. 1036 (1037 f.); LG Berlin, Urt. v. 23.2.1989 – 2708/89 = AfP 1990, S. 59 (60); *Soehring*, Presserecht (2000), S. 338 Rdn. 16.24c und S. 342 Rdn. 16.31.

141 *Soehring*, Presserecht (2000), S. 340 Rdn. 16.26 ff. und S. 342 Rdn. 16.30 ff.

142 *Soehring/Seelmann-Eggebert*, NJW 2000, S. 2469 f. *Soehring*, Presserecht (2000), S. 342 Rdn. 16.26 sieht darin bereits das Zu-Eigen-Machen.

143 So *Soehring*, Presserecht (2000), S. 341 Rdn. 16.29.

144 LG Berlin, Urt. v. 23.2.1989 – 2708/89 = AfP 1990, S. 59 (60); *Soehring*, Presserecht (2000), S. 342 Rdn. 16.31.

145 *Mückenberger*, KJ 1979, S. 319.

keiner weiteren Begründung[146]. Gerade im Strafrecht ist eine am Verständnis eines unbefangenen Dritten orientierte objektivierende Betrachtungsweise geboten und die Auslegung einer Äußerung allein nach dem subjektiven Sinn, den ihr der Äußernde beigeben wollte, untersagt[147]. Angesichts einer in dieser Hinsicht keine Zweifel offenlassenden verfassungsgerichtlichen Judikatur, welche die Sicht des sich Äußernden ebenso wenig als maßgeblich ansieht wie die Wahrnehmung des konkreten Erklärungsempfängers, sondern ausschließlich auf das Verständnis eines unbefangenen und verständigen Durchschnittsadressaten abstellt, enthüllt sich *Mückenberger's* vorgeblich grundrechtsdogmatische Argumentation – genauso wie die angebliche Unvereinbarkeit von Pressefreiheit und Distanzierungspflicht – als diffuse Floskel.

3. Bemerkung zu v. Bubnoff

Schließlich muss im Rahmen dieser Stellungnahmen noch die Kommentierung *v. Bubnoff's* im Leipziger Kommentar erwähnt werden[148]. Die dort vertretene Auffassung, das bloße Veröffentlichen fremder Texte begründe „ohne weiteres" ebenso wenig die Vermutung, dass sich der Verbreitende die fremde Äußerung zu Eigen macht, wie bloße Wiedergabeakte „als solche" die Annahme einer Identifizierung mit der fremden Äußerung rechtfertigen würden, steht in deutlichem Gegensatz zur hier bereits angedeuteten präsumtiven Problemlösung. Das gilt insbesondere für die Ansicht, dass insoweit „bei Presseveröffentlichungen für den verantwortlichen Herausgeber und Redakteur"[149] nichts anderes gelten könne.

Die Widerlegung dieser Meinung wird das 6. Kapitel unternehmen, sodass eine ausführlichere Stellungnahme unterbleiben kann. Nur soviel an dieser Stelle: „Ohne weiteres" sollen die presserechtlichen Besonderheiten keineswegs den Nachweis der Identifikation mit fremden Äußerungen beeinflussen. Dieser Umstand wird vielmehr dogmatisch begründet und hermeneutisch bestätigt werden, und zwar im Rahmen und im Einklang mit der in diesem Kapitel begonnenen typologischen Systembildung.

---

146 Siehe dazu die Ausführungen m.w.N. im 4. Kapitel unter III. 2. b) (S. 183) sowie insbesondere die Anmerkung zur Entscheidung des BVerfG, Beschl. v. 10.10.1995 – 1 BvR 1476/91 = BVerfGE 93, 266 (295). Dort wurde auch darauf hingewiesen, dass in Rechtsprechung wie Schrifttum sehr wohl beachtet wird, ob sich ein Text an einen besonders interessierten und vorinformierten Leserkreis wendet. Der Vorwurf hinsichtlich des „beliebigen Durchschnittslesers" ist daher völlig unberechtigt.

147 So *Wittig*, GA 2000, S. 269 m.w.N.

148 LK^{11}-*v. Bubnoff* § 111 Rdn. 10b und § 130 Rdn. 28.

149 So LK^{11}-*v. Bubnoff* § 130 Rdn. 28. Gemeint ist wohl nicht der Herausgeber, sondern der Verleger, der bei nichtperiodischer Presse der Adressat der presserechtlichen Sonderhaftung ist.

6. Kapitel

Presserechtliche Vorgaben als grundrechtliche Wertungsgesichtspunkte im Rahmen einer typologischen Systembildung

I. Nochmals: Sonderpflichten und soziale Rollen

Die im Vorangehenden dargestellte Verknüpfung zwischen dem auf den eigenen sozialen Erfahrungen basierenden Erwartungshorizont des Rezipienten und der Rolle des sich Äußernden sowie die Beeinflussung der Anforderungen an den Nachweis der Identifikation infolge der sozialen Rolle der einen fremden Text veröffentlichenden Person kann auch durch Erkenntnisse der Medienwirkungsforschung bestätigt werden. Gerade diese Wissenschaftsrichtung hat es sich zur Aufgabe gemacht, das komplexe Zusammenspiel derjenigen Faktoren zu untersuchen, die für die Wirkung von Kommunikation auf den Erklärungsempfänger verantwortlich sind[1]. Der Untersuchung möglicher medienbedingter Einflüsse lag anfangs die Vorstellung zugrunde, dass bestimmte Medienabsichten mehr oder weniger eindeutige Wirkungen bei den Erklärungsempfängern hinterlassen. Die Grundüberzeugung bestand darin, dass jede gesendete Botschaft bei allen Rezipienten die gleiche bzw. überhaupt eine Reaktion verursacht[2]. Diese Annahme eines direkten Ursache-Wirkung-Zusammenhangs wurde allerdings bereits in den fünfziger Jahren durch die Theorie eines sog. Zwei-Stufen-Flusses relativiert, mit der dem sozialen Bezugsrahmen des Erklärungsempfängers verstärkt Rechnung getragen wurde[3]. Darauf aufbauend wurde ab den siebziger Jahren der Betrachtung der Rezipienten und ihrer Rolle im Kommunikationsprozess immer mehr Bedeutung beigemessen. Das daraus resultierende und heute in der Medienwirkungsforschung noch immer vorherrschende theoretische Konzept geht davon aus, dass der jeweilige Interaktionszusammenhang die Bedingungen festlegt, unter denen die Beteiligten überhaupt erst ermitteln, was als gemeinsame Erwartung zu gelten hat und welche Verhaltensanforderungen sowie Verhaltenserwartungen zwischen ihnen bestehen[4]. Innerhalb dieses Interaktionszusammenhangs gilt soziales Handeln nicht einfach als Ausführung einer starren sozialen Rolle, für die es einen bestimmten Katalog von

1 Auch *Giehring* berücksichtigt diese Aussagen der Medienwirkungsforschung bei seiner Untersuchung der sog. Sympathiewerbung zugunsten einer kriminellen bzw. terroristischen Vereinigung, vgl. StV 1983, S. 303 ff.

2 Vgl. *Lüscher*, in: *Hoffmann-Riem*, Medienwirkung und Medienverantwortung (1975), S. 147.

3 Dazu *Hackforth*, Massenmedien und ihre Wirkungen (1976), S. 91.

4 *Joas*, in: *Hurrelmann*, Handbuch der Sozialisationsforschung (1998), S. 148; *Seibert*, Aktenanalysen (1982), S. 14 f.

Regeln gibt, sondern vielmehr als grundlegender Prozess, durch den die Rolle als Person überhaupt erst konstituiert wird. Durch diesen Prozess der Rollenübernahme überprüfen die Interaktionspartner die Absichten, Haltungen und Erwartungen des jeweils Anderen und setzen ihre eigenen dazu in Beziehung.

In der Strafrechtswissenschaft ist das Kriterium der „sozialen Rolle" des Täters als Ausgangspunkt zur Begründung von Garantenpflichten auf der Grundlage außerrechtlicher Pflichtenpositionen ebenfalls weithin bekannt und untersucht worden. Insbesondere in Ausführungen zu den Pflichtdelikten und damit oftmals verbunden zu den Grundlagen der Garantenlehre wird der Täter häufig dahingehend beschrieben, dass er die seiner sozialen Rolle entspringenden Pflichten verletzt[5]. Dieses zentrale Merkmal der Pflichtdeliktslehre „zeigt den Täter in einer sozialen Rolle mit erhöhten Anforderungen"[6], sodass es „die aus einer übernommenen sozialen Rolle erwachsende Pflichtenstellung"[7] ist, die einen besonderen Vertrauenstatbestand schafft und demzufolge „der Pflichtverstoß seinen spezifischen Unwert durch den Bruch des in der sozialen Rolle begründeten Vertrauenstatbestands"[8] erhält. Auch die im 3. Kapitel geschilderte Erörterung des Beleidigungstatbestandes unter dem Gesichtspunkt der Abgrenzung von Täterschaft und Teilnahme machte die Besonderheiten deutlich, die bei einem Pflichtdelikt bestehen[9]. Nach *Roxin* erschöpft sich bei § 185 StGB der Unrechtsgehalt in der höchstpersönlichen Pflichtverletzung desjenigen, der seine eigene Missachtung kundgibt, während die Weitergabe fremder Missachtung ohne darüber hinausgehende Identifikation niemals zu einer Täterschaft führen kann. Pflichtdelikte zeichnen sich demzufolge dadurch aus, dass sie „subjektgebunden" sind und unmöglich selbstständig und losgelöst von der Person des Täters betrachtet werden können. Die Täterschaft bei derartigen Delikten wird deshalb nicht anhand der üblichen Tatherrschaftskriterien begründet, sondern indem der speziellen Pflichtenstellung gegenüber dem Verletzten das ausschlaggebende Gewicht beigemessen wird.

Nach dem Bisherigen stellt nun gerade das Innehaben einer solchen „sozialen Rolle" die Weichenstellung dar, die darüber entscheidet, welche für das Verständnis einer Äußerung richtungsweisenden Vorstellungen und Erwartungen beim Erklärungsempfänger be- und entstehen und ob die für die täterschaftliche Strafbarkeit vorausgesetzte Identifikation mit einem fremden Text eher grundsätzlich oder nur bei Hinzutreten besonderer weiterer Umstände anzunehmen ist

---

5 Auf die Konzeptionen von *Jakobs* und *Sánchez-Vera*, bei denen die soziale Rolle des Täters als Identifikationsprinzip eine zentrale Funktion besitzt, wird sogleich ausführlich eingegangen.

6 LK[11]-*Roxin* § 28 Rdn. 54.

7 *Roxin*, Kriminalpolitik und Strafrechtssystem (1970), S. 18.

8 *Vogler*, FS *Lange* (1976), S. 279.

9 Vgl. im 3. Kapitel unter II. 5. a) (S. 126).

bzw. zum Ausräumen der Annahme eines Zu-Eigen-Machens eine ausdrückliche Distanzierung erforderlich ist oder nicht. Von daher laufen die maßgeblichen Erwägungen – auch jenseits der Besonderheiten des Beleidigungstatbestandes – auf dieselbe Frage hinaus, egal ob die Berücksichtigung der rollen- und erwartungsabhängigen Sicht des Rezipienten vom Ausgangspunkt der Pflicht- oder Äußerungsdelikte aus geschieht. Wenn ein Pflichtdelikt dahingehend beschrieben wird, dass sein Unrechtsgehalt wesentlich durch die besondere Pflichtenstellung bestimmt wird, sodass die Person des Pflichtigen unabhängig von seiner Tatherrschaft über den Handlungsverlauf als „Zentralgestalt" des tatbestandsmäßigen Geschehens angesehen werden kann[10], dann liegt hierin eine Parallele zu den Äußerungsdelikten, da bei diesen Delikten der Person des Kommunikators und seinem Einfluss sowie seiner Wirkungsweise auf den Erklärungsempfänger eine vergleichbar große Bedeutung zukommt. Infolge dieses notwendigen „Durchgriffs" auf die hinter einer Äußerung stehende Person ist es unschwer erkennbar, dass auch diese Delikte niemals „subjektgelöst" sind. Dieser Befund entspricht der zuvor angestellten Beobachtung, dass objektiv nahezu identische Umstände der Verwendung fremder Texte allein aufgrund unterschiedlicher Erwartungshaltungen an die Person des Täters ganz verschieden – einerseits als Kundgabe einer persönlichen Äußerung, andererseits als Verbreitung einer fremden Äußerung – strafrechtlich beurteilt werden können[11].

Da bereits angekündigt wurde, diese bisherigen Überlegungen auf ihre Vereinbarkeit hin zu überprüfen, muss nun geklärt werden, ob das der Pflichtdeliktslehre entstammende Kriterium der besonderen Pflichtenstellung im vorliegenden Zusammenhang anwendbar und geeignet ist, über die zu zahlreichen Einzeltatbeständen entwickelten Ergebnisse hinaus eine sachgerechte und befriedigende Lösung zu gewährleisten. Vor allem muss sich herausstellen, inwieweit der Pflichtgedanke brauchbar ist, um die zuvor beschriebene Beobachtung dogmatisch umzusetzen, dass bestimmte Verhaltensweisen in unterschiedlichem Ausmaß dazu tendieren, beim Betrachter gewisse Vorstellungen über die Intention des Erklärenden zu wecken. Im Mittelpunkt werden dabei die schon hervorgehobenen presserechtlichen Sonderpflichten von verantwortlichem Redakteur bzw. Verleger stehen müssen. Zudem wird sich erweisen müssen, ob tatsächlich von der Existenz einer Pflicht oder Erwartung ausgegangen werden kann, dem Entstehen eines derartigen präsumtiven Eindrucks beim Betrachter entgegenzuwirken.

---

10 *Roxin*, Täterschaft und Tatherrschaft (2000), S. 385 f. und S. 396.

11 Dazu eingehend im 5. Kapitel unter II. 2. (S. 199).

II. Bisherige Entwicklung der Pflichtdeliktslehre

1. Roxin: Tatherrschaftslehre und Pflichtdelikt

Roxin selbst beschreibt das für ein Pflichtdelikt – sowie die Annahme der Täterschaft bei einem solchen – konstitutive Merkmal der besonderen Pflichtenstellung dahingehend, dass es sich bei dieser Pflicht um eine „außerstrafrechtliche Pflicht“ handelt, die der Strafnorm „logisch vorgelagert“ ist und regelmäßig einem anderen Rechtsgebiet entspringt[12]. Entsprechend der vom Sonderpflichtigen im Rahmen eines schon vor der konkreten Tat bestehenden sozialen Beziehungsverhältnisses übernommenen sozialen Rolle sind ihm Pflichten erwachsen, deren Verletzung für ihn ein gesteigertes Unrecht bedeutet[13]. Als Beispiele nennt *Roxin* die öffentlich-rechtlichen Beamtenpflichten, die zivilrechtliche Unterhaltspflicht sowie die standesrechtliche Schweigepflicht[14]. Für alle diese Pflichten sei charakteristisch, dass sie die jeweiligen Pflichtenträger durch eine hervorgehobene Beziehung zum Unrechtsgehalt der Tat kennzeichnen, weshalb der Strafgesetzgeber sie einzig und allein aufgrund dieser besonderen Verpflichtung als Zentralgestalt des handlungsmäßigen Geschehens ansieht[15]. Mithin begründet einzig und allein bereits die Verletzung der vorstrafrechtlichen Sonderpflicht die Täterschaft, ohne dass es auf die Herrschaft über das äußere Geschehen ankommt, während im Falle ihres Fehlens selbst bei vorliegender Tatherrschaft nur Teilnahme angenommen werden kann[16].

Damit erlangen die vortatbestandlichen Sonderpflichten der Pflichtdelikte insbesondere Bedeutung für die Prüfung des § 28 StGB, wo sie nach *Roxin* gemeinsam mit den speziellen Schuldmerkmalen die beiden den „besonderen persönlichen Merkmalen“ unterfallenden Merkmalsgruppen ausmachen[17]. Denn während Tätermerkmale mit ausschließlich deliktstypisierender Funktion nur das konkrete Tatgeschehen bezeichnen und daher streng akzessorisch zu behandeln sind, geht ein Tätermerkmal, das eine solche Sonderpflicht beinhaltet, dar-

---

12 *Roxin*, Täterschaft und Tatherrschaft (2000), S. 354; LK[11]-*Roxin* § 25 Rdn. 37 und § 28 Rdn. 54.

13 *Roxin*, Kriminalpolitik und Strafrechtssystem (1970), S. 18 f.

14 *Roxin*, Täterschaft und Tatherrschaft (2000), S. 353 f.; LK[11]-*Roxin* § 25 Rdn. 37 und § 28 Rdn. 51.

15 *Roxin*, Täterschaft und Tatherrschaft (2000), S. 354.

16 LK[11]-*Roxin* § 25 Rdn. 37; *Roxin*, Kriminalpolitik und Strafrechtssystem (1970), S. 21; *ders.*, JZ 1966, S. 295.

17 LK[11]-*Roxin* § 28 Rdn. 51 ff. Sehr ähnlich ist die Konzeption von *Herzberg*, GA 1991, S. 145 ff., dort insbesondere S. 169 ff. und S. 173 ff., der persönliche Merkmale dann streng akzessorisch behandelt, wenn sie funktionell eine sachliche Natur haben oder rein typisierend und damit für den Tatunwert ohne Bedeutung sind. Demgegenüber lässt *Herzberg* Merkmale, die eine vorstrafrechtliche Sonderverantwortung des Täters ausdrücken, ebenso wie *Roxin* dem § 28 StGB unterfallen, vgl. *Herzberg*, GA 1991, S. 179 ff.

über hinaus, weshalb § 28 StGB Anwendung findet und das verwirklichte erhöhte Sonderunrecht einem Extraneus nicht angelastet wird[18].

Ob der Gesetzgeber letztendlich einen Tatbestand als Pflichtdelikt anstatt als Herrschaftsdelikt ausgestaltet und folglich die Person des Pflichtigen ohne Rücksicht auf den Handlungsverlauf in das Zentrum des Geschehens rückt sowie die Strafbarkeit anderer Personen demgegenüber einschränkt, beruht laut *Roxin* auf einer gesetzgeberischen Wertentscheidung, die sich daran orientiert, wie bezeichnend der Unrechtsgehalt eines Delikts durch diese Pflichtenstellung beeinflusst wird[19]. Als Konsequenz bedeutet das, dass der Gesetzgeber im Fall eines für wesentlich befundenen Einflusses der Pflichtenstellung den Deliktstatbestand dementsprechend formuliert, sodass sich das Vorliegen eines Pflichtdelikts aus einer Auslegung des einschlägigen Tatbestandes ergeben muss[20]. Dieses sich ergänzende Nebeneinander von Pflicht- und Herrschaftsdelikten ist nach Überzeugung *Roxin's* am besten geeignet, die soziale Realität als den normativen Ausgangspunkt aller weiteren Differenzierungen wiederzugeben, indem es bei den Pflichtdelikten um den Schutz der Funktionsfähigkeit rechtlich bereits vorgeformter Lebensbereiche – rechtlich fundierter Beziehungen – geht, demgegenüber bei den Herrschaftsdelikten der Schutz von Bereichen, die grundsätzlich von jedermann unangetastet gelassen werden sollen, vor störenden Angriffen von außen im Vordergrund steht[21].

Die praktischen Auswirkungen und bedeutendsten Konsequenzen der Pflichtdeliktslehre sieht *Roxin* zum einen darin, dass die Problematik des sog. qualifikationslosen Werkzeugs im Fall eines sonderpflichtigen Intraneus entschärft und die Bejahung einer mittelbaren Täterschaft erleichtert wird, wenn an die Stelle des Tatherrschaftsprinzips der Gedanke der Sonderpflichtverletzung tritt[22]. Zum anderen wird die Abgrenzung von Täterschaft und Teilnahme bei Unterlassungsdelikten wesentlich vereinfacht, wenn es sich bei Unterlassungsstraftaten um Pflichtdelikte handelt und demzufolge die Garantenpflicht als außerstrafrechtliche Sonderpflicht den unterlassenden Pflichtigen bereits für sich

---

18 So LK[11]-*Roxin* § 28 Rdn. 50 und Rdn. 54. Nach *Roxin* werden dabei beide Absätze des § 28 StGB angewendet, da derartige Pflichtenstellungen strafbegründende wie straferhöhende Unrechtsmerkmale umfassen und damit Deliktstypus wie Unrechtsschwere gleichermaßen betreffen, siehe LK[11]-*Roxin* § 28 Rdn. 53. Demgegenüber vertritt *Sánchez-Vera*, Pflichtdelikt und Beteiligung (1999), S. 200 ff. und insbesondere S. 201 f., dass Pflichtdelikte einzig und allein der Regelung des § 28 Abs. 1 StGB unterstellt werden können.

19 *Roxin*, Täterschaft und Tatherrschaft (2000), S. 385 f. In die gleiche Richtung ging ebenfalls bereits die Erklärung bei *Roxin*, JZ 1966, S. 296.

20 Diese Schlussfolgerung zieht auch *Sánchez-Vera*, Pflichtdelikt und Beteiligung (1999), S. 28.

21 *Roxin*, Kriminalpolitik und Strafrechtssystem (1970), S. 17 f.

22 *Roxin*, Täterschaft und Tatherrschaft (2000), S. 699 ff.

zum Täter qualifiziert[23]. Außerdem könne der Unterscheidung zwischen Tun und Unterlassen in diesem Bereich ohnehin keine maßgebliche Bedeutung zukommen, da ausschließlich der Verstoß gegen die besondere Pflichtenstellung die Strafbarkeit begründet und der Umstand, ob der Verstoß durch Handeln oder Nichthandeln geschieht, auf diese Beurteilung keinen Einfluss hat[24]. Anders formuliert: Wenn es allein darauf ankommt, dass eine Pflicht erfüllt wird, so ist ebenfalls allein die Feststellung, dass dies nicht geschehen ist, von Relevanz. Die Art und Weise, auf welche die Pflichtverletzung erfolgt, ist dagegen zweitrangig, da Tun und Unterlassen diesbezüglich gleichgestellt sind[25]. Allerdings meldet *Roxin* mittlerweile Bedenken an, ob diese pauschale Ansehung der unechten Unterlassungsdelikte als Pflichtdelikte tatsächlich zutreffend ist und ob die strafbarkeitsbegründende Sonderpflicht notwendigerweise außerstrafrechtlicher Herkunft sein muss[26].

Daneben ist *Roxin's* Entwurf einer Pflichtdeliktslehre auch nicht frei von anderweitiger Kritik geblieben[27]. So wird z.B. eingewendet, dass der allein auf die Verletzung einer Sonderpflicht – ganz unabhängig vom Ausmaß der Mitwirkung – abstellende Täterbegriff der Pflichtdelikte gegen Art. 103 Abs. 2 GG, § 1 StGB verstoßen würde[28]. Außerdem wird vor allem von *Schünemann* das Kriterium der Verletzung einer außerstrafrechtlichen Sonderpflicht abgelehnt, da dieser Ansatz mit der geltenden Tatherrschaftslehre nicht in Einklang zu bringen und daher unplausibel sei[29]. Das Merkmal einer „metastrafrechtlichen Rechtspflicht" verfehle den auf Rechtsgüterschutz gerichteten Zweck des Strafrecht, indem eine unnötige Abhängigkeit von zivilrechtlichen bzw. öffentlichrechtlichen Vorfragen erzeugt wird[30]. Nach *Schünemann* komme es vielmehr

---

23 So *Roxin*, Täterschaft und Tatherrschaft (2000), S. 702 ff. Dies setzt allerdings voraus, dass die Garantenpflicht tatsächlich als besonderes persönliches Merkmal i.S.d. § 28 StGB angesehen werden kann, wie LK^{11}-*Roxin* § 28 Rdn. 64 dies tut. Eine eingehende Begründung dieser Auffassung findet sich bei *Vogler*, FS *Lange* (1976), S. 268 ff., während die Gegenansicht ausführlich dargestellt wird von *Geppert*, ZStW 82 (1970), S. 40 ff., insbesondere S. 70 ff. Zusammenfassend dazu *Herzberg*, GA 1991, S. 161 ff.

24 *Roxin*, Kriminalpolitik und Strafrechtssystem (1970), S. 18.

25 Die generelle Gleichwertigkeit von Tun und Unterlassen in bestimmten Fällen wird eingehend erörtert von *Sánchez-Vera*, Pflichtdelikt und Beteiligung (1999), S. 51 ff.

26 *Roxin*, Täterschaft und Tatherrschaft (2000), S. 697.

27 Nicht hierzu können die Ausführungen von *Weißer*, Kausalitäts- und Täterschaftsprobleme bei der strafrechtlichen Würdigung pflichtwidriger Kollegialentscheidungen (1996) gerechnet werden, da *dies.* auf S. 99 unter der Überschrift „Kritik an der Lehre von den Pflichtdelikten" lediglich andere Konzeptionen vorstellt, ohne aber tatsächlich auch nur ein einziges Argument gegen *Roxin's* Pflichtdeliktslehre vorzubringen.

28 So *Stratenwerth*, Strafrecht AT I (2000), S. 307 Rdn. 40. Dagegen überzeugend *Roxin*, ZStW 84 (1972), S. 1008 f.

29 *Schünemann*, GA 1986, S. 331.

30 LK^{11}-*Schünemann* § 14 Rdn. 17; *Schünemann*, GA 1986, S. 332.

auf die in einem bestimmten Bereich vorzufindenden sozialen Strukturen an, welche die zivil- oder öffentlich-rechtlichen Pflichten letztendlich als Konsequenz erzeugen, nicht aber voraussetzen. Folglich beziehen sich strafrechtliche und außerstrafrechtliche Pflicht auf dieselbe vorgegebene soziale Ordnung und brauchen daher nicht voneinander abgeleitet zu werden. Aus dieser Perspektive heraus stelle die außerstrafrechtliche Sonderpflicht somit „keine Prämisse, sondern ein Epi-Phänomen" dar[31]. Über diese Einwand hinaus setzt sich *Schünemann* inhaltlich jedoch nicht näher mit dem Merkmal der Sonderpflicht im Sinne *Roxin's* auseinander, sondern entwickelt sodann sein Modell einer allgemeinen Täterschaftsstruktur gemäß der „Herrschaft über den Grund des Erfolges" ausgehend von dessen Ansätzen, wobei er die Stellung des Sonderpflichtigen in eine „auf einem Vertrauensakt beruhende faktische Schutzherrschaft über das Rechtsgut" umdeutet[32]. *Roxin* selbst hat diese Kritik von *Schünemann* in der – oben schon erwähnten – Weise aufgenommen, dass er die strafbarkeitsbegründende Sonderpflicht nicht mehr ausschließlich auf eine außerstrafrechtlicher Herkunft stützen möchte[33]. Im Übrigen stellt er zutreffend fest, dass die sich aus Gründen der systematischen Vereinheitlichung stark um ein dogmatisches Grundprinzip bemühende Konzeption von *Schünemann* seiner Pflichtdeliktslehre nicht widerspricht[34] und diese insgesamt mangels nennenswerter grundsätzlicher Ablehnung im Vordringen befindlich ist[35].

2. *Jakobs: Pflichtdelikt und institutionelle Zuständigkeit*

Über die dargestellten grundlegenden Ausführungen hinaus wurde von *Roxin* bislang eine weitere Präzisierung des Pflichtbegriffs sowie eine exakte Bestimmung der den Pflichtdelikten insgesamt zuzurechnenden Tatbestände nicht unternommen[36]. Von daher stellt *Sánchez-Vera* in seiner 1999 veröffentlichten

31 *Schünemann*, GA 1986, S. 332.

32 *Schünemann*, GA 1986, S. 334. Dies geschieht ausdrücklich in der Überzeugung, „daß die hier versuchte systematische Vereinheitlichung auch für die von *Roxin* im Leipziger Kommentar entwickelte Täterschaftskonzeption akzeptabel sein müßte", vgl. *Schünemann*, GA 1986, S. 336. Auch sind die Ausführungen bei LK^{11}-*Schünemann* § 14 Rdn. 17 von dem deutlichen Bemühen gekennzeichnet, *Roxin's* Auffassung über das Kriterium der Sonderpflicht in einem die neueren dogmatischen Erkenntnisse berücksichtigenden Sinn zu erklären und somit für ihn als Ausgangspunkt zu erhalten. Eine ausführliche Erörterung der monistischen Haftungsmodelle, die – wie *Schünemann* – mit einer Generalisierung des Tatherrschaftsprinzips auszukommen meinen, unternimmt *Sánchez-Vera*, Pflichtdelikt und Beteiligung (1999), S. 126 ff.

33 *Roxin*, Täterschaft und Tatherrschaft (2000), S. 697 mit Fn. 546.

34 *Roxin*, Täterschaft und Tatherrschaft (2000), S. 698; LK^{11}-*Roxin* § 25 Rdn. 39.

35 *Roxin*, Täterschaft und Tatherrschaft (2000), S. 696; LK^{11}-*Roxin* § 25 Rdn. 38.

36 Was er selbst deutlich betont, vgl. *Roxin*, Täterschaft und Tatherrschaft (2000), S. 384 und S. 697. Soweit *Roxin* dort auf S. 697 Fn. 547 einstweilen auf seine Kommentierung in LK^{11}

Monographie zu Recht fest, dass bei *Roxin* bislang einige entscheidende Fragen unbeantwortet geblieben sind, beispielsweise was exakt unter einer Pflichtenstellung zu verstehen ist, welche derartigen Pflichtenstellungen überhaupt existieren, ob sie auf einen gemeinsamen Oberbegriff zurückgeführt werden können und inwiefern die Formulierung des konkreten Tatbestandes dafür maßgeblich ist[37]. Allerdings darf angenommen werden, dass der von *Sánchez-Vera* stammende Entwurf einer Pflichtdeliktslehre im Wesentlichen die Zustimmung *Roxin's* genießt, da er dessen Untersuchung mehrfach erwähnt und als gelungene Weiterentwicklung seiner eigenen – sowie auch vor allem *Jakobs'* – Konzeption ansieht[38]. Bevor näher auf die von *Sánchez-Vera* entwickelte Begründung der Pflichtdelikte eingegangen wird, welche als die augenblicklich am weitesten fortgeschrittene dogmatische Ausarbeitung angesehen werden kann, müssen zum besseren Verständnis jedoch noch die Untersuchungen von *Jakobs* angesprochen werden, da dieser schon vor ihm die Thesen *Roxin's* maßgeblich präzisiert und verbessert hat[39].

Jakobs geht auf den Pflichtgedanken insbesondere im Zusammenhang mit der Behandlung der Unterlassungsdelikte bei der Erörterung des haftungsbegründenden Verhaltens ein. Nach seiner Überzeugung ist die herkömmliche Unterscheidung in Tun und Unterlassen nur eine mögliche, insgesamt aber nachrangige Verfahrensweise, um objektiv tatbestandsmäßiges Verhalten zu beurteilen. Ein wichtigerer – nämlich den Grund der Haftung unmittelbar kenntlich machender und damit vorzugswürdiger – Ansatz sei die Differenzierung zwischen der Haftung aufgrund von Organisationszuständigkeit und institutioneller Zuständigkeit[40]. Im letzteren Fall – den Pflichtdelikten[41] – handele es sich um eine

---

§ 28 Rdn. 60 ff. verweist, führt dies im vorliegenden Zusammenhang nicht weiter. Denn während die Ausführungen bei § 28 Rdn. 51 ff. das Kriterium der Sonderpflicht lediglich unter dem Blickwinkel der „besonderen persönlichen Merkmale“ gem. § 28 StGB untersuchen und inhaltlich nicht über die obige Zusammenfassung hinausgehen, geben die Rdn. 60 ff. zwar eine eingehende Übersicht über umstrittene Fälle täterschaftsbegründender Pflichtenstellungen i.S.d. § 28 StGB, ohne aber – verallgemeinerungsfähig und gelöst von Einzeltatbeständen – Ursprung oder dogmatische Begründung des Merkmals der Pflichtenstellung näher zu erläutern.

37 *Sánchez-Vera*, Pflichtdelikt und Beteiligung (1999), S. 28.

38 *Roxin*, Täterschaft und Tatherrschaft (2000), S. 696 und S. 704 Fn. 590. Ausdrücklich auf S. 705: „Sie [die durch *Sánchez-Vera* weiter ausgearbeitete Lehre von *Jakobs*, M.G.] erscheint mir als ein wichtiger Beitrag zur Weiterentwicklung der Lehre von den Pflichtdelikten.“

39 *Jakobs*, Die strafrechtliche Zurechnung von Tun und Unterlassen (1996), S. 30 ff.; *ders.*, Strafrecht AT (1991), dort insbesondere S. 220 Rdn. 70 und Rdn. 71, S. 655 Rdn. 115 bis 119, S. 820 Rdn. 57 bis 77e, S. 849 Rdn. 106 und Rdn. 107. Die Arbeit von *Sánchez-Vera* wurde als Dissertation durch *Jakobs* betreut und greift in ihren zentralen Aussagen Gedanken auf, die sich schon bei *Jakobs*, Die strafrechtliche Zurechnung von Tun und Unterlassen (1996), finden lassen. Auch deswegen ist zunächst dessen Ansatz anschaulich zu machen.

40 *Jakobs*, Strafrecht AT (1991), S. 213 Rdn. 56 ff. und S. 220 Rdn. 71. Eine Zusammenfassung dieses Haftungskonzepts stellt *Jakobs* in seiner Monographie „Die strafrechtliche

Haftung wegen der Verletzung von Pflichten zu einer besonderen und institutionell abgesicherten solidarischen Sorge für ein bestimmtes Gut. Während das Verhältnis zwischen dem Täter und dem von ihm verletzten Gut normalerweise negativ ausgeprägt ist durch die Jedermannspflicht, dieses Gut nicht zu verletzen, geht es hier um eine positive Beziehung zwischen Täter und Gut, die unabhängig von der konkreten Tat infolge des besonderen Status des Täters besteht[42]. Demzufolge knüpfen die Anforderungen an eine Täterschaft nicht an die Tatherrschaft an[43], sondern notwendig und hinreichend an die Verletzung einer solchen institutionell abgesicherten Pflicht, sodass die Beziehung eines Pflichtigen zum zu schützenden Gut stets täterschaftlich ist[44]. Speziell im Hinblick auf die Unterlassungsdelikte ergibt sich daraus ferner, dass es bei Pflichtdelikten auf eine Unterscheidung zwischen Begehung und Unterlassung nicht ankommt, da unechte Unterlassungsdelikte genauso wie Begehungsdelikte von Personen, die zugleich Garanten kraft institutioneller Zuständigkeit sind, immer als Pflichtdelikte begangen werden[45]. Kurz gesagt: Garanten qua Institution begehen auch Jedermannsdelikte als Pflichtdelikte, womit an die Stelle von Teilnahme eine umfassende Täterschaft tritt und die herkömmliche Differenzierung in Tun und Unterlassen bedeutungslos wird[46].

Zurechnung von Tun und Unterlassen" (1996) dar, wo er die verschiedenen Ausführungen aus seinem Lehrbuch unter Einbeziehung des rechtsphilosophischen Fundaments nicht nur als ein umfassendes System einer Zurechnungslehre vorstellt, sondern sie auch in einigen Punkten überarbeitet und aktualisiert hat.

41 *Jakobs* schlägt als genauere Bezeichnung „Delikte mit akzessorietätsüberspringender Pflicht" vor, da dies die durch die besondere Pflicht begründete unmittelbare – und daher durchweg täterschaftliche – Beziehung zum geschützten Gut treffender umschreibt, siehe *Jakobs*, Strafrecht AT (1991), S. 656 Rdn. 119.

42 *Jakobs*, Die strafrechtliche Zurechnung von Tun und Unterlassen (1996), S. 32; *ders.*, Strafrecht AT (1991), S. 220 Rdn. 70.

43 Allerdings sieht *Jakobs* von seiner Konzeption der Haftungsbegründung aus den eigentlich maßgeblichen Gedanken weniger in der Tatherrschaft, als vielmehr in der Organisationszuständigkeit, also darin, dass der Inhaber eines Organisationskreises seiner Zuständigkeit für die Schadlosigkeit der eigenen Organisation zu Lasten Dritter nicht nachkommt. Vgl. *Jakobs*, Strafrecht AT (1991), S. 594 Rdn. 3 und S. 655 Rdn. 115.

44 *Jakobs*, Die strafrechtliche Zurechnung von Tun und Unterlassen (1996), S. 36 Fn. 77; *ders.*, Strafrecht AT (1991), S. 593 Rdn. 2, S. 655 Rdn. 115 f. und S. 849 Rdn. 106.

45 *Jakobs*, Die strafrechtliche Zurechnung von Tun und Unterlassen (1996), S. 35 f.; *ders.*, Strafrecht AT (1991), S. 220 Rdn. 70, S. 655 Rdn. 116 und S. 849 Rdn. 106. Zu eben dieser Schlussfolgerung kommt im Übrigen auch *Schünemann*, GA 1986, S. 334, wenngleich er anstatt auf die institutionelle Zuständigkeit auf die „Herrschaft über den Grund der Erfolges" – bzw. in leicht veränderter Formulierung nach LK[11]-*Schünemann* § 14 Rdn. 17 auf die „Geschehensherrschaft i.S. der Kontrolle über einen sozialen Bereich" – abstellt. Insgesamt sieht *Schünemann* zwischen seiner Ansicht und dem Standpunkt von *Jakobs* nur terminologische Unterschiede.

46 *Jakobs*, Die strafrechtliche Zurechnung von Tun und Unterlassen (1996), S. 36 Fn. 77; *ders.*, Strafrecht AT (1991), S. 655 Rdn. 116.

Insoweit gibt *Jakobs* also eine Antwort auf die obigen Fragen *Sánchez-Vera's*, was unter einer Pflichtenstellung zu verstehen ist und ob sich ein Oberbegriff finden lässt. Denn nach seiner Konzeption beruhen die Pflichtdelikte durchweg auf einer institutionellen Zuständigkeit des Täters. Darin unterscheidet sich die besondere Pflicht der Pflichtdelikte von der Jedermannspflicht der Herrschaftsdelikte, die lediglich verlangt, durch das Bemühen um Schadlosigkeit des eigenen Organisationskreises andere nicht zu verletzen. Diesen Gedanken weiterführend wird von *Jakobs* auch die durch *Roxin* nicht abschließend behandelte Frage geklärt, welche Pflichtenstellungen es überhaupt gibt. Sonderpflichten begründende Institutionen sind laut *Jakobs* nicht beliebig erweiterbar, da sie an vorgegebene und kaum disponible Regelungskomplexe geknüpft sind[47]. Da *Jakobs'* Konzeption vom Haftungsgrund auf den beiden Säulen der Verantwortlichkeit für den eigenen Organisationskreis einerseits und der Pflicht zur solidarischen Zuwendung andererseits basiert, und die Haftung – die Folgenverantwortung – im erstgenannten Fall das notwendige Korrelat zur Handlungsfreiheit darstellt[48], muss es sich auch im letztgenannten Fall der institutionellen Zuständigkeit um Institutionen handeln, die für den Bestand und die Struktur der Gesellschaft von genauso identitätsbestimmender Bedeutung sind wie das „Synallagma“[49] von Organisationsfreiheit und Folgenverantwortung[50]. Entsprechend den Pflichten aus Organisationszuständigkeit sind auch diese Pflichten qua Institution niemals disponibel, sondern werden dem Einzelnen in seiner Eigenschaft als Rollenträger aufgrund des Status, den er für die jeweilige Institution besitzt, zugeordnet[51]. Der Kreis der in Betracht kommenden Pflichtenstellungen wird außerdem dadurch noch weiter eingeschränkt, dass vor dem Hintergrund von *Jakobs'* Haftungskonzept institutionelle Zuständigkeiten, die den Pflichtigen gleichzeitig zum Garanten machen, notwendigerweise rechtlich – und nicht etwa nur sittlich – abgesichert sein müssen, weil § 13 Abs. 1 StGB ausdrücklich ein „rechtliches Einstehenmüssen“ voraussetzt[52]. Allerdings betont *Jakobs*, dass die gesetzliche Positivierung allein für die Annahme einer Institution unzurei-

---

47 *Jakobs*, Strafrecht AT (1991), S. 220 Rdn. 70.

48 Haftung kraft Organisationszuständigkeit ist das Gegenstück zur eigenen Entfaltungsfreiheit, so *Jakobs*, Strafrecht AT (1991), S. 783 Rdn. 15.

49 Anschaulich *Jakobs*, Die strafrechtliche Zurechnung von Tun und Unterlassen (1996), S. 20.

50 *Jakobs*, Die strafrechtliche Zurechnung von Tun und Unterlassen (1996), S. 32; *ders.*, Strafrecht AT (1991), S. 820 Rdn. 58.

51 *Jakobs*, Die strafrechtliche Zurechnung von Tun und Unterlassen (1996), S. 34. Eingehend zum Verhältnis zwischen institutionalisierten sozialen Erwartungen gegenüber Rollenträgern und strafrechtlicher personaler Zurechnung siehe *Jakobs*, ZStW 107 (1995), S. 843 ff. und S. 859 ff.

52 *Jakobs*, Strafrecht AT (1991), S. 799 ff. Rdn. 26 ff. Zu genau dieser Unterscheidung zwischen rechtlichem Grund und nicht ausreichender sittlicher Verpflichtung in historischer Hinsicht unter Bezugnahme bereits auf *Feuerbach* siehe *Jakobs*, Die strafrechtliche Zurechnung von Tun und Unterlassen (1996), S. 11.

chend ist, da bei weitem nicht alle gesetzlichen Pflichten zugleich Garantenstellungen schaffen. Entscheidend könne nicht die Tatsache einer gesetzlichen Regelung als solche sein, da diese häufig nicht konstitutiv ist, sodass der Wegfall der Regelung nicht automatisch auch die entsprechende Institution beseitigen müsse[53]. Die oftmals anzutreffende Herleitung von Garantenpflichten bzw. institutionellen Zuständigkeiten aus förmlichen Rechtsquellen stelle mithin eine Verwechslung von Grund und Folge dar[54]. Statt dessen komme es auf das dahinter stehende materielle Prinzip an, nämlich die Trennung zwischen der Verletzung von Pflichten kraft Organisationszuständigkeit und kraft institutioneller Zuständigkeit sowie den Umstand, dass es sich bei den Institutionen in diesem Sinn um eine „Verbindung von Lebenskreisen", um eine „gemeinsam zu gestaltende Welt" handelt[55].

Als Beziehungsformen, die diese augenscheinlich hohen Anforderungen erfüllen, kommen nach *Jakobs* in gesellschaftlicher Hinsicht lediglich das Eltern-Kind-Verhältnis mitsamt seinen Ersatzformen Adoption und Vormundschaft[56], die Ehe[57], besonderes Vertrauen[58] und in staatlicher Hinsicht die staatlichen Gewaltverhältnisse[59], die Gewährleistung elementarer Versorgung und Sicher-

53 *Jakobs*, Strafrecht AT (1991), S. 801 Rdn. 28.

54 *Jakobs*, Strafrecht AT (1991), S. 821 Rdn. 58. Noch deutlicher *Jakobs*, Strafrecht AT (1991), S. 799 Rdn. 26: „Die Rechtsquellenlehre bringt kaum mehr als einen mnemotechnischen Ertrag."

55 Zitate von *Jakobs*, Strafrecht AT (1991), S. 820 Rdn. 58. *Roxin*, Täterschaft und Tatherrschaft (2000), S. 704 f., stimmt dieser Konzeption von *Jakobs* als Weiterentwicklung seiner eigenen Position ausdrücklich zu, gibt aber zu bedenken, ob sich die Abgrenzung von „Organisationskreisen" und „institutionellen Pflichten" mit der nötigen Bestimmtheit durchführen lässt.

56 *Jakobs*, Die strafrechtliche Zurechnung von Tun und Unterlassen (1996), S. 34; *ders.*, Strafrecht AT (1991), S. 821 Rdn. 59 ff.

57 Zu dieser ausführlich noch *Jakobs*, Strafrecht AT (1991), S. 822 Rdn. 63 ff. Allerdings dürften diese Aussagen angesichts der Korrektur durch *Jakobs*, Die strafrechtliche Zurechnung von Tun und Unterlassen (1996), S. 34, ihre Relevanz verloren haben.

58 Siehe *Jakobs*, Strafrecht AT (1991), S. 824 Rdn. 67 ff. Kritisch dazu *Grünewald*, Zivilrechtlich begründete Garantenpflichten im Strafrecht? (2001), S. 28, die bezweifelt, dass der auf § 242 BGB zurückgehende Grundsatz des „venire contra factum proprium" tatsächlich einer positiv-gesetzlichen Normierung gleichkommt. Soweit *Grünewald* darüber hinaus *Jakobs'* Konzept grundsätzlich ablehnt, da es ein „vorpositives, materielles Kriterium" vermissen lasse, anhand dessen positivierte Sonderpflichten auf ihre Eigenschaft als strafrechtliche Garantenpflicht untersucht werden könnten, unterliegt sie einem Irrtum. Denn nach *Jakobs* muss die Normierung zugleich Ausdruck einer Institution sein, welche die oben beschriebene gesellschaftliche Tragweite besitzt. Damit aber – und dies übersieht *Grünewald* – liegt eben dieses geforderte materielle Kriterium zur Beurteilung außerstrafrechtlicher Pflichtenstellungen vor.

59 *Jakobs*, Strafrecht AT (1991), S. 828 Rdn. 74 ff.

heit[60] sowie die Sorge für eine rechtsstaatliche Gesetzesbindung von Verwaltung und Rechtsprechung[61] in Frage, da es zu diesen Institutionen regelmäßig keine Organisationsalternative gibt[62]. Allerdings ist es mit Blick auf diese Aufzählung von Bedeutung anzumerken, dass der abschließende Charakter, den sie in *Jakobs'* Lehrbuch noch erweckt[63], von ihm später ausdrücklich nicht mehr aufrechterhalten wird:

> „Eine solche Ergänzung [des Haftungsgrundes der Organisationszuständigkeit um positive institutionelle Zuständigkeiten, M.G.] läßt sich nur zum Teil abstrakt-rechtlich vornehmen; ansonsten muss sie aus einer Analyse der konkreten gesellschaftlichen Gestalt gewonnen werden [...]."[64]

3. *Sánchez-Vera: Pflichtdelikt, Institution und Unterlassungsdogmatik*

Wie eingangs bereits erwähnt, hat *Sánchez-Vera* erst kürzlich das Konzept *Jakobs'* zum Gegenstand einer eigenen Untersuchung gemacht und dabei – unter Aufrechterhaltung dessen theoretischer Grundlagen – die Existenz einer Pflichtdeliktslehre in dogmatischer Hinsicht überzeugend begründet und in ihren praktischen Auswirkungen insbesondere im Bereich der Teilnahme deutlich gemacht. Seinen Ausgangspunkt stellt – so wie bei *Jakobs* auch – die Unterlassungsdogmatik dar, genauer gesagt die Beobachtung, dass Tun und Unterlassen oftmals gleichwertig sind. *Sánchez-Vera* illustriert dies anhand der modernen automatisierten Arbeitsabläufe, bei denen körperliche Betätigung weitgehend ersetzt wird durch maschinelle Verfahren, die nunmehr zu überwachen und im Fall einer Störung zu korrigieren sind[65]. Die Erwartung, welche die Rechtsordnung an diese Abläufe stellt, ist dennoch dieselbe[66]. Sie beruht dabei ersichtlich nicht auf einer besonderen Pflichtenstellung, sondern auf der gewöhnlichen Annahme, dass fremde Rechtssphären durch eine Tätigkeit nicht beeinträchtigt werden. Dieser Erwartung mag einmal – früher – durch ein Nicht-Weiterhandeln (die Unterbrechung der Tätigkeit) entsprochen werden, ein anderes Mal dagegen – bei modernen automatisierten Abläufen – durch ein Handeln (das

---

60 *Jakobs*, Strafrecht AT (1991), S. 831 Rdn. 77c und S. 832 Rdn. 77d.

61 *Jakobs*, Die strafrechtliche Zurechnung von Tun und Unterlassen (1996), S. 34; *ders.*, Strafrecht AT (1991), S. 832 Rdn. 77e.

62 *Jakobs*, Strafrecht AT (1991), S. 820 Rdn. 58, bezeichnet sie daher auch als „Grundinstitutionen".

63 *Jakobs*, Strafrecht AT (1991), S. 820 Rdn. 58: „Dabei können Pflichten aus einer solchen Institution nur begehungsgleich sein, wenn die Institution für den gesellschaftlichen Bestand von demselben elementaren Gewicht ist, wie es Organisationsfreiheit und Folgenverantwortung sind. Es kommen deshalb *nur* [Hervorhebung nicht im Original, M.G.] in Betracht: [...]".

64 *Jakobs*, Die strafrechtliche Zurechnung von Tun und Unterlassen (1996), S. 33.

65 *Sánchez-Vera*, Pflichtdelikt und Beteiligung (1999), S. 51 ff.

66 *Sánchez-Vera*, Pflichtdelikt und Beteiligung (1999), S. 53.

Abstellen der Maschine). Am Inhalt der Erwartung ändert sich jedoch nichts[67]. Die Verhaltensdifferenz in beiden Fällen rechtfertigt keine unterschiedliche rechtliche Bewertung, da sie abhängig ist von dem „zufälligen status quo ante der Organisation"[68]. Den Umstand, dass Tun und Unterlassen in diesem Beispiel sichtlich gleichwertig sind und den Inhalt der Erwartung an das Verhalten nicht beeinflussen, erklärt *Sánchez-Vera* damit, dass das Rechtssystem das äußerliche Geschehen selbst interpretiert nach einem eigenen „juristischen Code"[69]. Dieser Code beruht auf der Einsicht, dass man die Erwartungen, die andere Menschen an das eigene Verhalten haben, aufgrund deren Subjektivität niemals mit Sicherheit kennt. Deswegen werden Erwartungen zwischen den Individuen einer Gesellschaft für gewöhnlich nicht an den konkreten subjektiven Vorstellungen einer bestimmten anderen Person festgemacht, sondern – um auf diese Weise eine größtmögliche Konsensfähigkeit und Unabhängigkeit von den Besonderheiten des Einzelfalls zu erreichen – an gemeinsame Identifikationsprinzipien geknüpft[70]. Als derartiges Identifikationsprinzip gilt im Strafrecht das Individuum, das den Adressat der Zurechnung bildet[71]. Individuenbezogene Erwartungen treten aber nicht nur innerhalb vertrauter Kontakte auf, wo Personen in ihrer Individualität bekannt und von daher verlässlicher Bezugspunkt von Erwartungen sind, sondern gerade auch in lockeren und anonymen Kontakten, aus denen die Gesellschaft weithin besteht. Um im Fall der Anonymität des Gegenübers nicht zwangsläufig die ständige Enttäuschung von Erwartungen zu verursachen, dient dem Strafrecht folglich das Individuum in seiner konkreten Rolle in der Gesellschaft als Identifikationsprinzip[72]. Entscheidende Bedeutung kommt zu diesem Zweck laut *Sánchez-Vera* dem auch in der vorliegenden Arbeit schon mehrfach erwähnten Begriff der „sozialen Rolle" zu, worunter das Erwartungsbündel zu verstehen ist, das in einer Gesellschaft an das Verhalten der Träger von Positionen geknüpft ist und das hinsichtlich der Rollenzuweisung auf zugeschriebenen Rollen, die der Träger unabhängig von seinem Verhalten einnimmt, und erworbenen Rollen, die gewollt übernommen

---

67 *Sánchez-Vera*, Pflichtdelikt und Beteiligung (1999), S. 55.

68 So *Sánchez-Vera*, Pflichtdelikt und Beteiligung (1999), S. 52 f.

69 *Sánchez-Vera*, Pflichtdelikt und Beteiligung (1999), S. 55.

70 So *Sánchez-Vera*, Pflichtdelikt und Beteiligung (1999), S. 56. Dieser Gesichtspunkt wurde schon zuvor eingehend beschrieben von *Jakobs*, ZStW 107 (1995), S. 860.

71 *Sánchez-Vera*, Pflichtdelikt und Beteiligung (1999), S. 57.

72 *Sánchez-Vera*, Pflichtdelikt und Beteiligung (1999), S. 57. Auch *Jakobs*, ZStW 107 (1995), S. 859 ff., hat bereits diese Beziehung zwischen objektiviertem personalen Fehlverhalten – dem Bruch einer Rolle – und der Unmöglichkeit der Ergründung des tatsächlichen subjektiven Sinns eines Verhaltens unter Einbeziehung aller höchst individuellen Intentionen und Präferenzen erkannt und dargestellt. Die Überantwortung eines besonderen sozialen Einflussbereichs als Ursprung besonderer Verhaltenserwartungen erörtert eingehend *Brammsen*, Die Entstehungsvoraussetzungen der Garantenpflichten (1986), S. 104 ff.

werden, beruht[73]. Auf diese Weise wird dem Regelfall der anonymen gesellschaftlichen Kontakte Rechnung getragen und das Modell gegenseitiger Erwartungshaltungen anhand berechenbarer Anforderungen objektiviert[74].

Die Notwendigkeit des beschriebenen juristischen Codes ergibt sich daraus, dass strafrechtliche Beurteilungen auf Tatsachenmaterial aus verschiedenen Lebensbereichen angewiesen sind und nicht alles, was dort passiert überhaupt, und wenn, dann in gleicher Weise strafrechtlich relevant ist. Damit dient dieser Code der Deutung – sowie Umdeutung – von Ereignissen, die ursprünglich aus Bereichen außerhalb des Strafrechts stammen[75]. Sogar dort anzutreffende Vorgänge, die mit den selben Bezeichnungen gekennzeichnet werden, wie die entsprechenden rechtlichen Ereignisse – beispielsweise das naturalistische Tun und Unterlassen – bleiben doch außerrechtswissenschaftliche Begriffe und erhalten im Rahmen der rechtlichen Würdigung eben nur die Bedeutung, die ihnen nach der Deutung aus Sicht des juristischen Codes bleibt. Ein weiteres Beispiel für eine solche Rezeption sind laut *Sánchez-Vera* schließlich auch die Pflichtdelikte, bei denen außerstrafrechtliche Faktoren wie familiäre Verbundenheit oder Solidarität zur Grundlage außerstrafrechtlicher Sonderpflichten gemacht werde[76]. Damit stellen die Pflichtdelikte einen Anwendungsfall des juristischen Codes dar, weil dieser auf personenbezogenen Erwartungen basiert, die wiederum auf ein gemeinsames Identifikationsprinzip zurückzuführen sind, nämlich die Person in ihrer Eigenschaft als Rollenträger. Die – zunächst außerstrafrechtliche – soziale Rolle bringt demgemäss auf positive Institutionen gerichtete Erwartungen hervor[77].

Ausgehend von diesem dogmatischen Konzept, das seine Grundlagen in den Erkenntnissen über die Zurechnung von Tun und Unterlassen hat, konkretisiert *Sánchez-Vera* seine Vorstellung von den Pflichtdelikten. Dabei kommt es ihm vor allem darauf an, die bei *Roxin* offen gelassenen und seiner Meinung nach wesentlichen Fragen zu beantworten, was genau unter einer Pflichtenstellung zu verstehen ist, welche Pflichtenstellungen es gibt und ob sie sich auf einen gemeinsamen Oberbegriff zurückführen lassen. *Sánchez-Vera* gibt die Antwort darauf, indem er nachweist, dass neben dem Jedermannsverbot, andere Men-

---

73 *Sánchez-Vera*, Pflichtdelikt und Beteiligung (1999), S. 57 f., S. 84 und S. 116.

74 *Brammsen*, Die Entstehungsvoraussetzungen der Garantenpflichten (1986), S. 122 f., betont die Bedeutung, welche die Voraussehbarkeit und Planbarkeit von Verhaltenserwartungen besitzen, da erst infolgedessen die Herausbildung eines komplexen Sozialsystems möglich wird.

75 *Sánchez-Vera*, Pflichtdelikt und Beteiligung (1999), S. 59.

76 So *Sánchez-Vera*, Pflichtdelikt und Beteiligung (1999), S. 58 Fn. 23 und S. 119, mit dem Hinweis, dass infolge der Umformung durch den juristischen Code dann doch letztendlich strafrechtliche Pflichten mit strafrechtlichen Konsequenzen entstehen, weshalb die Bezeichnung als „außerstrafrechtlich" genau genommen unzutreffend ist.

77 *Sánchez-Vera*, Pflichtdelikt und Beteiligung (1999), S. 119.

schen nicht zu schädigen, auch noch besondere Verpflichtungen aufgrund positiver Institutionen existieren[78]. Diese positiven Verpflichtungen haben mit dem Verbot des Nicht-Schädigen – das als negative Institution bezeichnet wird, da die Form der Erwartung in einem bloßen Unterlassen besteht – nichts zu tun, da sie auf einer eigenen Begründung beruhen, nämlich dem Schutz und der Erhaltung von „schon durchgeformten Lebensbereichen" mit dem Gebot, eine gemeinsame Welt aufzubauen[79]. Als Beispiele nennt *Sánchez-Vera* das Eltern-Kind-Verhältnis sowie die staatlichen Pflichten[80]. Ungleich dem Verbot, andere nicht zu schädigen, geht es bei den positiven Institutionen um die Verpflichtung zu solidarischer Fürsorge, die gerade nicht auf der Verantwortung für den eigenen Organisationskreis – also dem Synallagma von Organisationsfreiheit und Folgenverantwortung im Sinne *Jakobs'* – basiert, sondern auf der Eigenschaft einer Person als Rollenträger, z.B. als Vater, Mutter, Polizist oder Richter[81]. Diese aus einer positiven Institution herrührende Pflicht bei den Pflichtdelikten, eine gemeinsame Welt aufzubauen und sich zu diesem Zweck hilfsfähig zu halten, unterscheidet sich deutlich von den Erwartungen der negativen Institutionen bei den Herrschaftsdelikten, die dahinter zurückbleiben[82]. Ein zu einem Pflichtdelikt führender Status liegt nur dann vor, wenn eine z.B. strafrechtlich sanktionierte Pflicht Teil einer Institution bzw. eines institutionell abgesicherten Bündels von Pflichten sei oder den Pflichtigen in eine Institution hineinziehe[83]. Damit macht *Sánchez-Vera* klar, dass nicht immer, wenn der Tatbestand einer Strafnorm den Täterkreis begrenzt, automatisch ein Pflichtdelikt anzunehmen ist, da nur in den Fällen, in denen der Gesetzgeber diese Begrenzung in Ansehung einer völlig unabhängig von der Existenz der Strafnorm bestehenden besonderen Beziehung zum einem Rechtsgut angeordnet hat, eine Institution den Hintergrund bildet und demzufolge ein Pflichtdelikt vorliegt[84]. Derartig besondere Pflichtbeziehungen sollen etwa die Amtspflichten bei den Amtsdelikten, die Aussagepflichten bei den Aussagedelikten und vor allem die nicht an bestimmte Tatbestände gebundenen Garantenpflichten kraft institutioneller Zuständigkeit sein[85].

---

78 *Sánchez-Vera*, Pflichtdelikt und Beteiligung (1999), S. 67 ff.

79 *Sánchez-Vera*, Pflichtdelikt und Beteiligung (1999), S. 85. Ebenso *Jakobs*, Die strafrechtliche Zurechnung von Tun und Unterlassen (1996), S. 32 und S. 43. Die zitierte Formulierung stammt aus einem Aufsatz *Jakobs'* in japanischer Sprache und wird wiedergegeben von *Sánchez-Vera*, Pflichtdelikt und Beteiligung (1999), S. 33.

80 *Sánchez-Vera*, Pflichtdelikt und Beteiligung (1999), S. 82 f.

81 *Sánchez-Vera*, Pflichtdelikt und Beteiligung (1999), S. 84.

82 *Sánchez-Vera*, Pflichtdelikt und Beteiligung (1999), S. 87 f.

83 So *Sánchez-Vera*, Pflichtdelikt und Beteiligung (1999), S. 35 und *Jakobs*, Strafrecht AT (1991), S. 724 Rdn. 46.

84 *Sánchez-Vera*, Pflichtdelikt und Beteiligung (1999), S. 35 f.

85 *Sánchez-Vera*, Pflichtdelikt und Beteiligung (1999), S. 36; *Jakobs*, Strafrecht AT (1991), S. 688 Rdn. 25 und S. 851 Rdn. 112. Dabei zieht *Sánchez-Vera* den Kreis von in Betracht

Mit diesen Überlegungen bereitet *Sánchez-Vera* dann auch die Lösung der Frage vor, ob die Formulierung der verschiedenen Tatbestände per se immer maßgeblich ist für das Vorliegen eines Pflichtdelikts. Er beantwortet dies, indem er den Ausführungen von *Jakobs* folgt, wonach die Jedermannsdelikte für Garanten kraft institutioneller Zuständigkeit auch für den Fall der Begehung stets zu Pflichtdelikten werden[86]. Das bedeutet, dass Pflichtdelikte immer dann vorliegen, wenn Institutionen eine Rolle spielen. Daraus folgt aber zugleich auch, dass es für die Existenz eines Pflichtdelikts nicht darauf ankommen kann, dass sich ein bestimmtes Verhalten unter den Tatbestand eines vom Gesetzgeber „positivierten" Pflichtdelikts subsumieren lässt, sondern dass sobald gegen eine Institution verstoßen wird, ein Pflichtdelikt sogar dann vorliegt, wenn der einschlägige Tatbestand als Jedermannsdelikt formuliert ist[87]. Entscheidend ist also nicht die Tatbestandsformulierung, sondern die ggf. hinter dem Täter stehende Institution.

Schließlich geht *Sánchez-Vera* auch auf mögliche Kritik am dargestellten Konzept der positiven Institutionen ein und dabei insbesondere auf die Frage, ob dies tatsächlich ein geeigneter Oberbegriff für die beschriebenen Pflichtenstellungen sei, da teilweise dessen zu hoher Abstraktionsgrad bemängelt wird. Dieser Einwand wird von ihm jedoch nicht weiter ernst genommen, da er eine Anschauung, nach der „das Strafrecht stets mit mathematischer Exaktheit operieren" müsse, von vornherein nicht teilt[88]. Vielmehr vertritt er die Überzeugung, dass im Strafrecht ebenso wie in der Gesellschaft – aus der letztlich die Vorgänge und Ereignisse stammen, die als äußere Daten durch den juristischen Code zur strafrechtlichen Beurteilung aufbereitet werden – fließende Tatbestände e-xistieren[89]. Sofern dem Begriff der positiven Institution fehlende Genauigkeit vorgeworfen wird, liege das Problems nicht im Konzept als solchem, sondern darin, dass bislang die positiven Institutionen – d.h. die Pflichtdelikte – nicht im gleichen Ausmaß Gegenstand wissenschaftlicher Erforschung gewesen seien,

---

kommenden positiven Verpflichtungen wesentlich weiter als *Jakobs*, sodass es sich bei den positiven Institutionen nicht um eine vergleichbar begrenzte Erscheinung handelt, wie dies bei *Jakobs* infolge der dort genannten speziellen Beziehungsformen den Anschein hat. Z.B. nimmt *Sánchez-Vera* an, dass die Schweigepflicht eines Arztes ebenfalls einer institutionellen Zuständigkeit entspringt, vgl. *ders.*, Pflichtdelikt und Beteiligung (1999), S. 176 Fn. 37 a.E.

86 *Sánchez-Vera*, Pflichtdelikt und Beteiligung (1999), S. 34; *Jakobs*, Die strafrechtliche Zurechnung von Tun und Unterlassen (1996), S. 36 Fn. 77; *ders.*, Strafrecht AT (1991), S. 656 Rdn. 116.

87 *Sánchez-Vera*, Pflichtdelikt und Beteiligung (1999), S. 34 f.

88 *Sánchez-Vera*, Pflichtdelikt und Beteiligung (1999), S. 85.

89 *Sánchez-Vera*, Pflichtdelikt und Beteiligung (1999), S. 85 weist in Fn. 59 darauf hin, dass auch im Hinblick auf die Herrschaftsdelikte oftmals von einem „offenen Begriff" der Täterschaft die Rede ist; ähnlich auch *Roxin*, Täterschaft und Tatherrschaft (2000), S. 396 und S. 122 ff.

wie es bei den negativen Institutionen der Fall ist[90]. Mangelnde Präzisierbarkeit könne ihnen nicht entgegengehalten werden, da sie aufgrund ihrer Anbindung an besondere positive Institutionen ausreichend individualisiert seien[91].

III. Die presserechtliche Sonderhaftung als Anwendungsfall der Pflichtdeliktslehre

Überträgt man die beschriebenen Aussagen und Erkenntnisse der Pflichtdeliktslehre, so wie sie durch *Sánchez-Vera* in weitestgehendem Einklang mit *Jakobs* und *Roxin* konkretisiert wurde, auf die Beachtlichkeit der sozialen Rolle eines fremde Äußerungen verwendenden Täters, ergeben sich schon auf den ersten Blick zahlreiche Übereinstimmungen mit den in den Landespressegesetzen normierten presserechtlichen Sonderpflichten von verantwortlichem Redakteur bzw. Verleger und deren strafrechtlicher Sonderhaftung. Dass es von *Roxin* nicht zutreffend war, die Beleidigung einzig aufgrund der tatbestandlichen Besonderheiten des § 185 StGB als Pflichtdelikt zu klassifizieren, hat bereits *Sánchez-Vera* angemerkt[92]. Dass das somit nicht an bestimmte Tatbestände gebundene Konzept einer Pflichtdeliktslehre darüber hinaus anwendbar ist auf eben diese Träger presserechtlicher Sonderpflichten, werden die folgenden Ausführungen darlegen.

1. Presserechtliche Sonderpflicht und Garantenstellung

a) Garantenstellung und außerstrafrechtliche Pflichtenstellung

Zunächst kann festgestellt werden, dass es sich bei der presserechtlichen Verpflichtung zur Freihaltung eines Druckwerks von strafbaren Inhalten um eine „außerstrafrechtliche Pflicht" im obigen Sinne handelt, die aus einer anderen Rechtsmaterie herrührend der strafrechtlichen Beurteilung tatsächlich in gewisser Weise „vorgeschaltet" ist. Auch begeben sich der verantwortliche Redakteur bzw. der Verleger aufgrund dieser besonderen Berufspflicht in ein Beziehungsverhältnis zu den Rezipienten der Presseerzeugnisse, in dem sie Adressat ganz bestimmter, feststehender Verhaltenserwartungen sind. Schließlich besteht ihre zentrale Aufgabe einzig und allein in der Überprüfung der Druckwerke auf mögliche inkriminierte Inhalte. In dieser Funktion sowie den mit ihr einhergehenden Befugnissen spiegelt sich der zuvor wiederholt erwähnte Vorgang der Rollenzuweisung exakt wieder.

---

90 So *Sánchez-Vera*, Pflichtdelikt und Beteiligung (1999), S. 86.

91 *Sánchez-Vera*, Pflichtdelikt und Beteiligung (1999), S. 123 f. Dieser Kritik trat bereits *Roxin*, Kriminalpolitik und Strafrechtssystem (1970), S. 17, entgegen, wenngleich allein mit dem Hinweis auf die positivierten Pflichtdelikte.

92 *Sánchez-Vera*, Pflichtdelikt und Beteiligung (1999), S. 65 Fn. 37 a.E. *Sánchez-Vera* merkt diesbezüglich an, dass sich *Roxin* auch nicht wieder in diesem Sinne geäußert hat, was er als Bestätigung seiner Meinung ansieht.

Des Weiteren beruhen die Erwartungen an das Verhalten dieser Personen damit nicht nur auf einer berechenbaren Aufgabenbeschreibung, sondern vor allem auf der von ihnen wirklich übernommenen Funktion bei der Herstellung eines Druckwerks. Betrachtet man die Person des verantwortlichen Redakteurs näher, so belegen die diversen Ansätze, die im presserechtlichen Schrifttum bislang zu seiner Charakterisierung vertreten wurden, dass es sich bei den Trägern dieser presserechtlichen Sonderpflicht eben nicht lediglich um Personen handelt, die diese besonderen Pflichten qua gesetzlicher Anordnung auferlegt bekommen haben, sondern dass dafür gerade in concreto auch eine tatsächlich ausgeübte Rolle erforderlich ist. Da die heutigen Landespressegesetze – bezogen auf die besonders einflussreiche und daher praktisch bedeutsame periodische Presse – den verantwortlichen Redakteur als Zentralgestalt des presserechtlichen Haftungssystems ansehen, haben sämtliche Bundesländer in ihren Pressegesetzen bestimmte persönliche Anforderungen als Mindestvoraussetzungen an die Person des verantwortlichen Redakteurs aufgestellt[93]. Im Unterschied zu den persönlichen Anforderungen verzichteten die Landesgesetzgeber jedoch darauf, weitere Einzelheiten über den Vorgang der Bestellung eines verantwortlichen Redakteurs sowie seine tatsächliche Stellung im Presseunternehmen zu normieren. Resultat dieses Versäumnisses war ein jahrzehntelanger Theorienstreit über die Frage, ob die Benennung im Impressum maßgeblich ist oder ob es vielmehr darauf ankommt, wie die Position des verantwortlichen Redakteurs – insbesondere im Hinblick auf die ihm gewährten Entscheidungsbefugnisse – faktisch ausgestaltet ist[94]. Diesbezüglich wird die Ansicht, dass die Benennung im Impressum der konstitutive Akt sei und es demgemäss auf die realiter ausgeübte redigierende Tätigkeit nicht ankomme, heute kaum noch vertreten[95]. Auch die im Gegensatz zu dieser formalen Betrachtungsweise eher als materielle Theorie zu bezeichnende Meinung, dass als verantwortlicher Redakteur die Person anzusehen sei, die im konkreten Fall den Inhalt der jeweiligen Druckschrift auf etwaige strafbare Inhalte kontrolliert hat, wird mittlerweile als überholt angesehen[96]. Statt dessen hat sich die sog. Stellungstheorie durchgesetzt, derzufolge verantwortlicher Redakteur ist, wer mit eben dieser Stellung vom Unternehmer bzw. Verleger tatsächlich beauftragt wurde und kraft dieser Stellung darüber

---

93 Siehe § 9 Bad.-Württ. LPG; § 5 Bay. LPG; § 10 Bbg. LPG; § 8 Berl. LPG; § 9 Brem. LPG; § 9 Ham. LPG; § 7 Hess. LPG; § 8 M.-V. LPG; § 9 Nieders. LPG; § 9 Nordrh.-West. LPG; § 9 Rhld.-Pf. LPG; § 9 Saarl. LPG; § 7 Sächs. LPG; § 8 Sachs.-Anh. LPG; § 9 Schl.-Holst. LPG; § 9 Thür. LPG. Dazu *Löffler/Ricker*, Handbuch des Presserechts (2000), S. 104 Rdn. 28 ff.; *Löffler*[4]*-Sedelmeier* § 9 LPG Rdn. 58.

94 Vgl. dazu die ausführliche Darstellung bei *Löffler*[4]*-Sedelmeier* § 9 LPG Rdn. 17 ff. und *Uebbert*, Die strafrechtliche Haftung des verantwortlichen Redakteurs (1995), S. 16 ff.

95 Zur dieser sog. formalen Benennungstheorie vgl. eingehend *Löffler*[4]*-Sedelmeier* § 9 LPG Rdn. 18 ff. mit zahlreichen Argumenten gegen diese Ansicht.

96 Zu dieser sog. Tätigkeitstheorie siehe wiederum *Löffler*[4]*-Sedelmeier* § 9 LPG Rdn. 21 ff.

verfügen kann, ob ein Beitrag veröffentlicht oder – wegen seines strafbaren Inhalts – zurückgewiesen wird[97]. Vor allem anderen muss der verantwortliche Redakteur tatsächlich über die notwendigen Entscheidungsbefugnisse verfügen, um die Inhalte, die er nach seiner Prüfung für inkriminiert hält, aus dem Druckwerk auszuscheiden[98]. Sein Veto muss beachtlich und durchsetzbar sein. Dabei kommt es wesentlich darauf an, dass der verantwortliche Redakteur dazu befugt ist, selbst nach seiner eigenen Entscheidung den seiner Verantwortlichkeit unterfallenden Inhalt des Druckwerks – bzw. wenn neben ihm noch andere verantwortliche Redakteure benannt sind, den auf ihn entfallenden Teil des Druckwerks – auf strafbare Inhalte hin zu untersuchen und ggf. deren Veröffentlichung zu unterbinden[99]. Infolgedessen können die Erwartungen, die an seine Tätigkeit gestellt werden, ohne weiteres von den Umständen des jeweiligen Sachverhalts abstrahiert und dadurch generalisiert werden, da als verantwortlicher Redakteur und damit zugleich als Adressat der presserechtlichen Sonderpflicht nur derjenige in Betracht kommt, der tatsächlich auch über die entsprechenden Möglichkeiten verfügt, um den mit dieser Funktion verbundenen Anforderungen gerecht zu werden.

Soweit soeben lediglich die Rede von der Person des verantwortlichen Redakteurs war, gelten die Ausführungen in gleicher Weise auch für den Verleger. Denn die Rechtsfigur des verantwortlichen Redakteurs findet im hier beschriebenen Zusammenhang nur Anwendung, wenn es um Presseerzeugnisse in Form von periodischen Druckwerken geht. Darunter verstehen die Landespressegesetze Zeitungen und Zeitschriften, die in Abständen von höchstens sechs Monaten in ständiger, wenn auch unregelmäßiger Folge erscheinen[100]. Daneben gilt die Sonderhaftung auch für den Verleger, jedoch nur hinsichtlich der nichtperiodischen Presse. Zu dieser zählen vor allem Bücher, Prospekte, Plakate und Flugblätter[101].

---

97 BGH, Beschl. v. 20.2.1990 – 3 StR 278/89 = BGHSt 36, 363 (366 f.); KG, Urt. v. 26.11.1997 – (5) 1 Ss 218/93 (41/93) = NJW 1998, S. 1420 (1421); *Groß*, Presserecht (1999), S. 195 Rdn. 340, S. 263 Rdn. 474 und S. 351 Rdn. 657; *Löffler/Ricker*, Handbuch des Presserechts (2000), S. 102 Rdn. 23a; *Löffler⁴-Sedelmeier* § 9 LPG Rdn. 24; *Löffler⁴-Kühl* § 20 LPG Rdn. 124.

98 *Löffler⁴-Sedelmeier* § 9 LPG Rdn. 29; *Groß*, NStZ 1994, S. 314.

99 *Löffler/Ricker*, Handbuch des Presserechts (2000), S. 103 Rdn. 24; *Löffler⁴-Sedelmeier* § 9 LPG Rdn. 29.

100 So und ähnlich § 7 Abs. 4 Bad.-Württ. LPG; § 6 Abs. 2 Bay. LPG; § 7 Abs. 4 Bbg. LPG; § 6 Abs. 4 Berl. LPG; § 7 Abs. 4 Brem. LPG; § 7 Abs. 4 Ham. LPG; § 4 Abs. 3 Hess. LPG; § 6 Abs. 4 M.-V. LPG; § 7 Abs. 4 Nieders. LPG; § 7 Abs. 4 Nordrh.-West. LPG; § 7 Abs. 3 Rhld.-Pf. LPG; § 7 Abs. 4 Saarl. LPG; § 6 Abs. 2 Sächs. LPG; § 6 Abs. 4 Sachs.-Anh. LPG; § 7 Abs. 4 Schl.-Holst. LPG; § 6 Abs. 4 Thür. LPG. Vgl. dazu *Löffler/Ricker*, Handbuch des Presserechts (2000), S. 91 Rdn. 15 ff.; *Groß*, Presserecht (1999), S. 264 Rdn. 475; *Löffler⁴-Sedelmeier* § 7 LPG Rdn. 65 ff.; *Löffler⁴-Kühl* § 20 LPG Rdn. 130.

101 *Löffler/Ricker*, Handbuch des Presserechts (2000), S. 133 Rdn. 11; *Groß*, Presserecht (1999), S. 352 Rdn. 659; *Löffler⁴-Kühl* § 20 LPG Rdn. 131.

Ein Unterschied zur Haftung des verantwortlichen Redakteurs besteht lediglich darin, dass hinsichtlich des Verlegers anerkannt ist, dass er seine berufliche Prüfungspflicht nicht zwingend persönlich wahrnehmen muss, sondern sich ebenso seiner Angestellten bedienen kann[102]. Ansonsten gibt es zwischen ihrer strafrechtlichen Verantwortlichkeit und den an sie gerichteten rollenspezifischen Erwartungen keine Abweichungen, obgleich die praktische Relevanz der Haftung des verantwortlichen Redakteurs aufgrund der außerordentlichen Bedeutung der periodischen Presse ungleich größer ist[103].

Neben der Tatsache, dass sich die presserechtliche Sonderpflicht somit ohne Schwierigkeiten als außerstrafrechtliche Pflicht ganz nach der Konzeption *Roxin's* begreifen lässt, ist auch der Umstand, dass es sich damit zugleich um eine Garantenpflicht handelt, leicht nachzuweisen, da diese Beurteilung im Schrifttum unumstritten ist. Die Berufspflicht des verantwortlichen Redakteurs bzw. Velegers bezieht sich ja gerade darauf, Druckwerke von strafbarem Inhalt freizuhalten bzw. die Begehung von Straftaten mittels dieser Druckwerke zu verhindern. Hat er diese ihm obliegende gesetzliche Pflicht nicht erfüllt und scheidet eine Haftung als Täter oder Teilnehmer nach den allgemeinen Strafgesetzen aus, kommt eine Strafbarkeit aufgrund der Berufspflichtverletzung in Betracht[104]. Es handelt sich bei diesem Sonderdelikt folglich um ein unechtes Unterlassungsdelikt, da der Tatbestand nicht allein infolge der Verletzung der Berufspflicht verwirklicht wird, sondern der Redakteur bzw. Verleger den Eintritt eines Erfolges in Gestalt der Veröffentlichung eines Druckwerks mit strafbarem Inhalt nicht verhindert hat[105]. Dabei führt die genannte Berufspflicht zu einer entsprechenden Garantenstellung[106], an der die Strafbarkeit anderer Personen – z.B. des Verfassers oder Druckers – nichts zu ändern vermag[107].

---

102 Wobei der Verleger dann wiederum für deren sorgfältige Auswahl und fortlaufende Überwachung haftet, siehe *Löffler*[4]*-Kühl* § 20 LPG Rdn. 132; ferner *Löffler/Ricker*, Handbuch des Presserechts (2000), S. 133 Rdn. 11; *Groß*, Presserecht (1999), S. 352 Rdn. 659.

103 *Groß*, Presserecht (1999), S. 352 Rdn. 659; *Löffler*[4]*-Kühl* § 20 LPG Rdn. 136.

104 Die Sonderhaftung des verantwortlichen Redakteurs bzw. Verlegers ist subsidiär, vgl. dazu *Löffler*[4]*-Kühl* § 20 LPG Rdn. 150.

105 *Löffler*[4]*-Kühl* § 20 LPG Rdn. 114 und Rdn. 128.

106 *Groß*, Presserecht (1999), S. 350 Rdn. 656; *ders.*, NStZ 1994, S. 313 f.; *Löffler*[4]*-Kühl* § 20 LPG Rdn. 128. Sogar *Uebbert*, Die strafrechtliche Haftung des verantwortlichen Redakteurs (1995), S. 84, kommt zu diesem Ergebnis. Damit wäre es angesichts der zuvor von ihm dargestellten Pflichtdeliktslehre an sich nahe liegend gewesen, auf die Verbindung von Garanten- und Pflichtdeliktslehre einzugehen, wie sie insbesondere von *Jakobs* betont wird. Dass *Uebbert* dies übersieht, ist darauf zurückzuführen, dass er die Pflichtdelikte unter Hinweis allein auf die Konzeption von *Roxin* bespricht, ohne die zu diesem Zeitpunkt bereits veröffentlichten Ausführungen von *Jakobs* zu erwähnen.

107 *Soehring*, Presserecht (2000), S. 542 Rdn. 26.11; *Groß*, Presserecht (1999), S. 351 Rdn. 658.

b) Garantenstellung und soziologische Rollentheorie

Diese Qualifizierung der Träger presserechtlicher Sonderpflichten als Garanten steht ferner im Einklang mit dem Einfluss, der dem Innehaben einer bestimmten Rolle auf die dadurch hervorgerufenen Verhaltenserwartungen und damit korrespondierenden Pflichten zugeschrieben wurde. Wird zur Begründung derartiger Pflichten – scil. Garantenpflichten – an den Topos der „sozialen Rolle" des Täters angeknüpft, kann dieser Gedanke durch einen Ansatz unterstützt werden, der in der jüngeren Literatur insbesondere von *Brammsen* vertreten wird. Danach lassen sich Garantenstellungen unter Heranziehung der soziologischen Rollentheorie anhand der Verhaltenserwartungen des Alltagslebens – namentlich aus „sozialen Rollen" – herleiten[108]. *Brammsen's* Ausführungen stimmen in weiten Zügen mit den zu Beginn dieses Kapitels erwähnten Erkenntnissen der Medienwirkunsforschung überein. Allerdings wurden seine Ausührungen in der Literatur teilweise kritisch aufgenommen, insbesondere *Jakobs* hat *Brammsen* vorgeworfen, mit dieser Vorgehensweise Garantenstellungen nicht herzuleiten, sondern lediglich bereits existierende und als solche erkannte Garantenstellungen beschreibend aufzuzählen[109]. Vor allem kritisiert *Jakobs*, dass die von *Brammsen* als „außerrechtliche Pflichtenpositionen" bezeichneten Sonderpflichten eben nicht erst im Zuge ihrer Anerkennung als Garantenpflichten ins Rechtliche transformiert werden würden, sondern schon zuvor einer rechtlichen Grundlage bedürfen, um überhaupt in Betracht zu kommen. Ungeachtet dieser Beanstandungen kann der Ansatz von *Brammsen* im vorliegenden Zusammenhang dennoch nutzbar gemacht werden, da ihm selbst *Jakobs* zugesteht, Kriterien zur – zumindest – Kennzeichnung von auf besonderen sozialen Rollen beruhenden Garantenstellungen gefunden zu haben. Nach *Brammsen* sind dazu Garantenpflichten auf Erwartungen zurückführen, die nach außen hin dadurch manifestiert werden, dass ein besonderer sozialer Einflussbereich übernommen wird[110]. Jedoch ist es dabei erforderlich, dass es sich um „Muss-Erwartungen" handelt, also um Verhaltenserwartungen mit zwingendem Charakter, die in bestimmten Situationen an einen vorab bestimmten Personenkreis gerichtet werden[111]. Anhaltspunkte für eine solche „institutionalisierte Verhaltensanforderung"[112] infolge der „Integration in ein soziales System, welches zur Vornahme der konkreten erfolgsvermeidenden Handlung berufen ist"[113], sieht er zum einen

108 *Brammsen*, Die Entstehungsvoraussetzungen der Garantenpflichten (1986), dort insbesondere S. 49 ff. und S. 114 ff.

109 *Jakobs*, Strafrecht AT (1991), S. 801 Fn. 53 unter Punkt (7). Dies bemängelt auch *Grünewald*, Zivilrechtlich begründete Garantenpflichten im Strafrecht? (2001), S. 26: „Und der Schluß vom Sein auf das Sollen ist bekanntlich unzureichend."

110 *Brammsen*, Die Entstehungsvoraussetzungen der Garantenpflichten (1986), S. 115 ff.

111 *Brammsen*, Die Entstehungsvoraussetzungen der Garantenpflichten (1986), S. 116.

112 So *Brammsen*, Die Entstehungsvoraussetzungen der Garantenpflichten (1986), S. 118.

113 *Brammsen*, Die Entstehungsvoraussetzungen der Garantenpflichten (1986), S. 117.

in der Gewährung der für diese Aufgabe notwendigen Eingriffsbefugnisse – eben der Überantwortung eines sozialen Einflussbereichs – und zum anderen in der Identifizierung mit dem System, die sich nach außen in erkennbaren „Rollenübernahmeritualen“[114] manifestiert.

Wendet man *Brammsen's* Kriterien auf die verschiedenen Konstellationen an, anhand derer im Verlauf dieser Arbeit die täterschaftliche Strafbarkeit infolge der Verwendung fremder Texte problematisiert wurde, wird abermals die Bedeutung der presserechtlichen Sonderpflicht von verantwortlichem Redakteur bzw. Verleger verständlich. Gerade diese Personen stellen ein Beispiel für einen Garanten qua außerrechtlicher Pflichtenposition dar. Ihre Eingriffsbefugnisse im obigen Sinn gehen auf ihre – als Verhaltenserwartung mit zwingendem Charakter ausgestaltete – gesetzlich normierte Aufgabe zurück, Druckwerke von strafbaren Inhalten freizuhalten[115]. Wie bereits zur sog. Stellungstheorie ausgeführt, ist in diesem Zusammenhang anerkannt, dass die Person, die als verantwortlicher Redakteur angesehen werden soll, nicht nur als solche im Impressum zu bezeichnen ist, sondern vor allem im Innenverhältnis tatsächlich über die Möglichkeit und Befugnis zur Verhinderung strafbarer Inhalte verfügen muss[116]. Daneben dürfte es sich bei der namentlichen Benennung im Impressum auch ohne weiteres um eine nach außen manifestierte Rollenübernahme im Sinne *Brammsen's* handeln. Selbst wenn es nach der Stellungstheorie darauf nicht ankommt, um eine Person als verantwortlichen Redakteur ansehen zu können, ist die formale Nennung im Impressum dennoch nicht rechtlich irrelevant, da ihr – sofern sie mit Billigung des Benannten erfolgte – die Bedeutung eines außergerichtlichen Geständnisses dafür beigemessen wird, dass der dort Genannte auch wirklich den Posten eines verantwortlichen Redakteurs inne hatte[117]. Von daher ist es konsequent und überzeugend, dass der verantwortliche Redakteur – ebenso wie der Verleger – aufgrund seiner in den Landespressegesetzen normierten Berufspflicht als Garant dafür angesehen wird, dass strafbare Inhalte nicht Eingang in Druckwerke finden. Zur klären ist aber, ob diese Garantenstellung, die mit den Worten von *Brammsen* immerhin als „institutionalisierte Verhaltensanforderung“ umschrieben werden kann, darüber hinaus auch auf ei-

---

114 *Brammsen* nennt beispielhaft die Trauung und die Beamtenvereidigung.

115 Vgl. § 20 Abs. 2 Nr. 1 Bad.-Württ. LPG; § 14 Abs. 2 Nr. 1 Bbg. LPG; § 19 Abs. 2 Nr. 1 Berl. LPG; § 20 Nr. 1 Brem. LPG; § 19 Abs. 2 Nr. 1 Ham. LPG; § 19 Abs. 2 Nr. 1 M.-V. LPG; § 20 Nr. 1 Nieders. LPG; § 21 Abs. 2 Nr. 1 Nordrh.-West. LPG; § 19 Abs. 2 Nr. 1 Rhld.-Pf. LPG; § 20 Abs. 2 Nr. 1 Saarl. LPG; § 12 Abs. 2 Nr. 1 Sächs. LPG; § 12 Nr. 1 Sachs.-Anh. LPG; § 20 Abs. 2 Nr. 1 Schl.-Holst. LPG.

116 So *Löffler*[4]*-Sedelmeier* § 9 LPG Rdn. 29; *Groß*, NStZ 1994, S. 314.

117 KG, Urt. v. 26.11.1997 – (5) 1 Ss 218/93 (41/93) = NJW 1998, S. 1420 (1421); BayObLG, Urt. v. 27.7.1982 – 4 St 41/82 = NStZ 1983, S. 126 (127); LG Göttingen, Urt. v. 5.4.1978 – 3 KLs 17/77 = NJW 1979, S. 1558 (1561); *Löffler/Ricker*, Handbuch des Presserechts (2000), S. 103 Rdn. 23c; *Löffler*[4]*-Sedelmeier* § 9 LPG Rdn. 27.

ne – ein Pflichtdelikt begründende – institutionelle Zuständigkeit im Sinne von *Jakobs* und *Sánchez-Vera* zurückgeführt werden kann.

2. Presserechtliche Sonderpflicht und institutionelle Zuständigkeit

a) Institution qua institutioneller Garantie?

Dazu müsste die presserechtliche Sonderpflicht des verantwortlichen Redakteurs und Verlegers Teil einer Institution oder einer institutionell garantierten Pflichtbeziehung sein und diese Pflichtenträger damit geradezu in eine Institution „hineinziehen". Es liegt – zumindest begrifflich – nahe, diesen Umstand unter Rückgriff auf die verfassungsrechtliche Rechtsprechung und Literatur nachzuweisen, wonach Art. 5 Abs. 1 S. 2 Alt. 1 GG anerkanntermaßen eine institutionelle Garantie enthält. Das bedeutet, dass die Pressefreiheit nicht nur ein subjektives Abwehrrecht darstellt, sondern zugleich die institutionelle Garantie eines freien Pressewesens umfasst[118]. Darunter wird im Wesentlichen die Gewährleistung der Freiheit des Pressewesens in seiner Gesamtheit – also der „Institution Freie Presse" – verstanden, ferner der Schutz des Presseprodukts sowie auch des Presseapparats[119]. Sofern daneben die Rede von einer institutionellen Garantie ist, sind damit vor allem die Bemühungen gemeint, Monopolbildungen im Pressewesen zu verhindern bzw. zu kontrollieren und von Seiten des Staates aus eine strikte Meinungsneutralität zu bewahren, was speziell bei der Gewährung staatlicher Fördermittel von Bedeutung ist[120]. Insgesamt soll diese Deutung als Institution insbesondere die „Vorgegebenheit" einer freien Presse zum Ausdruck bringen[121]. Die Bezeichnungen als Institutsgarantie bzw. als institutionelle Garantie werden dabei oftmals synonym verwendet[122], teilweise wird jedoch auch darauf hingewiesen, dass sich Institutsgarantien auf Einrichtungen des Privatrechts und institutionelle Garantien auf Einrichtungen des öffentlichen Rechts beziehen[123].

---

118 So schon BVerfG, Beschl. v. 6.10.1959 – 1 BvL 118/53 = BVerfGE 10, 118 (121); BK[101]-*Degenhart* Art. 5 Abs. 1 und 2 Rdn. 55; *Maunz/Dürig*[40]*-Herzog* Art. 5 Abs. I, II Rdn. 11; *Löffler/Ricker*, Handbuch des Presserechts (2000), S. 14 Rdn. 1 und S. 46 Rdn. 11; *Löffler*[4]*-Bullinger* Einl. Rdn. 3 und § 1 Rdn. 42 ff.

119 BK[101]-*Degenhart* Art. 5 Abs. 1 und 2 Rdn. 56 und Rdn. 390; *Löffler/Ricker*, Handbuch des Presserechts (2000), S. 59 Rdn. 1 ff. Dazu auch *Maunz/Dürig*[40]*-Herzog* Art. 5 Abs. I, II Rdn. 14a.

120 Z.B. bei BVerfG, Beschl. v. 13.1.1988 – 1 BvR 1548/82 = BVerfGE 77, 346 (354); BK[101]-*Degenhart* Art. 5 Abs. 1 und 2 Rdn. 56 und Rdn. 391; *Löffler/Ricker*, Handbuch des Presserechts (2000), S. 61 Rdn. 6 f.; *Löffler*[4]*-Bullinger* § 1 LPG Rdn. 44 ff.

121 *Groß*, Presserecht (1999), S. 54 Rdn. 85.

122 *Löffler*[4]*-Bullinger* § 1 LPG Rdn. 43.

123 *Maunz/Dürig*[40]*-Herzog* Art. 5 Abs. I, II Rdn. 12; *Löffler*[4]*-Bullinger* § 1 LPG Rdn. 43.

Die Verbindung zur Pflichtdeliktslehre, nach der Pflichtdelikte Ausdruck positiver Institutionen sind und dem Schutz von bereits vorhandenen, rechtlich vorgeformten Lebensbereichen dienen, ist mit dieser institutionellen Auslegung der Pressefreiheit leicht herzustellen, da es gerade derartige einfachgesetzlich schon bestehende Normkomplexe und schützenswerte Lebenssachverhalte sind, die den Bezugspunkt einer solchen institutionellen Gewährleistung ausmachen[124]. Allerdings ist die Bedeutung, die der objektiv-rechtlichen Gewährleistung beigemessen wird, viel zu unterschiedlich, als dass an dieser Stelle allein aufgrund der vorherrschenden Auslegung von Art. 5 Abs. 1 S. 2 Alt. 1 GG als institutionelle Garantie bzw. Institutsgarantie die Existenz einer Garantenpflicht infolge institutioneller Zuständigkeit angenommen werden könnte. Denn zumeist wird die Bedeutung der Institutionalisierung lediglich in der Verstärkung des subjektiven Abwehrrechts gesehen[125]. Sofern sie darüber hinaus als Argument für eine mögliche Einschränkung der Pressefreiheit oder ihre staatliche Inpflichtnahme herhalten soll, wird dies dagegen äußerst kritisch beurteilt[126]. Teilweise wird die Deutung als institutionelle Garantie sogar als überflüssig angesehen und daher gänzlich abgelehnt[127].

b) Pressefreiheit und Institution – Sonderrechte und Sonderpflichten

Wenn somit angesichts dieser Kontroversen der Begriff der Institutsgarantie unmittelbar nicht geeignet ist, die Grundlage für weitere Überlegungen zu bilden, muss noch einmal die Konzeption der Pflichtdeliktslehre aufgegriffen werden, um deren Verständnis einer Institution mit den Erwägungen zu vergleichen, die bei der Pressefreiheit zu der von anderen Grundrechten abweichenden Auslegung geführt haben. Nach *Jakobs* lassen sich Institutionen, die zu einem Pflichtdelikt führen, dadurch auffinden, dass nach Haftungsgründen gesucht wird, die für die Struktur der Gesellschaft von besonders prägender Bedeutung sind[128]. Dabei kommt es darauf an, dass diese Zuständigkeiten auf eine positive Verbindung der Personen gerichtet sind, d.h. auf eine positive Beziehung zwischen dem Pflichtigen und einem Rechtsgut bzw. einer anderen Person, die unabhängig von der konkreten Tat bereits infolge des besonderen Status des Tä-

---

124 BK[101]-*Degenhart* Art. 5 Abs. 1 und 2 Rdn. 55.

125 So von BK[101]-*Degenhart* Art. 5 Abs. 1 und 2 Rdn. 57 und Rdn. 389 ff.; *v. Mangoldt/Klein*[4]-*Starck* Art. 5 Abs. 1, 2 Rdn. 11; *Löffler*[4]-*Bullinger* § 1 LPG Rdn. 43.

126 BK[101]-*Degenhart* Art. 5 Abs. 1 und 2 Rdn. 58; *Maunz/Dürig*[40]-*Herzog* Art. 5 Abs. I, II Rdn. 120 ff.; *Groß*, Presserecht (1999), S. 54 Rdn. 85. *Herzog* nennt es einen „Taschenspielertrick", sofern aus der institutionellen Interpretation der Pressefreiheit neue Ergebnisse gewonnen werden sollen, siehe a.a.O. Rdn. 13. Dagegen sieht *Löffler*, NJW 1965, S. 942 die in den Landespressegesetzen normierte Sorgfaltspflicht als direkte Konsequenz der institutionellen Anerkennung an.

127 So *Maunz/Dürig*[40]-*Herzog* Art. 5 Abs. I, II Rdn. 12 ff.

128 *Jakobs*, Die strafrechtliche Zurechnung von Tun und Unterlassen (1996), S. 32.

ters besteht. Auch dieser Ansatzpunkt zeigt, in welchem speziellen Kontext die presserechtliche Sonderhaftung steht und wie sehr die Gründe, die zu dieser Garantenstellung geführt haben, dem Gedanken einer Institution im Sinne der Pflichtdeliktslehre entsprechen. Denn gerade die Pressefreiheit besitzt für den Staat und die Gesellschaft – eben die erwähnte „Struktur der Gesellschaft" – eine erhebliche Bedeutung, da die Presse das wesentliche Mittel zur Verbreitung von Meinungen ist, woraus sich die spezifische Funktion der Presse für den Prozeß der öffentlichen Meinungsbildung ergibt und wodurch sie für das Funktionieren des demokratischen Staates in einer Weise sorgt, die in ihrer Wichtigkeit kaum überschätzt werden kann[129]. Diese ganz besondere Rolle und Aufgabe in einem freiheitlich-demokratischen Staatswesen ist es, die weithin als „demokratiestaatliche Funktion" der Pressefreiheit bezeichnet wird[130] und die für ihre „schlechthin konstituierende Bedeutung" im Rahmen einer freiheitlich-demokratischen Ordnung verantwortlich ist[131]. Demgemäß wird auch von den Ansichten, die einer Auslegung der Pressefreiheit als institutionelle Garantie bzw. Institutsgarantie eher ablehnend gegenüberstehen, eingeräumt, dass diese tatsächliche Wirkung im gesellschaftlichen Bereich – diese „soziologische Breitenwirkung"[132] – einen Umstand darstellt, der sicherlich als „Institut" bezeichnet werden kann[133].

Da somit die Massenmedien die in einem demokratisch verfassten Staatswesen wichtige Aufgabe erfüllen, an der Meinungsbildung der Bevölkerung mitzuwirken, ist es konsequent, dass im Zuge der – im Wesentlichen zwischen 1964 bis 1966 erfolgten – Novellierung der Pressegesetze der Länder[134] nunmehr auch dort die öffentliche Aufgabe der Presse explizit herausgestellt und anerkannt wird[135]. Diese Funktion der Presse wird zwar häufig als „öffentlich" umschrieben, es handelt sich dabei jedoch um keine staatliche Aufgabe, da Art. 5 Abs. 1 S. 2 Alt. 1 GG gerade das Modell einer staatsfreien Presse verwirklicht[136]. Al-

---

129 BK[101]-*Degenhart* Art. 5 Abs. 1 und 2 Rdn. 10; *Maunz/Dürig*[40]-*Herzog* Art. 5 Abs. I, II Rdn. 119.

130 Derart BK[101]-*Degenhart* Art. 5 Abs. 1 und 2 Rdn. 4; *Maunz/Dürig*[40]-*Herzog* Art. 5 Abs. I, II Rdn. 5 und Rdn. 10a; *v. Mangoldt/Klein*[4]-*Starck* Art. 5 Abs. 1, 2 Rdn. 1.

131 So schon BVerfG, Urt. v. 15.1.1958 – 1 BvR 400/51 = BVerfGE 7, 198 (208) für die Meinungsäußerungsfreiheit, später dann BVerfG, Urt. v. 19.7.1966 – 2 BvF 1/56 = BVerfGE 20, 56 (97) auch für die Pressefreiheit.

132 So *Maunz/Dürig*[40]-*Herzog* Art. 5 Abs. I, II Rdn. 12.

133 *Maunz/Dürig*[40]-*Herzog* Art. 5 Abs. I, II Rdn. 14a.

134 D.h. der alten Bundesländer mit Ausnahme Bayerns. Dazu ausführlich und übersichtlich *Löffler*[4]-*Bullinger* Einl. Rdn. 87 ff. sowie *Löffler*, NJW 1965, S. 942.

135 Jeweils in § 3 der Pressegesetze der Länder. Die einzige Ausnahme ist Hessen, wo eine entsprechende Bestimmung fehlt.

136 BK[101]-*Degenhart* Art. 5 Abs. 1 und 2 Rdn. 542 f.; *Groß*, Presserecht (1999), S. 20 Rdn. 36; *ders.*, JR 1995, S. 485; *Löffler*[4]-*Bullinger* Einl. Rdn. 60 und § 3 LPG Rdn. 28 ff.

lerdings ist die öffentliche Aufgabe der Presse – abgesehen von der insofern missverständlichen[137] Bezeichnung – weithin anerkannt, da erst infolge der durch sie gewährleisteten Unterrichtung des Bürgers dieser seine staatsbürgerlichen Rechte in vollem Umfang ausüben kann[138]. Der dargestellte gesellschaftliche Rang der Pressefreiheit hat schließlich auch seinen Niederschlag gefunden in diversen einfachen Gesetzen, die in ihrer Gesamtheit einen rechtlich vorgeformten Bereich ausmachen, der oben als Grundlage einer institutionellen Zuständigkeit angesehen wurde. Neben der einfachgesetzlich normierten öffentlichen Aufgabe wird insbesondere der Schutz der im Bereich der Presse tätigen Personen durch zahlreiche Regelungen konkretisiert und verstärkt. Der Grund dafür, dass der Gesetzgeber den Presseangehörigen im Vergleich zu anderen Berufstätigen, die in Staat und Gesellschaft ebenfalls Funktionen mit besonderer Bedeutung wahrnehmen, eine derart privilegierte Stellung eingeräumt hat, wird einhellig in der zuvor beschriebenen öffentlichen Aufgabe der Presse erblickt[139]. Die dadurch angestrebte Gewährleistung der rechtlichen Grundbedingungen für eine funktionsfähige Presse ist letztendlich auch der Bezugspunkt, auf den sich die Auslegung von Art. 5 Abs. 1 S. 2 Alt. 1 GG als institutionelle Garantie bezieht[140]. Allein aufgrund dieser speziellen Aufgabe, welche die Presse von allen anderen Berufsgruppen grundlegend unterscheidet, werden ihr besondere Privilegien eingeräumt[141]. Beispielsweise sind die privilegierenden Sozialadäquanzklauseln[142] der §§ 86 Abs. 3, 86a, 131 Abs. 3 StGB Ausdruck und Folge davon, dass sich Presseangehörige bei ihrer Berufsausübung auf Art. 5 Abs. 1 GG berufen können[143]. Zu diesen normierten Privilegien zählen ferner –

137 So BK[101]-*Degenhart* Art. 5 Abs. 1 und 2 Rdn. 393; *v. Mangoldt/Klein*[4]-*Starck* Art. 5 Abs. 1, 2 Rdn. 73.

138 BVerfG, Beschl. v. 3.10.1969 – 1 BvR 46/65 = BVerfGE 27, 71 (81). Eingehend dazu *Maunz/Dürig*[40]-*Herzog* Art. 5 Abs. I, II Rdn. 4 ff. und Rdn. 119; *Löffler/Ricker*, Handbuch des Presserechts (2000), S. 15 Rdn. 4 ff. und S. 38 Rdn. 1; *Löffler*[4]-*Bullinger* § 3 LPG Rdn. 17 ff.; ferner *Groß*, Presserecht (1999), S. 21 Rdn. 37; *ders.*, JR 1995, S. 485.

139 *Löffler/Ricker*, Handbuch des Presserechts (2000), S. 14 Rdn. 1 und S. 63 Rdn. 1; *Löffler*[4]-*Bullinger* § 3 LPG Rdn. 21. *Groß*, Presserecht (1999), S. 53 Rdn. 84 sieht in dieser öffentlichen Aufgabe der Presse den entscheidenden Grund für ihre Institutionalisierung.

140 BK[101]-*Degenhart* Art. 5 Abs. 1 und 2 Rdn. 392.

141 BVerfG, Teilurteil v. 5.8.1966 – 1 BvR 586/62, 610/63 und 512/64 = BVerfGE 20, 162 (176); *Löffler/Ricker*, Handbuch des Presserechts (2000), S. 15 Rdn. 2. Anderer Ansicht sind – zumindest terminologisch – *Maunz/Dürig*[40]-*Herzog* Art. 5 Abs. I, II Rdn. 12 ff., und Rdn. 120 ff. sowie *v. Mangoldt/Klein*[4]-*Starck* Art. 5 Abs. 1, 2 Rdn. 74 f., wonach sich aus der öffentlichen Aufgabe an sich weder Privilegien noch besondere Pflichten ableiten lassen.

142 Zur Bedeutung der sog. Sozialadäquanzklauseln vgl. die Ausführungen im 4. Kapitel unter II. 3. (S. 168).

143 *Löffler/Ricker*, Handbuch des Presserechts (2000), S. 421 Rdn. 7 und S. 436 Rdn. 31. Vgl. dazu auch *Groß*, JR 1995, S. 487 f.

neben den Landespressegesetzen an sich[144] – z.B. das Zeugnisverweigerungsrecht nach § 53 Abs. 1 Nr. 5 StPO und § 383 Abs. 1 Nr. 5 ZPO, die Beschlagnahmeregelungen in den §§ 111m, 111n StPO, die Durchsuchungsvorschriften der §§ 94 ff. StPO, die privilegierte Wahrnehmung berechtigter Interessen gem. § 193 StGB und das sog. Medienprivileg in § 41 Abs. 1 BDSG[145].

Im Hinblick auf diese den Presseangehörigen eingeräumte privilegierte Rechtsstellung wird jedoch darauf hingewiesen, dass derartige Sonderrechte, die sämtlich dem Erhalt der Funktionsfähigkeit der Presse und damit der Sicherung ihrer demokratiestaatlichen Funktion dienen, zwangsläufig und zum selben Zweck auch Sonderpflichten mit sich bringen[146]. Eine derartige besondere Pflicht ist die in den Landespressegesetzen normierte Sorgfaltspflicht der Presse, die dort zugleich mit der Anerkennung der öffentlichen Aufgabe der Presse im Rahmen der Novellierungen der Jahre 1964 bis 1966 eingefügt wurde[147]. Im Fall der Veröffentlichung ehrenrühriger Äußerungen Dritter beispielsweise folgt aus der Sorgfaltspflicht zum einen, dass dies nur in Verbindung mit einer ernsthaften Distanzierung zulässig ist, und zum anderen, dass selbst solche dis-

---

144 Als besonderes Privileg der Landespressegesetze im Vergleich zu anderen Berufsgruppen ist vor allem der Grundsatz der Zulassungsfreiheit zu nennen, der jeweils in § 2 normiert ist. Diese Regelung wird ergänzt durch Art. 18 GG, der eine Verwirkung – praktisch das Verbot der Berufsausübung – an eine entsprechende Entscheidung des Bundesverfassungsgerichts bindet.

145 Siehe dazu BK[101]-*Degenhart* Art. 5 Abs. 1 und 2 Rdn. 435 ff. sowie den Katalog der Presseprivilegien bei *Löffler/Ricker*, Handbuch des Presserechts (2000), S. 63 Rdn. 2 ff. Eingehend zu § 193 StGB *Soehring*, Presserecht (2000), S. 312 Rdn. 15.1 ff.

146 So ausdrücklich BVerfG, Beschl. v. 25.1.1961 – 1 BvR 9/57 = BVerfGE 12, 113 (130); *Soehring*, Presserecht (2000), S. 9 Rdn. 2.1; *Löffler/Ricker*, Handbuch des Presserechts (2000), S. 98 Rdn. 17a; *Löffler*[4]*-Bullinger* Einl. Rdn. 60 sowie § 3 LPG Rdn. 21 und Rdn. 26 f.; *Löffler*[4]*-Steffen* § 6 LPG Rdn. 4; *Löffler*, NJW 1965, S. 942. BK[101]-*Degenhart* Art. 5 Abs. 1 und 2 Rdn. 541 ff. betont zwar, dass „eine wie immer geartete öffentliche Aufgabe" weder Sonderrechte noch Sonderpflichten begründen könne, entnimmt dann aber – im Ergebnis wie hier und ohne Unterschied – entsprechende Aussagen unmittelbar dem Grundrecht der Pressefreiheit. Eine ähnliche Ansicht wird von *Maunz/Dürig*[40]*-Herzog* Art. 5 Abs. I, II Rdn. 120 ff., vertreten. Auch *Herzog* verneint nicht die Existenz von besonderen Bindungen der Presse, sondern lehnt es nur ab, diese mit den Methoden der Begriffsjurisprudenz mittels des Schlagworts der „öffentlichen Aufgabe" zu begründen. Ebenso *v. Mangoldt/Klein*[4]*-Starck* Art. 5 Abs. 1, 2 Rdn. 74. Besondere Pflichten der Presse wurden in Ansehung ihrer öffentlichen Aufgabe im älteren Schrifttum namentlich von *Ridder*, in: *Neumann/Nipperdey/Scheuner*, Die Grundrechte, Zweiter Band (1954), S. 254 ff. hergeleitet. Vgl. dazu kritisch *Maunz/Dürig*[40]*-Herzog* Art. 5 Abs. I, II Rdn. 122.

147 *Soehring*, Presserecht (2000), S. 10 Rdn. 2.4; *Groß*, Presserecht (1999), S. 22 Rdn. 38; *ders.*, JR 1995, S. 486; *Seyfarth*, NJW 1999, S. 1291; *Löffler*[4]*-Steffen* § 6 LPG Rdn. 5; *Löffler*, NJW 1965, S. 942. Die Sorgfaltspflicht ist jeweils in § 6 der Landespressegesetze normiert, nur in Mecklenburg-Vorpommern, Sachsen, Sachsen-Anhalt und Thüringen ist es § 5, in Bayern § 3.

tanzierenden Erklärungen oder der Hinweis, für den Inhalt keine Verantwortung zu übernehmen, von dieser Verpflichtung zur Prüfung einer jeden Veröffentlichung auf ihren Wahrheitsgehalt nicht befreit[148].

Eine weitere besondere Pflicht, die in den Landespressegesetzen im Wechselbezug zur Anerkennung der öffentlichen Aufgabe und bedeutenden gesellschaftlichen Funktion der Presse normiert wurde, stellt die spezielle strafrechtliche Verantwortlichkeit von verantwortlichem Redakteur und Verleger dar[149]. Der Grund für die Schaffung dieses Rechtsinstituts ist in der Gefährlichkeit insbesondere der periodischen Presse zu sehen, die infolge ihres Charakters als Massenmedium nicht nur einen entsprechenden Einfluss auf die öffentliche Meinung hat, sondern den dort tätigen Personen oftmals durch eine Flucht in die Anonymität auch die Möglichkeit gibt, einer straf- oder zivilrechtlichen Haftung zu entkommen[150]. Auf diesen Umstand geht auch die schon wesentlich länger existierende Ordnungspflicht zurück, in Druckwerken Herkunftsangaben in Form eines Impressums aufzunehmen, wo seit jeher Drucker und Verleger anzugeben waren[151]. Daraus resultierte die in den heutigen Landespressegesetzen normierte gesetzliche Verpflichtung erstens einen verantwortlichen Redakteur zu bestellen und diesen zweitens auch im vorgeschriebenen Impressum zu benennen[152]. Im Unterschied zu anderen innerhalb der Presse tätigen Personen wie dem Verleger, dem Herausgeber, dem Chefredakteur oder auch den übrigen Redakteuren stellt der verantwortliche Redakteur die im Rahmen der periodischen Presse

---

148 *Groß*, Presserecht (1999), S. 23 Rdn. 40; *Löffler⁴-Steffen* § 6 LPG Rdn. 158; *Löffler*, NJW 1965, S. 943. Ebenso für die vergleichbare Situation bei Leserbriefen *Soehring*, Presserecht (2000), S. 333 Rdn. 16.19.

149 *Löffler⁴-Steffen* § 6 LPG Rdn. 3 und Rdn. 19.

150 BGH, Beschl. v. 20.2.1990 – 3 StR 278/89 = BGHSt 36, 363 (366); *Soehring*, Presserecht (2000), S. 540 Rdn. 26.8; *Löffler⁴-Sedelmeier* § 7 LPG Rdn. 65 ff. und § 9 LPG Rdn. 2; *Löffler⁴-Kühl* § 20 LPG Rdn. 29 ff. und Rdn. 112. Zur Entstehungsgeschichte siehe abermals die Ausführungen im 3. Kapitel unter II. 3. (S. 100).

151 Vgl. § 8 Abs. 1 Bad.-Württ. LPG; § 7 Bay. LPG; § 8 Abs. 1 Bbg. LPG; § 7 Abs. 1 Berl. LPG; § 8 Abs. 1 Brem. LPG; § 8 Abs. 1 Ham. LPG; § 6 Hess. LPG; § 7 Abs. 1 M.-V. LPG; § 8 Abs. 1 Nieders. LPG; § 8 Abs. 1 Nordrh.-West. LPG; § 8 Abs. 1 Rhld.-Pf. LPG; § 8 Abs. 1 Saarl. LPG; § 6 Abs. 1 Sächs. LPG; § 7 Abs. 1 Sachs.-Anh. LPG; § 8 Abs. 1 Schl.-Holst. LPG; § 7 Abs. 1 Thür. LPG. Dazu *Löffler/Ricker*, Handbuch des Presserechts (2000), S. 94 Rdn. 2 und *Groß*, Presserecht (1999), S. 194 Rdn. 338.

152 § 8 Abs. 2 und 3 Bad.-Württ. LPG; § 8 Bay. LPG; § 8 Abs. 2 und 3 Bbg. LPG; § 7 Abs. 2 und 3 Berl. LPG; § 8 Abs. 2 und 3 Brem. LPG; § 8 Abs. 2 und 3 Ham. LPG; § 7 Hess. LPG; § 7 Abs. 2 und 3 M.-V. LPG; § 8 Abs. 2 und 3 Nieders. LPG; § 8 Abs. 2 und 3 Nordrh.-West. LPG; § 8 Abs. 2 und 3 Rhld.-Pf. LPG; § 8 Abs. 2 und 3 Saarl. LPG; § 6 Abs. 2 und 3 Sächs. LPG; § 7 Abs. 2 und 3 Sachs.-Anh. LPG; § 8 Abs. 2 Schl.-Holst. LPG; § 7 Abs. 2 und 3 Thür. LPG. Dazu eingehend *Löffler/Ricker*, Handbuch des Presserechts (2000), S. 102 Rdn. 22a; *Soehring*, Presserecht (2000), S. 540 Rdn. 26.8; *Löffler⁴-Sedelmeier* § 9 LPG Rdn. 2.

zentrale Rechtsfigur dar[153]. Bei ihm handelt es sich um denjenigen Redakteur, der nach den Landespressegesetzen die explizite Aufgabe besitzt, das periodische Druckwerk von strafbarem Inhalt freizuhalten[154]. Diese Pflicht zur Überprüfung eines Druckwerks bildet seine Hauptaufgabe, sein Pflichtenkreis beschränkt sich auf die Verhütung von Presse-Inhaltsdelikten[155]. Anders als die zuvor genannten Personen ist seine Funktion nicht aus den tatsächlichen Verhältnissen und einem der Praxis des Pressewesens entnommenen Berufsbild gewonnen worden, sondern ausschließlich einer rechtlichen Notwendigkeit geschuldet. Der verantwortliche Redakteur wird daher als „juristische Erfindung" des deutschen Presserechts[156] oder noch deutlicher als eine „der juristischen Begriffsretorte entsprungene Rechtsfigur"[157] bezeichnet. Der tragende Gedanke hinter der presserechtlichen Sonderhaftung war und ist, dass bestimmte Personen – nämlich verantwortlicher Redakteur und Verleger – bereits kraft ihres Berufs verpflichtet sind dafür zu sorgen, dass Druckwerke keinen strafbaren Inhalt enthalten. Diese besondere Haftungsregelung wird als unverzichtbar angesehen, um den staatlichen Strafanspruch gegenüber den bei Erstellung eines Druckwerks tätigen Personen durchzusetzen[158]. Das bedeutet zugleich aber auch, dass alle anderen an der Veröffentlichung eines Druckwerks Beteiligten – als da wären der Verfasser, der Herausgeber, der Drucker, die anderen Redakteure und insbesondere der Chefredakteur – nach dem Willen der Landesgesetzgeber nicht unter die auf eine ganz spezielle Berufspflichtverletzung zugeschnittene Sonderhaftung fallen sollen[159].

---

153 *Löffler*[4]*-Bullinger* Einl. Rdn. 54.

154 Gemäß § 20 Abs. 2 Nr. 1 Bad.-Württ. LPG; § 14 Abs. 2 Nr. 1 Bbg. LPG; § 19 Abs. 2 Nr. 1 Berl. LPG; § 20 Nr. 1 Brem. LPG; § 19 Abs. 2 Nr. 1 Ham. LPG; § 19 Abs. 2 Nr. 1 M.-V. LPG; § 20 Nr. 1 Nieders. LPG; § 21 Abs. 2 Nr. 1 Nordrh.-West. LPG; § 19 Abs. 2 Nr. 1 Rhld.-Pf. LPG; § 20 Abs. 2 Nr. 1 Saarl. LPG; § 12 Abs. 2 Nr. 1 Sächs. LPG; § 12 Nr. 1 Sachs.-Anh. LPG; § 20 Abs. 2 Nr. 1 Schl.-Holst. LPG. Auf die in Bayern und Hessen abweichend gestaltete und in Thüringen gänzlich fehlende Sonderhaftung wurde bereits hingewiesen.

155 *Löffler/Ricker*, Handbuch des Presserechts (2000), S. 103 Rdn. 24a; *Löffler*[4]*-Sedelmeier* § 9 LPG Rdn. 38 und Rdn. 44.

156 So *Löffler*[4]*-Sedelmeier* § 9 LPG Rdn. 3; ebenso *Löffler/Ricker*, Handbuch des Presserechts (2000), S. 102 Rdn. 22.

157 *Löffler*[4]*-Sedelmeier* § 9 LPG Rdn. 17.

158 *Löffler*[4]*-Kühl* § 20 LPG Rdn. 118. Kritisch zu dieser Sichtweise *Uebbert*, Die strafrechtliche Haftung des verantwortlichen Redakteurs (1995), S. 104 ff., der ausgehend von seiner abzulehnenden Prämisse – eine Strafbarkeit nach StGB wegen der Verwirklichung von Äußerungsdelikten läge regelmäßig nicht vor – meint, dass ein Strafanspruch überhaupt erst durch diesen Haftungstatbestand geschaffen werden würde.

159 So *Löffler*[4]*-Kühl* § 20 LPG Rdn. 121. Dass sich allerdings die abgestufte Haftung gem. § 11 Abs. 3 Bay. LPG auch auf den Drucker und Verbreiter des Druckwerks bezieht und § 12 Abs. 2 Nr. 2 Sächs. LPG neben dem Verleger auch den Verfasser und Herausgeber anführt, wurde im 3. Kapitel unter II. 3. (S. Seite 100) erwähnt.

3. Ergebnis

Die presserechtliche Sonderpflicht von verantwortlichem Redakteur und Verleger ist demnach Bestandteil der spezifischen Rechts- und Pflichtenbeziehung, die zur Sicherung der Pressefreiheit vom Gesetzgeber geschaffen wurde. Sie trägt unmittelbar dazu bei, dass die Presse ihre „identitätsbestimmende" gesellschaftliche Aufgabe in einem demokratischen Staatswesen erfüllen kann und ist damit selbst Ausdruck der institutionellen Anerkennung der Pressefreiheit. Von daher kann sie als Teil dieser institutionell garantierten Pflichtbeziehung angesehen werden und macht den verantwortlichen Redakteur bzw. Verleger zu einem in dieser Institution exponierten Pflichtenträger, der dadurch tatsächlich buchstäblich in die Institution hineingezogen wird. Damit führt die presserechtliche Sonderpflicht einerseits zu einem Status, der ein Pflichtdelikt begründet, und andererseits zu einer Garantenstellung qua institutioneller Zuständigkeit.

Jakobs selbst hat eingeräumt, dass institutionelle Zuständigkeiten nur mittels einer genauen Untersuchung der konkreten gesellschaftlichen Umstände aufgefunden werden können[160]. Dies wurde hier unternommen. Die Sonderpflicht von verantwortlichem Redakteur und Verleger reiht sich auch von ihrem Rang her nahtlos ein in den Katalog der von *Jakobs* und *Sánchez-Vera* benannten institutionellen Zuständigkeiten[161]. Insbesondere die „genuin staatlichen Pflichten"[162] werden in vergleichbarer Weise charakterisiert. Diese erkennt *Jakobs* in der Gewährleistung einer elementaren Grundversorgung, der Garantie von äußerer und innerer Sicherheit sowie bestimmter Staatszwecke[163]. Vorgenannte Zwecke beruhen auf der Erwägung, dass der Staat gerade durch diejenigen Leistungen gekennzeichnet wird, die er unverzichtbar zu erbringen hat. *Jakobs* bezeichnet als unverzichtbare Leistungen i.d.S. nur solche Staatsleistungen, für die der Staat zwingend zu sorgen hat und durch die er infolgedessen gewissermaßen definiert wird[164]. Diese Beschreibung entspricht der Situation bei der Pressefreiheit. Hier wie dort geht es um die Garantie elementarer gesellschaftlicher Institutionen, was nur im Fall der Pressefreiheit aus den zuvor genannten

---

160 *Jakobs*, Die strafrechtliche Zurechnung von Tun und Unterlassen (1996), S. 33.

161 Große Ähnlichkeit besteht z.B. mit der schon erwähnten Annahme von *Sánchez-Vera*, Pflichtdelikt und Beteiligung (1999), S. 176 Fn. 37 a.E., wonach die ärztliche Schweigepflicht einer positiven Institution entspringt und demzufolge die Verletzung dieser Pflicht für den Arzt zu einem Pflichtdelikt führt. Denn genauso wie bei der hier relevanten Sonderpflicht von verantwortlichem Redakteur und Verleger handelt es sich bei der Schweigepflicht des Arztes um dessen typische und seinen besonderen Status gegenüber dem Patienten kennzeichnende Berufspflicht.

162 Vgl. zu diesen *Jakobs*, Die strafrechtliche Zurechnung von Tun und Unterlassen (1996), S. 33 f.; *ders.*, Strafrecht AT (1991), S. 828 Rdn. 74.

163 *Jakobs*, Strafrecht AT (1991), S. 831 Rdn. 77c ff.

164 *Jakobs*, Die strafrechtliche Zurechnung von Tun und Unterlassen (1996), S. 34; *ders.*, Strafrecht AT (1991), S. 830 Rdn. 76.

Gründen bewußt gerade nicht als staatliche Aufgabe ausgestaltet worden ist. Aus der öffentlichen Aufgabe der Presse, jedenfalls aber aus der demokratischen Funktion der Pressefreiheit werden ebenfalls zwingende Pflichten abgeleitet, wie z.B. die Sorgfalts- oder Wahrheitspflicht der Presse[165]. Die Beachtung dieser Verpflichtungen hat genauso zur Anerkennung eines Instituts der freien Presse geführt, wie auch nur eine Presse, die diesen Pflichten nachkommt, überhaupt in der Lage ist, einen Beitrag zur politischen Meinungsbildung des Bürgers zu leisten.

Eine weitere Erwägung verdeutlicht, warum es sich im Fall der presserechtlichen Sonderpflicht tatsächlich um eine Pflicht kraft institutioneller Zuständigkeit handelt, die auf eine positive Beziehung gerichtet ist, und nicht nur um eine Haftung qua Organisationszuständigkeit. Nach *Sánchez-Vera* und *Jakobs* vermag eine „isolierte Pflicht" wie z.B. die Leistungspflicht eines vermögensrechtlichen Schuldners einen Status – und damit ein Pflichtdelikt – nicht zu begründen, da sie nicht auf einer Institution basiert[166]. Es handelt sich lediglich um eine Beschränkung des Kreises möglicher Täter, die dem Umstand Rechnung trägt, dass ein bestimmtes Gut nur in einer bestimmten Weise bzw. von einer bestimmten Personengruppe in praktisch besonders relevanter Art angegriffen werden kann[167]. Die presserechtliche Sonderpflicht dagegen ist aufgrund ihrer Normierung in den Landespressegesetzen nicht nur rechtlich fundiert i.S.d. § 13 StGB, sondern darüber hinaus entspricht diese Sonderpflicht auch insofern den durch *Roxin*, *Jakobs* und *Sánchez-Vera* anerkannten Pflichtenstellungen, als dass sie einen vorgegebenen und nicht disponiblen Regelungskomplex ausmacht. Pflichten kraft institutioneller Zuständigkeit sind danach niemals disponibel, da sie dem einzelnen Pflichtigen in seiner Eigenschaft als Rollenträger gemäß seinem Status, den er für die Institution besitzt, zugeschrieben werden[168]. Bei der presserechtlichen Sonderpflicht können dementsprechend der verantwortliche Redakteur sowie der Verleger den Umfang ihrer Pflichten nicht im Wege der Organisation bestimmen, da ihnen ihre Rechtsstellung aufgrund ihrer besonderen Rolle vorgegeben ist. Somit haben Redakteur und Verleger von der Bestellung an ihre Funktion solange inne, bis sie abberufen werden oder ihr

---

165 Derart BVerfG, Beschl. v. 25.1.1961 – 1 BvR 9/57 = BVerfGE 12, 113 (130). Ebenso BK[101]-*Degenhart* Art. 5 Abs. 1 und 2 Rdn. 544, obgleich *Degenhart* betont, dass der missverständliche Begriff einer „öffentlichen Aufgabe" nicht als Ausgangspunkt für eine Inpflichtnahme der Presse herangezogen werden kann, siehe *ders.*, a.a.O., Rdn. 394, Rdn. 543 und Rdn. 546.

166 *Sánchez-Vera*, Pflichtdelikt und Beteiligung (1999), S. 35, im Anschluss an *Jakobs*, Strafrecht AT (1991), S. 724 Rdn. 46. Ebenso LK[11]-*Roxin* § 28 Rdn. 56 und Rdn. 68.

167 *Sánchez-Vera*, Pflichtdelikt und Beteiligung (1999), S. 36, wiederum mit Hinweis auf *Jakobs*, Strafrecht AT (1991), S. 687 Rdn. 24.

168 *Jakobs*, Die strafrechtliche Zurechnung von Tun und Unterlassen (1996), S. 34; *ders.*, Strafrecht AT (1991), S. 220 Rdn. 70.

Amt niederlegen[169]. Das bedeutet, dass eine bloße Nichtausübung der Aufgabe zur Freihaltung des Druckwerks von strafbaren Inhalten nichts an der strafrechtlichen Haftung ändert, und zwar völlig unabhängig davon, aus welchem Grund die Tätigkeit nicht ausgeübt wurde. Das Fehlen jeglichen Einflusses auf die Haftung zeigt sich ferner daran, dass der verantwortliche Redakteur bzw. Verleger seiner strafrechtlichen Verantwortlichkeit – wohlgemerkt: zumindest dem presserechtlichen Sonderhaftungstatbestand[170] – weder durch allgemeine Vorbehaltserklärungen noch durch die ausdrückliche Erklärung, er übernehme für bestimmte Artikel keine Verantwortung, entgehen kann[171]. Daher kann auch die bei den Pflichten kraft Organisationszuständigkeit anerkannte Möglichkeit, durch Übernahme von Pflichten eine Befreiung des primär Verpflichteten zu bewirken[172], auf die presserechtliche Sonderpflicht keine Anwendung finden. Damit dürfte der Unterschied zu einer Haftung infolge Organisationszuständigkeit bereits nachgewiesen sein.

IV. Weitere Ergebnisse und Schlussfolgerungen

Im Rahmen eines Resümees der bisherigen Ergebnisse dieser Untersuchung lassen sich auf der Grundlage der vorangegangenen Kapitel nunmehr eine Reihe von Schlussfolgerungen anstellen.

1. Auswirkungen der Pflichtdeliktslehre in Ansehung des Typus

Als Erstes kann in unmittelbarem Anschluss an obige Ausführungen festgehalten werden, dass sich die presserechtliche Sonderpflicht zur Freihaltung eines Druckwerks von strafbaren Inhalten sehr wohl auf den Nachweis der Täterschaft im Fall der Veröffentlichung fremder Texte auswirkt. Damit hat sich die zuvor in Auseinandersetzung mit der gegenteiligen Ansicht *Uebbert's* dargelegte Überzeugung[173] bestätigt, dass ein Zusammenhang zwischen der presserechtlichen Sonderpflicht, dem Nachweis der Identifikation mit einem fremden Text sowie der Pflichtverletzung bei Äußerungsdelikten besteht. Da die Sonderpflicht des verantwortlichen Redakteurs bzw. Verlegers zu einer institutionellen Zuständigkeit und demzufolge bei Verletzung zu einem Pflichtdelikt führt, sind diese Pflichtenträger infolge ihrer rechtlich vorgegebenen Rolle und

---

169 *Löffler/Ricker*, Handbuch des Presserechts (2000), S. 103 Rdn. 23d; *Löffler*^{4}*-Sedelmeier* § 9 LPG Rdn. 30.

170 Die besondere praktische Bedeutung, die der subsidiären presserechtlichen Haftung zukommt, wenn fremde Texte durch den verantwortlichen Redakteur bzw. Verleger zusammen mit einer Vorbehalts- oder Distanzierungserklärung veröffentlicht werden, wird sogleich erläutert.

171 *Löffler*^{4}*-Sedelmeier* § 9 LPG Rdn. 32.

172 Dazu eingehend *Jakobs*, Strafrecht AT (1991), S. 814 Rdn. 46 ff.

173 Siehe dazu abermals die Stellungnahme im 5. Kapitel unter III. 1. (S. Seite 216).

der damit verknüpften Erwartung hinsichtlich ihrer Sorge für die strafrechtliche Reinheit des Druckwerks grundsätzlich als Täter anzusehen, ohne dass das Zu-Eigen-Machen der fremden Äußerung unter erschöpfender Würdigung aller Umstände des Einzelfalles begründet werden muss. Aufgrund ihrer höchstpersönlichen Pflichtverletzung, die sich im Vorliegen eines Presse-Inhaltsdelikts als der direkten Folge der Verletzung ihrer Pflicht zur Verhinderung inkriminierter Inhalte dokumentiert, kommt es zu einer Situation, die vom Ergebnis her den im 3. Kapitel[174] dargestellten Ausführungen von *Roxin* und *Herzberg* zum Beleidigungstatbestand entspricht: Die Träger presserechtlicher Sonderpflichten haften als positiv Verpflichtete immer als Täter, und zwar völlig unabhängig davon, ob sie Tatherrschaft besaßen, ob sie die Pflichtverletzung durch Tun oder Unterlassen herbeigeführt haben, ob neben ihnen noch andere Personen beteiligt waren und ob der einschlägige gesetzliche Tatbestand bereits nach seinem Wortlaut ein positiviertes Pflichtdelikt enthält[175].

Allerdings muss *Herzberg's* Ansicht, dass eine Garantenpflicht zur Verhinderung des Bekanntwerdens von beleidigenden Äußerungen nicht gleichzusetzen sei mit der beim Pflichtdelikt der Beleidigung durch die Kundgabe eigener Missachtung verletzten höchstpersönlichen Pflicht[176], im Sinne des hier vertretenen Standpunktes korrigiert werden. Da es sich bei § 185 StGB um ein Äußerungsdelikt handelt, welches im Fall der Begehung durch einen Träger presserechtlicher Sonderpflichten als Pflichtdelikt verwirklicht wird, bildet dieser Pflichtige als Täter die Zentralgestalt des tatbestandlichen Geschehens. Das typologische Merkmal der persönlichen Äußerung bzw. der Identifikation kann in einem solchen Fall bereits anhand seiner durch die Verletzung der besonderen Pflichtenstellung geprägten sozialen Rolle begründet werden. Diese Schlussfolgerung steht auch sichtbar im Einklang mit der Rechtsprechung des BVerfG zu Art. 5 Abs. 1 S. 1 Hs. 1 GG, bei der Erfassung des Sinns einer Äußerung allein auf das objektive Verständnis eines unbefangenen und verständigen Publikums abzustellen und dabei nur solche Umstände zu berücksichtigen, die gleichermaßen für den sich Äußernden sowie die Rezipienten erkennbar und bekannt waren[177]. Denn die Stellung als verantwortlicher Redakteur bzw. Verleger ist gerade ein derartiger Umstand, da diese Rolle mit der für beide Seiten ersichtlichen Pflicht zur Kontrolle von Texten auf strafbare Inhalte verbunden ist und sich

---

174 Dort unter II. 5. a) (S. Seite 126).

175 Siehe dazu die zusammenfassende Darstellung der Täterschaft und Teilnahme bei Pflichtdelikten bei *Sánchez-Vera*, Pflichtdelikt und Beteiligung (1999), S. 147 ff.

176 Vgl. *Herzberg*, Die Unterlassung im Strafrecht und das Garantenprinzip (1972), S. 84 ff.

177 So BVerfG, Beschl. v. 10.10.1995 – 1 BvR 1476/91, 1 BvR 1980/91, 1 BvR 102/92 und 1 BvR 221/92 = BVerfGE 93, 266 (295); BVerfG, Beschl. v. 19.4.1990 – 1 BvR 40, 42/86 = BVerfGE 82, 43 (52 f.); *Maunz/Dürig*[40]*-Herzog* Art. 5 Abs. I, II Rdn. 80a f.; *Seyfarth*, NJW 1999, S. 1288; *Seitz*, NJW 1996, S. 1519. Dazu bereits oben im 4. Kapitel unter III. 2. b) a.E. (S. 185).

nach Außen durch das Innehaben einer Position mit entsprechenden tatsächlichen Befugnissen und regelmäßig sogar einer namentlichen Benennung auszeichnet. Ebenso wie jedes Allgemeindelikt als Presse-Inhaltsdelikt verwirklicht werden kann, wenn es mittels der Verbreitung einer Druckschrift begangen wird, begehen Garanten kraft institutioneller Zuständigkeit – hier der verantwortliche Redakteur bzw. Verleger – Jedermannsdelikte demnach als Pflichtdelikte, womit es zu einer umfassenden Täterschaft kommt und die übliche Unterscheidung in Tun und Unterlassen bedeutungslos wird, da allein die Verletzung der besonderen Pflichtenstellung die Strafbarkeit begründet und es nicht von Belang ist, ob diese Verletzung durch Handeln oder Nichthandeln verursacht wurde[178].

Dies belegt die Richtigkeit der weiter oben vertretenen Annahme, dass *Uebbert's* weitere Behauptung, die Veröffentlichungsverfügung des verantwortlichen Redakteurs sage nichts über eine Identifikation mit dem veröffentlichten fremden Text aus, weil ebenso auch nur ein Untätigbleiben vorliegen könnte, nicht zutreffend ist[179]. Die hier wie dort geäußerte Ansicht, dass es nicht darauf ankommt, ob die Entscheidung zur Veröffentlichung durch Tun oder Unterlassen umgesetzt wird, korrespondiert mit den Erkenntnissen der Pflichtdeliktslehre[180]. Der Grund dafür, dass Handeln und Nicht-Handeln trotz aller rechtlichen wie tatsächlichen Unterschiede doch gleichwertig ist, liegt danach darin, dass die Erwartung, andere nicht zu schädigen, immer gleich bleibt und nur je nach dem status quo der eigenen Organisation mal ein Tun und mal ein Unterlassen erfordert. *Sánchez-Vera* hat dargelegt, dass allein die Form der Erwartung – etwas zu Tun oder nur andere nicht zu schädigen – von Bedeutung ist und es dagegen auf die Form der Enttäuschung dieser Erwartung – durch Tun oder durch Unterlassen – nicht entscheidend ankommt, da Letztere aufgrund ihrer Abhängigkeit von der eigenen Organisation beliebig ist[181]. Dies zeige sich beim Begriff des Unterlassungsdelikts selbst, wo nicht unbedingt ein Tun erwartet wird, sondern vielfach ein Unterlassen in Gestalt des Unterlassens eines Eingriffs in eine fremde Rechtssphäre[182]. Selbst wenn in Unterlassungsfällen von der Person des Garanten gefordert wird, eine Verletzung durch sofortiges Handeln abzuwenden, ist Grundlage dieses Handlungsgebots doch das Jedermann gegenüber geltende Verbot, in fremde Rechtssphären einzugreifen. Sollte dagegen aus-

---

178 Vgl. zu diesem Aspekt die Zusammenfassung der Erklärung von *Sánchez-Vera* in diesem Kapitel unter II. 3. (S. 239).

179 Zur Ansicht *Uebbert's* vgl. die Ausführungen im 4. Kapitel unter III. 2. a) (S. 182) und zur Erwiderung im 5. Kapitel unter III. 1. (S. 221).

180 Und insoweit auch wieder mit den Feststellungen von *Herzberg*, Täterschaft und Teilnahme (1977), S. 94, wonach wegen der besonderen Bedeutung der Sonderverantwortlichkeit des Täters die Unterschiede zwischen Begehungs- und Unterlassungsfällen zurücktreten.

181 *Sánchez-Vera*, Pflichtdelikt und Beteiligung (1999), S. 61 und S. 63.

182 *Sánchez-Vera*, Pflichtdelikt und Beteiligung (1999), S. 62.

nahmsweise mal die Form der Erwartung eine doppelte sein, also gleichzeitig ein Tun wie ein Nicht-Schädigen erwartet werden, so handelt es sich um ein Pflichtdelikt[183]. Eben dies ist nun bei den erwähnten Trägern presserechtlicher Sonderpflichten der Fall, da von ihnen aufgrund ihrer institutionell garantierten Pflichtenstellung nicht nur erwartet wird, dass andere Personen durch Presse-Inhaltsdelikte nicht geschädigt werden, sondern dass sie gerade aufgrund ihrer besonderen Berufspflicht und der ihnen in diesem Zusammenhang eingeräumten Befugnisse die Veröffentlichung strafbarer Inhalte von vornherein verhindern. Allein dass sie dieser positiven Verpflichtung nicht nachgekommen sind, ist relevant und begründet die Enttäuschung der an ihre Rolle geknüpften Erwartung[184].

Allerdings muss neben diesen – allein durch die in manchen Fällen anwendbare Pflichtdeliktslehre bewirkten – besonderen Konsequenzen beachtet werden, dass es sich bei der Verantwortlichkeit für fremde Texte und der Frage, welche Äußerungen sich eine Person als eigene zurechnen lassen muss, um ein typologisches Zuordnungsverfahren unter Würdigung der sozialen Rolle des sich Äußernden und den dadurch beeinflussten Erwartungen der Rezipienten handelt. Das bedeutet aber, dass diese Person in ihrer Eigenschaft als Rollenträger den an sie gerichteten Erwartungen auch entgegentreten kann. Weil das Handeln eines Rollenträgers zunächst im Licht der speziell gerade an ihn adressierten Verhaltenserwartung und des dadurch vorgeprägten Eindrucks – genau das ist die Interpretation des äußerlichen Geschehens durch den „juristischen Code" im Sinne *Sánchez-Vera's* – betrachtet werden muss, bevor juristisch beurteilt werden kann, ob er bestimmte strafrechtlich geschützte Erwartungen enttäuscht hat, ist es auch für einen Träger presserechtlicher Sonderpflichten möglich, der Annahme der Identifikation mit fremden Äußerungen vorzubeugen. Genau das ist der Fall, wenn z.B. ein verantwortlicher Redakteur einen fremden Text gemeinsam mit einer ausdrücklichen Distanzierung veröffentlicht. In einer solchen Konstellation läßt sich der Nachweis eines Zu-Eigen-Machens sichtlich nicht führen. Dieser hier vertretenen Auffassung kann nicht entgegengehalten werden, dass auf diese Weise dem Missbrauch durch formelhafte Distanzierungserklärungen der Weg bereitet würde[185]. Denn es kommt weiterhin auf den Gesamteindruck aus der Sicht des Rezipienten an, sodass eine evident formelhafte Distanzierung ohnehin keine Wirkung zu entfalten vermag. Vor allem führt diese Situation, einerseits die Bedeutung des Rezipientenhorizonts als den maßgeblichen Anknüpfungspunkt hervorzuheben, andererseits aber auch die Erkennbarkeit eben dieses Empfängerhorizonts für die sich äußernde Person be-

183 *Sánchez-Vera*, Pflichtdelikt und Beteiligung (1999), S. 63 Fn. 31.

184 Zur Bedeutung der Rolle des Täters beim Nachweis der Identifikation vgl. die Beispiele und Ausführungen im 5. Kapitel unter II. 2. (S. 199).

185 Zu diesem Vorwurf siehe *Pankoke*, Von der Presse- zur Providerhaftung (2000), S. 101.

achten zu müssen, zu keiner im vorliegenden Zusammenhang als neuartig zu bezeichnenden Erkenntnis, sondern zu einer im Zivilrecht allgemein akzeptierten Einsicht im Rahmen der Anwendung der §§ 133, 157 BGB[186]. Dort wird ebenfalls für den Fall, dass neben dem Wortlaut einer Erklärung auch und gerade das Gesamtverhalten des Erklärenden als Begleitumstand Beachtung findet, die Notwendigkeit einer Kollisionsregel zur Bewältigung von Widersprüchen zwischen Erklärung und übrigem Verhalten betont[187]. Gefunden wird diese Regel sodann in dem gemeinrechtlichen Satz „protestatio facto contraria non valet", wonach dem Verhalten gegenüber der Erklärung Vorrang zukommen müsse, da Taten regelmäßig in der Lage sind, Worte Lügen zu strafen und daher den wirklichen Willen besser zu offenbaren geeignet sind[188]. Davon, dass eine aus Sicht des Rezipienten erkennbar formelhafte Distanzierungserklärung die beschriebene Wirkung – die Vermeidung des Eindrucks einer Identifikation – hat, kann also keine Rede sein[189].

Diese Möglichkeit, den aufgrund der besonderen sozialen Rolle entstandenen Eindruck hinsichtlich des eigenen Verhaltens beim Rezipienten im Einzelfall zu relativieren, ist ferner nicht gleichbedeutend mit einer Disponibilität der rechtlich vorgeformten Pflichtenstellung, die sich nach obigen Ausführungen mit der Annahme einer institutionellen Zuständigkeit nicht vereinbaren ließe. Denn an dem besonderen Status des verantwortlichen Redakteurs ändert sich nichts, seine presserechtliche Sonderpflicht – darauf wurde schon hingewiesen[190] – wird von einer Distanzierungs- oder Vorbehaltserklärung nicht berührt. Einzig und allein seine strafrechtliche Haftung wird beeinflusst, und selbst diese nur im Hinblick auf die anwendbaren Vorschriften, da sich die Strafbarkeit dann aus dem presserechtlichen Sonderdelikt selbst ergibt[191]. Damit wird zugleich klar, worin der unmittelbare Anwendungsbereich dieser weiterhin relevanten Sonderhaftung besteht. In den Fällen, in denen eine täterschaftliche Beteiligung des

186 Vgl. MünchKomm[4]-*Mayer-Maly/Busche* § 133 Rdn. 1 ff.; *Palandt*[61]-*Heinrichs* § 133 Rdn. 1 ff.; *Soergel*[12]-*Hefermehl* § 133 Rdn. 1 ff.

187 So bei MünchKomm[4]-*Mayer-Maly/Busche* § 133 Rdn. 45.

188 BGH, Urt. v. 16.12.1964 – VIII ZR 51/63 = NJW 1965, S. 387 (388); MünchKomm[4]-*Mayer-Maly/Busche* § 133 Rdn. 49. Ablehnend gegenüber der Lehre von der protestatio facto contraria äußert sich *Medicus*, AT des BGB (1997), S. 101 Rdn. 249 ff.

189 Ebenso zu Distanzierungserklärungen im Zusammenhang mit dem Einrichten von Hyperlinks *Strömer*, Online-Recht (2002), S. 277 f. Auf diese vergleichbare Problematik im Bereich des Internet wird im 8. Kapitel unter I. 2. b) (S. 317) ausführlich eingegangen.

190 In diesem Kapitel unter III. 3. a.E. (S. 258).

191 Vgl. § 20 Abs. 2 Bad.-Württ. LPG, § 11 Abs. 2 Bay. LPG, § 14 Abs. 2 Bbg. LPG, § 19 Abs. 2 Berl. LPG, § 20 Brem. LPG, § 19 Abs. 2 Ham. LPG, § 11 Abs. 1 Hess. LPG, § 19 Abs. 2 M.-V. LPG, § 20 Nieders. LPG, § 21 Abs. 2 Nordrh.-West. LPG, § 19 Abs. 2 Rhld.-Pf. LPG, § 20 Abs. 2 Saarl. LPG, § 12 Abs. 2 Sächs. LPG, § 12 Sachs.-Anh. LPG und § 20 Abs. 2 Schl.-Holst. LPG.

Sonderpflichtigen am Presse-Inhaltsdelikt ausgeschlossen ist – sei es wegen einer ausdrücklichen Distanzierung vom veröffentlichten Text und der somit ausgeschlossenen Annahme einer Identifikation, sei es wegen Mängeln im subjektiven Tatbestand oder beispielsweise fehlender Schuld – spielt der subsidiäre Auffangtatbestand auch nach der hier vertretenen Auffassung eine Rolle. Mehr noch: Er manifestiert die besondere Verantwortung des Pflichtenträgers, da andere Personen unter vergleichbaren äußeren Umständen in Ermangelung einer entsprechenden Haftungsnorm regelmäßig nicht täterschaftlich haften[192]. Dass diese Rolle aufgrund der durch die institutionelle Zuständigkeit gesteigerten Verantwortlichkeit für das Presse-Inhaltsdelikt nicht übermäßig groß ist, entspricht letztlich dem subsidiären Charakter dieser lediglich hilfsweise anwendbaren Vorschrift sowie ihrer praktischen Bedeutsamkeit[193].

Außerdem ist festzuhalten, dass über das Vorliegen eines Pflichtdelikts der einschlägige Straftatbestand keine Aussage enthält. Anders als dies anfangs noch von *Roxin* angenommen wurde, ergibt sich ein Pflichtdelikt nicht aus der Auslegung des jeweiligen Tatbestandes, sondern aus deliktsunabhängigen institutionellen Zuständigkeiten. Von daher hat die Verknüpfung, die *Roxin* zwischen Beleidigungstatbestand und Pflichtdelikt hergestellt hat, zu richtigen Folgerungen seinerseits geführt, nur lag das verbindende Moment eben nicht in den durch Auslegung gewonnenen tatbestandlichen Besonderheiten von § 185 StGB, sondern vielmehr in der Bedeutung der sozialen Rolle des fremde Äußerungen verbreitenden Täters. Ein Pflichtdelikt liegt also immer dann vor, wenn es nicht nur um das an Jedermann gerichtete Verbot andere zu schädigen geht, sondern sobald gegen eine besondere Verpflichtung infolge einer positiven Institution verstoßen wird, ganz unabhängig davon, ob der einschlägige Tatbestand als Jedermannsdelikt formuliert ist. *Sánchez-Vera* erklärt dies mittels einer Analyse des Vorgangs der Gesetzesinterpretation bei Herrschafts- wie Pflichtdelikten[194]. Er unterscheidet dabei den sog. Kodifikationstatbestand – die wörtliche Formulierung des gesetzlichen Tatbestandes – vom sog. Auslegungstatbestand, welcher einen „überpositiv-rechtlichen" Begriff darstellt und dessen Ermittlung das Ziel einer jeden Auslegungstätigkeit ist[195]. Letzterer ist nicht an den Wortsinn der konkreten Norm gebunden, weil er allein in Ansehung ihrer ratio bestimmt wird. Ersterer ist im Gegensatz dazu durch den Wortlaut vorgegeben und beschränkt, wodurch es vorkommen kann, dass der oftmals Elemente des außerrechtlichen Sprachgebrauchs beinhaltende Kodifikationstatbestand

192 Das macht – dieser Hinweis auf die unmittelbar folgenden Ausführungen sei erlaubt – ein Vergleich zwischen Fallgruppe 1 und 4 deutlich.

193 Dazu *Löffler*[4]*-Kühl* § 20 LPG Rdn. 112 und Rdn. 150 sowie die Einschätzung bereits im 4. Kapitel unter III. 2. b) a.E. (S. 185).

194 *Sánchez-Vera*, Pflichtdelikt und Beteiligung (1999), S. 92 ff.

195 So *Sánchez-Vera*, Pflichtdelikt und Beteiligung (1999), S. 93.

den Auslegungstatbestand nur unzureichend zum Ausdruck bringt. Im Hinblick auf den Auslegungstatbestand sieht er die positiven und negativen Institutionen als zwei äußerst bedeutsame strafrechtliche Auslegungstatbestände an[196]. Die Beobachtung, dass die Formulierung des einschlägigen Tatbestands nicht über das Vorliegen eines Pflicht- oder Herrschaftsdelikts entscheidet, begründet *Sánchez-Vera* also damit, dass der Kodifikationstatbestand Ausdrucksform eines Herrschafts- wie auch zugleich eines Pflichtdelikts sein kann und somit grundsätzlich die Auslegungstatbestände der negativen wie der positiven Institution enthalten kann[197]. Welcher der beiden Auslegungstatbestände im Einzelfall Anwendung findet, richtet sich nach der sozialen Rolle des Täters. Sie bestimmt, ob es sich für ihn um ein Herrschaftsdelikt oder ein Pflichtdelikt handelt[198].

Eine weitere Schlussfolgerung daraus, dass sich aus der sozialen Rolle des Täters natürlich auch dann Konsequenzen ergeben, wenn es sich nicht um einen Träger presserechtlicher Sonderpflichten handelt, ergibt sich für die Würdigung und Gewichtung des Sachverhalts, die durch die Strafgerichte im Rahmen der Entscheidungsbegründung deutlich zu machen ist. Dann nämlich ist bei Delikten, deren Unrechtsgehalt sich in der Äußerung strafrechtlich missbilligter Inhalte erschöpft, zu entscheiden, ob der Sachverhalt dem Erscheinungsbild des Typus der Äußerungsdelikte entspricht[199]. Ebenso wie für das Vorliegen eines Pflichtdelikts ist auch für diese Frage der Wortlaut der konkreten Strafnorm nicht ausschlaggebend[200]. Da in diesen Fällen nicht das Verhalten von Rollenträgern zu beurteilen ist, bei denen sich eine bestimmte Verhaltenserwartung bereits aus ihrer rechtlich fundierten institutionellen Zuständigkeit ergibt, ist vielmehr der leitende Wertungsgesichtspunkt zu beachten, anhand dessen die Zuordnung zum Typus vorzunehmen ist. Dieser liegt bei den Äußerungsdelikten in der Erwägung, dass das strafrechtlich relevante Verhalten in einer Handlung besteht, die grundsätzlich als persönliche Äußerung in den Schutzbereich von Art. 5 Abs. 1 S. 1 Hs. 1 GG fällt. Damit kommt zwangsläufig die anerkannte verfassungsgerichtliche Rechtsprechung zur Anwendung, wonach Gerichte bei Äußerungen nicht von einer zur Verurteilung führenden Deutung ausgehen dürfen, solange nicht mit überzeugenden – und in der Entscheidungsbegründung auch angeführten – Gründen andere Auslegungsmöglichkeiten ausgeschlossen wurden, die für den Erklärenden weniger belastend sind[201]. Der Sinn

196 Wiederum *Sánchez-Vera*, Pflichtdelikt und Beteiligung (1999), S. 93.

197 *Sánchez-Vera*, Pflichtdelikt und Beteiligung (1999), S. 99.

198 So *Sánchez-Vera*, Pflichtdelikt und Beteiligung (1999), S. 100.

199 Siehe dazu im 5. Kapitel unter II. 3. (S. 207) und II. 4. (S. 212).

200 So die Feststellungen im 5. Kapitel unter II. 1. b) (S. 195) und II. 3. (S. 207).

201 BVerfG, Beschl. v. 7.12.1976 – 1 BvR 460/72 = BVerfGE 43, 130 (136 f.); BVerfG, Beschl. v. 19.4.1990 – 1 BvR 40, 42/86 = BVerfGE 82, 43 (52); BVerfG, Beschl. v. 9.10.1991 – 1 BvR 1555/88 = BVerfGE 85, 1 (13 f.); BVerfG, Beschl. v. 10.10.1995 – 1 BvR 1476/91, 1 BvR 1980/91, 1 BvR 102/92 und 1 BvR 221/92 = BVerfGE 93, 266 (295). Siehe dazu

der Äußerung ist unter Berücksichtigung der Person des sich Äußernden zu ermitteln, wobei der sprachliche wie situative Kontext eine bedeutende Rolle spielt[202]. Diese Notwendigkeit, den Sachverhalt wesentlich ausführlicher und anschaulicher aufzubereiten, als das zur Subsumtion abstrakt-begrifflicher Merkmale eigentlich nötig wäre, entspricht somit nicht nur diesen verfassungsgerichtlichen Vorgaben, sondern ist zugleich eine gewichtig Folge des dargestellten typologischen Verständnisses der Äußerungsdelikte. Denn ein typologischer Obersatz verlangt eine viel stärkere Orientierung am Sachverhalt und eine viel umfangreichere Betrachtung des Urteilsgegenstandes[203]. Vor diesem Hintergrund ist es nicht möglich, die Identifikation mit fremden Äußerungen mit plakativen fallunabhängigen Grundsätzen nachzuweisen oder auszuschließen, wie z.B. mittels der Behauptung, bereits aus der Veröffentlichung fremder Texte ohne eigene Distanzierung von deren Inhalt ergebe sich ein entsprechendes Zu-Eigen-Machen. Von den Fällen abgesehen, in denen sich die Annahme der Täterschaft aufgrund einer zuvor festgestellten institutionellen Zuständigkeit zur Verhinderung der Veröffentlichung strafbarer Inhalte vereinfacht – durch Anwendung der Pflichtdeliktslehre – begründen läßt, kann der Nachweis der Identifikation nur unter genauer Herausarbeitung der sozialen Rolle der sich äußernden Person sowie der aus dieser Rolle resultierenden Verhaltenserwartungen geführt werden.

2. *Fallgruppen strafrechtlicher Verantwortlichkeit für fremde Texte*

Damit lassen sich nach alledem Fallgruppen aufstellen, welche den Komplex der strafrechtlichen Verantwortlichkeit für fremde Texte nicht nur in Anbetracht der im 1. Kapitel veranschaulichten phänomenologischen Reichweite vollumfänglich erfassen, sondern auch den im Rahmen dieser Untersuchung aufgezeigten Besonderheiten wie dem typologischen Verständnis der Äußerungsdelikte und der Anwendbarkeit der Pflichtdeliktslehre auf die Träger presserechtlicher Sonderpflichten Rechnung tragen. Die Regel sowie die Ausnahme einer Strafbarkeit für fremde Äußerungen werden auf die Weise in ein berechenbares System gebracht. Zur Verdeutlichung werden diese Fallgruppen unter Zuhilfenahme praktischer Beispiele erläutert, wozu abermals die zu Beginn dieser Arbeit vorgestellten Beispielsfälle dienen können. Zunächst ist in Ansehung obiger Ergebnisse danach zu differenzieren, ob es um die Beurteilung des Verhal-

---

ferner *Maunz/Dürig*[40]*-Herzog* Art. 5 Abs. I, II Rdn. 80a f. und *Soehring/Seelmann-Eggebert*, NJW 2000, S. 2468.

202 So BVerfG, Beschl. v. 16.10.1998 – 1 BvR 590/96 = NJW 1999, S. 2262 (2263); BVerfG, Beschl. v. 10.10.1995 – 1 BvR 1476/91, 1 BvR 1980/91, 1 BvR 102/92 und 1 BvR 221/92 = BVerfGE 93, 266 (295); *Seyfarth*, NJW 1999, S. 1288.

203 Dazu *Leenen*, Typus und Rechtsfindung (1971), S. 182 f. Der Vorgang der Sachverhaltsermittlung vor dem jeweiligen sprachlichen und situativen Kontext wird am Ende dieses Kapitels eingehender erläutert.

tens eines Trägers presserechtlicher Sonderpflichten geht oder nicht. Sollte dies der Fall sein, so ist zwischen weiteren drei Möglichkeiten zu unterscheiden, auf welche ein verantwortlicher Redakteur bzw. Verleger die Publikation eines fremden Textes betreiben kann. Dies kann zum einen unter Anfügung einer ausdrücklichen persönlichen Distanzierung vom Inhalt der fremden Äußerung erfolgen (Fallgruppe 1) oder aber zum anderen auf exakt entgegengesetzte Weise, nämlich in Verbindung mit einer eigenen zustimmenden Äußerung des Pflichtigen (Fallgruppe 2). Ferner kann die Verwendung eines fremden Textes auch gänzlich ohne eigene Erklärung des Redakteurs oder Verlegers geschehen, sodass es an einer offensichtlichen persönlichen Stellungnahme seinerseits zum Inhalt fehlt (Fallgruppe 3). Sofern es sich bei der den fremden Text nutzenden Person dagegen nicht um einen kraft institutioneller Zuständigkeit positiv Verpflichteten handelt, kommt es ausschließlich darauf an, ob die Art und Weise, auf welche die Wiedergabe der fremden Äußerung erfolgt, den Nachweis der Identifikation ermöglicht. Diesbezüglich läßt sich eine Fallkonstellation, in der die Wiedergabe entweder mit einer Distanzierungserklärung einhergeht oder aber ohne jegliche persönliche Kommentierung vorgenommen wird (Fallgruppe 4) von einer Konstellation unterscheiden, in der ein fremder Text zusammen mit einer den strafbaren Inhalt bejahenden persönlichen Erklärung kundgegeben wird (Fallgruppe 5). Der Grund dafür, dass hier im Rahmen von Fallgruppe 4 Sachverhaltsvarianten, die für Träger presserechtlicher Sonderpflichten in den Fallgruppen 1 und 3 separat angeführt sind, gemeinsam behandelt werden, liegt darin, dass sich bei der Beurteilung des Verhaltens von Personen, die nicht in einer besonderen Pflichtbeziehung stehen, keine ähnlich großen Unterschiede ergeben. Genaueres dazu wird sogleich ausgeführt.

a) Fallgruppen 1 bis 3: Verantwortlicher Redakteur und Verleger

Fallgruppe 1 lässt sich anhand der Entscheidung des LG Göttingen vor Augen führen, die im 1. Kapitel unter anderen zur Darstellung der problematischen strafrechtlichen Beurteilung der Wiedergabe des „*Buback*-Nachrufs“ diente[204]. Obwohl in dem dieser Entscheidung zugrunde liegenden Sachverhalt dem inkriminierten Text des anonym gebliebenen Verfassers eine distanzierende Erklärung der Redaktion „in eigener Sache“ an die Seite gestellt wurde, hat das LG Göttingen allein aufgrund der Stellung der beiden Angeklagten als verantwortliche Redakteure deren mittäterschaftliche Strafbarkeit – gemeinsam mit dem unbekannten Verfasser – angenommen. Das Gericht begründete dies insbesondere damit, dass die Aufnahme des fremden Artikels in die Druckschrift durch die Angeklagten „nach vernünftiger Betrachtungsweise“ nur als Aus-

204 LG Göttingen, Urt. v. 5.4.1978 – 3 KLs 17/77 = NJW 1979, S. 1558 = 3. Beispielsfall im 1. Kapitel. Siehe zu dieser Entscheidung auch die Anmerkung im 3. Kapitel unter II. 3. (S. 121).

druck ihrer eigenen Missachtung der Person *Buback's* verstanden werden könne[205]. Diese Entscheidung ist im vorliegenden Zusammenhang in mehrfacher Hinsicht ergiebig. Bereits die Eigenschaft der beiden Angeklagten als verantwortliche Redakteure weist die Besonderheit auf, dass lediglich einer von ihnen in dieser Funktion im Impressum genannt wurde, beide aber tatsächlich die Aufgabe wahrgenommen haben. Im Einklang mit obigen Ausführungen zur sog. Stellungstheorie[206] hat das Gericht beide Personen in Ansehung ihrer Eingriffsbefugnisse im Innenverhältnis zutreffend als verantwortliche Redakteure angesehen. Jedoch ist die Einschätzung der rechtlichen Auswirkungen der Vorbehaltserklärung nur im Ergebnis korrekt. Zunächst ist die Feststellung des LG, dass die Angeklagten eine Haftung für den inkriminierten Inhalt des fremden Textes einzig durch rechtzeitige Amtsniederlegung, nicht aber durch eine Distanzierungserklärung vermeiden konnten, falsch. Denn diese Aussage gilt allein für die Haftung aus dem presserechtlichen Sonderdelikt, die – wie ausgeführt – von einer Distanzierungs- oder Vorbehaltserklärung nicht beeinflusst wird. Dieses Delikt aber wurde vom LG Göttingen überhaupt nicht geprüft, sondern erörtert wurde eine täterschaftliche Strafbarkeit wegen Beteiligung unmittelbar an den verwirklichten Presse-Inhaltsdelikten. Diese Haftung setzt allerdings als wesentliche Voraussetzung die Identifikation mit der fremden Äußerung voraus, welche sich aus den Umständen der Erklärung und dem dadurch beim Rezipienten hervorgerufenen Eindruck ergeben muss. Und dieser Eindruck eines Zu-Eigen-Machens wird durch den Abdruck einer persönlichen Erklärung, wonach man sich vom Inhalt des fremden Artikels distanziert, effektiv ausgeschlossen. Einzig und allein wegen der spezifischen Umstände der Distanzierungserklärung in diesem konkreten Fall konnte die Erklärung der Redaktion „in eigener Sache" diese Wirkung nicht auslösen. Denn wie zuvor beschrieben sind ausschließlich die Träger presserechtlicher Sonderpflichten aufgrund ihrer durch die spezielle Pflichtenstellung gekennzeichneten Rolle Adressaten besonderer Verhaltenserwartungen im Hinblick auf die Kontrolle von Druckwerken auf strafbare Inhalte, sodass gleichfalls nur sie auf die an ihre Rolle geknüpften Erwartungen einwirken können. Eine einzige Vorbehaltserklärung, die von den Pflichtenträgern gemeinsam mit anderen Angehörigen der gesamten Redaktion abgegeben wird, ist nicht in der Lage, etwas an dem Eindruck zu ändern, den die Verletzung der Pflicht dieser allein institutionell zuständigen Personen hervorruft. Da Erwartungen auf gemeinsamen Identifikationsprinzipien in Gestalt der sozialen Rolle eines Individuums in der Gesellschaft basieren, diese Rolle aber für die verantwortlichen Redakteure wegen ihrer institutionell abgesicherten Pflichtenstellung eine ganz andere ist als für sonstige Redaktionsmitglieder, kann eine gemeinsame Erklärung dieser Personen das völlig unterschiedliche

---

205 LG Göttingen, Urt. v. 5.4.1978 – 3 KLs 17/77 = NJW 1979, S. 1558 (1561).

206 Dazu in diesem Kapitel unter III. 1. a) (S. 245).

Rollenverständnis auf Seiten des Rezipienten nicht beeinflussen. Während also eine Distanzierungserklärung allein der beiden Angeklagten die Annahme einer Identifikation mit dem fremden Artikel ausgeschlossen und zu einer Strafbarkeit nach der landespresserechtlichen Sonderstrafvorschrift geführt hätte, war es angesichts der Umstände dieses Falles im Ergebnis zutreffend, sie als Täter der Presse-Inhaltsdelikte anzusehen. Die Begründung des LG, wonach sich die Veröffentlichung eines inkriminierten fremden Artikels durch den verantwortlichen Redakteur als Manifestation des eigenen Zu-Eigen-Machens darstellt, befindet sich ansonsten ganz im Einklang mit der hier vertretenen Ansicht.

Soweit das LG Göttingen diese beiden Täter allerdings gemeinsam mit dem unbekannt gebliebenen Verfasser als Mittäter bezeichnet, ist diese Beurteilung vom Blickwinkel der Pflichtdeliktslehre aus zu korrigieren[207]. Denn während sich die Täterschaft der angeklagten verantwortlichen Redakteure aus ihrer Stellung als Garanten kraft institutioneller Zuständigkeit ergibt, handelt es sich bei dem Verfasser des „*Buback*-Nachrufs" um einen Täter aufgrund Tatherrschaft. Die Annahme von Mittäterschaft zwischen dem Täter eines Pflichtdelikts und dem Täter eines Herrschaftsdelikts ist jedoch ausgeschlossen, da Mittäterschaft einheitliche Zurechnungskriterien der Beteiligten voraussetzt, die Pflichtverletzung bei den Pflichtdelikten aber – ebenso wie die Pflicht selbst – immer höchstpersönlich ist und somit nicht mit einer Jedermannsverletzung der Herrschaftsdelikte zusammenfallen kann[208]. Das bedeutet, dass in solchen Fällen eines zufälligen – rein äußerlichen – Zusammenwirkens mehrerer Alleintäter zu einem tatbestandlichen Erfolg Nebentäterschaft vorliegt[209]. Schließlich ist wegen der Höchstpersönlichkeit der Pflicht auch eine Mittäterschaft zwischen zwei jeweils positiv Verpflichteten nicht denkbar[210]. Daher ist hinsichtlich der zwei angeklagten Redakteure in der Entscheidung des LG Göttingen statt dessen Alleintäterschaft jedes der beiden anzunehmen.

Der 3. Beispielsfall kann außerdem mit der ebenfalls dort besprochenen Entscheidung des OLG Braunschweig zur Veranschaulichung der obigen Fallgruppe 3 nutzbar gemacht werden, d.h. einer Konstellation, in der ein presserechtlicher Pflichtenträger die Veröffentlichung eines fremden Textes nicht verhindert, ohne dass dies mit einer eigenen – distanzierenden oder zustimmenden – Erklärung seinerseits einhergeht[211]. Das OLG hat allein mit diesem Umstand

---

207 Das gilt genauso für die Ausführungen bei *Löffler/Ricker*, Handbuch des Presserechts (2000), S. 425 Rdn. 17 und *Löffler*[4]*-Kühl* § 20 LPG Rdn. 87.

208 Dazu *Sánchez-Vera*, Pflichtdelikt und Beteiligung (1999), S. 158 ff.

209 *Roxin*, Täterschaft und Tatherrschaft (2000), S. 357; *Sánchez-Vera*, Pflichtdelikt und Beteiligung (1999), S. 158.

210 *Sánchez-Vera*, Pflichtdelikt und Beteiligung (1999), S. 158 f.

211 OLG Braunschweig, Urt. v. 22.5.1978 – Ss (S) 43/78 = NJW 1978, S. 2044, vgl. auch das Zitat im 3. Kapitel unter II. 4. (S. 124).

ohne Heranziehung weiterer Einzelheiten des konkreten Falles das Zu-Eigen-Machen bejaht, was dem hier unter Zuhilfenahme der Pflichtdeliktslehre entwickelten Ergebnis entspricht. Dort wie hier wird es bei einer Tatbegehung durch Garanten kraft institutioneller Zuständigkeit für entbehrlich gehalten, die im Fall der Verwirklichung von Äußerungsdelikten typologisch verstandenen Merkmale der „Identifikation" bzw. „persönlichen Äußerung" im Wege einer ausführlichen Aufbereitung des Sachverhalts mitsamt der einzelfallbezogenen Art und Weise der Wiedergabe der fremden Äußerung sowie einer eingehenden Schilderung der sozialen Rolle des Täters nachzuweisen[212]. Denn diese Darlegungen werden ersetzt durch die mit der Rollenübernahme als Träger presserechtlicher Sonderpflichten verbundenen institutionalisierten Verhaltenserwartungen, welche dann wiederum lediglich noch durch eine von dem Pflichtigen persönlich in diesem Zusammenhang erklärte Distanzierung modifiziert werden können, was auch das OLG Braunschweig in Erwägung zieht[213]. Gerade deshalb ist es bei der Feststellung des Sachverhalts durch die Strafgerichte von größter Bedeutung, diesen Unterschied zu beachten und die relevanten Angaben zu machen.

In einer unzureichenden Sachverhaltswürdigung durch die Vorinstanz bestand dementsprechend auch die entscheidende Schwierigkeit für den BGH im 7. Beispielsfall, in dem ebenfalls der Abdruck eines Textes mit strafbarem Inhalt durch den angeklagten „presserechtlich verantwortlichen" Redakteur – der sich selbst darüber hinaus in keiner Weise persönlich äußerte – nicht verhindert wurde[214]. Gemäß dem im vorinstanzlichen Urteil wiedergegebenen Sachverhalt, in dem der Angeklagte einerseits terminologisch ungenau als „presserechtlich Verantwortlicher" bezeichnet wurde, andererseits aber sein Vetorecht zur effektiven Verhinderung von seines Erachtens strafbaren Inhalten bezweifelt wurde, sah sich der BGH angesichts der Anforderungen gemäß der Stellungstheorie nicht in der Lage, die Eigenschaft als verantwortlicher Redakteur zu bejahen. Dabei deuten die Ausführungen des 3. Senats allerdings darauf hin, dass im Fall einer zweifelsfreien Feststellung dieser Stellung die Annahme der Täterschaft des Angeklagten im Wesentlichen auf diesen Umstand gestützt worden wäre[215]. Das korrespondiert im Ansatz sowie im Ergebnis mit der hier vorgeschlagenen Lösung. Freilich muss hiernach die Begründung für die täterschaftliche Strafbarkeit in der Verletzung der presserechtlichen Sonderpflicht und den Aussagen der Pflichtdeliktslehre gesehen werden. Vor allem bedarf es

---

212 Zu diesem Kennzeichen typologischer Argumenation siehe die Erklärung im 5. Kapitel unter II. 2. a.E. (S. 205).

213 OLG Braunschweig, Urt. v. 22.5.1978 – Ss (S) 43/78 = NJW 1978, S. 2044 (2046).

214 BGH, Urt. v. 9.4.1997 – 3 StR 387/96 = BGHSt 43, 41 = NJW 1997, S. 2248 mit vollständigem Sachverhalt.

215 Gemeint ist die Passage bei BGH, Urt. v. 9.4.1997 – 3 StR 387/96 = BGHSt 43, 41 (49 f.).

dazu keiner Bezugnahme auf die Vermutungsregelung in § 11 Abs. 2 Bay LPG oder § 11 Abs. 1 Hess. LPG, so wie dies der BGH scheinbar in Erwägung zieht[216]. Letztlich war es aber zutreffend, den Angeklagten auf Grundlage des beschriebenen Sachverhalts nicht als Adressat einer institutionalisierten Verhaltenserwartung anzusehen, da wegen seiner wohl fehlenden tatsächlichen Entscheidungsbefugnisse bereits eine auf einer besonderen sozialen Rolle beruhende Garantenstellung hätte verneint werden müssen. Dass der 3. Senat anschließend zur Prüfung der Mittäterschaft des Angeklagten – gemeinsam mit den anderen Mitgliedern der Redaktion – übergeht, dabei auf seine Tatherrschaft ebenso wie auf die einzelfallabhängigen Umstände der Veröffentlichung der jeweiligen „Tatausgabe" der Druckschrift abstellt und die einschlägige Strafvorschrift § 20 Abs. 1 Nr. 4 VereinsG nach den Grundsätzen eines Äußerungsdelikts prüft, stimmt mit dem im 5. Kapitel dargelegten typologischen Verständnis der Äußerungsdelikte überein. Auch die Vorgehensweise, nach Ablehnung einer – nur bei Vorliegen eines Pflichtdelikts ausgeschlossenen – Mittäterschaft das Verhalten des Angeklagten unter dem Blickwinkel der Beihilfe zu untersuchen, läuft exakt auf die für Fallgruppe 4 anvisierte Lösung hinaus. Jedoch setzt die Prüfung einer möglichen Teilnahme gemäß dem hier vertretenen Standpunkt zwingend voraus, dass zuvor eine abschließende Entscheidung der Frage, ob der Angeklagte die Stellung eines sonderpflichtigen verantwortlichen Redakteurs besaß oder nicht, getroffen worden ist. Nur in letzterem Fall wären die Teilnahmeregeln nicht infolge einer umfassenden Täterschaft des Pflichtigen von vornherein unanwendbar. Da sich Fallgruppe 3 und 4 durch das Vorhandensein einer Person, für die das zu beurteilende Verhalten einmal ein Pflichtdelikt darstellt und einmal nicht, grundlegend unterscheiden, hätte der BGH im 7. Beispielsfall als Revisionsgericht die Sache in Anbetracht dieser vom Sachverhalt her bestehenden Ungewissheit gem. § 354 Abs. 2 StPO zur erneuten Entscheidung an die Vorinstanz zurückverweisen müssen.

Mittels einer weiteren im Rahmen des 3. Beispielsfalls erwähnten Entscheidung – dem Urteil des LG Berlin – sowie der dem 2. Beispielsfall zugrunde liegenden Entscheidung des OLG Schleswig kann schließlich Fallgruppe 2 illustriert werden, die den anderen besprochenen Fallgruppen insofern gegenübersteht, als dass hier die Verwendung eines fremden Textes verbunden wird mit einer diesem Text zustimmenden eigenen Erklärung des sonderpflichtigen Redakteurs oder Verlegers. Diese Fallgruppe dürfte die geringsten Schwierigkeiten bereiten und ebenso in der Vergangenheit bereitet haben, da das Vorhandensein einer beipflichtenden persönlichen Erklärung der eine fremde Äußerung publizierenden Person ohne weiteres die schon bisher üblichen Anforderungen an den Nachweis der Identifikation erfüllt. Von daher müssten die bislang zu dieser Fallgruppe ergangenen Entscheidungen auch ohne Beachtung der Erkenntnisse der Pflichtdeliktslehre zu

216 So BGH, Urt. v. 9.4.1997 – 3 StR 387/96 = BGHSt 43, 41 (50).

vergleichbaren Ergebnissen geführt haben. So erlaubt der durch das OLG Schleswig festgestellte Sachverhalt, in dem der verantwortliche Redakteur mittels einer eigenen Anmerkung seine Sympathie gegenüber dem Verfasser eines inkriminierten Leserbriefes zum Ausdruck bringt, das Zu-Eigen-Machen des strafbaren Inhalts des Leserbriefes durch den Redakteur allein mit dieser persönlichen Äußerung zu begründen[217]. Als Beispiel, wie dennoch selbst derart problemlose Sachverhaltskonstellationen unrichtig beurteilt werden, kann demgegenüber das Urteil des LG Berlin dienen[218]. Obwohl die angeklagten Redakteure dem von ihnen veröffentlichen Abdruck des „*Buback*-Nachrufs" eine eigene Erklärung vorangestellt haben, die ausweislich der Entscheidungsgründe sogar im Einklang mit dem inkriminierten fremden Text „in übersteigerter und provozierender Weise" Vorwürfe gegen den Staat und die Organe der Bundesrepublik enthält, hat das LG das Vorliegen einer Identifikation abgelehnt[219]. Diese Ansicht ist unzutreffend und in keiner Weise mit dem Eindruck zu vereinbaren, den sich ein unbefangener Leser angesichts dieses Sachverhalts bilden wird[220]. Insbesondere ist es falsch, dass das Gericht die Strafbarkeit der einen fremden Text publizierenden Personen zwingend davon abhängig macht, dass deren beigefügte Erklärung unmittelbar selbst einen strafbaren Inhalt aufweist. Abgesehen davon führt nach dem hier eingenommenen Standpunkt auch bereits der Umstand, dass es sich bei den verantwortlichen Redakteuren um Täter eines Pflichtdelikts handelt, zum gegenteiligen Ergebnis.

Wenn diese Fallgruppe 2 gerade als problemlos bezeichnet wurde, da die Existenz einer persönlichen, einem fremden strafbaren Text unmissverständlich zustimmenden Erklärung bereits für sich allein zur Begründung der Identifikation mit diesem Text ausreicht, könnte es nahe liegen, die Berechtigung der Anwendung der Pflichtdeliktslehre in Frage zu stellen. Die akribische Unterscheidung zwischen institutioneller Zuständigkeit und typologisch begründeter Identifikation, zwischen Fallgruppe 2 und Fallgruppe 5, liefe wegen des auf den ersten Blick eindeutigen und identischen Ergebnisses Gefahr, als „akademisches Glasperlenspiel"[221] abgelehnt zu werden. Allerdings ist diese Befürchtung nur vordergründig berechtigt und die Nivellierung der genannten Unterschiede nur vermeintlich ohne Konsequenzen. Denn die Erkenntnis, dass der institutionell zuständige verantwortliche Redakteur bzw. Verleger in dieser Konstellation nicht nur aufgrund seiner Tatherrschaft Täter eines Presse-Inhaltsdelikts ist, sondern zugleich als positiv Verpflichteter Täter eines Pflichtdelikts, hat sehr

---

217 OLG Schleswig, Urt. v. 14.12.1977 – 1 Ss 706/77 = MDR 1978, S. 333.

218 LG Berlin, Urt. v. 7.11.1978 – (512) 1 P KLs 2/78 (57/78) = JR 1981, S. 120.

219 So LG Berlin, Urt. v. 7.11.1978 – (512) 1 P KLs 2/78 (57/78) = JR 1981, S. 120 (121).

220 Zu diesem Beurteilungsmaßstab vgl. die Nachweise im 4. Kapitel unter III. 2. b) (S. 183).

221 Formulierung nach *Sowada*, Die „notwendige Teilnahme" als funktionales Privilegierungsmodell (1992), S. 14, und *Hilgendorf*, NStZ 2000, S. 518, dort jeweils in anderem Zusammenhang.

wohl Auswirkungen. *Sánchez-Vera* macht darauf aufmerksam, dass unbesehen der Verletzung einer positiven Pflicht parallel immer auch eine täterschaftliche Haftung infolge Tatherrschaft in Betracht kommt, denn eine positive Institution schließt die negative Institution mit ein[222]. Das bedeutet, dass die positive Verpflichtung zur Sorge für ein bestimmtes Gut notwendig ebenfalls das gegenüber jedermann geltende Verbot beinhaltet, andere Personen zu schädigen. Die Verhaltenserwartungen an Pflichtenträger kraft institutioneller Zuständigkeit sind also zweifach: Wer positiv verpflichtet ist und die negative Institution verletzt, verstößt damit automatisch auch gegen die positive Institution. Wer dagegen positiv verpflichtet ist und die positive Institution verletzt, verstößt damit nicht zwangsläufig gegen die negative Institution[223]. Dieses Verhältnis zwischen institutioneller Zuständigkeit und Tatherrschaft bezogen auf die Person eines presserechtlichen Pflichtenträgers lässt sich durch einen Vergleich mit Fallgruppe 5 anschaulich demonstrieren. Dort verstößt der Täter eines Herrschaftsdelikts ohne besondere Pflichtenstellung gegen das Nicht-Schädigungs-Verbot, indem er sich mittels seiner zustimmenden Erklärung eine fremde strafbare Äußerung zu Eigen macht und damit das entsprechende Äußerungsdelikt selbst verwirklicht. Das typenbildende Merkmal der persönlichen Äußerung liegt in dieser Fallgestaltung in einem solchen Stärkegrad und einer so deutlichen Ausprägung vor, dass daneben die weiteren Umstände der Wiedergabe der fremden Äußerung sowie die soziale Rolle des Täters keine so große Bedeutung besitzen, wie dies etwa in Fallgruppe 3 oder 4 anzunehmen wäre. Übertragen auf Fallgruppe 2 lässt sich folgendes Beispiel bilden: Unterbindet ein positiv Verpflichteter – z.B. ein verantwortlicher Redakteur – die Publikation eines inkriminierten fremden Textes lediglich nicht, ohne dass er sich dazu in irgendeiner Weise persönlich äußert, so verletzt er angesichts seiner institutionellen Zuständigkeit allein die positive Institution, begeht aber nicht unbedingt obendrein ein Herrschaftsdelikt. Das wurde oben zu Fallgruppe 3 ausführlich dargelegt und begründet. Wenn dagegen ein verantwortlicher Redakteur einen inkriminierten Artikel, dessen Veröffentlichung er nicht verhindert hat, mit den beipflichtenden Worten „und Recht hat dieser Verfasser" kommentiert, verletzt er damit aufgrund seiner Tatherrschaft nicht nur das Verbot, niemanden durch die Begehung von Straftaten zu schädigen, sondern zugleich die positive Institution, für die strafrechtliche Reinheit des Druckwerks Sorge zu tragen und damit die Begehung von Presse-Inhaltsdelikten zu verhindern. Dies zu beachten ist nicht unwichtig, da es ebenso Fälle geben kann, in denen aus Tatherrschaftssicht lediglich eine Gehilfenhandlung vorliegt, der vermeintliche Gehilfe aber dennoch infolge seiner institutionellen Zuständigkeit täterschaftlich haftet[224]. Aus diesen

---

222 Dazu *Sánchez-Vera*, Pflichtdelikt und Beteiligung (1999), S. 150 ff.

223 *Sánchez-Vera*, Pflichtdelikt und Beteiligung (1999), S. 98 f. und S. 150 f.

224 Dazu *Sánchez-Vera*, Pflichtdelikt und Beteiligung (1999), S. 151.

Erwägungen zur Parallelität von Herrschafts- und Pflichtdelikt folgt außerdem, dass es in Fällen wie dem Letztgenannten, in denen der Pflichtige zugleich aufgrund seiner Tatherrschaft als Täter anzusehen ist, zur Annahme von Mittäterschaft mit anderen Personen wie z.B. dem Verfasser des inkriminierten Textes kommen kann[225]. Das gilt allerdings aus den bei Fallgruppe 1 genannten Gründen nur hinsichtlich des Herrschaftsdelikts, nicht aber auch des Pflichtdelikts. In Bezug auf die daraus resultierende konkurrenzrechtliche Frage nach dem Verhältnis zwischen einem Herrschafts- und einem Pflichtdelikt, die beide in der Person des Pflichtigen zusammentreffen, wird ein Fall der Spezialität angenommen, d.h. die Verletzung der positiven Institution verdrängt als lex specialis die Verletzung der negativen Institution[226].

b) Fallgruppen 4 und 5: Nicht positiv verpflichtete Personen

Die Fallgruppen 4 und 5 letztendlich können anhand des 5. und 6. Beispielsfalles veranschaulicht werden, wobei auf die letzte Fallgruppe an dieser Stelle nicht weiter eingegangen wird, da diese schon zuvor vergleichsweise herangezogen wurde und angesichts des Vorliegens einer die strafbare fremde Äußerung gutheißenden persönlichen Erklärung selbst im Rahmen einer ausführlichen typologischen Würdigung des Sachverhalts keine besonderen Probleme bereitet. Insgesamt geht es in beiden Konstellationen um die Beurteilung der strafrechtlichen Verantwortlichkeit wegen der Verwendung fremder Texte, ohne dass es sich für eine der Personen um ein Pflichtdelikt handelt. Wie im 5. Kapitel erläutert, kommt es in derartigen Fällen darauf an, auf der Basis einer eingehenden Sachverhaltsanalyse die soziale Rolle der sich äußernden Person sowie die Umstände der Wiedergabe der fremden Äußerung herauszuarbeiten, um so eine Aussage über den Verständnishorizont des Rezipienten machen zu können. Allein auf diese Weise lassen sich die typenbildenden, abstufbaren Merkmale der persönlichen Äußerung bzw. der Identifikation mit einer fremden Äußerung einzelfallbezogen beurteilen.

In der als 5. Beispielsfall angeführten Entscheidung hat das OLG Koblenz die Identifikation der angeklagten Religionspädagogin mit dem Inhalt der von den durch sie betreuten Jugendlichen angefertigten Collagen bereits deswegen bejaht, weil sie von ihr im gemeindlichen Gruppenraum ausgestellt – also veröffentlicht – worden sind, ohne dass sie sich von deren Aussagen distanziert hat[227]. Diese Begründung des OLG ist unzureichend und wenig überzeugend. Hätte es sich bei der handelnden Person um einen kraft positiver Institution Verpflichteten gehandelt, wäre die Argumentation aufgrund der institutionali-

225 *Sánchez-Vera*, Pflichtdelikt und Beteiligung (1999), S. 172 f.

226 So *Sánchez-Vera*, Pflichtdelikt und Beteiligung (1999), S. 209 f.

227 OLG Koblenz, Urt. v. 24.5.1984 – 1 Ss 132/84 = StV 1985, S. 15 (16). Vgl. dazu außerdem die Ausführungen im 3. Kapitel unter II. 2. (S. 115).

sierten Verhaltenserwartung und dem Status als Inhaber einer besonderen, mit ganz bestimmten gesellschaftlich bekannten wie vorausgesetzten Pflichten verbundenen Rolle plausibel gewesen. Der vom Gericht festgestellte Sachverhalt aber kann die Annahme einer Identifikation tatsächlich auch nicht bestätigen. Vielmehr spricht das OLG selbst davon, dass die Pädagogin alle Collagen – d.h. nicht nur die inkriminierte Arbeit – aufgehängt hat, und zwar insbesondere, um die Bemühungen der Jugendlichen zu honorieren. In diesem Verhalten eine persönliche Äußerung der Angeklagten zu sehen, ist in keiner Weise durch das Verständnis der Rezipienten und deren Eindruck hinsichtlich der von ihr eingenommenen sozialen Rolle gerechtfertigt und mit der oben erwähnten verfassungsgerichtlichen Rechtsprechung zur Auslegung mehrdeutiger Äußerungen gem. Art.5 Abs. 1 S. 1 Hs. 1 GG zu vereinbaren. Ein anderes Erscheinungsbild würde sich ergeben, wenn die Religionspädagogin beispielsweise in der Vergangenheit schon gegenüber dem gleichen Rezipientenkreis ähnliche diffamierende Überzeugungen kundgegeben hätte, sodass die Veröffentlichung der inkriminierten Collage von vornherein einen anderen Aussagegehalt haben würde, oder wenn sie nur diese eine Arbeit ausdrücklich hervorgehoben hätte. Beides ist jedoch nicht der Fall, vielmehr hat sie ganz im Gegenteil nur den Collagen mit religiösem Bezug besondere Aufmerksamkeit gewidmet.

Dagegen korrespondiert die Sachverhaltsauswertung des BGH im 6. Beispielsfall nahezu völlig mit den hier vertretenen Schlussfolgerungen[228]. Der 3. Senat begann die Beurteilung der strafrechtlichen Verantwortlichkeit der zwei Angeklagten wegen der Mitwirkung bei der Herstellung und Verbreitung mehrerer Ausgaben der Zeitschrift „radikal" mit der Frage, ob es sich bei ihnen möglicherweise um Adressaten der presserechtlichen Sonderhaftung handelt[229]. Nach deren Verneinung – das entspricht der oben vorgeschlagenen Reihenfolge – setzte er die Prüfung unter dem Gesichtspunkt der Abgrenzung von Täterschaft und Teilnahme bei Begehung der Presse-Inhaltsdelikte fort. Dabei hat der BGH der Tatsache, dass einer der Angeklagten die Position eines Vereinsvorsitzenden in dem Verein bekleidete, der im Impressum als Herausgeber genannt wurde, keine besondere Bedeutung dafür beigemessen, ob er sich den strafbaren Inhalt mehrerer Artikel, von deren Veröffentlichung er wusste, zu Eigen gemacht hat. Auch das stimmt mit dem hier eingenommenen Standpunkt überein, da die Stellung als Herausgeber nicht zu einer durch außerstrafrechtliche Sonderpflichten institutionalisierten sozialen Rolle mit dementsprechenden Verhaltenserwartungen führt. Die weitere Entscheidungsbegründung widmet sich sodann sehr sorgfältig und ausführlich den Umständen, die für bzw. gegen die Annahme einer Identifikation sprechen könnten, und zwar in einer Weise, die kennzeichnend ist für eine Zuordnung zum Typus der Äußerungsdelikte, wie sie

228 BGH, Beschl. v. 20.2.1990 – 3 StR 278/89 = BGHSt 36, 363.

229 BGH, Beschl. v. 20.2.1990 – 3 StR 278/89 = BGHSt 36, 363 (366 f.).

im vorangegangenen Kapitel beschrieben wurde. Vor allem wird die soziale Rolle der beiden Angeklagten detailliert herausgearbeitet, indem deren Mitwirkung und Aufgabenkreis vor und während des Tatzeitraums geschildert wird sowie der dadurch bei Lesern der inkriminierten Artikel hervorgerufene Eindruck von ihrer eigenen Haltung zum Inhalt der fremden Texte. Dass der Senat schließlich zu dem Resultat kommt, es bestünden nicht genügend Anhaltspunkte dafür, dass sich die Angeklagten die fremden Äußerungen zu Eigen gemacht haben und demzufolge anstatt von Täterschaft vielmehr von Beihilfe auszugehen sei, ist aufgrund dieser Ausführungen zutreffend. In Ansehung der Rolle, die von den Angeklagten wahrgenommen wurde, weist der festgestellte Sachverhalt zu wenig Anhaltspunkte auf, die für das Vorliegen einer persönlichen Äußerung bzw. Identifikation ihrerseits sprechen, sodass es sich bei ihnen richtigerweise lediglich um Gehilfen bei der Begehung von Äußerungsdelikten durch die Verfasser der Artikel sowie die Publikation unmittelbar betreibenden Redaktionsmitglieder handeln kann. Vom Ergebnis her ist dem BGH im 6. Beispielsfall also völlig Recht zu geben, wobei die hier vorgeschlagene Lösung durch Kenntlichmachung der verschiedenen Konstellationen einer Strafbarkeit für fremde Texte die systematische Begründung liefern kann, in welcher Reihenfolge welche Gesichtspunkte aufgrund welcher Umstände in welcher Ausführlichkeit zu beurteilen sind und wann die Annahme einer Identifikation mit fremden Äußerungen eher die Regel und wann die Ausnahme darstellt.

V. Hermeneutische Bestätigung der dargelegten Ergebnisse

1. Die hermeneutische Fragestellung

Im dritten Teil dieser Arbeit wurde ein typologisches Verständnis der Äußerungsdelikte vorgeschlagen, begründet und mit existierenden Argumentationsbeispielen als praktikabel und vor allem – wenngleich unausgesprochen da wohl unbewusst – schon praktiziert belegt. Die Zuordnung von Sachverhalten zu diesem Typus wurde anhand der sozialen Rolle der sich äußernden Person und der damit verbundenen sozialen Erfahrungen auf Seiten des Rezipienten vorgenommen und exemplifiziert. Davon ausgehend erwies es sich als nicht durchführbar, starre – d.h. abstrakt-begriffliche – Regeln anzugeben und zu entwickeln, die besagen, unter welchen Bedingungen die Verwendung fremder Texte die typenbildenden Merkmale der persönlichen Äußerung bzw. Identifikation erfüllt und wann es sich bloß um die Weitergabe fremder Äußerungen handelt, da es für die Bildung eines Urteils über den Ausprägungsgrad dieser nicht subsumierbaren Merkmale auf das gesamte Erscheinungsbild eines konkreten Falles ankommt. Diese Feststellung war allerdings in solchen Fallgestaltungen ausnahmefähig, in denen der den Typus der Äußerungsdelikte einigende Vergleichsmaßstab in Form der Verknüpfung von inkriminiertem und durch die Meinungsäußerungsfreiheit geschütztem Verhalten verdrängt wurde durch eine ganz andere primäre – ebenfalls grundrechtliche – Wertentscheidung unter sachlichen Gerechtigkeitsgedanken, nämlich der presserechtlichen Sonderhaftung des verantwortlichen Redakteurs und Verlegers. Deren Pflicht zur Freihaltung eines Druckwerks von strafbaren Inhalten weist diesen Pflichtenträgern eine besondere soziale Rolle innerhalb des zum Schutz der Pressefreiheit und der öffentlichen Aufgabe der Presse dienenden spezifischen Regelungskomplexes zu und führt aufgrund dieser institutionalisierten Verhaltenserwartung zur Anwendbarkeit der Pflichtdeliktslehre. Folglich haften diese Träger presserechtlicher Sonderpflichten stets täterschaftlich, ohne dass es dafür – von der Möglichkeit einer parallelen Verletzung von positiver wie negativer Institution abgesehen, die gerade anhand des Vergleichs von Fallgruppe 2 und Fallgruppe 5 dargelegt wurde – auf ihre Tatherrschaft bei der Veröffentlichung fremder Texte ankommt.

Dieses Ergebnis wird im Folgenden durch einen weiteren Gedankengang bestätigt. Vor allem soll damit aber zugleich die einzige Aussage innerhalb der obigen Ausführungen bewiesen werden, die bislang nur knapp behauptet wurde und daher möglicherweise noch einen greifbaren Ansatz für Kritik an der hier vertretenen Konzeption darstellen könnte. Gemeint ist die Feststellung, dass infolge des Vorliegens eines Pflichtdelikts das typologisch verstandene – und solchermaßen an sich auch zu begründende – Merkmal der Identifikation mit einem fremden Text „vereinfacht" bejaht werden kann, da die sonst das gesamte Erscheinungsbild des konkreten Sachverhalts auf das Vorhandensein und die Ausprägung der für den Typus kennzeichnenden Züge untersuchende Betrachtung „ersetzt" wird durch die mit der Rollenübernahme einhergehende institutionalisierte Verhaltenserwartung[230]. Oder anders formuliert: Warum muss nicht nur, sondern warum wird tatsächlich das Verhalten eines verantwortlichen Redakteurs bzw. Verlegers so anders verstanden als dasjenige von anderen Personen? Zu beantworten bleibt, warum derart zwangsläufig von der institutionellen Zuständigkeit und einer Verletzung der positiven Verpflichtung von Redakteur bzw. Verleger auf das für die Äußerungsdelikte typenbildende Merkmal der Identifikation geschlossen werden kann. Die dadurch hergestellte Verbindung zwischen der Begehung eines Pflichtdelikts einerseits und dem Nachweis der Identifikation mit fremden Äußerungen andererseits ist begründungsbedürftig, da sie sich zumindest nicht aus den bekannten Erkenntnissen der Pflichtdeliktslehre ergibt. Zusammen mit dieser Begründung wird sich erweisen, weshalb die vorgeschlagene Lösung tatsächlich zutreffend ist und das kommunikationstheoretische Problem bei der Beurteilung der Strafbarkeit wegen der Verwendung fremder Texte sachgerecht bewältigt.

Wenn bei einem Garanten kraft institutioneller Zuständigkeit die besondere Rolle des Täters bewirkt, dass jedes Delikt – unabhängig von der Formulierung

230 So zuvor die Ausführungen zur Fallgruppe 3 in diesem Kapitel unter IV. 2. a) (S. 269).

des konkret einschlägigen Tatbestandes – von ihm als Pflichtdelikt begangen wird, so führt dies syllogistisch betrachtet zu einer anderen Qualität des Obersatzes. Die unterschiedliche Interpretation des gesetzlichen Tatbestandes einmal im Sinne eines Herrschaftsdelikts und ein anderes Mal im Sinne eines Pflichtdelikts verursacht ein abweichendes Verständnis des Verhaltens eines Rollenträgers und hat für den Untersatz die Konsequenz, dass es dort auf völlig verschiedene Umstände ankommt, im letzteren Fall insbesondere auf die exakte Herausarbeitung der besonderen Rolle und Pflichtenstellung des Täters, da diese Feststellungen unentbehrlich sind, um die Verletzung einer positiven Institution zu begründen. Ausführungen zu Tatherrschaftsaspekten dagegen können in einem solchen Fall unterbleiben. Die Bedeutung dieser variierenden Sachverhaltswürdigung wurde oben im Rahmen der Fallgruppen 3 und 4 deutlich, in denen es um die Verwendung und Publikation fremder Texte ohne Hinzufügung einer eigenen persönlichen Erklärung der veröffentlichenden Person ging und in denen dieser Vorgang bei Trägern presserechtlicher Sonderpflichten gänzlich anders beurteilt wurde als bei Tätern, die keine besondere Verpflichtung zur Verhinderung strafbarer Inhalte zu beachten hatten. *Sánchez-Vera* hat diese Auswirkung der Pflichtdeliktslehre bereits auf den Vorgang der Gesetzesinterpretation mit der Trennung von Kodifikations- und Auslegungstatbestand beschrieben und belegt, dass der Auslegungstatbestand gerade nicht für alle Personen in derselben Weise gilt, sondern nur bei Angehörigen bestimmter sozialer Rollen zu gesteigerten Pflichten und bei deren Verletzung zu einem Pflichtdelikt führt[231].

2. *Von der Gesetzesauslegung zur Textauslegung*

Bevor diesem Gedanken der Beeinflussung des Obersatzes durch die unterschiedliche soziale Rolle des Täters weiter gefolgt wird, soll kurz einem anderen bereits erwähnten Gesichtspunkt[232] Aufmerksamkeit geschenkt werden, der mit dieser methodologischen Überlegung ebenso viel zu tun hat wie mit einer spezifischen Eigenart der Äußerungsdelikte sowie der thematischen Bezugnahme dieser Arbeit gerade auf die Verwendung fremder schriftlicher Äußerungen. Die Rede ist von der einem jeden Text inhärenten Fähigkeit und Bedürftigkeit der Deutung. Diese notwendige Tätigkeit der Textauslegung wurde von *Kern* in Abgrenzung zum Verfahren der Gesetzesauslegung signifikant hervorgehoben:

> „Es ist also, wenn man so will, bei den Äußerungsdelikten eine doppelte Auslegungstätigkeit erforderlich; zuerst die Gesetzesauslegung zur Feststellung, welchen abstrakten Sinn das Gesetz (der Äußerungstatbestand) erfordert – Feststellung des Obersatzes des einen logischen Schluß darstellenden Urteils –; sodann –

231 *Sánchez-Vera*, Pflichtdelikt und Beteiligung (1999), S. 124. Vgl. dazu auch dieses Kapitel unter IV. 1. (S. 264).

232 Z.B. im 2. Kapitel unter IV. (S. 80).

beim Untersatz – eine weitere Auslegung darüber, welchen Sinn die einzelne konkrete Äußerung ergibt; daran schließt sich (was übrigens weder reine Tatsachenfeststellung noch Auslegung ist) die Entscheidung der Frage, ob der durch die Tatsachenauslegung ermittelte konkrete Sinn des Verbrechensfalles dem durch die Gesetzesauslegung ermittelten abstrakten Sinn des gesetzlichen Tatbestandes entspricht. Der Satz von der Notwendigkeit der Auslegung jedes in einer Äußerung bestehenden Verbrechensfalles ist – jedenfalls in dieser allgemeinen Fassung – neu."[233]

Diesen Ausführungen kann hinsichtlich der Erforderlichkeit und des Umfangs der Auslegungstätigkeit sicherlich zugestimmt werden, jedoch nicht bezüglich ihrer Funktion im juristischen Syllogismus. Das Zitat *Kern's* erweckt den Eindruck, die Auslegung einer Äußerung erlange ausschließlich im Rahmen der Aufstellung des Untersatzes Bedeutung. Ein solches Verständnis würde jedoch nicht dem Umstand Rechnung tragen, dass der Bildung des Obersatzes bereits eine Vorauswahl der einschlägigen Rechtssätze vorangehen muss, welche im Fall einer präsumtiven Strafbarkeit aufgrund einer inkriminierten Äußerung wiederum zwangsläufig in Hinsicht auf den bereits – wenn auch vielleicht nur summarisch – ausgelegten Inhalt der Äußerung erfolgt. An anderer Stelle stellt *Kern* selbst die zeitliche Abfolge des Auslegungsvorgangs abweichend dar:

„Die Auslegung [...] erfolgt nach und auf Grund der Feststellung des äußeren Sachverhaltes zum Zweck der juristischen Subsumtion unter einen gesetzlichen Tatbestand. Die Reihenfolge der geistigen Tätigkeiten des Richters ist also folgende: Feststellung des äußeren Sachverhaltes (der Form und der Umstände der Äußerung), Auslegung, juristische Subsumtion."[234]

Diese widersprüchliche Beschreibung nicht nur der Funktion sondern auch des Zeitpunktes der Auslegungstätigkeit kann nicht dahingestellt bleiben, da die hiermit angesprochene Differenzierung zwischen Tat- und Rechtsfrage – also der Ermittlung und Feststellung des Sachverhalts einerseits sowie der Subsumtion unter diesen andererseits – von grundsätzlicher Bedeutung im Rahmen des Prozessrechts ist[235]. Für den entscheidenden Richter beinhaltet sie außerdem die Antwort auf die Frage, ob er sich bei der Sinnermittlung an die Vorschriften des Beweisrechts zu halten hat[236].

---

233 *Kern*, Die Äußerungsdelikte (1919), S. 68.

234 *Kern*, Die Äußerungsdelikte (1919), S. 82.

235 Die praktischen wie theoretischen Schwierigkeiten bei der Unterscheidung zwischen Tat- und Rechtsfrage im Rahmen einer Überprüfung der Auslegung von strafrechtlich relevanten Äußerungen werden eingehend dargestellt bei *Wittig*, GA 2000, S. 267 ff. Allgemein zur Abgrenzung von Tat- und Rechtsfrage siehe *Larenz/Canaris*, Methodenlehre der Rechtswissenschaft (1995), S. 128 ff. sowie *Schünemann*, FS *Kaufmann* (1993), S. 314 ff., der darauf hinweist, dass diese Abgrenzung nicht notwendig übereinstimmen muss mit der Unterscheidung von revisiblen und nicht revisiblen Fragen im Sinne des Rechtsmittelrechts.

236 Dies wird von *Kern*, Die Äußerungsdelikte (1919), S. 82, verneint.

Eine Verifikation der zitierten Aussagen *Kern's* führt zu einem Gebiet der juristischen Methodenlehre, welches erst einige Jahrzehnte nach dessen Monographie zum Gegenstand näherer Betrachtungen gemacht wurde, nämlich der rechtstheoretischen Analyse des Vorgangs der Aufbereitung des in rechtlicher Hinsicht entscheidungsrelevanten Tatsachenmaterials. Im Wesentlichen lag diesen Untersuchungen als Ausgangspunkt die Erkenntnis zugrunde, dass die rechtswissenschaftliche Diskussion seit jeher auf die Ermittlung des syllogistischen Obersatzes sowie der propositio minor fokussiert war und dem Vorgang der Sachverhaltsfeststellung wenig Beachtung zukommen ließ[237]. Gerade die Bildung des Untersatzes, d.h. die Aussage, dass der zugrunde gelegte Sachverhalt dem Tatbestand der im Obersatz genannten und ggf. ausgelegten Rechtsnorm zugeordnet werden kann, wird weithin als der eigentliche Schwerpunkt der juristischen Subsumtion angesehen[238]. Vor diesem Hintergrund wäre die Erforderlichkeit einer verbindlichen Auslegung der jeweiligen inkriminierten Äußerung spätestens im Rahmen der Bildung des Untersatzes plausibel, da der dort stattfindende Subsumtionsschluß in der Rechtswissenschaft als Vorgang logischen Prozedierens angesehen wird, eine logische Operation aber eindeutige Prämissen voraussetzt[239]. Dass damit jedoch noch nicht der vollständige Prozess der Urteilsfindung beschrieben sein kann, ist eine mittlerweile unbestritten feststehende Erkenntnis. Denn bei der Unterordnung eines Sachverhalts unter den Tatbestand einer Rechtsnorm handelt es sich nicht um eine Subsumtion von reinen Fakten, sondern von bereits gebildeten Aussagen über den Sachverhalt, wonach dieser die für den Subsumtionsschluß notwendigen Merkmale des gesetzlichen Tatbestandes aufweist bzw. gerade nicht aufweist. Unmißverständlich findet sich dieser Befund bei *Bydlinski*:

> „Der – mit welchen Schwierigkeiten immer – letztlich ‚festgestellte Sachverhalt' wird aber erst anschließend der von seiner Ermittlung streng getrennten rechtlichen Beurteilung unterzogen. Dieser ist er somit vorgegeben: Er wird erst nach seiner Ermittlung auf seine Eignung überprüft, unter die – durch Auslegung vorbereiteten – rechtlichen Maßstäbe subsumiert zu werden. Die beschriebene Vor-

---

237 So *Pawlowski*, Methodenlehre für Juristen (1999), S. 139 Rdn. 269 ff.; *Larenz/Canaris*, Methodenlehre der Rechtswissenschaft (1995), S. 93 f.; *Busse*, Juristische Semantik (1993), S. 79; *Bydlinski*, Juristische Methodenlehre und Rechtsbegriff (1991), S. 417 f.; *Kaufmann*, Durch Naturrecht und Rechtspositivismus zur juristischen Hermeneutik (1975), S. 86.

238 *Larenz/Canaris*, Methodenlehre der Rechtswissenschaft (1995), S. 93; *Bydlinski*, Juristische Methodenlehre und Rechtsbegriff (1991), S. 417. Deutlich *Adomeit*, Rechtstheorie für Studenten (1990), S. 47: „Man kann so formulieren: bei der juristischen Subsumtion wird nicht die conclusio gesucht, sondern die zweite Prämisse".

239 *Gast*, Juristische Rhetorik (1997), S. 193 Rdn. 278: „Gutes Material für logische Schlüsse ist semantisch (inhaltlich) eindeutig. Die Logik ist machtlos gegenüber semantischen Schwächen: gegen Mehrdeutigkeit oder Vagheit des Ausdrucks. Beides läßt sich logisch nicht korrigieren."

> stellung ist auffallend unvollständig [...] Sie setzt ja erst ein, sobald der Sachverhalt und die auf ihn anwendbare Norm oder Mehrzahl von Normen feststehen. Wie es zu diesem ‚Feststehen' eigentlich kommt, bleibt dagegen offen."[240]

Die grundlegende Bedeutung, welche der Feststellung des Sachverhalts zukommt, zeigt sich also schon bei der Formulierung des Obersatzes. Der dort anzuführende Rechtssatz wurde immerhin aus der Unmenge aller existierenden Normen ausgewählt, was zwangsläufig nur infolge einer Art von Voreinschätzung des Sachverhalts hinsichtlich seiner rechtliche Relevanz erfolgen konnte[241]. Somit taucht die Notwendigkeit der Sachverhaltsauslegung genau genommen an zwei Stellen des oben beschriebenen Syllogismus auf: Zum einen bereits vor der Obersatzbildung, um überhaupt eine fallbezogene Prämisse aufstellen zu können, zum anderen innerhalb des Untersatzes anläßlich der Subsumtion[242]. Bei auslegungsbedürftigen Äußerungen werden infolgedessen wichtige Vorentscheidungen bereits im Zeitpunkt der erstmaligen Kenntnisnahme des Sachverhalts getroffen. Sofern dieser Sachverhalt Anhaltspunkte für eine besondere soziale Rolle des Täters enthält, werden dadurch die an ihn gestellten Erwartungen schon in diesem Augenblick beeinflusst, sodass das Verständnis seines Verhaltens von vornherein durch die spezielle Pflichtenstellung bestimmt wird. Damit handelt es sich bei der Feststellung des Sachverhalts keinesfalls um eine „unjuristische Aufgabe reiner Faktenermittlung", wie es *Bydlinski* treffend betont, sondern bereits um eine erste rechtliche Vorbeurteilung[243]. Denn der konkrete Lebenssachverhalt kann in seiner vollständigen rechtlichen Relevanz nur verstanden und somit hinsichtlich seiner maßgeblichen Merkmale nur ermittelt und herausgearbeitet werden, wenn dabei schon die in Betracht kommenden Rechtsnormen im Blick behalten werden. Der Sinn und die Anwendbarkeit dieser Rechtssätze wiederum hängt jedoch ab von dem festgestellten Sachverhalt, dessen korrektes Verständnis eigentlich den Ausschlag gegen sollte für die Auswahl der einschlägigen Vorschriften. Da im Hinblick auf diese aber der Sachverhalt bereits gebildet wurde – sodass alle anderen, für die rechtliche Beurteilung unwichtigen Umstände nicht erwähnt werden – sieht man sich einer zirkulären Denkweise gegenüber. Dieses Phänomen ist schon sehr früh als Unterfall des sog. hermeneutischen Zirkels erkannt und hinlänglich gewürdigt worden[244]. Damit ist das generelle sprach- und kommu-

---

240 *Bydlinski*, Juristische Methodenlehre und Rechtsbegriff (1991), S. 418 f. Ähnlich auch *Larenz/Canaris*, Methodenlehre der Rechtswissenschaft (1995), S. 94.

241 *Larenz/Canaris*, Methodenlehre der Rechtswissenschaft (1995), S. 101; *Bydlinski*, Juristische Methodenlehre und Rechtsbegriff (1991), S. 419 f.; *Schünemann*, FS *Kaufmann* (1993), S. 299 ff.

242 Ebenso speziell zur Auslegung von Äußerungen *Wittig*, GA 2000, S. 270.

243 *Bydlinski*, Juristische Methodenlehre und Rechtsbegriff (1991), S. 418.

244 *Kaufmann*, Das Verfahren der Rechtsgewinnung (1999), S. 62 ff.; *ders.*, Analogie und „Natur der Sache" (1982), S. 77 f.; *ders.*, Über den Zirkelschluß in der Rechtsfindung

nikationstheoretische Problem gemeint, dass sich die Bedeutung eines einzelnen Wortes letztendlich nach dem Sinnzusammenhang des gesamten Textes richtet, in welchem es verwendet wird[245]. Der Sinn dieses Textes allerdings ist genau genommen das Ergebnis einer Zusammenschau sämtlicher Wortbedeutungen. Folglich müsse bereits bei der Wortauslegung der Gesamttext im Auge behalten werden, dessen vorläufig veranschlagter Sinn hingegen bei Zweifeln an der Vereinbarkeit mit den am überzeugendsten erscheinenden Wortbedeutungen eventuell wieder korrigiert werden muss[246]. Auf die juristische Problematik bezogen hat *Engisch* diese wechselseitige Bedingtheit von Tatsachenfeststellung und Normauswahl mit der vielzitierten Formulierung des „Hin- und Herwandern des Blickes zwischen Obersatz und Lebenssachverhalt" prägnant umschrieben[247]. Seitdem wurde vorgenannter hermeneutischer Zirkel zum Objekt zahlreicher methodologischer Untersuchungen, die sich indes weniger mit dem auf der Ebene intersubjektiver Kommunikation angesiedelten Problem der Deutung und Auslegung sprachlicher Äußerungen beschäftigten, als vielmehr mit den Einzelheiten und Bedingungen, unter denen der Vorgang des „Hin- und Herwandern des Blickes" erfolgt[248].

Als einer der wenigen Juristen, denen es primär nicht um die Auslegung von Gesetzestexten ging, sondern um die – im vorliegenden Zusammenhang aufschlussreichere – Auslegung sprachlicher Äußerungen, hat *Hruschka* schon

---

(1973), S. 74 ff.; *Larenz/Canaris*, Methodenlehre der Rechtswissenschaft (1995), S. 27 ff. und S. 101 f.; *Bydlinski*, Juristische Methodenlehre und Rechtsbegriff (1991), S. 420 ff.; *Weinberger/Weinberger*, Logik, Semantik, Hermeneutik (1979), S. 167 ff.; *Hruschka*, Die Konstitution des Rechtsfalles (1965), S. 9. *Kaufmann*, Analogie und „Natur der Sache" (1982), S. 77 beschreibt das Hauptanliegen der Hermeneutik prägnant als Untersuchung der „Rolle des interpretierenden Subjekts im Prozeß des Verstehens sprachlicher Äußerungen".

245 Ausführungen dazu finden sich bereits bei *Oetker*, GA 26 (1878), S. 271 ff.

246 *Larenz/Canaris*, Methodenlehre der Rechtswissenschaft (1995), S. 28; *Schünemann*, FS *Kaufmann* (1993), S. 304 f.

247 *Engisch*, Logische Studien zur Gesetzesanwendung (1963), S. 15.

248 Exemplarisch sollen hier nur einige Ansätze genannt sein. So sieht *Bydlinski*, Juristische Methodenlehre und Rechtsbegriff (1991), S. 422 ff., die eigentliche klärungsbedürftige Frage des hermeneutischen Zirkels darin, wann besagtes „Hin- und Herwandern des Blickes" abzubrechen ist, da alle einschlägigen Normen gefunden und der gesamte relevante Sachverhalt festgestellt sind. *Pawlowski*, Methodenlehre für Juristen (1999), S. 139 Rdn. 269 ff., dagegen verwendet diesen Ausgangspunkt, um darauf aufbauend seine Vorstellung einer Trennung von Subsumtion einerseits und Feststellung der Tatfrage andererseits zu entwickeln. Letzteres wird von ihm als Vorgang „juristischer Qualifikation" bezeichnet, welcher als Verbindung von Gesetz und individueller Realität vom Richter nicht allein, sondern gerade im Dialog mit den Prozessparteien erarbeitet wird. *F. Müller*, Recht – Sprache – Gewalt: Elemente einer Verfassungstheorie I (1975), S. 32 ff., schließlich widmet sich eingehend den Erkenntnissen der Kommunikationstheorie, wiederum allerdings nur mit dem Ziel, das „Funktionieren" der Rechtsordnung im Hinblick auf die Textauslegung von Rechtsnormen zu erklären.

1965 monographisch nachgewiesen, dass die Ermittlung des der rechtlichen Beurteilung zugrunde liegenden Sachverhalts[249] keinesfalls als bloße Rezeption und Reproduktion unverrückbarer Tatsachen aufgefasst werden kann, sondern vielmehr als „Konstitution des Rechtsfalles“ eine von subjektiven Wertungen geprägte aktive Tätigkeit des Richters darstellt[250]. Den Grund dafür, dass schon im Rahmen der auf den ersten Blick eher objektiv-sachlichen Sachverhaltsbeschreibung auf persönliche Erfahrungen und Vorstellungshorizonte zurückgegriffen werden muss, sieht *Hruschka* darin, dass der Gebrauch von Sprache zwangsläufig eine Stellungnahme bezüglich der derart referierten Tatsachen voraussetzt[251]. In vergleichbarer Weise – wenn auch im Hinblick auf die Analyse von Gesetzen – hat im gleichen Jahr *Kaufmann* in seiner Schrift über „Analogie und Natur der Sache“ betont, dass Rechtsfindung ein Verfahren des „In-die-Entsprechung-bringen“ im Verhältnis zwischen dem begrifflich im Tatbestand formulierten Normsachverhalt und dem wirklichen konkreten Lebenssachverhalt ist, kurzum eine „Assimilation von Lebenssachverhalt und Norm“[252]. Demgemäß ist es unmöglich, einen Text lediglich aus sich selbst heraus verstehen zu wollen, da dieser Prozeß denknotwendig die Befähigung zum Verstehenkönnen voraussetzt[253]. Letztere sieht *Kaufmann* als eng verbunden an mit einem „Vorverständnis“, „Vorentwurf“ bzw. „hermeneutischenVorurteil“, mit dem sich der Auslegende dem fraglichen Text nähert[254]. Dieser Begriff des „Vorverständnis-

---

249 *Hruschka*, Die Konstitution des Rechtsfalles (1965), S. 12, verwendet die Begriffe des „Sachverhalts“ als Vorstellung von den bereits geordneten und gedeuteten Tatsachen auf der einen Seite und des „Lebenssachverhalts“ als dem reinen Vorgang in der Tatsachenwelt und bloßer Möglichkeit eines Sachverhalts auf der anderen Seite.

250 Dazu *Hruschka*, Die Konstitution des Rechtsfalles (1965), insbesondere S. 58 ff. und S. 70 ff. Die Bedeutung richterlicher Wertungen – also nicht voll demonstrierbarer Feststellungen – aufgrund persönlicher Eindrücke und Vorurteile für die Ermittlung des Sachverhalts betonen ferner *Pawlowski*, Methodenlehre für Juristen (1999), S. 139 Rdn. 254, und *Seibert*, Aktenanalysen (1982), S. 35 ff. Der Einfluss von Wertungen auf diese erste Phase der Sachverhaltsfeststellung wird gänzlich in Abrede gestellt von *Wieser*, JZ 1985, S. 409, der damit aber das grundsätzliche hermeneutische Problem bei der Auslegung sprachlicher Äußerungen übersieht.

251 *Hruschka*, Die Konstitution des Rechtsfalles (1965), S. 21. Ebenso *Weinberger/Weinberger*, Logik, Semantik, Hermeneutik (1979), S. 159 ff.

252 *Kaufmann*, Analogie und „Natur der Sache“ (1965). Die Zitate finden sich auf S. 38 der 2. Aufl. von 1982.

253 *Kaufmann*, Analogie und „Natur der Sache“ (1982), S. 37 ff.; *ders.*, Durch Naturrecht und Rechtspositivismus zur juristischen Hermeneutik (1975), S. 86. *Schünemann*, FS *Kaufmann* (1993), S. 303, begründet dies zutreffend mit der „Vagheit und Porosität“ umgangssprachlicher Begriffe.

254 *Kaufmann*, Das Verfahren der Rechtsgewinnung (1999), S. 57; *ders.*, Analogie und „Natur der Sache“ (1982), S. 77 f.; *ders.*, Durch Naturrecht und Rechtspositivismus zur juristischen Hermeneutik (1975), S. 86; *ders.*, Über den Zirkelschluß in der Rechtsfindung (1973), S. 75.

ses“ war in diesem Kontext freilich nicht neu, sondern bereits durch *Gadamer* nachdrücklich hervorgehoben worden. In einem derartigen Einfließen richterlicher Überzeugungen und Werturteile – *Gadamer* verwendet den ausdrücklich neutral beschriebenen Terminus des „Vorurteils“ – liegt danach eine bedeutende hermeneutische Bedingung für ein zutreffendes Textverständnis[255]. Ein gewisser Mangel der genannten Untersuchungen lag jedoch in der unzureichenden Transparenz, welche diesem Vorgang richterlicher Vorverständnisbildung anhing und entsprechende Kritik herausforderte[256].

Vor allem *Larenz* hat daraufhin diesen Gesichtspunkt einer gründlicheren Betrachtung unterworfen. Seine Analyse der miteinander verknüpften Phasen des hermeneutischen Zirkels orientiert er an zwei Fragen: Einerseits nach der Auswahl der einschlägigen Rechtsnormen, andererseits nach der Feststellung des tatsächlich Geschehenen[257]. Die Antwort auf die erste Frage sieht er in dem von ihm eingehend beschriebenen „äußeren System“ als eines in juristischer Ausbildung und Praxis erworbenen Vorstellungsbildes von der anhand abstrakter Leitbegriffe vorgenommenen grundsätzlichen Einteilung des geltenden Rechts und seiner Regelungsmechanismen[258]. Die zweite Frage dagegen verschließe sich einer allgemeinen Antwort und könne nur unter dem Blickwinkel der notwendigen Beurteilungen verstanden werden, die von der zur Sachverhaltsermittlung berufenen Person verlangt werden. Dabei differenziert *Larenz* zwischen Beurteilungen, die auf bloßer Wahrnehmung, auf sozialen Fakten als Vergleichsmaßstäben, auf Wertungen oder eben auf der Deutung menschlichen Verhaltens beruhen[259]. Letztere werden insbesondere durch mündliche oder schriftliche Willensäußerungen veranlasst, bei denen die unmittelbare Wahrnehmbarkeit begrenzt ist auf die gehörten Laute bzw. geschriebenen Zeichen und denen der auslegende Richter mit der Summe seiner bisherigen Erfahrungen gegenübertritt. Diese Erfahrungen, aufgrund derer sich die Deutung der Äußerungen vollzieht, resultieren aus der eigenen Sprachkenntnis, dem persönlichen Sprachverständnis und dem Wissen um die Bedingungen zwischenmenschlicher Kommunikation[260]. Als solche

255 *Gadamer*, Wahrheit und Methode (1990), S. 275.

256 Deutlich wird diese Kritik vorgebracht von *Busse*, Juristische Semantik (1993), S. 95, der es als Ziel dieser hermeneutischen Untersuchungen ansieht, die „konstitutiven und rechtserweiternden Momente richterlicher Entscheidungstätigkeit mit den Weihen einer methodischen Begründung zu versehen“. Freilich ist dieser Vorwurf alles andere als neu, *Kaufmann* selbst hat ihn frühzeitig formuliert, vgl. *ders.*, Über den Zirkelschluß in der Rechtsfindung (1973), S. 77.

257 *Larenz/Canaris*, Methodenlehre der Rechtswissenschaft (1995), S. 102.

258 *Larenz/Canaris*, Methodenlehre der Rechtswissenschaft (1995), S. 102 f., und ausführlicher S. 263 ff.

259 *Larenz/Canaris*, Methodenlehre der Rechtswissenschaft (1995), S. 104 ff.

260 Dazu ausführliche*Weinberger/Weinberger*, Logik, Semantik, Hermeneutik (1979), S. 163 ff.

nennt *Larenz* die Situation, in der die Äußerung erfolgt, die individuellen Gepflogenheiten des sich Äußernden und die von ihm beim Empfänger als bekannt vorausgesetzten Umstände[261]. Dass es sich bei der institutionalisierten Pflichtenstellung als verantwortlicher Redakteur bzw. Verleger um einen solchen Umstand handelt, der weniger auf individuenbezogenen als vielmehr auf rollenspezifischen Erwartungen basiert und daher gerade zu derartigen berechenbaren gegenseitigen Erwartungshaltungen selbst innerhalb anonymer gesellschaftlicher Kontakte führt, wurde schon mehrmals betont[262].

3. *Von der Institution zur Identifikation*

Die Erkenntnis, dass die Verletzung der institutionellen Zuständigkeit eines Trägers presserechtlicher Sonderpflichten den Vorgang der Sachverhaltsbewertung im Rahmen des Untersatzes dahingehend beeinflusst, dass aufgrund des in Ansehung seiner Rolle noch vor der eigentlichen Subsumtion gebildeten Vorverständnisses seine Identifikation mit dem veröffentlichten fremden Text „vereinfacht" angenommen wird, führt – auf einem völlig anderen methodischen Weg – zum gleichen Ergebnis, welches die herrschende Meinung zu den Vermutungsregeln der § 11 Abs. 2 Bay. LPG, § 11 Abs. 1 Hess. LPG vertritt und das im 3. Kapitel dargestellt wurde[263]. Dort ist anhand ausgewählter Stellungnahmen aus Schrifttum und Judikatur veranschaulicht worden, dass die Bedeutung dieser Vorschriften darin gesehen wird, die Kenntnis und Billigung des inkriminierten Textes seitens des verantwortlichen Redakteurs – d.h. seine Identifikation – unterstellen zu können. Und zwar in widerlegbarer Weise, was mit der oben beschriebenen möglichen Verhinderung der Annahme einer Identifikation mittels einer ausdrücklichen Distanzierung vom veröffentlichten Text korrespondiert[264]. Auch wenn durchweg betont wird, dass dies nicht als Täterschaftsvermutung verstanden werden dürfe, so handelt es sich immerhin um die Vermutung der bei Äußerungsdelikten zentralen Voraussetzung einer täterschaftlichen Strafbarkeit im Fall der Verwendung fremder Äußerungen. Ob dies als Täterschaftsvermutung oder Beweisregel bezeichnet wird, ist mithin kaum mehr als eine terminologische Debatte. Da nach der hier vorgeschlagenen Lösung die Identifikation als typologisches Merkmal der Äußerungsdelikte aus der institutionellen Zuständigkeit des presserechtlichen Pflichtenträgers geschlussfolgert wird, besteht allerdings keine Beschränkung auf den Geltungsbe-

---

261 *Larenz/Canaris*, Methodenlehre der Rechtswissenschaft (1995), S. 106, sowie bereits S. 27 f., wo diese Aspekte als „hermeneutisch bedeutsame Umstände" für den Verstehensvorgang im Rahmen des hermeneutischen Zirkels angeführt werden.

262 Beispielsweise in diesem Kapitel unter III. 1. b) (S. 248).

263 Dort unter II. 3. (S. 118).

264 Siehe in diesem Kapitel unter IV. 1. (S. 262) und IV. 2. a) zu Fallgruppe 1 (S. 267).

reich bestimmter Landespressegesetze[265]. Von der Vorgehensweise her ähnelt diese Lösung außerdem dem Prima-facie-Schluss, der in den vorangegangenen Kapiteln als eine der von *Uebbert* abgelehnten Ansichten zum Nachweis der Täterschaft des verantwortlichen Redakteurs besprochen wurde[266]. Die bisherigen Ausführungen ergeben, dass diese Schlussfolgerung „prima facie" von der presserechtlichen Sonderpflicht auf das Zu-Eigen-Machen einer fremden Äußerung nichts zu tun hat mit einer subjektiven Theorie oder einem animus auctoris[267], sondern vielmehr auf dem durch die besondere soziale Rolle beeinflussten hermeneutischen „Vorurteil" beruht. Entgegen *Uebbert's* Überzeugung ist die Begründung der Identifikation mittels dieses Prima-facie-Schlusses im Bereich der persönlichen Äußerungsdelikte also kein „methodischer Fehler", da zwar der Täterwille tatsächlich keine Aussage bezüglich dieses besonderen Tätermerkmals gestattet, die an eine Person angelegte Verhaltenserwartung und das dadurch bedingte Verständnis ihres Verhaltens beim Rezipienten aber sehr wohl beantwortet, wessen Äußerung durch eine Kundgabehandlung vermittelt wird. Auch im Wege einer Übertragung der von *Uebbert* gegenüber den Vermutungsregeln des Bay. LPG bzw. Hess. LPG geäußerten Bedenken läßt sich diese Schlusstechnik nicht ablehnen. Denn er begründet deren Irrelevanz mit einem sonst drohenden Verstoß gegen das Schuldprinzip[268], ohne dabei zu beachten, dass Beweisregeln keineswegs a priori auf eine Kollision mit dem Grundsatz „nulla poena sine culpa" hinauslaufen müssen[269].

---

265 So wie dies *Geppert*, JK 83, StGB § 111/1, zu Recht hinsichtlich der landesrechtlichen Vermutungsregeln des Bay. und Hess. LPG betont. Eine Ausnahme ist allerdings für Thüringen zu machen, dessen Landespressegesetz überhaupt keine Regelung einer presserechtlichen Sonderhaftung enthält und es demzufolge dort an einer institutionalisierten Zuständigkeit und besonderen Pflichtenstellung des verantwortlichen Redakteurs bzw. Verlegers vollständig fehlt. Die Ergebnisse dieser Untersuchung können deshalb dort keine Anwendung finden.

266 Im 4. Kapitel unter III. 2. a) (S. 182) und im 5. Kapitel unter III. 1. (S. 220) mit dem Verweis auf die Begründung dieses Prima-facie-Schlusses aufgrund der hier vertretenen Ergebnisse.

267 So *Uebbert*, Die strafrechtliche Haftung des verantwortlichen Redakteurs (1995), S. 69 f. In gleicher Weise beurteilt übrigens auch *Vassilaki*, CR 1999, S. 86, das Einrichten eines Hyperlinks mit Verweis auf Internet-Seiten mit rechtswidrigen Inhalten. Genauso wie *Uebbert* unterstellt sie – ebenfalls zu Unrecht – dem Schrifttum, welches zumeist unter bestimmten Voraussetzungen eine Identifikation mit den Inhalten der Zielseiten annimmt, die Verwendung des Kriteriums vom animus auctoris.

268 *Uebbert*, Die strafrechtliche Haftung des verantwortlichen Redakteurs (1995), S. 64 Fn. 155.

269 Siehe dazu *Hohn*, Die Zulässigkeit materieller Beweiserleichterungen im Strafrecht (2000), S. 93 ff. und insbesondere S. 130 f. sowie S. 154 f. Explizit als vereinbar mit dem Schuldprinzip sieht auch der BayVerfGH diese Vermutungsregel an, vgl. Beschl. v. 23.4.1982 – Vf. 23-VII-80 = BayVBl. 1982, S. 400 (401 ff.), mit kritischer Anmerkung von *Sch/Sch*[26]*-Eser* § 1 Rdn. 38.

Schließlich lässt sich nun die zuvor erwähnte Unterscheidung von Tat- und Rechtsfrage nachvollziehen und klarstellen. Während es sich bei der Anwendung der Pflichtdeliktslehre um eine im Obersatz zu klärende Rechtsfrage handelt, stellt die im Untersatz erfolgende Sachverhaltsbewertung – die sich bei den Fallgruppen 1 bis 3 besonders auf die Pflichtenstellung des Täters bezieht, bei den Fallgruppen 4 und 5 dagegen auf seine Tatherrschaft – die Tatfrage dar. Damit ist der in den Fallgruppen 2 und 3 „prima facie" anzustellende Schluss auf die Identifikation Bestandteil der Tatfrage, ebenso wie die Widerlegung dieser tatsächlichen Vermutung – so in Fallgruppe 1 – spiegelbildlich genauso auf tatsächlicher Ebene erfolgt. Sollte allerdings bei einem Sachverhalt, der in Fallgruppe 1 bis 3 angesiedelt ist, die Tatherrschaft des Pflichtenträgers bei der Veröffentlichung eines fremden Textes mitsamt aller für die Zuordnung zum Typus relevanten Umstände des Einzelfalles beschrieben und bewertet werden, so wird die im Obersatz gestellte Rechtsfrage falsch beantwortet. Das Gleiche geschieht, wenn innerhalb der Fallgruppen 4 und 5 allein mit einer – aus welchem Grund auch immer – besonderen Rolle des Täters die Identifikation begründet werden soll, da es sich jedenfalls nicht um eine institutionelle Zuständigkeit mit den daran geknüpften Konsequenzen handelt.

Nach alledem kann jetzt die einleitend gestellte Frage, worin die Verbindung zwischen Pflichtdeliktslehre und nachzuweisender Identifikation mit fremden Texten bestehe, beantwortet werden. Die Verbindung liegt in der Übereinstimmung, die zwischen dem soeben dargelegten sprach- und kommunikationstheoretischen Vorgang der Auslegung eines Textes – bzw. der Feststellung eines Sachverhalts – und dem Grundgedanken der Pflichtdeliktslehre besteht, wonach dem Strafrecht das Individuum in seiner konkreten Rolle in der Gesellschaft als Identifikationsprinzip und Grundlage von rechtlich geschützten Erwartungen dient und damit die Annahme eines Pflichtdelikts auf die Deutung von Umständen zurückgeht, die aus außerstrafrechtlichen Bereichen stammen. *Sánchez-Vera* hat dies für die Pflichtdelikte mit der Beschreibung des „juristischen Codes" veranschaulicht, mit dessen Hilfe das äußerliche – d.h. außerstrafrechtliche – Geschehen durch das Rechtssystem interpretiert wird und der ihm die entsprechende strafrechtliche Relevanz und Bedeutung beimisst[270]. Damit hat eine institutionelle Zuständigkeit Auswirkungen auf den Auslegungstatbestand – den Obersatz – gleichermaßen wie sie speziell im Fall einer Verpflichtung zur Verhinderung strafbarer Äußerungen Auswirkungen hat auf das Verständnis einer Äußerung. Bei Verwendung fremder Texte nähert sich der dieses Verhalten deutende Rezipient mit einem Vorverständnis – mit einem hermeneutischen „Vorurteil" – diesem Text, das von der Kenntnis dieser besonderen Pflichtenstellung geprägt ist und den Pflichtenträger sogleich als verantwortlich für die Veröffentlichung erscheinen lässt. Anders gesagt: Der juristische Code kann

270 Vgl. *Sánchez-Vera*, Pflichtdelikt und Beteiligung (1999), S. 55 ff.

Tatsachenmaterial des äußeren Geschehens beispielsweise in Gestalt von bestimmten Sonderpflichten als Amtswalter oder Eltern derart deuten, dass strafrechtlich vom Vorliegen eines Pflichtdelikts auszugehen ist. Oder auf den ersten Blick so unterschiedliche äußerliche Verhaltensweisen wie Tun und Unterlassen werden unter gewissen Voraussetzungen strafrechtlich dennoch als gleichwertig angesehen. In genau der gleichen Weise, nämlich indem auf die Erwartungen an den Rollenträger abgestellt wird, führt dieser Code dazu, dass die Wiedergabe fremder Texte mal mehr und mal weniger als eigene Erklärung angesehen wird. Da von der Person des positiv Verpflichteten mehr verlangt wird – dies ergibt sich bereits aus der positiven Institution als solcher – als von Personen, die in diesem Zusammenhang keine besondere soziale Rolle mit gesteigerten Verhaltserwartungen besitzen, kann schon in der bloßen Wiedergabe fremder strafbarer Äußerungen seine Zustimmung zum Inhalt gesehen werden. Kommunikationstheoretisch bewirkt die dem Rezipienten bekannte Rolle als besonders Verpflichteter, dass sein Verhalten von vornherein anders gedeutet wird und in Folge dieses Vorverständnisses von seiner Identifikation ausgegangen wird, solange nicht spezielle Umstände – z.B. eine ausdrückliche persönliche Distanzierung – wiederum eine andere Bewertung veranlassen. Und diese Deutung findet nun – darin stimmen alle oben erwähnten Ansätze von *Engisch* und *Gadamer* über *Hruschka* und *Kaufmann* bis hin zu *Bydlinski* und *Larenz* überein – bereits vor der eigentlichen juristischen Subsumtion schon zum Zeitpunkt der erstmaligen Konfrontation mit dem „Rohsachverhalt" statt und wird von der auslegenden Person – zunächst vom Empfänger der Äußerung, z.B. dem Leser eines Druckwerks, schließlich vom Richter – aufgrund seines Vorverständnisses, seiner „Vorurteile" und seiner persönlichen Erfahrungen angesichts der Person und sozialen Rolle des einen fremden Text verwendenden Täters vorgenommen. An diesem Punkt treffen und vereinen sich die Grundgedanken der Pflichtdeliktslehre mit dem typologischen Verständnis der Äußerungsdelikte und den hermeneutischen Erkenntnissen über die Auslegung von schriftlichen Äußerungen sowie den grundlegenden Bedingungen des Verstehens und erklären, warum nicht nur syllogistisch sondern ebenfalls strafrechtsdogmatisch eine objektiv ähnlich erfolgende Verwendung fremder Texte allein aufgrund der unterschiedlichen sozialen Rolle der handelnden Person im Kommunikationsprozess gänzlich anders begriffen – im wahrsten Sinn des Wortes: anders „verstanden" – und rechtlich bewertet wird.

Teil 4

Ableitungen, Folgerungen, Konsequenzen – Zugleich eine Bewährung der bisherigen Ergebnisse

7. Kapitel

Strafbarkeit wegen Teilnahme bei und aufgrund der Verwendung fremder Texte

Eine umfassende Untersuchung der verschiedenen Erscheinungsformen einer möglichen Teilnahme an der Begehung von Straftaten aufgrund der Verwendung fremder Texte kann an dieser Stelle nicht erfolgen. Statt dessen soll die Teilnehmerstrafbarkeit nur insoweit Gegenstand des Interesses sein, wie dies der im 1. Kapitel veranschaulichten phänomenologischen Reichweite des Themas dieser Arbeit entspricht.

I. Fragen zur Teilnahme im Bereich des Untersuchungsgegenstandes

1. Ausgangslage: BGH v. 9.4.1997

Diese wurde in Bezug auf die Strafbarkeit wegen Beihilfe vor allem mittels der als 7. Beispielsfall wiedergegebenen Entscheidung des BGH vom 9.4.1997 aufgezeigt[1]. Dort gelangt der 3. Senat zur Prüfung der Gehilfenstrafbarkeit, nachdem er die Stellung des Angeklagten als presserechtlich verantwortlicher Redakteur sowie seine aktive Beteiligung an der Herstellung der strafbare Inhalte enthaltenden Ausgaben der Druckwerke und damit eine täterschaftliche Strafbarkeit abgelehnt hat. Da der BGH davon ausgeht, dass sich andere Redaktionsmitglieder durch die Veröffentlichung von Erklärungen von mit einem Betätigungsverbot belegten Vereinigungen wegen Zuwiderhandlungen gegen ein vereinsrechtliches Betätigungsverbot gem. § 20 Abs. 1 Nr. 4 VereinsG strafbar gemacht haben und er zugleich betont, dass es sich beim Zuwiderhandeln in Gestalt von unterstützenden Handlungen außenstehender Dritter um zur Täterschaft erhobene Gehilfentätigkeiten handelt, ergibt sich zwangsläufig die Frage, ob überhaupt zu einer solchen bereits tatbestandlich verselbstständigten Beihilfehandlung abermals eine Beihilfe nach § 27 StGB geleistet werden kann[2]. Nach der Überzeugung des Gerichts ist dies grundsätzlich ausgeschlossen. Eine Ausnahme sei lediglich aufgrund der in diesem Fall vorliegenden besonderen Sachverhaltskonstellation zu machen, in der es um die Anwendung von § 20 Abs. 1 Nr. 4 VereinsG auf eine unterstützende Tätigkeit in Gestalt der Mitwir-

---

1 BGH, Urt. v. 9.4.1997 – 3 StR 387/96 = BGHSt 43, 41.

2 BGH, Urt. v. 9.4.1997 – 3 StR 387/96 = BGHSt 43, 41 (51 f.).

kung bei der Verbreitung fremder Texte in Presseerzeugnissen geht. Denn infolge der in diesen Fällen zu beachtenden einschränkenden Voraussetzungen – d.h. der im 4. Kapitel dargestellten Erfordernisse der objektiven Eignung, eindeutig erkennbaren Zielrichtung und Identifikation – seien die zur Täterschaft verselbstständigten Beihilfehandlungen so reduziert, dass von einer etwaigen Gleichsetzung von materieller Beihilfe durch förderndes Dritthandeln einerseits und Täterschaft nach § 20 Abs. 1 Nr. 4 VereinsG andererseits nicht gesprochen werden könne und daher die allgemeinen Grundsätze strafrechtlicher Teilnahme zur Geltung kommen müssten[3]. Daneben erwähnt der 3. Senat am Rande allerdings auch seine eigene Rechtsprechung zu § 84 StGB, wonach zu der dort ebenfalls verselbstständigten materiellen Beihilfehandlung in Form der Unterstützung einer verbotenen Partei eine strafbare Beihilfe nicht geleistet werden kann[4]. Ob an dieser entgegengesetzten Rechtsprechung weiter festgehalten wird, läßt der BGH ausdrücklich offen. Ein Einfluß auf das beschriebene Ergebnis zu § 20 Abs. 1 Nr. 4 VereinsG wird ihr ohnehin abgesprochen, da nach Auffassung des 3. Senats die Auslegung von § 84 StGB entscheidend auf die Entstehungsgeschichte dieser Vorschrift zurückzuführen ist und demzufolge eine Übertragbarkeit auf andere Tatbestände ausgeschlossen ist. Abschließend stellt das Gericht fest:

> „Weder aus dem Sinn des § 20 Abs. 1 Nr. 4 VereinsG noch aus der Berücksichtigung der Meinungs- und Pressefreiheit ergeben sich einleuchtende Gründe, weshalb in solchen Fällen die allgemeinen Grundsätze strafrechtlicher Teilnahme nicht gelten sollen."[5]

Diese Antwort unter Hervorhebung der genetischen Auslegung steht im Übrigen in Einklang mit der Argumentation wiederum des 3. Senats in der im 1. Kapitel als 4. Beispielsfall angeführten Entscheidung[6]. Dort hat das Gericht die Verurteilung der Drucker des „Agit-Druck-Kollektivs" wegen Beihilfe zur Werbung für terroristische Vereinigungen nach § 129a StGB, zur öffentlichen Aufforderung zu Straftaten nach § 111 StGB und zur Billigung von Straftaten nach § 140 StGB bestätigt, und zwar ebenfalls nachdem die Frage der grundsätzlichen Anwendbarkeit von § 27 StGB im Rahmen einer eingehenden Betrachtung der Entstehungsgeschichte dieser Tatbestände bejaht wurde. Auffällig ist jedoch, dass der BGH in diesem 1980 ergangenen Urteil von vornherein einen anderen Standpunkt einnahm, als in der Entscheidung von 1997. Im Fall der Agit-Drucker ging er noch von dem Grundsatz aus, dass die Regeln der Teilnahme für jeden Straftatbestand gelten und daher der Gedanke, dass im Wege

---

3 BGH, Urt. v. 9.4.1997 – 3 StR 387/96 = BGHSt 43, 41 (52).

4 So BGH, Urt. v. 9.4.1997 – 3 StR 387/96 = BGHSt 43, 41 (51) unter Hinweis auf BGH, Urt. v. 17.12.1975 – 3 StR 4/71 I = BGHSt 26, 258 (260 f.).

5 BGH, Urt. v. 9.4.1997 – 3 StR 387/96 = BGHSt 43, 41 (52) mit Verweis auf *Sch/Sch*[25]-*Stree* § 84 Rdn. 17.

6 BGH, Urt. v. 23.4.1980 – 3 StR 434/79 (S) = BGHSt 29, 258.

tatbestandlich verselbstständigter Gehilfenhandlungen der Gesetzgeber die Strafbarkeit womöglich auf die Fälle der Täterschaft habe beschränken wollen, einer besonderen Begründung bedürfe[7]. Eine solche hat der BGH für die genannten Tatbestände nach Darstellung deren Entstehungsgeschichte bzw. Gesetzessystematik abgelehnt. Im 7. Beispielsfall dagegen vertrat er – und zwar ohne auf die Entstehung oder Auslegung von § 20 Abs. 1 Nr. 4 VereinsG einzugehen – die Auffassung, dass mit der einschlägigen Tatbestandsformulierung der Bereich des strafbaren Verhaltens abschließend beschrieben sei und eine Beihilfe zu dieser selbst zur Täterschaft erhobenen Beihilfehandlung einzig und allein – d.h. ausnahmsweise – angenommen werden könne, weil aus Sicht des 3. Senats die Strafbarkeit für die Veröffentlichung fremder inkriminierter Texte in Presseerzeugnissen ganz besonderen Einschränkungen unterliegt.

Neben den bereits im 1. Kapitel[8] angemeldeten Bedenken im Hinblick auf das Analogieverbot ist zur Argumentation des BGH anzumerken, dass sie eine Einbettung des Problems in seinen dogmatischen Kontext vermissen läßt. Immerhin ist die Erwägung, dass eine abschließende Beschreibung des Bereichs der Strafbarkeit durch den Tatbestand des jeweiligen Delikts eine Derogation der allgemeinen Teilnahmelehre mit sich bringt, weder neu noch ausschließlich auf eine Tatbegehung gerade unter Verwendung fremder Texte beschränkt. Vielmehr ist dieser Gedanke, wonach trotz an sich entgegenstehender gesetzlicher Regelung die Strafbarkeit des Gehilfen verneint werden könnte, zum einen vereinzelt unter dem übergreifenden Gesichtspunkt sog. verselbstständigter Beihilfehandlungen behandelt worden und zum anderen als charakteristisches Merkmal der Konvergenzdelikte bekannt. Diese Delikte bilden zusammen mit den Begegnungsdelikten die Rechtsfigur der sog. notwendigen Teilnahme[9]. Während Letztere insbesondere auf die im Einzelfall schwierig zu beantwortende Frage hinauslaufen, ob und unter welchen Voraussetzungen der zur Tatbestandserfüllung „notwendige Teilnehmer“ sich unter dem Gesichtspunkt der Teilnahme strafbar machen kann[10], liegt ein spezifisches Problem Ersterer infolge des gleichgerichteten Zusammenwirkens mehrerer Personen nicht in der etwaigen Privilegierung eines „notwendigen Teilnehmers“, sondern ebenfalls in der Modifizierung der allgemeinen Teilnahmenormen der §§ 26, 27 StGB aufgrund von spezielleren tatbestandsbezogenen Beteiligungsregelungen[11].

---

7 BGH, Urt. v. 23.4.1980 – 3 StR 434/79 (S) = BGHSt 29, 258 (263).

8 Dort unter II. (S. 38).

9 *Sch/Sch*[26]*-Cramer/Heine* Vorbem. §§ 25 ff. Rdn. 46; eingehend *Sowada*, Die „notwendige Teilnahme“ als funktionales Privilegierungsmodell (1992), S. 15 ff.

10 Siehe *Sch/Sch*[26]*-Cramer/Heine* Vorbem. §§ 25 ff. Rdn. 46.

11 Dazu *Sowada*, Die „notwendige Teilnahme“ als funktionales Privilegierungsmodell (1992), S. 20 f., der aber die Konvergenzdelikte ausdrücklich aus dem Verlauf seiner weiteren Untersuchung ausklammert, vgl. dort S. 42. Auch ist der Gedanke der tat-

Eine etwas deutlichere Bezugnahme auf diesen Problemkomplex der verselbstständigten Beihilfehandlungen wäre in den obigen Beispielsfällen zugrunde liegenden Entscheidungen eigentlich zu erwarten gewesen. An dieser Stelle wird daran nicht vorbeizukommen sein, da geklärt werden muss, in welcher Weise die besonderen Voraussetzungen einer täterschaftlichen Strafbarkeit wegen der Verwendung fremder Texte – allen voran das Erfordernis der Identifikation – einen Einfluss haben auf die Anwendbarkeit des § 27 StGB trotz eventuell tatbestandlich bereits zur Täterschaft erhobener Teilnahmehandlungen. Wie schon im 2. Kapitel[12] zum Ablauf dieser Arbeit bemerkt wurde, ist diesbezüglich eine Beschränkung der Untersuchung insoweit notwendig, als dass es hier lediglich darum gehen kann, die Problematik einer Aufhebung der allgemeinen Teilnahmelehre infolge tatbestandlich abschließend pönalisierter Teilnahmehandlungen in einen Zusammenhang mit den Erkenntnissen der vorstehenden Kapitel zu stellen und derart die Ausführungen des 3. Senats im 7. Beispielsfall zu falsi- oder verifizieren. Dabei werden die Ergebnisse insbesondere des 4. und 6. Kapitels eine maßgebliche Rolle spielen, da sich dort die vom BGH als Prämisse vorausgesetzte Annahme einer nur eingeschränkten täterschaftlichen Strafbarkeit in dieser Allgemeinheit nicht bestätigt hat.

2. *Derogation der §§ 26, 27 StGB infolge tatbestandlich verselbstständigter Teilnahmehandlungen*

Die Ansicht, dass sich bestimmte Tatbestandshandlungen im Besonderen Teil des StGB als verselbstständigte Teilnahmehandlungen qualifizieren lassen, findet sich bei genauerer Betrachtung zwar in zahlreichen Kommentierungen und Entscheidungen, jedoch wurde sie darüber hinaus einer eingehenderen Untersuchung erst vereinzelt zugeführt. Deshalb werden im Folgenden beispielhaft einige Tatbestände vorgestellt, bei denen diese Frage in der Vergangenheit aufgeworfen wurde. Da diese Darstellung von vornherein nicht dazu dient, einen vollständigen Überblick über die einschlägigen Tatbestände zu geben, soll eine Bezugnahme lediglich auf solche Vorschriften erfolgen, die hier schon im 3. Kapitel zum Gegenstand der Erörterung gemacht wurden.

a) Beispiele im Besonderen Teil des StGB

Allen voran ist dies bei den §§ 129, 129a StGB der Fall. Dies insbesondere auch deshalb, weil der BGH in seiner Entscheidung vom 9.4.1997 die Auswirkungen einer nur sehr restriktiv anzunehmenden täterschaftlichen Strafbarkeit bei der Verbreitung fremder Texte in Presseerzeugnissen auf die Möglichkeit einer Beihilfe zu tatbestandlich verselbstständigten Gehilfenhandlungen gerade an-

---

bestandlich verselbstständigten Beihilfehandlung nur eines von mehreren beteiligungsspezifischen Problemen der Konvergenzdelikte.

12 Dort unter IV. (S. 80).

hand von § 20 Abs. 1 Nr. 4 VereinsG problematisiert hat, auf den er ausdrücklich die zu den §§ 129, 129a StGB entwickelten Auslegungsgrundsätze überträgt[13]. Zu deren Tatbestandsalternativen des Werbens sowie des Unterstützens wird in Rechtsprechung und Schrifttum vertreten, dass es sich bei diesen unterstützenden Tätigkeiten außenstehender Dritter, die gerade nicht selbst Mitglied einer der dort genannten Vereinigungen sind, um Verhaltensweisen handelt, die „materiell“ gesehen einer zur Täterschaft erhobenen Teilnahmehandlung entsprechen[14]. Wie bereits im 3. Kapitel[15] ausgeführt, wird ganz einhellig im Werben eine täterschaftlich verselbstständigte Anstiftung[16] und im Unterstützen eine zur Täterschaft erhobene Beihilfe[17] gesehen. Demnach könnte das Werben zwar als Unterfall des Unterstützens begriffen werden, jedoch liegt die besondere Bedeutung dieses Merkmals darin, dass eine vollendete Werbung eben gerade nicht den Eintritt eines Förderungserfolges voraussetzt[18]. Daneben existieren nur vereinzelt noch weitere Ansichten, die beispielsweise das Werben als eine Kombination von § 26 und § 111 StGB begreifen[19] oder als erfolglose Variante des Unterstützens und demnach ebenso als verselbstständigte Gehilfentätigkeit ansehen[20].

Ungeachtet dieser weitgehend anerkannten Auslegung sind dagegen die Konsequenzen, die im Hinblick auf die Möglichkeit einer Teilnahme am tatbestandli-

---

13 Siehe BGH, Urt. v. 9.4.1997 – 3 StR 387/96 = BGHSt 43, 41 (43).

14 Im 3. Kapitel unter I. 2. b) (S. 98) wurde auch schon darauf hingewiesen, dass das Unterstützen sowie das Zuwiderhandeln gem. § 20 Abs. 1 Nr. 3 bzw. Nr. 4 VereinsG als zur Täterschaft erhobene Beihilfehandlungen angesehen werden. Dazu *Erbs/Kohlhaas/Ambs*[146]-*Wache* § 20 VereinsG Rdn. 16 und Rdn. 31; *Erbs/Kohlhaas-Potrykus*, Sonderdruck: Vereins- und Versammlungsrecht (1972), § 20 VereinsG Anm. 5.

15 Dort unter I. 2. a) (S. 91).

16 Siehe LK[11]-*v. Bubnoff* § 129 Rdn. 49 und Rdn. 73; *Berlit/Dreier*, in: *Sack/Steinert*, Analysen zum Terrorismus 4/2 – Protest und Reaktion (1984), S. 282; *Croissier*, DuR 1981, S. 343; *Ostendorf*, JA 1980, S. 502; *Dahs*, NJW 1976, S. 2148.

17 BGH, Urt. v. 30.10.1964 – 3 StR 45/64 = BGHSt 20, 89 (89 f.); SK-BT[54]-*Rudolphi* § 129 Rdn. 17; *Tröndle/Fischer*[50] § 129 Rdn. 14; LK[11]-*v. Bubnoff* § 129 Rdn. 65 und Rdn. 73; *Fürst*, Grundlagen und Grenzen der §§ 129, 129a StGB (1989), S. 102; *Berlit/Dreier*, in: *Sack/Steinert*, Analysen zum Terrorismus 4/2 – Protest und Reaktion (1984), S. 282; *Giehring*, StV 1983, S. 298; *Croissier*, DuR 1981, S. 343; *Schlothauer/Tscherch*, StV 1981, S. 22; *Sommer*, JR 1981, S. 490; *Ostendorf*, JA 1980, S. 501 f.; *ders.*, JZ 1979, S. 255; *Rudolphi*, ZRP 1979, S. 217; *ders.*, JR 1979, S. 34; ders., FS *Bruns* (1978), S. 327; *Werle*, JR 1979, S. 96; *Dahs*, NJW 1976, S. 2148; *Roggemann*, JR 1966, S. 248; *Wagner*, MDR 1966, S. 188.

18 SK-BT[54]-*Rudolphi* § 129 Rdn. 18; *Sch/Sch*[26]-*Lenckner* § 129 Rdn. 14a; LK[11]-*v. Bubnoff* § 129 Rdn. 48.

19 Dazu SK-BT[54]-*Rudolphi* § 129 Rdn. 18; *Rudolphi*, JA 1979, S. 3; *ders.*, JR 1979, S. 34; *ders.*, ZRP 1979, S. 215. Zum Verhältnis zwischen Anstiftung und § 111 StGB vgl. *Rogall*, GA 1979, S. 18 und *Dreher*, FS *Gallas* (1973), S. 318 ff.

20 Hierzu BGH, Urt. v. 23.4.1980 – 3 StR 434/79 (S) = BGHSt 29, 258 (263) und BGH, Urt. v. 30.10.1964 – 3 StR 45/64 = BGHSt 20, 89 (90).

chen Werben bzw. Unterstützen gezogen werden, wesentlich umstrittener. Grundsätzlich wird dabei angenommen, dass die Regeln der Teilnahme für jeden Tatbestand im Besonderen Teil gelten, womit an sich auch eine Beihilfe zu den §§ 129, 129a StGB möglich und strafbar sein müsste[21]. Etwas anderes könne nur dann in Erwägung gezogen werden, wenn der Gesetzgeber die Strafbarkeit entgegen der vorgenannten allgemeinen Regel ausnahmsweise auf die Fälle der Täterschaft habe beschränken wollen. An diesen Gedanken anknüpfend findet sich insbesondere in der Rechtsprechung des BGH unter sorgfältiger Aufarbeitung der Entstehungsgeschichte der §§ 129, 129a StGB eine Begründung, weshalb trotz einer als Täterschaft strafbaren „materiellen" Beihilfe weiterhin § 27 StGB Anwendung finden kann[22]. Dabei wird die aktuelle Fassung der §§ 129, 129a StGB in Bezug gesetzt zu den Fassungen, die vor und nach dem 1. Strafrechtsänderungsgesetz[23] – durch das 1951 diese Vorschriften erstmalig in das StGB eingeführt wurden – sowie der Neufassung des Vereinsgesetzes[24] – durch die 1964 das Merkmal „werben" eingefügt wurde – galten[25]. Da die Tatbestandsalternative des Werbens demnach erst sehr viel später in den Wortlaut dieser Vorschriften eingefügt wurde als die des Unterstützens und das Werben zugleich im Verhältnis zum Unterstützen den Kreis der strafbaren Handlungen ausweitet, weil damit auch erfolglose Förderungshandlungen erfasst werden, war dem Gesetzgeber an einer Erweiterung der Strafbarkeit gelegen. Diesem gesetzgeberischen Willen entspricht es somit nach Auffassung der Rechtsprechung und Teilen des Schrifttums, die Teilnahmeregeln und damit vor allem auch § 27 StGB weiterhin Anwendung finden zu lassen[26].

Allerdings existieren in der Literatur ebenso zahlreiche gegenteilige Ansichten, die dieses Ergebnis kritisieren und zu widerlegen suchen. Ihnen gemeinsam ist, dass sie die Straflosigkeit des zum Werben Beihilfe leistenden Gehilfen mit systematischen und teleologischen Argumenten begründen[27]. So wird zum einen dargelegt, dass sich – gemäß obiger Aussagen zur Rechtsnatur des Werbens – eine Beihilfe zum erfolgsunabhängigen Werben „materiell" als Beihilfe zu einer versuchten Anstiftung bzw. einer versuchten Beihilfe darstellen würde. Diese Konstellation einer versuchten Beteiligung sei jedoch unter sehr engen Vor-

---

21 So der Ausgangspunkt bei BGH, Urt. v. 23.4.1980 – 3 StR 434/79 (S) = BGHSt 29, 258 (263); *Fürst*, Grundlagen und Grenzen der §§ 129, 129a StGB (1989), S. 240; *Sommer*, JR 1981, S. 490; offengelassen von *Arzt/Weber*, Strafrecht BT (2000), S. 928 Rdn. 16.

22 Derart bei BGH, Urt. v. 23.4.1980 – 3 StR 434/79 (S) = BGHSt 29, 258 (263 ff.).

23 1. StrÄndG v. 30.8.1951, BGBl. I S. 739.

24 VereinsG v. 5.8.1964, BGBl. I S. 593.

25 Vgl. zur Entstehungsgeschichte die Ausführungen im 3. Kapitel unter I. 3. (S. 100).

26 So BGH, Urt. v. 23.4.1980 – 3 StR 434/79 (S) = BGHSt 29, 258 (265); *Sch/Sch*[26]-*Lenckner* § 129 Rdn. 24; im Ergebnis ebenso *Dahs*, NJW 1976, S. 2148. Differenzierend dagegen *Tröndle/Fischer*[50] § 129 Rdn. 17.

27 Zu diesen unterschiedlichen Argumentationsweisen siehe *Sommer*, JR 1981, S. 491.

aussetzungen bereits in § 30 StGB geregelt, wobei eine Beihilfe wiederum zu § 30 StGB unbestritten nicht strafbar sei und aus dem gleichen Grund auch eine Beihilfe zum Werben nach §§ 129, 129a StGB straflos bleiben müsse[28]. Zum anderen wird darauf hingewiesen, dass sich im Rahmen dieser Vorschriften materielle Teilnahmehandlungen selbst immer als täterschaftliche Begehung darstellen[29]. Sieht man nun das Werben als eine erfolglose Variante des Unterstützens an, so wäre eine Beihilfe zum Werben letztendlich nichts anderes als ein erfolgloses Unterstützen. Dieses aber müsse straflos bleiben, da der Gesetzgeber bewusst nur bestimmte Formen der Teilnahme zur Täterschaft verselbstständigt hat und demnach alle weiteren Unterstützungshandlungen, die nicht schon unter die tatbestandlich zur Täterschaft erhobenen Teilnahmeformen zu fassen sind, nicht strafbar sein sollen[30]. Auch sei zu beachten, dass sich im Fall der Anwendbarkeit von § 27 StGB ein erhebliches Strafbarkeitsrisiko beispielsweise für Personen ergibt, die lediglich an der Veröffentlichung oder technischen Herstellung einer Druckschrift mitwirken, ohne sich selbst aber möglicherweise mit dem Inhalt des Druckwerks auseinandergesetzt zu haben[31]. Die vom BGH angesichts solcher Fallgestaltungen empfohlene sorgfältige Prüfung des subjektiven Beihilfetatbestandes[32] wird aufgrund der drohenden ausufernden Strafbarkeit als nicht ausreichend angesehen, weshalb auch aus diesem Grund eine nochmalige Erweiterung dieses ohnehin schon sehr weiten Tatbestandes durch Annahme der Möglichkeit einer Teilnahme abgelehnt wird[33].

Neben den §§ 129, 129a StGB wurden im 3. Kapitel noch weitere Beispiele für verselbstständigte Teilnahmehandlungen im Besonderen Teil des StGB genannt. Dabei handelt es sich um die §§ 42, 47 BVerfGG (a.F.), die §§ 90a, 90b StGB (i.d.F. v. 1964) und die §§ 84, 85 StGB[34]. Zu allen diesen Vorschriften

---

28 *Berlit/Dreier*, in: *Sack/Steinert*, Analysen zum Terrorismus 4/2 – Protest und Reaktion (1984), S. 282; *Schlothauer/Tscherch*, StV 1981, S. 22 f.

29 *Fürst*, Grundlagen und Grenzen der §§ 129, 129a StGB (1989), S. 235 f.

30 So wiederum *Schlothauer/Tscherch*, StV 1981, S. 23; ferner SK-BT[54]-*Rudolphi* § 129 Rdn. 18; LK[11]-*v. Bubnoff* § 129 Rdn. 49; *Sommer*, JR 1981, S. 490 ff.; im Ergebnis ebenso *Wagner*, MDR 1966, S. 191.

31 Dazu *Berlit/Dreier*, in: *Sack/Steinert*, Analysen zum Terrorismus 4/2 – Protest und Reaktion (1984), S. 282 f.; *Sommer*, JR 1981, S. 490; *Tscherch*, Ästhetik und Kommunikation 1978, S. 112.

32 So BGH, Urt. v. 23.4.1980 – 3 StR 434/79 (S) = BGHSt 29, 258 (266).

33 *Schlothauer/Tscherch*, StV 1981, S. 23. Ebenso *Fürst*, Grundlagen und Grenzen der §§ 129, 129a StGB (1989), S. 242, unter besonderer Betonung, dass gerade im „politischen Strafrecht" Normenklarheit und Tatbestandsbestimmtheit von Verfassungs wegen geboten sind.

34 Entstehungsgeschichte und Auslegung dieser Vorschriften wurden im 3. Kapitel eingehend beschrieben. Es wird jedoch abermals darauf hingewiesen, dass diese Tatbestände hier nur exemplarisch genannt sind. Z.B. existiert auch zu § 111 StGB ein vergleichbarer Streit, ob diese Norm „materiell" eher dem Allgemeinen als dem Besonderen Teil des

wurde und wird ausgeführt, dass es sich bei Tatbestandshandlungen wie Zuwiderhandeln, Werben oder Unterstützen um eine zur Täterschaft erhobene Teilnahme handelt und aus diesem Grund untergeordnete Hilfeleistungen, die selbst nicht unter diese Tatbestandsalternativen fallen, straflos bleiben und keinesfalls als Beihilfe nach § 27 StGB erfasst werden dürfen[35]. Wie eingangs bemerkt, hat der 3. Senat in seiner Entscheidung vom 9.4.1997 ausdrücklich diese Rechtsprechung insbesondere zu § 84 StGB mit der Entstehungsgeschichte dieser Norm begründet, sodass ein Widerspruch zu der entgegengesetzten Haltung bei § 20 VereinsG, §§ 129, 129a StGB seines Erachtens nicht besteht[36].

b) Die Ansichten von Fincke und Sommer

Eine ausführliche und nicht auf bestimmte Deliktstatbestände bezogene Darstellung des Problems der tatbestandlich verselbstständigten Teilnahmehandlungen findet sich soweit ersichtlich lediglich bei *Fincke* und *Sommer*. Während sich Letzterer gezielt ausschließlich mit verselbstständigten Beihilfehandlungen und der dadurch ggf. anzunehmenden Straflosigkeit des Gehilfen beschäftigt, stößt *Fincke* im Rahmen einer Untersuchung des generellen Verhältnisses zwischen Allgemeinem und Besonderen Teil des StGB auf dieses Problem. Dabei wendet sich *Fincke* entschieden gegen die auch zuvor mehrfach erwähnte Beschreibung einer Vorschrift des Besonderen Teils als „materielle“ Teilnahme und damit „ihrer Natur nach“ dem Allgemeinen Teil zugehörig[37]. Denn mit der vom Gesetzgeber getroffenen Standortentscheidung einer Norm im Besonderen Teil des StGB sei eine derartige Auslegung grundsätzlich nicht mehr möglich.

StGB zuzuordnen sei und demzufolge eine Beihilfe nach § 27 StGB möglich oder ausgeschlossen ist, siehe dazu einerseits BGH, Urt. v. 23.4.1980 – 3 StR 434/79 (S) = BGHSt 29, 258 (266 f.) und andererseits *Schlothauer/Tscherch*, StV 1981, S. 23 sowie zur Vorgängervorschrift § 49a StGB (a.F.) BGH, Urt. v. 1.3.1960 – 5 StR 22/60 = BGHSt 14, 156 (157). Ebenso wird beispielsweise zu § 281 StGB vertreten, dass das tatbestandliche „Überlassen“ eine zur Täterschaft erhobene Beihilfehandlung darstelle, weshalb daneben für eine Anwendung von § 27 StGB kein Raum sei, siehe dazu *Hecker*, GA 1997, S. 536 und *Schmitt*, NJW 1977, S. 1811.

35 Vgl. BGH, Urt. v. 17.12.1975 – 3 StR 4/71 I = BGHSt 26, 258 (260 f.); BGH, Urt. v. 20.3.1963 – 3 StR 5/63 = BGHSt 18, 296 (299); offengelassen noch von BGH, Urt. v. 25.7.1960 – 3 StR 24/60 = NJW 1960, S. 1772; SK-BT[54]-*Rudolphi* § 84 Rdn. 14; *Lackner/Kühl*[24] § 84 Rdn. 3; *Tröndle/Fischer*[50] § 84 Rdn. 6; *Maurach/F.-C. Schroeder/Maiwald*, Strafrecht BT – Teilbd. 2 (1999), S. 329 Rdn. 19 und Rdn. 23; LK[11]-*Laufhütte* § 84 Rdn. 15 und § 85 Rdn. 8; *Wagner*, MDR 1966, S. 191. Anderer Ansicht: *Sch/Sch*[26]-*Stree/Sternberg-Lieben* § 84 Rdn. 17.

36 BGH, Urt. v. 9.4.1997 – 3 StR 387/96 = BGHSt 43, 41 (51).

37 *Fincke*, Das Verhältnis des Allgemeinen zum Besonderen Teil des Strafrechts (1975), S. 29. Zwischen „formeller“ Beihilfe nach § 27 StGB und „materiellen“ Beihilfehandlungen im Besonderen Teil unterscheiden z.B. *Stratenwerth*, Strafrecht AT I (2000), S. 333 Rdn. 114, und *Maurach/Gössel/Zipf*, Strafrecht AT – Teilbd. 2 (1989), S. 321 Rdn. 38 ff.

Selbst wenn in dem Fall, dass eine Ausgestaltung der Teilnehmerhandlung als selbstständige Tatbestandshandlung unterlassen worden wäre, diese Handlung vom allgemeinen § 27 StGB erfasst worden wäre, so muss dennoch beachtet werden, dass gleichzeitig mit der Normierung im Besonderen Teil die „materielle Teilnahmenatur“ jegliche Bedeutung verliert und sich die Beurteilung der Teilnahme nach den allgemeinen Regeln richtet[38]. Dementsprechend muss auch eine Beihilfe zu derartigen Tatbeständen möglich sein. Insgesamt sieht *Fincke* die Fälle, in denen im Besonderen Teil Teilnahmehandlungen zur Täterschaft erhoben wurden, als Beispiel dafür an, wie in der Strafrechtswissenschaft gegen die Trennung von Allgemeinem und Besonderen Teil in systemwidriger Weise verstoßen wird. Selbst wenn Deliktstatbestände mit Tathandlungen wie dem Werben, Unterstützen oder sogar Hilfe leisten Formulierungen verwenden, die zum Teil wörtlich mit denen der formellen Teilnahme gem. §§ 26, 27 StGB übereinstimmen, so haben diese Tathandlungen mit materiellem Teilnahmecharakter dennoch nichts zu tun mit der im Allgemeinen Teil normierten formellen Teilnahme und dürfen daher auch nicht in vergleichbarer Weise ausgelegt werden. Denn bei dieser Teilnahme handelt es sich aufgrund der besagten gesetzgeberischen Standortentscheidung um Täterschaft, und zwar mit allen Konsequenzen[39]. Eine Verdrängung von § 27 StGB infolge von bereits tatbestandlich verselbstständigten Gehilfenhandlungen kann somit nach der Ansicht *Fincke's* nicht eintreten, da die tatsächlich relevante gesetzgeberische Entscheidung darin zu sehen ist, dass diese Beihilfehandlung im Besonderen Teil als eigenständiger Straftatbestand ausgestaltet worden ist. Die pauschale Behauptung, der Gesetzgeber habe dadurch aber eben gerade nur diese Teilnahmeform als strafbar angesehen, sei demgegenüber systemwidrig und würde vielmehr auf eine Nichtbeachtung der Standortwahl hinauslaufen.

Während *Fincke* also seine Ergebnisse im Wesentlichen deduktiv mit der konsequenten Trennung von Allgemeinem und Besonderen Teil begründet, untersucht *Sommer* die Straflosigkeit des Gehilfen induktiv, indem er einige der weithin als verselbstständigte Beihilfehandlungen qualifizierten Tatbestandsmodalitäten – so wie hier insbesondere das Werben und Unterstützen gem. §§ 129, 129a StGB – zum Ausgangspunkt einer genaueren Betrachtung macht. Dabei stellt er fest, dass die Annahme der Straflosigkeit von Beihilfehandlungen allein unter Hinweis auf die Eigenschaft einer Tatbestandsformulierung als angebliche verselbstständigte Gehilfenhandlung nicht zutreffend ist[40]. Die These, dass eine tatbestandliche Verselbstständigung von Beihilfehandlungen Aus-

---

38 *Fincke*, Das Verhältnis des Allgemeinen zum Besonderen Teil des Strafrechts (1975), S. 65.

39 *Fincke*, Das Verhältnis des Allgemeinen zum Besonderen Teil des Strafrechts (1975), S. 67 und S. 69.

40 *Sommer*, JR 1981, S. 490 ff.

druck des gesetzgeberischen Willens ist, den Täter- und Teilnehmerkreis abschließend zu umschreiben und daher die Anwendbarkeit von § 27 StGB auszuschließen, könne nicht bestätigt werden, da diese Rechtsfigur bislang nicht eingehend untersucht worden ist und die existierenden Stellungnahmen mangels konsequenter Linie kein stimmiges Bild abgeben würden. Statt dessen sieht *Sommer* in diesem behaupteten gesetzgeberischen Zweck einer tatbestandlichen Verselbstständigung „ein beliebig heranzuziehendes oder zu ignorierendes Argument", um das rechtspolitisch gewünschte Ergebnis zu erreichen[41]. Denn der hinter dem Gedanken einer Verdrängung der allgemeinen Regelung des § 27 StGB durch die speziellere Regelung des Täter- und Teilnehmerkreises im Tatbestand des Besonderen Teils stehende lex-specialis-Grundsatz könne hier nicht greifen. Dieser würde voraussetzen, dass der besondere Deliktstatbestand tatsächlich im Sinne einer Regelungsidentität den Bereich strafbaren Verhaltens erfasst, der sonst § 27 StGB unterfällt[42]. Eine derartige Vergleichbarkeit zwischen „formeller" Beihilfe gem. § 27 StGB und „materiellen" Beihilfehandlungen im Besonderen Teil bestehe jedoch nicht, da die Beurteilung einer Handlung als Täterschaft oder Teilnahme sich nicht abstrakt lediglich anhand der Art und Intensität eines Rechtsgutsangriffs vornehmen lässt. Unter ausdrücklicher Bezugnahme auf *Fincke* betont auch *Sommer*, dass einzig und allein die gesetzgeberische Entscheidung, ein bestimmtes Verhalten im Rahmen eines eigenständigen Deliktstatbestandes zu pönalisieren, ausschlaggebend sei für diese Qualifizierung[43]. Weil § 27 StGB zwingend in Zusammenhang mit einem Tatbestand der Besonderen Teils geprüft werden muss, um eine Aussage darüber machen zu können, welche Verhaltensweisen überhaupt als Teilnahme anzusehen sind, kann eine Tatbestandsformulierung im Besonderen Teil unmöglich von vornherein als „materielle" Beihilfehandlung ausgemacht werden. *Sommer's* Ansicht läuft also darauf hinaus, die These von der Verdrängung des § 27 StGB durch verselbstständigte Beihilfehandlungen aufgrund einer Regelungsidentität zwischen „formeller" und „materieller" Beihilfe als Zirkelschluss in Gestalt einer petitio principii abzulehnen.

Von diesem Standpunkt aus entwickelt *Sommer* sodann eine eigene Begründung, um die Unanwendbarkeit von § 27 StGB und damit die Straflosigkeit des Gehilfen in bestimmten Einzelfällen zu erklären. Seines Erachtens liegt der allein zutreffende Anknüpfungspunkt in einer teleologischen Auslegung des einschlägigen Deliktstatbestandes[44]. Führt diese Auslegung zu der Feststellung, dass bereits der Tatbestand selbst infolge seiner sehr weiten tatbestandlichen Unrechtsumschreibung zu einer extremen Vorverlagerung der Strafbarkeit von

41 So *Sommer*, JR 1981, S. 492.

42 *Sommer*, JR 1981, S. 492 f.

43 *Sommer*, JR 1981, S. 493.

44 So *Sommer*, JR 1981, S. 494.

unterstützenden Randpersonen führt, so könne dies die Unanwendbarkeit von § 27 StGB rechtfertigen[45]. Denn dessen Funktion liege letztendlich ebenfalls in der Erweiterung des Strafbarkeitsbereichs, die in diesem Fall aber bereits durch den Tatbestand erreicht wird. Daher ist eine zusätzliche Ausweitung der Strafbarkeit zum Schutz des jeweiligen Rechtsguts vor relevanten Beeinträchtigungen nicht mehr notwendig. Weil die Feststellung, dass die erschöpfende Strafbarkeitsausdehnung durch den Tatbestand einer Strafvorschrift eine weitere Vorverlagerung der Strafbarkeit durch Anwendung von § 27 StGB nicht zulässt, das Ergebnis einer teleologischen Auslegung eben dieser Strafnorm darstellt, können allgemeine Aussagen und Regeln allerdings nur schwer aufgestellt werden[46]. Speziell im Hinblick auf die Möglichkeit einer Beihilfe zum Werben bzw. Unterstützen gem. §§ 129, 129a StGB schließlich geht *Sommer* – nach einer exemplarischen Auslegung von Sinn und Zweck dieser Vorschriften – von einer Derogation des § 27 StGB aus, da diese Tatbestandsvarianten vom Gesetzgeber neben einem primär unter Strafdrohung gestellten Verhalten pönalisiert wurden und selbst schon eine deutliche und als solche anerkannte Vorverlagerung des Strafrechtsschutzes[47] bewirken[48].

II. Stellungnahmen

Betrachtet man vor dem Hintergrund dieser existierenden Ansichten zum Verhältnis zwischen den Teilnahmevorschriften des Allgemeinen Teils und sog. tatbestandlich verselbstständigten Teilnahmehandlungen im Besonderen Teil des StGB – bzw. im Fall von § 20 VereinsG in den Deliktstatbeständen des Nebenstrafrechts – die eingangs dargestellte Entscheidung des BGH von 1997 ein weiteres mal, so kann den dort angestellten Erwägungen nicht gefolgt werden. Zum einen ergibt sich als Konsequenz der bisherigen Ergebnisse dieser Arbeit, dass die vom BGH geäußerte Überzeugung, bei Verbreitung fremder Texte in Presseerzeugnissen sei infolge von zu beachtenden „einschränkenden Voraussetzungen“[49] eine täterschaftliche Strafbarkeit nur selten gegeben, nicht geteilt werden kann. Zum anderen resultiert dies daraus, dass der vom 3. Senat vorausgesetzte Grundsatz, wonach § 27 StGB unanwendbar sei, sofern tatbestandlich bereits Beihilfehandlungen zur Täterschaft erhoben worden sind und „materiell“ eine etwaige Beihilfe auch tatsächlich dieser täterschaftlichen Strafbarkeit ent-

---

45 Ähnlich *Maurach/Gössel/Zipf*, Strafrecht AT – Teilbd. 2 (1989), S. 321 Rdn. 42.

46 *Sommer*, JR 1981, S. 494.

47 Dazu schon im 3. Kapitel unter I. 2. a) (S. 89).

48 *Sommer*, JR 1981, S. 494 f. Ebenso zu §§ 129, 129a StGB SK-BT[54]-*Rudolphi* § 129 Rdn. 21; LK[11]-*v. Bubnoff* § 129 Rdn. 73; *Fürst*, Grundlagen und Grenzen der §§ 129, 129a StGB (1989), S. 240 ff.; *Berlit/Dreier*, in: *Sack/Steinert*, Analysen zum Terrorismus 4/2 – Protest und Reaktion (1984), S. 282 f.

49 Siehe BGH, Urt. v. 9.4.1997 – 3 StR 387/96 = BGHSt 43, 41 (52).

sprechen würde, nicht unumstritten ist und insbesondere von den – wenngleich wenigen – Stimmen im Schrifttum, die sich mit dieser Frage gründlicher auseinandergesetzt haben, sogar abgelehnt wird. Beide Aussagen werden im Folgenden näher begründet.

1. Zu den „einschränkenden Voraussetzungen" im Sinne des BGH

Wenn der BGH feststellt, dass aufgrund der sehr restriktiv zu bejahenden Strafbarkeit eines fremde Texte in Presseerzeugnissen verbreitenden Täters nicht davon ausgegangen werden könne, dass die zur Täterschaft erhobenen Beihilfehandlungen auch nur annähernd den Kreis strafwürdiger Handlungen erfassen, die ansonsten unter § 27 StGB fallen würden, kann sich diese Aussage von vornherein nur auf die Verwirklichung von Äußerungsdelikten beziehen. Denn allein auf diese finden die vom 3. Senat postulierten „einschränkenden Voraussetzungen" Anwendung. Im 4. Kapitel hat sich diesbezüglich jedoch herausgestellt, dass von den angeblich restriktiven Kriterien der objektiven Eignung, der eindeutig erkennbaren Zielrichtung sowie der Identifikation mit einer fremden Äußerung ausschließlich das Letztgenannte die entscheidende Voraussetzung für die Annahme einer Täterschaft bei der Verwendung fremder Texte ist. Das Merkmal der objektiven Eignung hat sich als bislang unzureichend begründet, ferner als allgemeingültiges Restriktionskriterium dogmatisch nicht erklärbar und darüber hinaus von seiner inhaltlichen Aussage her im Ganzen entbehrlich erwiesen[50]. Und das Merkmal der eindeutig erkennbaren Zielrichtung bezieht sich bei zutreffendem Verständnis eben nicht nur auf den im Rahmen einer Publikation verwendeten fremden Text, sondern insgesamt auf den kompletten veröffentlichten – also nicht nur fremden – Text, d.h. bei Äußerungsdelikten auf die Äußerung des missbilligten Gedankeninhalts als solche und dementsprechend auf das gesamte tatbestandliche Verhalten[51]. Folglich haben fremde Äußerungen a priori nur insoweit Bedeutung, wie sie als Äußerung des Verwenders verstanden werden können. Somit handelt es sich bei dem Merkmal der Kundgabe einer persönlichen Äußerung bzw. der Identifikation mit einer fremden Äußerung um die entscheidende Voraussetzung bei der Prüfung von Äußerungsdelikten.

Allerdings stellt dies nicht notwendig auch eine „einschränkende" Voraussetzung dar, denn in den Fällen, in denen die Verbreitung fremder Texte in Presseerzeugnissen durch Träger presserechtlicher Sonderpflichten – also institutionell für die Verhinderung von Presse-Inhaltsdelikten zuständigen Personen – geschieht, kann wie ausgeführt „prima facie" von der Verletzung der Sonderpflicht auf die Identifikation mit der fremden Äußerung geschlossen werden[52].

50 So das Ergebnis im 4. Kapitel unter I. 3. (S. 155).

51 Siehe dazu die Erklärung im 4. Kapitel unter II. 2. a) (S. 142) und II. 4. (S. 173).

52 So das Fazit im 6. Kapitel unter V. 3. (S. 285).

Das 6. Kapitel hat gezeigt, dass sich das Merkmal der Identifikation aufgrund des Vorliegens eines Pflichtdelikts „vereinfacht“ bejahen lässt, weil schon allein die institutionelle Zuständigkeit die Verhaltenserwartung gegenüber der Person des Pflichtigen und damit auch den durch sein Verhalten beim Rezipienten entstehenden Eindruck beeinflusst. Wenn also infolge des rollenbezogenen Vorverständnisses in obigen Fallgruppen 2 und 3 grundsätzlich ein Zu-Eigen-Machen der fremden Äußerung angenommen wird und selbst bei Ablehnung einer Identifikation wegen Vorliegens einer persönlichen Distanzierungserklärung – vgl. Fallgruppe 1 – immernoch eine täterschaftliche Strafbarkeit gemäß dem gerade in diesen Fällen relevant werdenden presserechtlichen Sonderdelikt eingreift, so kann bei Trägern presserechtlicher Sonderpflichten ersichtlich keine Rede davon sein, dass deren Strafbarkeit von „einschränkenden Voraussetzungen“ abhängt. Ganz im Gegenteil: Da bereits die Verletzung der institutionellen Zuständigkeit die täterschaftliche Strafbarkeit begründet, ist allein entscheidend, ob die einen fremden Text verbreitende Person die Stellung eines sonderpflichtigen verantwortlichen Redakteurs bzw. Verlegers besitzt. Ist dies der Fall, begründet die Pflichtdeliktslehre deren umfassende Täterschaft in den Grenzen und mit den Konsequenzen, wie sie im vorangegangenen Kapitel beschrieben wurden[53]. Dort wurde ebenfalls darauf hingewiesen, dass somit Konstellationen eintreten können, bei denen unter dem Blickwinkel der Tatherrschaftslehre nur eine Gehilfenhandlung anzunehmen wäre, die institutionelle Zuständigkeit des vermeintlichen Gehilfen jedoch zur Anwendung der Pflichtdeliktslehre und damit zum Vorliegen von Täterschaft führt. Infolgedessen verhält sich der hier eingenommene Ausgangspunkt bei der Beurteilung der Verwendung fremder inkriminierter Texte durch presserechtliche Pflichtenträger genau diametral zu dem des BGH im 7. Beispielsfall. Erstens ist bei der Begehung von Äußerungsdelikten in Gestalt von Presse-Inhaltsdelikten die täterschaftliche Strafbarkeit dieser positiv verpflichteten Personen erweitert anstatt eingeschränkt. Und zweitens verbietet grundsätzlich diese umfassende Täterschaft in den Fällen, in denen der jeweils als Äußerungsdelikt zu prüfende Deliktstatbestand eine zur Täterschaft erhobene Beihilfehandlung enthält, eine vergleichende Prüfung, ob noch eine Gleichsetzung von materieller Beihilfe und tatbestandlich verselbstständigter Gehilfentätigkeit vorliegt. Da der Tatherrschaftsgedanke ausgeschlossen ist, kann dieser Vergleich nicht erfolgen[54]. Der Pflichtige ist kraft seiner Pflichtverletzung Täter, sodass es für ihn überhaupt nur noch in der Situation, dass die Annahme der Identifikation infolge einer Distanzierungserklärung nicht möglich ist, darauf ankommen kann, ob eventuell neben der zur Täterschaft erhobenen Beihilfehandlung noch Raum für eine Beihilfe nach § 27 StGB ist. Eine eingeschränkte Täterschaft liegt aber auch

53 Siehe dazu im 6. Kapitel unter IV. 2. a) (S. 267).

54 Ähnlich *Sánchez-Vera*, Pflichtdelikt und Beteiligung (1999), S. 149.

dann nicht vor. Die Anwendbarkeit von § 27 StGB mit der ansonsten drohenden Strafbarkeitslücke zu begründen, die sich ergeben würde, ließe man eine Beihilfe nach den allgemeinen Regeln neben den zur Täterschaft erhobenen Gehilfenhandlungen nicht zu, kann demnach nicht überzeugen[55].

Somit kann der vom BGH als Prämisse vorausgesetzten Rechtslage, dass der Kreis der täterschaftlichen Strafbarkeit wegen der Verwirklichung von Äußerungsdelikten infolge der Verbreitung fremder Texte sehr eng gezogen sei, lediglich in den Fallkonstellationen zugestimmt werden, in denen es sich für die eine fremde Äußerung nutzende Person nicht um ein Pflichtdelikt handelt. Gemeint ist damit namentlich die im 6. Kapitel gebildete Fallgruppe 4, in der sich das typenbildende Merkmal der Identifikation als eine Voraussetzung erwiesen hat, die nicht nur besondere Anforderungen an die Feststellung und Bewertung des Sachverhalts mit sich bringt, sondern die im Rahmen der Würdigung aller Umstände der Wiedergabe eines fremden Textes entweder aufgrund von zu vermeidenden Fehlern bei der Sachverhaltsanalyse oder wegen fehlender Entsprechung mit dem typischen Erscheinungsbild der Kundgabe einer persönlichen Äußerung tatsächlich eine Einschränkung für die Annahme von Täterschaft bedeutet[56]. Außerdem wirkt sich der bei Äußerungsdelikten zu beachtende Wertungsgesichtspunkt, wonach das strafrechtlich zu würdigende Verhalten zugleich in den Schutzbereich von Art. 5 Abs. 1 S. 1 Hs. 1 GG fällt, dergestalt aus, dass die Strafgerichte solange keine zu einer Verurteilung führende Auslegung – d.h. in diesem Zusammenhang ein Zu-Eigen-Machen einer fremden inkriminierten Äußerung – zugrundelegen dürfen, wie sie nicht mit eingehender Begründung andere, für den Publizierenden günstigere Auslegungsmöglichkeiten ausgeschlossen haben. In diesen Fällen kommt eine Anwendung von § 27 StGB aus den vom BGH genannten Gründen also durchaus in Betracht, zumal auch das oben aufgeführte Gegenargument im Hinblick auf das ggf. erhebliche Strafbarkeitsrisiko für Personen, die – ohne den strafbaren Inhalt zur Kenntnis genommen zu haben – nur an der Herstellung einer Druckschrift mitwirken[57], hier nicht greift. Denn angesichts der in dieser Fallgruppe vorzunehmenden sorgfältigen Sachverhaltsauswertung bezüglich der sozialen Rolle der sich äußernden – nicht positiv verpflichteten – Person sowie dem Verständnishorizont des Rezipienten und der Unanwendbarkeit jeglicher Täterschaftsvermutungen bzw. Prima-facie-Schlüsse zum „vereinfachten“ Nachweis einer Identifikation

---

55 Vom Standpunkt der Pflichtdeliktslehre aus ist die Teilnahme eines Extraneus allerdings problemlos möglich, vgl. *Sánchez-Vera*, Pflichtdelikt und Beteiligung (1999), S. 177 ff. Der Gehilfe würde nach dem Strafrahmen und Deliktstyp des Pflichtdelikts gem. §§ 28 Abs. 1, 49 Abs. 1 StGB bestraft. Dazu wiederum *Sánchez-Vera*, Pflichtdelikt und Beteiligung (1999), S. 180 ff. und insbesondere S. 195 ff.

56 Vgl. dazu im 6. Kapitel unter IV. 2. b) (S. 274).

57 Vgl. in diesem Kapitel unter I. 2. a) (S. 292) mit Hinweis auf *Berlit/Dreier*, *Sommer* und *Tscherch*.

ergibt sich gerade nicht die Gefahr einer vorschnellen Bejahung strafbarer Beihilfe. Darüber hinaus darf auch nicht übersehen werden, dass gegenüber Personen, die bei der technischen Herstellung von Druckschriften mitarbeiten, der Vorwurf der Beihilfe an ein neutrales, regelmäßig berufliches und damit alltägliches Verhalten anknüpft. In Rechtsprechung wie Schrifttum existieren allerdings zahlreiche Ansätze, die allesamt das Ziel verfolgen, die Gehilfenstrafbarkeit wegen derartiger neutraler Unterstützungshandlungen einzuschränken[58], sodass zumindest in dem Bereich, in dem die Verwendung fremder Texte im Rahmen der üblichen geschäftlichen Tätigkeit erfolgt, auch aus diesem Grund von keinem gesteigerten Strafbarkeitsrisiko ausgegangen werden kann[59].

2. *Zur Anwendbarkeit von § 27 StGB im Sinne des BGH*

Neben den eben geltend gemachten Erwägungen spricht bei Verbreitung fremder Texte in Presseerzeugnissen durch den verantwortlichen Redakteur bzw. Verleger noch ein Aspekt gegen eine Erweiterung des Bereichs der Strafbarkeit durch Anwendung von § 27 StGB bzw. – im Sinne von *Sommer* – für ein anzuerkennendes Strafeinschränkungsinteresse und eine daher zu befürwortende Verdrängung von § 27 StGB.

Im dritten Teil dieser Arbeit wurde die Zuordnung von Lebenssachverhalten zum Typus der Äußerungsdelikte mittels des Wertungsgesichtspunkts vorgenommen, dass das bei diesen Delikten allein strafrechtlich beachtliche Verhalten in der Äußerung eines missbilligten Inhalts besteht und grundsätzlich in den Schutzbereich von Art. 5 Abs. 1 S. 1 Hs. 1 GG fällt. Daraus resultiert eine grundlegend unterschiedliche strafrechtliche Beurteilung solcher Fälle, in denen dieses Grundrecht durch Art. 5 Abs. 1 S. 2 Alt. 1 GG überlagert und verdängt wird, weil sich die Frage der Strafbarkeit gerade wegen der Verbreitung fremder Äußerungen in Presseerzeugnissen durch die in diesem Bereich tätigen Personen stellt. Damit kommt zwangsläufig die speziellere Bedeutung der Pressefrei-

---

58 Zum Meinungsstand siehe *Otto*, JK 00, StGB § 27/14 und JK 99, StGB § 27/13; *Tag*, JR 1997, S. 49 ff.; *Wohlleben*, Beihilfe durch äußerlich neutrale Handlungen (1996), S. 11 ff.; *Niedermair*, ZStW 107 (1995), S. 507 ff.; *Roxin*, FS *Stree* und *Wessels* (1993), S. 378 ff.

59 *Kudlich*, Jura 2001, S. 309 schlägt vor, in gleicher Weise auch die Providerhaftung unter dem Gesichtspunkt der Beihilfe durch berufsbedingtes Verhalten zu betrachten. Als einen gesetzlich geregelten Fall der Straflosigkeit neutraler, berufstypischer Förderungshandlungen sehen schließlich *Sieber*, Verantwortlichkeit im Internet (1999), S. 117 Rdn. 240 mit Fn. 285, und *Wimmer/Michael*, Der Online-Provider im neuen Multimediarecht (1998), S. 128 die Verantwortlichkeitsprivilegierung des Access-Providers gem. § 5 Abs. 3 TDG (a.F.)/§ 5 Abs. 3 MDStV (a.F.) an. In dieselbe Richtung geht auch der Ansatz von *Vassilaki*, MMR 2002, S. 659 ff., die Haftungseinschränkung gem. § 9 TDG – d.h. die bislang in § 5 Abs. 3 TDG geregelte Haftungsprivilegierung des Access-Providers – als Anwendungsfall straflosen sozialadäquaten Verhaltens anzusehen.

heit zum tragen, weil eine Ausdehnung des Strafbarkeitsrisikos wegen des genannten Verhaltens zugleich die Reichweite des „Instituts der freien Presse" begrenzt. Aus diesem Grund haben die Landespressegesetze eine Regelung der besonderen strafrechtlichen Verantwortlichkeit derjenigen Personen geschaffen, die aufgrund ausdrücklicher gesetzlicher Anordnung die Aufgabe besitzen, die Veröffentlichung strafbarer Inhalte zu verhindern. Diese spezielle Verantwortlichkeit sowie die darin zum Ausdruck kommende institutionelle Zuständigkeit bildet den Hintergrund dafür, dass sich die Strafbarkeit von Trägern presserechtlicher Berufspflichten gänzlich anders beurteilt als von Personen, die keine entsprechende Pflichtenstellung besitzen. Dieser Unterschied zwischen Fallkonstellationen mit und ohne presserechtlichen Bezug setzt sich bei der Prüfung einer etwaigen Gehilfenstrafbarkeit fort. Denn anders als bei den Grundrechtsträgern gem. Art.5 Abs. 1 S. 1 Hs. 1 GG kommen als Träger der Pressefreiheit nicht nur Personen in Betracht, die selbst unmittelbar den geistigen Inhalt des Druckwerks gestalten[60]. Vielmehr fallen alle Personen, die im Rahmen der Vorbereitung, Herstellung oder Verbreitung inhaltlich, organisatorisch oder technisch bei der Erstellung von Druckerzeugnissen mitwirken, grundsätzlich in den Schutzbereich von Art. 5 Abs. 1 S. 2 GG[61]. Damit werden auch Tätigkeiten, die einen unmittelbaren Inhaltsbezug nicht aufweisen sondern sich statt dessen eher als inhaltsferne Hilfsfunktionen darstellen, solange geschützt, wie sie nur pressebezogen und für das Funktionieren einer freien Presse erforderlich sind[62]. So ist zum Beispiel auch der Drucker Träger des Grundrechts der Pressefreiheit[63]. Genauso wie die institutionelle Zuständigkeit des verantwortlichen Redakteurs bzw. Verlegers das notwendige Korrelat zu den mit der Pressefreiheit einhergehenden Privilegien darstellt, so entspricht der grundrechtliche Schutz dieser mit der notwendigen Herstellung von Presseerzeugnissen befassten Personen der obigen Feststellung, dass in Fällen mit Beteiligung presserechtlicher Pflichtenträger ein Bedürfnis für die Anwendung von § 27 StGB nicht besteht. Strafbarkeitslücken können sich aufgrund Pflichtdeliktslehre bzw. presserechtlicher Sonderhaftung hier nicht ergeben. Die Ablehnung einer Gehilfenstrafbarkeit läßt sich demnach

---

60 *Löffler/Ricker*, Handbuch des Presserechts (2000), S. 57 Rdn. 6.

61 So BVerfG, Beschl. v. 13.1.1988 – 1 BvR 1548/82 = BVerfGE 77, 346 (354); BVerfG, Beschl. v. 6.10.1959 – 1 BvL 118/53 = BVerfGE 10, 118 (121); BK[101]-*Degenhart* Art. 5 Abs. 1 und 2 Rdn. 552; *Löffler/Ricker*, Handbuch des Presserechts (2000), S. 58 Rdn. 7; *Groß*, Presserecht (1999), S. 49 Rdn. 79; *Löffler*[4]-*Bullinger* § 1 LPG Rdn. 72 und Rdn. 116.

62 BVerfG, Beschl. v. 11.3.1969 – 1 BvR 665/62 und 152/69 = BVerfGE 25, 296 (304); BK[101]-*Degenhart* Art. 5 Abs. 1 und 2 Rdn. 468; *Maunz/Dürig*[40]-*Herzog* Art. 5 Abs. I, II Rdn. 140; *Löffler*[4]-*Bullinger* § 1 LPG Rdn. 72.

63 Dieses häufige Beispiel nennen *Löffler/Ricker*, Handbuch des Presserechts (2000), S. 98 Rdn. 17; *Groß*, Presserecht (1999), S. 49 Rdn. 79; *Löffler*[4]-*Bullinger* § 1 LPG Rdn. 87. Die Intensität des Grundrechtsschutzes hängt dabei freilich davon ab, wie diese Mitwirkung im konkreten Fall beschaffen ist, vgl. *Löffler/Ricker*, Handbuch des Presserechts (2000), S. 59 Rdn. 9.

im Ergebnis mit der Auffassung des BGH, wonach für die Annahme von Beihilfe grundsätzlich kein Raum sei, wenn Beihilfehandlungen bereits tatbestandlich verselbstständigt sind, ebenso vereinbaren wie mit der im Schrifttum vertretenen Ansicht, dass eine schon tatbestandlich sehr weit gezogene Strafbarkeit die Unanwendbarkeit von § 27 StGB nach sich zieht[64].

Nach alledem kann sich das angesprochene Problem der Geltung von § 27 StGB neben tatbestandlich verselbstständigten Gehilfenhandlungen nur für solche Fallgestaltungen stellen, bei denen die Pflichtdeliktslehre nicht zur Anwendung kommt. Die erwähnte Frage nach einem möglichen Verstoß gegen des Analogieverbot hat vor diesem Hintergrund nicht mehr die zunächst angenommene weitreichende Bedeutung. Denn dass es sich bei den „einschränkenden Voraussetzungen" bzw. dem Kriterium der Identifikation nicht um das Ergebnis einer wortlautunterschreitenden teleologischen Reduktion handelt, wurde zuvor schon festgestellt[65]. Ebenso wurde ausgeführt, dass dieses typologisch verstandene Merkmal der Äußerungsdelikte nicht gegen das Analogieverbot und die Wortlautgrenze verstößt[66]. Ohne die grundsätzliche Problematik der Anwendbarkeit von § 27 StGB trotz tatbestandlich bereits zur Täterschaft erhobenen Beihilfehandlungen an dieser Stelle abschließend zu klären, steht als Ergebnis zumindest fest, dass die Frage nach der Geltung der allgemeinen Beihilferegelung durch eine Auslegung des konkret einschlägigen Deliktstatbestandes beantwortet werden sollte. Auf diese Weise hat der BGH selbst die Möglichkeit der Beihilfe zu §§ 111, 129a, 140 StGB geprüft und ebenso entspricht diese Vorgehensweise den im Schrifttum vertretenen Ansichten. Ob dabei im Rahmen der Auslegung der Entstehungsgeschichte der Vorrang eingeräumt wird oder diese durch systematische und teleologische Argumente ergänzt und ggf. relativiert wird, spielt im vorliegenden Zusammenhang keine Rolle. Denn solange die Problemlösung – egal mit welchem Ergebnis – in einer derartigen Tatbestandsauslegung gesucht wird, handelt es sich jedenfalls nicht um eine teleologische Extension oder sogar Analogie[67].

Nur soweit der BGH die Anwendung von § 27 StGB mit Strafbedürftigkeitserwägungen im Einzelfall begründet, kann weder den dabei vorausgesetzten Prämissen noch der Argumentationsweise an sich gefolgt werden. Bezeichnend für den Unterschied zwischen der hier verfolgten Lösung und der in BGHSt 43, 41

---

64 Dies meint nicht nur *Sommer*, JR 1981, S. 494 f., sondern auch *Fincke* erkennt zumindest grundsätzlich die Möglichkeit an, dass die Auslegung konkreter Tatbestände die Nichtanwendung von § 27 StGB rechtfertigen kann, vgl. *ders.*, Das Verhältnis des Allgemeinen zum Besonderen Teil des Strafrechts (1975), S. 29.

65 Im 5. Kapitel unter II. 3. (S. 207).

66 Im 5. Kapitel unter II. 1. b) (S. 197).

67 Zur Abgrenzung siehe *Sch/Sch*[26]*-Eser* § 1 Rdn. 36 ff. und *Roxin*, AT Bd. 1 (1997), S. 104 Rdn. 26 ff.

geäußerten Überzeugung des 3. Senats ist die eingangs aus dieser Entscheidung zitierte Passage[68]. Dass sich der BGH dabei auf die Kommentierung von *Stree* zu § 84 StGB[69] bezieht, ist für sich gesehen schon nicht nachvollziehbar. Immerhin hat er nur wenige Sätze vorher die zu § 84 StGB vertretene Auslegung ausdrücklich als nicht übertragbar dargestellt. Vor allem aber ist deutlich geworden, dass sich aus der Berücksichtigung der Meinungs- und Pressefreiheit gerade sehr wohl „einleuchtende Gründe" ergeben, die eine Nichtanwendung der Beteiligungsregeln in bestimmten Konstellationen nahe legen. Auch insofern haben sich die bisherigen Ergebnisse zur täterschaftlichen Strafbarkeit bewährt und plausible Folgerungen für die dargestellte Teilnahmeproblematik erlaubt.

68 BGH, Urt. v. 9.4.1997 – 3 StR 387/96 = BGHSt 43, 41 (52), wiedergegeben in diesem Kapitel unter I. 1. (S. 197).

69 *Sch/Sch*[25]*-Stree* § 84 Rdn. 17. Mittlerweile findet sich diese Passage bei *Sch/Sch*[26]*-Stree/Sternberg-Lieben* § 84 Rdn. 17.

8. Kapitel

Strafrechtliche Verantwortlichkeit für fremde Texte im Bereich der neuen Medien

Wie sehr die bisherigen Ergebnisse regelrecht dazu einladen, auf ihre Vereinbarkeit und Anwendbarkeit im Hinblick auf die Rechtslage bezüglich der Verantwortlichkeit für fremde Texte im Bereich der neuen Medien – insbesondere des Internet – überprüft zu werden, müsste der Überblick im 2. Kapitel über die strafrechtliche Verantwortlichkeit der Diensteanbieter gemäß TDG und MDStV verdeutlicht haben, wo bereits auf eine Reihe vergleichbarer Probleme und offene Fragen im Verhältnis zwischen den Multimedia-Gesetzen einerseits und der Situation im Presserecht andererseits hingewiesen werden konnte. Dass sich eine Untersuchung der Übertragbarkeit der hier gewonnenen Ergebnisse auf den Bereich des Online-Rechts anbietet, da dies mit – angeblich – dem Presse(straf)recht entnehmbaren Grundsätzen zu tun vereinzelt schon vorgeschlagen wird, läßt sich anhand einiger beispielhafter Zitate aus dem Schrifttum unterstreichen, die an dieser Stelle nur die Übereinstimmung der grundsätzlichen Problematik belegen sollen und daher erst später verifiziert werden:

> „Die bisher herrschende Meinung will die ‚zu eigen gemachten Inhalte' im Anwendungsbereich von TDG und MDStV in Anlehnung an diese presserechtliche Haftung für die Äußerungen Dritter behandeln. Für das Vorliegen von ‚eigenen Inhalten' wird insbesondere darauf abgestellt, dass jemand einen Inhalt nicht als fremden Inhalt kennzeichnet, dass sich jemand von dem Inhalt nicht im Sinne der presserechtlichen Rechtsprechung distanziert, dass er sich Inhalte objektiv erkennbar zurechnen lassen will, dass er für die Inhalte aus der Sicht eines objektiven Nutzers Verantwortung übernehmen will, dass er sich mit dem einzelnen konkreten Inhalt identifiziert oder dass er die Inhalte ‚billigt'."[1]

Oder hinsichtlich der Verbindung zwischen der Einordnung eines Tatbestands als Äußerungsdelikt und dem daraus abgeleiteten Erfordernis der Identifikation:

> „An Schärfe gewinnt dieses Problem, wenn man bedenkt, dass es sich bei den meisten Verbreitungstatbeständen um sog. Äußerungsdelikte handelt, also Taten, die eine gewisse subjektive Beziehung des Täters zu der Äußerung erfordern. [...] Hierfür ist in diesem Fall erforderlich, dass der Linksetzer sich den Inhalt der verlinkten Seite zu eigen macht [...] und sich explizit mit ihnen identifiziert."[2]

Oder – was vor dem Hintergrund der hier vertretenen Auffassung von besonderem Interesse ist – mit Bezug zur Person des verantwortlichen Redakteurs:

> „Die hinsichtlich der bisherigen Rechtslage wohl h.M. orientiert sich an den im Presserecht entwickelten Grundsätzen zur Abgrenzung von eigenen und fremden Inhalten. Im Presserecht haftet die Zeitung neben den von ihren Redakteuren verfassten Artikeln auch für die Äußerungen Dritter, die sie in die Zeitung aufnimmt.

---

1 *Mylaous*, in: *Schwarz*, Recht im Internet (2000), 3-4.2, S. 25.

2 *A. Koch*, MMR 1999, S. 710.

> Denn durch die Aufnahme gibt der Redakteur regelmäßig zu erkennen, dass er sich mit dem Inhalt der Äußerung identifiziert und macht sich damit die ursprünglich fremde Äußerung zu Eigen. Die Äußerung bleibt jedoch fremd (und eine Haftung damit ausgeschlossen), wenn bei einem objektiven Erklärungsempfänger nicht der Eindruck entsteht, dass der Redakteur sich mit der Äußerung identifiziert (etwa durch ausdrückliche Distanzierung desselben) und ein überwiegendes Informationsinteresse besteht. Schon nach bisheriger Rechtslage erscheint eine dem Presserecht entsprechende Auslegung von ‚eigen' und ‚fremd' sehr fraglich. Zunächst ist zweifelhaft, ob Anbieter von Telediensten eine Aufgabe von vergleichbarer Bedeutung wie die der freien Presse wahrnehmen."[3]

Diese von *Säcker* gestellte Frage ist in der Tat außerordentlich bedeutsam, entscheidet sie doch über die Anwendbarkeit der Pflichtdeliktslehre gemäß dem in dieser Arbeit vorgestellten Konzept sowie aller damit einhergehender Konsequenzen. Somit wird u.a. zu beantworten sein, inwieweit die hier entwickelten Lösungen zur Handhabung des Merkmals der Identifikation auf die Rechtslage im Bereich von TDG und MDStV übertragen werden können und worin überhaupt die maßgeblichen Unterschiede zwischen Online- und Presserecht im Hinblick auf die strafrechtliche Verantwortlichkeit für fremde Texte liegen.

I. Die Verantwortlichkeit für fremde Inhalte gemäß TDG und MDStV

1. Die Identifikation mit fremden Inhalten

a) Erledigung der Frage durch Inkrafttreten des EGG?

Im 2. Kapitel wurde bereits darauf hingewiesen, dass sich die Unterscheidung zwischen eigenen und fremden Inhalten, die für die Verantwortlichkeitsregelung in § 5 TDG bzw. MDStV (jeweils a.F.) zentrale Bedeutung hatte, nunmehr als Differenzierung zwischen eigenen und fremden Informationen auch im Wortlaut der §§ 8 ff. TDG bzw. §§ 6 ff. MDStV wiederfindet[4]. Auch wenn der Gesetzgeber ausweislich der Materialien zum EGG davon ausging, dass somit diese bislang geltende Abgrenzung auch im novellierten TDG weitergelten kann, wird das im Schrifttum vereinzelt in Zweifel gezogen. So wird vor allem der Unterschied zwischen EGG und ECRL betont, der darin besteht, dass sich die Art. 12 ff. ECRL lediglich mit durch „Nutzer eingegebene Informationen" befassen, weshalb die vom deutschen Gesetzgeber beibehaltene Trennung von eigenen und fremden Inhalten bzw. Informationen in Ansehung der europäischen Vorgaben zu vernachlässigen sei und sich demzufolge nach Inkrafttreten des EGG die Frage nach einer etwaigen Identifikation mit fremden Inhalten erledigt habe[5]. Statt dessen werde zukünftig „entscheidendes Kriterium" sein, ob

---

3 *Säcker*, MMR-Beilage 9/2001, S. 2.

4 Dort unter III. 2. b) (S. 71).

5 So vor allem *Hoffmann*, MMR 2002, S. 288 und *Spindler*, NJW 2002, S. 923. *Hoffmann* meint, es sei zumindest „nicht offensichtlich, dass diese hergebrachte Differenzierung [zwi-

der Nutzer gem. § 11 S. 2 TDG dem Diensteanbieter untersteht oder von ihm beaufsichtigt wird, da nur in diesem Fall eine Zurechnung der fremden Informationen gegenüber dem Diensteanbieter möglich sei[6]. Ferner ist *Spindler* davon überzeugt, dass „die im deutschen Recht erforderliche deutliche Distanzierung" infolge der durch das EGG geänderten Vorschriften in TDG und MDStV an Bedeutung verlieren wird, weil § 11 TDG nur darauf abstelle, „ob der Nutzer, nicht die Information, von dem Diensteanbieter beaufsichtigt wird"[7].

Überzeugen können diese Erwägungen letzten Endes jedoch nicht, da sie den Aussagegehalt der ECRL hinsichtlich des Problems des Zu-Eigen-Machens fremder Inhalte überbewerten. Wenn *Hoffmann* und *Spindler* meinen, dass nach § 11 S. 2 TDG eine Verantwortlichkeit des Providers gegeben ist, wenn der Nutzer, für den fremde Informationen gespeichert werden, dem Diensteanbieter untersteht oder von ihm beaufsichtigt wird, so setzt diese Rechtsfolge doch bereits voraus, dass es sich um „fremde Informationen" handelt. Denn nur dann ist § 11 S. 1 TDG/§ 9 S. 1 MDStV zunächst grundsätzlich anwendbar, womit sich die Frage nach der Einschlägigkeit der Ausnahmevorschrift § 11 S. 2 TDG bzw. § 9 S. 2 MDStV überhaupt stellen kann. Sollte dies nicht der Fall sein, weil unter gewissen Voraussetzungen auch vom Nutzer herrührende Inhalte als „eigene Informationen" des Diensteanbieters angesehen werden können, würde von vornherein § 8 Abs. 1 TDG bzw. § 6 Abs. 1 MDStV gelten, da dann die für den Nutzer gespeicherten fremden Informationen geradewegs zu zur Nutzung bereitgehaltenen eigenen Informationen werden würden. Im Rahmen dieser letztgenannten Vorschriften spielt aber das von *Spindler* angeführte „entscheidende Kriterium" keine Rolle. Schließlich darf nicht verkannt werden, dass § 11 S. 2 TDG und § 9 S. 2 MDStV lediglich einen – aber eben nicht den einzigen – Fall benennen, in dem die Verantwortlichkeitsprivilegierung des § 11 S. 1 TDG bzw. § 9 S. 1 MDStV nicht gilt und sich die Strafbarkeit daher ohne Einschränkung nach den allgemeinen Gesetzen richtet. Ein anderer Fall, in dem dies gleichermaßen zutrifft, ist daneben die Verantwortlichkeit für eigene Informationen. Selbst wenn man den Unterschied zum Wortlaut von Art. 14 Abs. 1 ECRL ernst nimmt und den Passus „fremde Informationen" in § 11 S. 1 TDG/§ 9 S. 1 MDStV durch „Informationen, die durch einen Nutzer eingegeben werden" ersetzt, ändert dies nichts am hier vertretenen Standpunkt. Denn sollten bestimmte Umstände – auf die im einzelnen sogleich eingegangen wird – die Annahme begründen, dass diese Informationen dennoch als „eigene" des Diensteanbieters zu bewerten sind, kommt es wiederum zur Anwendung von § 8 Abs. 1

---

schen einerseits fremden und andererseits eigenen und zu eigen gemachten Inhalten, M.G.] aufrechterhalten bleiben kann".

6 So *Spindler*, NJW 2002, S. 923; *ders.*, MMR 1999, S. 203; ebenso *Hoffmann*, MMR 2002, S. 288.

7 *Spindler*, NJW 2002, S. 923 sowie *ders.*, MMR 1999, S. 203.

TDG/§ 6 Abs. 1 MDStV, der insofern als lex specialis hinsichtlich der Verantwortlichkeit für eigene Inhalte zu handhaben ist.

Insgesamt wird bei *Spindler* und *Hoffmann* nicht deutlich, dass die ECRL die Frage, wann nicht selbst verfasste Inhalte gleichwohl als „eigene Informationen" zugerechnet werden können, gar nicht regelt. Vielmehr bezweckt sie ausschließlich die Ausnahmen der Verantwortlichkeit festzulegen, d.h. die Konstellationen zu benennen, in denen ein Diensteanbieter für von Dritten verfasste Informationen nicht haftbar gemacht werden soll, da sich seine Tätigkeit auf den technischen Vorgang der automatischen Informationsvermittlung bzw. Informationsübermittlung beschränkt[8]. Aus diesem Grund enthält die ECRL auch keine mit § 8 Abs. 1 TDG bzw. § 6 Abs. 1 MDStV vergleichbare Vorschrift, da der Grundsatz einer Verantwortlichkeit für eigene Informationen als Prämisse den Art. 12 ff. ECRL zugrunde liegt, nicht aber ihr – lediglich auf die Festlegung der Ausnahmen von der Verantwortlichkeit beschränkter – Regelungsgegenstand ist. Daher kann auch der Hinweis auf die als Vollharmonisierung gedachte Verantwortlichkeitsprivilegierung der ECRL nicht als Argument gegen die hier vertretene Auslegung angeführt werden. Vor dem beschriebenen gesetzessystematischen Hintergrund zu behaupten, die Unterscheidung zwischen eigenen und fremden Inhalten habe sich angesichts der novellierten TDG und MDStV erledigt, hieße die in der Begründung zum EGG zum Ausdruck gebrachte gesetzgeberische Vorstellung völlig außer Acht zu lassen[9]. Schließlich muss auch die Tatsache, dass in § 11 S. 2 TDG/§ 9 S. 2 MDStV keine Rede ist von einer „Beaufsichtigung der Information" durch den Provider, nicht zwingend für die Bedeutungslosigkeit einer Distanzierungserklärung sprechen, da mit diesem Satz 2 vor allem dem Problem der Zurechung im Konzern Rechnung getragen werden sollte[10].

Nach alledem bleibt die Unterscheidung zwischen eigenen, fremden und zu eigen gemachten Inhalten auch in den aktuellen Fassungen von TDG und MDStV in ihrer gesamten bisherigen Bedeutung relevant[11]. Damit soll allerdings nicht zugleich behauptet werden, dass es tatsächlich zutreffend ist, im Rahmen der §§ 8 ff. TDG/§§ 6 ff. MDStV das Vorliegen einer Identifikation mit fremden Inhalten auf vergleichbare Weise zu prüfen, wie es bisher anläss-

---

8 So ausdrücklich Erwägungsgrund Nr. 42 zur ECRL.

9 Eindeutig insofern die Begründung der Bundesregierung in BT-Drs. 14/6098, S. 22 f. Das Gleiche gilt für die Begründung zum Sechsten Rundfunkänderungsstaatsvertrag, abrufbar unter http:// www.lfk.de/ gesetzeundrichtlinien/ rundfunkstaatsvertrag/ download/ RStV6-Begruendung.pdf (zuletzt abgerufen im Dezember 2002), dort S. 31.

10 Dies wird auch von *Spindler*, NJW 2002, S. 923 Fn. 36 eingeräumt.

11 Ebenso *Köster/Jürgens*, MMR 2002, S. 422; *Nickels*, CR 2002, S. 306; *Strömer*, Online-Recht (2002), S. 217 ff.; *Härting*, CR 2001, S. 275; *Tettenborn/Bender/Lübben/Karenfort*, BB-Beilage 50/2001, S. 27 und S. 29; ferner wohl auch *Säcker*, MMR-Beilage 9/2001, S. 2 f.

lich des Merkmals der Identifikation mit fremden Äußerungen im Straf- und Presserecht geschieht, weil das – wie zu Beginn dieses Kapitels angekündigt – nunmehr gerade zu untersuchen ist. Die vorangegangenen Erwägungen haben aber jedenfalls gezeigt, dass weder die ECRL noch das EGG etwas an der seit Erlass des IuKDG diskutierten Frage geändert haben, ob und unter welchen Voraussetzungen ein Zu-Eigen-Machen fremder Inhalte möglich ist, sodass die Antwort darauf zumindest nicht allein durch Hinweis auf die novellierte Rechtslage gewonnen werden kann.

b) Existierende Ansichten

Der Großteil der existierenden Ansichten, die sich mit der Abgrenzung von „eigenen" und „fremden" Inhalten bzw. Informationen beschäftigen, wurde anhand der früheren § 5 Abs. 1 TDG (a.F.) und § 5 Abs. 1 MDStV (a.F.) entwickelt. Da sich wie ausgeführt an der Relevanz dieser Unterscheidung auch nach Inkrafttreten des EGG nichts geändert hat, läßt sich der Meinungsstand ohne weiteres auf die aktuelle Rechtslage übertragen. Als eigene Inhalte kommen danach vorrangig solche Informationen in Betracht, die vom Diensteanbieter selbst geschaffen wurden[12]. Allerdings können auch ursprünglich fremde Inhalte zu Eigen gemacht werden, indem sich z.B. ein Anbieter mit den fremden Inhalten erkennbar identifiziert[13]. Diese Aussagen dürften im Schrifttum nicht zuletzt deshalb durchweg als anerkannt gelten, weil sich sogar in den Gesetzesmaterialien selbst die Bemerkung findet, dass eigene Inhalte auch von Dritten hergestellte Inhalte sein können, sofern der Anbieter sie sich zu Eigen gemacht hat[14]. Jedoch enthalten die Materialien darüber hinaus keine Erklärung, die besagt, wann genau das der Fall ist[15].

Im Schrifttum wird diese Möglichkeit eines Zu-Eigen-Machens überwiegend unter deutlicher Bezugnahme auf die straf- und presserechtlichen Ansichten begründet, was ebenso für den umgekehrten Fall gilt, in dem sich ein Anbieter von den Inhalten Dritter deutlich und zweifelsfrei distanziert, wodurch ein Zu-

---

12 *Barton*, Multimedia-Strafrecht (1999), S. 208 Rdn. 303.

13 *Park*, GA 2001, S. 31; *Römer*, Verbreitungs- und Äußerungsdelikte im Internet (2000), S. 184 ff.; *Engels/Köster*, MMR 1999, S. 523; *Pelz*, wistra 1999, S. 58; *ders.*, ZUM 1998, S. 532 f. Ebenso hinsichtlich der §§ 6 ff. MDStV *Bornemann*, K&R 2002, S. 305.

14 So die Begründung der Bundesregierung zum ursprünglichen TDG in BT-Drs. 13/7385, S. 19 f., sowie zum novellierten TDG in BT-Drs. 14/6098, S. 23.

15 Die Umschreibung des „Zu-Eigen-Machens" mit „Sichidentifizieren" in der Antwort der Bundesregierung, BT-Drs. 13/8153, S. 13, auf die Kleine Anfrage v. 22.5.1997 führt auch zu keiner leichteren Abgrenzung von eigenen und fremden Inhalten. Ebenso *Sieber*, in: *Hoeren/Sieber*, Handbuch Multimedia-Recht (2001), Teil 19, S. 94 Rdn. 259; *ders.*, Verantwortlichkeit im Internet (1999), S. 145 Rdn. 291; *ders.*, MMR-Beilage 2/1999, S. 12.

Eigen-Machen ausgeschlossen sein soll[16]. Erschwerend tritt in diesem Zusammenhang jedoch hinzu, dass häufig von einem offenbar feststehenden „Begriff“[17] oder sogar einer „Definition“[18] des Zu-Eigen-Machens im Straf- und Presserecht ausgegangen wird, die es – das hat der zweite Teil dieser Arbeit bewiesen – in dieser Einhelligkeit nicht gibt und abstrakt-begrifflich – dies wurde im dritten Teil begründet – auch gar nicht geben kann. So meint beispielsweise *Ernst*, dass die entsprechende presserechtliche „Definition“ des Zu-Eigen-Machens angewendet werden könne, wonach die Identifizierung mit einem konkreten Inhalt erforderlich sei, selbst wenn dies lediglich „zwischen den Zeilen“ erfolge[19].

Wann dabei genau von einem derartigen Zu-Eigen-Machen ausgegangen werden kann, soll sich nach den Umständen des jeweiligen Einzelfalles beurteilen[20]. Exemplarisch:

> „Für die Beurteilung, ob der Anbieter fremde Inhalte als eigene Inhalte übernehmen will, kommt es auf die Würdigung aller Umstände des Einzelfalls aus der Sicht eines objektiv verständigen Nutzers an.“[21]

Diesbezüglich wird darauf hingewiesen, dass sich die Anforderungen an den Nachweis einer Identifikation mit fremden Inhalten nach dem Erwartungshorizont eines objektiven Betrachters richten müssten, der unter bestimmten Voraussetzungen eher von einer eigenen Erklärung des Anbieters ausgeht, als in anderen Fällen[22]. Dementsprechend sei es gleichfalls abhängig vom konkreten

---

16 *Spindler*, in: *Hoeren/Sieber*, Handbuch Multimedia-Recht (2001), Teil 29, S. 46 Rdn. 94 ff.; *ders.*, CR 1998, S. 746; *ders.*, NJW 1997, S. 3196; *Mylaeus*, in: *Schwarz*, Recht im Internet (2000), 3-4.2, S. 25 f.; *Barton*, Multimedia-Strafrecht (1999), S. 209 Rdn. 305; *Engels/Köster*, MMR 1999, S. 523; *Ernst*, NJW-CoR 1998, S. 364; *Vassilaki*, NStZ 1998, S. 522; *dies.*, MMR 1998, S. 633.

17 So z.B. *Vassilaki*, NStZ 1998, S. 522.

18 So z.B. *Ernst*, NJW-CoR 1998, S. 364.

19 *Ernst*, NJW-CoR 1998, S. 364. Bei dieser „Definition“ handelt es sich exakt um eben jene definitio ad verbum, auf deren Unzulänglichkeit bereits im 5. Kapitel unter I. (S. 188) hingewiesen wurde. In gewisser Weise gilt das ebenfalls für den Versuch der Bundesregierung, das „Zu-Eigen-Machen“ mit „Sichidentifizieren“ zu erklären, wie es in der Begründung zum TDG – BT-Drs. 13/8153, S. 13 – geschieht, auch wenn dies sicherlich nicht im Sinne einer Definition gemeint ist.

20 *A. Koch*, MMR 1999, S. 710; *Pelz*, ZUM 1998, S. 532.

21 So *Spindler*, in: *Hoeren/Sieber*, Handbuch Multimedia-Recht (2001), Teil 29, S. 47 Rdn. 95, und ähnlich *ders.*, NJW 1997, S. 3196. *Vassilaki*, MMR 1998, S. 633, vertritt unter ausdrücklicher Bezugnahme auf *Spindler* denselben Maßstab.

22 *Flechsig*, in: *Schwarz*, Recht im Internet (2000), 8-2.1, S. 20; *Römer*, Verbreitungs- und Äußerungsdelikte im Internet (2000), S. 184 ff.; *Barton*, Multimedia-Strafrecht (1999), S. 210 Rdn. 306. *Pelz*, ZUM 1998, S. 532, betont die Wichtigkeit des nach außen erweckten Eindrucks.

Einzelfall, wie deutlich die Distanzierung ausfallen muss, um den Eindruck eines Zu-Eigen-Machens zu verhindern[23].

Zusammenfassend lässt sich also feststellen, dass sich die Antworten auf die tele- bzw. mediendienstrechtliche Fragestellung in keiner Weise von der typologischen Argumentation unterscheiden, die sich zur Bestimmung der Anforderungen an den Nachweis der Identifikation im Bereich der klassischen Printmedien herausgebildet hat und die sich durchweg ebenfalls durch das Abstellen auf den Verständnishorizont eines Durchschnittslesers, die Umstände des Einzelfalles und die dadurch variierenden Voraussetzungen für die Begründung des Zu-Eigen-Machens fremder Äußerungen auszeichnet. Dass diese Ansichten zur Abgrenzung von eigenen und fremden Inhalten gemäß den Verantwortlichkeitsregelungen nach TDG und MDStV trotz gleichen Ausgangspunktes aufgrund des einzelfall- und rezipientenabhängigen Beurteilungsmaßstabes zu ähnlich vielfältigen und sich teilweise ebenso auffällig widersprechenden Aussagen führen, wie sie im 3. und 4. Kapitel auch schon anhand der strafrechtlichen Rechtsprechung und Literatur zum Merkmal der Identifikation mit fremden Äußerungen gewonnen werden konnten, kann kaum verwundern[24].

Ein gänzlich anderer Weg zur Unterscheidung zwischen eigenen und fremden Inhalten wird nur vereinzelt vorgeschlagen, dann jedoch zumeist unter deutlicher Ablehnung der zuvor beschriebenen Argumentationsweise und einer stärkeren Berücksichtigung der technischen Besonderheiten einer Datenweitergabe

---

23 Insgesamt unterstreichen vor allem *Spindler* und *Vassilaki* nachdrücklich die Bedeutung derartiger Distanzierungserklärungen, um die Annahme eines Zu-Eigen-Machens fremder Äußerungen auszuschließen, vgl. *Spindler*, in: *Hoeren/Sieber*, Handbuch Multimedia-Recht (2001), Teil 29, S. 46 Rdn. 94 ff.; *ders.*, CR 1998, S. 746; *ders.*, NJW 1997, S. 3196; *Vassilaki*, NStZ 1998, S. 522; *dies.*, MMR 1998, S. 633.

24 Z.B. lässt es *Barton*, Multimedia-Strafrecht (1999), S. 210 Rdn. 306, für eine wirksame Distanzierung genügen, wenn ein ausdrücklicher Hinweis vorhanden ist, dass es sich um die Inhalte eines Dritten handelt, die nicht vom Anbieter selbst stammen. Den Umstand allein, dass es sich bei den fremden Inhalten um Informationen handelt, die thematisch in keinerlei Zusammenhang stehen mit der sonstigen Tätigkeit gerade dieses Providers, lässt *Barton* jedoch nicht ausreichen, um von einer Distanzierung ausgehen zu können, siehe a.a.O., Rdn. 307. *Finke*, Die strafrechtliche Verantwortung von Internet-Providern (1998), S. 145, nimmt an, dass sich ein Provider fremde Inhalte zu Eigen macht, wenn er aus der Sicht des Nutzers nicht deutlich macht, dass er für diese Inhalte nicht einstehen will und sie nicht übernehmen möchte. Im direkten Widerspruch dazu meint *Spindler*, dass es für den Nutzer eines vom Provider angebotenen Dienstes mit fremden Inhalten zumeist auch ohne ausdrückliche Distanzierung erkennbar sein wird, dass sich der Provider die fremden Inhalte nicht zu Eigen machen will, vgl. *Spindler*, CR 1998, S. 746, und *ders.*, NJW 1997, S. 3196. Dies sei insbesondere dann der Fall, wenn die Inhalte keinen Bezug zur sonstigen Tätigkeit des Providers hätten, so *Spindler*, in: *Hoeren/Sieber*, Handbuch Multimedia-Recht (2001), Teil 29, S. 47 Rdn. 95, sowie *ders.*, NJW 1997, S. 3196.

im Internet im Vergleich zur Veröffentlichung von Texten in den Printmedien[25]. So lehnt *Sieber* die bisher ganz überwiegend an die presserechtliche Haftung für eigene Äußerungen angelehnte Abgrenzung und die dabei übernommenen Kriterien – insbesondere das Abstellen auf die äußerlich erkennbare Einstellung des Anbieters zu den fremden Inhalten, seine Identifikation mit diesen Inhalten bzw. das Vorliegen einer Distanzierungserklärung – als unpassend und falsch ab[26]. Er begründet seine Auffassung mit dem Beispiel eines Anbieters kinderpornographischer Bilder, der sich von seiner strafrechtlichen Verantwortlichkeit auch nicht durch das Hinzufügen einer distanzierenden Erklärung befreien könne. Von daher würden die presserechtlichen Kriterien von vornherein überhaupt nur bei Tatsachenbehauptungen und Meinungsäußerungen Sinn machen, keinesfalls aber z.B. bei pornographischen Darstellungen, wo sie vielmehr die Gefahr eines Zirkelschlusses beinhalten. In gleicher Weise lehnt *Sieber* auch die gelegentlich vorgeschlagene Parallele zur urheberrechtlichen Veranstalterhaftung als dogmatisch nicht begründbar ab[27]. Demzufolge könne sich seines Erachtens die Unterscheidung zwischen eigenen und fremden Inhalten allein nach tele- bzw. mediendienstspezifischen Kriterien richten, die er zur Grundlage einer eigenständigen „Abgrenzungstheorie“ macht[28]. Danach komme als ein solches Kriterium vor allem die „bewusste Einzelauswahl“ in Betracht, worunter er die bewusste Auswahl bestimmter Daten in Kenntnis deren Inhalts versteht[29]. Alternativ schlägt *Sieber* vor, dass auch in Fällen, in denen eine gezielte Auswahl und Kenntnis einzelner Daten fehlt, das Vorliegen eigener Inhalte bejaht werden könne, wenn sich ein Anbieter beispielsweise aufgrund einer ausdrücklichen Erklärung unmissverständlich mit dem Inhalt fremder Daten „in dem

---

25 Diese divergenten Ausgangspunkte verkennt *Park*, GA 2001, S. 31, wenn er lediglich von Unterschieden „in Nuancen“ spricht.

26 So *Sieber*, Verantwortlichkeit im Internet (1999), S. 146 Rdn. 293 f.; *ders.*, MMR-Beilage 2/1999, S. 13; *ders.*, MMR 1998, S. 443.

27 *Sieber*, Verantwortlichkeit im Internet (1999), S. 147 Rdn. 296 ff.; *ders.*, MMR-Beilage 2/1999, S. 13. Diese urheber- und wettbewerbsrechtliche Veranlasserhaftung wird eingehend dargestellt von *Freytag*, Haftung im Netz (1999), S. 84 ff., der ferner ihre Übertragbarkeit auf die Abgrenzung zwischen eigenen und fremden Inhalten i.S.d. § 5 TDG (a.F.)/§ 5 MDStV (a.F.) untersucht, vgl. a.a.O., S. 173 ff. Jegliche Geltung von § 5 TDG (a.F.) im Bereich des Urheberrechts verneinen *Waldenberger/Hoß*, AfP 2000, S. 243; *Schaefer/Rasch/Braun*, ZUM 1998, S. 451 ff., sowie *Waldenberger*, MMR 1998, S. 127 f. Die entgegengesetzte Auffassung wird vertreten vom LG München I, Urt. v. 30.3.2000 – 7 O 3625/98 = NJW 2000, S. 2214 (2216), mit zustimmender Besprechung von *Brauneck*, ZUM 2000, S. 480 ff.

28 Dazu *Sieber*, Verantwortlichkeit im Internet (1999), S. 144 Rdn. 289 ff.; *ders.*, MMR-Beilage 2/1999, S. 12 ff.

29 Dazu *Sieber*, in: *Hoeren/Sieber*, Handbuch Multimedia-Recht (2001), Teil 19, S. 95 Rdn. 261 ff.; *ders.*, Verantwortlichkeit im Internet (1999), S. 150 Rdn. 302 f.; *ders.*, MMR-Beilage 2/1999, S. 14.

Sinne identifiziert, dass er die Verantwortung für ihren Inhalt übernehmen will"[30].

Sieber's Kritik an der Übernahme pressestrafrechtlicher Maßstäbe wird grundsätzlich geteilt von *Pankoke*, obgleich sich dieser gegenüber dem von *Sieber* vorgeschlagenen Abgrenzungsmodell überaus skeptisch äußert, da er für dessen abschließend verstandene Haftungskriterien jeglichen Anhaltspunkt in Wortlaut bzw. Entstehungsgeschichte von TDG und MDStV vermisst[31]. In seiner Untersuchung zur Presse- und Providerhaftung lehnt *Pankoke* außerdem entschieden den überwiegend zur Unterscheidung von eigenen und fremden Inhalten vertretenen Ansatz ab, die Beurteilung einer etwaigen Identifikation mit fremden Inhalten – d.h. die Frage nach einem Zu-Eigen-Machen – aus der Sicht eines „objektiven Rezipienten" nachzuvollziehen[32]. Dieses Abstellen auf einen objektivierten Empfängerhorizont sieht er als wesentliches Defizit der wohl herrschenden Auffassung an, da eine derartige Betrachtungsweise im herkömmlichen Haftungsrecht angeblich keine besondere Rolle spiele und das Identifikationskriterium an sich überhaupt keinen Sinn mache, was sich z.B. bei Urheberrechtsverletzungen oder der Verbreitung kinderpornographischen Materials deutlich zeige[33]. Stattdessen ist *Pankoke* davon überzeugt, dass eine zutreffende Abgrenzung zwischen eigenen und fremden Inhalten vor allem dazu führen müsse, dass die Verantwortlichkeitsprivilegierungen in TDG und MDStV nur solchen Providern zugute kommen, deren Tätigkeit in den traditionellen Medien kein Pendant findet. Dies wiederum könne seiner Meinung nach nur dadurch erreicht werden, dass der Begriff der Fremdheit „rein technisch" verstanden wird[34]. Danach handele es sich um fremde Inhalte, wenn beispielsweise Dritten lediglich Speicherplatz für deren Informationen zur Verfügung gestellt wird. Eigene Inhalte würden dagegen anzunehmen sein, wenn von Dritten stammende Inhalte in eigene Internet-Seiten integriert werden, wobei dann die Frage nach einer Identifikation keine Rolle mehr spiele.

Einen von der überwiegenden Meinung abweichenden Ansatz verfolgt schließlich auch *Popp*, der sich besonders eingehend mit der Frage beschäftigt, wann von einer Aneignung fremder Inhalte ausgegangen werden kann[35]. Dabei hält er es für „dogmatisch fehlleitend", wenn die wortwörtliche Einbindung fremder Inhalte in ein eigenes Internet-Angebot als „Aneignung fremder Inhalte" be-

---

30 Von *Sieber* als Kriterium der „bewussten Verantwortungsübernahme" bezeichnet, siehe *ders.*, Verantwortlichkeit im Internet (1999), S. 151 Rdn. 304 f. und *ders.*, MMR-Beilage 2/1999, S. 14 f.

31 *Pankoke*, Von der Presse- zur Providerhaftung (2000), S. 103 f.

32 *Pankoke*, Von der Presse- zur Providerhaftung (2000), S. 100 ff.

33 So *Pankoke*, Von der Presse- zur Providerhaftung (2000), S. 101.

34 *Pankoke*, Von der Presse- zur Providerhaftung (2000), S. 105 f.

35 *Popp*, Die strafrechtliche Verantwortung von Internet-Providern (2002), S. 68 ff.

zeichnet wird, da genaugenommen ein neuer – und insofern eigener – Inhalt des Anbieters vorliegt[36]. Das gleiche gilt auch für den Fall einer positiven Bewertung fremder Inhalte, was *Popp* wiederum nicht als „Aneignung fremder Inhalte“ ansehen will, sondern vielmehr als „Aneignung der Aussage dieses Inhalts“[37]. Diese Differenzierung führt ihn zu dem Ergebnis, dass zum einen hinsichtlich der angeeigneten fremden Inhalte § 5 Abs. 3 TDG (a.F.)/§ 5 Abs. 3 MDStV (a.F.) und zum anderen hinsichtlich der daneben außerdem vorliegenden eigenen Aussage § 5 Abs. 1 TDG (a.F.)/§ 5 Abs. 1 MDStV (a.F.) anzuwenden sei.

2. *Das Zu-Eigen-Machen fremder Inhalte mittels Hyperlink*

Während gerade noch bemängelt werden konnte, dass die Anforderungen, die an ein Zu-Eigen-Machen zu stellen sind, größtenteils offen gelassen werden und sich neben dem regelmäßigen Hinweis auf Rezipientenhorizont und Einzelfallabhängigkeit keine präziseren Angaben finden lassen, zeichnet sich die entsprechende Diskussion im Hinblick auf die Beurteilung der Verantwortlichkeit für Hyperlinks infolge der sehr viel konkreteren Fragestellung durch zumeist wesentlich detailliertere – aber dabei auch deutlich voneinander abweichende – Begründungsversuche aus. Bevor diese näher dargestellt werden, ist jedoch abermals auf die durch das EGG geänderte Rechtslage einzugehen.

a) Nochmals: Erledigung der Frage durch Inkrafttreten des EGG?

Die erheblichen Auswirkungen, welche die Einstufung als Access-Provider aufgrund der Privilegierung in § 5 Abs. 3 TDG (a.F.)/§ 5 Abs. 3 MDStV (a.F.) mit sich brachte, wurden im 2. Kapitel bereits beschrieben[38]. Da dieser Haftungsausschluss nach seinem eindeutigen Wortlaut auch Fälle erfasste, in denen Links bewusst und gewollt auf strafbare Inhalte gesetzt wurden, war die Unterscheidung zwischen eigenen und fremden Inhalten – d.h. zwischen der Funktion als Content- oder Access-Provider – in der Zeit vor Inkrafttreten des EGG um so bedeutender. Dass sich dieses Problem der korrekten Einordnung von Hyperlinks im Rahmen der durch das EGG geänderten Vorschriften des TDG sowie des MDStV nicht mehr ergeben kann, da ausweislich der Gesetzesmaterialien[39] im Einklang mit Art. 21 Abs. 2 ECRL in die §§ 8 ff. TDG bzw. §§ 6 ff. MDStV eine spezielle Regelung für Links bewusst nicht aufgenommen wurde, ist ebenfalls schon im 2. Kapitel ausgeführt worden[40].

---

36 So *Popp*, Die strafrechtliche Verantwortung von Internet-Providern (2002), S. 68.

37 *Popp*, Die strafrechtliche Verantwortung von Internet-Providern (2002), S. 69.

38 Dort unter III. 3. (S. 74).

39 BT-Drs. 14/6098, S. 37.

40 Wiederum unter III. 3., dort a.E. (S. 77).

Andererseits ist es missverständlich, wenn aufgrund dieses Umstandes behauptet wird, dass Hyperlinks somit „durch das von §§ 8 bis 11 TDG gebildete Raster" fallen würden[41]. Denn auch nach der aktuellen Rechtslage besteht nach wie vor die Möglichkeit, dass man sich durch das Setzen eines Links den Inhalt einer fremden Internet-Seite zu Eigen macht und für diesen dann gem. § 8 Abs. 1 TDG/§ 6 Abs. 1 MDStV verantwortlich ist[42]. *Köster/Jürgens* stellen dies klar:

> „Eine Übertragung der Grundsätze des ‚Zu-Eigen-Machens' fremder Inhalte auf Onlineangebote mit der Folge einer uneingeschränkten Haftung nach den allgemeinen Gesetzen scheitert nicht am Haftungsregime des TDG/MDStV: Auch für den Fall, dass man § 8 TDG/§ 6 MDStV lediglich als Haftungsregelung i.S.d. ‚klassischen' Providingformen für selbst zur Nutzung bereitgestellte als auch selbst zum Abruf bereitgehaltene oder gespeicherte Inhalte (Content-Providing) verstehen möchte, schließt dies nicht aus, die Haftung für durch Links gemittelte Inhalte (die in TDG/MDStV dann nicht verankert ist) wiederum nach den allgemeinen Regeln zu beurteilen. Ob man also von anderen zum Abruf bereitgestellte, aber zu Eigen gemachte Inhalte als eigene i.S.d. § 8 TDG/§ 6 MDStV versteht oder nicht, führt allein zu dem Unterschied einer Haftung direkt nach den allgemeinen Gesetzen oder zu einer nach § 8 TDG/§ 6 MDStV i.V.m. eben diesen."[43]

Dem ist nichts hinzuzufügen. Die grundsätzliche Frage, unter welchen Voraussetzungen das Einrichten eines Hyperlinks als Identifikation mit den in Bezug genommenen fremden Inhalten begriffen werden kann, ist also auch nach Inkrafttreten des EGG noch immer relevant und hat sich keineswegs erledigt. Zwar wirkt sich die Antwort nicht mehr darauf aus, ob sich ein Linksetzer auf die Verantwortlichkeitsprivilegierungen in TDG oder MDStV berufen kann. Für die Anwendung der „allgemeinen Gesetze" – d.h. im vorliegenden Zusammenhang: die Prüfung von Verbreitungs- und persönlichen Äußerungsdelikten – spielt sie jedoch weiterhin eine entscheidende Rolle.

b) Existierende Ansichten

Die im Schrifttum dazu vertretenen Meinungen entwickeln ihre Antwort überwiegend unmittelbar auf der Grundlage ihres jeweiligen zur Abgrenzung von eigenen und fremden Inhalten bevorzugten Ansatzes. Orientiert an der im 4. Kapitel gewählten Darstellung der existierenden Ansichten zum Merkmal der Identifikation mit fremden Äußerungen[44] können auch die hier in Betracht kommenden Auffassungen einerseits in eine eher „weite" Gruppe mit geringe-

---

41 So *Spindler*, NJW 2002, S. 924; ähnlich *Müglich*, CR 2002, S. 591. Allerdings spricht *Spindler* an anderer Stelle zutreffend nur noch von einer Unanwendbarkeit der §§ 9 ff. TDG, siehe *ders.*, MMR 2002, S. 498.

42 Ebenso *Hörnle*, NJW 2002, S. 1010; *Köster/Jürgens*, MMR 2002, S. 423. *Nickels*, CR 2002, S. 308 spricht daher richtigerweise nur von einer Unanwendbarkeit der §§ 9 bis 11 TDG.

43 *Köster/Jürgens*, MMR 2002, S. 423.

44 Dort unter III. 2. (S. 67).

ren Anforderungen an ein Zu-Eigen-Machen fremder Inhalte und eine eher „enge“ Gruppe mit strengeren Anforderungen unterteilt werden. Zugleich veranschaulicht und bestätigt allein schon die Möglichkeit einer solchen Einteilung die Richtigkeit der zuvor[45] geäußerten Überzeugung, dass die zur Providerhaftung vertretenen Meinungen trotz ihres vermeintlich gleichen Ansatzpunktes zur Abgrenzung eigener und fremder Inhalte zu einem ähnlichen „Sammelsurium“ an Erklärungsversuchen und Auslegungsvorschlägen führen, wie es hinsichtlich des Zu-Eigen-Machens fremder Äußerungen bei den persönlichen Äußerungsdelikten konstatiert wurde.

Die Ansichten, die nur geringe Anforderungen an den Nachweis eines Zu-Eigen-Machens fremder Inhalte durch Einrichten eines Hyperlinks stellen, gehen von der Annahme aus, dass grundsätzlich schon in der Aufnahme eines Links in die eigene Homepage eine Übernahme des auf der fremden Internet-Seite befindlichen fremden Inhalts zu sehen ist[46]. Ähnlich wie die im 4. Kapitel als „weite“ Gruppe beschriebenen Meinungen schon allein in der Entscheidung zur Veröffentlichung fremder Texte ein hinreichendes Indiz für eine entsprechende Identifikation erblickt haben, wird auch hier vertreten, dass bereits das unkommentierte Einrichten eines Links als Identifikation mit den Inhalten, auf die verwiesen wird, begriffen werden kann und daher ohne weiteres von einem Zu-Eigen-Machen ausgegangen werden könne, sofern sich der Anbieter nicht ausdrücklich von den fremden Inhalten distanziert[47].

Demgegenüber lassen die Ansichten, die strengere Anforderungen an den Nachweis einer Identifikation anlegen, nicht schon das Einrichten eines Hyperlinks an sich ausreichen, sondern verlangen zur Begründung eines Zu-Eigen-Machens fremder Inhalte weitere, insbesondere das Erscheinungsbild des Links betreffende Umstände. So wird vertreten, je nach den Umständen des Einzelfalles darauf abzustellen, ob erkennbar auf ganz bestimmte Inhalte verwiesen wird und insofern die wertende Auswahl eben dieser Informationen im Vordergrund steht, oder aber ein Link eher „telekommunikativ“ eine Weiterleitung zu

---

45 In diesem Kapitel unter I. 1. b) (S. 313).

46 So LG Hamburg, Urt. v. 12.5.1998 – 312 O 85/98 = NJW-CoR 1998, S. 302 (303); *Barton*, Multimedia-Strafrecht (1999), S. 214 Rdn. 314; *Flechsig/Gabel*, CR 1998, S. 354; *Bortloff*, ZUM 1997, S. 169. *Popp*, Die strafrechtliche Verantwortung von Internet-Providern (2002), S. 192, meint, dass durch inhaltlich befürwortende Links nicht etwa der fremde Inhalt angeeignet wird, sondern dass vielmehr eine neue Aussage – in Gestalt des Links selbst – entsteht, die dann dem Anbieter als eigener Inhalt zuzurechnen sei. In diese Richtung geht auch die von *Pankoke* und *A. Koch* gezogene Unterscheidung, die Hyperlinks zwar als eigene Inhalte ansehen, dann von dem Link an sich aber den in Bezug genommenen Inhalt unterscheiden, welcher dadurch nicht automatisch auch als „eigen“ anzusehen sei. Siehe *Pankoke*, Von der Presse- zur Providerhaftung (2000), S. 105 f. und S. 123 ff., insbesondere S. 129 ff. sowie *A. Koch*, MMR 1999, S. 706 f.

47 *Strömer*, Online-Recht (2002), S. 218 ff.

einem anderen Informationsangebot bezweckt[48]. Im zweitgenannten Fall sei entscheidend, dass durch das Setzen des Links ein fremder Inhalt gerade nicht auf solche Weise – wie z.B. bei einem unkommentierten Zitat in einem Buch – im Zusammenhang mit eigenen Inhalten wiedergegeben wird, dass er einem außenstehenden Dritten als eigener Inhalt des Providers erscheinen muss[49]. Sofern ein Hyperlink also nur „wie eine Fußnote" gebraucht wird, soll es sich bei den vermittelten Informationen nicht um eigene Inhalte des Linksetzers handeln[50]. Wird dagegen ein Link unter Hinzufügung von Kommentaren oder ähnlichen Hinweisen in die eigene Internet-Seite integriert, könne von einem Zu-Eigen-Machen der fremden Inhalte ausgegangen werden[51]. Dabei müsse berücksichtigt werden, inwieweit sich ein eigener Text zustimmend zum Inhalt der verwiesenen Seite äußert, welchen Umfang die Daten haben, auf die verwiesen wird und welchen Inhalt die fremde Internet-Seite zum Zeitpunkt der Setzung des Links gehabt hat[52]. Außerdem müsse das Ausmaß der Distanzierung bzw. Empfehlung gegenüber dem Inhalt, auf den der Link Bezug nimmt, beachtet werden[53]. Bei der Beurteilung des Erscheinungsbildes und der Verwendungsweise eines Links wird abermals durchgehend die Bedeutung der Umstände des jeweiligen Einzelfalles sowie der Rezipientenperspektive betont, um eine Aussage über eine etwaige Identifikation treffen zu können[54]. Weil zu diesen Umständen auch die „jeweiligen Medienspezifika" gehören sollen[55], ergeben sich dabei Überschneidungen insbesondere mit der Ansicht von *Sieber*, der ausgehend von seinem

---

48 *Spindler*, NJW 2002, S. 924; *Wimmer/Michael*, Der Online-Provider im neuen Multimediarecht (1998), S. 51; ähnlich auch *Soehring*, Presserecht (2000), S. 565 Rdn. 28.17a. Vereinzelt wird sogar behauptet, dass ein Link prinzipiell nur auf fremde Inhalte verweise, da als eigener Inhalt lediglich in Betracht kommen würde, was selbst verfasst oder von einem Dritten zur Verfügung gestellt wurde. Derart *Moritz*, in: *Loewenheim/F. Koch*, Praxis des Online-Rechts (1998), S. 512 und S. 526, sowie *ders.*, CR 1998, S. 508.

49 *Spindler*, in: *Hoeren/Sieber*, Handbuch Multimedia-Recht (2001), Teil 29, S. 48 Rdn. 96; *Wimmer/Michael*, Der Online-Provider im neuen Multimediarecht (1998), S. 51 Fn. 131. Deutlich strenger äußerte sich *Spindler* dagegen anfangs, vgl. *ders.*, NJW 1997, S. 3198 und *ders.*, ZUM 1996, S. 554.

50 *Niebler*, in: *Loewenheim/F. Koch*, Praxis des Online-Rechts (1998), S. 263 f. *Vassilaki*, CR 1999, S. 86 und *dies.*, MMR 1998, S. 637, benutzt ebenfalls das Bild der „elektronischen Fußnote" um die entgegengesetzte Auffassung anschaulich zu machen, nämlich dass die solchermaßen vermittelten fremden Inhalte zu Eigen gemacht werden.

51 *Niebler*, in: *Loewenheim/F. Koch*, Praxis des Online-Rechts (1998), S. 264; *Wimmer/Michael*, Der Online-Provider im neuen Multimediarecht (1998), S. 61 und S. 119 f.

52 *Hörnle*, NJW 2002, S. 1010.

53 *Spindler*, MMR 2002, S. 503.

54 So *Hörnle*, NJW 2002, S. 1010; *Köster/Jürgens*, MMR 2002, S. 422; *Spindler*, NJW 2002, S. 924; *Wimmer*, ZUM 1999, S. 442; *Wimmer/Michael*, Der Online-Provider im neuen Multimediarecht (1998), S. 120 Fn. 326.

55 So *Köster/Jürgens*, MMR 2002, S. 422.

tele- bzw. mediendienstspezifischen Abgrenzungsmodell ebenfalls sehr auf die technischen Rahmenbedingungen im Internet und infolgedessen den Unterschied zum Bereich der Printmedien abstellt. So wird beispielsweise auch hinsichtlich der Haftung für durch Links vermittelte Inhalte vertreten, dass ein Zu-Eigen-Machen fremder Inhalte ohne weiteres „zwischen den Zeilen" erfolgen kann[56]. Während dies bei Äußerungen in der Presse angeblich bereits dann angenommen werden könne, wenn eine fremde Äußerung unkommentiert und ohne Quellenangabe wiedergegeben wird, würde eine vergleichbare Situation im Rahmen des Mediums Internet nur vorliegen, wenn Links fremde Informationen derart in das eigene Angebot integrieren, dass dem Rezipienten die ursprüngliche Fremdheit überhaupt nicht mehr bewusst wird. Genau darin aber wird ein wichtiger Unterschied zwischen Presse und Internet gesehen[57]. Denn einem „durchschnittlichen Leser" werde bei der erkennbaren Einrichtung eines Links die Fremdheit des verwiesenen Inhalts stets offenbar, auch wenn dies unkommentiert erfolgt. Hinzu komme, dass – anders als bei der Presse – der Verweisende ersichtlich keine „Hoheit" über den vermittelten Inhalt besitzt, sodass er noch nicht einmal ausschließen könne, dass Inhalte auf der verlinkten Seite modifiziert werden. Daher ließe sich die Annahme einer Identifikation nur in den Fällen begründen, in denen auf fremde Inhalte ausdrücklich oder zwischen den Zeilen zustimmend Bezug genommen wird.

Lediglich die Ansätze, die weniger den gängigen straf- und presserechtlichen Kriterien folgen, sondern mehr die technischen Aspekte der Informationsweitergabe im Internet in den Vordergrund stellen, lassen sich nicht in diese Gegenüberstellung von einerseits geringeren und andererseits strengeren Anforderungen einordnen. So bestimmt *Sieber* mittels der von ihm vorgeschlagenen Kriterien der „bewussten Einzelauswahl" bzw. „bewussten Verantwortungsübernahme", ob Informationen, auf die durch das Setzen von Links verwiesen wird, zu eigenen Inhalten werden[58]. Danach könne von einer bewussten Auswahl regelmäßig nur dann ausgegangen werden, wenn ein einzelner Hyperlink auf ein einfach zu beurteilendes und nicht sonderlich umfangreiches fremdes Angebot verweist[59]. Bei einem Link auf ein längeres Textdokument oder einer Weiterverweisung von einer gelinkten Internet-Seite auf weitere Seiten mittels dort befindlicher Links – also Seiten der „zweiten Linkebene" – sieht *Sieber* eine derartige Situation aber bereits nicht mehr als gegeben an, weshalb es sich in

56 *Köster/Jürgens*, MMR 2002, S. 423.

57 Wiederum *Köster/Jürgens*, MMR 2002, S. 423; ähnlich *Engels/Köster*, MMR 1999, S. 523 ff.

58 Dazu *Sieber*, in: *Hoeren/Sieber*, Handbuch Multimedia-Recht (2001), Teil 19, S. 97 Rdn. 266 ff.; *ders.*, Verantwortlichkeit im Internet (1999), S. 152 Rdn. 307 ff.; *ders.*, MMR-Beilage 2/1999, S. 15 f.

59 *Sieber*, Verantwortlichkeit im Internet (1999), S. 153 Rdn. 308; *ders.*, MMR-Beilage 2/1999, S. 15.

diesen Fällen eher um fremde Inhalte handeln werde[60]. Eine „bewusste Verantwortungsübernahme" zieht *Sieber* in Betracht, wenn durch das Einrichten eines Links fremde Inhalte dadurch zu Eigen gemacht werden, dass sich der Setzer des Links mit diesen Inhalten identifiziert. Ein einfacher Hyperlink reiche dafür allerdings nicht aus, vielmehr könne von einer Identifikation erst gesprochen werden, sobald der Link textlich oder technisch besonders eingebunden wird, z.B. der Inhalt der verwiesenen Seiten ausdrücklich für zutreffend erklärt wird[61]. Als eindeutigsten Fall einer Identifikation bezeichnet *Sieber* die Einbindung fremder Inhalte auf die Weise, dass der Inhalt der gelinkten fremden Seite innerhalb der ursprünglich aufgerufenen Internet-Seite angezeigt wird[62]. Damit sei für den Nutzer überhaupt nicht mehr erkennbar, dass ein vermittelter fremder Inhalt vorliegt, sondern es müsse für ihn der Eindruck entstehen, es handele sich um Inhalte des ursprünglich angewählten Anbieters.

Sehr ausführlich hat sich außerdem *Vassilaki* mit der Verantwortlichkeit für Hyperlinks gemäß den allgemeinen strafrechtlichen Regeln bereits beschäftigt, als TDG und MDStV noch in ihrer ursprünglichen, durch das IuKDG geschaffenen Fassung galten[63]. Da heute jedoch einerseits § 8 Abs. 1 TDG/§ 6 Abs. 1 MDStV die Anwendung des allgemeinen Strafrechts vorsehen und andererseits feststeht, dass die durch das EGG novellierten Verantwortlichkeitsvorschriften keine Aussage für Hyperlinks enthalten, führt gerade der Umstand, dass sich *Vassilaki* auch schon vorher nur sehr peripher mit der Anwendbarkeit des früheren § 5 TDG (a.F.)/§ 5 MDStV (a.F.) auf das Setzen von Links beschäftigt hat, zur unveränderten Aktualität ihrer Untersuchung[64]. *Vassilaki* widmet sich darin

---

60 Diese Ausführungen *Sieber's* werden geteilt von *Park*, GA 2001, S. 32, und *Mylaeus*, in: *Schwarz*, Recht im Internet (2000), 3-4.2, S. 26 ff. *Gercke*, ZUM 2001, S. 39, will diese Problematik der „Folgelinks" ausschließlich über subjektive Aspekte – insbesondere das Interesse des Linkanbieters – lösen, wogegen jedoch die weithin bekannten Bedenken gegenüber dem Kriterium des „animus auctoris" sprechen, vgl. dazu *Vassilaki*, CR 1999, S. 86.

61 So *Sieber*, Verantwortlichkeit im Internet (1999), S. 154 Rdn. 309; *ders.*, MMR-Beilage 2/1999, S. 15 f.

62 *Sieber*, in: *Hoeren/Sieber*, Handbuch Multimedia-Recht (2001), Teil 19, S. 98 Rdn. 269; *ders.*, Verantwortlichkeit im Internet (1999), S. 155 Rdn. 310; *ders.*, MMR-Beilage 2/1999, S. 16. Diese Ansicht wird geteilt von *Köster/Jürgens*, MMR 2002, S. 423; *Römer*, Verbreitungs- und Äußerungsdelikte im Internet (2000), S. 221; *Freytag*, Haftung im Netz (1999), S. 231 f.; *A. Koch*, MMR 1999, S. 710.

63 Gemeint sind insbesondere die Aufsätze von *Vassilaki* in CR 1999, S. 85 ff., in MMR 1998, S. 630 ff. und in NStZ 1998, S. 521 ff.

64 Wenn *Spindler*, MMR 1998, S. 643, die Ablehnung der Ansicht von *Vassilaki* damit begründet, dass es auf die Frage einer Kontrollpflicht qua Garantenstellung durch den Diensteanbieter erst ankommen kann, wenn der von § 5 TDG (a.F.) geregelte Bereich verlassen wird, so ist genau das der Grund, warum *Vassilaki's* Ausführungen gerade nach Inkrafttreten des EGG immer noch relevant sind.

besonders der Frage, ob dem Linksetzer eine Garantenstellung zukommt und dieser sich daher wegen Vernachlässigung der Kontrolle des durch den Link verwiesenen Inhalts strafbar machen kann. Diesbezüglich hält sie eine Garantenstellung aufgrund der Herrschaft über einen Gefahrenbereich – d.h. der Sachherrschaft über eine Gefahrenquelle in Gestalt des Hyperlinks auf fremde Inhalte – unter bestimmten Voraussetzungen für möglich[65]. Zentrales Merkmal dieser Garantenpflicht müsse eine vom Diensteanbieter geschaffene Vertrauensgrundlage sein, die besagt, dass in seinem Herrschaftsbereich dem Nutzer kein Schaden drohe. Dabei räumt *Vassilaki* ein, dass sich in der Öffentlichkeit noch keine allgemeine Erwartungshaltung hinsichtlich der „inhaltlichen Sauberkeit" des Internet herausgebildet habe und ein Vertrauensverhältnis zwischen Internet-Diensten und Nutzern daher nur aus einer Konkretisierung der jeweiligen Angebote folgen könne[66]. Das bedeutet, dass aus dem konkreten – z.B. wissenschaftlichen, informatorischen oder erzieherischen Zwecken dienenden – Angebot bestimmte soziale Erwartungen der entsprechenden Zielgruppe abgeleitet werden können. Letztendlich würden danach die vertrauensbegründenden sozialen Erwartungen entweder aus dem Inhalt des Angebots – beispielsweise dem Umstand, dass Informationen in einen Bereich des Internet gestellt werden, der sich gezielt an Kinder richtet – oder aus der Person des Anbieters – in Ansehung etwaiger beruflicher Sonderstellungen – gefolgert:

> „Vielmehr ist auf eine bereichsspezifische Rollenerwartung abzustellen. Es ist nämlich zu fragen, mit welchem Verhalten des die Gefahr Begründenden die Rechtsgemeinschaft in einer konkreten Situation rechnen kann. [...] Demnach hängt das Vorliegen des Vertrauenselementes für die Begründung der Garantenpflicht an der Rolle, die der Linkanbieter mittels seines Angebots auf seiner Web-Homepage übernimmt."[67]

3. *Stellungnahmen*

a) **Kritische Anmerkungen**

Im Rahmen einer Stellungnahme zur Problematik der Identifikation mit fremden Inhalten im Bereich der neuen Medien läßt sich zunächst kritisch feststellen, dass die Argumente und Begründungen zahlreicher Ansichten, die eine Beurteilung des Zu-Eigen-Machens fremder Inhalte anhand der bekannten straf- und presserechtlichen Kriterien – insbesondere des am Rezipientenhorizont orientierten Merkmals der Identifikation – kategorisch ablehnen, in der vorgebrachten Weise nicht überzeugen können.

---

65 *Vassilaki*, CR 1999, S. 88 f.; *dies.*, MMR 1998, S. 637 f.; *dies.*, NStZ 1998, S. 521.

66 *Vassilaki*, CR 1999, S. 89; *dies.*, MMR 1998, S. 638; *dies.*, NStZ 1998, S. 521. Ebenso *v. Lackum*, MMR 1999, S. 703.

67 So *Vassilaki*, CR 1999, S. 89. Soweit ersichtlich hat sich bisher ausschließlich *Spindler*, MMR 2002, S. 500 f., ablehnend zur Ansicht *Vassilaki's* geäußert.

So ermöglicht beispielsweise der von *Popp* vertretene Ansatz, nach dem die Verwendung fremder Inhalte nicht unter dem Blickwinkel eines etwaigen Zu-Eigen-Machens beurteilt wird, sondern auf das Vorliegen eines neuen, eigenen und unter Aneignung der Aussage des fremden Inhalts zustandegekommenen Inhalts des Verwenders hin untersucht werden soll, auch keine einfachere Abgrenzung von eigenen und fremden Inhalten. Hinzu kommt, dass *Popp* auf die viel wichtigere Frage, unter welchen Voraussetzungen überhaupt von einer „Aneignung" der fremden Aussage ausgegangen werden kann, nicht eingeht. Vor allem aber ist der Gedanke, dass zwischen der Aussage eines Textes, der im Wesentlichen fremde Inhalte enthält, und dem Aussagegehalt dieser fremden Inhalte selbst unterschieden werden muss und beide nicht zwangsläufig identisch sind, keineswegs neu. Denn diese Trennung lag schon der früheren Rechtsprechung zu § 93 StGB (a.F.) zugrunde, bei der ebenfalls die tatbestandlich notwendige verfassungsfeindliche Zielrichtung einer Schrift nicht ohne weiteres mit der Verfassungsfeindlichkeit von in dieser Schrift wiedergegebenen fremden Texten begründet werden durfte[68]. Dort hat sich herausgestellt, dass eine Bewertung der durch die Verwendung fremder Texte geschaffenen neuen Aussage – bzw. deren Zielrichtung – ohne vorherige Klärung der viel entscheidenderen Frage, ob eine Identifikation mit den fremden Inhalten vorliegt, nicht möglich ist[69]. Wie unzureichend *Popp's* Ansatz ist, macht außerdem sein Vorschlag deutlich, befürwortende Hyperlinks nicht als Anhaltspunkt für ein Zu-Eigen-Machen des verwiesenen fremden Inhalts anzusehen, sondern sie als neue, eigenständige und eigene Aussage des Verwenders zu behandeln. Denn schon bei der unausweichlich folgenden Frage nach dem Inhalt dieser eigenen Aussage – der Link selbst dürfte meistens keinen erheblichen semantischen Bedeutungsgehalt besitzen – muss letzten Endes dann doch wieder auf die fremden Inhalte zurückgekommen werden und das Verhältnis zwischen dem Hyperlink und den verwiesenen Internet-Seiten untersucht werden.

Ferner ist *Pankoke's* Kritik am Maßstab des objektivierten Empfängerhorizonts im Zusammenhang mit der Prüfung des Merkmals der Identifikation nicht nachvollziehbar, da bereits mehrfach ausgeführt wurde, dass der Rezipientenhorizont für die strafrechtliche Beurteilung inkriminierter Äußerungen schon immer erhebliche Bedeutung gehabt hat[70]. Das „Postulat des Gleichlaufs der Verantwortlichkeit für Online- und Offline-Publikationen" wird – zumindest im Bereich des Strafrechts – durch die Orientierung am Empfängerhorizont gerade nicht verletzt, wie *Pankoke* meint[71], sondern statt dessen vielmehr gewahrt[72].

---

68 Vgl. dazu die Ausführungen im 3. Kapitel unter I. 4. (S. 105) und im 4. Kapitel unter II. 2. b) (S. 163).

69 Im 4. Kapitel unter II. 4. (S. 173).

70 Z.B. im 4. Kapitel unter III. 2. b) (S. 143) sowie im 5. Kapitel unter III. 2. a.E. (S. 226)

71 So *Pankoke*, Von der Presse- zur Providerhaftung (2000), S. 101.

An diesem Punkt zeigt sich, dass seine Untersuchung trotz des zunächst für die vorliegende Arbeit interessanten Ausgangspunktes, die Providerhaftung nach TDG und MDStV im Vergleich mit der klassischen presserechtlichen Haftung darzustellen, infolge ihrer zivilrechtlichen Ausrichtung auf die strafrechtliche Problemstellung nicht uneingeschränkt anwendbar ist. Denn die Unterschiede zwischen der strafrechtlichen und der zivilrechtlichen Betrachtungsweise sind gerade in dieser Hinsicht zu deutlich[73]. So wird z.B. im zivilrechtlichen Haftungsrecht der Abgrenzung von eigenen und fremden Inhalten keine große Beachtung geschenkt, da es dort eben nicht nur um die Verantwortlichkeit für Inhalte an sich geht, sondern die relevante Rechtsverletzung eher an Urheber- oder Markenrechten festgemacht wird[74]. Insofern kann sich dort die Frage nach einer möglichen Identifikation bzw. Distanzierung von vornherein nicht mit vergleichbarer Erheblichkeit stellen.

Schließlich ist auch das von *Sieber* und *Pankoke* gebildete Beispiel des Anbieters eines von Dritten hergestellten kinderpornographischen Bildes nicht geeignet, die von ihnen vorgetragene grundsätzliche Kritik am Merkmal der Identifikation zu begründen[75]. Dass es sich in einer solchen Konstellation genauso wenig um „eigene" Inhalte handelt, wie das Vorhandensein einer distanzierenden Erklärung eine Rolle spielen kann, ergibt sich schon daraus, dass es sich bei dem strafbaren Verhalten in diesem Beispiel um die Begehung eines Verbreitungsdeliktes und gerade nicht eines persönlichen Äußerungsdeliktes handelt. Wenn *Sieber* als Ergebnis festhält, dass „die presserechtlichen Kriterien" – vor allem also das Merkmal der Identifikation – demnach nur auf Meinungsäußerungen angewendet werden dürfen, nicht aber auf pornographische Darstellungen, so unterliegt er selbst dem Zirkelschluss, vor dem er eigentlich gewarnt hat, da diese Aussage zu keinem Zeitpunkt umstritten war[76].

Dieses zuletzt genannte, verunglückte Beispiel ist symptomatisch für die Handhabung des Merkmals der Identifikation im Rahmen der Diskussion über die zutreffende Abgrenzung von eigenen und fremden Inhalten im Internet. Der zentrale Irrtum, dem die meisten Ansichten unterliegen, besteht in der Vorstellung, die Unterscheidung von eigenen und fremden Inhalten mittels einer rechtsgebietsübergreifenden universalen Abgrenzungsregel vornehmen zu kön-

---

72 Vgl. dazu statt vieler abermals *Wittig*, GA 2000, S. 269.

73 Dies betont auch *Sieber*, in: *Hoeren/Sieber*, Handbuch Multimedia-Recht (2001), Teil 19, S. 96 Rdn. 264.

74 Ebenso *Freytag*, Haftung im Netz (1999), S. 81 und S. 173.

75 So wie hier auch *Popp*, Die strafrechtliche Verantwortung von Internet-Providern (2002), S. 71 f.

76 Freilich hätte auch *Popp* dieses seines Erachtens „dogmatisch einzig stimmige Ergebnis" nicht derart aufwendig ermitteln müssen, wie er es offenbar für notwendig befunden hat, da ein Hinweis auf die Unterschiede zwischen Verbreitungs- und Äußerungsdelikten sowie die entsprechenden Auslegungsgrundsätze ausgereicht hätte.

nen, die ihren Ausgangspunkt unmittelbar im TDG bzw. MDStV hat. Dass im Verlauf der Debatte um die korrekte Abgrenzung sodann Meinungen, die ihren Ursprung in so verschiedenen Materien wie dem Straf-, Zivil-, Marken-, Urheber- oder Wettbewerbsrecht haben, in direktem Bezug zueinander verglichen und weiterentwickelt wurden, hat die Lage zusätzlich verkompliziert[77]. Aus strafrechtlicher Sicht ist zu beanstanden, dass das Merkmal der Identifikation bzw. des Zu-Eigen-Machens unter vollständiger Übergehung seiner Entwicklung vor dem Hintergrund der persönlichen Äußerungsdelikte der durch TDG und MDStV geschaffenen neuartigen Problematik übergestülpt wurde, um so unter vermeintlicher Anknüpfung an in anderen Bereichen – namentlich dem Presse- und Strafrecht – angeblich bereits entwickelte Lösungen die Providerhaftung für eigene und fremde Inhalte handhabbar zu machen. Diese Auffassung wird soweit ersichtlich ebenfalls bislang einzig von *Pankoke* vertreten, der sich genauso gegen die Vorstellung wendet, dass die Weichenstellung, ob eigene oder fremde Inhalte vorliegen, allein durch die Verantwortlichkeitsvorschriften von TDG bzw. MDStV getroffen wird[78]. Gleichfalls meint er, dass sich die Beurteilung des Zu-Eigen-Machens – und zwar gerade auch beim Setzen von Hyperlinks – nach der Auslegung der konkreten Strafvorschrift richten müsse, da nicht ersichtlich sei, weshalb TDG oder MDStV den Äußerungs- und Verbreitungsdelikten des Zivil- und Strafrechts eine „uniforme Generalabgrenzung" aufzwingen sollten.

Da das Zu-Eigen-Machen fremder Äußerungen schon allein im Strafrecht von einem „Sammelsurium" verschiedenster Ansichten auf völlig unterschiedliche Weise verstanden wird, kann die unkritische Übertragung dieser Ansätze unmöglich zu einer stimmigen Anwendung der §§ 8 ff. TDG bzw. §§ 6 ff. MDStV führen. Erst recht gilt das für Empfehlungen, die fälschlich eine unstreitige Rechtslage im Straf- und Presserecht zugrunde legen und infolgedessen davon ausgehen, dass die in diesen Rechtsgebieten vertretenen Meinungen bereits zu gefestigten „Definitionen" geführt hätten, die es bei der Providerhaftung nur noch zu übernehmen gilt. Aus diesem Grund ist im Folgenden auf zwei besonders wichtige Gesichtspunkte berichtigend einzugehen. Der Erste bezieht sich auf die systematisch korrekte Anwendung der Vorschriften über die Haftung der Diensteanbieter und ihr Verhältnis zu der daneben weiterhin notwendigen Prüfung der einschlägigen Straftatbestände speziell im Fall der Verwirklichung von Äußerungs- oder Verbreitungsdelikten. Der Zweite hat sodann abermals den Nachweis der Täterschaft bei Äußerungsdelikten im Allgemeinen und der Begehung durch Diensteanbieter im Besonderen sowie die Bewährung der im 6. Kapitel gefundenen Ergebnisse zum Gegenstand.

---

77 Dies wird von *Vassilaki*, MMR 1999, S. 533, offenbar anders beurteilt.

78 *Pankoke*, Von der Presse- zur Providerhaftung (2000), S. 130.

b) Eigene Ansicht

Da das Erfordernis der Identifikation bzw. des Zu-Eigen-Machens im Geltungsbereich von TDG und MDStV von wenigen Ausnahmen abgesehen gerade nicht in völlig anderer – nämlich eigenständiger – Art und Weise begriffen wird, sondern seine Anwendung in direkter Fortführung entsprechender, z.B. strafrechtlicher Vorschläge erfolgen soll, ist als Erstes daran zu erinnern, dass es nach herkömmlicher Auffassung auf das Merkmal der Identifikation ausschließlich bei der Prüfung von Äußerungsdelikten ankommt[79]. Daher kann das Problem des Zu-Eigen-Machens überhaupt nur in solchen Fällen relevant werden, in denen es um fremde Inhalte geht, die eine Aussage im Sinne einer Meinungsäußerung enthalten[80]. Es entspricht dem gängigen Verständnis von Äußerungs- und Verbreitungsdelikten, dass die Merkmale der Identifikation bzw. des Zu-Eigen-Machens im Rahmen von Verbreitungsdelikten keinen Sinn machen und demgemäß bisher auch noch nie angewendet wurden[81]. Nicht zu Unrecht wird daher gelegentlich bemerkt, dass dadurch ein Widerspruch zu § 5 Abs. 1 TDG (a.F.)/§ 5 Abs. 1 MDStV (a.F.) bzw. heute § 8 Abs. 1 TDG/§ 6 Abs. 1 MDStV entsteht, nach deren Wortlaut nun gleichfalls bei Verbreitungsdelikten eine Strafbarkeit davon abzuhängen scheint, dass ein „eigener" Inhalt des Anbieters vorliegt, sodass es bei von Dritten stammenden Inhalten darauf ankommen müßte, ob der Anbieter sie sich zu Eigen gemacht hat[82]. Diese Antinomie wird dann allerdings zumeist mit dem Hinweis ausgeräumt, dass mit der Verant-

---

79 *Flechsig/Gabel* beispielsweise unterscheiden nicht zwischen Verbreitungs- und Äußerungsdelikten und wenden das Erfordernis der Identifikation fälschlicherweise auf beide Deliktsgruppen an, vgl. *Flechsig/Gabel*, CR 1998, S. 355 f. Auch die Darstellung bei *Vassilaki*, CR 1999, S. 86 ist aus dem gleichen Grund bestenfalls missverständlich.

80 Ein weiteres Beispiel für den zum Teil sinnentstellenden Gebrauch dieses Merkmals im Anwendungsbereich von TDG und MDStV findet sich in den Urteilsanmerkungen zu LG München I, Urt. v. 30.3.2000 – 7 O 3625/98 = NJW 2000, S. 2214, von *Gounalakis/Rhode* und *Brauneck*. Während *Gounalakis/Rhode*, NJW 2000, S. 2169, die Einschlägigkeit von § 5 Abs. 1 TDG (a.F.) deswegen verneinen, weil sich der Internet-Provider AOL von ihm in Foren zur Verfügung gestellte sog. MIDI-Files – d.h. Dateien mit Instrumentalversionen von Musikwerken – nicht „zu eigen gemacht" hat, bejaht dagegen *Brauneck*, ZUM 2000, S. 481, ein Zu-Eigen-Machen, da die MIDI-Files zwar von AOL-Mitgliedern auf dem Server platziert wurden, AOL selbst jedoch durch Pflege- und Überprüfungsmaßnahmen jede einzelne Datei zur Kenntnis genommen hat. Für solche Fallkonstellationen, die mit Äußerungsdelikten ersichtlich nichts zu tun haben, ist das Merkmal des Zu-Eigen-Machens jedoch nicht entwickelt worden. Wäre in vorgenannten Beispielen statt dessen das synonyme Merkmal der Identifikation verwendet worden, hätte das die Verwechslung noch deutlicher zu Tage treten lassen. Denn mit welchen Musikstücken hätte sich AOL danach wohl „identifiziert"?

81 Ebenso *Popp*, Die strafrechtliche Verantwortung von Internet-Providern (2002), S. 69 ff.

82 So *Römer*, Verbreitungs- und Äußerungsdelikte im Internet (2000), S. 184 ff.; *Altenhain*, AfP 1998, S. 458.

wortlichkeitsregelung für Provider in das bestehende strafrechtliche Haftungssystem anerkanntermaßen nicht eingegriffen werden sollte und deshalb auch weiterhin davon auszugehen ist, dass bei Verbreitungsdelikten die Unterscheidung von eigenen und fremden Inhalten keine Rolle spielt[83]. Obgleich dieser Hinweis im Hinblick auf die im Gesetzgebungsverfahren geäußerte Auffassung der Bundesregierung[84] zweifellos berechtigt ist, kann der Vorschlag, den von „eigenen" Informationen sprechenden Wortlaut von § 8 Abs. 1 TDG bzw. § 6 Abs. 1 MDStV in diesem Fall schlichtweg zu ignorieren, nicht recht befriedigen. Denn jeglicher Irrtum in Bezug auf das Merkmal der Identifikation könnte von Grund auf vermieden werden, wenn man sich nur konsequent daran orientieren würde, dass die Verantwortlichkeitsregelungen in TDG und MDStV nach vorherrschendem Verständnis die „Wirkungsweise eines Filters" besitzen[85]. Danach handelt es sich bei den §§ 8 ff. TDG/§§ 6 ff. MDStV um „tatbestandsintegrierte Vorfilter", die als ein vorangestellter eigenständiger Prüfungspunkt auf Tatbestandsebene beurteilt werden müssen, bevor es anschließend zur Anwendung der jeweiligen rechtsgebietsspezifischen Vorschriften kommen kann[86]. Hält man sich zugleich vor Augen, dass gemäß der Materialien zum EGG sowie zur ECRL die Verantwortlichkeitsprivilegierungen nur solche Fälle erfassen sollen,

> „in denen die Tätigkeit des Anbieters von Diensten der Informationsgesellschaft auf den technischen Vorgang beschränkt ist, ein Kommunikationsnetz zu betreiben und den Zugang zu diesem zu vermitteln oder von Dritten zur Verfügung gestellte Informationen zu speichern"[87],

dann überzeugt allein *Pankoke's* Vorschlag, die Abgrenzung zwischen eigenen und fremden Inhalten „rein technisch" zu verstehen und von fremden Inhalten nur in solchen Fallgestaltungen auszugehen, in denen der Provider die von Dritten herrührenden Inhalte weder kennt noch kontrolliert[88]. Ob man auf der

---

83 *Römer*, Verbreitungs- und Äußerungsdelikte im Internet (2000), S. 188.

84 Zum ursprünglichen TDG in BT-Drs. 13/7385, S. 20, und zum aktuellen TDG in BT-Drs. 14/6098, S. 23.

85 Dieses Zitat stammt aus der Begründung zum EGG in BT-Drs. 14/6098, S. 23.

86 So *Sieber*, in: *Hoeren/Sieber*, Handbuch Multimedia-Recht (2001), Teil 19, S. 86 Rdn. 235 f.; *ders.*, MMR-Beilage 2/1999, S. 6 f. Zum systematischen Verständnis der Verantwortlichkeitsregelungen vgl. auch die Ausführungen im 2. Kapitel unter III. 2. a) (S. 69) m.w.N.

87 So BT-Drs. 14/6098, S. 22 f. und fast wortgleich Erwägungsgrund Nr. 42 zur ECRL.

88 Von daher ist es im Endeffekt zutreffend, wenn *Brauneck*, ZUM 2000, S. 481, im Fall des LG München I, Urt. v. 30.3.2000 – 7 O 3625/98 = NJW 2000, S. 2214, das Vorliegen eigener Inhalte deshalb annimmt, weil der Internet-Provider AOL durch die regelmäßige Pflege und Überprüfung des von ihm angebotenen Musikarchivs die von seinen Mitgliedern stammenden MIDI-Files kontrolliert und damit auch kennt. Es ist jedoch zu bezweifeln, dass *Brauneck* dieses letztendlich der „technischen" Abgrenzung von eigenen und fremden Inhalten entsprechende Resultat im hier vertretenen Sinne verstanden haben möchte, da sie

vorgelagerten Ebene der Anwendung der Filtervorschriften z.B. das Setzen eines Links oder die Übernahme fremder Informationen in das eigene Angebot als einen Fall von „zu eigen gemachten“ oder gleich von „eigenen“ Inhalten bezeichnet, ist dann nur noch eine Frage der Formulierung. Denn ein solches „Zu-Eigen-Machen“ beschreibt lediglich einen technischen Vorgang und hat nichts mehr mit einem Zu-Eigen-Machen fremder Äußerungen bzw. einer Identifikation mit fremden Inhalten im Sinne einer strafrechtlichen Prüfung der Äußerungsdelikte gemein[89]. Auf diese Weise kann auch die vieldiskutierte Problematik der sog. Suchmaschinen zufriedenstellend gelöst werden[90], bei der genau zwischen Suchmaschinen im eigentlich Sinn und Suchverzeichnissen bzw. -katalogen unterschieden werden muss[91]. Im Gegensatz zu Ersteren, bei denen Computerprogramme unablässig und automatisiert Internet-Seiten auf das Vorkommen bestimmter Schlagwörter durchsuchen, werden Suchverzeichnisse redaktionell erstellt und bearbeitet. Damit ist es bei Suchmaschinen, deren Suchergebnis im Einzelfall allein durch die vom Nutzer eingegebenen Stichworte und Verknüpfungen beeinflusst wird, ausgeschlossen, dass der Provider die Abfrageergebnisse kennen bzw. kontrollieren kann, während dies bei den in Suchverzeichnissen zusammengestellten Links aufgrund der Sichtung durch eine Redaktion gerade angenommen werden muss[92]. Unter Beachtung dieses systematischen Verständnisses der §§ 8 ff. TDG/§§ 6 ff. MDStV und der daraus resultierenden Konsequenzen für die Handhabung der Abgrenzung zwischen eigenen und fremden Informationen kann ein Widerspruch zum Wortlaut von § 8 Abs. 1 TDG/§ 6 Abs. 1 MDStV gar nicht erst entstehen, da es demnach auch bei Verbreitungsdelikten wie bisher dabei bleibt, dass eine persönliche Bekenntnis des Anbieters – in Form einer Identifikation bzw. eines Zu-Eigen-Machens – zu den durch ihn verbreiteten Inhalten nicht notwendig, wenngleich auch nicht

---

auf die Diskrepanz ihrer Auffassung und ihres Gebrauchs des Kriteriums des Zu-Eigen-Machens zur deutlich herrschenden Meinung – welche diese Abgrenzung mit dem Merkmal des Zu-Eigen-Machens inhaltsbezogen vornimmt – mit keinem Wort eingeht.

89 Vom Ergebnis her kommt das der eingangs – unter I. 1. a) (S. 308) – abgelehnten Ansicht von *Spindler*, NJW 2002, S. 923, nahe, der gleichfalls den technischen Vorgang in den Vordergrund stellt und infolgedessen meint, dass ein Zu-Eigen-Machen von vom Nutzer stammenden Inhalten ausscheiden müsse. Der Unterschied zur hier vertretenen Ansicht besteht allerdings darin, dass *Spindler* diese Aussage allein auf die ECRL stützt und sie daher ausschließlich auf die durch das EGG novellierte Rechtslage für anwendbar hält, während hier das systematische Verständnis der Verantwortlichkeitsprivilegierungen als „Vorfilter“ herangezogen wird, womit die beschriebene technisch-orientierte Abgrenzung ebenso schon im Rahmen der alten Fassungen von TDG und MDStV sachgerecht war.

90 Zum Streitstand siehe statt vieler allein aus jüngster Zeit: *Köster/Jürgens*, MMR 2002, S. 424 f.; *Nickels*, CR 2002, S. 308; *Spindler*, NJW 2002, S. 924.

91 So wie hier auch *Waldenberger/Hoß*, AfP 2000, S. 244; *v. Lackum*, MMR 1999, S. 697 f.

92 Ebenso *Waldenberger/Hoß*, AfP 2000, S. 244; *v. Lackum*, MMR 1999, S. 701 ff.; *Sieber*, MMR-Beilage 2/1999, S. 18.

hinderlich ist[93]. Mit anderen Worten: Die Frage nach einem Zu-Eigen-Machen im herkömmlichen Sinn stellt sich überhaupt nicht, und zwar weder auf der vorgeschalteten Prüfungsebene des Filters, noch bei der folgenden materiell-rechtlichen Prüfung des einschlägigen Verbreitungsdelikts.

Infolge desselben Verständnisses der §§ 8 ff. TDG/§§ 6 ff. MDStV ist es jedoch auch nicht richtig, wenn das Merkmal der Identifikation ganz und gar abgelehnt wird. Denn immer dann, wenn es sich bei dem zu prüfenden Straftatbestand um ein persönliches Äußerungsdelikt handelt, welches unter Verwendung fremder Äußerungen – bzw. Inhalte – begangen wird, muss dieses Merkmal bei der sich dem Filter anschließenden strafrechtlichen Tatbestandsprüfung berücksichtigt werden. Das bedeutet, dass es ohne weiters möglich ist, in ein und dem selben Fall trotz des gewissen Vorliegens fremder Inhalte i.S.d. §§ 8 ff. TDG/§§ 6 ff. MDStV dennoch die Frage nach einer Identifikation stellen und auch bejahen zu können, ohne dass dies etwas an der Fremdheit ändern muss. Umgekehrt ist es ebenfalls nicht ausgeschlossen, das Merkmal der Identifikation zu verneinen und damit zugleich ein Zu-Eigen-Machen abzulehnen, obwohl vorher schon ausgeführt wurde, dass es sich um eigene Inhalte handelt. Die erstgenannte Situation kann sich beispielsweise ergeben, wenn ein Host-Provider für einen Nutzer Informationen speichert und diese selbst dann nicht entfernt bzw. den Zugang zu ihnen sperrt, nachdem er von ihrem strafbaren – z.B. gem. § 130 Abs. 1 Nr. 1 StGB volksverhetzenden – Inhalt Kenntnis erlangt hat[94]. Eine „technische" Unterscheidung zwischen eigenen und fremden Inhalten führt hier zum Vorliegen Letzterer, da die Tätigkeit des Providers lediglich darin besteht, Speicherplatz zur Verfügung zu stellen. Damit gelangt man bei der Prüfung der Filtervorschriften zu dem Resultat, dass § 11 TDG bzw. § 9 MDStV anwendbar ist. Aufgrund deren Satz 1 Nr. 2 kommt in diesem Fall die Verantwortlichkeitsprivilegierung jedoch nicht zur Geltung, weshalb es im Ergebnis bei der uneingeschränkten Anwendung der allgemeinen Gesetze bleibt. Die sich nun anschließende materiell-strafrechtliche Prüfung kann dann möglicherweise – in Abhängigkeit von den Umständen des Einzelfalles, einer eventuell deutlich gewordenen Rolle des Host-Providers und dem beim Rezipienten erweckten Eindruck – ergeben, dass das Nicht-Entfernen bzw. Nicht-Sperren der inkriminierten fremden Inhalte von einem objektiven Betrachter als Identifikation mit den volksverhetzenden Äußerungen des Nutzers verstanden werden muss, sodass eine täterschaftliche Strafbarkeit des Providers wegen Begehung eines persönlichen Äußerungsdelikts nach § 130 Abs. 1 StGB und nicht nur wegen eines Verbreitungsdelikts nach Absatz 2 in Erwägung zu ziehen ist. Die zweitgenannte Konstellation tritt dagegen z.B. ein, wenn ein Link auf strafbare – bei-

93 Siehe hierzu bereits im 2. Kapitel unter I. 2. (S. 43).

94 Zur Einordnung von § 130 Abs. 1 Nr. 1 StGB als persönliches Äußerungsdelikt siehe die Ausführungen im 3. Kapitel unter II. 2. (S. 115).

spielshalber wiederum volksverhetzende – Inhalte Dritter mit einer eindeutigen Distanzierungserklärung verbunden wird. Der beschriebene technische Ansatz zur Abgrenzung eigener und fremder Inhalte führt hier dazu, dass die Verantwortlichkeitsprivilegierungen unanwendbar sind, da sich die Tätigkeit des Anbieters, der mittels eines Hyperlinks gezielt auf von Dritten stammende Informationen verweist, nicht mehr als rein technischer Vorgang deuten läßt. Folglich handelt es sich um eigene Inhalte gem. § 8 Abs. 1 TDG/§ 6 Abs. 1 MDStV und bei dem Diensteanbieter um einen Content-Provider. Bei der folgenden Anwendung der allgemeinen Strafgesetze verhindert die angefügte distanzierende Erklärung allerdings trotzdem, dass bei den Rezipienten der Eindruck einer Identifikation des Linksetzers entsteht, weshalb – das Fehlen entgegenstehender, z.B. rollenabhängiger Umstände soll unterstellt werden, sodass die Distanzierungserklärung der für die Sachverhaltsanalyse einzige bedeutsame Umstand ist – ein Zu-Eigen-Machen der materiell-strafrechtlich ja noch immer fremden volksverhetzenden Äußerungen zu verneinen ist. Die Strafbarkeit des Linksetzers würde sich dann aus dem Verbreitungsdelikt § 130 Abs. 2 StGB ergeben. Inwieweit in dieser Konstellation zudem eine Gehilfenstrafbarkeit des Content-Providers im Verhältnis zum Verfasser der strafbaren Äußerungen möglich ist, wird am Ende dieses Kapitels noch zu erörtern sein.

Im Endeffekt entspricht das größtenteils sogar der Ansicht von *Sieber*, der die herkömmliche straf- bzw. presserechtliche Abgrenzung mitsamt dem Abstellen auf das Vorliegen einer Identifikation oder Distanzierung zwar einerseits ablehnt, andererseits aber auch einräumt, dass diese Kriterien durchaus entscheidende Bedeutung im Rahmen der jeweiligen rechtsgebietsspezifischen Regelungen haben können[95]. Anzumerken bleibt dennoch, dass die von ihm vorgeschlagenen Kriterien der Einzelauswahl bzw. der Verantwortungsübernahme zum Zweck einer ausschließlich technisch-orientierten Abgrenzung der Haftungsvorschriften in TDG und MDStV nicht völlig stimmig sind. Denn dass er im Rahmen seiner Abgrenzungstheorie beim Kriterium der „bewussten Verantwortungsübernahme“ trotz aller Kritik an den pressestrafrechtlichen Maßstäben dann doch letztendlich wieder auf das Merkmal der Identifikation – und zwar ganz im Sinne eines Zu-Eigen-Machens der geistigen Aussage fremder Inhalte z.B. per zustimmender Erklärung – zurückkommt, verdeutlicht wie sehr auch *Sieber* der vorherrschenden Argumentationsweise verhaftet bleibt. Diese Beweisführung anhand eines typologisch verstandenen Merkmals der Identifikation mit fremden Inhalten ist denn auch völlig sachgerecht, nur spielt sie auf der Ebene der Filtervorschriften keine Rolle, da sie erst im Rahmen der materiell-

---

95 *Sieber*, Verantwortlichkeit im Internet (1999), S. 151 Rdn. 304 mit Fn. 404; *ders.*, MMR-Beilage 2/1999, S. 14 f. mit Fn. 111. In *Hoeren/Sieber*, Handbuch Multimedia-Recht (2001), Teil 19, S. 96 Rdn. 264 f., sieht *Sieber* das Vorliegen einer Distanzierungserklärung ausdrücklich als bedeutsam für die Beurteilung eines Zu-Eigen-Machens an.

rechtlichen Prüfung etwaiger Äußerungsdelikte relevant wird. Bei dieser Prüfung aber wiederum haben die Kriterien der bewussten Einzelauswahl bzw. Verantwortungsübernahme nicht die entscheidende und abschließende Bedeutung, die *Sieber* ihnen beimisst.

Als Zweites ist auf das in dieser Arbeit erläuterte typologische Verständnis der Äußerungsdelikte zurückzukommen. Es hat sich erwiesen, dass typenbildende Merkmale wie „persönliche Äußerung", „Identifikation" oder „eigener Inhalt" nicht ohne weiteres subsumierbar sind, sondern eher einen gleitenden Maßstab bilden, bei dem die Bewertung anhand von Erwägungen aus dem Bereich sozialer Erfahrungen, der Orientierung am Verständnishorizont eines Durchschnittsrezipienten sowie insbesondere der sozialen Rolle der sich äußernden Person stattfindet. Gerade die Überzeugung, dass es die unterschiedlichen Erwartungen an Personen in verschiedenen sozialen Rollen sind, welche die Entscheidung über das Vorliegen einer sich identifizierenden oder aber distanzierenden Haltung zu fremden Äußerungen bzw. Inhalten ausschlaggebend beeinflussen, stellt den Kern des hier entwickelten Systems zur Erklärung und Bewältigung der strafrechtlichen Verantwortlichkeit für fremde Texte dar. Von daher haben auch die zahlreichen, oben beschriebenen Ansichten zum Zu-Eigen-Machen und zur Identifikation mit fremden Inhalten im Internet weiterhin ihre Berechtigung, die jedoch nicht innerhalb der Abgrenzung der Verantwortlichkeitsvorschriften von TDG bzw. MDStV liegt, sondern sich erst bei der dem „Vorfilter" folgenden materiell-rechtlichen Prüfung zeigt. Durch sie wurden die Umstände benannt und herausgearbeitet, auf die es im Bereich der neuen Medien im Unterschied zum Bereich der Printmedien ankommt, um eine Bewertung des Ausprägungsgrades des typenbildenden Merkmals der persönlichen Äußerung bzw. der Identifikation mit fremden Äußerungen vornehmen zu können. Denn die Zuordnung eines Sachverhalts zum Typus der Äußerungsdelikte im Wege des Abstellens auf den Verständnishorizont eines Durchschnittsrezipienten, dessen Erfahrungen und die Rolle des sich Äußernden wird durch die tele- bzw. mediendienstspezifischen technischen Rahmenbedingungen einer Informationsweitergabe im Internet wesentlich beeinflusst. Hinsichtlich der Verantwortlichkeit für fremde Inhalte nach TDG/MDStV findet sich dabei eine deutliche Parallele zur eigenen Konzeption in der Ansicht *Vassilaki's*, die gleichfalls die Bedeutung der an die Rolle des Anbieters geknüpften Erwartungshaltung der angesprochenen Rezipienten unterstreicht. Dort wie hier wird die mit einer eingenommenen Rolle einhergehende Verhaltenserwartung zur Begründung einer Garantenstellung herangezogen. Insofern kann tatsächlich von einer Bewährung der bisherigen Ergebnisse dieser Untersuchung gesprochen werden, da *Vassilaki* von einem anderen Ausgangspunkt aus und allein mit Blick auf die durch das Recht der neuen Medien geschaffene Situation zu ähnlichen Erkenntnissen gelangt.

Der Unterschied, der gleichwohl noch zwischen dieser Arbeit und der Auffassung von *Vassilaki* festzustellen ist, besteht darin, dass ihre Ausführungen auf der Annahme beruhen, ein Linksetzer könne sich ausschließlich wegen Beihilfe durch Unterlassen strafbar machen, wobei der Unrechtsgehalt in der Verbreitung inkriminierter Inhalte liege. Aus diesem Grund beschränkt *Vassilaki* ihre Betrachtungen auf die Begehung von Verbreitungsdelikten durch die „Tathandlung des Verbreitens durch Hyperlink“[96]. Vor allem meint sie den Prämissen der Tatherrschaftslehre entnehmen zu können, dass das Setzen eines Links auf fremde Inhalte lediglich als Beihilfe anzusehen sei. Da der Linksetzer nicht über die „strafrechtlich interessante geistige Aussage“ gebieten könne und die Ausführung der Tatbestandshandlung in Gestalt des Verbreitens durch Setzen eines Hyperlinks allein nicht ausreiche, fehle ihm die Tatherrschaft[97]. Spätestens an dieser Stelle zeigt sich, dass auch *Vassilaki* nicht ausreichend zwischen Verbreitungs- und Äußerungsdelikten trennt und das Merkmal der Identifikation bzw. des Zu-Eigen-Machens regelwidrig auf Erstere anwendet[98]. Von dieser Verwechslung abgesehen sind überdies ihre Ausführungen zur Tatherrschaftslehre unzutreffend. Ihres Erachtens ist der Urheber der inkriminierten Inhalte – als „Gebieter“ über die geistige Aussage – Täter und der Linksetzer – als „Verbreiter“ – Gehilfe. Ein kurzer Blick zurück auf das im 3. Kapitel geschilderte und von *Wuttig* bereits 1902 gebildete Fallbeispiel, in dem der B auf Bitte des A dessen an Z gerichteten beleidigenden Brief zustellt, erinnert daran, dass die Beachtung der Tatherrschaftslehre dazu führt, den die Tatherrschaft über die Ausführungshandlung besitzenden B als Täter und den Verfasser A als Teilnehmer – d.h. in diesem Fall Anstifter – anzusehen[99]. In *Vassilaki's* Beispiel würde das eigentlich bedeuten, den die Tathandlung – das „Verbreiten“ – ausführenden Linksetzer als Täter und den Urheber der rechtswidrigen Inhalte als Teilnehmer anzusehen. Ihr gegenteiliges Ergebnis und insbesondere die von ihr zugestandene geringe Bedeutung der Ausführungshandlung für die Ermittlung der Täterschaft entspricht vielmehr der Lösung der Pflichtdeliktslehre, die zu diesem Resultat erst im Wege einer ausdrücklichen Nichtbefolgung der Aussagen der Tatherrschaftslehre gelangt und es somit ermöglicht, den Urheber eines inkriminierten Textes als Täter und den Verbreiter bzw. Linksetzer als Teilnehmer zu qualifizieren. Auf diesen Gegensatz zwischen Tatherrschaft und Pflichtdelikt geht *Vassilaki* jedoch nicht ein.

Im Folgenden soll daher die Untersuchung der Beziehung zwischen einer „strafrechtlich interessanten geistigen Aussage“, dem Erwartungshorizont der Rezipienten, der sozialen Rolle einer fremde Äußerungen verbreitenden Person so-

---

96 *Vassilaki*, CR 1999, S. 86 f.

97 *Vassilaki*, CR 1999, S. 87.

98 Bezeichnend dafür ist folgende Aussage: „Wenn der Einrichtende deutlich macht, dass er sich mit den Inhalten der Zielseiten identifiziert [...], dann liefert er selbst ein schwerwiegendes Indiz für seinen Verbreitungswillen. Damit wird dem Linkeinrichtenden eine Verbreitungshaftung [...] angelastet.“ So *Vassilaki*, CR 1999, S. 86.

99 Siehe dazu die Ausführungen im 3. Kapitel unter II. 5. a) (S. 126).

wie den Anforderungen an die Annahme einer Identifikation mit fremden Inhalten im Hinblick auf die Rolle eines Anbieters von Tele- bzw. Mediendiensten und die Anwendbarkeit der Pflichtdeliktslehre nachgeholt werden.

II. Die Providerhaftung als Anwendungsfall der Pflichtdeliktslehre

Hätte *Vassilaki* die Unvollständigkeit ihrer Ausführungen in puncto Tatherrschaft bemerkt, wäre es nahe liegend gewesen, die Providerhaftung für fremde Inhalte gemäß TDG/MDStV unter dem Blickwinkel der Pflichtdeliktslehre zu betrachten, so wie es in der vorliegenden Arbeit im 6. Kapitel mit der presserechtlichen Sonderhaftung geschehen ist[100]. Genau diese Verknüpfung mitsamt etwaiger Konsequenzen für das Merkmal der Identifikation ist nun daraufhin zu überprüfen, ob sich ähnliche Schlussfolgerungen wie bei der Sonderhaftung von verantwortlichem Redakteur und Verleger anstellen lassen. Damit erübrigt sich zugleich ein Eingehen auf die Kritik von *Spindler*, der *Vassilaki's* Ansatz, eine Garantenpflicht im Wege der Kombination von Vertrauensgedanke und Rollenerwartung zu begründen, ablehnt[101]. Denn dessen Vorwurf, auf diese Weise würden „abstrakt-typisierende Wertungen in einen vermeintlich empirischen Begriff hineingetragen“, trifft auf die hier vorgeschlagene Konzeption von vornherein nicht zu. Abgesehen davon hat sich schon zuvor das Anknüpfen an Rollen- und Verhaltenserwartungen als förderlich zum Nachweis von Garantenpflichten im Zusammenhang mit der Verwendung fremder Äußerungen erwiesen[102].

1. Providerhaftung und Garantenstellung

Bevor eine Aussage über eine etwaige institutionelle Zuständigkeit der Provider zur Verhinderung strafbarer Inhalte im Bereich der neuen Medien gemacht werden kann, ist entsprechend der Vorgehensweise im 6. Kapitel[103] zunächst zu klären, ob und weshalb sich für einen Diensteanbieter überhaupt eine Garantenstellung begründen läßt. Da sich die Verantwortlichkeit eines Content-Providers für die von ihm bereitgehaltenen eigenen Informationen gem. § 8 Abs. 1 TDG bzw. § 6 Abs. 1 MDStV nach den allgemeinen Gesetzen bestimmt und Access-

100 Dies gilt um so mehr, da *Vassilaki* selbst den Zusammenhang zwischen presserechtlicher Sonderhaftung und dem Zu-Eigen-Machen fremder Äußerungen erkannt zu haben scheint, wie ihre Bezugnahme auf die Entscheidung OLG Frankfurt, Beschl. v. 27.12.1982 – 2 Ss 554/82 = NJW 1983, S. 1207 als einen „ähnlich gelagerten“ Fall vermuten lässt. Siehe *dies.*, CR 1999, S. 86 mit Fn. 8. Zu dieser Entscheidung vgl. das Zitat im 3. Kapitel unter II. 3. (S. 121).

101 *Spindler*, MMR 2002, S. 500 f.

102 Das und in diesem Zusammenhang insbesondere der Ansatz von *Brammsen* wurde im 6. Kapitel unter III. 1. b) (S. 248) erläutert.

103 Dort unter III. (S. 244).

Provider durch § 9 TDG bzw. § 7 MDStV grundsätzlich von der Verantwortlichkeit freigestellt sind[104], stellt sich die Frage nach einer möglichen Garantenpflicht im Hinblick auf fremde inkriminierte Inhalte hauptsächlich für den Host-Provider, der fremde Informationen zur Nutzung bereithält. Im Hinblick auf die Abgrenzung von Täterschaft und Teilnahme wird bei Verbreitungsdelikten regelmäßig eine täterschaftliche Strafbarkeit des Host-Providers angenommen, wobei im Verhältnis zum Verantwortungsanteil des Content-Providers dem Host-Provider gelegentlich auch nur eine Gehilfenstellung zugeschrieben wird[105]. Der strafrechtliche Vorwurf gegenüber einem Host-Provider wird ganz überwiegend an ein Unterlassen geknüpft, da dieser den Weitertransport rechtswidriger Inhalte an Dritte nicht verhindert[106]. Infolgedessen werden die in Frage kommenden Garantenstellungen zumeist sehr sorgfältig entwickelt und untersucht.

Eine Garantenstellung des Host-Providers aus Ingerenz wird nahezu einhellig abgelehnt, da allein in dem Betrieb von Rechnern im Internet und einem Bereitstellen von Speicherplatz solange kein gefahrbegründendes pflichtwidriges Vorverhalten gesehen werden kann, wie nicht zusätzliche Umstände – z.B. eine positive Kenntnis der strafbaren Inhalte seitens des Providers – hinzutreten[107].

---

104 Auf die abweichende Ansicht des Generalbundesanwalts, der über § 5 Abs. 4 TDG (a.F.) „allgemeine“ strafrechtliche Pflichten wie z.B. Garantenpflichten auch auf Access-Provider anzuwenden können meint, wird sogleich eingegangen.

105 *Popp*, Die strafrechtliche Verantwortung von Internet-Providern (2002), S. 163 ff.; *Pelz*, wistra 1999, S. 56 f.; *Wimmer/Michael*, Der Online-Provider im neuen Multimediarecht (1998), S. 134; *Widmer/Bähler*, CR 1996, S. 180. Nach *Finke*, Die strafrechtliche Verantwortung von Internet-Providern (1998), S. 115 und S. 136 f. ist bei Delikten, die „eine ausdrückliche Eigenidentifizierung des Verbreitenden mit den verbreiteten Inhalten voraussetzen“, am ehesten von einer Beihilfe durch Unterlassen auszugehen.

106 *Popp*, Die strafrechtliche Verantwortung von Internet-Providern (2002), S. 121 ff.; *Kudlich*, Jura 2001, S. 309; *Park*, GA 2001, S. 33; *Römer*, Verbreitungs- und Äußerungsdelikte im Internet (2000), S. 226 f.; *Soehring*, Presserecht (2000), S. 543 Rdn. 26.11a; *Barton*, Multimedia-Strafrecht (1999), S. 167 Rdn. 249 und S. 198 Rdn. 289; *Kühne*, NJW 2000, S. 1004; *ders.*, NJW 1999, S. 190; *Pelz*, wistra 1999, S. 54 f.; *Sieber*, MMR-Beilage 2/1999, S. 27 mit Fn. 207; *ders.*, MMR 1998, S. 444; *ders.*, CR 1997, S. 585 mit Fn. 36; *ders.*, JZ 1996, S. 499; *Finke*, Die strafrechtliche Verantwortung von Internet-Providern (1998), S. 109 ff.; *Moritz*, in: *Loewenheim/F. Koch*, Praxis des Online-Rechts (1998), S. 505; *Hinterseh*, JurPC 1996, S. 471; *U. Jäger/Collardin*, CR 1996, S. 238 ff. Anderer Ansicht sind *Pätzel*, CR 1998, S. 626 f.; *Wimmer/Michael*, Der Online-Provider im neuen Multimediarecht (1998), S. 133; *Altenhain*, CR 1997, S. 491, die den Schwerpunkt des strafrechtlichen Vorwurfs in einem positiven Tun sehen.

107 *Sieber*, in: *Hoeren/Sieber*, Handbuch Multimedia-Recht (2001), Teil 19, S. 129 Rdn. 342 f.; *ders.*, MMR 1998, S. 445; *ders.*, JZ 1996, S. 500 f.; *Römer*, Verbreitungs- und Äußerungsdelikte im Internet (2000), S. 234 f.; *Barton*, Multimedia-Strafrecht (1999), S. 84 Rdn. 112; *Kühne*, NJW 1999, S. 190; *Pelz*, wistra 1999, S. 55; *Finke*, Die strafrechtliche Verantwortung von Internet-Providern (1998), S. 125 f.; *Derksen*, NJW 1997, S. 1883; *Hinterseh*, JurPC 1996, S. 472.

Die Begründung einer Garantenstellung aus einer allgemeinen Sicherungspflicht des Host-Providers infolge der Verfügungsbefugnis über seinen Server wird ebenfalls abgelehnt, da dies – wiederum ohne dass weitere Umstände vorliegen – auf eine uferlose unterlassungstäterschaftliche Strafbarkeit als Überwachergarant hinauslaufen würde, die aufgrund der praktisch nicht zu kontrollierenden Datenmenge kaum zu vermeiden sei[108]. Des Weiteren könne eine Garantenstellung qua Sachherrschaft über eine Gefahrenquelle nur bejaht werden, wenn besondere gefahrerhöhende Umstände hinzutreten, was bei einem Provider grundsätzlich nicht der Fall sei[109]. Eine Garantenstellung aus Gesetz – festgemacht an der in § 11 Abs. 2 MDStV normierten Sorgfaltspflicht der Diensteanbieter – bejaht lediglich *Barton*, wenngleich auch nur für solche Anbieter, die Urheber eigener Inhalte sind oder die sich fremde Inhalte deutlich erkennbar zu Eigen gemacht haben[110].

In der Gesetzesbegründung zur ursprünglichen Fassung von § 5 TDG (a.F.) wurde ausgeführt, dass § 5 Abs. 2 TDG (a.F.) als Anknüpfungspunkt der Verantwortlichkeit auf ein Unterlassen des Anbieters abstellt, dem insoweit eine Garantenstellung hinsichtlich der Verhinderung der Weitergabe inkriminierter Inhalte an Dritte zukäme[111]. Jedoch kann allein deswegen nicht davon ausgegangen werden, dass § 5 TDG (a.F.) selbst unmittelbar eine solche Garantenpflicht begründen sollte, da zugleich gesetzgeberische Intention war, die bisher bestehende strafrechtliche Verantwortlichkeit nicht auszudehnen, sondern le-

---

108 *Finke*, Die strafrechtliche Verantwortung von Internet-Providern (1998), S. 126 ff.; *Hilgendorf*, JuS 1997, S. 330; *Hinterseh*, JurPC 1996, S. 472. Zumindest für möglich halten eine solche Garantenpflicht *Wimmer/Michael*, Der Online-Provider im neuen Multimediarecht (1998), S. 133 sowie *Conradi/Schlömer*, NStZ 1996, S. 473 f.

109 *Satzger*, CR 2001, S. 110; *Sieber*, in: *Hoeren/Sieber*, Handbuch Multimedia-Recht (2001), Teil 19, S. 132 Rdn. 346 ff.; *ders.*, MMR 1998, S. 445; *ders.*, JZ 1996, S. 501 f.; *Barton*, Multimedia-Strafrecht (1999), S. 84 Rdn. 113. Eine Garantenstellung des Providers infolge der Überwachung einer Gefahrenquelle wird dagegen bejaht von *Hörnle*, NJW 2002, S. 1011; *Popp*, Die strafrechtliche Verantwortung von Internet-Providern (2002), S. 133 ff.; *Römer*, Verbreitungs- und Äußerungsdelikte im Internet (2000), S. 235 ff. Auch in der Einstellungsverfügung des Generalbundesanwalts, MMR 1998, S. 94, wird diese Möglichkeit angenommen.

110 *Barton*, Multimedia-Strafrecht (1999), S. 174 Rdn. 258 f. Allerdings sind *Barton's* Ausführungen nicht konsequent, da er an anderer Stelle – a.a.O., S. 177 Rdn. 264 – von einer Garantenhaftung der Diensteanbieter aus Ingerenz aufgrund ihrer Pflichten gem. § 7 Abs. 2 MDStV (a.F.) – dem aktuellen § 11 Abs. 2 MDStV – ausgeht. Insgesamt können seine Erwägungen und dabei insbesondere die zahlreichen Verweise auf die angeblich entsprechende Rechtslage im Presserecht nicht überzeugen.

111 So die Begründung der Bundesregierung in BT-Drs. 13/7385, S. 20. Dazu *Barton*, Multimedia-Strafrecht (1999), S. 198 Rdn. 289.

diglich mit einem zusätzlichen „Filter" zu versehen[112]. Eindeutiger insofern ist dann auch die Begründung zum Regierungsentwurf des EGG geraten, wo ausdrücklich betont wird, dass das TDG keine Garantenstellung schaffen soll[113]. Obgleich der Bundesrat explizit auf seine Auffassung hingewiesen hat, wonach ein Diensteanbieter eine Garantenstellung i.S.v. § 13 StGB bezüglich fremder Informationen habe, wenn er für diese nach den §§ 9 bis 11 TDG verantwortlich ist, hat die Bundesregierung in ihrer Gegenäußerung unmissverständlich deutlich gemacht, dass sie diese Meinung ablehnt und die durch das EGG novellierten Verantwortlichkeitsregelungen nicht darauf abzielen, Garantenstellungen zu begründen[114].

Jenseits der Fälle, in denen ein Provider Kenntnis vom strafbaren Inhalt der bereitgehaltenen Inhalte hat, wird eine generelle Garantenstellung und eine allgemeine Prüfungspflicht also überwiegend abgelehnt[115]. Somit bestehen schon im Hinblick auf die Garantenstellung grundlegende Unterschiede zur presserechtlichen Sonderhaftung des verantwortlichen Redakteurs bzw. Verlegers.

2. *Providerhaftung und institutionelle Zuständigkeit*

Hinzu kommt, dass sich eine „außerstrafrechtliche Sonderpflicht", die als Grundlage einer institutionell abgesicherten Pflichtbeziehung in Betracht kommen könnte, für einen Diensteanbieter nach TDG/MDStV nicht begründen läßt. Zwar werden die besonderen Sorgfaltspflichten gem. § 11 Abs. 2 MDStV vereinzelt als Grundlage einer Garantenstellung des Providers herangezogen[116]. Jedoch kann dieser Vorschrift keine besondere Pflichtenstellung entnommen werden, die der landespresserechtlichen Verpflichtung, Druckwerke von strafbaren Inhalten freizuhalten, ähnlich wäre und die zu einer institutionellen Zuständigkeit im Sinne der Pflichtdeliktslehre führen könnte. Denn die an Art. 15 Abs. 1 ECRL orientierten § 8 Abs. 2 TDG und § 6 Abs. 2 MDStV stellen gerade klar, dass einem Diensteanbieter keine allgemeinen Überwachungs- oder Nachforschungspflichten hinsichtlich inkriminierter Inhalte obliegen. Eine mit der pres-

---

112 In diesem Sinne auch *Sieber*, in: *Hoeren/Sieber*, Handbuch Multimedia-Recht (2001), Teil 19, S. 128 Rdn. 339 ff.; *ders.*, Verantwortlichkeit im Internet (1999), S. 113 Rdn. 230; *ders.*, MMR-Beilage 2/1999, S. 5. Dies übersieht *Pätzel*, CR 1998, S. 627, der eine Garantenstellung des Providers auf § 5 Abs. 2 TDG (a.F.) gründen will.

113 Ebenso *Hoffmann*, MMR 2002, S. 285; *Spindler*, NJW 2002, S. 922.

114 Stellungnahme des Bundesrates in BT-Drs. 14/6098, S. 34, sowie die Gegenäußerung der Bundesregierung auf S. 37.

115 *Sieber*, Verantwortlichkeit im Internet (1999), S. 218 Rdn. 432; *Finke*, Die strafrechtliche Verantwortung von Internet-Providern (1998), S. 132; *Wimmer/Michael*, Der Online-Provider im neuen Multimediarecht (1998), S. 129 f. Ebenso *Soehring*, Presserecht (2000), S. 563 Rdn. 28.16b, der jedoch nicht auf den Widerspruch zu seinem gegenteiligen Ergebnis auf S. 565 Rdn. 28.17b hinweist.

116 So *Barton*, Multimedia-Strafrecht (1999), S. 172 Rdn. 257 ff. zu § 7 Abs. 2 MDStV (a.F.).

serechtlichen Verpflichtung von Redakteur und Verleger vergleichbare Inpflichtnahme der Provider ist TDG und MDStV demnach fremd[117].

Darüber hinaus ist es im Rahmen der Providerhaftung auch kaum möglich, von einer institutionalisierten, feststehenden Verhaltenserwartung aufgrund einer nach außen manifestierten Rollenübernahme auszugehen. Denn an dem dafür erforderlichen Beziehungsverhältnis zwischen Provider und Rezipient fehlt es. Die auf den ersten Blick sehr einfach erscheinende Zweiteilung der beteiligten Personen in Nutzer auf der einen Seite und Diensteanbieter auf der anderen Seite lässt sich praktisch schwer nachvollziehen, da die Beteiligten regelmäßig wechselnde Rollen einnehmen, sodass eine vergleichsweise simple Unterscheidung zwischen Anbieter und Rezipient nicht durchführbar ist[118]. *Wimmer/Michael* meinen dementsprechend:

> „Die Begriffe wirken *funktional*, nicht personal, d.h., man *ist* nicht Service Provider, sondern *handelt* im Einzelfall *als* Service Provider."[119]

Jeder am Kommunikationsprozess Beteiligte kann also die Rolle eines Content-, Host- oder Access-Providers übernehmen, und zwar allein je nachdem, welche Funktion er im konkreten Fall besitzt[120]. Das beste und in unmittelbarer Anknüpfung an die zuvor angestellten Überlegungen[121] gebildete Beispiel ist ein Host-Provider, der für seine Nutzer Informationen speichert[122]. Obwohl diese Tätigkeit als sog. Hosting anzusehen ist, ändert sich diese Beurteilung, sobald im Rahmen des Angebots mit Hilfe von Hyperlinks auf von Dritten herrührende Informationen verwiesen wird, da – gemäß der dargelegten „rein technischen" Abgrenzung der §§ 8 ff. TDG bzw. §§ 6 ff. MDStV – der Anbieter diesbezüglich als Content-Provider zu qualifizieren ist. Sollte darüber hinaus die Nutzung einer Suchmaschine Bestandteil des von ihm angebotenen Dienstes

---

117 Beispiele für besondere Pflichten zur Verhinderung rechtswidriger Inhalte im Internet, die Providern von ausländischen Rechtsordnungen teilweise auferlegt werden, finden sich bei *Sieber*, Verantwortlichkeit im Internet (1999), S. 249 Rdn. 503 ff.

118 *Wimmer/Michael*, Der Online-Provider im neuen Multimediarecht (1998), S. 42.

119 *Wimmer/Michael*, Der Online-Provider im neuen Multimediarecht (1998), S. 159.

120 So *Tettenborn/Bender/Lübben/Karenfort*, BB-Beilage 50/2001, S. 27; *Kudlich*, Jura 2001, S. 310; *Wimmer*, ZUM 1999, S. 439 f.; *Wimmer/Michael*, Der Online-Provider im neuen Multimediarecht (1998), S. 44; ähnlich *Sieber*, JZ 1996, S. 434.

121 In diesem Kapitel unter I. 3. b) (S. 326).

122 Ein anderes Beispiel bringen *Wimmer/Michael*, Der Online-Provider im neuen Multimediarecht (1998), S. 51 f., die den Betreiber einer privaten Homepage insoweit als Content-Provider ansehen, wie er seine eigenen Inhalte bereithält, und insoweit als Access-Provider einordnen, wie er über Links den Zugang zu fremden Tele- oder Mediendiensten vermittelt. Letzteres widerspricht jedoch der hier vertretenen Auffassung, da bei gezielt eingerichteten Links hinsichtlich der verwiesenen Inhalte gleichermaßen Kenntnis wie Kontrolle zu bejahen ist und demnach aufgrund des Vorliegens eigener Inhalte nach wie vor die Funktion eines Content-Providers ausgeübt wird.

sein, hat er hinsichtlich der automatisch erstellten Suchergebnisse schließlich die Funktion eines Access-Providers. Personenbezogene Erwartungen, die auf der Eigenschaft als Rollenträger und dem Innehaben eines schon vor dem konkreten Fall bestehenden besonderen Status beruhen, können sich bezüglich eines Providers – d.h. richtigerweise: bezüglich der Funktion als Provider – deshalb schwerlich bilden.

Allerdings ist die letztgenannte Folgerung nicht völlig unumstritten, da eine gegenteilige Auffassung namentlich von *Sieber* vertreten wird. *Sieber* ist der Ansicht, dass gesellschaftliche Verhaltenserwartungen gegenüber Providern seit Inkrafttreten des IuKDG sehr wohl mit § 5 TDG (a.F.) begründet werden können[123]. Denn aufgrund dieser Regelung würde die Allgemeinheit zumindest bei Host-Providern in bestimmten Fällen von einer Verpflichtung zur Löschung rechtswidriger Inhalte ausgehen, weshalb sich in der Gesellschaft ein Vertrauen sowie eine Erwartungshaltung dahingehend herausgebildet habe, dass die Betreiber eigener Server das ihnen mögliche und zumutbare zur Verhinderung fremder rechtswidriger Inhalte unternehmen müssen[124]. Dabei handele es sich aufgrund von § 5 Abs. 2 TDG (a.F.)[125] nicht nur um eine soziologisch-faktisch, sondern sogar um eine normativ begründete gesellschaftliche Verhaltenserwartung. Aus diesem Grund zieht *Sieber* im Rahmen seiner Prüfung möglicher Garantenpflichten des Host-Providers § 5 Abs. 2 TDG (a.F.) auch „mittelbar" heran, indem er mit dieser Vorschrift die zu erforderliche „rechtliche Verankerung" der Garantenpflicht begründet[126].

Diese Argumentation *Sieber's* ähnelt der Vorgehensweise, mit der im 6. Kapitel die presserechtliche Sonderpflicht zunächst als rechtlich fundiert i.S.v. § 13 StGB beschrieben wurde, um daraufhin über die rollenbezogene Verhaltenserwartung zur institutionellen Zuständigkeit zu gelangen. Auf die Providerhaftung trifft dieser Ansatz jedoch nicht zu. Die Entstehung von „personenbezogenen" Verhaltenserwartungen dürfte hier von vornherein dadurch verhindert werden, dass hinter dem Host-Provider regelmäßig nicht eine natürliche Person steht, wie dies beim verantwortlichen Redakteur und Verleger zwangsläufig der Fall ist, sondern ein Unternehmen[127]. Hinzu kommt, dass die strafrechtliche Verant-

---

123 *Sieber*, in: *Hoeren/Sieber*, Handbuch Multimedia-Recht (2001), Teil 19, S. 132 Rdn. 347.

124 Ebenso *Pelz*, wistra 1999, S. 56, mit dem Hinweis, dass ein tatsächlich nachweisbares Vertrauen nicht notwendig sei, sondern vielmehr schon ein „typisiertes Vertrauen" ausreiche.

125 Nach aktueller Rechtslage: § 11 TDG bzw. § 9 MDStV.

126 *Sieber*, in: *Hoeren/Sieber*, Handbuch Multimedia-Recht (2001), Teil 19, S. 128 Rdn. 341.

127 Was an der Anwendbarkeit der §§ 8 ff. TDG bzw. §§ 6 ff. MDStV nichts ändert, da diese Vorschriften dann für den Inhaber und die Beschäftigen des Anbieters gelten muss, so *Sieber*, in: *Hoeren/Sieber*, Handbuch Multimedia-Recht (2001), Teil 19, S. 87 Rdn. 239 ff.; *ders.*, Verantwortlichkeit im Internet (1999), S. 127 Rdn. 257 f.; *ders.*, MMR-Beilage 2/1999, S. 8.

wortlichkeit damit das vertretungsberechtigte Organ trifft, dem nur bei dem Unternehmen vorliegende strafbegründende Merkmale über § 14 Abs. 1 StGB zugerechnet werden. Diese Zurechnung erfolgt nach herrschender und insbesondere vom BGH im sog. Lederspray-Urteil begründeter Ansicht gegenüber jedem Mitglied der Unternehmensleitung[128]. Infolgedessen kommt eine Strafbarkeit eines einzelnen Geschäftsführers auch dann in Betracht, wenn die Zuständigkeit zur Kontrolle und ggf. Sperrung fremder rechtswidriger Inhalte bei einem anderen Mitglied der Geschäftsführung liegt[129]. Auch in dieser Hinsicht besteht also ein gravierender Unterschied zur presserechtlichen Sonderhaftung, bei der nach der Stellungstheorie nur strafrechtlich zur Verantwortung gezogen werden kann, wer tatsächlich über die notwendigen Entscheidungsbefugnisse verfügt, um die Veröffentlichung strafbarer Inhalte effektiv zu verhindern.

Wie unsicher und wenig feststehend die mit der Ausübung dieser Funktion als Provider verbundenen Rechte, Pflichten und insbesondere Privilegierungen sind, wird beispielsweise auch anhand der vielbeachteten Einstellungsverfügung des Generalbundesanwalts aus dem Jahr 1998 deutlich[130]. Mit dieser Verfügung wurde zwar das gegen einen Access-Provider gerichtete Verfahren eingestellt, jedoch stellte sich der Generalbundesanwalt – entgegen dem Wortlaut von § 5 TDG (a.F.), der ausdrücklichen Gesetzesbegründung und dem in diesem Punkt einstimmigen Schrifttum – auf den Standpunkt, dass sich der Verweis auf die „allgemeinen Gesetze" in § 5 Abs. 4 TDG (a.F.) auch auf das Strafrecht beziehe, weshalb trotz der für Access-Provider in § 5 Abs. 3 TDG (a.F.) ausdrücklich angeordneten Privilegierung eine strafrechtliche Verantwortlichkeit für fremde Inhalte weiterhin in Betracht komme[131].

Letztendlich entscheidend dafür, dass auf keinen Fall eine institutionelle Zuständigkeit der Diensteanbieter zur Verhinderung der Verbreitung inkriminierter Inhalte angenommen werden kann, ist jedoch, dass ein Host-Provider im Rahmen seiner Tätigkeit keine besonderen Privilegien in Anspruch nimmt, die

128 BGH, Urt. v. 6.7.1990 – 2 StR 549/89 = BGHSt 37, 106 (123 ff.). Eingehend dazu *Weißer*, Kausalitäts- und Täterschaftsprobleme bei der strafrechtlichen Würdigung pflichtwidriger Kollegialentscheidungen (1996), S. 23 ff. und insbesondere S. 70 ff.

129 Zur Übertragung der Grundsätze des Lederspray-Urteils aus die Situation beim Host-Provider siehe *Spindler*, MMR 1998, S. 640, und *Wimmer/Michael*, Der Online-Provider im neuen Multimediarecht (1998), S. 137 ff.; aus Sicht des schweizerischen Rechts *Widmer/Bähler*, CR 1996, S. 181 f.

130 Abgedruckt in MMR 1998, S. 93 ff.

131 Nahezu das gesamte Schrifttum hat diese Auffassung deutlich und zum Teil im höchsten Maße kritisch abgelehnt. Siehe z.B. *Satzger*, CR 2001, S. 113 ff.; *Sieber*, Verantwortlichkeit im Internet (1999), S. 193 Rdn. 390 ff.; *Hoeren*, NJW 1998, S. 2793; *Wimmer/ Michael*, Der Online-Provider im neuen Multimediarecht (1998), S. 121 und S. 128; S. *Jaeger*, c't 1998, S. 204 ff. Zusammenfassend *Hoffmann*, NJW-Beilage 14/2001, S. 27. Anderer Ansicht ist jedoch *Hilgendorf*, NStZ 2000, S. 519 ff.

es rechtfertigen könnten, ihm umgekehrt eine solche Verpflichtung aufzuerlegen[132]. Vielmehr ist genau das Gegenteil der Fall. Das Privileg der Medien- und Telediensteanbieter besteht gerade darin, dass für sie die Haftungsprivilegierungen der §§ 9 ff. TDG/§§ 7 ff. MDStV gelten. Würde man die Rolle bzw. Funktion eines Providers als derart in den §§ 8 ff. TDG/§§ 6 ff. MDStV „institutionalisiert" ansehen, dass diese Vorschriften zur Begründung eines Sonder- oder sogar Pflichtdelikts herangezogen werden könnten, würde die Zielsetzung des Gesetzgebers, eine Privilegierung des Host- und Access-Providers herbeizuführen, komplett ignoriert werden[133]. Da § 8 Abs. 1 TDG und § 6 Abs. 1 MDStV in Bezug auf die Strafbarkeit lediglich auf die allgemeinen Regelungen verweisen, wird mit der Funktion als Content-Provider ersichtlich keine strafbarkeitsbegründende oder strafschärfende Pflichtenstellung verbunden[134]. Ferner enthalten die jeweiligen Vorschriften für den Host-Provider lediglich eine Konkretisierung und für den Access-Provider sogar einen Ausschluss der strafrechtlichen Verantwortlichkeit. Aus diesem Grund lässt sich aus den §§ 8 ff. TDG bzw. §§ 6 ff. MDStV ebenso wenig eine genuine strafrechtliche Garantenpflicht aus Gesetz ableiten, wie diese Regelungen wegen ihrer „Filterfunktion" überhaupt zu einer Erweiterung der Verantwortlichkeit herangezogen werden können[135]. Eine Auslegung der Vorschriften über die Providerhaftung im Sinne eines Pflichtdelikts verbietet sich somit, denn TDG und MDStV setzen weder die Verletzung einer individualisierten Sonderpflicht der Diensteanbieter voraus, noch können sie zur Begründung eines solchen Sonderpflichtverhältnisses herangezogen werden[136]. Vielmehr stellen diese Haftungsregelungen das genaue Gegenteil eines Sonderdelikts dar, weil gerade nicht für einen bestimmten Personenkreis eine besondere Strafbarkeitsnorm geschaffen wird, sondern statt dessen für den Personenkreis der Diensteanbieter eine Strafbarkeit unter gewissen Voraussetzungen ausgeschlossen wird[137].

3. *Ergebnis*

Nach alledem handelt es sich bei der Providerhaftung nach TDG bzw. MDStV nicht um einen Anwendungsfall der Pflichtdeliktslehre. Die Verwendung fremder Texte beurteilt sich ebenso wie das Setzen von Hyperlinks auf fremde

---

132 So *Finke*, Die strafrechtliche Verantwortung von Internet-Providern (1998), S. 125 f.

133 Ebenso *Barton*, Multimedia-Strafrecht (1999), S. 190 Rdn. 279, und *Vassilaki*, MMR 1998, S. 631.

134 *Barton*, Multimedia-Strafrecht (1999), S. 191 Rdn. 279.

135 *Sieber*, in: *Hoeren/Sieber*, Handbuch Multimedia-Recht (2001), Teil 19, S. 129 Rdn. 340; *ders.*, Verantwortlichkeit im Internet (1999), S. 113 Rdn. 230; *ders.*, MMR-Beilage 2/1999, S. 5.

136 Ebenso *Vassilaki*, MMR 1998, S. 631.

137 *Sieber*, Verantwortlichkeit im Internet (1999), S. 118 Rdn. 241 Fn. 287, spricht vom „umgekehrten Fall" eines Sonderdelikts.

rechtswidrige Inhalte ausschließlich nach den Grundsätzen der Tatherrschaftslehre. Für den Nachweis der Identifikation im Fall der Verwirklichung von Äußerungsdelikten bedeutet dies, dass das Zu-Eigen-Machen fremder Inhalte unter Würdigung aller Umstände des Einzelfalles – insbesondere des sprachlichen und inhaltlichen Zusammenhangs – zu begründen ist. Da Diensteanbieter nach TDG/MDStV nicht positiv verpflichtet sind, die Publikation strafbarer Inhalte zu verhindern, gelten in vollem Umfang die im 6. Kapitel zu den Fallgruppen 4 und 5 gewonnenen Aussagen[138]. Es kommt also darauf an, im Wege einer genauen Sachverhaltsanalyse die soziale Rolle des sich Äußernden sowie den dadurch beeinflussten Verständnis- und Erwartungshorizont der Rezipienten herauszuarbeiten. Insoweit sind die Ausführungen *Vassilaki's* zutreffend und anwendbar[139]. Da die Rolle eines Content-, Host- oder Access-Providers keine feststehende personenbezogene Rolle ist, sondern jeweils immer nur im Hinblick auf bestimmte Funktionen zugeschrieben werden kann, ist *Vassilaki* zuzustimmen, wenn sie meint, dass sich im Bereich der neuen Medien Rollenerwartungen einzig und allein in Ansehung des vom Provider präsentierten Angebots bilden können. Die Identifikation mit fremden Inhalten bemisst sich daher nach den auf einer Homepage dargebotenen Inhalten und – sofern es sich um eine natürliche Person handelt – der Person des Anbieters.

Damit steht zugleich auch fest, dass die Ansichten, die nur geringe Anforderungen an den Nachweis des Zu-Eigen-Machens fremder Inhalte beim Einrichten von Hyperlinks stellen[140], nicht zutreffen können. Denn während von Trägern presserechtlicher Sonderpflichten infolge ihrer besonderen Pflichtenstellung erwartet wird, dass sie unter Wahrnehmung der ihnen zu diesem Zweck eingeräumten Befugnisse die Veröffentlichung strafbarer Inhalte verhindern, ist dies bei Providern nicht der Fall, weil hier eine entsprechende Verpflichtung zur Überprüfung der in Bezug genommenen fremden Inhalte fehlt. Sofern ein Link auf inkriminierte Inhalte verweist, kann allein darin noch kein Anhaltspunkt für die Begründung des Zu-Eigen-Machens liegen, da es nicht zu einer Verletzung positiver Verpflichtungen und infolgedessen auch nicht zu einer Enttäuschung der an ihre Rolle geknüpften Erwartungen gekommen ist. Kurzum: Weil es sich für den Diensteanbieter nicht um ein Pflichtdelikt handelt.

Parallelen zum Bereich der presserechtlichen Sonderhaftung, so wie dies im Schrifttum zum Teil vorgeschlagen wird, lassen sich also nicht ziehen[141]. Insofern muss auch die eigene, im 2. Kapitel geäußerte Vermutung, dass sich die

---

138 Dort unter IV. 2. b) (S. 274).

139 Siehe abermals: *Vassilaki*, CR 1999, S. 89, sowie *dies.*, MMR 1998, S. 638.

140 Dazu in diesem Kapitel unter I. 2. b) (S. 197).

141 Erinnert sei diesbezüglich nur an *Köster/Jürgens*, MMR 2002, S. 424; *Spindler*, MMR 2002, S. 501 ff.; *ders.*, ZUM 1996, S. 534; *Strömer*, Online-Recht (2002), S. 216 f.; *F. Koch*, CR 1997, S. 193; *Marly*, Jur-PC 1992, S. 1445.

Frage, wann ein fremder Text eine persönliche Äußerung bzw. einen eigenen Inhalt des Publizierenden darstellt, ohne Unterscheidung zwischen Print- und neuen Medien nach den gleichen Kriterien beantworten lassen wird, korrigiert werden[142]. Denn diese Annahme hat sich lediglich für die grundsätzliche Vorgehensweise bei der Prüfung von Äußerungsdelikten im Fall der Verwendung fremder Äußerungen als richtig erwiesen, nicht aber hinsichtlich der Begründung des Merkmals der Identifikation, die gegenüber dem institutionell zur Verhinderung strafbarer Inhalte zuständigen verantwortlichen Redakteur oder Verleger infolge der Anwendbarkeit der Pflichtdeliktslehre auf sehr viel einfachere Weise geführt werden kann.

III. Weitere Fragen zur Teilnahme und mögliche Wertungswidersprüche

Ebenso wie dies im 7. Kapitel hinsichtlich der Verwendung fremder inkriminierter Texte geschah, soll zum Abschluss auch die Providerhaftung auf etwaige Besonderheiten im Bereich der Teilnahme und dabei insbesondere der Beihilfe untersucht werden. Vor allem ist ein letztes Mal auf den 7. Beispielsfall – die Entscheidung des BGH vom 9.4.1997[143] – einzugehen und zu fragen, inwieweit die Aussagen des 3. Senats zum Verhältnis zwischen tatbestandlich verselbstständigten Beihilfehandlungen und der Verbreitung fremder Texte in Presseerzeugnissen auf die Verbreitung fremder Inhalte bzw. Informationen in Tele- und Mediendiensten übertragen werden können.

Wie einschlägig die vom BGH in dieser Entscheidung angestellten Überlegungen sind, wird besonders deutlich, wenn man den zugrunde liegenden Sachverhalt nur geringfügig verändert[144]. Dazu soll angenommen werden, dass neben der Druckschrift „Biji, Informationen aus Kurdistan“, bei deren Herausgabe der Angeklagte mitwirkt, zugleich auch eine inhaltlich identische Online-Ausgabe über das Internet zugänglich gemacht wird. Da Print- wie Online-Ausgabe somit gleichermaßen Erklärungen von Organisationen enthalten, denen die Betätigung im Geltungsbereich des Vereinsgesetzes verboten wurde, liegt in beiden Sachverhaltsvarianten eine Zuwiderhandlung gegen ein vereinsrechtliches Betätigungsverbot gem. § 20 Abs. 1 Nr. 4 VereinsG vor. Betrachtet man einerseits das kontinuierliche Wachstum sowie die vielfältigen Erscheinungsformen der

142 Vgl. im 2. Kapitel unter III. 4. (S. 79).

143 BGH, Urt. v. 9.4.1997 – 3 StR 387/96 = BGHSt 43, 41.

144 Zum Sachverhalt siehe BGH, Urt. v. 9.4.1997 – 3 StR 387/96 = BGHSt 43, 41 (mit vollständigem Sachverhalt abgedruckt in NJW 1997, S. 2248). Zu den Überlegungen des 3. Senats hinsichtlich der Besonderheiten bei der Prüfung tatbestandlich verselbstständiger Beihilfehandlungen aus Anlass der Verbreitung fremder Texte in Presseerzeugnissen siehe zudem die Zusammenfassung im 7. Kapitel unter I. 1. (S. 289).

sog. elektronischen Presse[145] und berücksichtigt man andererseits die Eignung des Internet zur anonymen, kostengünstigen und vor allem weltweiten Verbreitung strafbarer Inhalte[146], so besteht kein Zweifel, dass die hier gebildete Sachverhaltsergänzung in Zukunft von ungleich größerer Relevanz sein wird[147]. Fraglich ist im vorliegenden Zusammenhang, ob die Ausführungen des BGH unverändert auch für die Verbreitung fremder strafbarer Texte im Rahmen der Online-Ausgabe der Druckschrift Geltung haben, oder ob sich aufgrund der als vorangestellter Prüfungspunkt zu beachtenden §§ 6 ff. MDStV Unterschiede ergeben. Das TDG ist in einer derartigen Fallgestaltung dagegen nicht einschlägig, da bei Online-Ausgaben von „klassischen" Presseerzeugnissen die „redaktionelle Gestaltung zur Meinungsbildung für die Allgemeinheit im Vordergrund steht" i.S.d. § 2 Abs. 2 Nr. 2 und Abs. 4 Nr. 3 TDG, sodass es sich um Mediendienste handelt, die ausschließlich dem Anwendungsbereich des MDStV unterfallen[148].

In seiner Entscheidung vom April 1997 hat der BGH zur Begründung der von ihm vorgenommenen einschränkenden Auslegung mittels der Kriterien der objektiven Eignung, der eindeutig erkennbaren Zielrichtung sowie des Zu-Eigen-Maches fremder Äußerungen auf die besondere Bedeutung von Art. 5 Abs. 1 GG hingewiesen, die es bei der Prüfung einer Strafbarkeit wegen der Verbreitung fremder Texte in Presseerzeugnissen zu beachten gilt. Die vorliegende Untersuchung hat bestätigt, dass zumindest das Merkmal der Identifikation bzw. des Zu-Eigen-Machens tatsächlich eine zentrale Voraussetzung darstellt, die es bei der Beurteilung der Strafbarkeit wegen der Verwirklichung eines Äußerungsdelikts aufgrund der Verwendung fremder Äußerungen zu beachten gilt. Weil sich bei zutreffender Handhabung der Verantwortlichkeitsregelungen in den §§ 6 ff. MDStV insbesondere im Zusammenhang mit der Prüfung eines Zu-Eigen-Machens fremder Informationen keine Überschneidungen mit der strafrechtlichen Prüfung von Äußerungsdelikten ergeben können[149], gilt diese Voraussetzung in derselben Weise auch bei der Begehung von Äußerungsdelikten mittels fremder Texte innerhalb der neuen Medien. Im Fall von Online-Aus-

---

145 Vgl. dazu den Überblick über die Entwicklung sowie die aktuelle Situation bei *Schulze*, ZUM 2000, S. 432 f.; *Waldenberger/Hoß*, AfP 2000, S. 237; *Katzenberger*, AfP 1998, S. 480 f.; *ders.*, AfP 1997, S. 434 f.

146 Vgl. dazu die Einschätzung bei *Holznagel/Kussel*, MMR 2001, S. 347.

147 Seit einigen Jahren schon ist die Zahl der zum Teil vielbeachteten strafrechtlichen Entscheidungen, die sich mit diesem elektronischen „Vertriebsweg" befassen müssen, rapide gestiegen. Den Anfang haben wohl die bekannten Entscheidungen des AG Tiergarten, Urt. v. 30.6.1997 – 260 DS 857/96 = CR 1998, S. 111 = MMR 1998, S. 49 in Sachen Angela Marquardt sowie des BayObLG, Beschl. v. 11.11.197 – 4 St RR 232/97 zum „Terrorist's Handbook" gemacht.

148 *Löffler/Ricker*, Handbuch des Presserechts (2000), S. 89 Rdn. 6a; *Mylaeus*, in: *Schwarz*, Recht im Internet (2000), 3-4.1, S. 2; *Waldenberger/Hoß*, AfP 2000, S. 238.

149 Vgl. dazu die Begründung zuvor in diesem Kapitel unter I. 3. b) (S. 311).

gaben im Internet tritt als Besonderheit außerdem hinzu, dass aufgrund der als vorangestellter Prüfungspunkt zu berücksichtigenden Filtervorschriften der §§ 6 ff. MDStV eine täterschaftliche Strafbarkeit nach den allgemeinen Strafgesetzen gem. § 6 Abs. 1 MDStV ohnehin bereits „tatbestandlich" – erinnert sei an das Verständnis als „tatbestandsintegrierte Vorfilter" – eingeschränkt ist, indem sie vom Vorliegen eigener Informationen abhängt und andernfalls die Haftungsprivilegierungen der §§ 7 bis 9 MDStV Anwendung finden. Aufgrund dieser Verantwortlichkeitsprivilegierungen ist die Strafbarkeit der Access- und Host-Provider im Vergleich zur Rechtslage bei der Veröffentlichung gedruckter Presseerzeugnisse also erst recht „eingeschränkt", da infolge der §§ 7 und 9 MDStV die strafrechtliche Verantwortlichkeit dieser Provider sogar vollends ausgeschlossen ist, solange sich ihre Tätigkeit auf den technischen Vorgang der Kommunikation beschränkt. Da sich dieser Strafbarkeitsausschluss auf eine etwaige Täterschaft der Access- bzw. Host-Provider gleichermaßen wie auf deren Teilnahme erstreckt[150], kann sich die Frage nach der Anwendbarkeit von § 27 StGB neben bereits tatbestandlich zur Täterschaft erhobenen Beihilfehandlungen lediglich für einen Content-Provider stellen. Da – wie zuvor ausgeführt – auf die Providerhaftung die Pflichtdeliktslehre nicht anwendbar ist, entspricht die Situation für den Content-Provider hierbei exakt derjenigen, die im 7. Kapitel[151] für nicht institutionell zuständige Personen beschrieben wurde, bei denen die Verbreitung fremder strafbarer Inhalte ebenfalls kein Pflichtdelikt darstellt. Selbst wenn es sich bei § 20 Abs. 1 Nr. 4 VereinsG um den Fall einer zur Täterschaft erhobenen Beihilfe handelt, ist danach § 27 StGB trotzdem anwendbar, wobei sich das Ergebnis im Einzelfall nach der Auslegung des konkreten Straftatbestandes zu richten hat. In dem oben[152] beschriebenen Beispiel, in welchem unter Hinzufügung einer Distanzierungserklärung ein Hyperlink auf volksverhetzende Inhalte Dritter gesetzt wird und in dem sich der damit als Content-Provider zu qualifizierende Diensteanbieter gem. § 6 Abs. 1 MDStV unter Anwendung der allgemeinen Strafgesetze wegen eines Verbreitungsdelikts nach § 130 Abs. 2 StGB strafbar gemacht hat, ist demzufolge daneben eine Beihilfe zum Äußerungsdelikt des Verfassers des inkriminierten Textes gem. §§ 130 Abs. 1, 27 StGB möglich.

Ein deutlicher Wertungswiderspruch tritt demgegenüber dann in Erscheinung, wenn man den Sachverhalt des 7. Beispielsfalles abermals dahingehend verändert, dass der Angeklagte bei der Herausgabe der Druckschrift „Biji, Informationen aus Kurdistan" unzweifelhaft – in der Originalentscheidung war das gerade nicht der Fall[153] – die Stellung eines presserechtlich verantwortlichen Redakteurs

150 *Sieber*, Verantwortlichkeit im Internet (1999), S. 184 Rdn. 373; *ders.*, MMR-Beilage 2/1999, S. 23 f.

151 Dort unter II. 1. (S. 333).

152 Wiederum in diesem Kapitel unter I. 3. b) (S. 329).

153 Siehe dazu BGH, Urt. v. 9.4.1997 – 3 StR 387/96 = BGHSt 43, 41 (49 f.).

besitzt und diese Zeitschrift parallel zur Veröffentlichung der gedruckten Ausgabe auch online über das Internet zugänglich gemacht wird. Während der Angeklagte als verantwortlicher Redakteur nun nämlich hinsichtlich der Print-Ausgabe in Ansehung der Aussagen der Pflichtdeliktslehre als institutionell zur Verhinderung von Presse-Inhaltsdelikten zuständiger Pflichtenträger Täter eines Äußerungsdelikts ist, gilt dies gerade nicht auch im Hinblick auf die Online-Ausgabe. Da es im MDStV an einer der presserechtlichen Sonderpflicht vergleichbaren Pflichtenstellung des für die elektronische Version der Druckschrift verantwortlichen Redakteurs fehlt, besteht hier ebenso wenig die Möglichkeit, prima facie von der Verletzung dieser Sonderpflicht auf das Zu-Eigen-Machen einer fremden Äußerung zu schließen, wie die Anwendung von § 27 StGB neben tatbestandlich verselbstständigten Beihilfehandlungen aufgrund der umfassenden Täterschaft des presserechtlichen Pflichtenträgers bzw. – bei Vorliegen einer eindeutigen Distanzierungserklärung – der subsidiären Geltung der presserechtlichen Sonderhaftung mangels Strafbarkeitslücke ausgeschlossen ist. Das bedeutet im Endeffekt, dass die Verwendung inkriminierter fremder Texte im Rahmen von Presseerzeugnissen unterschiedlich strafrechtlich beurteilt wird, je nachdem, ob ein Presseunternehmen seine Produkte in gedruckter oder in elektronischer Form vertreibt. Allerdings liegt die Ursache dieses axiologischen Widerspruchs nicht in der hier entwickelten Konzeption einer systematischen Erklärung der strafrechtlichen Verantwortlichkeit für fremde Äußerungen, sondern daran, dass in den MDStV – genauer: in § 10 Abs. 3 MDStV – zwar Regelungen über Online-Ausgaben von Druckerzeugnissen aufgenommen wurden und auch Vorgaben für die Benennung eines dem verantwortlichen Redakteur im Sinne der Landespressegesetze entsprechenden „Verantwortlichen“ gemacht werden, darüber hinaus jedoch auf die Normierung einer strafbewehrten Pflicht zur Freihaltung der online veröffentlichten Presseerzeugnisse von strafbaren Inhalten verzichtet wurde[154]. § 10 Abs. 3 MDStV besagt:

> § 10 MDStV: Informationspflichten
>
> (1) – (2) [...]
>
> (3) Diensteanbieter von journalistisch-redaktionell gestalteten Angeboten, in denen vollständig oder teilweise Inhalte periodischer Druckerzeugnisse in Text oder Bild wiedergegeben oder in periodischer Folge Texte verbreitet werden, müssen zusätzlich zu den Angaben nach Absatz 1 und unbeschadet des Absatzes 2 einen Verantwortlichen mit Angabe des Namens und der Anschrift benennen. Werden mehrere Verantwortliche benannt, so ist kenntlich zu machen, für welchen Teil

[154] Dass eine dem § 10 Abs. 3 MDStV vergleichbare Vorschrift im TDG fehlt, erklärt sich mit dessen völlig anderem Geltungsbereich. Während der MDStV publizistisch-redaktionelle Angbote zur Meinungsbildung erfasst, bezieht sich das TDG auf die individuelle Kommunikation und Information. Siehe dazu *Mylaeus*, in: *Schwarz*, Recht im Internet (2000), 3-4.1, S. 4 sowie die Ausführungen im 2. Kapitel unter III. 1. (S. 64) zur Abgrenzung von TDG und MDStV.

des Mediendienstes der jeweils Benannte verantwortlich ist. Als Verantwortlicher kann nur benannt werden, wer

1. seinen ständigen Aufenthalt im Inland hat,
2. nicht infolge Richterspruchs die Fähigkeit zur Bekleidung öffentlicher Ämter verloren hat,
3. voll geschäftsfähig ist und
4. unbeschränkt strafrechtlich verfolgt werden kann.

(4) [...]

Diese in § 10 Abs. 3 MDStV aufgestellten Vorgaben über die Benennung eines Verantwortlichen bei journalistisch-redaktionell gestalteten Angeboten waren vor der Novellierung des MDStV durch den Sechsten Rundfunkänderungsstaatsvertrag bereits im Wesentlichen identisch in § 6 Abs. 2 des MDStV von 1997 enthalten. Inhaltlich ist unschwer zu ersehen, dass sich die Regelung an den presserechtlichen Vorschriften zur Impressumspflicht hinsichtlich der Angaben über den verantwortlichen Redakteur[155] sowie den Voraussetzungen bezüglich der persönlichen Anforderungen an diesen[156] orientiert. Da in § 10 Abs. 3 MDStV jedoch keine Haftungsregelung für den Verantwortlichen aufgenommen wurde, obwohl dessen Stellung derjenigen des verantwortlichen Redakteurs bei Druckschriften entspricht, muss sich die Strafbarkeit im Bereich der Mediendienste zwangsläufig von der im Bereich der gedruckten Presse unterscheiden. Zuvor wurde bereits festgestellt, dass sich entgegen vereinzelter Auffassungen in der Literatur die Grundsätze der presserechtlichen Sonderhaftung nicht auf die Providerhaftung übertragen lassen[157]. Dasselbe muss demnach auch für das Verhältnis zwischen der Haftung des verantwortlichen Redakteurs im Sinne der Landespressegesetze und der Strafbarkeit des Verantwortlichen im Sinne des MDStV gelten.

In Ansehung dieser schwerwiegenden Unterschiede wird im Schrifttum diskutiert, ob einzelne Regelungen der Landespressegesetze analog zumindest auf solche Mediendienste anwendbar sind, die gedruckte Presseerzeugnisse auch online als elektronische Zeitung oder Zeitschrift anbieten[158]. Eine direkte An-

155 § 8 Bad.-Württ. LPG; § 8 Bay. LPG; § 8 Bbg. LPG; § 7 Berl. LPG; § 8 Brem. LPG; § 8 Ham. LPG; § 7 Hess. LPG; § 7 M.-V. LPG; § 8 Nieders. LPG; § 8 Nordrh.-West. LPG; § 8 Rhld.-Pf. LPG; § 8 Saarl. LPG; § 6 Sächs. LPG; § 7 Sachs.-Anh. LPG; § 8 Schl.-Holst. LPG; § 7 Thür. LPG.

156 § 9 Bad.-Württ. LPG; § 5 Bay. LPG; § 10 Bbg. LPG; § 8 Berl. LPG; § 9 Brem. LPG; § 9 Ham. LPG; § 7 Hess. LPG; § 8 M.-V. LPG; § 9 Nieders. LPG; § 9 Nordrh.-West. LPG; § 9 Rhld.-Pf. LPG; § 9 Saarl. LPG; § 7 Sächs. LPG; § 8 Sachs.-Anh. LPG; § 9 Schl.-Holst. LPG; § 9 Thür. LPG.

157 In diesem Kapitel unter II. 3. (S. 340).

158 Eine der ersten Stellungnahmen zu dieser Frage findet sich bei *Bullinger*, JZ 1996, S. 388. Einen sehr großzügigen Standpunkt hinsichtlich der Übertragung presserechtlicher Grundsätze vertreten *Flechsig*, in: *Schwarz*, Recht im Internet (2000), 8-2.1, S. 17 und *Engels/Köster*, MMR 1999, S. 524 f.

wendung scheidet dabei von vornherein aus, da Mediendienste ebenso wenig wie Teledienste unter die Definition des Druckwerks und damit den Anwendungsbereich der Landespressegesetze fallen[159]. Hinsichtlich der in den Landespressegesetzen vorgesehenen verkürzten Verjährungsfrist für Presse-Inhaltsdelikte und Presse-Ordnungswidrigkeiten wird allerdings deren analoge Anwendung auf die elektronische Presse überwiegend befürwortet, da die Dauer der Verjährungsfrist nicht davon abhängen dürfe, ob ein Nachrichtenmagazin nur als Volltextversion im Internet oder auch in herkömmlich verkörperter Form zu lesen ist[160]. So nachvollziehbar dieser Standpunkt bezüglich der Verjährungsproblematik ist, so wenig ist jedoch eine Übertragung der Erkenntnisse über die strafrechtliche Behandlung des verantwortlichen Redakteurs auf den Verantwortlichen i.S.d. § 10 MDStV möglich. Zum einen verbietet das strafrechtliche Analogieverbot die Anwendung der Vorschriften über die presserechtliche Sonderhaftung des verantwortlichen Redakteurs auf journalistisch-redaktionell gestaltete Mediendienste, da dies – im Unterschied zur Anwendung der kürzeren Verjährungsregeln – eine unzulässige Analogie zulasten des Täters darstellen würde. Zum anderen hat der Gesetzgeber mit den §§ 6 ff. MDStV nicht nur eine detaillierte Regelung der Verantwortlichkeit für strafbare Inhalte getroffen, sondern dabei mit den Verantwortlichkeitsprivilegierungen der §§ 7 ff. MDStV die elektronische Presse als Mediendienst im Vergleich zur konventionellen Presse eindeutig begünstigt, sodass sich zumindest die Grundsätze über die Haftung des verantwortlichen Redakteurs nicht auf den Verantwortlichen gem. § 10 Abs. 3 MDStV übertragen lassen[161].

Solange wie im MDStV für solche Mediendienste, die gedruckte Presseerzeugnisse zusätzlich elektronisch verbreiten, nicht eine an der landespresserechtlichen Sonderhaftung orientierte Regelung der Haftung des für die Online-Ausgabe Verantwortlichen aufgenommen wird, sind die Prinzipien des klassischen Presserechts über die Verantwortlichkeit für fremde inkriminierte Texte nicht auf publizistische Mediendienste anwendbar. Eine sinnvolle Vorschrift, welche die aufgezeigten Wertungswidersprüche vermeiden würde, könnte beispielsweise im unmittelbaren Anschluss an § 10 Abs. 3 MDStV normiert werden und wie folgt lauten:

> „Ist mittels eines journalistisch-redaktionell gestalteten Angebots, in dem vollständig oder teilweise Inhalte periodischer Druckerzeugnisse in Text oder Bild wiedergegeben oder in periodischer Folge Texte verbreitet werden, eine rechtswidrige Tat begangen worden, die einen Straftatbestand verwirklicht, so wird der Verantwortliche im Sinne des § 10 Abs. 3, soweit er nicht wegen dieser Tat als Diensteanbieter nach den §§ 6 bis 9 anzusehen ist, mit Freiheitsstrafe bis zu einem

159 *Löffler/Ricker*, Handbuch des Presserechts (2000), S. 2 Rdn. 5 und S. 89 Rdn. 6a.

160 *Schreibauer*, in: *Kröger/Gimmy*, Handbuch zum Internetrecht (2000), S. 588; *Waldenberger/Hoß*, AfP 2000, S. 248.

161 Ebenso *Determann*, Kommunikationsfreiheit im Internet (1999), S. 593.

Jahr oder mit Geldstrafe bestraft, wenn er vorsätzlich oder fahrlässig[162] seine Verpflichtung verletzt hat, das journalistisch-redaktionell gestaltete Angebot von strafbarem Inhalt freizuhalten."

Durch die vorgesehene Subsidiarität zur Verantwortlichkeit bzw. Nicht-Verantwortlichkeit – jedenfalls aber nicht zur Strafbarkeit – als Diensteanbieter würde das Haftungskonzept der §§ 6 ff. MDStV unangetastet bleiben. Zugleich wäre gewährleistet, dass sich die Strafbarkeit eines Content-Providers, der die Stellung eines Verantwortlichen i.S.d. § 10 Abs. 3 MDStV innehat, nach den selben Grundsätzen bemisst, wie sie für einen verantwortlichen Redakteur bei der Herausgabe einer Druckschrift gelten und dass insbesondere bei der Prüfung von Äußerungsdelikten das Zu-Eigen-Machen fremder Äußerungen in gleicher Weise und ohne unterschiedliche Anforderungen an den Nachweis der Identifikation zu beurteilen ist. Bis zu einer Ergänzung des MDStV um eine Regelung mit dem beschriebenen Sinngehalt lassen sich demnach Parallelen zur presserechtlichen Sonderhaftung und dabei vor allem zur strafrechtlichen Verantwortlichkeit für fremde Texte nicht ziehen.

162 Dabei muss der Haftungsmaßstab des Pressegeseztes desjenigen Bundeslandes Anwendung finden, in dem der jeweilige Mediendienst erscheint, d.h. der Diensteanbieter seinen Sitz hat.

Zusammenfassung

1. Kapitel

Es hat sich erwiesen, dass bei der Beurteilung der Strafbarkeit wegen der Verwendung fremder Texte unabhängig von den im Einzelfall zu prüfenden Straftatbeständen und dem benutzten Medium durchweg identische Probleme auftreten. Insbesondere das Erfordernis der Identifikation mit fremden Äußerungen bzw. des Zu-Eigen-Machens fremder Texte stellt ein zentrales Problem dar. Diese Voraussetzung wird als Charakteristikum der persönlichen Äußerungsdelikte verstanden, denen üblicherweise die Gruppe der Verbreitungsdelikte gegenübergestellt wird. Neben diesem Erfordernis der Identifikation wird dem Umstand, dass im Einzelfall das strafrechtlich relevante Verhalten in der Nutzung fremder Texte besteht, in der Rechtsprechung noch durch zwei weitere Voraussetzungen Rechnung getragen. Danach muss ein inkriminierter Text zum einen die objektive Eignung besitzen, vom Adressatenkreis in einer ganz bestimmten Weise verstanden zu werden und zum anderen eine eindeutig erkennbare tatbestandsbezogene Zielrichtung aufweisen. Die im 1. Kapitel angeführten Beispielsfälle haben Grund zu der Vermutung gegeben, dass die Strafgerichte der Stellung als verantwortlicher Redakteur im Sinne des Presserechts maßgebliche Bedeutung bei der Beantwortung der Frage beimessen, wann von einem Zu-Eigen-Machen fremder Texte ausgegangen werden kann. Denn zusammen mit dem nicht genauer erläuterten Hinweis auf den strafbarkeitseinschränkenden Einfluß von Art. 5 Abs. 1 GG wird diese presserechtliche Sonderstellung herangezogen, um die für eine Strafbarkeit wegen eines Äußerungsdelikts notwendige Identifikation mit fremden Äußerungen mal nur bei Vorhandensein einer dem fremden Text zustimmenden eigenen Erklärung anzunehmen, mal aber auch schon bei Fehlen einer eigenen distanzierenden Erklärung zu bejahen.

2. Kapitel

Eine wichtige Rolle bei der Beurteilung der Strafbarkeit von Äußerungen spielen die sog. Kommunikationsdelikte, die sich in Verbreitungsdelikte und persönliche Äußerungsdelikte einteilen lassen. Bei Verbreitungsdelikten beruht die Strafbarkeit auf der bloßen Weitergabe von Äußerungen mit strafrechtlich missbilligtem Inhalt. Auf eine persönliche Stellungnahme des sich Äußernden zu dem von ihm verbreiteten Erklärungsinhalt kommt es nicht an. Bei persönlichen Äußerungsdelikten dagegen ist es notwendig, dass eine gedankliche Beziehung des Täters zu dem missbilligten Inhalt der Äußerung besteht, da hier nicht die Verbreitungshandlung sondern vielmehr die Kundgabe einer eigenen persönlichen Gedankenerklärung das maßgebliche strafrechtlich relevante Verhalten darstellt. Auch wenn ein persönliches Äußerungsdelikt demnach niemals allein in der Weitergabe fremder Gedankeninhalte liegen kann, ist es gleichwohl allgemein anerkannt, dass auch fremde Äußerungen zur Deliktsverwirklichung genutzt werden können, sofern der Täter seine Identifikation mit diesen zum Ausdruck bringt und sie sich damit zu Eigen macht. Eine einheitliche Praxis hinsichtlich der an den Nachweis einer solchen Identifikation zu stellenden Anforderungen existiert jedoch nicht.

Darüber hinaus hat sich gezeigt, dass auch die Zuordnung von Tatbeständen zur Gruppe der persönlichen Äußerungsdelikte an sich oftmals zweifelhaft bzw. strittig ist. Beispielsweise knüpfen die §§ 129, 129a StGB, § 20 Abs. 1 Nr. 4 VereinsG ihre Anwendbarkeit nicht zwingend an eine Äußerung des Täters, sodass es sich bei ihnen an sich nicht um Äußerungsdelikte handelt. Dennoch legen die Strafgerichte diese Delikte in ausdrücklicher Anlehnung an die persönlichen Äußerungsdelikte aus. Diese in mancher Hinsicht nur schwer nachvollziehbare Einordnung einzelner Straftatbestände setzt sich fort bei der Klassifizierung als Presse-Inhaltsdelikt. So wird z.B. § 129a StGB teilweise als Delikt angesehen, welches als Presse-Inhaltsdelikt verwirklicht werden kann, während andere Auffassungen das genaue Gegenteil behaupten. Problematisch werden diese Unklarheiten, wenn ohne nähere Begründung ein Tatbestand wie § 129a Abs. 3 StGB als Presse-Inhaltsdelikt bezeichnet wird, nur um aufgrund dieser Zuordnung eine einschränkende Auslegung zu befürworten, die dann wiederum in anderem Zusammenhang unterschiedslos auf § 20 Abs. 1 Nr. 4 VereinsG angewendet wird, dessen Eigenschaft als mögliches Presse-Inhaltsdelikt mehr als fraglich ist.

Die Rechtslage im Bereich der sog. neuen Medien zeichnet sich durch entsprechende Probleme und offene Fragen aus. Zwar enthalten TDG und MDStV für Diensteanbieter eigene detaillierte Regelungen der Verantwortlichkeit, jedoch beruhen diese auf der grundsätzlichen Unterscheidung zwischen eigenen und fremden Inhalten, wobei Ersteren solche Inhalte zugerechnet werden, die sich ein Anbieter zu Eigen gemacht hat. Infolgedessen bestehen ähnliche Schwierigkeiten wie im Bereich der Printmedien bei der Beurteilung, wann ein Zu-Eigen-Machen fremder Inhalte angenommen werden kann und welche Anforderungen an den Nachweis der Identifikation zu stellen sind.

3. Kapitel

Eine genauere Betrachtung der Art und Weise, wie die Verwendung fremder Texte als Erscheinungsform einer täterschaftlichen Deliktsverwirklichung bislang in Rechtsprechung und Schrifttum beurteilt wird, hat ergeben, dass die in den vorangehenden Kapiteln beschriebenen Besonderheiten keinen zufälligen, sondern vielmehr einen repräsentativen Befund darstellen. Die Untersuchung verschiedener einschlägiger Straftatbestände im Hinblick auf den Anlaß, den Inhalt und die Begründung einer eingeschränkten Strafbarkeit infolge der Zurechnung fremder Texte führte zu dem Resultat, dass der Gebrauch der Merkmale der objektiven Eignung, der eindeutig erkennbaren tatbestandsbezogene

Zielrichtung sowie der Identifikation tatsächlich ein normübergreifendes Phänomen darstellt, das nicht der Auslegung konkreter einzelner Tatbestände zugrunde liegt.

Anlass der Verwendung der einleitend genannten einschränkenden Merkmale ist durchweg die strafrechtliche Beurteilung von fremden Äußerungen, sodass die einschränkende Auslegung inhaltlich übereinstimmt. So wird im Fall der Tatbegehung mittels eigener Texte deren objektive Eignung verlangt, von den Adressaten in einer bestimmten – tatbestandsbezogenen – Weise aufgefasst zu werden sowie deren darauf gerichtete eindeutig erkennbare Zielrichtung. Sofern es sich darüber hinaus um Texte Dritter handelt, kommt als weitere Voraussetzung das Kriterium der Identifikation mit den fremden Äußerungen hinzu. Während die objektive Eignung als ungeschriebene Anforderung nur im Rahmen der §§ 129, 129a StGB, § 20 Abs. 1 Nr. 4 VereinsG als ergänzende Voraussetzung hervorgehoben wird, da z.B. die §§ 130 Abs. 1, 140 Nr. 2 StGB ohnehin bereits ein entsprechendes selbstständiges Tatbestandsmerkmal aufweisen und die §§ 86, 90a Abs. 1, 90b Abs. 1, 111 Abs. 1, 130 Abs. 2, 140 Nr. 2 StGB von vornherein an die Tatbegehung mittels Schriften anknüpfen, findet sich der Gedanke der besonderen Zielrichtung eines Textes dagegen in der Auslegung nahezu aller erörterten Vorschriften wieder. Demgegenüber wird ausnahmslos bei allen Tatbeständen, die als persönliche Äußerungsdelikte angesehen werden können, im Fall einer Verwendung fremder Äußerungen das Erfordernis der Identifikation geprüft.

Neben diesen Gemeinsamkeiten und Übereinstimmungen sind allerdings auch einige offene Fragen zu Tage getreten. So konnte die Betrachtung der in Rechtsprechung wie Schrifttum angeführten Begründungen zur Rechtfertigung der einschränkenden Auslegung zu keinem befriedigenden Resultat führen. Denn der Verweis auf Art. 5 Abs. 1 GG und die verfassungsrechtlich gewährleistete Meinungs- und Pressefreiheit wird meist so kurz gehalten, dass er mehr Behauptung als Begründung ist. Ferner wird zwar bei den äußerungsbezogenen Delikten allgemein auf deren Rechtsnatur als Äußerungsdelikt bzw. ihre „Subjektsgebundenheit“ hingewiesen, jedoch vermag auch die Zuordnung von Tatbeständen zu dieser Deliktsgruppe solange keine Begründung für eine bestimmte Auslegung zu ersetzen, wie diese selbst nicht näher erläutert wird.

Daneben hat ein weiteres, zuvor schon im Zusammenhang mit der Voraussetzung der Identifikation deutlich gewordenes Problem an Gewicht gewonnen. Dieses besteht in der Frage nach dem Beurteilungsspielraum für die Auswahl der Kriterien, anhand derer die genannten einschränkenden Merkmale nachzuweisen sind. Die diesbezüglich festzustellende Regellosigkeit und die daraus resultierende Variationsbreite an beachtlichen Indizien stehen in auffälligem Gegensatz zu dem Einvernehmen, das hinsichtlich der Existenz der mittels dieser Indizien nachzuweisenden Voraussetzungen vorliegt. Bezüglich der eindeutig erkennbaren Zielrichtung eines Textes wird zwar ausgeführt, dass diese im Text ihren Niederschlag gefunden haben müsse, sodass sie sich unmittelbar aus diesem selbst ergibt. Allerdings wird diese Aussage dann sogleich wieder relativiert, da entsprechende Anhaltspunkte auch „zwischen den Zeilen“ gesehen werden können. Desgleichen reicht beim Merkmal der Identifikation die Bandbreite an beachtlichen Indizien von Umständen, die sich „ohne Deuteln“ anhand des Textes aufzeigen lassen müssen, bis hin zu Ansätzen, denen zufolge auch außerhalb der inkriminierten Äußerung liegende Umstände zu berücksichtigen sind.

4. Kapitel

Die Überprüfung der tatbestandseinschränkenden Merkmale im Hinblick auf ihre dogmatische Berechtigung und ihren allgemeingültigen Aussagegehalt hat ergeben, dass das Merkmal der objektiven Eignung eines Textes für die Verwirklichung einer restriktiven Tatbestandsauslegung entbehrlich ist. Ausnahmslos alle Vorschläge, die zur Begründung und Konkretisierung dieses Merkmals vertreten werden, können ohne Weiteres auch im Rahmen einer gewöhnlichen Tatbestandsauslegung Geltung erlangen, die allerdings mit der Verwendung von Texten nichts zu tun haben muss. Ferner hat sich weder der Hinweis auf die Rechtsprechung des BGH als tragfähig erwiesen, noch konnten die Versuche überzeugen, das Merkmal der objektiven Eignung anhand des Geringfügigkeitsprinzips, der Rechtsnatur einschlägiger Tatbestände als unechte Unternehmensdelikte oder eines Vergleichs mit anderen „allgemeinen Eignungsmerkmalen“ zu erklären. In keinem Fall war der zugrunde liegende Begründungsansatz allgemeingültig und von der Auslegung konkreter einzelner Tatbestände unabhängig, sodass sich ein für mehrere Strafvorschriften geltendes deliktsübergreifendes Kriterium nicht nachweisen ließ. Damit hat sich das Merkmal der objektiven Eignung hinsichtlich seiner Aussage als tautologisch und für den Zweck einer einschränkenden Tatbestandsanwendung als nutzlos erwiesen.

Dem Kriterium der eindeutig erkennbaren Zielrichtung eines Textes dagegen mangelte es weniger an Aussagewert, als an eigenständiger Bedeutung. Denn in den Fällen, in denen ein Text fremde Äußerungen enthält, kommt es bezüglich der Zielrichtung nicht auf diese wiedergegebenen fremden Äußerungen an, sondern auf die Zielrichtung des gesamten veröffentlichten Textes. Dabei kann der fremde Text nur insoweit Berücksichtigung finden, wie erkennbar ist, dass mit dessen Wiedergabe auch seine inkriminierte Zielrichtung übernommen werden soll. Folglich kann bei Verwendung fremder Äußerungen die Frage nach der eindeutig erkennbaren Zielrichtung des vom Täter verbreiteten Textes erst beantwortet werden, nachdem vorher die viel wichtigere Frage geklärt worden ist, ob sich der die fremden Äußerungen verwendende Täter diese zu Eigen gemacht hat. Somit ist das Merkmal der Identifikation zwingend vor dem Gesichtspunkt der inhaltlichen Zielrichtung zu prüfen. Gleichzeitig verliert das Kriterium der Zielrichtung auf diese Weise an Bedeutung, da es damit nur noch eine vom Ergebnis der Untersuchung des Zu-Eigen-Machens abhängige Schlussfolgerung ausdrückt. Diese Überzeugung entspricht der Beobachtung, dass hinsichtlich der Kriterien, die von Rechtsprechung und Schrifttum zum Nachweis der Merkmale der Zielrichtung bzw. Identifikation herangezogen werden, keinerlei Unterscheidung danach erfolgt, welches dieser beiden Merkmale nachgewiesen werden soll.

Daneben konnte dargelegt werden, dass dieser Nachweis auch unter Berücksichtigung von Umständen geführt werden kann, für die der Text selbst keinen Anhaltspunkt enthält. Denn bei Delikten, die tatbestandlich nicht an Schriften mit einem bestimmten Inhalt anknüpfen, kommt es für die strafrechtliche Beurteilung auf die Würdigung des gesamten erkennbaren Verhaltens an und somit auch auf solche Umstände, die im inkriminierten Text nicht ausdrücklich erwähnt sind. Anders lautende Ansichten übersehen, dass das Merkmal der eindeutig erkennbaren Zielrichtung größtenteils in Übernahme der ständigen Rechtsprechung und herrschenden Auslegung zu § 93 StGB (a.F.) entwickelt wurde. Hinsichtlich dieser Vorschrift war aufgrund ihrer tatbestandlichen Fassung anerkannt, dass die inkriminierte Zielrichtung ausschließlich anhand des Inhalts der tatbestandlichen Schrift nachgewiesen werden durfte. Diese Auslegung ist jedoch nicht übertragbar auf Vorschriften wie z.B. §§ 129, 129a StGB, § 20 Abs. 1 Nr. 4 VereinsG, die das Merkmal der Schrift nicht im Tatbestand enthalten. Bei diesen Delikten muss das tatbestandliche Verhalten die entsprechende inkriminierte Zielrichtung besitzen, sodass im Fall der Verwendung fremder Texte das gesamte Verhalten des Täters und damit auch Umstände außerhalb des Inhalts des Textes selbst beachtlich sind.

Letztendlich hat sich das Erfordernis der Identifikation mit dem Inhalt eines verwendeten fremden Textes als die maßgebliche Voraussetzung einer täterschaftlichen Strafbarkeit erwiesen. Diese grundlegende Bedeutung für die strafrechtliche Beurteilung steht allerdings in auffälligem Missverhältnis zu dem Ausmaß der offenen Fragen bei der Anwendung dieses Merkmals. Der verbreitete Hinweis auf die Rechtsnatur des jeweils zu prüfenden Straftatbestands als Äußerungsdelikt reicht zur Begründung nicht aus, wenn – wie zumeist – aufgrund der angeblichen Eigenschaft als Äußerungsdelikt die Notwendigkeit eines Zu-Eigen-Machens fremder Texte nur behauptet wird. In gleicher Weise herrscht Streit über die Anforderungen, die an den Nachweis der Identifikation anzulegen sind. Die diesbezüglich in Betracht kommen Auffassungen lassen sich zwar auf den ersten Blick in zwei Lager teilen, wobei von den Grundhaltungen her entweder – eher „großzügig" im Hinblick auf die feststellungsbedürftigen Nachweise – bereits die Entscheidung zur Veröffentlichung eines fremde Äußerungen enthaltenen Textes als sicheres und ausreichendes Indiz für die Identifikation angesehen wird, oder aber – eher „streng", was die Annahme der Strafbarkeit angeht – zusätzlich besondere Umstände für den Nachweis der Identifikation verlangt werden.

In Ansehung der existierenden Unstimmigkeiten bei der Bestimmung der Äußerungsdelikte und der Anwendung des Merkmals der Identifikation wurde ein eigenes Konzept zur Erklärung und Bewältigung der strafrechtlichen Verantwortlichkeit für fremde Texte entwickelt. Dabei hat sich gezeigt, dass eine Systembildung in Gestalt eines Systems abstrakt-allgemeiner Begriffe, bei dem die Begriffe der höchsten Abstraktionsstufe im Verhältnis eines kontradiktorischen Gegensatzes – d.h. eines strikten „entweder-oder" – zueinander stehen, nicht geeignet ist, die in den vorstehenden Kapiteln beobachteten Charakteristika der Äußerungsdelikte vollumfänglich zu erfassen. Denn bereits der Umstand, dass im Schrifttum scheinbar regellos und je nach Fallgestaltung dieselben Straftatbestände mal als Äußerungsdelikt bezeichnet werden und mal nicht, weist darauf hin, dass eine kategorische Einteilung der Deliktstatbestände in Äußerungsdelikte einerseits und sonstige Delikte andererseits nicht möglich ist. Statt dessen kann sich ein Delikt mehr oder weniger als Äußerungsdelikt darstellen, je nachdem, wie sehr sich das tatbestandsrelevante Verhalten im konkreten Fall in der Kundgabe einer persönlichen Äußerung erschöpft.

Auf der Grundlage dieser Feststellungen wurde ein typologisches Verständnis der Äußerungsdelikte vorgeschlagen, begründet und mit existierenden Argumentationsbeispielen als praktikabel und vor allem in Rechtsprechung wie Schrifttum bereits – wenngleich bislang unausgesprochen – praktiziert belegt. Dabei wurde nachgewiesen, dass der gemeinsame Grundgedanke, der bisher sämtlichen Ausführungen zur strafrechtlichen Beurteilung der Verwendung fremder Texte zugrunde liegt, darin besteht, dass ausgehend von den unterschiedlichen Erwartungen, die an Personen in verschiedenen sozialen Rollen gestellt werden, Rückschlüsse auf deren sich identifizierende oder neutrale Haltung zu den von ihnen weitergegebenen fremden Äußerungen angestellt werden. Die Angabe oder Entwicklung starrer – d.h. abstrakt-begriffliche – Regeln zur Beantwortung dieser Frage, unter welchen Bedingungen die Verwendung fremder Texte die typenbildenden Merkmale der „persönlichen Äußerung" bzw. der „Identifikation mit fremden Äußerungen" erfüllt und wann es sich bloß um die Verbreitung fremder Äußerungen handelt, erwies sich als nicht durchführbar, was das vorgeschlagene typologische Verständnis bestätigte. Denn danach können Schlussfolgerungen hinsichtlich der an eine Identifikation mit fremden Äußerungen zu stellenden Anforderungen nicht im Wege der klassischen Definitionslehre gewonnen werden, da eine Typenbeschreibung einer begrifflichen Definition nicht zugänglich ist und die Merkmale der persönlichen Äußerung bzw. Identifikation keinen ohne Weiteres subsumierbaren exakten Maßstab darstellen. Anstatt ein Ergebnis aufgrund einer vermeintlich logischen Subsumtion unter eine begriffliche Definition zu ermitteln, muss daher mittels der den Typus beschreibenden – d.h. typenbildenden – Merkmale der jeweils strafrechtlich zu beurteilende Sachverhalt daraufhin untersucht werden, ob er dem Typus der Äußerungsdelikte zugeordnet werden.

Diese Zuordnung von Sachverhalten zum Typus wurde anhand der sozialen Rolle der sich äußernden Person und der damit verbundenen sozialen Erfahrungen auf Seiten der Rezipienten vorgenommen. Dabei hat sich gezeigt, dass objektiv ähnliche Verhaltensweisen jeweils in Abhängigkeit von der Rolle der agierenden Person sehr unterschiedlich rezipiert werden können, sodass die Verwendung fremder Texte ohne weitere hinzutretende Umstände trotz vergleichbarer Art und Weise der Wiedergabe bei manchen Personen schon die Annahme eines Zu-Eigen-Machens und damit das Vorliegen einer persönlichen Äußerung begründen kann, während dies bei anderen Personen ausgeschlossen ist.

6. Kapitel

Nach eingehender Darstellung der Aussagen und Erkenntnisse der Pflichtdeliktslehre, so wie sie in ihrer gegenwärtigen Fassung namentlich durch die Untersuchungen von *Sánchez-Vera*, *Jakobs* und *Roxin* ausgearbeitet wurde, konnten weitreichende Übereinstimmungen mit den in den Landespressegesetzen normierten presserechtlichen Sonderpflichten des verantwortlichen Redakteurs bzw. Verlegers und deren strafrechtlicher Sonderhaftung festgestellt werden. In deren Pflicht zur Freihaltung eines Druckwerks von strafbaren Inhalten wurde eine institutionelle Zuständigkeit erkannt, da diese besondere Pflichtenstellung in wechselseitigem Bezug steht zu diversen Privilegien, die ebenfalls in Ansehung der öffentlichen Aufgabe der Presse anderen Presseangehörigen zu Teil werden und diese Berufspflicht damit in untrennbarem Zusammenhang mit dem charakteristischen Regelungskomplex zu begreifen ist, der dem Schutz der Pressefreiheit und dem Erhalt der demokratiestaatlichen Funktion der Presse dient. Von daher konnte sie als Bestandteil dieser institutionell garantierten Pflichtbeziehung angesehen werden, die den verantwortlichen Redakteur bzw. Verleger zu einem in dieser Institution exponierten Pflichtenträger macht. Damit führt die presserechtliche Sonderpflicht einerseits zu einem Status, der ein Pflichtdelikt begründet und andererseits zu einer Garantenstellung qua institutioneller Zuständigkeit. Infolgedessen haften diese Pflichtenträger als positiv Verpflichtete stets täterschaftlich, ohne dass es dafür auf ihre Tatherrschaft bei der Veröffentlichung fremder Texte, die Begehung der Pflichtverletzung durch Tun oder Unterlassen oder die Beteiligung anderer Personen ankommt.

Des Weiteren konnte die Annahme, dass in der Verhaltenserwartung, die an Personen in ihrer Eigenschaft als Träger sozialer Rollen gestellt wird, die entscheidende Verbindung von Äußerungsdelikten und der Strafbarkeit wegen der Verwendung fremder Texte liegt, bestätigt werden. Da bei Äußerungsdelikten die Zuordnung eines Sachverhalts zum Erscheinungsbild dieses Typus daran orientiert wird, ob das inkriminierte Verhalten gerade in einer für diese Delikte namensgebenden persönlichen Äußerung besteht, muss die strafrechtliche Verantwortlichkeit von Trägern spezieller presserechtlicher Berufspflichten besonders beurteilt werden. Denn in diesen Fällen wird der den Typus der Äußerungsdelikte einigende Vergleichsmaßstab in Form der Verknüpfung von inkriminiertem und durch die Meinungsäußerungsfreiheit geschütztem Verhalten verdrängt durch eine andere, ebenfalls grundrechtliche Wertentscheidung, nämlich der presserechtlichen Sonderhaftung des verantwortlichen Redakteurs und Verlegers. So erklärt es sich, dass eine personen- und rollenbezogene Bewertung das Verhalten bestimmter Personen in besonderen sozialen Rollen – beispielsweise des verantwortlichen Redakteurs – auf eine Weise beurteilt, wie dies bei anderen Personen nicht der Fall wäre und demnach ein Verhalten – z.B. das Veröffentlichen fremder Texte ohne eine zusätzliche eigene Anmerkung – als noch den typologisch verstandenen Merkmalen „persönliche Äußerung" bzw. „Identifikation" zugehörig ansieht, welches bei anderen Personen dagegen als bloße Verbreitung fremder Äußerungen qualifiziert werden würde. Denn von Trägern presserechtlicher Sonderpflichten wird aufgrund ihrer institutionell garantierten Pflichtenstellung nicht nur erwartet, dass andere Personen durch Presse-Inhaltsdelikte nicht geschädigt werden, sondern dass sie gerade aufgrund ihrer besonderen Berufspflicht und der ihnen in diesem Zusammenhang eingeräumten Befugnisse die Veröffentlichung strafbarer Inhalte von vornherein verhindern. Allein dass sie dieser positiven Verpflichtung nicht nachgekommen sind, ist relevant und begründet die Enttäuschung der an ihre Rolle geknüpften Erwartung. Da von ihnen als positiv Verpflichtete mehr verlangt wird als von Personen, die in diesem Zusammenhang keine besondere soziale Rolle mit gesteigerten Verhaltserwartungen besitzen, kann schon in der bloßen Wiedergabe fremder strafbarer Äußerungen eine Zustimmung zum Inhalt gesehen werden, sodass das Merkmal der Identifikation demnach bereits anhand der durch die Verletzung der besonderen Pflichtenstellung geprägten sozialen Rolle begründet werden kann.

Aufgrund dieser Erkenntnisse ließen sich Fallgruppen aufstellen, die in der Lage sind, den Problemkreis der strafrechtlichen Verantwortlichkeit für fremde Texte vollumfänglich zu erfassen. Dazu wurde die grundlegende Einteilung danach vorgenommen, ob es um die Beurteilung des Verhaltens eines Trägers presserechtlicher Sonderpflichten geht. War dies der Fall, konnten drei zentrale Fallgruppen unterschieden werden, die sich sämtlich daran orientierten, auf welche Weise der verantwortliche Redakteur bzw. Verleger die Publikation eines fremden Textes betreibt. Dies kann zum einen unter Anfügung einer ausdrücklichen persönlichen Distanzierung vom Inhalt der fremden Äußerung erfolgen, zum anderen auf entgegengesetzte Weise – d.h. in Verbindung mit einer eigenen zustimmenden Äußerung – oder aber vollständig ohne persönlichen Stellungnahme des Redakteurs bzw. Verlegers. Für Personen, bei denen es sich nicht um vergleichbare Pflichtenträger handelt, wurden entsprechende Fallgruppen gebildet. Im Verlauf der Darlegung der einzelnen Fallgruppen hat sich u.a. herausgestellt, dass das presserechtliche Sonderdelikt als unmittelbar geltender Straftatbestand in den Fällen von Bedeutung ist, in denen eine täterschaftliche Beteiligung des sonderpflichtigen Redakteurs bzw. Verlegers am Presse-Inhaltsdelikt wegen dessen ausdrücklicher Distanzierung vom veröffentlichten Text und der somit ausgeschlossenen Annahme einer Identifikation abzulehnen ist.

7. Kapitel

Nach der Rechtsprechung des BGH ist es grundsätzlich ausgeschlossen, dass zu tatbestandlich verselbstständigten Beihilfehandlung abermals eine Beihilfe nach § 27 StGB geleistet werden kann. Danach ist mit der einschlägigen Tatbestandsformulierung der Bereich des strafbaren Verhaltens abschließend beschrieben und eine Beihilfe zu dieser selbst zur Täterschaft erhobenen Beihilfehandlung nicht möglich. Von diesem Grundsatz macht der 3. Strafsenat jedoch dann eine Ausnahme, wenn es um die Beurteilung der strafrechtlichen Verantwortlichkeit für die Veröffentlichung fremder inkriminierter Texte in Presseerzeugnissen geht. Denn gerade wegen der in diesen Fällen stark eingeschränkten täterschaftlichen Strafbarkeit könne nicht davon ausgegangen werden, dass ein derart beengter Tatbestand auch den Bereich strafbarer Beihilfe abschließend umschreiben soll, weshalb die allgemeinen Grundsätze strafrechtlicher Teilnahme zur Geltung kommen müssten.

Dieser Rechtsprechung konnte nicht gefolgt werden, da die vorangehenden Kapitel erwiesen haben, dass die vom BGH als Prämisse vorausgesetzte Annahme einer nur eingeschränkten täterschaftlichen Strafbarkeit in dieser Allgemeinheit nicht zutreffend ist. So hat sich herausgestellt, dass von den angeblich restriktiven Kriterien der objektiven Eignung, der eindeutig erkennbaren Zielrichtung sowie der Identifikation ausschließlich das Letztgenannte tatsächlich eine maßgebliche Voraussetzung für die Annahme einer Täterschaft bei der Verwendung fremder Texte ist. Jedoch stellt dieses Merkmal nicht zwangsläufig auch eine „einschränkende" Voraussetzung im Sinne des BGH dar, weil in den Fällen, in denen die Verbreitung fremder Texte in Presseerzeugnissen durch Träger presserechtlicher Sonderpflichten geschieht, erleichtert von der Verletzung dieser Sonderpflicht auf die Identifikation mit der fremden Äußerung geschlossen werden kann, sodass von einer eingeschränkten täterschaftlichen Strafbarkeit keine Rede sein kann. Daher konnte dem BGH allenfalls für die Fallkonstellationen zugestimmt werden, in denen es sich für die eine fremde Äußerung nutzende Person nicht um ein Pflichtdelikt handelt. Allein in diesen Fällen kommt eine Anwendung von § 27 StGB aus den vom 3. Senat genannten Gründen in Betracht.

8. Kapitel

Die Unterscheidung zwischen eigenen, fremden und zu eigen gemachten Inhalten, die für die Verantwortlichkeitsregelung in § 5 TDG/MDStV (a.F.) zentrale Bedeutung hatte, ist auch im Rahmen der aktuellen §§ 8 ff. TDG bzw. §§ 6 ff.

MDStV weiterhin relevant. Das gilt genauso für die Problematik, wann das Einrichten eines Hyperlinks als Identifikation mit den in Bezug genommenen fremden Inhalten begriffen werden kann. Denn weder ECRL noch EGG haben etwas an der seit Erlass des IuKDG umstrittenen Frage geändert, unter welchen Voraussetzungen ein Zu-Eigen-Machen fremder Inhalte vorliegt. Eine Betrachtung der im Schrifttum dazu vertretenen Ansichten hat ergeben, dass sich die Antworten auf diese tele- bzw. mediendienstrechtliche Fragestellung in keiner Weise von der typologischen Argumentation unterscheiden, die sich zur Bestimmung der Anforderungen an den Nachweis der Identifikation im Bereich der klassischen Printmedien herausgebildet hat. Dementsprechend gelangen diese Auffassungen zu vergleichbar vielfältigen und sich teilweise ebenso auffällig widersprechenden Aussagen. Nachdem diese einer genaueren Überprüfung unterzogen wurden, ließ sich ein verbreiteter Mangel entdecken, dem die meisten Ansichten unterliegen. Dieser besteht in der Vorstellung, die Unterscheidung von eigenen und fremden Inhalten mittels einer rechtsgebietsübergreifenden Abgrenzungsregel vornehmen zu können, die ihren Ausgangspunkt unmittelbar im TDG bzw. MDStV hat und sich bedenkenlos des Merkmals der Identifikation bzw. des Zu-Eigen-Machens bedient, um so unter vermeintlicher Anknüpfung an Lösungsansätze, die im Presse- und Strafrecht angeblich bereits existieren, die Providerhaftung handhabbar zu machen.

Vor diesem Hintergrund vermochte allein eine „rein technische" Abgrenzung zwischen eigenen und fremden Inhalten zu überzeugen, nach der es sich nur dann um fremde Inhalte handelt, wenn der Diensteanbieter die von Dritten herrührenden Inhalte weder kennt noch kontrolliert. Ein „Zu-Eigen-Machen" in diesem Sinn bezeichnet demnach nur noch einen technischen Vorgang und hat nichts mehr mit einem Zu-Eigen-Machen fremder Äußerungen bzw. einer Identifikation mit fremden Inhalten im Sinne einer strafrechtlichen Prüfung von Äußerungsdelikten zu tun. Aufgrund der gleichen Abgrenzung ist es jedoch ebenfalls nicht zutreffend, das Merkmal der Identifikation gänzlich abzulehnen. Denn sobald es sich bei dem zu prüfenden Straftatbestand um ein persönliches Äußerungsdelikt handelt, das unter Verwendung fremder Inhalte verwirklicht wurde, ist dieses Merkmal bei der sich den Filtervorschriften der §§ 8 ff. TDG bzw. §§ 6 ff. MDStV anschließenden strafrechtlichen Tatbestandsprüfung in exakt dem in dieser Untersuchung dargelegten Sinn zu berücksichtigen. Das kann in einem Fall dazu führen, dass trotz des Vorliegens fremder Inhalte i.S.d. §§ 8 ff. TDG/§§ 6 ff. MDStV die Frage nach einer Identifikation gestellt und bejaht werden muss, ohne dass dies etwas an der Fremdheit ändert. Und umgekehrt ist es ebenso möglich, das Merkmal der Identifikation zu verneinen und damit zugleich ein Zu-Eigen-Machen abzulehnen, obwohl für den selben Sachverhalt zuvor begründet wurde, dass eigene Inhalte i.S.d. §§ 8 ff. TDG/§§ 6 ff. MDStV vorliegen.

Im Rahmen dieser (strafrechtlichen) Prüfung des Merkmals der Identifikation mit fremden Inhalten bzw. Texten lassen sich Parallelen zur presserechtlichen Sonderhaftung nicht ziehen, obgleich dies im Schrifttum oftmals vorgeschlagen wird. Die Frage, wann ein fremder Text eine persönliche Äußerung bzw. einen eigenen Inhalt des Publizierenden darstellt, kann für Print- und neuen Medien also nicht in der gleichen Weise vorgenommen werden. Dies beruht darauf, dass der Nachweis des Merkmals der Identifikation gegenüber dem institutionell zur Verhinderung strafbarer Inhalte zuständigen verantwortlichen Redakteur bzw. Verleger infolge der Anwendbarkeit der Pflichtdeliktslehre auf sehr viel einfachere Weise geführt werden kann, als gegenüber einem Diensteanbieter im Sinne des TDG/MDStV. Denn bei der Providerhaftung nach TDG bzw. MDStV handelt es sich nicht um einen Anwendungsfall der Pflichtdeliktslehre, da TDG und MDStV weder die Verletzung einer individualisierten Sonderpflicht der Diensteanbieter voraussetzen, noch zur Begründung eines solchen Sonderpflichtverhältnisses herangezogen werden können. Ähnliche Schlussfolgerungen wie bei der Sonderhaftung des verantwortlichen Redakteurs lassen sich demnach nicht anstellen. Vielmehr beurteilt sich die Verwendung fremder Texte bzw. Inhalte ebenso wie das Setzen von Hyperlinks auf fremde rechtswidrige Inhalte ausschließlich nach den Grundsätzen der Tatherrschaftslehre, sodass im Bereich der neuen Medien Rollenerwartungen einzig und allein in Ansehung des vom Provider präsentierten Angebots entstehen können.

Abschließend wurde auf einen bislang ungelösten Wertungswiderspruch hingewiesen, der in solchen Fällen entsteht, in denen ein Angeklagter die Stellung eines presserechtlich verantwortlichen Redakteurs besitzt und die von ihm überwachte Druckschrift parallel zur Veröffentlichung der gedruckten Ausgabe auch online über das Internet zugänglich gemacht wird. Während der Angeklagte als verantwortlicher Redakteur hinsichtlich der Print-Ausgabe als institutionell zur Verhinderung von Presse-Inhaltsdelikten zuständiger Pflichtenträger im Sinne des Pflichtdeliktslehre Täter eines Äußerungsdelikts ist, kann das nicht auch für die Online-Ausgabe gelten, da es im MDStV an einer der presserechtlichen Sonderpflicht vergleichbaren Pflichtenstellung des für die elektronische Version der Druckschrift verantwortlichen Redakteurs fehlt. Da diese unterschiedliche strafrechtliche Behandlung – für die es keinen sachlichen Grund gibt – solange weiterbesteht, wie in den MDStV für solche Mediendienste, die gedruckte Presseerzeugnisse zusätzlich elektronisch verbreiten, keine an der landespresserechtlichen Sonderhaftung orientierte Regelung der Haftung des für die Online-Ausgabe Verantwortlichen aufgenommen wird, wurde ein Vorschlag für eine sinnvolle Regelung gemacht, welche die aufgezeigten Wertungswidersprüche vermeidet.

Literaturverzeichnis

Adomeit, Klaus: Rechtstheorie für Studenten: Normlogik – Methodenlehre – Rechtspolitologie, 3. Aufl., Heidelberg 1990.

Ahrens, Jürgen/*Mückenberger*, Ulrich: Dokumentation zu den Prozessen wegen des „Buback-Nachrufs" – Überblick über den Verfahrensstand und bisherige Entscheidungen, Auszüge aus Urteilen und Beschlüssen zum „Buback-Nachruf" (I), in: KJ 1978, S. 280-301.

– Dokumentation zu den Prozessen wegen des „Buback-Nachrufs" (II), in: KJ 1978, S. 432-440.

Altenhain, Karsten: Die strafrechtliche Verantwortung für die Verbreitung mißbilligter Inhalte in Computernetzen, in: CR 1997, S. 485-496.

– Die gebilligte Verbreitung mißbilligter Inhalte – Auslegung und Kritik des § 5 Teledienstegesetz, in: AfP 1998, S. 457-464.

Amelung, Knut: Strafrechtswissenschaft und Strafgesetzgebung, in: ZStW 92 (1980), S. 19-72.

Arzt, Gunther/*Weber*, Ulrich: Strafrecht Besonderer Teil: Lehrbuch, Bielefeld, 2000.

Barton, Dirk-M.: Multimedia-Strafrecht – Ein Handbuch für die Praxis, Neuwied/Kriftel 1999.

Beisel, Daniel/*Heinrich*, Bernd: Die Zulässigkeit der Indizierung von Internet-Angeboten und ihre strafrechtliche Bedeutung, in: CR 1997, S. 360-363.

Bemmann, Günter: Meinungsfreiheit und Strafrecht, Königstein/Ts. 1981.

Bertram, Günter: Grenzenlose Volksverhetzung: Lea Roshs Debattenbeitrag, in: NJW 2002, S. 111-112.

Blath, Richard/*Hobe*, Konrad: Strafverfahren gegen linksterroristische Straftäter und ihre Unterstützer, Bonn 1982.

Blei, Hermann: Das 13. Strafrechtsänderungsgesetz, in: JA 1975, S. 27-35.

Bonin, Andreas v./*Köster*, Oliver: Internet im Lichte neuer Gesetze, in: ZUM 1997, S. 821-829.

Bonner Kommentar zum Grundgesetz, Erster Band (GG-Änderungen – Art. 5 GG), hrsg. von *Dolzer*, Rudolf/*Vogel*, Klaus/*Graßhof*, Karin, Stand: 101. Ergänzungslieferung, Heidelberg, September 2002 (zitiert: BK[101]-*Bearbeiter*, die hochgestellte Zahl bezeichnet den Stand der Ergänzungslieferungen).

Bornemann, Roland: Der Sechste Rundfunkänderungsstaatsvertrag – ein Überblick, in: K&R 2002, S. 301-306.

Bortloff, Nils: Neue Urteile in Europa betreffend die Frage der Verantwortlichkeit von Online-Diensten, in: ZUM 1997, S. 167-175.

Brammsen, Joerg: Die Entstehungsvoraussetzungen der Garantenpflichten, Berlin 1986 (zugl.: Bayreuth, Univ., Diss., 1985).

Brandenburg, Hans-Friedrich: Die teleologische Reduktion – Grundlagen und Erscheinungsformen der auslegungsunterschreitenden Gesetzeseinschränkung im Privatrecht, Göttingen 1983 (zugl.: Göttingen, Univ., Diss., 1982).

Brauneck, Anja: Zur Verantwortlichkeit des Telediensteanbieters für illegal ins Netz gestellte Musikdateien nach § 5 TDG, in: ZUM 2000, S. 480-484.

Bruns: Anmerkung zu BGH, Urt. v. 25.7.1984 – 3 StR 62/84, in: NStZ 1985, S. 22-24.

Bullinger, Martin: Ordnung oder Freiheit für Multimediadienste, in: JZ 1996, S. 385-391.

Bund, Elmar: Juristische Logik und Argumentation, Freiburg 1983.

Burkhardt, Emanuel H.: Medienfreiheit quo vadis? – Das Somm-Urteil aus presserechtlicher Sicht, in: CR 1999, S. 38-42.

Busse, Dietrich: Juristische Semantik – Grundfragen der juristischen Interpretationstheorie in sprachwissenschaftlicher Sicht, Berlin 1993.

Bydlinski, Franz: Juristische Methodenlehre und Rechtsbegriff, 2. Aufl., Wien/New York 1991.

Conradi, Ulrich/*Schlömer*, Uwe: Die Strafbarkeit der Internet-Provider (1. Teil), in: NStZ 1996, S. 366-369.

– Die Strafbarkeit der Internet-Provider (2. Teil), in: NStZ 1996, S. 472-477.

Croissier, H.: Memorandum für die Streichung der Tatbestände der „Werbung" und „Unterstützung" in den Paragraphen 129, 129a StGB, in: DuR 1981, S. 342-349.

Dahs, Hans: Das „Anti-Terroristen-Gesetz" – Eine Niederlage des Rechtsstaats, in: NJW 1976, S. 2145-2151.

Damm, Renate/*Rehbock*, Klaus: Widerruf, Unterlassung und Schadensersatz in Presse und Rundfunk, 2. Aufl., München 2001.

Demski, Ulf/*Ostendorf*, Heribert: Vom Kanzelparagraph zur Anleitung zu Straftaten: Der § 130a StGB – ein Paradebeispiel für ein politisch instrumentalisiertes Strafrecht, in: StV 1989, S. 30-38.

Der Große Brockhaus in zwölf Bänden, Fünfter Band (GRI - JAR), 18. Aufl., Wiesbaden 1979.

Derksen, Roland: Strafrechtliche Verantwortung für in internationalen Computernetzen verbreitete Daten mit strafbarem Inhalt, in: NJW 1997, S. 1878-1885.

Determann, Lothar: Kommunikationsfreiheit im Internet – Freiheitsrechte und gesetzliche Beschränkungen, Baden-Baden 1999.

Dreher, Eduard: Der Paragraph mit dem Januskopf, in: FS für Wilhelm Gallas zum 70. Geburtstag, Berlin/New York, 1973, S. 307-328.

Dreher, Eduard/*Tröndle*, Herbert: Strafgesetzbuch und Nebengesetze, 47. Aufl., München 1995 (zitiert: *Dreher/Tröndle*[47], die hochgestellte Zahl bezeichnet die Auflage).

Engel-Flechsig, Stefan: Das Informations- und Kommunikationsdienstegesetz des Bundes und der Mediendienstestaatsvertrag der Bundesländer, in: ZUM 1997, S. 231-239.

Engel-Flechsig, Stefan/*Maennel*, Frithjof A./*Tettenborn*, Alexander: Das neue Informations- und Kommunikationsdienste-Gesetz, in: NJW 1997, S. 2981-2992.

Engels, Stefan/*Köster*, Oliver: Haftung für „werbende Links" in Online-Angeboten, in: MMR 1999, S. 522-525.

Engisch, Karl: Logische Studien zur Gesetzesanwendung, 3. Aufl., Heidelberg, 1963.
– Die Idee der Konkretisierung in Recht und Rechtswissenschaft unserer Zeit, 2. Aufl., Heidelberg 1968.

Erbs, Georg/*Kohlhaas*, Max: Strafrechtliche Nebengesetze, Sonderdruck: Vereins- und Versammlungsrecht, bearbeitet von Gerhard *Potrykus*, München 1972.

Erbs, Georg/*Kohlhaas*, Max/*Ambs*, Friedrich: Strafrechtliche Nebengesetze mit Straf- und Bußgeldvorschriften des Wirtschafts- und Verwaltungsrechts, Band IV, Stand: 146. Ergänzungslieferung, München, Mai 2002 (zitiert: *Erbs/Kohlhaas/Ambs*^{146}*-Bearbeiter*, die hochgestellte Zahl bezeichnet den Stand der Ergänzungslieferungen).

Ernst, Stefan: Können Internet-Links strafbar sein?, in: NJW-CoR 1997, S. 115.
– Rechtliche Fragen bei der Verwendung von Hyperlinks im Internet, in: NJW-CoR 1997, S. 224-228.
– Zur Strafbarkeit von Internet-Links, in: NJW-CoR 1997, S. 361.
– Anmerkung zu AG München, Urt. v. 28.5.1998 – 8340 Ds 465 Js 173158/95, in: NJW-CoR 1998, S. 362-365.
– Anmerkung zu LG Lübeck, Urt. v. 24.11.1998 – 11 S 4/98, in: NJW-CoR 1999, S. 430-431.

Fincke, Martin: Das Verhältnis des Allgemeinen zum Besonderen Teil des Strafrechts, Berlin 1975.

Finke, Thorsten: Die strafrechtliche Verantwortung von Internet-Providern, Tübingen, Univ., Diss., 1998.

Fischer, Thomas: Das Verhältnis der Bekenntnisbeschimpfung (§ 166 StGB) zur Volksverhetzung (§ 130 StGB), in: GA 1989, S. 445-468.

Flechsig, Norbert P./*Gabel*, Detlev: Strafrechtliche Verantwortlichkeit im Netz durch Einrichten und Vorhalten von Hyperlinks, in: CR 1998, S. 351-358.

Flegenheimer, Eugen: Das Problem des „dolosen Werkzeugs", Tübingen, Univ., Diss., 1913.

Franke, Einhard: Strafrechtliche Verantwortlichkeit bei Redakteurskollektiven, in: JZ 1982, S. 579-584.
– Zum Begriff des Presseinhaltsdelikts, in: GA 1982, S. 404-415.
– Anmerkung zu OLG Hamburg, Urt. v. 24.11.1982 – 1 Ss 128/82, in: NStZ 1984, S. 126-127.
– Strukturmerkmale der Schriftenverbreitungstatbestände des StGB, in: GA 1984, S. 452-471.

Freytag, Stefan M.: Haftung im Netz – Verantwortlichkeit für Urheber-, Marken- und Wettbewerbsrechtsverletzungen nach § 5 TDG und § 5 MDStV, München 1999.

Fürst, Martin: Grundlagen und Grenzen der §§ 129, 129a StGB – Zu Umfang und Notwendigkeit der Vorverlagerung des Strafrechtsschutzes bei der Bekämpfung krimineller und terroristischer Vereinigungen, Frankfurt am Main/Bern/New York/ Paris 1990 (zugl.: Göttingen, Univ., Diss., 1989).

Gadamer, Hans-Georg: Wahrheit und Methode – Grundzüge einer philosophischen Hermeneutik, 6. Aufl., Tübingen 1990.

Galli: Zur Begriffsbestimmung der Pressdelikte, in: GA 52 (1905), S. 161-169.
Gänßle, Peter: Anmerkung zu BayObLG, Beschl. v. 11.11.1997 – 4 St RR 232/97, in: NStZ 1999, S. 90-91.
Gast, Wolfgang: Juristische Rhetorik – Auslegung, Begründung, Subsumtion, 3. Aufl., Heidelberg 1997.
Geilen, Gerd: Zur Problematik des volksverhetzenden Leserbriefs, in: NJW 1976, S. 279-281.
– Anmerkung zu BGH, Urt. v. 3.5.1978 – 3 StR 91/78, in: JK 79, StGB § 129/1.
Geppert, Klaus: Zur Problematik des § 50 Abs. 2 StGB im Rahmen der Teilnahme am unechten Unterlassungsdelikt, in: ZStW 82 (1970), S. 40-73.
– Begünstigung (§ 257 StGB), in: Jura 1980, S. 269-276.
– Anmerkung zu BGH, Urt. v. 11.6.1980 – 3 StR 9/80, in: JK 81, StGB § 129/3.
– Anmerkung zu OLG Frankfurt, Beschl. v. 27.12.1982 – 2 Ss 554/82, in: JK 83, StGB § 111/1.
– Straftaten gegen die Ehre (§§ 185 ff. StGB), in: Jura 1983, S. 580-592.
– Vollstreckungsvereitelung (§ 288 StGB) und Pfandkehr (§ 289 StGB), in: Jura 1987, S. 427-434.
– Anmerkung zu BGH, Urt. v. 22.2.1995 – 3 StR 583/94, in: JK 96, StGB § 129/5.
Gercke, Marco: „Virtuelles" Bereithalten i.S.d. § 5 TDG – Die straf- und zivilrechtliche Verantwortlichkeit bei der Einrichtung von Hyperlinks, in: ZUM 2001, S. 34-40.
– Die Entwicklung der Rechtsprechung zum Internetstrafrecht in den Jahren 2000 und 2001, in: ZUM 2002, S. 283-288.
Giehring, Heinz: Politische Meinungsäußerung und die Tatmodalitäten des Werbens und der Unterstützung in den §§ 129, 129a StGB, in: StV 1983, S. 296-310.
– Pazifistische radikale Kritik als Volksverhetzung?, in: StV 1985, S. 30-36.
Gounalakis, Georgios: Der Mediendienste-Staatsvertrag der Länder, in: NJW 1997, S. 2993-3000.
Gounalakis, Georgios/*Rhode*, Lars: Haftung des Host-Providers: ein neues Fehlurteil aus München?, in: NJW 2000, S. 2168-2171.
Gravenreuth, Günther Frhr. v.: Anmerkung zu AG München, Urt. v. 28.5.1998 – 8340 Ds 465 Js 173158/95, in: CR 1998, S. 628-629.
Groß, Rolf: Zum Begriff des Presseinhaltsdeliktes, in: NJW 1966, S. 638-639.
– Zum Pressestrafrecht, in: NStZ 1994, S. 312-315.
– Zur Pressehaftung, in: JR 1995, S. 485-491.
– Zum Pressestraf- und Pressestrafverfahrensrecht, in: AfP 1998, S. 358-365.
– Presserecht, 3. Aufl., Heidelberg 1999.
Grünewald, Anette: Zivilrechtlich begründete Garantenpflichten im Strafrecht?, Berlin, 2001 (zugl.: Hamburg, Univ., Diss., 1999).

Hackforth, Josef: Massenmedien und ihre Wirkungen – Kommunikationspolitische Konsequenzen für den publizistischen Wandel, Göttingen 1976.

Haedicke, Maximilian: „Lex informatica" oder allgemeines Deliktsrecht? – § 5 TDG und § 5 MDStV als gesetzlich normierte Verkehrssicherungspflichten und ihre Einordnung in das System des allgemeinen Deliktsrechts, in: CR 1999, S. 309-313.

Haft, Fritjof: Juristische Rhetorik, 6. Aufl., Freiburg 1999.

Hammes, Albert: Der strafrechtliche Schutz gegen sogenannte staatsgefährdende Propaganda, Saarland, Univ., Diss., 1970.

Härting, Niko: Gesetzentwurf zur Umsetzung der E-Commerce-Richtlinie, in: CR 2001, S. 271-277.

Hartmann, Georg: Anmerkung zu BGH, Urt. v. 12.3.1997 – 3 StR 607/96, in: StV 1998, S. 138-139.

Hecker, Bernd: Die mißbräuchliche Verwendung von Ausweispapieren und sonstigen ausweisgleichen Urkunden nach § 281 StGB, in: GA 1997, S. 525-539.

Heinemann, Gustav W./*Posser*, Diether: Kritische Bemerkungen zum politischen Strafrecht in der Bundesrepublik, in: NJW 1959, S. 121-127.

Helle, Jürgen: Begrenzung der Gegendarstellung im MDStV – Zugleich eine Anmerkung zum Urteil des LG Düsseldorf vom 29.4.1998, in: CR 1998, S. 672-676.

Herzberg, Rolf Dietrich: Eigenhändige Delikte, in: ZStW 82 (1970), S. 896-947.

– Die Unterlassung im Strafrecht und das Garantenprinzip, Berlin/New York 1972.

– Täterschaft und Teilnahme – Eine systematische Darstellung anhand von Grundfällen, München 1977.

– Akzessorietät der Teilnahme und persönliche Merkmale, in: GA 1991, S. 145-184.

Heyde, Erich: Typus – Ein Beitrag zur Typologik, in: Studium Generale 1952, S. 235-247.

Hilgendorf, Eric: Grundfälle zum Computerstrafrecht, in: JuS 1997, S. 323-331.

– Zur Anwendbarkeit des § 5 TDG auf das Strafrecht, in: NStZ 2000, S. 518-522.

Hinterseh, Sven: Die strafrechtliche Verantwortlichkeit für Pornographie im Internet: Ein Beitrag zum Thema „Datennetzkriminalität", in: Jur-PC 1996, S. 460-473.

Hoeren, Thomas: Das Internet für Juristen – eine Einführung, in: NJW 1995, S. 3295-3298.

– Ist Felix Somm ein Krimineller? Zugleich Besprechung von AG München, Urt. v. 28.5.1998 – 8340 Ds 465 Js 173158/95, in: NJW 1998, S. 2792-2793.

Hoeren, Thomas/*Sieber*, Ulrich (Hrsg.), Handbuch Multimedia-Recht – Rechtsfragen des elektronischen Geschäftsverkehrs, Stand: 3. Ergänzungslieferung, München, Dezember 2001.

Hoffmann, Helmut: Die Entwicklung des Internet-Rechts, in: Beilage zu NJW Heft 14/2001, S. 1-39.

– Die Entwicklung des Internet-Rechts von Anfang 2001 bis Mitte 2002, in: NJW 2002, S. 2602-2610.

– Zivilrechtliche Haftung im Internet, in: MMR 2002, S. 284-289.

Hoffmann-Riem, Wolfgang (Hrsg.), Medienwirkung und Medienverantwortung – Überlegungen und Dokumente zum Lebach-Urteil des Bundesverfassungsgerichts, Baden-Baden 1975.

Hofmann, Manfred: Anmerkung zu OLG Düsseldorf, Beschl. v. 15.9.1997 – VI 2/97, in: NStZ 1998, S. 249-250.

Hohn, Kristian: Die Zulässigkeit materieller Beweiserleichterungen im Strafrecht – Eine Untersuchung über Erscheinungsformen und Grenzen der Lösung beweisrechtlicher Probleme im materiellen Strafrecht, Frankfurt am Main 2000 (zugl.: Kiel, Univ., Diss., 2000).

Holznagel, Bernd/*Kussel*, Stephanie: Möglichkeiten und Risiken bei der Bekämpfung rechtsradikaler Inhalte im Internet, in: MMR 2001, S. 347-352.

Hörnle, Tatjana: Pornographische Schriften im Internet: Die Verbotsnormen im deutschen Strafrecht und ihre Reichweite, in: NJW 2002, S. 1008-1013.

Hoyer, Andreas: Die Eignungsdelikte, Berlin 1987 (zugl.: Kiel, Univ., Diss., 1985/86).

Hruschka, Joachim: Die Konstitution des Rechtsfalles – Studien zum Verhältnis von Tatsachenfeststellung und Rechtsanwendung, Berlin 1965.

Hurrelmann, Klaus (Hrsg.), Handbuch der Sozialisationsforschung, 5. Aufl., Weinheim 1998.

Hütig, Stefan: Anmerkung zu AG Tiergarten, Urt. v. 30.6.1997 – 260 DS 857/96, in: MMR 1998, S. 50-52.

Jaeger, Stefan: Tatort Internet, in: c't 1998, S. 204-207.

Jäger, Ulrike/*Collardin*, Marcus: Die Inhaltsverantwortlichkeit von Online-Diensten, in: CR 1996, S. 236-240.

Jakobs, Günther: Strafrecht Allgemeiner Teil – Die Grundlagen und die Zurechnungslehre, 2. Aufl., Berlin/New York 1991.

– Das Strafrecht zwischen Funktionalismus und „alteuropäischem" Prinzipiendenken, in: ZStW 107 (1995), S. 843-876.

– Die strafrechtliche Zurechnung von Tun und Unterlassen, Opladen 1996.

Jescheck, Hans-Heinrich/*Weigend*, Thomas: Lehrbuch des Strafrechts – Allgemeiner Teil, 5. Aufl., Berlin 1996.

Katz, Alfred: Staatsrecht: Grundkurs im öffentlichen Recht, 15. Aufl., Heidelberg, 2002.

Katzenberger, Paul: Elektronische Printmedien und Urheberrecht – Urheberrechtliche und urhebervertragsrechtliche Fragen der elektronischen Nutzung von Zeitungen und Zeitschriften, in: AfP 1997, S. 434-442.

– Nutzung von Zeitungen und Zeitschriften über das Internet, in: AfP 1998, S. 479-485.

Kaufmann, Arthur: Analogie und „Natur der Sache" – Zugleich ein Beitrag zur Lehre vom Typus, 2. Aufl., Heidelberg 1982.

– Über den Zirkelschluß in der Rechtsfindung (1973), in: *ders.* (Hrsg.), Beiträge zur Juristischen Hermeneutik sowie weitere rechtsphilosophische Abhandlungen, Köln/Berlin/Bonn/München 1984.

– Durch Naturrecht und Rechtspositivismus zur juristischen Hermeneutik (1975), in: *ders.* (Hrsg.), Beiträge zur Juristischen Hermeneutik sowie weitere rechtsphilosophische Abhandlungen, Köln/Berlin/Bonn/München 1984.

– Das Verfahren der Rechtsgewinnung – Eine rationale Analyse, München 1999.

Kern, Eduard: Die Äußerungsdelikte, Tübingen 1919.

Kissel, Norbert: Aufrufe zum Ungehorsam und § 111 StGB – Grundrechtlicher Einfluß bei der Feststellung strafbaren Unrechts, Frankfurt am Main/Berlin/Bern/New York/Paris/Wien 1997 (zugl.: Frankfurt am Main, Univ., Diss., 1996).

Kitzinger, Friedrich: Das Reichsgesetz über die Presse vom 7. Mai 1874, Tübingen 1920.

Kloos, Bernhard: Anmerkung zu LG Frankfurt/M, Urt. v. 27.5.1998 – 3/12 O 173/97, in: CR 1999, S. 46-47.

Kloeppel: Das Reichspreßrecht, Leipzig, 1894.

Klug, Ulrich: Juristische Logik, 4. Aufl., Berlin/Heidelberg/New York 1982.

Köbler, Ralf: Die Strafbarkeit von Verstößen gegen das Kennzeichenverbot in Fällen des Betätigungsverbotes nach § 18 S. 2 VereinsG, in: NStZ 1995, S. 531-534.

Koch, Alexander: Strafrechtliche Verantwortlichkeit beim Setzen von Hyperlinks auf mißbilligte Inhalte, in: MMR 1999, S. 704-710.

Koch, Frank A.: Zivilrechtliche Anbieterhaftung für Inhalte in Kommunikationsnetzen, in: CR 1997, S. 193-203.

Köster, Oliver/*Jürgens*, Uwe: Haftung professioneller Informationsvermittler im Internet – Eine Bestandsaufnahme nach der Novellierung der Haftungsregelungen, in: MMR 2002, S. 420-425.

Krey, Volker: Probleme der Nötigung mit Gewalt – dargestellt am Beispiel des Fluglotsenstreiks, in: JuS 1974, S. 418-424.

– Strafrecht Besonderer Teil – Band 1: Besonderer Teil ohne Vermögensdelikte, 12. Aufl., Stuttgart/Berlin/Köln 2002.

Kröger, Detlef/*Gimmy*, Marc A. (Hrsg.), Handbuch zum Internetrecht – Electronic Commerce – Informations-, Kommunikations- und Mediendienste, Berlin / Heidelberg / New York / Barcelona / Hongkong / London / Mailand / Paris / Singapur / Tokyo 2000.

Kuch, Hansjörg: Der Staatsvertrag über Mediendienste, in: ZUM 1997, S. 225-230.

Kudlich, Hans: Altes Strafrecht für Neue Medien?, in: Jura 2001, S. 305-310.

Kühne, Hans-Heiner: Strafbarkeit der Zugangsvermittlung von pornographischen Informationen im Internet – Die CompuServe Entscheidung des AG München, in: NJW 1999, S. 188-190.

– Nochmals: Die Strafbarkeit der Zugangsvermittlung von pornographischen Informationen im Internet, in: NJW 2000, S. 1003-1004.

Lackner, Karl/*Kühl*, Kristian: Strafgesetzbuch mit Erläuterungen, 24. Aufl., München 2001 (zitiert: *Lackner/Kühl*[24], die hochgestellte Zahl bezeichnet die Auflage).

Lackum, Jens v.: Verantwortlichkeit der Betreiber von Suchmaschinen, in: MMR 1999, S. 697-704.

Langer-Stein, Rose: Legitimation und Interpretation der strafrechtlichen Verbote krimineller und terroristischer Vereinigungen (§§ 129, 129a StGB), München/Florenz 1987.

Larenz, Karl/*Canaris*, Claus-Wilhelm: Methodenlehre der Rechtswissenschaft, 3. Aufl., Budapest / Hongkong / London / Mailand / Paris / Tokyo 1995.

Leenen, Detlef: Typus und Rechtsfindung – Die Bedeutung der typologischen Methode für die Rechtsfindung dargestellt am Vertragsrecht des BGB, Berlin, 1971 (zugl.: München, Univ., Diss., 1970/71).

Lehmann, Michael: Unvereinbarkeit des § 5 Teledienstgesetz mit Völkerrecht und Europarecht, in: CR 1998, S. 232-234.

Leipziger Kommentar zum Strafgesetzbuch, 10. Aufl., hrsg. von *Jescheck*, Hans-Heinrich/*Ruß*, Wolfgang/*Willms*, Günther (zitiert: LK^{10}-*Bearbeiter*, die hochgestellte Zahl bezeichnet die Auflage)

- Erster Band (Einleitung, §§ 1-31), Berlin/New York 1985
- Fünfter Band (§§ 185-262), Berlin/New York 1989.

Leipziger Kommentar zum Strafgesetzbuch, 11. Aufl., hrsg. von *Jähnke*, Burkhard/*Laufhütte*, Wilhelm/*Odersky*, Walter (zitiert: LK^{11}-*Bearbeiter*, die hochgestellte Zahl bezeichnet die Auflage)

  - 1. Lieferung (Einleitung; §§ 1-2), Berlin/New York 1992
  - 4. Lieferung (§§ 80-92b), Berlin/New York 1992
  - 8. Lieferung (§§ 25-27), Berlin/New York 1993
  - 11. Lieferung (§§ 13-14), Berlin/New York 1993
  - 12. Lieferung (§§ 110-122), Berlin/New York 1994
  - 16. Lieferung (§§ 28-Vor § 32), Berlin/New York 1994
  - 20. Lieferung (§§ 125-141), Berlin/New York 1996.

Lemmel, Hans-Peter: Unbestimmte Strafbarkeitsvoraussetzungen im Besonderen Teil des Strafrechts und der Grundsatz nullum crimen sine lege, Berlin 1970 (zugl.: Hamburg, Univ., Diss., 1969).

Liszt, Franz v.: Das deutsche Reichspreßrecht, Leipzig 1880.

Löffler, Martin: Presserecht – Kommentar zum Reichsgesetz über die Presse und zum Presserecht der Länder sowie zu den sonstigen die Presse betreffenden Vorschriften, München 1955.

- Die Sorgfaltspflichten der Presse und des Rundfunks, in: NJW 1965, S. 942-946.
- Presserecht – Kommentar zu den Landespressegesetzen der Bundesrepublik Deutschland mit einem Besonderen Teil und einem Textanhang, 4. Aufl., München 1997 (zitiert: *Löffler*^{4}-*Bearbeiter*, die hochgestellte Zahl bezeichnet die Auflage).

Löffler, Martin/*Ricker*, Reinhart: Handbuch des Presserechts, 4. Aufl., München, 2000.

Löhnig, Martin: „Verbotene Schriften" im Internet, in: JR 1997, S. 496-499.

Loening, Richard: Die strafrechtliche Haftung des verantwortlichen Redakteurs – Aus der Festgabe der Juristischen Fakultät in Jena zum 50 jährigen Doktorjubiläum Rudolf von Gneists, Jena 1889.

Loewenheim, Ulrich/*Koch*, Frank A. (Hrsg.), Praxis des Online-Rechts, Weinheim/New York/Chichester/Brisbane/Singapore/Toronto 1998.

Lüttger, Hans: Internationale Rechtshilfe in Staatsschutzverfahren?, in: GA 1960, S. 33-61.

Mangoldt, Hermann v./*Klein*, Friedrich: Das Bonner Grundgesetz – Kommentar, Band 1 (Präambel, Artikel 1-19), hrsg. von *Starck*, Christian, 4. Aufl., München 1999 (zitiert: *v. Mangoldt/Klein*^{4}-*Bearbeiter*, die hochgestellte Zahl bezeichnet die Aufl.).

Mann, Roger: Zur äußerungsrechtlichen Verantwortlichkeit für Hyperlinks in Online-Angeboten, in: AfP 1998, S. 129-133.

Mannheim, H.: Pressrecht, Berlin 1927.

Marly, Jochen P.: Die Verteilung von Artikeln und Programmen in Datennetzen aus urheber- und wettbewerbsrechtlicher Sicht, in: Jur-PC 1992, S. 1442-1451.

Maunz, Theodor/*Dürig*, Günter/*Badura*, Peter/*Di Fabio*, Udo/*Herdegen*, Matthias/*Herzog*, Roman/*Klein*, Hans H./*Lerche*, Peter/*Papier*, Hans-Jürgen/*Randelzhofer*, Albrecht/*Schmidt-Assmann*, Eberhard/*Scholz*, Rupert: Kommentar zum Grundgesetz, Band I (Art. 1-11), Stand: 40. Ergänzungslieferung, München, Juni 2002 (zitiert: *Maunz/Dürig*^{40}*-Bearbeiter*, die hochgestellte Zahl bezeichnet den Stand der Ergänzungslieferungen).

Maurach, Reinhart/*Gössel*, Karl Heinz/*Zipf*, Heinz: Strafrecht – Allgemeiner Teil, Teilband 2: Erscheinungsformen des Verbrechens und Rechtsfolgen der Tat, 7. Aufl., Heidelberg 1989.

Maurach, Reinhart/*Schroeder*, Friedrich-Christian/*Maiwald*, Manfred: Strafrecht – Besonderer Teil, Teilband 2: Straftaten gegen Gemeinschaftswerte, 8. Aufl., Heidelberg 1999.

Maurach, Reinhart/*Zipf*, Heinz: Strafrecht – Allgemeiner Teil, Teilband 1: Grundlehren des Strafrechts und Aufbau der Straftat, 8. Aufl., Heidelberg 1992.

Mayer, Franz C.: Recht und Cyberspace, in: NJW 1996, S. 1782-1791.

Medicus, Dieter: Allgemeiner Teil des BGB, 7. Aufl., Heidelberg 1997.

Moritz, Hans-Werner: Anmerkung zu AG München, Urt. v. 28.5.1998 – 8340 Ds 465 Js 173158/95, in: CR 1998, S. 505-510.

Mückenberger, Ulrich: Dokumentation zu den Prozessen wegen des „*Buback*-Nachrufs" (III), in: KJ 1979, S. 312-320.

Müglich, Andreas: Auswirkungen des EGG auf die haftungsrechtliche Behandlung von Hyperlinks, in: CR 2002, S. 583-592.

Müller, Friedrich: Recht – Sprache – Gewalt: Elemente einer Verfassungstheorie I, Berlin 1975.

Müller, Ingo/*Jungfer*, Gerhard: 70 Jahre Weltbühnen-Urteil, in: NJW 2001, S. 3461-3465.

Müller-Terpitz, Ralf: Regelungsreichweite des § 5 MDStV, in: MMR 1998, S. 478-480.

Münchener Kommentar zum Bürgerlichen Gesetzbuch, Band 1: Allgemeiner Teil (§§ 1-240), hrsg. von *Rebmann*, Kurt/*Säcker*, Franz Jürgen/*Rixecker*, Roland, 4. Aufl., München 2001 (zitiert: MünchKomm^{4}*-Bearbeiter*, die hochgestellte Zahl bezeichnet die Auflage).

Neumann, Franz L./*Nipperdey*, Hans Carl/*Scheuner*, Ulrich (Hrsg.), Die Grundrechte – Handbuch der Theorie und Praxis der Grundrechte, Zweiter Band (Die Freiheitsrechte in Deutschland), Berlin 1954.

Nickels, Sven: Neues Bundesrecht für den E-Commerce, in: CR 2002, S. 302-309.

Niedermair, Harald: Straflose Beihilfe durch neutrale Handlungen?, in: ZStW 107 (1995), S. 507-544.

Oetker, Friedrich: Zur Lehre von den Preßvergehen, in: GA 26 (1878), S. 249-302.
Ostendorf, Heribert: Verteidigung am Scheideweg (Anmerkungen zum Groenewold-Urteil), in: JZ 1979, S. 252-256.
– Entwicklungen in der Rechtsprechung zur „Bildung krimineller bzw. terroristischer Vereinigungen“ §§ 129, 129a StGB, in: JA 1980, S. 499-503.
– Das Geringfügigkeitsprinzip als strafrechtliche Auslegungsregel, in: GA 1982, S. 333-345.
Otto, Harro: Anmerkung zu BGH, Beschl. v. 3.11.1983 – 1 StR 515/83, in: JK 85, StGB §§ 185 ff./2.
– Anmerkung zu BGH, Urt. v. 26.10.1998 – 5 StR 746/97, in: JK 99, StGB § 27/13.
– Anmerkung zu BGH, Beschl. v. 20.9.1999 – 5 StR 729/98, in: JK 00, StGB § 27/14.

Palandt, Bürgerliches Gesetzbuch, 61. Aufl., München, 2002 (zitiert: *Palandt*^{61}*-Bearbeiter*, die hochgestellte Zahl bezeichnet die Auflage).
Pankoke, Stefan L.: Von der Presse- zur Providerhaftung: Eine rechtspolitische und rechtsvergleichende Untersuchung zur Inhaltsverantwortlichkeit im Netz, München, 2000 (zugl.: Tübingen, Univ., Diss., 1999/2000).
Park, Tido: Die Strafbarkeit von Internet-Providern wegen rechtswidriger Internet-Inhalte, in: GA 2001, S. 23-36.
Pätzel, Claus: Anmerkung zu AG München, Urt. v. 28.5.1998 – 8340 Ds 465 Js 173158/95, in: CR 1998, S. 625-628.
Pawlowski, Hans-Martin: Methodenlehre für Juristen, Theorie der Norm und des Gesetzes – Ein Lehrbuch, 3. Aufl., Heidelberg 1999.
– Einführung in die Juristische Methodenlehre: Ein Studienbuch zu den Grundlagenfächern Rechtsphilosophie und Rechtssoziologie, 2. Aufl., Heidelberg, 2000.
Pelz, Christian: Die strafrechtliche Verantwortlichkeit von Internet-Providern, in: ZUM 1998, S. 530-534.
– Die Strafbarkeit von Online-Anbietern, in: wistra 1999, S. 53-59.
Pichler, Rufus: Haftung des Host Providers für Persönlichkeitsrechtsverletzungen vor und nach dem TDG, in: MMR 1998, S. 79-88.
Popp, Martin: Anmerkung zu OLG Celle, Urt. v. 14.1.1997 – 1 Ss 271/96, in: JR 1998, S. 80-83.
– Die strafrechtliche Verantwortung von Internet-Providern, Berlin, 2002 (zugl.: Augsburg, Univ., Diss., 2000).

Rebmann, Kurt: Inhalt und Grenzen des Straftatbestands „Werben für eine terroristische Vereinigung“ nach § 129a StGB, in: NStZ 1981, S. 457-462.
– Beschlagnahme von terroristischen „Bekennerschreiben“ bei Presseunternehmen, in: Strafrecht, Unternehmensrecht, Anwaltsrecht – FS für Gerd *Pfeiffer* zum Abschied aus dem Amt als Präsident des Bundesgerichtshofes, Köln/Berlin/Bonn/München 1988, S. 225-237.
– Strafverfolgung im Bereich terroristischer Publikationen, in: NStZ 1989, S. 97-102.

Ringel, Kurt: Rechtsextremistische Propaganda aus dem Ausland im Internet, in: CR 1997, S. 302-307.
Rogall, Klaus: Die verschiedenen Formen des Veranlassens fremder Straftaten, in: GA 1979, S. 11-26.
Roggemann, Herwig: Probleme der publizistischen Staatsgefährdung de lege lata und de lege ferenda – Ein Beitrag zur Frage eines Zeitungsaustausches zwischen beiden Teilen Deutschlands, in: JR 1966, S. 243-250.
Römer, Nicole: Verbreitungs- und Äußerungsdelikte im Internet – Eine Untersuchung zur strafrechtlichen Bewältigung von Normanwendungs- und Normauslegungsproblemen eines neuen Kriminalitätsfeldes, Frankfurt am Main/Berlin/Bern/Bruxelles/New York/Oxford/Wien 2000 (zugl.: Berlin, Freie Univ., Diss., 2000).
Rosenfeld, Ernst Heinrich: Mittäterschaft und Beihilfe bei subjektiv gefärbter Ausführungshandlung, in: FG für Frank II, Tübingen 1930, S. 161-187.
Roxin, Claus: Verwerflichkeit und Sittenwidrigkeit als unrechtsbegründende Merkmale im Strafrecht, in: JuS 1964, S. 373-381.
– Zur Dogmatik der Teilnahmelehre im Strafrecht, in: JZ 1966, S. 293-299.
– Kriminalpolitik und Strafrechtssystem, Berlin, 1970.
– Buchbesprechung von Stratenwerth, Günter: Strafrecht, Allgemeiner Teil I, in: ZStW 84 (1972), S. 993-1014.
– Bemerkungen zur sozialen Adäquanz im Strafrecht, in: FS für Ulrich *Klug* zum 70. Geburtstag, Band II, Köln 1983, S. 303-313.
– Zum Strafgrund der Teilnahme, in: FS für Walter Stree und Johannes Wessels zum 70. Geburtstag, Heidelberg 1993, S. 365-382.
– Strafrecht, Allgemeiner Teil Band 1: Grundlagen – Der Aufbau der Verbrechenslehre, 3. Aufl., München 1997.
– Täterschaft und Tatherrschaft, 7. Aufl., Berlin/New York 2000.
Rudolphi, Hans-Joachim: Verteidigerhandeln als Unterstützung einer kriminellen oder terroristischen Vereinigung i.S. der §§ 129 und 129a StGB, in: FS für Hans-Jürgen Bruns zum 70. Geburtstag, Köln/Berlin/Bonn/München 1978, S. 315-338.
– Die Gesetzgebung zur Bekämpfung des Terrorismus – Versuch einer kritischen Würdigung, in: JA 1979, S. 1-9.
– Anmerkung zu BGH, Urt. v. 3.5.1978 – 3 StR 91/78, in: JR 1979, S. 33-36.
– Notwendigkeit und Grenzen einer Vorverlagerung des Strafrechtsschutzes im Kampf gegen den Terrorismus, in: ZRP 1979, S. 214-221.
– Übungshausarbeit Strafrecht – Fall aus dem Bereich: Fahrlässigkeit, Rechtfertigung, Irrtumslehre sowie Spezialprobleme des BT, in: Jura 1980, S. 258-269.
Ruhrmann, H.W.: Rechtsfragen zur Staatsgefährdung, in: NJW 1954, S. 1512-1515.
– Die Angriffsziele der Staatsgefährdungsdelikte: „Staatsgefährdende Absichten und Bestrebungen", in: NJW 1960, S. 992-996.

Sack, Fritz/*Steinert*, Heinz: Analysen zum Terrorismus 4/2 – Protest und Reaktion, Opladen 1984.
Säcker, Christopher: Die Haftung von Diensteanbietern nach dem Entwurf des EGG, in: Beilage zu MMR Heft 9/2001, S. 2-4.

Sánchez-Vera, Javier: Pflichtdelikt und Beteiligung – Zugleich ein Beitrag zur Einheitlichkeit der Zurechnung bei Tun und Unterlassen, Berlin 1999 (zugl.: Bonn, Univ., Diss., 1998).

Satzger, Helmut: Strafrechtliche Verantwortlichkeit von Zugangsvermittlern – Eine Untersuchung der Verantwortlichkeit für rechtswidrige Inhalte im Internet vor dem Hintergrund der neuen E-Commerce-Richtlinie der EG, in: CR 2001, S. 109-117.

Schaefer, Martin/*Rasch*, Clemens/*Braun*, Thorsten: Zur Verantwortlichkeit von Online-Diensten und Zugangsvermittlern für fremde urheberrechtsverletzende Inhalte, in: ZUM 1998, S. 451-458.

Schittenhelm, Ulrike: Anmerkung zu BGH, Urt. v. 22.2.1995 – 3 StR 583/94, in: NStZ 1995, S. 343-344.

Schlothauer, Reinhold/*Tscherch*, Michael: Anmerkung zu BGH, Urt. v. 23.4.1980 – 3 StR 434/79 (S), in: StV 1981, S. 22-23.

Schmidt, Hans Wolfgang: Aus der Rechtsprechung des BGH in Staatsschutzsachen, in: NStZ 2000, S. 359-363.

Schmitt, Rudolf: Täterschaft und Teilnahme am Beispiel des § 281 StGB, in: NJW 1977, S. 1811-1812.

Schneider, Egon: Logik für Juristen – Die Grundlagen der Denklehre und der Rechtsanwendung, 5. Aufl., München 1999.

Schnorr, Gerhard: Öffentliches Vereinsrecht – Kommentar zum Vereinsgesetz, Köln/Berlin/Bonn/München 1965.

Scholz, Rupert: Anmerkung zu BGH, Urt. v. 24.1.1996 – 3 StR 530/95, in: NStZ 1996, S. 602-604.

Schönke, Adolf/*Schröder*, Horst: Strafgesetzbuch (zitiert: *Sch/Sch*[26]*-Bearbeiter*, die hochgestellte Zahl bezeichnet die Auflage);

- 26. Aufl., bearbeitet von *Lenckner*, Theodor/*Eser*, Albin/*Cramer*, Peter/*Stree*, Walter/*Heine*, Günter/*Perron*, Walter/*Sternberg-Lieben*, Detlev, München 2001
- 25. Aufl., bearbeitet von *Lenckner*, Theodor/*Eser*, Albin/*Cramer*, Peter/*Stree*, Walter, München 1997
- 19. Aufl., bearbeitet von *Cramer*, Peter/*Eser*, Albin/*Lenckner*, Theodor/*Stree*, Walter, München 1978
- 13. Aufl., München/Berlin 1967 und
- 12. Aufl., München/Berlin 1965 sowie
- 11. Aufl., München/Berlin 1963 (zitiert: *Schönke/H. Schröder*, die hochgestellte Zahl bezeichnet die Auflage).

Schroeder, Friedrich-Christian: Probleme der Staatsverunglimpfung, in: JR 1979, S. 89-93.

Schröder, Horst: Die Unternehmensdelikte, in: Tübinger FS für Eduard Kern, Tübingen 1968, S. 457-468.

Schulze, Gernot: Rechtsfragen von Printmedien im Internet, in: ZUM 2000, S. 432-454.

Schünemann, Bernd: Die deutschsprachige Strafrechtswissenschaft nach der Strafrechtsreform im Spiegel des Leipziger Kommentars und des Wiener Kommentars – 2. Teil: Schuld und Kriminalpolitik, in: GA 1986, S. 293-352.

– Zum Verhältnis von Norm und Sachverhalt bei der Rechtsanwendung, von Ober- und Untersatz im Justizsyllogismus und von Rechts- und Tatfrage im Prozeßrecht, in: Strafgerechtigkeit – FS für Arthur Kaufmann zum 70. Geburtstag, Heidelberg 1993, S. 299-320.

Schuster, Fabian/*Müller*, Ulf: Entwicklung des Internet- und Multimediarechts von Januar 1999 bis Juni 2000, in: Beilage zu MMR Heft 10/2000, S. 12-36.

– Entwicklung des Internet- und Multimediarechts von Juli 2000 bis März 2001, in: Beilage zu MMR Heft 7/2001, S. 18-40.

Schwarz, Mathias (Hrsg.), Recht im Internet – Der Rechtsberater für Online-Anbieter und -Nutzer, Band 1, Stand: 13. Ergänzungslieferung, Augsburg, März 2000.

Schwinge, Erich: Der Leserbrief und seine rechtliche Beurteilung, in: FS für Fritz von Hippel zum 70. Geburtstag, Tübingen 1967, S. 479-490.

Seibert, Thomas-Michael: Aktenanalysen – Zur Schriftform juristischer Deutungen, Tübingen 1982.

Seitz, Walter: Die DGHS-Entscheidung des BVerfG – ein Lichtblick?, in: NJW 1996, S. 1518-1520.

Seyfarth, Georg: Der Einfluß des Verfassungsrechts auf zivilrechtliche Ehrschutzklagen, in: NJW 1999, S. 1287-1294.

Sieber, Ulrich: Srafrechtliche Verantwortlichkeit für den Datenverkehr in internationalen Computernetzen (1), in: JZ 1996, S. 429-442.

– Strafrechtliche Verantwortlichkeit für den Datenverkehr in internationalen Computernetzen (2), in: JZ 1996, S. 494-507.

– Kontrollmöglichkeiten zur Verhinderung rechtswidriger Inhalte in Computernetzen (I) – Zur Umsetzung von § 5 TDG am Beispiel der Newsgroups des Internet, in: CR 1997, S. 581-598.

– Kontrollmöglichkeiten zur Verhinderung rechtswidriger Inhalte in Computernetzen (II) – Zur Umsetzung von § 5 TDG am Beispiel der Newsgroups des Internet, in: CR 1997, S. 653-669.

– Anmerkung zu AG München, Urt. v. 28.5.1998 – 8340 Ds 465 Js 173158/95, in: MMR 1998, S. 438-448.

– Die rechtliche Verantwortlichkeit im Internet – Grundlagen, Ziele und Auslegung von § 5 TDG und § 5 MDStV, in: Beilage zu MMR Heft 2/1999, S. 1-31.

– Internationales Strafrecht im Internet – Das Territorialitätsprinzip der §§ 3, 9 StGB im globalen Cyberspace, in: NJW 1999, S. 2065-2073.

– Verantwortlichkeit im Internet: Technische Kontrollmöglichkeiten und multimediarechtliche Regelungen; zugleich eine Kommentierung von § 5 TDG und § 5 MDStV, München 1999.

Soehring, Jörg: Presserecht – Recherche, Darstellung und Haftung im Recht der Presse, des Rundfunks und der Neuen Medien, 3. Aufl., Stuttgart 2000.

Soehring, Jörg/*Seelmann-Eggebert*, Sebastian: Die Entwicklung des Presse- und Äußerungsrechts 1997 bis 1999, in: NJW 2000, S. 2466-2480.

Sommer, Ulrich: Verselbständigte Beihilfehandlungen und Straflosigkeit des Gehilfen, in: JR 1981, S. 490-495.

– Das fehlende Erfolgsunrecht – Ein Beitrag zur Strafbarkeitsbewertung des Agent provocateur, Pfaffenweiler 1987.

Soergel, Hans Theodor: Bürgerliches Gesetzbuch mit Einführungsgesetz und Nebengesetzen, Allgemeiner Teil, Band I (§§ 1-240), hrsg. von *Siebert*, Wolfgang, 12. Aufl., Stuttgart/Berlin/Köln/Mainz 1987 (zitiert: *Soergel*[12]*-Bearbeiter*, die hochgestellte Zahl bezeichnet die Auflage).

Sowada, Christoph: Das „unechte Unternehmensdelikt" – eine überflüssige Rechtsfigur, in: GA 1988, S. 195-214.

– Die „notwendige Teilnahme" als funktionales Privilegierungsmodell im Strafrecht, Berlin 1992 (zugl.: Berlin, Freie Univ., Diss., 1991).

Spindler, Gerald: Deliktsrechtliche Haftung im Internet – nationale und internationale Rechtsprobleme, in: ZUM 1996, S. 533-561.

– Haftungsrechtliche Grundprobleme der neuen Medien, in: NJW 1997, S. 3193-3199.

– Dogmatische Strukturen der Verantwortlichkeit der Diensteanbieter nach TDG und MDStV, in: MMR 1998, S. 639-643.

– Die Haftung von Online-Diensteanbietern im Konzern, in: CR 1998, S. 745-757.

– Verantwortlichkeit von Diensteanbietern nach dem Vorschlag einer E-Commerce-Richtlinie, in: MMR 1999, S. 199-207.

– Das Gesetz zum elektronischen Geschäftsverkehr – Verantwortlichkeit der Diensteanbieter und Herkunftslandprinzip, in: NJW 2002, S. 921-927.

– Verantwortlichkeit und Haftung für Hyperlinks im neuen Recht, in: MMR 2002, S. 495-503.

Stange, Albrecht: Pornographie im Internet – Versuche einer strafrechtlichen Bewältigung, in: CR 1996, S. 424-428.

Stratenwerth, Günter: Strafrecht, Allgemeiner Teil I – Die Straftat, 4. Aufl., Köln/Berlin/Bonn/München 2000.

Stree, Walter: Strafrechtsschutz im Vorfeld von Gewalttaten – Das 14. Strafrechtsänderungsgesetz, in: NJW 1976, S. 1177-1182.

Strömer, Tobias H.: Online-Recht: Rechtsfragen im Internet, 3. Aufl., Heidelberg 2002.

Systematischer Kommentar zum Strafgesetzbuch, hrsg. von *Rudolphi*, Hans-Joachim/*Horn*, Eckhard/*Samson*, Erich/*Günther*, Hans-Ludwig/*Hoyer*, Andreas (zitiert: SK-AT[36]/BT[54]*-Bearbeiter*, die hochgestellte Zahl bezeichnet den Stand der Ergänzungslieferungen)

– Allgemeiner Teil, Band I (§§ 1-79b), 7., teilweise 8. Aufl., Stand: 36. Ergänzungslieferung, Neuwied/Kriftel, April 2001

– Besonderer Teil, Band II (§§ 80-358), 5. bzw. 6. Aufl., Stand: 54. Ergänzungslieferung, Neuwied/Kriftel, März 2002.

Tag, Brigitte: Beihilfe durch neutrales Verhalten, in: JR 1997, S. 49-57.

Tettenborn, Alexander/*Bender*, Gunnar/*Lübben*, Natalie/*Karenfort*, Jörg: Rechtsrahmen für den elektronischen Geschäftsverkehr, in: Beilage 10 zu BB Heft 50/2001, S. 1-40.

Tröndle, Herbert/*Fischer*, Thomas: Strafgesetzbuch und Nebengesetze, 50. Aufl., München 2001 (zitiert: *Tröndle/Fischer*[50], die hochgestellte Zahl bezeichnet die Auflage).
Tscherch, Michael: „Unterstützen und Werben für terroristische Vereinigungen." Der Prozeß gegen die agit-Drucker und die §§ 129a, 88a, in: Ästhetik und Kommunikation 1978, S. 107-112.

Uebbert, Paul: Die strafrechtliche Haftung des verantwortlichen Redakteurs bei der Veröffentlichung strafbarer Inhalte, insbesondere nach § 21 Abs.2 Satz 1 Ziffer 1 LPG NW, Münster, Univ., Diss., 1995.

Vassilaki, Irini E.: Multimediale Kriminalität – Entstehung, Formen und rechtspolitische Fragen der „Post-Computerkriminalität", in: CR 1997, S. 297-302.
– Anmerkung zu AG Tiergarten, Urt. v. 30.6.1997 – 260 DS 857/96, in: CR 1998, S. 111-112.
– Computer- und internetspezifische Entscheidungen der Strafgerichte – Einfluß der Informations- und Telekommunikationstechnik auf die Strafrechtsfortbildung, in: MMR 1998, S. 247-250.
– Anmerkung zu AG München, Urt. v. 28.5.198 – 8340 Ds 465 Js 173158/95, in: NStZ 1998, S. 521-522.
– Strafrechtliche Verantwortlichkeit der Diensteanbieter nach dem TDG – Eine Untersuchung unter besonderer Berücksichtigung der Einordnung des § 5 TDG im Strafrechtssystem, in: MMR 1998, S. 630-638.
– Strafrechtliche Verantwortlichkeit durch Einrichten und Aufrechterhalten von elektronischen Verweisen (Hyperlinks) – Anwendbarkeit der allgemeinen Strafrechtsdogmatik auf neue Verhaltensformen, in: CR 1999, S. 85-93.
– Kommunikationsrechtliche, computer- und internetspezifische Entscheidungen der Strafgerichte – Einfluß der Informations- und Telekommunikationstechnik auf die Strafrechtsfortbildung im Jahre 1998, in: MMR 1999, S. 525-533.
– Anmerkung zu LG München I, Urt. v. 17.11.199 – 20 Ns 465 Js 173158/95, in: NStZ 2000, S. 535-536.
– Strafrechtliche Haftung nach §§ 8 ff. TDG, in: MMR 2002, S. 659-662.
Vogler, Theo: Zur Bedeutung des § 28 StGB für die Teilnahme am unechten Unterlassungsdelikt, in: FS für Richard Lange zum 70. Geburtstag, Berlin/New York 1976, S. 265-283.
– Die Begünstigungshandlung – Zum Begriff „Hilfe leisten" in § 257 StGB, in: FS für Eduard Dreher zum 70. Geburtstag, Berlin/New York 1977, S. 405-424.
Vormbaum, Thomas: „Politisches" Strafrecht, in: ZStW 107 (1995), S. 734-760.

Wagner, W.: Zur Reform der Organisationsdelikte (I), in: MDR 1966, S. 18-21.
– Zur Reform der Organisationsdelikte (II), in: MDR 1966, S. 97-100.
– Zur Reform der Organisationsdelikte (III), in: MDR 1966, S. 185-192.
– Zur Reform der Organisationsdelikte (IV), in: MDR 1966, S. 287-290.
Waldenberger, Arthur: Teledienste, Mediendienste und die „Verantwortlichkeit" ihrer Anbieter, in: MMR 1998, S. 124-129.

– Der juristische Dauerbrenner: Haftung für Hyperlinks im Internet – ein Fall des LG Hamburg, in: AfP 1998, S. 373-375.

Waldenberger, Arthur/*Hoß*, Dirk: Das Recht der „elektronischen Presse", in: AfP 2000, S. 237-248.

Walther: Zur Anwendbarkeit der Vorschriften des strafrechtlichen Jugendmedienschutzes auf im Bildschirmtext verbreitete Mitteilungen, in: NStZ 1990, S. 523-526.

Weber, Ulrich: Garantenstellung kraft Sachherrschaft? – Zur strafrechtlichen Verantwortlichkeit für beleidigende Parolen auf Sachen, in: FS für Dietrich Oehler zum 70. Geburtstag, Köln/Berlin/Bonn/München 1985, S. 83-95.

Weinberger, Christiane/*Weinberger*, Ota: Logik, Semantik, Hermeneutik, München 1979.

Weißer, Bettina: Kausalitäts- und Täterschaftsprobleme bei der strafrechtlichen Würdigung pflichtwidriger Kollegialentscheidungen, Berlin 1996 (zugl.: Konstanz, Univ., Diss., 1995).

Welzel, Hans: Studien zum System des Strafrechts, in: ZStW 58 (1938), S. 491-566.

– Das Deutsche Strafrecht, 11. Aufl., Berlin, 1969.

Werle, Gerhard: Die Beteiligung an kriminellen Vereinigungen und das Problem der Klammerwirkung, in: JR 1979, S. 93-99.

Wessels, Johannes/*Beulke*, Werner: Strafrecht Allgemeiner Teil, 32. Aufl., Heidelberg 2002.

Wessels, Johannes/*Hettinger*, Michael: Strafrecht Besonderer Teil/1: Straftaten gegen Persönlichkeits- und Gemeinschaftswerte, 26. Aufl., Heidelberg 2002.

Widmer, Ursula/*Bähler*, Konrad: Strafrechtliche und aktienrechtliche Haftung von Internet Providern, in: CR 1996, S. 178-185.

Wieser, Eberhard: Empirische und normative Auslegung, in: JZ 1985, S. 407-410.

Willms, Günther: Die Organisationsdelikte – Eine gesetzeskritische Betrachtung, in: NJW 1957, S. 565-568.

– Verfassungsfeindliche Schriften – Zur Auslegung und Reform des § 93 StGB, in: JZ 1958, S. 601-604.

– Ist § 93 StGB zu entbehren?, in: NJW 1965, S. 1457-1460.

– Zum Verbot der Einfuhr verfassungsfeindlicher Schriften, in: NJW 1965, S. 2177-2179.

Wimmer, Norbert: Die Verantwortlichkeit des Online-Providers nach dem neuen Multimediarecht – zugleich ein Überblick über die Entwicklung der Rechtsprechung seit dem 1.8.1997, in: ZUM 1999, S. 436-443.

Wimmer, Norbert/*Michael*, Gerhard: Der Online-Provider im neuen Multimediarecht, Baden-Baden 1998.

Wittig, Petra: Die Überprüfbarkeit der Auslegung von Äußerungen durch die Revisionsgerichte in Strafsachen, in: GA 2000, S. 267-284.

Wohlleben, Marcus: Beihilfe durch äußerlich neutrale Handlungen, München 1996 (zugl.: München, Univ., Diss., 1996).

Wolski, Sabine: Soziale Adäquanz – Schutzzweck der Norm, Verwerflichkeitsklausel, erlaubtes Risiko, „rechtsfreier Raum", Strafwürdigkeit, Verfolgungsverzicht bei „geringer Schuld" – ein methodologisches und verfassungsrechtliches Problem mit vielen Facetten, München 1990 (zugl.: Berlin, Freie Univ., Diss., 1990).
Wuttig, Ernst: Fahrlässige Teilnahme am Verbrechen, Diss. jur. Jena 1902.

Zimmermann, Andreas: Polizeiliche Gefahrenabwehr und das Internet, in: NJW 1999, S. 3145-3152.

Kolibri 360 GmbH
Ferdinand-Jühlke-Straße 7
99095 Erfurt, Deutschland
produktsicherheit@kolibri360.de

Druck:
CPI Druckdienstleistungen GmbH
im Auftrag der
Kolibri 360 GmbH
Ferdinand-Jühlke-Str. 7
99095 Erfurt